道路工程制图与CAD

(第4版)

汪谷香　邓晓杰 ▲ 主　编
赵仙茹　蒋余静 ▲ 副主编
　　　　刘孟良 ▲ 主　审

人民交通出版社

北京

内 容 提 要

本书第3版荣获首届全国教材建设奖全国优秀教材二等奖,入选"十四五"职业教育国家规划教材。全书分为绪论和四个模块:绪论主要介绍了《道路工程制图标准》(GB 50162—1992)的基本内容;模块一:绘制与识读工程构件,主要介绍了绘制与识读工程结构物所需的核心投影理论;模块二:识读道路工程专业图,主要介绍了识读道路工程专业图的知识与技能;模块三:绘制工程结构物,以工程案例为载体介绍了 AutoCAD 软件各种绘图命令、编辑命令及其他辅助知识;模块四:实训操作,将 AutoCAD 软件与专业相结合进行专业图的绘制,以强化学生的 AutoCAD 绘图技能。

本书可作为高等职业院校道路与桥梁工程技术等专业教材,还可供相关工程技术人员参考。

本书配有丰富的微课、视频、动画、图片、习题集[《道路工程制图与 CAD 习题集》(第 3 版)]等资源(见资源索引页),读者亦可登录"超星学习通"https://mooc1.chaoxing.com/course/220660815.html 进行学习。教师可通过加入职教路桥教学研讨群(QQ:561416324)获取课件等资料。

图书在版编目(CIP)数据

道路工程制图与 CAD / 汪谷香,邓晓杰主编. — 4 版
. — 北京:人民交通出版社股份有限公司, 2024.6(2025.8重印)
ISBN 978-7-114-19475-7

Ⅰ.①道… Ⅱ.①汪…②邓… Ⅲ.①道路工程—工程制图—AutoCAD 软件 Ⅳ.①U412.5

中国国家版本馆 CIP 数据核字(2024)第 068585 号

	Daolu Gongcheng Zhitu yu CAD	
书 名	道路工程制图与 CAD(第 4 版)	
著 作 者	汪谷香 邓晓杰	
责任编辑	刘 倩 杜希铭	
责任校对	赵媛媛	
责任印制	张 凯	
出版发行	人民交通出版社	
地 址	(100011)北京市朝阳区安定门外外馆斜街 3 号	
网 址	http://www.ccpcl.com.cn	
销售电话	(010)85285911	
总 经 销	人民交通出版社发行部	
经 销	各地新华书店	
印 刷	北京市密东印刷有限公司	
开 本	787×1092 1/16	
印 张	28.25	
字 数	688 千	
版 次	2010 年 9 月 第 1 版	
	2015 年 8 月 第 2 版	
	2019 年 10 月 第 3 版	
	2024 年 6 月 第 4 版	
印 次	2025 年 8 月 第 4 版 第 2 次印刷 总第 21 次印刷	
书 号	ISBN 978-7-114-19475-7	
定 价	66.00 元	

第4版前言
PREFACE

《道路工程制图与 CAD》(第 3 版)于 2020 年入选"十三五"职业教育国家规划教材,并被评为湖南省优秀教材;于 2021 年荣获首届全国教材建设奖全国优秀教材二等奖;2023 年入选"十四五"职业教育国家规划教材。

本教材第 1 版于 2010 年出版,为国家示范性高等职业院校课程改革教材。随着我国职业教育改革的深入,编写团队在充分吸纳国家社会科学基金"十一五"规划教育学一般课题《高职建设类课程项目化、模块化改革研究》(课题批准号:BJA090060)研究成果的基础上于 2015年完成了第 2 版教材的修订和出版。

第 2 版教材出版后,随着建筑信息模型(Building Information Modeling,BIM)技术飞速发展并在多领域得到广泛应用,为了使本教材更加符合职业教育最新发展理念和职业教育教学需求,编者利用 BIM 技术辅助制图课程建设,于 2019 年修订形成第 3 版。第 3 版教材延续了第2 版教材的优势特征,充分体现高职教育基于能力本位的教育观、基于工作过程的课程观,充分考虑了高等职业教育教学特点,以模块为框架,以项目引领、任务驱动的形式构建全书内容体系。

第 3 版教材出版后,编者充分考虑了使用本教材的学校的反馈意见,修订形成第 4 版。第4 版教材修订过程中,编者继续坚持"理论够用、实用,重在技能"的原则,结合教育部关于教材改革的文件精神,依据高职教育特点及人才培养目标,进一步精简教材内容,优化知识框架,完善模块化教学设计,注重知识深度与广度结合,打造各部分内容相对独立的任务驱动的新形态教材。

本版教材具有以下特点:

1."项目 + 任务"教材体系

本版教材采用"项目 + 任务"教材体系,共设计了 33 个学习任务,各个学习任务之间相互独立,这些学习任务组成了 10 个项目,4 个模块。学习任务大多来自于工程实际,其选取充分考虑典型性、专业性,涉及的知识点涵盖了相关专业对于制图课程所要求的全部内容。学习任务的组织安排充分考虑了认知规律,由易到难,由简单到复杂。第 4 版教材更加贴合相关专业高职学生所面向岗位的需求,能够充分激发学生的求知欲。

2. 以学生为主体,知识与技能并重,体现职教特色

本版教材按照"以学生为中心,以学习成果为导向,促进自主学习"的编写理念进行设计。在每个学习任务中,先提出知识目标与能力目标,随后对学习任务进行描述和分析,再进行任务实施。在任务实施的过程中设置了多个引导问题,引导学生独立完成任务,随后对任务所涉及的知识点进行详细讲解,让学生既知其然,亦知其所以然。教材还同步设置了"同步训练"(使学生理解所学知识达到强化技能的目的)"拓展训练"(使学生在掌握基本知识的基础上拓展知识面,进一步提升技能),同时还在资源平台上设计了丰富的案例,让学生在不断的学习与反馈过程中加深对于知识的理解和掌握。教材的模块四部分为实训技能模块,通过计算机绘制专业图的实训来强化学生计算机绘图与建模能力,结合职业技能抽测标准要求,体现高职教育的技能培养要求。

教材的设计充分体现了职教特色,以学生为主体,以教师讲解为引导,让学生在"学中做,做中学",既强调理论知识的学习,同时也加强技能培养与训练。

3. 新形态一体化教材形式

本版教材应用现代信息技术,借助网络化教辅平台,把一些拓展知识及案例放在教学平台上,使学生获得扎实的基础知识同时也能拓展知识面。平台上提供相关配套习题解析、教学课件、学习微视频、动画等资源,方便学生在不同场景下进行学习和复习。读者可登录"超星学习通"https://mooc1.chaoxing.com/course/220660815.html 进行学习。在配套教学资源的设计中,编者将实用的制图理论知识与数字化资源相结合,将典型知识点通过动画形式呈现,帮助学生直观、深入地理解知识点。识读专业图模块以实用、成套的施工图为载体,并配以数字化的专业实物图模型,将制图理论与专业图绘制实践紧密结合,体现了新形态一体化教材的建设理念,有利于培养学生的专业结构物识读能力。

4. 校企合作双元开发

本版教材由校企合作双元开发,教材在修订过程中,得到了湖南交通规划勘察设计院有限公司黎炬锋高级工程师的大力支持与帮助,他为本教材提供了常见的工程实际案例及专业结构物图片,教材中识读桥梁工程图学习任务中,部分桥梁的配套图纸选自梅子溪中桥工程项目,教材实训模块选用的案例均来源于工程实际。

本教材将专业制图与 AutoCAD 相结合,根据《交通运输部办公厅关于开展公路 BIM 技术应用示范工程建设的通知》要求,在模块三中完善了三维建模内容,为 BIM 技术的推广应用奠定了一定的基础,体现了教材与时俱进的编写理念。

本教材由湖南交通职业技术学院汪谷香、邓晓杰担任主编,陕西交通职业技术学院赵仙茹、湖南交通职业技术学院蒋余静担任副主编,湖南交通职业技术学院刘孟良担任主审。具体编写分工如下:模块一、模块三项目一至项目四由汪谷香编写;模块二项目一由赵仙茹编写;模块二项目二、模块四由蒋余静编写;模块三项目五由刘伟宏编写,邓晓杰进行专业指导,全书由汪谷香统稿。

感谢湖南交通职业技术学院杨侣珍对教材配套习题集的整理和编写,感谢兰州大学武晓丽老师对本教材进行专业技术指导,感谢四川交通职业技术学院曹雪梅、青海交通职业技术学院姚青梅指导本教材数字资源的制作。

由于编者水平有限,教材中难免存在错误和不妥之处,恳请读者批评指正。

编　者

2024 年 4 月

"道路工程制图与CAD"课程的总体目标

知识目标

- 1.学习了解制图标准和制图相关的基本知识、正确理解对形状、尺寸、技术的要求
- 2.学习正投影的基本理论及其应用
- 3.掌握识读与绘制专业工程图的相关知识
- 4.掌握计算机绘图的相关知识

能力目标

- 1.掌握绘制和识读工程图样的基本方法和技能
- 2.具备一定的空间想象能力、空间逻辑思维能力和分析解决问题能力
- 3.能识读专业图纸
- 4.具备用尺规徒手绘制工程图样的能力及用计算机绘图的能力

素质目标

- 1.培养规范意识，严谨、细致的工匠精神，爱岗敬业，有责任感、使命感和爱国情怀
- 2.培养多角度看问题的意识，从全面、发展的角度分析和处理问题,形成科学的方法论
- 3.培养用联系的观点认识事物、分析问题的思想
- 4.培养精益求精、科技报国的家国情怀和使命担当
- 5.鼓励学生勇于肩负起时代赋予的责任和使命，为实现中华民族伟大复兴的中国梦在自身专业、工作领域拼搏奋斗

微课资源索引

序号	资 源 名 称	对应位置	序号	资 源 名 称	对应位置
1	工程制图是门什么课	绪论	22	CAD 界面的切换	模块三 项目一
2	投影的概念和分类	模块一 项目一 学习任务一	23	辅助功能的了解	
3	正投影特性		24	A3 图幅图纸的绘制	模块三 项目二 学习任务一
4	三面投影体系的建立		25	八字翼墙的绘制	
5	点的空间问题	模块一 项目一 学习任务二	26	空心板断面的绘制	
6	两直线的相对位置		27	盖板涵断面的绘制	模块三 项目二 学习任务二
7	平面的投影		28	涵洞一字墙洞口的绘制	
8	截交线的相关问题	模块一 项目一 学习任务三	29	T 梁构造图的绘制	
9	正等测轴测图的画法	模块一 项目一 学习任务四	30	回头曲线的绘制	模块三 项目二 学习任务三
10	斜二测轴测图		31	平面交叉	
11	组合体形体分析法——叠加	模块一 项目二 学习任务一	32	立体交叉口的绘制	
12	组合体形体分析法——切割		33	板梁图的绘制	模块三 项目二 学习任务四
13	组合体线面分析法	模块一 项目二 学习任务二	34	重力式桥墩(平面图)	
14	拉伸法		35	多段线的编辑	
15	尺寸标注的规范性	模块一 项目二 学习任务三	36	管状桩的绘制	
16	组合体的尺寸标注		37	点命令	模块三 项目二 学习任务五
17	剖面图分类	模块一 项目二 学习任务四	38	翼墙的绘制	模块三 项目二 学习任务六
18	剖面图的绘制		39	沉井三视图的绘制	
19	断面图的绘制		40	桩基础布置图——阵列	模块三 项目二 学习任务七
20	曲面标高投影的应用	模块一 项目三 学习任务二	41	桥墩图的绘制	
21	填、挖分界线的绘制		42	空心板断面图的绘制——阵列	

续上表

序号	资源名称	对应位置	序号	资源名称	对应位置
43	锥坡的绘制	模块三 项目二 学习任务七	52	创建带托盘桥墩的三维效果图-1	模块三 项目四 学习任务三
44	旋转命令的使用	模块三 项目二 学习任务八	53	创建带托盘桥墩的三维效果图-2	
45	缩放命令的灵活使用		54	面域命令的使用	
46	尺寸标注样式的设置及尺寸标注	模块三 项目三 学习任务二	55	路面结构设计图的绘制	模块四
47	尺寸的关联及中心标记		56	桥墩一般构造图的绘制	
48	编辑尺寸标注		57	挡土墙构造图的绘制	
49	数据表格的制作	模块三 项目三 学习任务三	58	交通标志标线的绘制	
50	UCS	模块三 项目四 学习任务一	59	角隅补强钢筋布置图的绘制	
51	创建U形桥台的三维效果图	模块三 项目四 学习任务二			

注:以上微课,读者可登录"超星学习通"查看和学习。

绪论及模块一资源索引

资 源 名 称	对应位置	资 源 名 称	对应位置
0-1 制图工具的使用	绪论	1-27 棱锥的投影	项目一 学习任务三
0-2 图纸基本规格——总体		1-28 棱锥表面上取点	
0-3 图纸基本规格——比例		1-29 截交线的形成	
0-4 图纸基本规格——尺寸标注		1-30 截交线的几何特性	
0-5 图纸基本规格——图幅		1-31 棱柱的截交线	
0-6 图纸基本规格——线型		1-32 棱锥的截交线	
0-7 图纸基本规格——字体		1-33 圆柱的形成	
0-8 图纸基本规格——坐标		1-34 圆柱投影	
1-1 从属性	项目一 学习任务一	1-35 圆柱的表面取点	
1-2 定比性		1-36 圆锥的形成	
1-3 积聚性		1-37 圆锥投影	
1-4 类似性		1-38 圆锥的表面取点	
1-5 平行性		1-39 相贯线的概述	
1-6 实形性		1-40 平面与圆柱相交的三种情况	
1-7 影子和投影		1-41 平面与圆维相交的五种情况	
1-8 三面投影（一个投影不能确定形体的空间形状）		1-42 求两正交圆柱的相贯线	
1-9 三面投影		1-43 求三棱柱与圆锥相交的相贯线	
1-10 点的投影	项目一 学习任务二	1-44 轴助平面法求交点，交线	
1-11 两点相对位置		1-45 积聚法求交点交线	
1-12 重影点		1-46 求三棱锥与四棱柱的相贯线	
1-13 直线的投影		1-47 平面立体与曲面立体相交	
1-14 投影面平行线		1-48 曲面立体与曲面立体相交	
1-15 投影面垂直线		2-1 形体分析法	项目二 学习任务一
1-16 一般位置直线		2-2 线面分析法	
1-17 两直线相交和交叉		2-3 拉伸法	
1-18 平面的投影规律		2-4 切割法完成组合体立体图的三面投影图	
1-19 投影面垂直面		2-5 读图的注意事项	项目二 学习任务二
1-20 一般位置平面		2-6 根据立体图完成组合体的三面投影图	
1-21 直线与平面、平面与平面相交		2-7 组合体尺寸的分类	项目二 学习任务三
1-22 平面与平面平行			
1-23 棱柱的形成	项目一 学习任务三	2-8 剖面图的形成	项目二 学习任务四
1-24 棱柱的投影		2-9 全剖面图	
1-25 棱柱表面上取点		2-10 半剖面图	
1-26 棱锥的形成		2-11 局部剖面图	

续上表

资 源 名 称	对应位置	资 源 名 称	对应位置
2-12 旋转剖面图	项目二 学习任务四	3-6 直线的整数高程点	项目三 学习任务一
2-13 阶梯剖面图		3-7 平面上的等高线和坡度线	
2-14 断面图的形成		3-8 平面上一条等高线和坡度表示平面的方法	
2-15 断面图的分类		3-9 平面上一条非等高线与该平面的坡度表示平面的方法	
2-16 重合断面		3-10 坡度比例尺表示平面的方法	
2-17 中断断面		3-11 等高线的概念	
2-18 移出断面		3-12 等高线的性质	
2-19 断面的实例		3-13 求坡面交线——坡脚线或开挖线	
3-1 高程投影的概述	项目三 学习任务一	3-14 地形图	项目三 学习任务二
3-2 点的高程投影		3-15 地形断面图	
3-3 直线上两点的高程投影表示直线的方法		3-16 实训:求坡面交线	
3-4 直线上一点及直线的坡度表示直线的方法		3-17 求作填挖分界线	
3-5 直线的坡度和平距			

目·录
Contents

绪论

学习任务　了解工程图样及制图规范

　　工程技术中,根据投影原理及国家标准规定,表示工程对象的形状、大小以及技术要求的图称为"工程图样"。工程图样是现代工业生产中最基本的技术文件,它能够简洁、清楚、直观地表达设计者的设计思想和意图,是工程界通用的技术语言。

　　为了便于进行技术交流,必须对工程图样的表达方法、通用术语、尺寸标注等建立全国统一的规定,即国家标准。每一个工程技术人员都必须树立标准化的观念,认真执行国家制定的标准。

　　国家标准简称"国标",其代号是"GB"。每一项国家标准都有其对应的编号,以"GB 50162—1992"为例,"50162"是标准顺序号,"1992"是标准颁布的年代号。

　　工程技术人员应认真学习国家标准,在绘图工作中应严格按标准执行,牢固树立严格执行国家标准和规范的意识。

◎ 知识目标与能力目标

　　学习《道路工程制图标准》(GB 50162—1992)的基本规定和相关绘图工具的使用方法和注意事项。

　　通过学习,应能达到以下要求:

　　1. 掌握常用绘图工具的使用方法和注意事项。

　　2. 掌握《道路工程制图标准》(GB 50162—1992)关于图幅、图框的规定,以及字体、图线、尺寸等制图基本规格和要求。

　　3. 掌握常见基本平面图形尺寸标注的方法。

☑ 学习任务描述与分析

　　如何看懂工程图样呢? 绘图和识图都有一定规律,工程图样都是按照有关标准和规定绘制而成。《道路工程制图标准》(GB 50162—1992)是道路工程制图的一个重要基础标准,其对工程图样的画法、尺寸标注等内容均作了统一的规定,是识读和绘制工程图样的根本依据。

国家标准分为强制性标准、推荐性标准两类。 为便于指导生产和进行技术交流,正确地识读和绘制工程图样,首先必须要学习并贯彻制图相关的国家标准和规定。 该学习任务即学习《道路工程制图标准》(GB 50162—1992)有关图幅、比例、字体、线型、尺寸标注等的基本规定。

学习任务实施

明确任务: 熟悉并遵守制图标准,为标准化绘图打下基础。

引导问题 1　工程制图课程的研究对象是什么？　为什么要开设这门课？

制图是一门研究如何绘制和识读图样的学科。工程制图课程包含了工程制图的基础知识、基本理论及基本技能。

工程制图基础知识,包括制图标准及平面图形绘制等知识;制图基本技能,包括尺规绘图、徒手画草图等;基础理论,包括画法几何的基本知识和有关的图学理论,以及各种工程图的图样表达方法。

图样在工程上起着类似文字语言的表达作用,不仅用于指导生产,还用于工程技术人员间的交流,所以被称为"工程技术语言"。因而,绘制和识读图样便成为工程技术人员所必须具备的基本功。

工程图样应准确地表达工程结构物的形状、大小及其技术要求。

图 0-0-0-1 所示的重力式 U 形桥台由台身(前墙、侧墙和台帽)与基础组成,它可支承桥跨结构,靠自重和土压力来平衡由主梁传来的压力,防止桥梁发生倾覆。

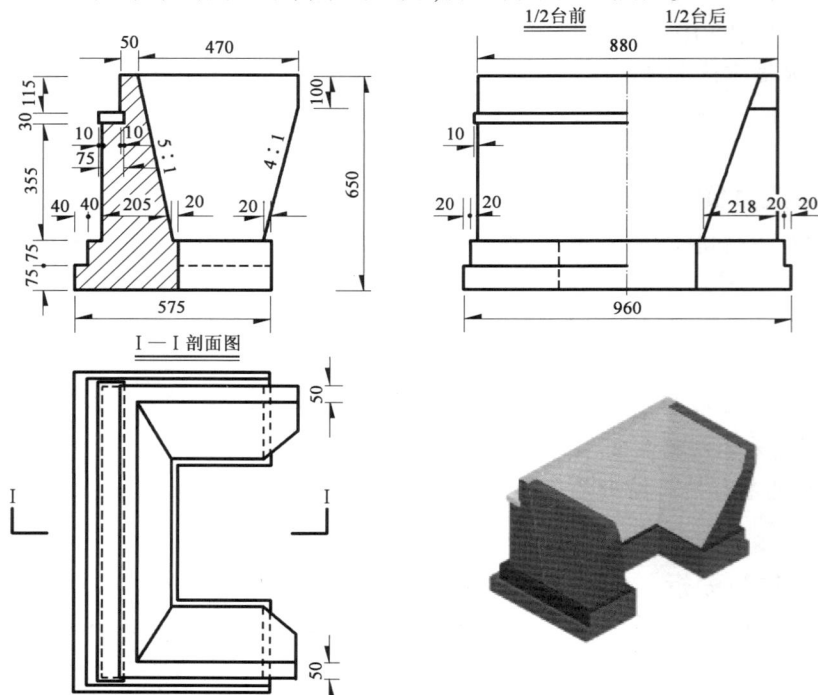

图 0-0-0-1　重力式 U 形桥台(尺寸单位:cm)

图 0-0-0-2 所示的桥墩由四部分组成,从下往上分别为桩(呈梅花形排列的两排)、承台(长方体,尺寸为 1500cm × 200cm ×150cm)、立柱(5 根圆形立柱,直径为 80cm,高 250cm)、盖梁(全长 1650cm,宽 140cm,高度在中部为 116cm,两端为 110cm)。

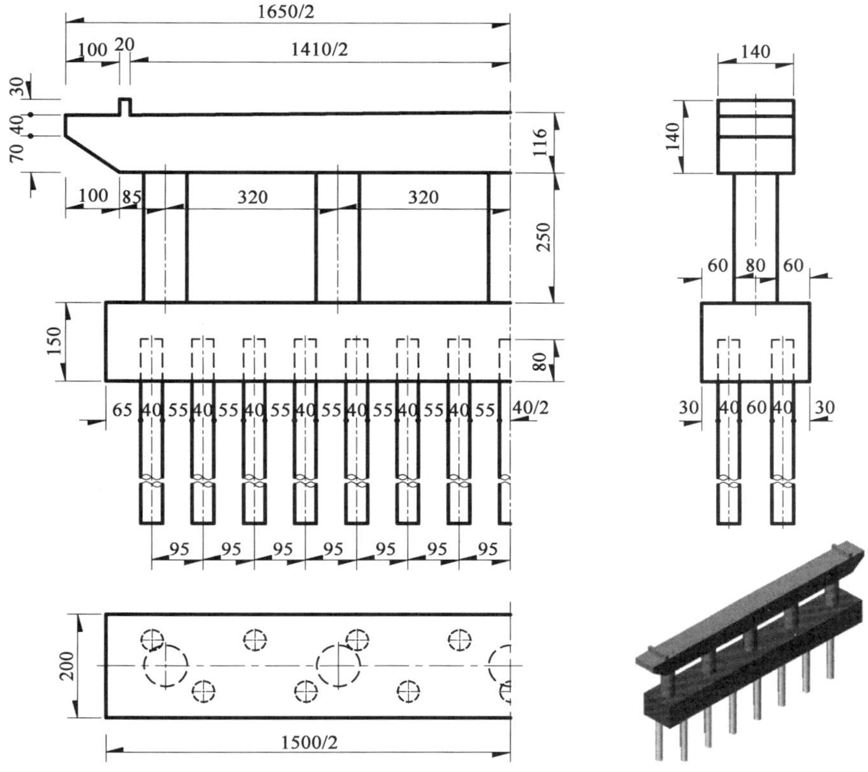

图 0-0-0-2 桥墩结构图(尺寸单位:cm)

引导问题 2 常见的手工绘图工具有哪些?

手工绘制工程图必须借助绘图工具,常用的绘图工具及仪器有图板、铅笔、丁字尺、三角板、比例尺、分规、圆规及曲线板等,如图 0-0-0-3 所示。

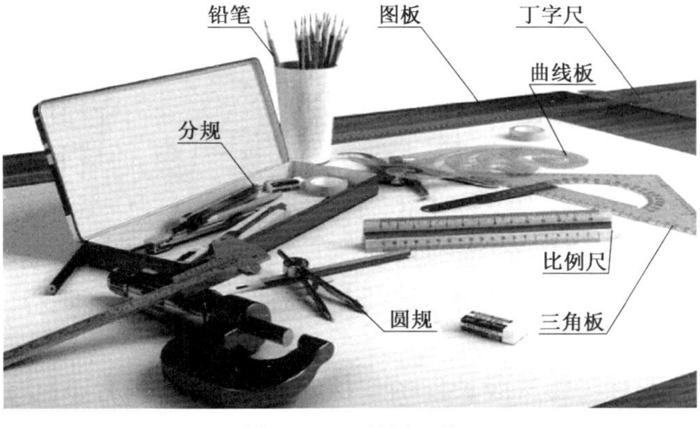

图 0-0-0-3 绘图工具

1. 图板

画图用的图板其板面应质地松软、光滑平整、有弹性，图板两端要平整，角边应垂直。图板按大小分为 0 号、1 号、2 号等不同规格，可根据所画图幅的大小而选定。

2. 铅笔

绘图使用的铅笔铅芯硬度用 B、HB、H 标明：B 表示较软而浓，"B"前面的数字越大则表示越软，主要用于画粗实线；H 表示较硬而淡，"H"前面的数字越大则表示越硬，主要用于画细实线；HB 表示软硬适中。画底稿时常用 H～2H 铅笔，描粗时常用 HB～2B 铅笔。

3. 丁字尺

丁字尺主要用来与图板配合画水平线。丁字尺由相互垂直的尺头和尺身构成。用丁字尺画水平线时，要始终保持尺头与图板左侧贴紧，铅笔应沿着尺身工作边从左向右画线，如水平线较多，则应从上向下逐条画出。

为了保证图线的准确，不允许用丁字尺的下边画线，也不允许将尺头靠在图板的上下边或右边画铅垂线或水平线。图 0-0-0-4 所示为用丁字尺画水平线的正确手势，图 0-0-0-5 所示为用丁字尺画垂直线的正确手势。

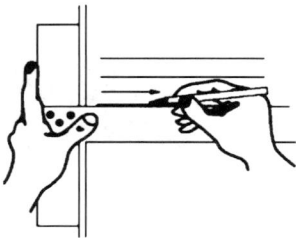

图 0-0-0-4　丁字尺的水平移动手势　　　　图 0-0-0-5　丁字尺的垂直移动手势

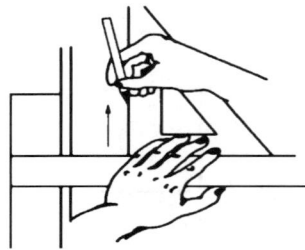

4. 三角板

三角板与丁字尺主要用来配合绘制铅垂线和某些角度的斜线，如 30°、45°、60°、75°等，如图 0-0-0-6 所示；另外还可用于绘制已知直线的平行线和垂直线，如图 0-0-0-7 所示。

a)　　　　　　　　　　b)　　　　　　　　　　c)

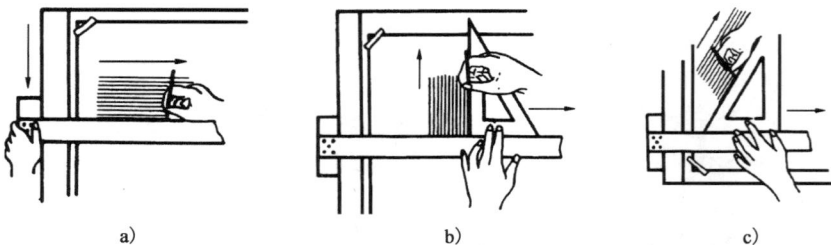

图 0-0-0-6　用三角板和丁字尺画水平线、铅垂线和特殊角度的倾斜线

5. 比例尺

在图样中，图示长度与实物实际长度的比值，称为比例。刻有不同比例的直尺称为比例尺。比例尺的式样很多，常用的有三棱尺（图 0-0-0-8），它的 3 个棱面上刻有 6 种比例，总体可

分为百分比例尺和千分比例尺两种。百分比例尺有 1∶100、1∶200 等比例,千分比例尺有
1∶1000、1∶2000等比例。比例尺上刻度所注数字的单位为米(m)。

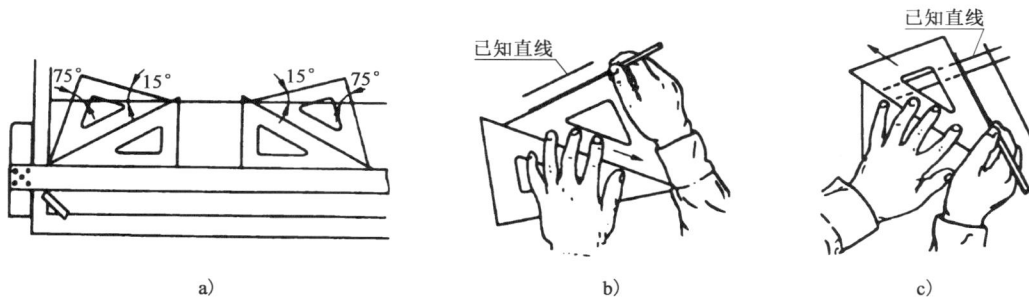

图 0-0-0-7　用三角板画已知直线的平行线和垂直线

图 0-0-0-8　三棱尺

　　值得注意的是,图形上所注的尺寸是指物体的实际大小,它与绘制比例无关。绘图时,将
实际尺寸按选定比例在相应的尺面上量取即可。

　　注意:比例尺不能作为直尺使用。

　　6. 分规、圆规

　　分规是截量长度和等分线段的工具,使用时应使两针尖接触对齐。圆规是用来绘制圆或
圆弧的仪器。分规、圆规的使用方法如图 0-0-0-9 所示。

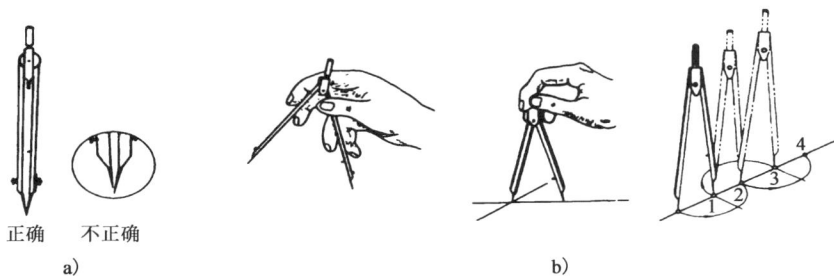

正确　　不正确
a)　　　　　　　　　　　　　　　　b)

图 0-0-0-9　分规、圆规的使用方法

　　7. 擦线板

　　擦线板是用来擦去绘制有误的图线的工具,是用透明胶片或金属片制成的(图0-0-0-10)。
使用时,选择适当形状的挖孔,框住图上需擦去的线条,左手压紧擦线板,再用橡皮擦去被框住
的线条,这样擦图的准确性很高,可避免误擦有用的图线。

　　8. 曲线板

　　曲线板是用来画非圆曲线的工具。在使用曲线板之前,必须先确定曲线上的若干控制点,
再分段画出,每次至少应有三点与曲线板相重合,绘制曲线的下一段时,曲线板的相应部位必

须与前一段中的两个点或一定长度相吻合,以保持线段的顺滑,如图0-0-0-11所示。

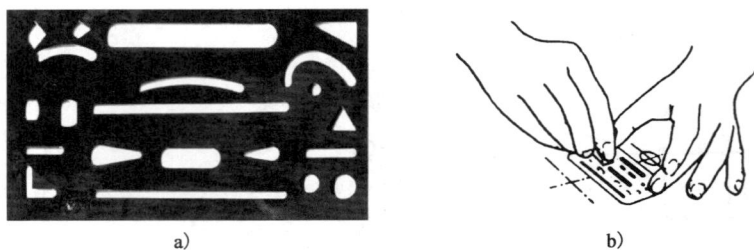

图0-0-0-10 擦线板的用法

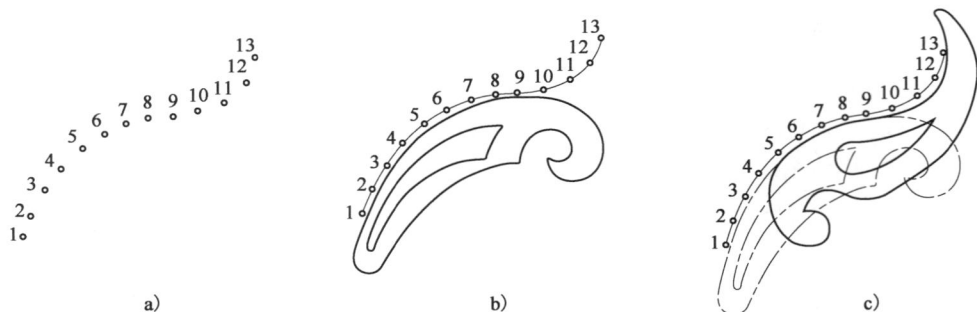

图0-0-0-11 用曲线板绘制非圆曲线

引导问题3 《道路工程制图标准》(GB 50162—1992)有哪些规定?

工程图是重要的技术资料,是施工的依据。为使工程图样符合设计、施工、存档的要求,便于技术交流,国家标准《道路工程制图标准》(GB 50162—1992)对图样的格式、内容和表达方法等作了统一规定,制图时必须严格遵守。

以下主要介绍《道路工程制图标准》(GB 50162—1992)对图幅、图线线型、字体、尺寸标注、图例等的有关规定,如图0-0-0-12所示。

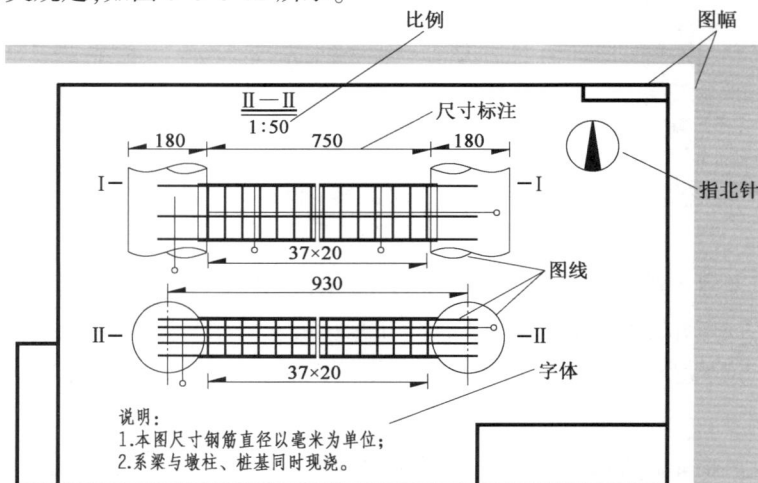

图0-0-0-12 标准示例

1. 图纸的幅面及格式

图幅及图框尺寸大小应按《道路工程制图标准》（GB 50162—1992）规定（表 0-0-0-1）执行，表中尺寸代号的含义如图 0-0-0-13 所示。

图纸基本幅面尺寸（mm）

表 0-0-0-1

尺寸代号	图 幅 代 号				
	A0	A1	A2	A3	A4
$b \times l$	841×1189	594×841	420×594	297×420	210×297
a	35			30	25
c	10				

注：表中 b 为幅面短边尺寸，l 为幅面长边尺寸，c 为图框线与幅面线间宽度，a 为图框线与装订边间宽度。

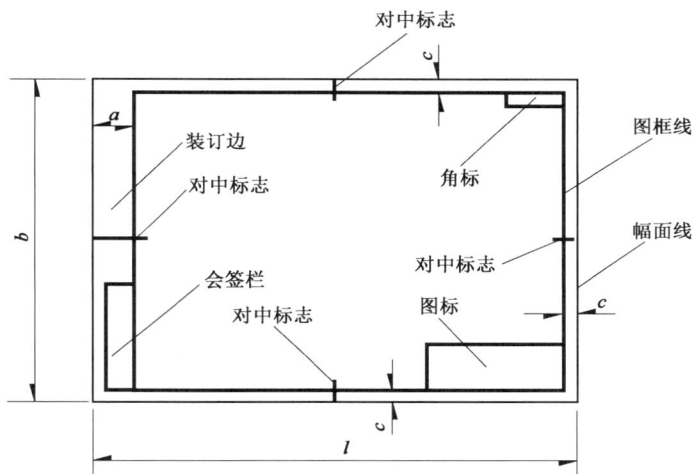

图 0-0-0-13　幅面格式

图框内右下角应绘标题栏，简称图标。《道路工程制图标准》（GB 50162—1992）规定的图标格式有 3 种，如图 0-0-0-14 所示。图标外框线线宽宜为 0.7mm，图标内分格线线宽宜为 0.25mm。

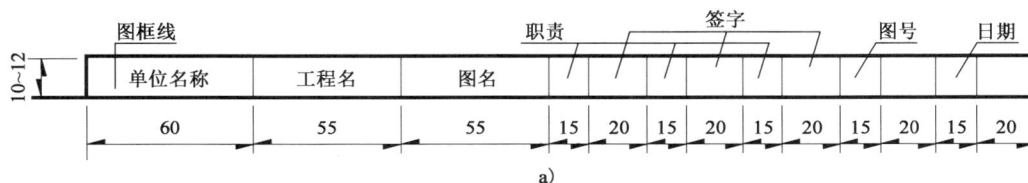

a)

图　0-0-0-14

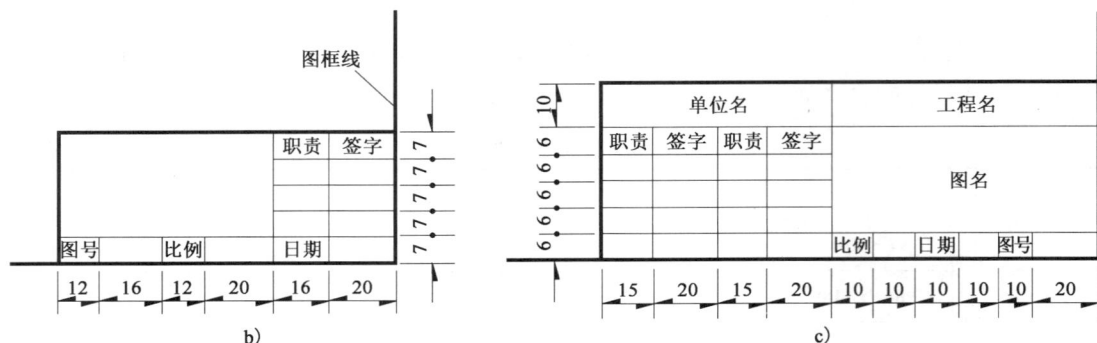

图 0-0-0-14　图标(尺寸单位:mm)

2. 比例

图样图示长度与实物实际长度的比值,称为比例,比例用阿拉伯数字书写。

《道路工程制图标准》(GB 50162—1992)中关于比例的规定可大致总结如下:当一幅图中比例完全相同时,可在图标中注明。当一幅图中出现不同比例时,比例应标注在视图图名的右侧,且字高比图名字高小一号或两号。当竖直方向与水平方向的比例不同时,可用 V 表示竖直方向比例,用 H 表示水平方向比例,如图 0-0-0-15 所示。绘图比例应采用整数,一般采用 10 的整倍数。比例的选择应根据图面布置合理、匀称、美观的原则,按图形大小及图面复杂程度确定,一般优先选用表 0-0-0-2 中的常用比例。

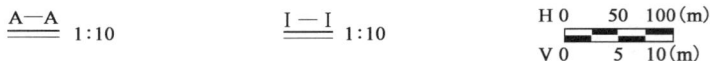

图 0-0-0-15　比例的标注

绘图所用的比例　　　　　　　　　　　　　　　　表 0-0-0-2

常用比例	1:1、1:2、1:5、1:10、1:20、1:30、1:50、1:100、1:150、1:200、1:500、1:1000、1:2000
可用比例	1:3、1:4、1:6、1:15、1:25、1:40、1:60、1:80、1:250、1:300、1:400、1:600、1:5000、1:10000、1:20000、1:50000、1:100000、1:200000

注意:当采用一定比例画图时,图样上标注的尺寸数字是结构物的实际尺寸,而与所采用的画图比例无关。

3. 字体

文字、数字或符号是工程图的重要组成部分。若字迹潦草,各写一套,会导致辨认困难或误解,甚至造成工程事故,给国家和个人带来损失,同时也影响图面的整洁美观。因此,要求图纸上的字体端正、笔画清楚、排列整齐,标点符号清楚正确,并且要求采用规定的工程字体和规定的字号书写。

汉字应采用国家公布的简化字,从左至右,横向书写,并应采用挺秀端正、粗细均匀的长仿宋体字,高宽比宜采用后如图 0-0-0-16 所示。《道路工程制图标准》(GB 50162—1992)中以字体高度代表字号, 汉字高度应不小于 3.5mm,其字高系列及字高与字宽的关系见表 0-0-0-3。

图 0-0-0-16　仿宋字例

长仿宋体字的高宽关系（mm）　　　　　　　　　　表 0-0-0-3

字高	20	14	10	7	5	3.5	2.5
字宽	14	10	7	5	3.5	2.5	1.8

　　要写好长仿宋体字,首先要熟悉基本笔画的特点和写法。我国的汉字多达十万个左右,但仅由 8 种基本笔画组成:横、竖、撇、捺、点、提、钩、折。书写长仿宋体字的要领是:横平竖直、起落分明、排列匀称、填满方格。

　　数字与字母的字体可采用直体或斜体,但同一册图纸中应一致。字母及数字若写成斜体,斜体字的倾斜度为与水平线呈75°倾斜角;若与汉字并列书写时,应写成直体字,如图 0-0-0-17 所示。当数字或字母与汉字同行书写时,其字高应比汉字小一号。图纸中分数不得用数字与汉字混合表示,如"1/5"不可写为"5 分之一"。

图 0-0-0-17　数字和字母字例

4. 线型

　　工程图中不同类型的图线在图样中可表达不同的内容,使读图人分清图中各线条的指示意义。工程图线型种类有实线、虚线、点划线、折断线、波浪线等,《道路工程制图标准》(GB 50162—1992)对线型及线宽的规定见表 0-0-0-4。

常用线型及线宽 表0-0-0-4

名　　称	线　型	线　宽
加粗粗实线	————————	$1.4 \sim 2.0b$
粗实线	————————	b
中粗实线	————————	$0.5b$
细实线	————————	$0.25b$
粗虚线	– – – – – – –	b
中粗虚线	– – – – – – – –	$0.5b$
细虚线	– – – – – – – –	$0.25b$
粗点划线	—·—·—·—·—	b
中粗点划线	—·—·—·—·—	$0.5b$
细点划线	—·—·—·—·—	$0.25b$
粗双点划线	—··—··—··—	b
中粗双点划线	—··—··—··—	$0.5b$
细双点划线	—··—··—··—	$0.25b$
折断线	———∿———	$0.25b$
波浪线	～～～～	$0.25b$

图线的宽度应符合《道路工程制图标准》(GB 50162—1992)中规定的线宽系列,即0.13、0.18、0.25、0.35、0.5、0.7、1.0、1.4、2.0(mm)。一般来说,每幅图线宽一般不宜超过3种,且互成一定的比例,即粗线:中粗线:细线 $=b:0.5b:0.25b$,见表0-0-0-5。绘图时,应根据图的复杂程度及比例大小,选用如表0-0-0-5所示的线宽组合。在同一张图纸内,相同比例的各图样应选用相同的线宽组合。图框线和标题栏线的宽度,应随图纸幅面的大小不同而不同,见表0-0-0-6。

线宽组合(mm) 表0-0-0-5

线宽类别	线宽系列(mm)				
b	1.4	1.0	0.7	0.5	0.35
$0.5b$	0.7	0.5	0.35	0.25	0.25
$0.25b$	0.35	0.25	0.18(0.2)	0.13(0.15)	0.13(0.15)

注:表中括号内的数字为代用的线宽。

图纸图框线和标题栏线的宽度(mm) 表0-0-0-6

图线幅面	图　框　线	标题栏外框线	标题栏分格线
A0、A1	b	$0.5b$	$0.25b$
A2、A3、A4	b	$0.7b$	$0.35b$

在图线的线型与线宽确定后,具体画图时还应注意如下事项。

(1)当虚线与虚线或虚线与实线相交时,相交处不应留空隙,应交于线段处,如图0-0-0-18a)所示。

（2）当实线延长线为虚线时,应该留有空隙,不得与实线连接,如图0-0-0-18b)左图所示。

（3）当点划线与点划线相交或点划线与其他图线相交时,交点应设在点划线的线段处,如图0-0-0-18b)右图所示。

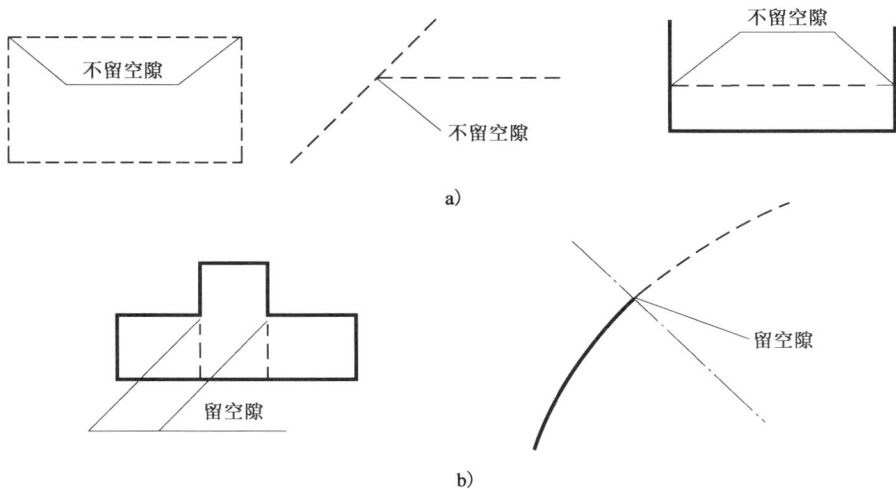

a)

b)

图 0-0-0-18　图线相交的画法

图线间的净距不得小于0.7mm,必要时可采用示意方法,局部放大比例。

5. 坐标

（1）为表示地区的方位和路线的方向,地形图上需画出坐标网格或者指北针。

（2）图纸上指北针标志的绘制如图0-0-0-19a)所示,圆的直径应为24mm,指针尾部的宽度为3mm,需用较大直径绘制指北针时,指针尾部宽度为直径的1/8。用网格表示坐标时,坐标网格应用细实线绘制,南北方向轴线代号为 X 轴,向北为坐标值增大方向;东西方向轴线代号为 Y 轴,向东为坐标值增大方向。坐标网格也可用十字代替,如图0-0-0-19b)左图所示。坐标控制点的标注,如"$X460.405/Y310.750$",表示该点在坐标原点向北460.405m,向东310.750m的位置。

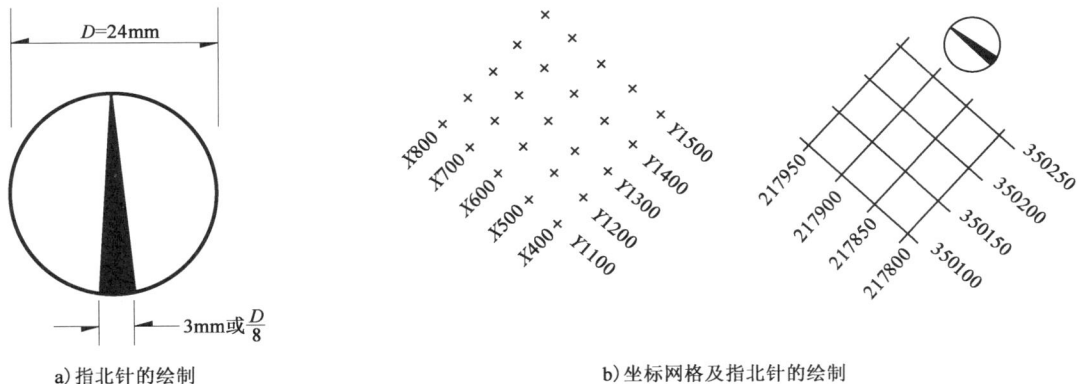

a)指北针的绘制

b)坐标网格及指北针的绘制

图 0-0-0-19　坐标网格及指北针的绘制

注意：

（1）当坐标数值位数较多时，可将前面相同数字省略，但应在图纸中说明；坐标数值也可采用间隔标注。

（2）坐标值的标注应靠近被标注点，书写方向应平行于对应的网格线，或在其延长线上。

（3）当需要标注的控制坐标点不多时，宜采用引出线的形式标注。引出线的水平线上、下分别标注 X 轴、Y 轴的代号及数值，如图 0-0-0-20 所示。

（4）当需要标注的控制坐标点较多时，图纸上可仅标注坐标点的代号，坐标数值可在适当位置列表示出。

（5）坐标数值的计量单位应采用米（m），并精确到小数点后三位。

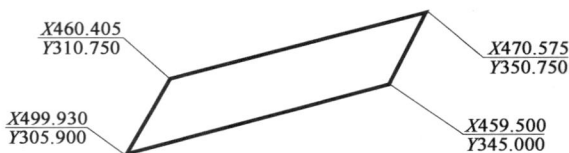

图 0-0-0-20　控制点坐标的标注

6.尺寸标注

工程图样要准确地表达工程结构物的形状、大小及技术要求，所以必须准确、完整和清晰地标注出工程结构物的实际大小，作为施工的依据。

1）尺寸的组成

一个完整的尺寸由尺寸界线、尺寸线、尺寸起止符、尺寸数字四部分组成，这四部分又称为尺寸的四要素，如图 0-0-0-21 所示。

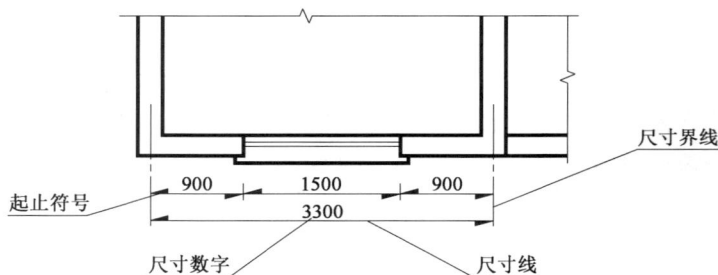

图 0-0-0-21　尺寸组成

2）尺寸标注的一般规则

（1）图上所有的尺寸数字是物体的实际大小，与绘图的比例无关。

（2）在道路工程图中，路线里程桩号以公里（km）为单位；高程、坡长和曲线要素以米（m）为单位；一般砖、石、混凝土等工程结构物以厘米（cm）为单位；钢筋和钢材断面尺寸以毫米（mm）为单位。图上尺寸数字之后不必注写单位，在注释中注明。

（3）尺寸界线应用细实线绘制，与被标注长度垂直，当标注有困难时，尺寸界线也可不垂直于被标注长度，但尺寸界线应互相平行，其一端应离开图形轮廓线不小于1mm，另一端宜超出尺寸线 1～3mm，如图 0-0-0-22 所示。

（4）尺寸线用细实线绘制,必须与被标注长度平行,且不宜超出尺寸界线,任何其他图线不得作为尺寸线。任何情况下图线不得穿过尺寸数字。相互平行的尺寸线应从被标注的图形轮廓线由近向远排列,平行尺寸线间的间距可在 5～15mm 之间,同一张图纸或同一图形上的这类间距大小应保持一致;分尺寸线应离轮廓线近,总尺寸线应离轮廓线远,如图 0-0-0-23所示。

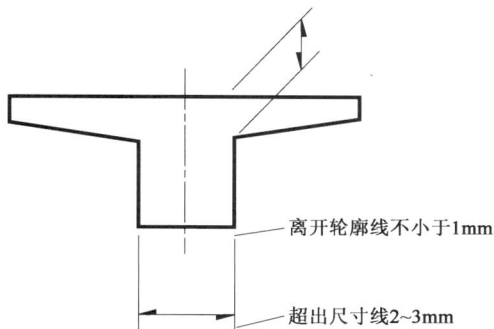

图 0-0-0-22　尺寸界线的标注

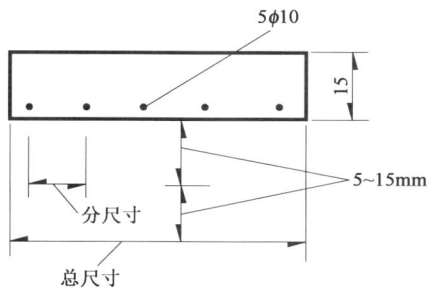

图 0-0-0-23　尺寸线的标注

（5）尺寸线与尺寸界线的相接点为尺寸的起止点,在起止点上应画尺寸起止符号。尺寸起止符号有如下表示方法:

①单边箭头表示:箭头在尺寸界线的右边时,应标注在尺寸线之上;反之,应标注在尺寸线之下。

②斜短线表示:尺寸起止符也可采用尺寸界线按顺时针旋转45°的倾斜方向,且长度为3mm 的中粗斜短线。

③小黑圆点表示:在连续表示的小尺寸中,也可在尺寸界线同一水平的位置,用黑圆点表示尺寸起止符,如图 0-0-0-24 所示。

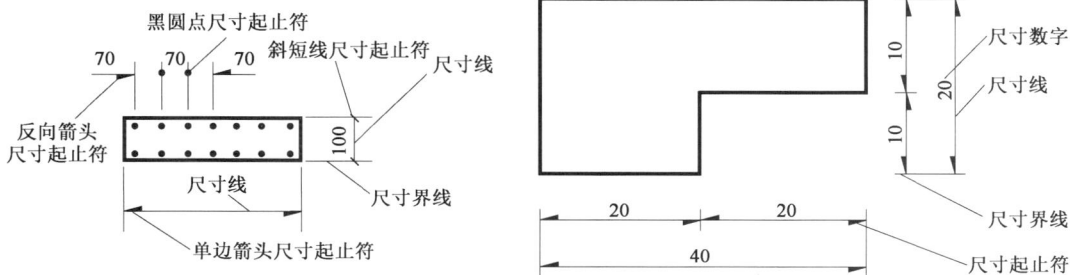

图 0-0-0-24　尺寸起止符号(尺寸单位:cm)

（6）尺寸数字应按规定的字体书写,字高一般为 3.5mm。尺寸数字一般标注在尺寸线中间的上方(水平方向)和左侧(竖直方向),字头向上和向左,应离尺寸线不大于 1mm。如没有足够的注写位置,最外边的尺寸数字可标注在尺寸界线外侧箭头的上方,中间相邻的尺寸数字可错开注写,也可引出注写。同一张图纸上,尺寸数字大小应相同,如图 0-0-0-25所示。

（7）引出线的斜线与水平线应采用细实线绘制，其交角可选用90°、120°、135°、150°，当需要文字说明时，可将文字标注在引出线的水平线上。当斜线有若干条时，各斜线宜平行或者交于一点，如图0-0-0-26所示。

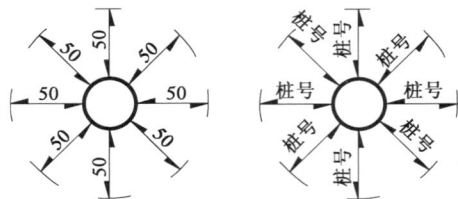

图0-0-0-25　尺寸数字、文字的标注

图0-0-0-26　引出线的标注

（8）大样图：当用大样图表示较小且复杂的图形时，其放大范围应在原图中用细实线绘制的圆或其他较规则的图形圈出，并用引出线标注名称，如图0-0-0-27所示。

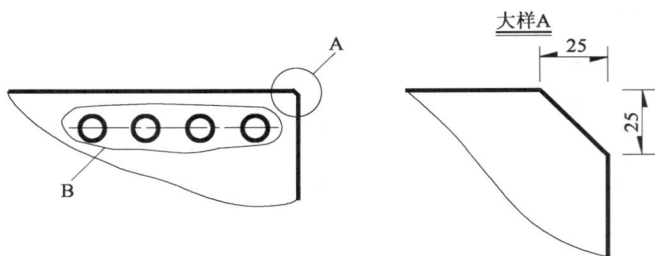

图0-0-0-27　大样图范围的标注

3）圆的标注（直径 ϕ、D 或 d，半径 R 或 r）

在标注圆的直径尺寸数字前面，应加注符号"ϕ"或"d"或"D"，在半径尺寸数字前面，应加注符号"r"或"R"，如图0-0-0-28a）所示。当圆的直径较小时，半径或直径可采用如图0-0-0-28b）所示的标注方法；当圆的直径较大时，半径尺寸的标注起点可不从圆心开始，如图0-0-0-28c）所示。

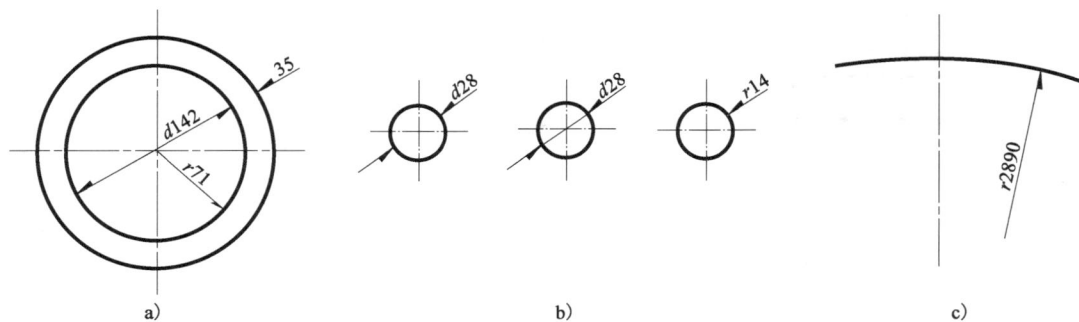

图0-0-0-28　半径与直径的标注

圆弧尺寸标注如图0-0-0-29a）所示，尺寸线应以与该圆弧同心的圆弧线表示，尺寸界线应指向圆心，起止符号用箭头表示，弧长数字上方应加注圆弧符号"⌒"。当弧长分为数段标注时，尺寸界线也可沿径向引出，如图0-0-0-29b）所示。标注圆弧的弦长时，尺寸线应以平行于

该弦的直线表示,尺寸界线应垂直于该弦,如图 0-0-0-29c)所示。

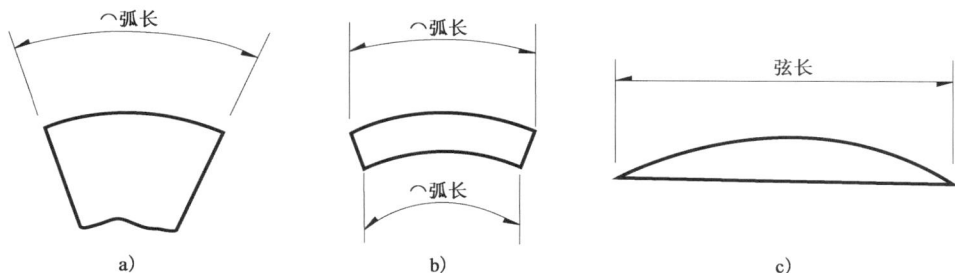

图 0-0-0-29　弧、弦的尺寸标注

4)球的标注($S\phi$ 或 SR)

标注球体的尺寸时,应在直径和半径符号前加"S",如"$S\phi$"或"SR",如图 0-0-0-30 所示。

5)角度的标注

角度的尺寸线应以圆弧表示,角的两条边为尺寸界线,起止符号应以箭头表示,如果没有足够的位置画箭头,可用圆点代替,角度数字应位于尺寸线中间的上方,当角度太小时,可将尺寸线标注在角的两条边的外侧,如图 0-0-0-31 所示。

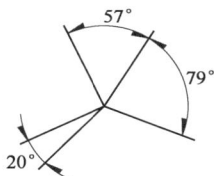

图 0-0-0-30　球的标注　　　图 0-0-0-31　角度的标注

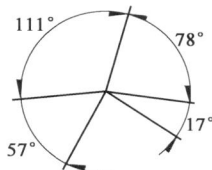

6)高程的标注

高程符号是用细实线绘制的等腰直角三角形,高为 2~3mm,底角为 45°,顶角指向被标注的高度,顶角向上、向下均可,如图 0-0-0-32 所示。数字宜标注在三角形的右侧。图形复杂时,可用引出线形式标注,高程数字一律以米(m)为单位,一般精确至小数点后三位。零点高程注为"±0.000",正数前不加"+"号,负数前一律加"-"号,如图 0-0-0-33 所示。

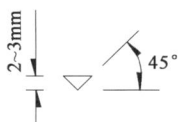

图 0-0-0-32　高程符号　　　　　　　　图 0-0-0-33　高程与水位的标注

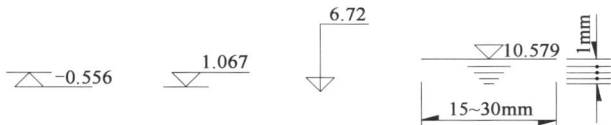

7)坡度标注

坡度的标注通常有两种方法

(1)用百分比表示:当坡度值较小时,宜用百分率表示,如图 0-0-0-34 中的"1.5%",并应标注下坡方向,符号由表示下坡方向的细实线、单边箭头以及在线上标注的百分数组成。路面横坡、纵坡均可用此种标注法。

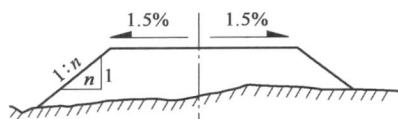

图 0-0-0-34 坡度的标注

（2）用比例表示：当坡度值较大时，宜用比例的形式表示，如图 0-0-0-34 中所示的"1：n"，"1"为竖直方向的高度值，"n"为水平方向的距离。路基边坡、挡土墙和桥墩墩身的坡度都可采用这种标注方法。

8）尺寸的简化标注

（1）连续排列的等长尺寸可采用"间距数×间距尺寸"的形式标注，如图 0-0-0-35 所示。

（2）两个相似的图形可以只绘制一个，未画出图形的尺寸数字可用括号表示。如有若干个相似图形，当尺寸数值不相同时，可用字母表示，其尺寸数值应在图幅的适当位置示出，如图 0-0-0-35所示。

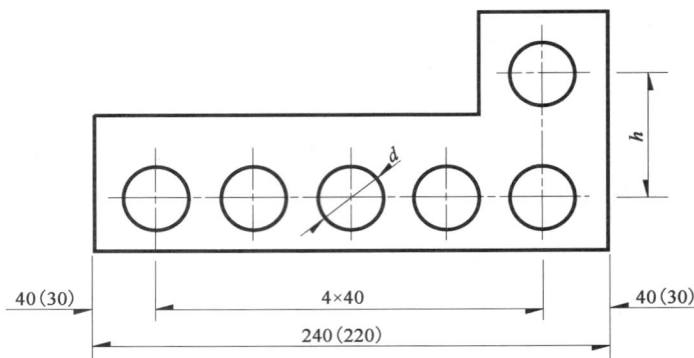

图 0-0-0-35 相同的图形要素的标注

💡引导问题4 手工绘图的大致步骤与方法是什么？

（1）准备工作。安排合适的绘图工作地点，准备好图板、丁字尺、三角板、绘制不同图线的铅笔，调整好圆规的针尖和铅芯，将各种用具放在适当的位置，如图 0-0-0-36 所示。

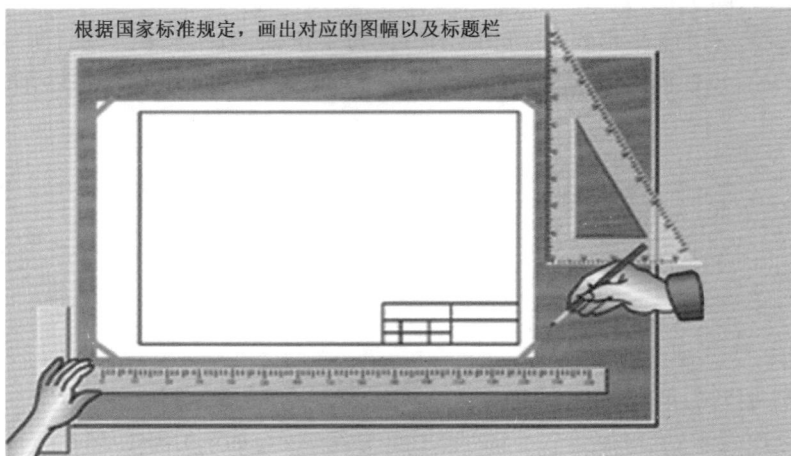

图 0-0-0-36 准备工作

（2）图形分析。分析所绘制的图形,明确平面图形各部分的关系。

（3）选择图形比例和图纸幅面。根据图形分析的结果,确定图纸幅面和绘图比例。在图板合适的位置上用胶带纸固定好图纸,并找出图纸的中心,按标准图幅的尺寸,绘制图框线和标题栏。

（4）图形布置。在图框内适当布置图形,考虑留出尺寸注写和文字说明的位置。考虑好如何布置图形之后,画出图形的基准线,如中心线、主要轮廓线等。

（5）绘制底稿。用较硬的铅笔绘制底稿。先画出图形的主要轮廓,再画细节。图形的底稿线绘制应细、轻、准。

（6）加深。底稿完成后要仔细检查,确认准确无误后,按平面图形标注尺寸的方法画出尺寸界线和尺寸线,然后按不同线型加深图线,图线应浓淡均匀。

（7）注写尺寸数字和文字说明,填写标题栏。

夯基强技

"夯基强技"内容见超星学习通平台。

学习评价与分析

评 价 项 目	评 价 标 准	参考分值(分)	得分(分)
认识制图工具	了解程度	10	
掌握制图标准	熟悉程度	50	
绘制标准 A3 图框及标题栏	规范程度	40	
小组之间 互相评价(50%)	课前预习 课中学习 (60 分)	1.课前预习,找出难点:10 分 2.课中完成课堂任务(评价项目):40 分 3.学习态度、职业素质考核(严谨细致):10 分	
	课后作业 (20 分)	1.规定时间内完成该学习任务平台上夯基强技内容 2.找出易错题、难题	
	小组代表展示 (20 分)	1.对出错多的题目或者难题进行讲解 2.总结各个题目考查的知识点	
教师评价(50%)		1.时间观念(考勤):10 分 2.学习态度(评价项目):80 分 3.表达能力:10 分	
课后学习总结			
学习收获			
不足之处			

绘制与识读工程构件

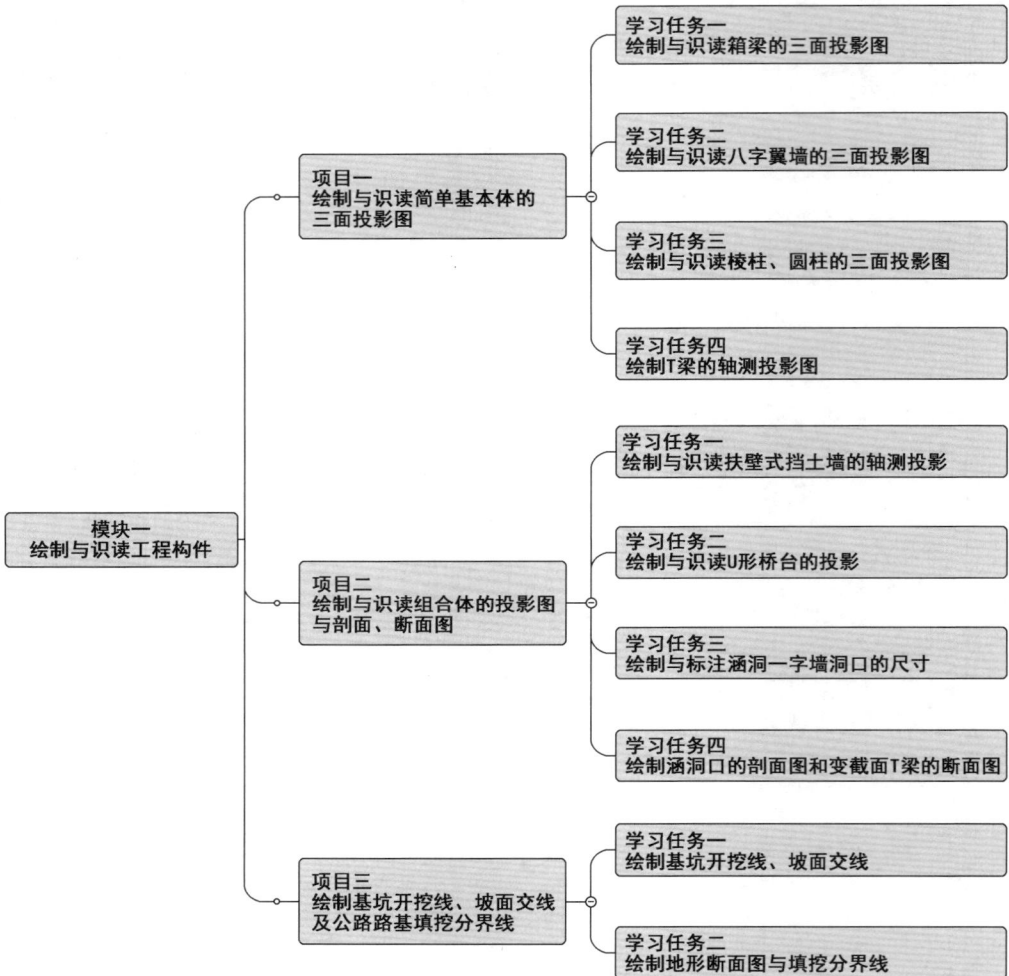

模块一
绘制与识读工程构件

项目一
绘制与识读简单基本体的
三面投影图

学习任务一
绘制与识读箱梁的三面投影图

学习任务二
绘制与识读八字翼墙的三面投影图

学习任务三
绘制与识读棱柱、圆柱的三面投影图

学习任务四
绘制T梁的轴测投影图

项目二
绘制与识读组合体的投影图
与剖面、断面图

学习任务一
绘制与识读扶壁式挡土墙的轴测投影

学习任务二
绘制与识读U形桥台的投影

学习任务三
绘制与标注涵洞一字墙洞口的尺寸

学习任务四
绘制涵洞口的剖面图和变截面T梁的断面图

项目三
绘制基坑开挖线、坡面交线
及公路路基填挖分界线

学习任务一
绘制基坑开挖线、坡面交线

学习任务二
绘制地形断面图与填挖分界线

项目一

绘制与识读简单基本体的三面投影图

学习任务一　绘制与识读箱梁的三面投影图

成影现象可以给我们这样的启示:假如光线有穿透能力,把物体的所有内外轮廓全部映射出来,以满足生产需要,这样就形成了投影体系。

专业图都是通过投影的方法而产生的,工程技术人员必须熟练掌握投影的原理和特性,包括平行投影的(特别是正投影)真实性、积聚性、平行性、从属性和定比性等特性以及三面投影图的形成和投影规律。学生应认真学习本任务相关知识,夯实基础,练好本领,在未来岗位上为国家建设发挥积极作用。

◎ 知识目标与能力目标

学习投影的基本概念及投影的三要素、投影法的分类、正投影法特性;理解并掌握三面投影体系的建立,三面投影的规律等。

通过学习,应该达到以下要求:

1. 掌握正投影法特性。
2. 会判断箱梁内室、外部轮廓投影的可见性。
3. 掌握物体的投影规律,能准确绘制三面投影图。

📝 学习任务描述与分析

图 1-1-1-1 所示为单箱单室箱梁断面图,箱梁梁高 2.2m,梁顶宽 12m,梁底宽 5.8m,中腹板厚 0.6m,顶板中部厚 0.45m,顶板翼缘厚 0.25m,底板厚 0.45m。

运用三面投影规律绘制箱梁的三面投影图(也称三视图),理解正投影特性,掌握三面投影规律,为学好本课程打好坚实的基础。

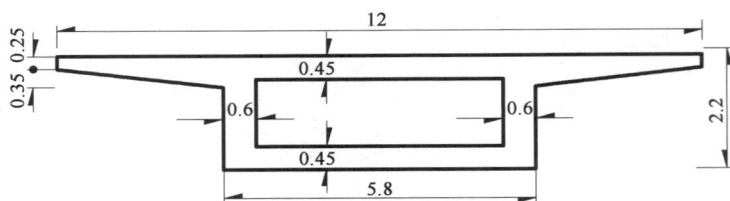

图 1-1-1-1　箱梁断面图(尺寸单位:m)

学习任务实施

明确任务：绘制箱梁的三面投影图,掌握正投影法特性及三面投影规律。

💡引导问题　如何绘制箱梁的三面投影图?

(1)根据箱梁断面图可知,箱梁的端面为特征面,先绘制箱梁端面外部轮廓的特征投影。

(2)根据"高平齐"的要求,绘制箱梁外部轮廓的立面投影。

(3)绘制一条45°辅助线,使箱梁的三面投影图满足"宽相等"的投影规律,完成箱梁外部轮廓的水平投影图绘制,如图1-1-1-2a)所示。

(4)绘制箱梁内室的侧面投影图。

(5)绘制箱梁内室其他面投影图。根据正投影法特性,不可见的轮廓线用虚线绘制。箱梁内室的立面投影和水平投影均不可见,故用虚线绘制。

箱梁三面投影图如图1-1-1-2b)所示。

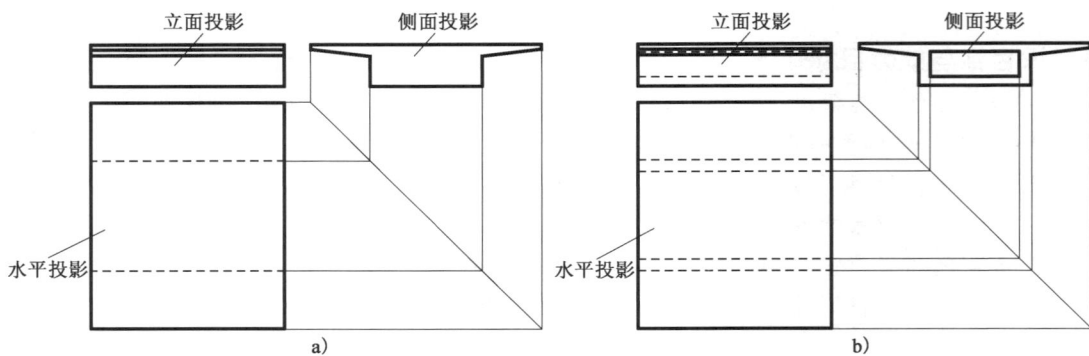

图 1-1-1-2　箱梁三面投影图

相关知识

知识点 1 投影的概念、投影法分类

想一想：比较图 1-1-1-3 中两图的区别。了解中心投影法与平行投影法的优缺点，掌握正投影的特性。

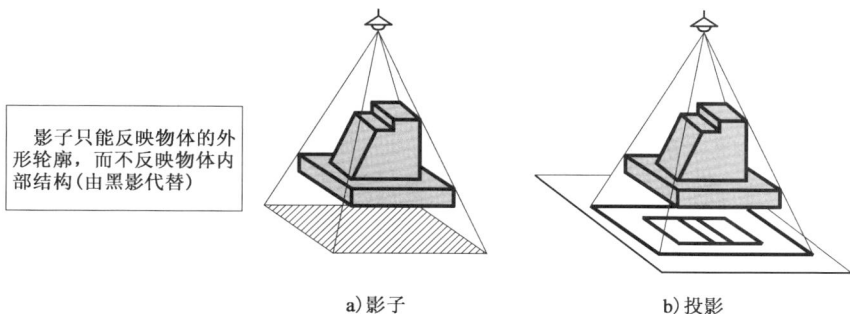

图 1-1-1-3 影子与投影的区别

a) 影子 b) 投影

> 影子只能反映物体的外形轮廓，而不反映物体内部结构（由黑影代替）

1. 投影的概念

物体在光线（灯光或阳光）照射下，会在地面上产生影子。图 1-1-1-3a) 所示是桥台在灯光的照射下所产生的影子，这种常见的自然现象被称为光学现象。当光线照射的角度或距离改变时，影子的位置、形状也随之改变。也就是说，光线、物体、影子之间存在着紧密的联系。

对光学现象进行科学抽象，即按照投影原理，把物体的所有内外轮廓和内外表面交线全部表示出来，且根据投射方向，凡可见的轮廓线画粗实线，不可见的轮廓线画虚线，物体的影子就发展成为能够满足生产需要的投影图，简称为投影，如图 1-1-1-3b) 所示。这种依据投影原理达到用二维平面图表示三维形体的方法，称为投影法。

投影具有三要素：投射线、投影面、投影。投射线与投影面的交点称为投影，如图 1-1-1-4 所示。

2. 投影法分类

根据投射线的不同情况，投影法可分为两大类：中心投影法和平行投影法。

1) 中心投影法

所有投射线都是从一点（投射中心）引出的，称为中心投影，如图 1-1-1-4 所示。

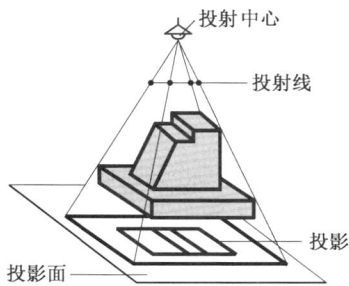

图 1-1-1-4 中心投影法

2) 平行投影法

所有投射线互相平行，称为平行投影。若投射线与投影面垂直，称为正投影，如图 1-1-1-5a) 所示；若投射线与投影面斜交，称为斜投影，如图 1-1-1-5b) 所示。大多数的工程图，都是采用正投影来绘制的。

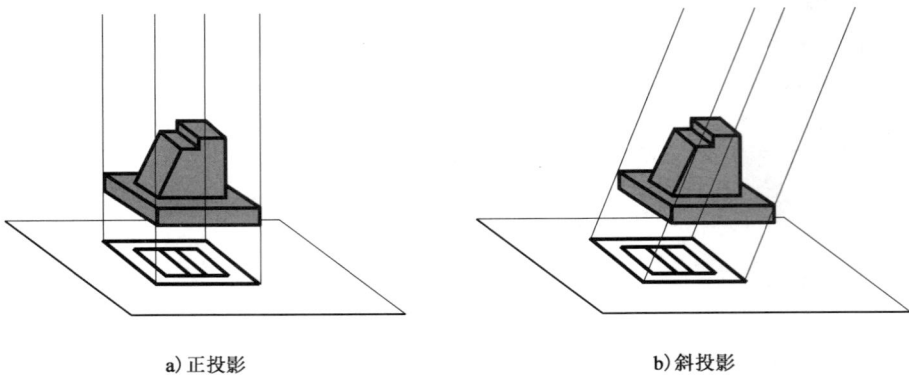

a)正投影　　　　　　　　　　　　　b)斜投影

图 1-1-1-5　平行投影法

知识点 2　正投影的特性

正投影是本书的重点,在此主要介绍正投影的特性。

1. 类似性(图 1-1-1-6)

正投影的类似性表现在以下方面:

(1)点的投影是点。

(2)直线的投影一般情况下仍为直线。当直线倾斜于投影面时,其正投影短于直线的实长。

(3)平面的投影一般情况下仍为平面。当平面倾斜于投影面时,其正投影形状与平面类似。

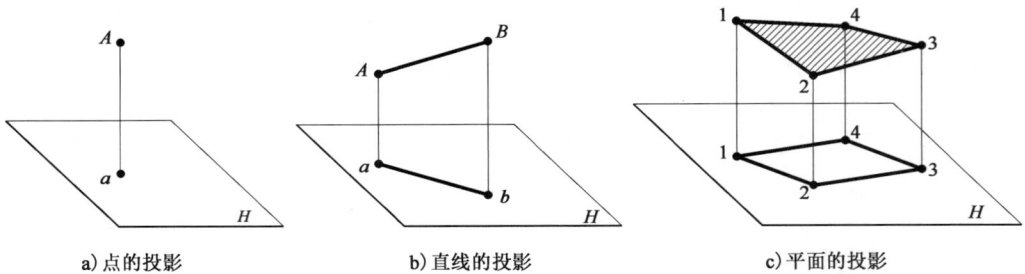

a)点的投影　　　　　　　　b)直线的投影　　　　　　　　c)平面的投影

图 1-1-1-6　点、线、面投影的类似性

2. 积聚性

垂直于投影面的直线,其投影积聚为一点;垂直于投影面的平面,其投影积聚为一条直线,如图 1-1-1-7 所示。

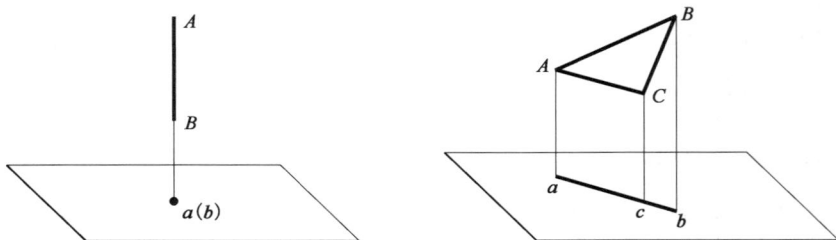

图 1-1-1-7　直线投影的积聚性

3. 实形性

平行于投影面的直线和平面,其投影反映实长和实形,如图 1-1-1-8 所示。

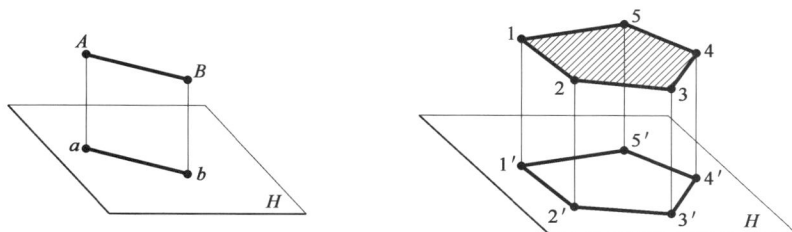

图 1-1-1-8 实形性

【同步训练 1-1-1-1】

请对积聚性和实形性进行比较,如图 1-1-1-9 所示。

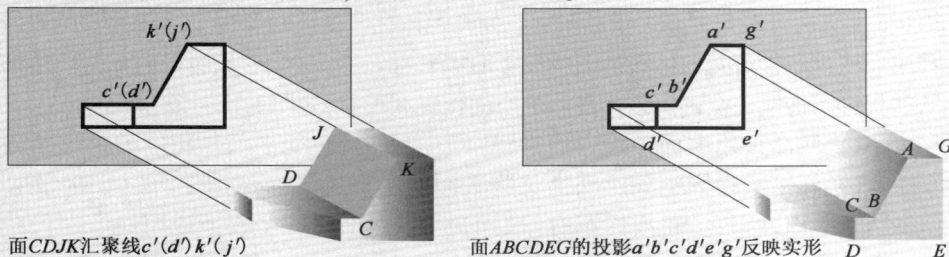

面CDJK汇聚线c'(d')k'(j')   面ABCDEG的投影a'b'c'd'e'g'反映实形

图 1-1-1-9 积聚性和实形性的比较

4. 从属性(相关资源见二维码 5)

(1)若点在直线上,则该点的投影必在该直线的投影上,如图 1-1-1-10 所示。

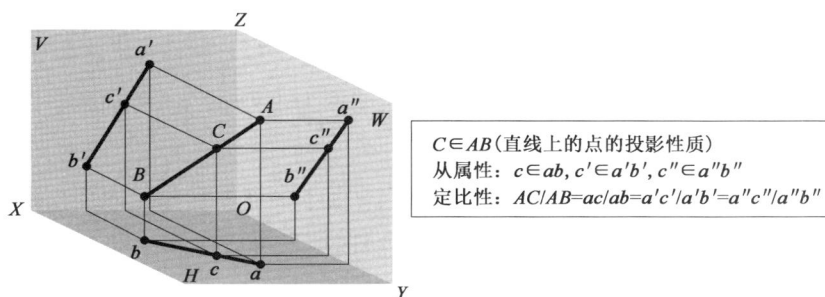

$C \in AB$(直线上的点的投影性质)
从属性:$c \in ab$, $c' \in a'b'$, $c'' \in a''b''$
定比性:$AC/AB = ac/ab = a'c'/a'b' = a''c''/a''b''$

图 1-1-1-10 点的投影定比性

(2)若点或直线在平面上,则该点或该直线的投影必在该平面的投影上。

5. 定比性

若点在直线上,点分线段之比等于点的投影分线段投影之比,如图 1-1-1-10 所示。

6. 平行性

空间相互平行的两直线,其投影仍相互平行;且空间长度之比等于投影长度之比,如图 1-1-1-11所示。

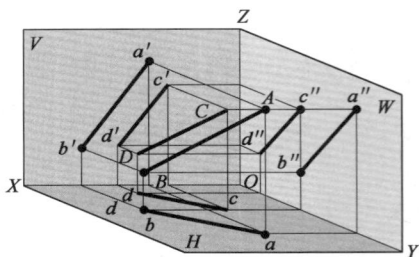

两平行直线的投影特性：
$AB//CD \rightarrow ab//cd, \ a'b'//c'd', \ a''b''//c''d''$
$AB/CD = ab/cd = a'b'/c'd' = a''b''/c''d''$

图 1-1-1-11　两平行直线投影的平行性

知识点 3　工程中常见的几种图示法

图示工程结构物时，由于表达的目的和被表达对象特征的不同，需要采用不同的图示方法。常用的投影方法有多面正投影法、轴测投影法、透视投影法和高程投影法。

1. 多面正投影法

由多面正投影法可得到多面正投影图。空间几何体在两个或两个以上互相垂直的投影面上进行正投影，然后将这些带有几何体投影图的投影面展开在一个平面上，从而得到几何体的多面正投影图，由这些投影图便能完全确定该几何体的空间位置和形状，如图 1-1-1-12a）所示。

优点：作图简便。采用多面正投影法时，常将几何体的主要平面与相应的投影面调整至相互平行位置，这样画出的投影图能反映出这些平面的实形，因此，从图上可以直接量取空间几何体的许多尺寸。由此可见，正投影图有很好的度量性，所以在工程上应用最广。

缺点：无立体感，直观性差。

2. 轴测投影法

轴测投影采用单面投影图，是平行投影的一种。它是把物体按平行投影法投射至单一投影面上所得到的投影图，如图 1-1-1-12b）所示。

优点：轴测投影的特点是轴测投影图可以同时反映几何体长、宽、高三个方向上的形状，富有立体感，直观性好。

缺点：不能完整表达物体的形状，度量性差，只能作为工程上的一种辅助视图。

3. 透视投影法（中心投影法）

透视投影法即中心投影法，如图 1-1-1-13 所示。由于透视图和照相原理相似，图像接近于视觉映像，逼真、直观性强，是常用于展览、比较不同设计方案的视图。近年来，透视图在高速公路设计中应用较广，是公路设计的依据之一。

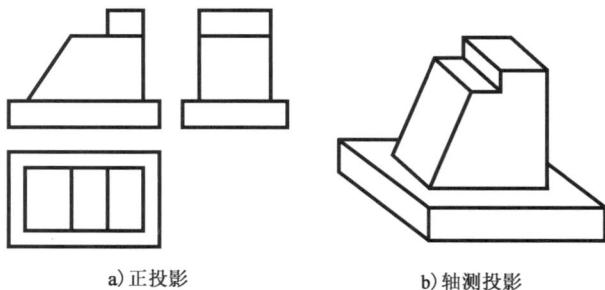

a）正投影　　　　　b）轴测投影
图 1-1-1-12　正投影与轴测投影

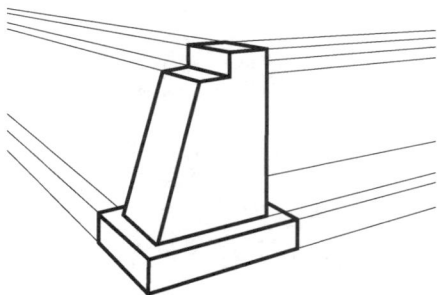

图 1-1-1-13　透视图

优点:直观性很强。

缺点:绘制较繁杂,不能直接反映物体的真实大小,不便度量。

4.高程投影法(地形图法)

高程投影是一种带有数字标记的单面正投影,常用于表示不规则曲面。假定某一山峰被一系列的水平面所切割,用标有高程数字的截交线(等高线)来表示地面的起伏,即为高程投影法,如图1-1-1-14所示。用这种方法画出的图称为地形图,在工程上被广泛应用。

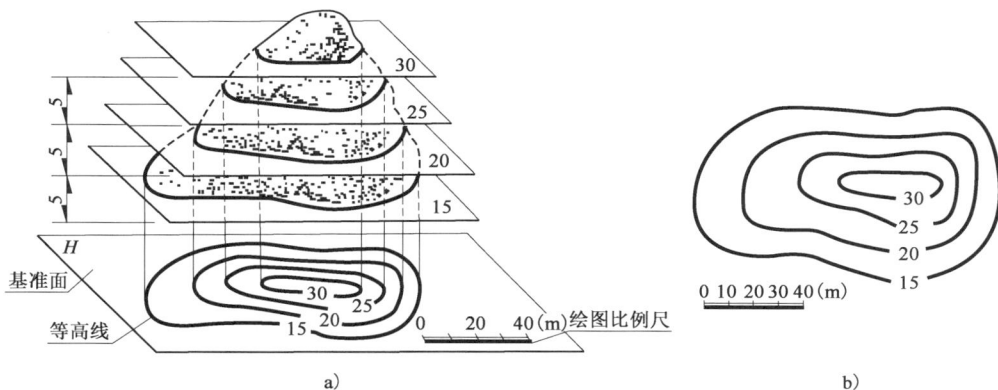

图 1-1-1-14 高程投影图

知识点 4 三面正投影

想一想:如图1-1-1-15所示,四个形状不同的形体,在同一投影面上的投影却是相同的。这说明根据形体的一个投影图,往往不能确定形体的空间形状。因此,一般把形体放在三个互相垂直的投影面所组成的三面投影体系中进行投影。学习基本体的三面投影,可为学习组合体的三面投影打下基础。

1.三面投影体系的建立及其名称

把形体放在三个互相垂直的平面所组成的三面投影体系中进行投影,如图1-1-1-16所示。三个投影面分别为:水平放置的平面称为水平投影面,用字母 H 表示,简称 H 面;正对观察者的平面称为正立投影面,用字母 V 表示,简称 V 面;观察者右侧的平面称为侧立投影面,用字母 W 表示,简称 W 面。三个投影面两两垂直相交构成三条投影轴 OX、OY、OZ,三条投影轴垂直相交于 O 点,称为原点。

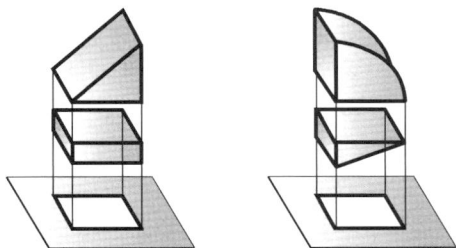

图 1-1-1-15 一个投影图不能确定形体的空间形状

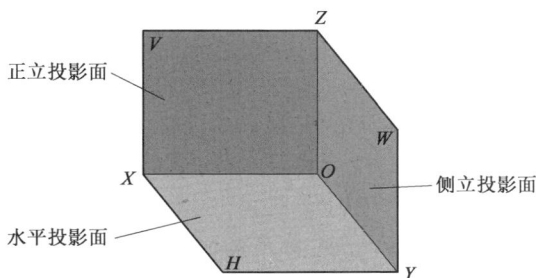

图 1-1-1-16 三面投影体系

2.三面投影图的形成

在三面投影体系中,将形体置于观察者和投影面之间,形体靠近观察者的一面称为前面,反之为后面,依此定出上、下、左、右四个面。将形体分别向三个投影面投射,得到形体的三面投影图,如图 1-1-1-17 所示。

(1)由上向下投射,在 H 面上得到的投影图,称为水平投影图,简称 H 面投影。

(2)由前向后投射,在 V 面上得到的投影图,称为正立面投影图,简称 V 面投影。

(3)由左向右投射,在 W 面上得到的投影图,称为侧立面投影图,简称 W 面投影。

得到的 H、V、W 面的三个投影图就是形体最基本的三面投影图。根据形体的三面投影图,可以确定形体的空间位置和形状。

为了使三面投影图能画在同一张图纸上,需把三个投影面展开,置于同一平面上。《道路工程制图标准》(GB 50162—1992)对展开方法作出规定:V 面不动,将 H 面绕 OX 轴向下旋转90°,W 面绕 OZ 轴向右旋转90°,就可以使它们与 V 面同在一个平面上,如图 1-1-1-18 所示。

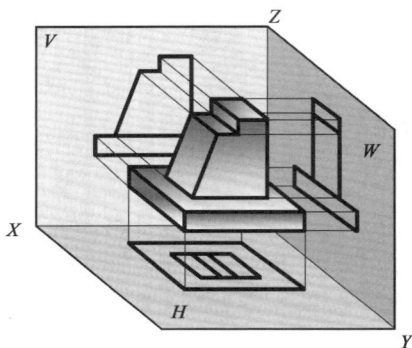

图 1-1-1-17 三面投影图的形成

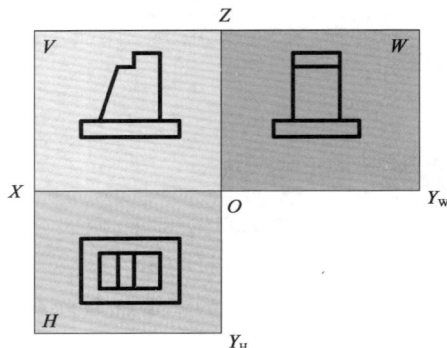

图 1-1-1-18 三投影面的展开

3.三面投影图的投影关系

三面投影图之间是密切相关的,它们的关系主要表现在度量和相互位置上的联系。

1)投影中的长、宽、高和方位关系

每个形体都有长度、宽度、高度或左右、前后、上下三个方向的形状和大小特征。形体左右两端点之间平行于 OX 轴的距离为长度;上下两端点之间平行于 OZ 轴的距离为高度;前后两端点之间平行于 OY 轴的距离为宽度。

每个投影图只反映其中两个方向的度量关系:H 面投影反映长度和宽度,即左右(X 轴)、前后(Y 轴)方向的关系;V 面投影反映长度和高度,即左右(X 轴)、上下(Z 轴)方向的关系;W 面投影反映高度和宽度,即上下(Z 轴)、前后(Y 轴)方向的关系。

2)投影图的三等关系

三面投影图中,V、H 两面投影都反映形体的长度,展开后所反映形体的长度不变,因此必须左右对齐,即有"长对正"的关系;同理,H、W 两面投影都反映形体的宽度,有"宽相等"的关系;V、W 两面投影都反映形体的高度,有"高平齐"的关系。以上称为"三等关系"。

"长对正,高平齐,宽相等"不仅适用于整个形体的投影,也适用于形体每个局部的投影,如图 1-1-1-19 所示。

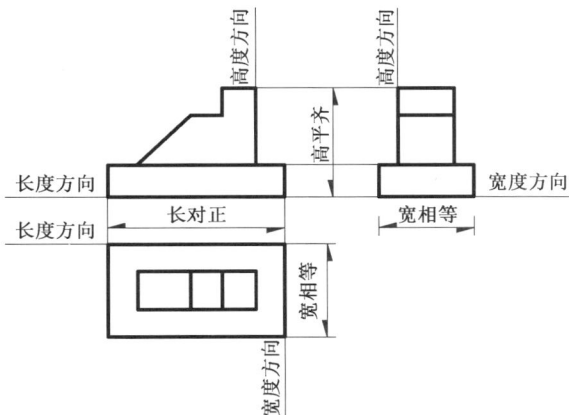

图 1-1-1-19　投影规律

3)投影位置的配置关系(图 1-1-1-20)

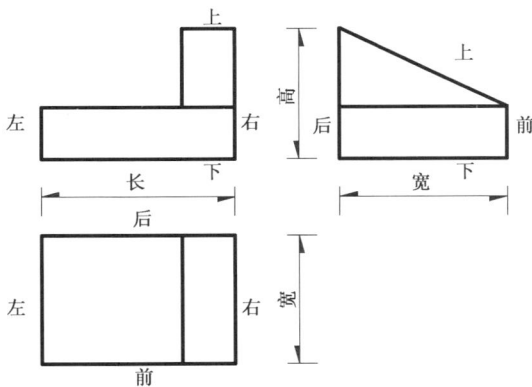

图 1-1-1-20　形体三视图的位置对应关系

根据三个投影面的相对位置及展开的规定,三面投影图的位置关系是:以正面投影图为准,水平投影图在正面投影图的正下方,侧面投影图在正面投影图的正右方。这种配置关系不能随意改变。

夯基强技

"夯基强技"内容见超星学习通平台。

学习评价与分析

评 价 项 目	评 价 标 准	参考分值(分)	得分(分)
绘制与识读箱梁	正确性和熟练程度	40	
夯基强技	熟悉程度	60	
小组之间 互相评价(50%)	课前预习 课中学习 (60分)	1.课前预习,找出难点:10分 2.课中完成课堂任务(评价项目):40分 3.学习态度、职业素质(严谨细致)考核:10分	
	课后作业 (20分)	1.规定时间内完成该学习任务平台上夯基强技内容 2.找出易错题、难题	
	小组代表展示 (20分)	1.对出错多的题目或者难题进行讲解 2.总结各个题目考查的知识点	
教师评价(50%)		1.时间观念(考勤):10分 2.学习态度(评价项目):80分 3.表达能力:10分	
课后学习总结			
学习收获			
不足之处			

学习任务二　绘制与识读八字翼墙的三面投影图

点、直线和平面是构成基本体的基本元素,是正投影法基本理论中最基础的部分。我们将首先讨论点、直线、平面在三面投影体系中的投影规律及三面投影图的作图原理和方法;引导初学者逐步形成点、直线、平面的三维空间概念,培养空间想象能力。

◎ 知识目标与能力目标

学习点、直线、平面投影的基本概念及投影特性等。

通过学习,应该达到以下要求:

1.掌握点的投影规律,能根据两点的投影判断其空间相对位置,能判断重影点的可见性。

2.掌握直线的投影特性,能判断直线的空间位置及两直线之间的相对位置。

3.掌握平面的表示方法及投影特性,能判断平面的空间位置。

✍ 学习任务描述与分析

图1-1-2-1所示为八字翼墙的三面投影图和立体图。 八字翼墙是最常用的工程结构物,它有6个面,上表面为侧垂面,下表面为水平面,前后表面为投影面平行面,左侧面为一般位置平面,右侧平面为铅

垂面。 本学习任务通过重点讨论八字翼墙的点、直线、平面在三面投影体系中的投影规律、作图原理和方法，使学生建立起关于点、线、面在空间的位置和相互关系的概念，提升学生的空间分析能力，为学好本课程打好坚实的基础。

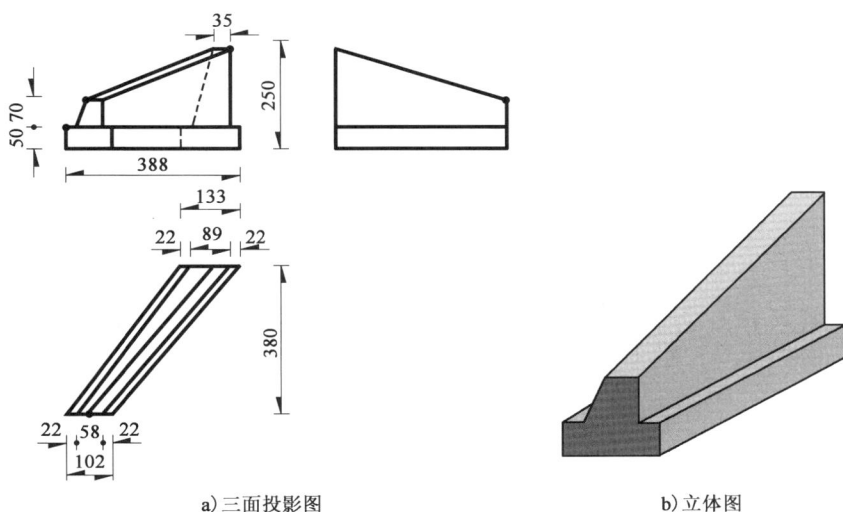

a）三面投影图   b）立体图

图 1-1-2-1　八字翼墙三面投影图与立体图

学习任务实施

一、点的投影

【同步训练 1-1-2-1】

已知八字翼墙的三面投影［图 1-1-2-1a)］，根据正投影法特征以及物体三面投影规律，找出图 1-1-2-2a)中 B、C、D 点的其他面投影，并总结点的投影规律。

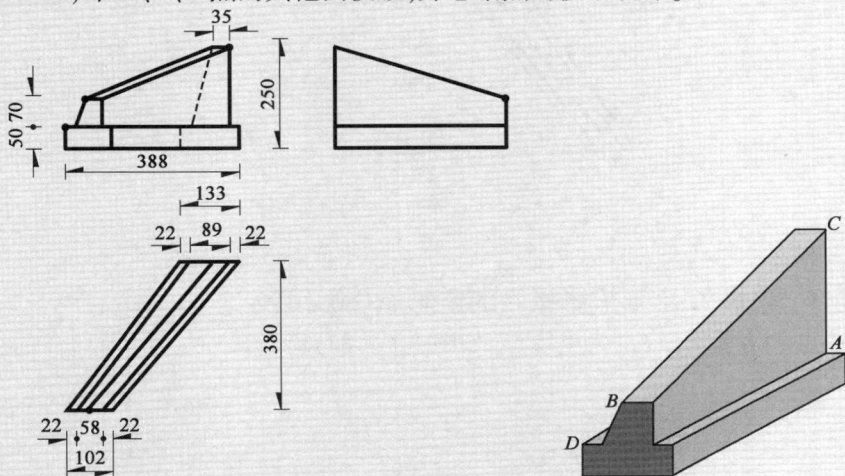

图 1-1-2-2a)　八字翼墙三面投影图与立体图

💡**引导问题1　如何找出点 B、C、D 的其他面投影，并总结点在各面的投影规律？**

点 B、C、D 的其他面投影,如图 1-1-2-2b) 所示,投影规律可以总结为:结构体上同一点在不同面上投影的连线垂直于对应的轴线。

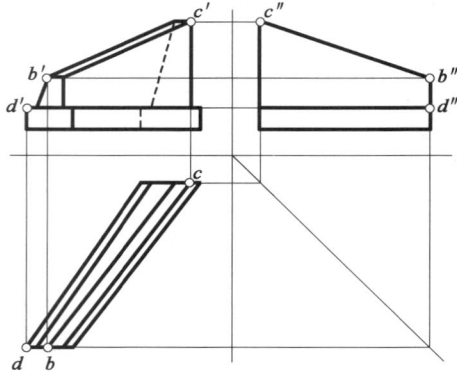

图 1-1-2-2b)　点 B、C、D 的其他面投影

💡**引导问题2　点 B 和点 C 的空间相对位置关系如何？**

在投影体系中,点 B 的 X 轴坐标大于点 C;Y 轴坐标大于点 C;Z 轴坐标小于点 C。因此,点 B 位于点 C 的左、前、下方,如图 1-1-2-2c) 所示。

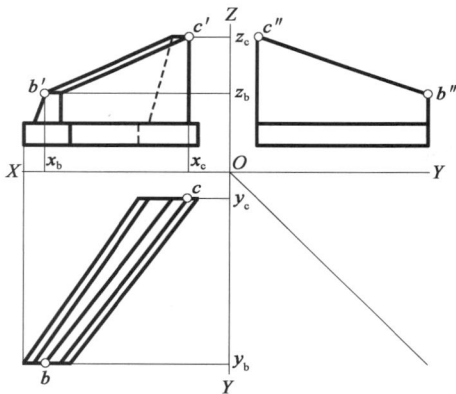

图 1-1-2-2c)　点 B 和点 C 的空间位置

💡**引导问题3　与点 C 水平投影重合的重影点在哪里？**

A 点与 C 点水平投影重合,为重影点,如图 1-1-2-2d) 所示。

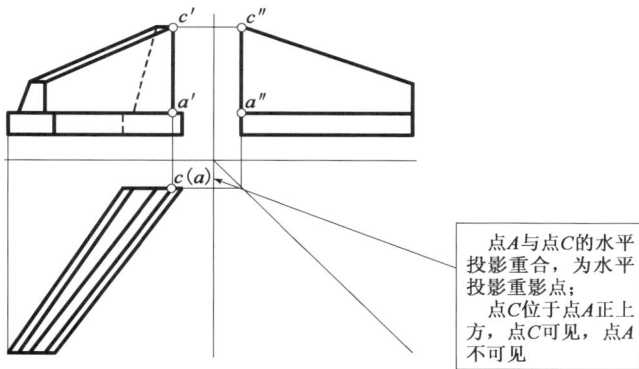

点A与点C的水平投影重合，为水平投影重影点；
点C位于点A正上方，点C可见，点A不可见

图1-1-2-2d) 重影点

💡**引导问题4 以八字翼墙基础右端点为原点，点 B、C 的坐标是多少？**

点 B 的坐标为 $(343,380,120)$，点 C 的坐标为 $(57,0,250)$，如图 1-1-2-2e) 所示。

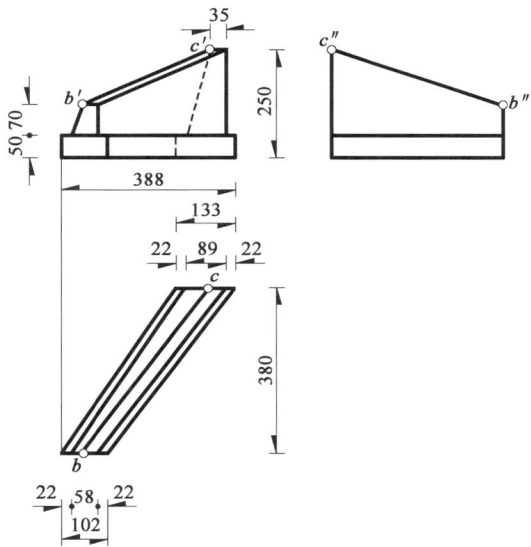

图 1-1-2-2e) 投影与坐标

二、直线的投影

根据正投影法特性以及形体三面投影规律，找出图 1-1-2-3a) 中直线 AC、CD、BC 的其他面投影，并总结直线的投影规律，结合三面投影图判断图中直线的空间位置。

💡**引导问题1 找出直线 AC、CD、BC 的其他面投影，总结直线的投影规律。**

根据点的投影规律，分别求 A、B、C、D 点的其他面投影，同名投影点相连得到 AC、CD、BC 直线的其他面投影，如图 1-1-2-3b) 所示。

引导问题2 根据直线 *AC*、*CD*、*BC* 的三面投影，判断直线 *AC*、*CD*、*BC* 在空间与各投影面中是何种位置关系。

直线 *AC* 的水平投影平行于 *X* 轴,侧面投影平行于 *Z* 轴,不沿 *Y* 轴延伸,故直线 *AC* 平行于 *V* 面,为正平线;直线 *CD* 的水平投影平行于 *X* 轴,侧面投影积聚为一点,故直线 *CD* 垂直于 *W* 面,为侧垂线;直线 *BC* 的水平投影、正面投影、侧面投影均为一条斜线,故直线 *BC* 既不平行于投影面,也不垂直于投影面,为一般位置直线,如图 1-1-2-3c) 所示。

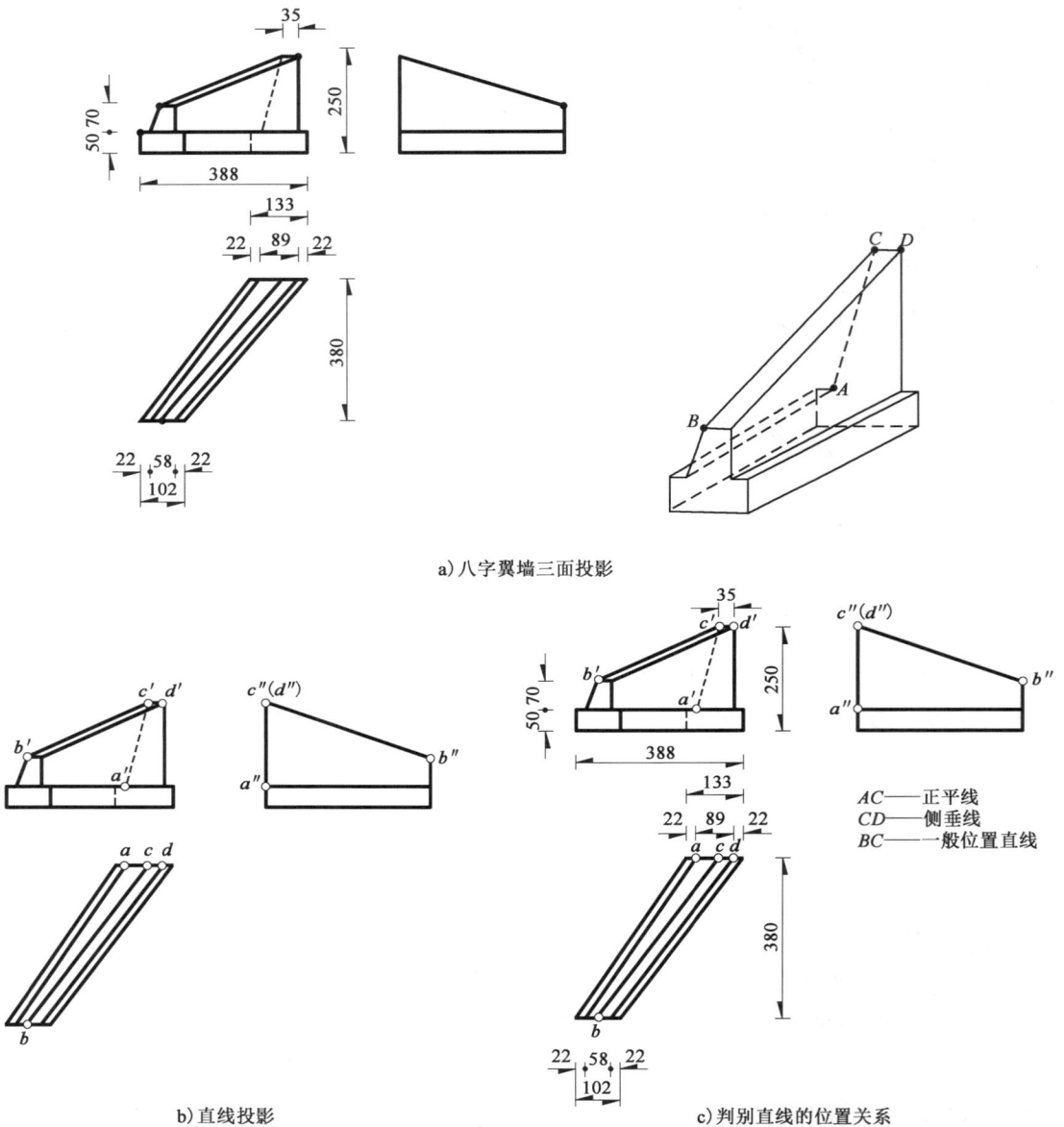

a) 八字翼墙三面投影

AC——正平线
CD——侧垂线
BC——一般位置直线

b) 直线投影

c) 判别直线的位置关系

图 1-1-2-3 直线的投影

三、面的投影

根据正投影法特性以及形体三面投影规律,找出图 1-1-2-4a)中平面 P、平面 Q、平面 1234 的其他面投影,学习各种位置平面的投影规律,结合三面投影图判断图中平面的空间位置。

💡**引导问题 平面 P、平面 Q、平面 1234 与投影面是何种位置关系?**

根据形体的三面投影性质,分别得到平面 P、平面 Q、平面 1234 的其他面投影,如图 1-1-2-4b)所示,判断平面 P 的侧面投影为一条积聚性直线,为侧垂面;平面 Q 的其他面投影均为平行于坐标轴的直线,为正平面;平面 1234 的三个投影面的投影均为类似形状,为一般位置平面。

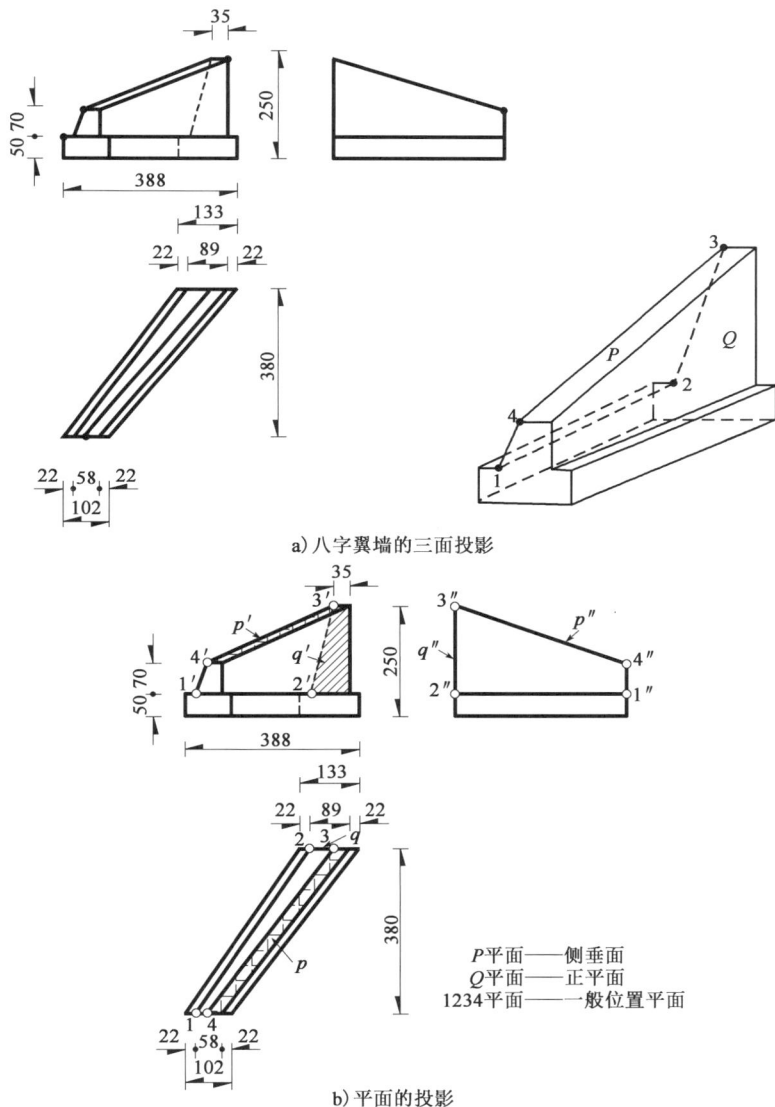

a) 八字翼墙的三面投影

P 平面——侧垂面
Q 平面——正平面
1234 平面——一般位置平面

b) 平面的投影

图 1-1-2-4 八字翼墙的三面投影和平面投影

(举一反三案例详见平台资源。)

相关知识

知识点 1 点的投影规律

在三面投影体系中,绘制图 1-1-2-5 所示空间点的投影, 展开投影面后得点的三面投影。

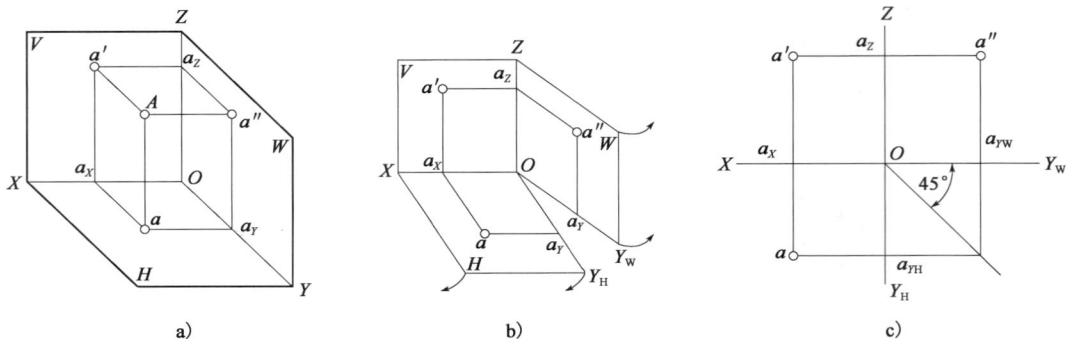

图 1-1-2-5 点的三面投影

由空间点 A 分别向 H、V 和 W 面投射,可得到点 A 的水平投影 a、正面投影 a' 和侧面投影 a'', 投影面展开后得点的三面投影图。

1. 点的投影规律

(1)**垂直规律**:$aa' \perp OX$,$a'a'' \perp OZ$,$aa'' \perp OY$。

点的 V 面投影与 H 面投影的连线垂直于 OX 轴,点的 V 面投影与 W 面投影的连线垂直于 OZ 轴,点的 H 面投影与 W 面投影的连线垂直于 OY 轴,即两投影的连线必垂直于相应的投影轴。

(2)**相等规律**:点的投影到投影轴的距离,反映点到相应投影面的距离。即:

$aa_X = a''a_Z = Aa'$,反映 A 点到 V 面的距离。

$a'a_Z = aa_Y = Aa''$,反映 A 点到 W 面的距离。

$a'a_X = a''a_Y = Aa$,反映 A 点到 H 面的距离。

2. 特殊位置点的投影

想一想:图 1-1-2-6 中有几种特殊点? 其投影有何特点?

(1)位于投影面上的点。当点的三维坐标中的某一维坐标值为零时,则该点在某一个投影面上。如图 1-1-2-6a)所示的 A、B、C 点:点 A 在 H 面上、点 B 在 V 面上、点 C 在 W 面上。

(2)位于投影轴上的点。当点的三维坐标中的某两维坐标值为零时,则该点在某一个投影轴上,其一个投影在投影轴上,另两个投影在坐标原点上,如图 1-1-2-6b)所示的 D、E、F 点。

a) 投影面上的点

b) 投影轴上的点

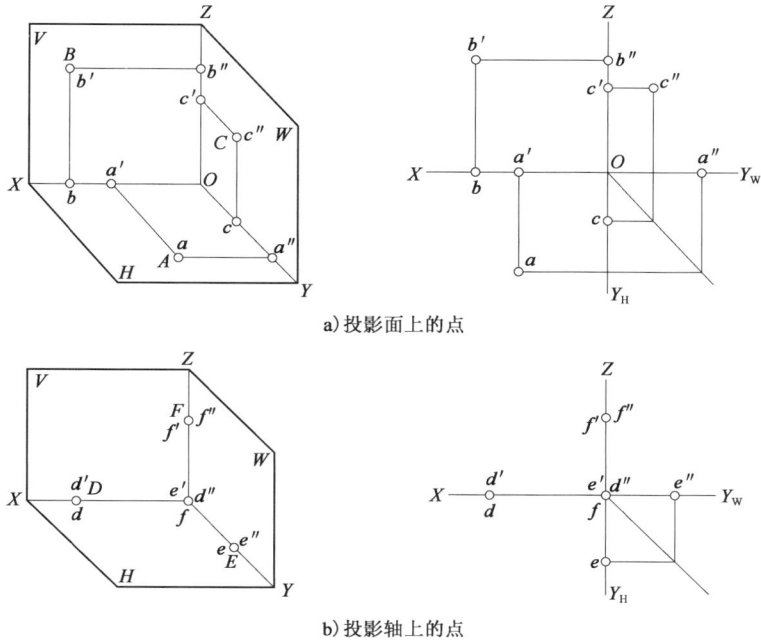

图 1-1-2-6　特殊点的三面投影

3. 点的投影与坐标

如图 1-1-2-7 所示,若 A 点到 W 面的距离为 x,A 点到 V 面的距离为 y,A 点到 H 面的距离为 z,则 A 点的坐标表示为(x,y,z)。

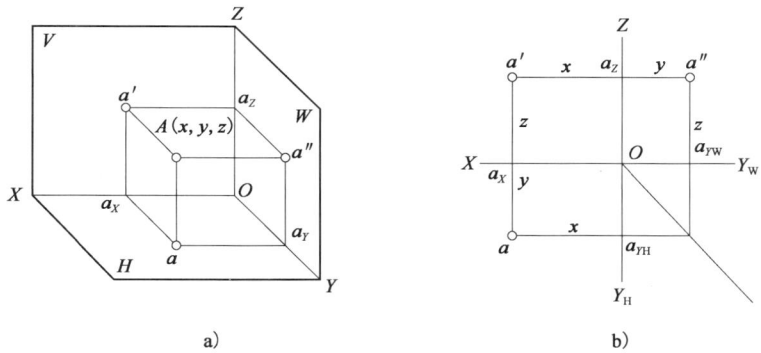

图 1-1-2-7　点的坐标

点在每个投影面上的投影反映其在两个维度上的坐标值,点的三面投影与点的坐标关系为:

(1)A 点的 H 面投影 a 可反映该点的 X 和 Y 坐标。

(2)A 点的 V 面投影 a' 可反映该点的 X 和 Z 坐标。

(3)A 点的 W 面投影 a'' 可反映该点的 Y 和 Z 坐标。

练一练:如图 1-1-2-8 所示,已知点 $A(14,10,20)$,请绘制其三面投影。

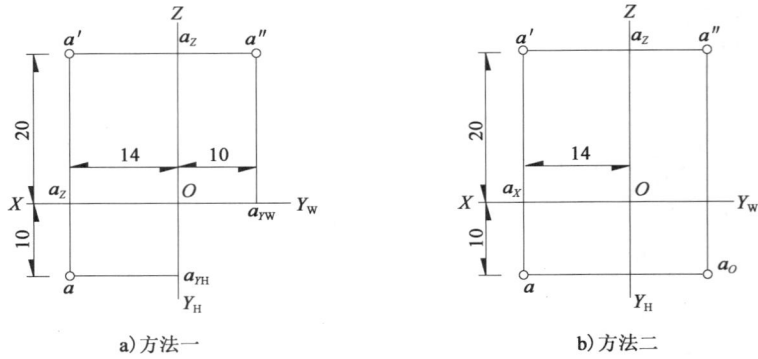

a) 方法一　　　　　　　　　　　　b) 方法二

图 1-1-2-8　作 A 点的三面投影

4. 两点的相对位置

空间中两点的相对位置是以其中某一点为基准,判别另一点位置相对于该点的前后、左右、上下,可由两点的三个坐标值来确定,或者由两点的坐标差来确定。

问一问:根据 X 轴坐标判别两点的左、右关系,根据 Y 轴坐标判别两点的前、后关系,根据 Z 轴坐标判别两点的上、下关系。判断图 1-1-2-9 中 A、B 两点的相对位置。

结论:B 点在 A 点的左、后、下方。

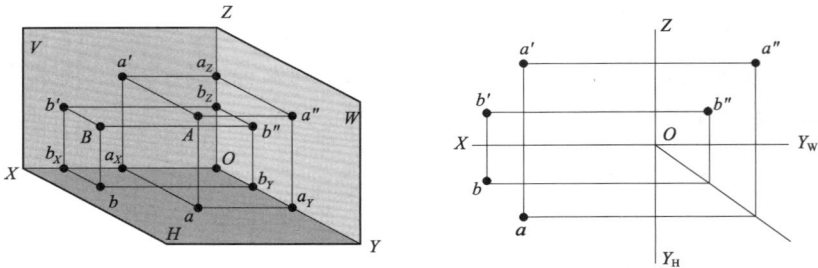

图 1-1-2-9　两点的相对位置

5. 重影点及可见性判别

当空间中两点位于某一投影面的同一投影线上时,则此两点在该投影面上的投影重合,这两点称为对该投影面的重影点。换句话说,当空间两点的三维坐标中的其中两维具有相同值时,它们在由这两维坐标所对应的投影面上的投影发生重影,如图 1-1-2-10 所示。

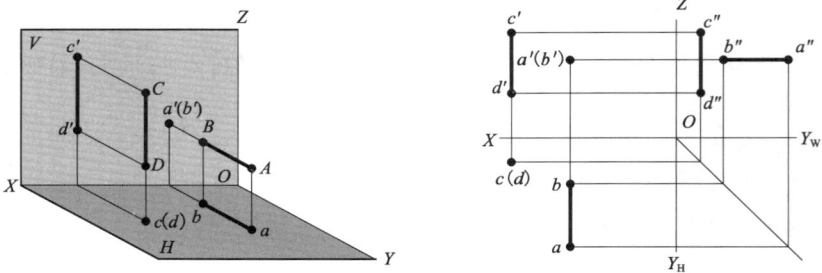

图 1-1-2-10　重影点

重影点可见性的判别:由未发生重影的其他面投影判别重影点间上下、左右或前后的位置关系,正上方、正左方或正前方的可见,反之不可见。凡不可见的投影点,其字母写在可见投影点后面,并加括号表示。

已知 A 点距 V、H、W 面的距离分别为 15、20、30,试作其三面投影。

分析:已知空间点 A 与投影面的距离,需把距离转化为空间点 A 在对应维度上的坐标。

根据空间点 A 与投影面的距离可确定点的坐标,如点到 H 面的距离反映点的 Z 坐标,点到 V 面的距离反映点的 Y 坐标,点到 W 面的距离反映点的 X 坐标,点 A 在不同维度上的坐标分别为:$x=30$,$y=15$,$z=20$,则其在投影面的投影如图 1-1-2-11 所示。

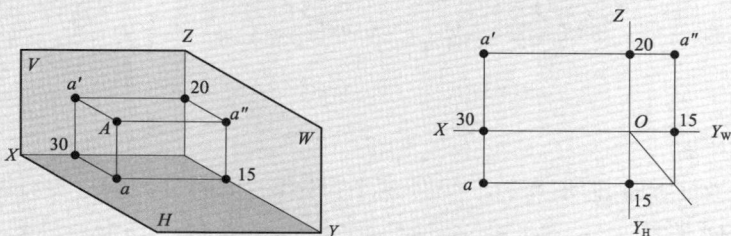

图 1-1-2-11 点的距离与投影

已知 A 点的三面投影及 B 点在 A 点的正前方 10,C 点在 A 点之上 10、之后 8、之左 15,试完成 B、C 两点的三面投影。

分析:根据点的相对位置的概念,以 A 为基准点,B 点位于正前方,即 $y_b > y_a$,$x_b = x_a$,$z_b = z_a$,a'、b' 重合。

C 点在 A 点之上 10,则 C 点的 Z 轴坐标值比 A 点的大 10,C 点在 A 点之后 8,则 C 点的 Y 轴坐标值比 A 点的小 8;C 点在 A 点之左 15,则 C 点的 x 轴坐标值比 A 点的大 15。故 C 点位于 A 点的左、后、上方,如图 1-1-2-12 所示。

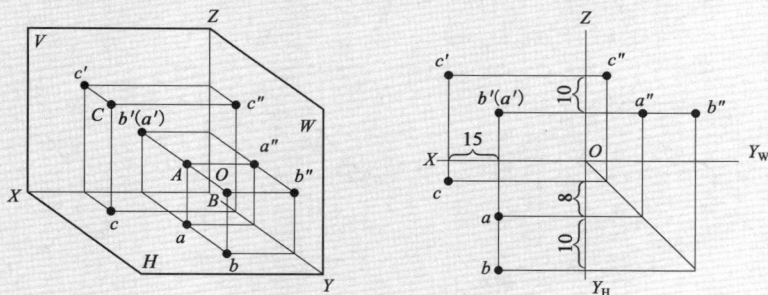

图 1-1-2-12 两点的投影

知识点 2 直线的投影

两点确定一直线,求直线的投影,只要确定直线上两个点的投影,然后将其同面投影连接即可。

根据直线与投影面的相对位置,可将直线分为一般位置直线、投影面平行线和投影面垂直线,后两种可统称为特殊位置直线。

对三个投影面既不平行也不垂直的直线称为一般位置直线(图 1-1-2-13)。一般位置直线的投影特性为:其在三个投影面的投影均为倾斜的直线,且均小于实长。

1. 一般位置直线

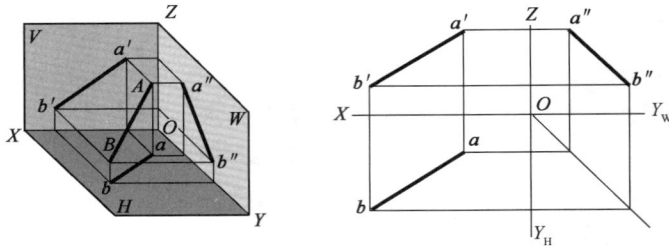

图 1-1-2-13　一般位置直线的投影图

2. 投影面平行线

只平行于一个投影面,但不平行于另外两个投影面,同时又倾斜于另外两个投影面的直线,称为投影面的平行线。

平行于 H 面的直线称为水平面平行线,简称为水平线; 平行于 V 面的直线称为正面平行线,简称为正平线;平行于 W 面的直线称为侧面平行线,简称为侧平线。各种投影面平行线的投影及其投影特性见表 1-1-2-1。

投影面平行线　　　　　　　　　　　　　　　　　　　　　　　　　　　　表 1-1-2-1

投影面平行线	立体投影图	投 影 图	实 例
水平线			
正平线			
侧平线			

投影特性	投影面平行线的特性： （1）直线在与其平行的投影面上的投影反映实长，且该投影与相应投影轴所成夹角反映直线对两投影面的倾角。 （2）直线在其他两面的投影都小于实长，且平行于相应的投影轴

3. 投影面垂直线

垂直于一个投影面，平行于另外两个投影面的直线，称为投影面垂直线。垂直于 H 面的直线称为水平面垂直线，简称铅垂线；垂直于 V 面的直线称为正面垂直线，简称正垂线；垂直于 W 面的直线称为侧面垂直线，简称侧垂线。

各种投影面垂直线的投影及其投影特性见表 1-1-2-2。

投影面的垂直线　　　　　　　　　　　　　　　　表 1-1-2-2

投影面垂直线	立体投影图	投影图	实　例
铅垂线			
正垂线			
侧垂线			
投影特性	投影面垂直线的特性： （1）在与其垂直的投影面上的投影积聚成一点。 （2）在其他两面的投影与相应的投影轴垂直，并反映实长		

过 A 点作侧垂线 AB，其实长为 20mm，B 点在 A 点的左侧；过 C 点作正平线 CD，CD 实长为 25mm，D 点比 C 点低 15mm。

分析:侧垂线 AB 的侧面投影积聚成一点，其他面投影反映实长，并垂直于对应的轴；正平线 CD 的 V 面投影反映实长，其他面投影平行于对应的轴，D 点比 C 点低 15mm，即 D 点的 Z 坐标比 C 点小 15mm，结果如图 1-1-2-14 所示。

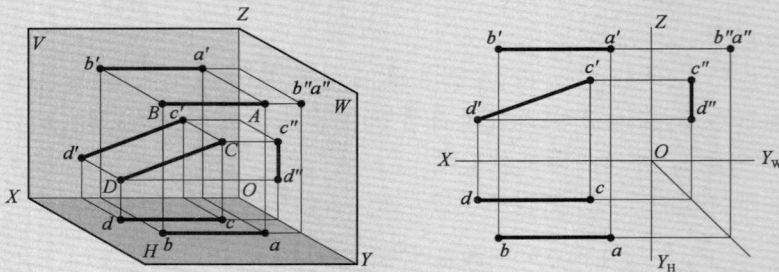

图 1-1-2-14　AB、CD 直线图

作图提升:

(1)先绘制直线 AB 的侧面投影，再根据侧垂线的投影性质(其他面投影平行于对应的轴)，根据实长 20 及 B 点在 A 点的左侧，完成 AB 的立面和水平面投影。

(2)过 C 点的水平投影作一条平行于 X 轴的直线(直线 CD 上的点与 V 面的距离相等，具有相同的 Y 坐标)；过 C 点的立面投影向下量取 15 作一条平行于 X 轴的直线，以 C 点的立面投影为圆心，半径为实长 25 画圆，交于过 C 点立面投影的直线，并根据 D 点在 C 点左侧确定 D 点的立面投影，再根据点的投影规律完成 D 的其他面投影，将 CD 两点的同面投影连接得到 CD 其他面投影。

知识点 3　平面的投影

1.平面的表示法
1)几何元素表示法(非迹线平面，图 1-1-2-15)

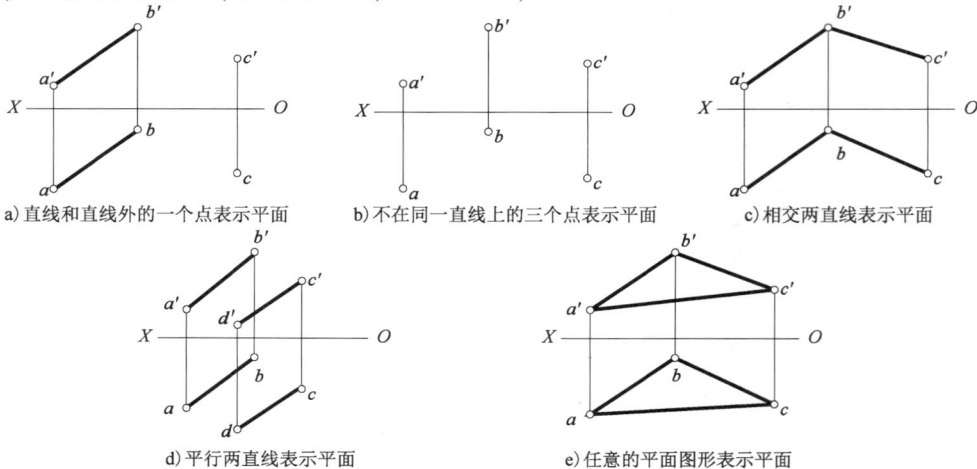

a)直线和直线外的一个点表示平面　　b)不在同一直线上的三个点表示平面　　c)相交两直线表示平面

d)平行两直线表示平面　　e)任意的平面图形表示平面

图 1-1-2-15　几何元素表示法

2）迹线表示法（迹线平面）

迹线是平面与投影面的交线，如图 1-1-2-16 所示，P 平面与水平面的交线，称为水平迹线 P_H；与正立面的交线，称为正面迹线 P_V；与侧立面的交线，称为侧面迹线 P_W。迹线与投影轴的交点叫作集合点，分别以 P_X、P_Y 和 P_Z 表示。

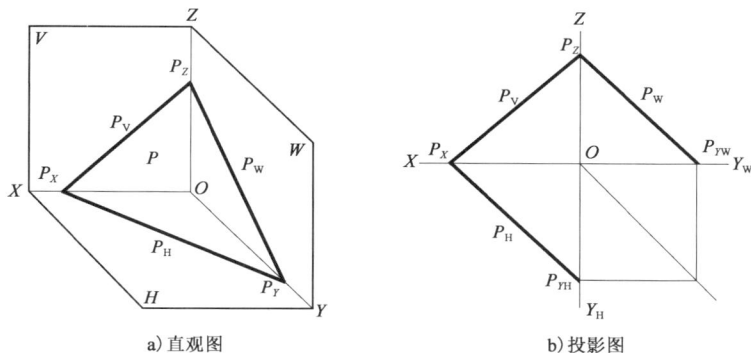

a）直观图   b）投影图

图 1-1-2-16　平面的迹线表示法

2. 各种位置平面投影特性

1）投影面垂直面

垂直于一个投影面，倾斜于其他两个投影面的平面称为投影面垂直面。投影面垂直面的三种情况：垂直于 H 面，简称铅垂面；垂直于 V 面，简称正垂面；垂直于 W，简称侧垂面，见表 1-1-2-3。

投影面垂直面   表 1-1-2-3

投影面垂直面	立体投影图	投 影 图	实 例
铅垂面			
正垂面			

投影面垂直面	立体投影图	投影图	实 例
侧垂面	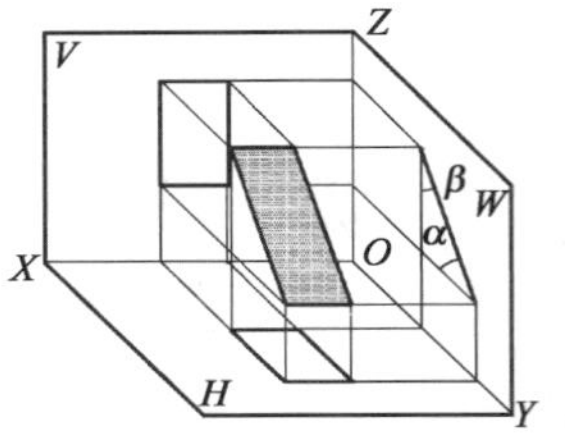	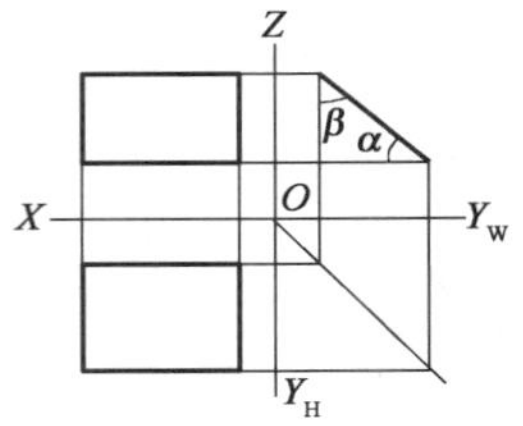	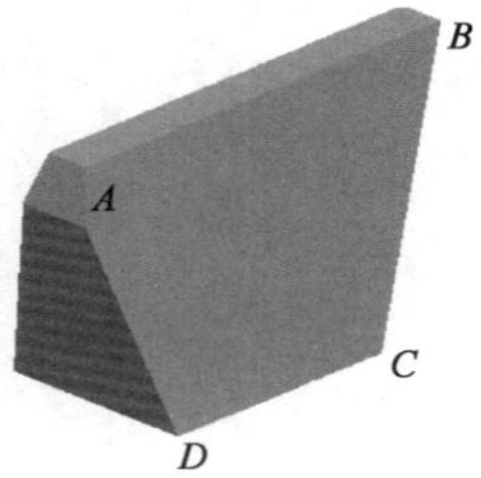
投影特性	投影面垂直面的特性： （1）平面在与其垂直的投影面上的投影积聚成一直线，它与相应投影轴所成的夹角，即为该平面对其他两个投影面的倾角。 （2）平面在其他两面的投影是类似形		

2）投影面平行面

平行于某一投影面，垂直于其他投影面的平面，称为投影面平行面。平面平行于 H 面，称为水平面；平面平行于 V 面，称为正平面；平面平行于 W 面，称为侧平面，见表1-1-2-4。

投影面平行面   表1-1-2-4

投影面平行面	立体投影图	投影图	实 例
水平面	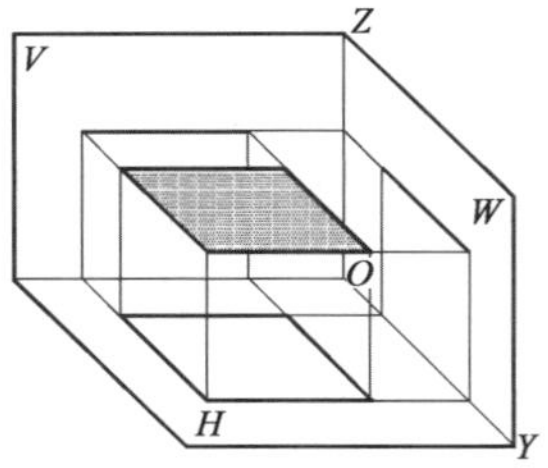	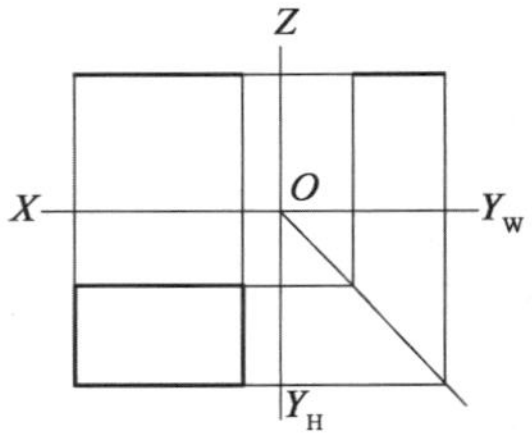	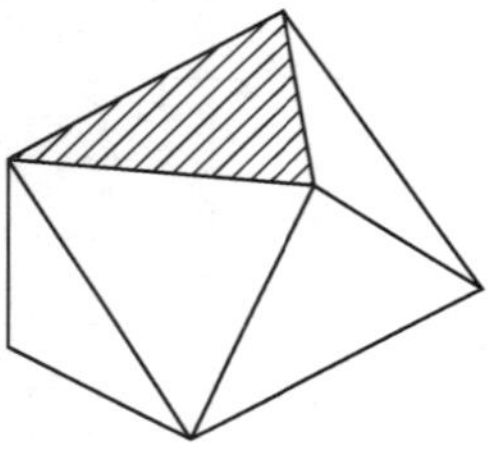
正平面	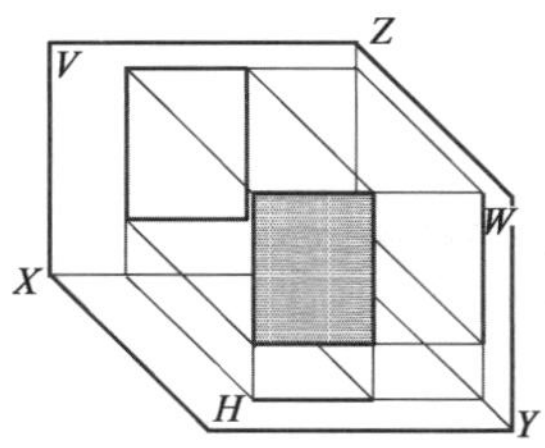	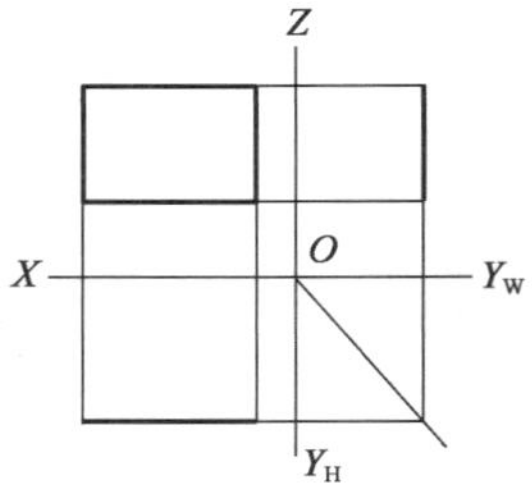	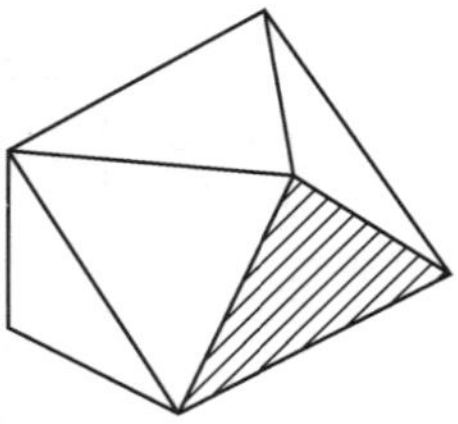

续上表

投影面平行面	立体投影图	投 影 图	实 例
侧平面			
投影特性	投影面平行面的特性： （1）平面在与其平行的投影面上的投影反映实形。 （2）平面在其他两面的投影都积聚为与相应投影轴平行的直线		

知识拓展

拓展知识点1：直线上的点

直线上的点如图1-1-2-17所示。

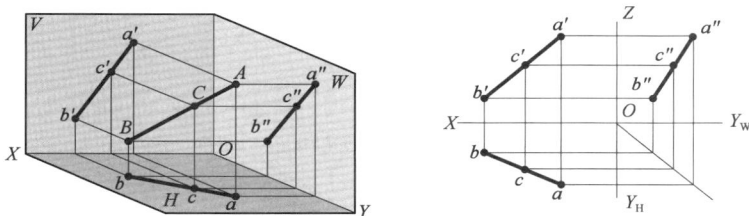

图 1-1-2-17　直线上的点

拓展知识点2：两直线的相对位置

空间中两直线的相对位置有三种情况：平行、相交和交叉（异面）。

1. 两直线平行

空间两直线互相平行，则其同面投影互相平行且投影长度之间的比值与实长之间的比值相等；反之，若两直线的同面投影互相平行且投影长度之间的比值与实长之间的比值相等，则此空间两直线一定互相平行，如图1-1-2-18所示。

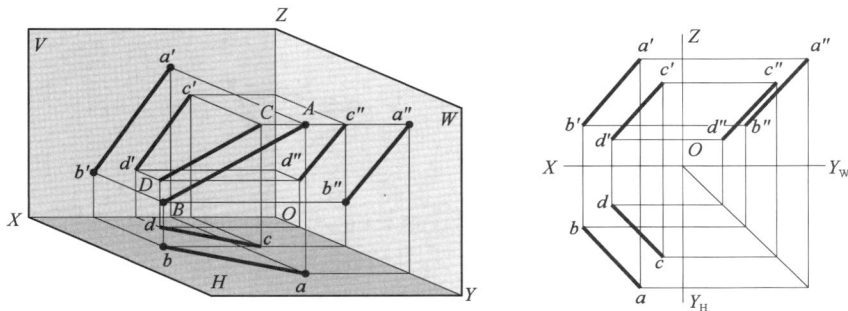

图 1-1-2-18　平行两直线的投影

2. 两直线相交

两相交直线,其同面投影必相交,交点符合点的投影规律,各投影交点的连线必垂直于相应的投影轴,如图 1-1-2-19 所示。

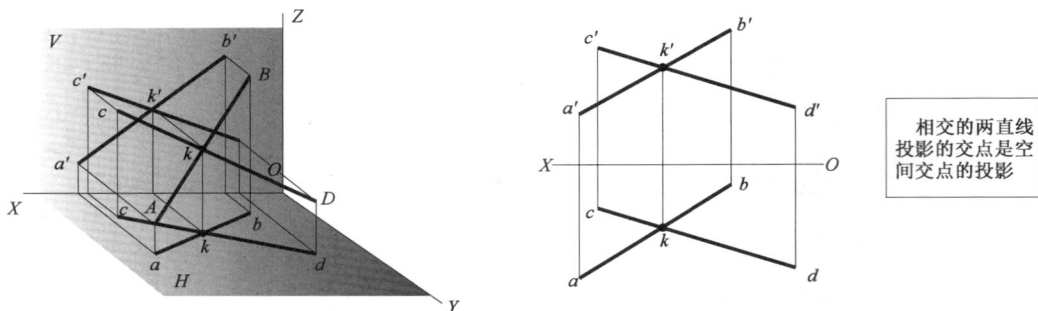

图 1-1-2-19 相交两直线的投影

3. 两直线交叉

两交叉直线在空间中既不平行也不相交,其各面投影既不符合两平行直线的投影特性,也不符合两相交直线的投影特性,如图 1-1-2-20 所示。

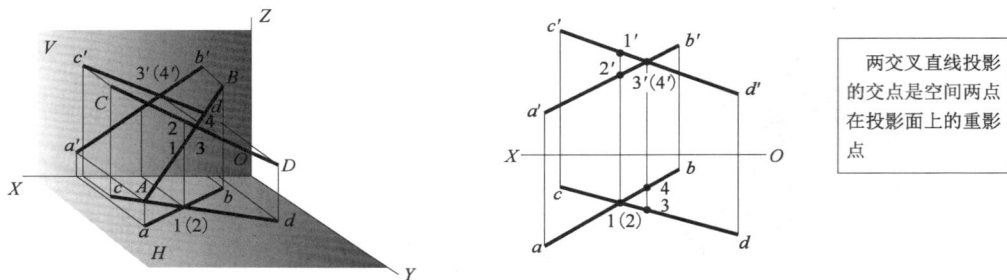

图 1-1-2-20 交叉两直线的投影

拓展知识点 3:平面上的点和直线

1. 平面上的点(举一反三案例见平台资源)

点在平面上的几何条件:点在平面内的某一直线上,如图 1-1-2-21 所示。

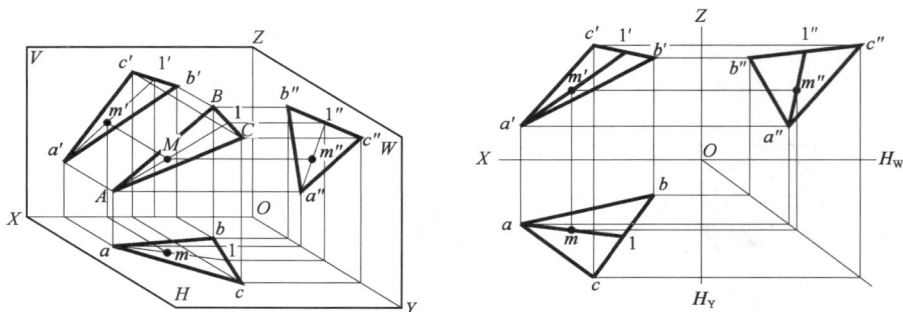

图 1-1-2-21 平面上的点

2. 平面上的直线

直线在平面上必须具备下列两个条件之一,如图 1-1-2-22 所示。

（1）直线通过平面上的两点。

（2）直线通过平面上的一点，且平行于该平面上的另一直线。

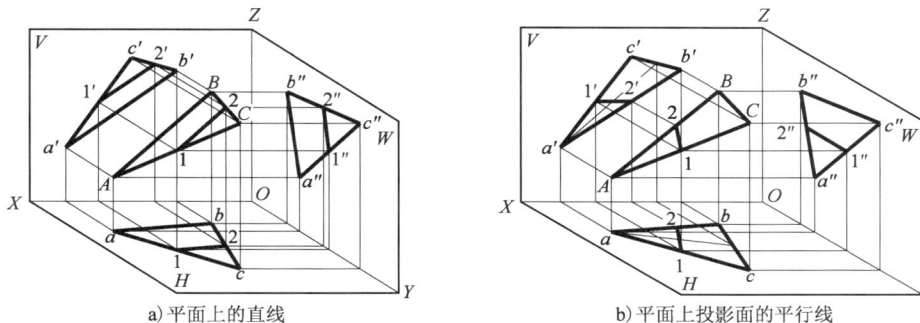

a) 平面上的直线　　　　　　　　　　b) 平面上投影面的平行线

图 1-1-2-22　平面上的直线与平行线

拓展知识点 4：直线与平面、平面与平面间的相对位置

详见平台资源。

夯基强技

"夯基强技"内容见超星学习通平台。

学习评价与分析

评 价 项 目	评 价 标 准	参考分值（分）	得分（分）
点的投影规律、点的坐标与投影、重影点的可见性判断	绘制和识读的准确性	20	
直线与投影面的相对位置	绘制和识读的准确性	20	
平面与投影面的相对位置	绘制和识读的准确性	25	
八字翼墙的点、线、面的投影		35	
小组之间互相评价（50%）	课前预习课中学习	1. 课前预习，找出难点：10 分 2. 课中完成课堂任务（评价项目）：40 分 3. 学习态度、职业素质考核（严谨细致）：10 分	
	课后作业	1. 规定时间内完成该学习任务平台上夯基强技内容 2. 找出易错题、难题	
	小组代表展示	1. 对出错多的题目或者难题进行讲解 2. 总结各个题目考查的知识点	
教师评价（50%）		1. 时间观念（考勤） 2. 学习态度（学习效果） 3. 表达能力	
课后学习总结			
学习收获			
不足之处			

学习任务三　　绘制与识读棱柱、圆柱的三面投影图

不管工程结构物的结构多么复杂,一般都可将其看作是由一些基本体按照一定方式组合而成的。基本体上有若干表面,根据表面的性质,基本体通常分为平面立体和曲面立体两类。

平面立体:表面为若干个平面的几何体,如棱柱、棱锥等。

曲面立体:表面为曲面或曲面与平面的几何体,最常见的有圆柱、圆锥、圆球、圆环等。

◎ 知识目标与能力目标

学习平面立体、曲面立体的投影特性;基本体表面上点、线、面的投影特性;平面与立体相交求截交线的方法;立体与立体相贯求相贯线的方法。

通过学习,应该达到以下要求:

1. 了解基本体三面投影图的形成特点,掌握各种常见的平面立体及曲面立体的投影规律。

2. 掌握平面与立体相交、立体与立体相贯的投影规律和作图步骤。

✏ 学习任务描述与分析

图 1-1-3-1 所示为四棱柱与圆柱体的立体投影图。 四棱柱是由上、下相互平行的底面(四边形)、四个侧面所围成的平面立体,侧棱相互平行,与上下两个底面相垂直。 通过对四棱柱投影的分析,使学生掌握平面立体三面投影的特性。

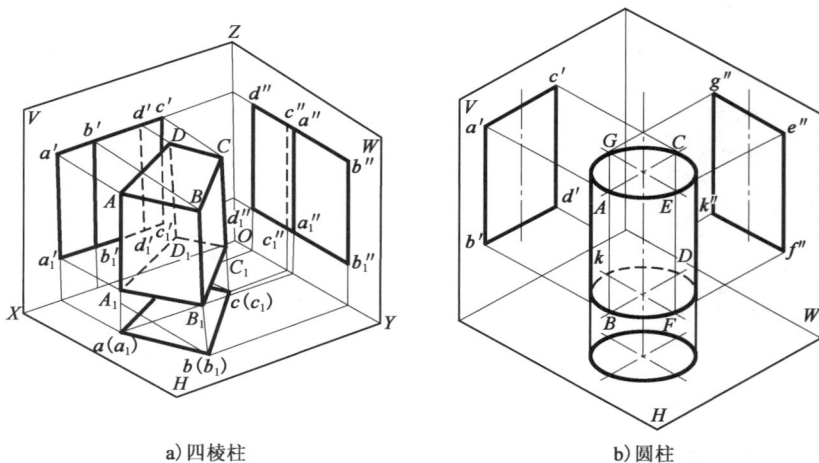

a)四棱柱　　　　b)圆柱

图 1-1-3-1　四棱柱与圆柱的立体投影图

圆柱由上下互相平行的两个底面和曲面组成。 通过对圆柱投影的分析,使学生掌握曲面立体三面投影的特性。

基本体的投影是形体表达的重点理论知识,是工程结构物形体分析的基础,把立体的表面(平面和曲面)表达出来,然后判别可见性,用实线及虚线绘制其投影,即得工程结构物的投影图。

学习任务实施

明确任务：绘制四棱柱、圆柱的投影，掌握基本体的投影特性。

引导问题1 识读平面立体的三面投影

表面由平面围成的几何体称为平面立体。工程上常用的平面立体有棱柱体和棱锥体。

1.棱柱体

如图 1-1-3-2 所示，该四棱柱的上、下底面平行于 H 面，故其 H 面投影是一个反映上下底面实形的四边形，其 V 面和 W 面投影积聚为直线且平行于相应的投影轴。其余棱面均为铅垂面，其水平投影积聚为直线，其他两面投影均为原图形类似的矩形线框。

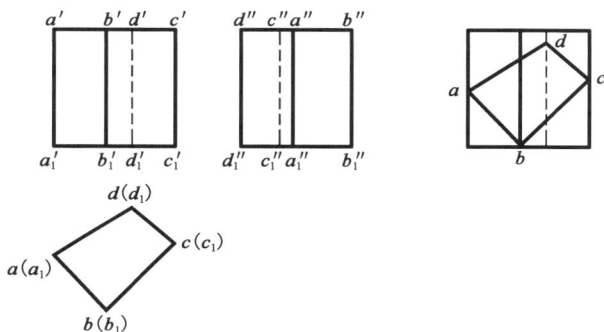

图 1-1-3-2 四棱柱三面投影图

四棱柱的四条与 H 面垂直的棱线的水平投影均积聚为一点，而其正面和侧面投影分别反映了原棱线的实长。

注意：棱柱体的三面投影遵循对应的三等关系及各投影之间的方位关系。

【同步训练 1-1-3-1】

如图 1-1-3-3 所示，已知五棱柱的表面上 K、M 点的正投影，求作 K、M 点在其他面上的投影。

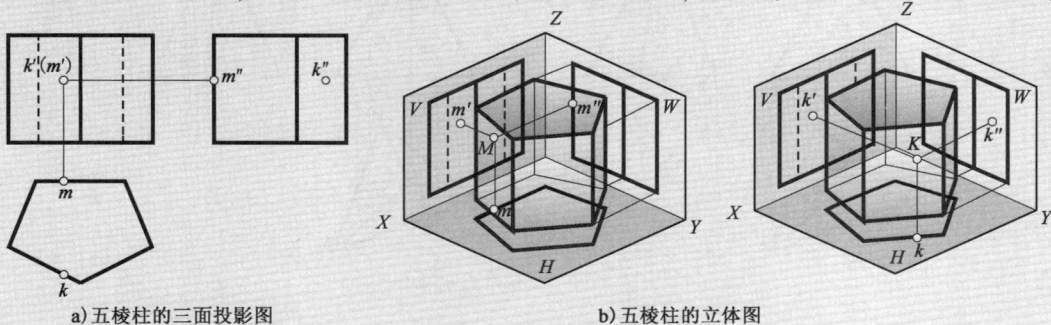

a)五棱柱的三面投影图　　　b)五棱柱的立体图

图 1-1-3-3 五棱柱面上取点

分析：

(1)根据五棱柱的投影特征，可知点 K、M 分别位于五棱柱的左侧前表面和后表面上。

（2）根据正投影规律分别求点 K、M 在其他面上的投影。

记一记：棱柱的判定

如果一个形体的三面投影中有两面投影为矩形线框，第三面投影为多边形，则该形体肯定为棱柱，根据该多边形的边数即可判定为几棱柱。

2. 棱锥体

一个平面立体，如果一个面是多边形，各侧棱面为有公共顶点的三角形，称为棱锥体，如图 1-1-3-4 所示。如果底面是正多边形，棱锥体的高通过底面多边形的中心，称为正棱锥。

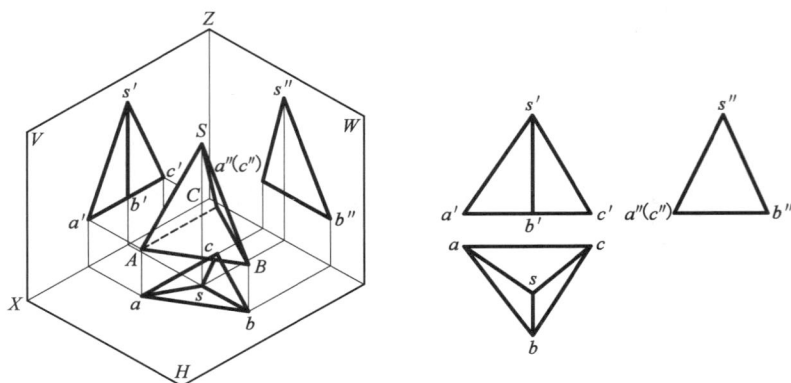

图 1-1-3-4　棱锥的投影

分析：三棱锥的底面平行于 H 面，H 面投影为反映底面实形的三角形，其他面投影为平行于对应轴的直线；后棱面垂直于侧面，故其 W 面投影积聚为一条直线，其他面投影为类似形；另外两个棱面为一般位置平面，其在三个面上的投影均为类似形。

练一练：三棱锥表面定点，如图 1-1-3-5 所示。

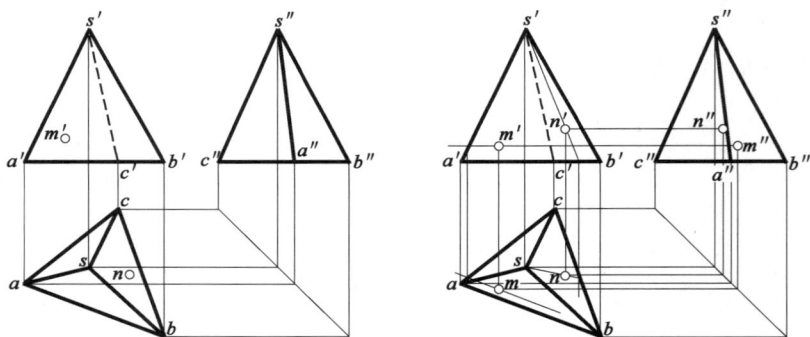

图 1-1-3-5　三棱锥表面定点

记一记：棱锥的判定

如果一个形体的两面投影均为三角形线框，另一面投影为多边形，则该形体肯定为棱锥。其中，根据三面投影中多边形投影的边数即可判定棱锥的棱数。

3. 棱台

图 1-1-3-6 所示为正四棱台立体图与三面投影图。正四棱台可以被理解为是由正四棱锥被一个平行于底面的截平面截去上部而形成的,是常见的基本平面立体之一,它是由上下两个相互平行的底面(矩形)以及四个侧面所围成的,侧棱延长线相交于一点。

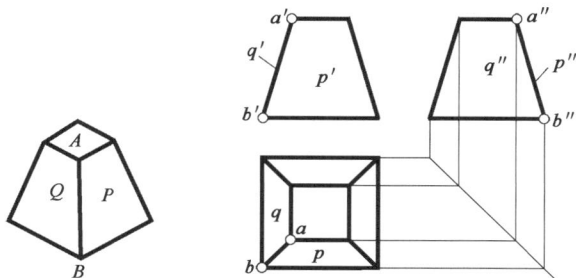

图 1-1-3-6　正棱台

记一记:棱台的判定

如果一个形体的两面投影均为梯形线框,另一面投影为相似的两个多边形,则该形体肯定为棱台。其中,根据三面投影中多边形投影的边数即可判定棱台的棱数。

引导问题2　如何绘制曲面立体的平面投影?

思考:分析图 1-1-3-7 所示圆柱的投影特点。

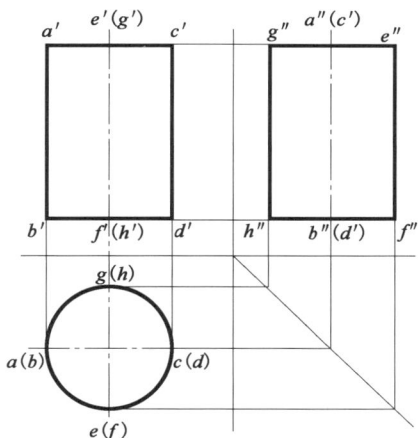

图 1-1-3-7　圆柱的三面投影图

由曲面或曲面与平面围成的几何体,称为曲面立体。曲面立体的曲面是由运动的母线(直线或曲线)绕固定的轴线运动形成的。曲面上的任一位置的母线称为素线。

1. 圆柱体

圆柱面是由一条直母线绕与其平行的轴线旋转而成。

投影特点:当圆柱的轴线垂直于 H 面时,其三面投影具有如下特性:H 面投影图为一圆周,该圆周为圆柱面上所有点和直线的积聚投影,其 V、W 面的两个投影均为矩形。

【同步训练 1-1-3-2】

如图 1-1-3-8 所示，已知圆柱面上 M、N 点的正面投影，K 点的水平面投影，求 M、N、K 点在其他投影面上的投影。

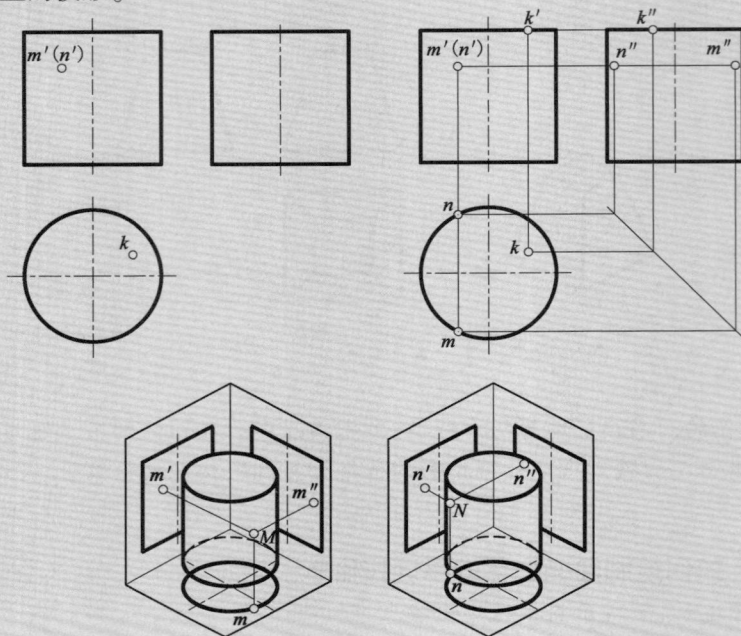

图 1-1-3-8　求点 M、N、K 的三面投影

分析：

（1）由圆柱的投影特性可知，M、N 点的水平投影位于圆周上；根据 M、N 点正面投影的可见性，M 点位于圆周的前半圆周上，N 点位于圆周的后半圆周上。根据投影规律求其侧面投影。

（2）根据 K 点的水平面投影可知，K 点位于圆柱的上表面上。

（举一反三案例见平台资源。）

2. 圆锥体

圆锥面可看成是由一直角三角形的斜边绕其某一直角边旋转而成的。

投影特点：一个面上的投影图为圆形（圆锥顶点积聚为一点，位于圆心处），另两个面上的投影图为三角形，如图 1-1-3-9 所示。

想一想：圆锥的各轮廓素线与中心轴线的对应情况，如图 1-1-3-10 所示。

圆锥轴线垂直于 H 面，故圆锥表面的 H 面投影反映实形，无积聚性；H 面投影为圆，V 面和 W 面投影为等腰三角形。

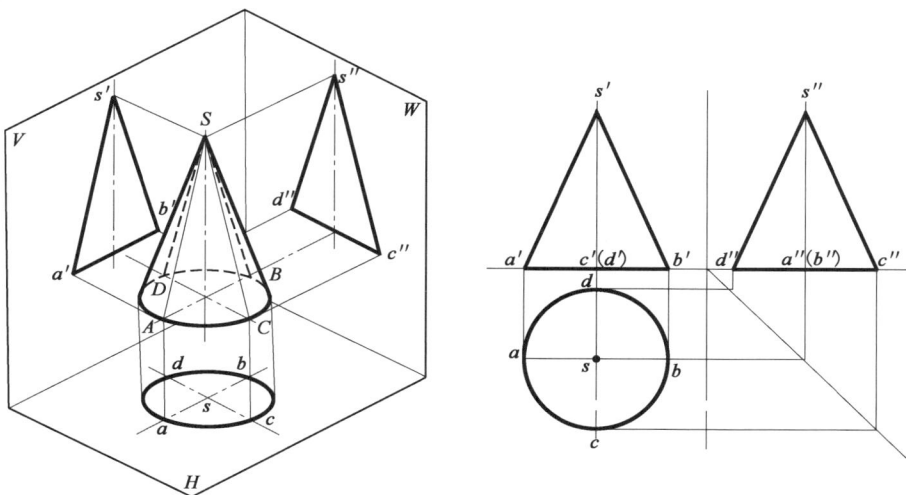

图 1-1-3-9　圆锥的投影

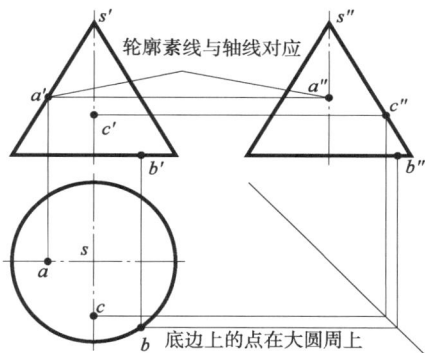

图 1-1-3-10　圆锥的各轮廓素线与中心轴线对应情况

【同步训练 1-1-3-3】

　　如图 1-1-3-11 所示,已知圆锥面上 N 点的正面投影,求 N 点的其他面投影。

　　分析:在圆锥面上取点,可用素线法和纬圆法。后半圆锥面的 V 面投影不可见,右半圆锥面的 W 面投影不可见。

　　(1)素线法[图 1-1-3-12a)]:素线法是利用圆锥面上所有素线的 H 面投影均为 H 面圆周的半径,N 点位于圆锥的一条素线上,根据点与线的从属关系可以求出点的其他投影。

　　(2)纬圆法[图 1-1-3-12b)]:纬圆法是利用圆锥面上的所有点均在绕圆锥轴旋转的一系列同心圆周上,过 N 点在正面投影作一个纬圆,N 点位于该纬圆的水平投影上,根据其投影特点求其他投影。

a) 圆锥的三面正投影

b) 素线法

c) 纬圆法

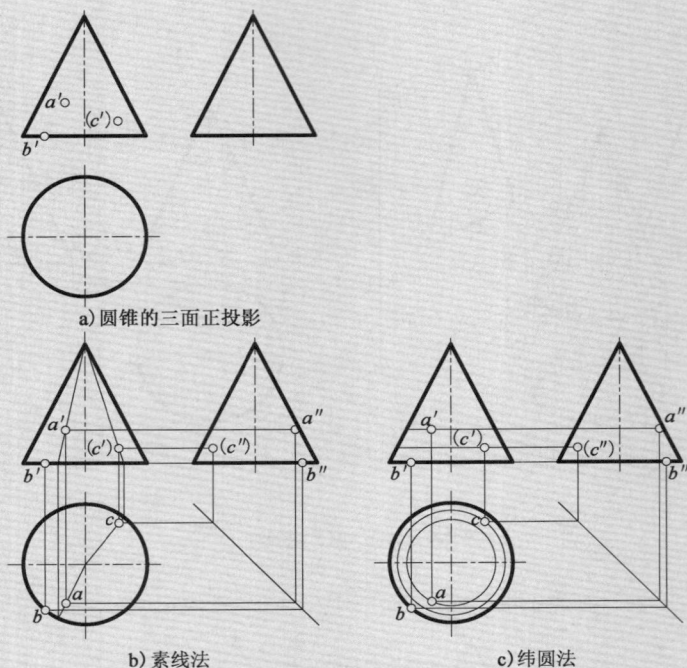

图 1-1-3-11　圆锥面上取点

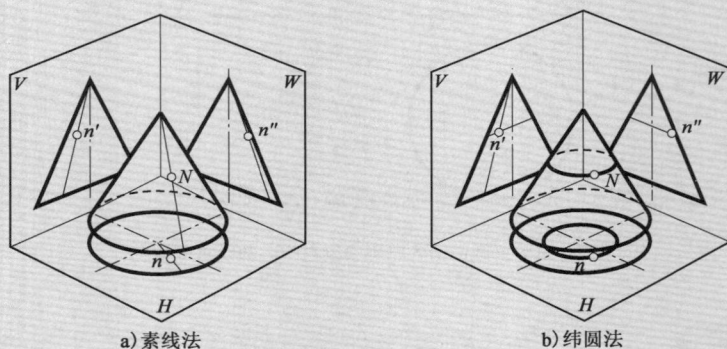

a) 素线法

b) 纬圆法

图 1-1-3-12　圆锥面上取点

3. 球

球是由半圆绕其直径边旋转而成的,如图 1-1-3-13 所示。

投影特点:圆球体的三个投影图均为具有与球面相等长度直径的圆形。V 面投影的圆周是圆球体上最大的正平圆,也是前后半球分界线的 V 面投影,称为球的正面投影轮廓线;H 面投影的圆周是圆球体上最大的水平圆,也是上下半球分界线的 H 面投影,称为球的水平投影轮廓线;W 面投影的圆周是圆球体上最大的侧平圆,也是左右半球分界线的 W 面投影,称为球的侧面投影轮廓线。

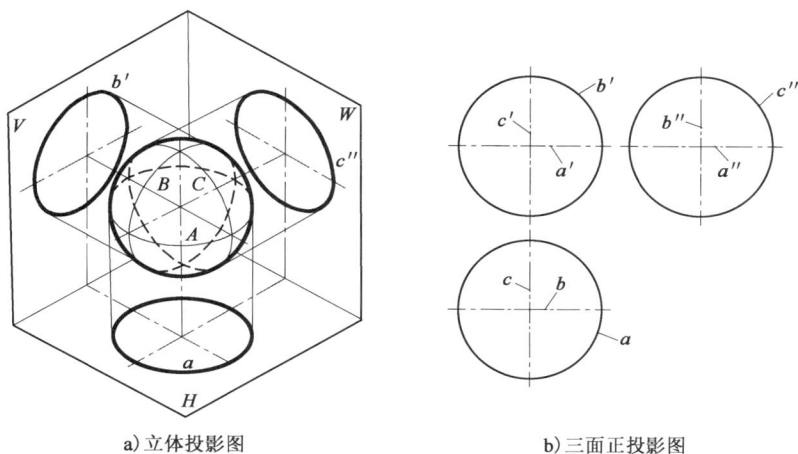

a) 立体投影图   b) 三面正投影图

图 1-1-3-13　球的投影

知识拓展

拓展知识点 1：截交线

截交线是指基本形体被平面(截平面)所截时,截平面与立体表面产生的交线。工程上很多结构物可以看成是由基本体经截切而成的,如图 1-1-3-14 所示。

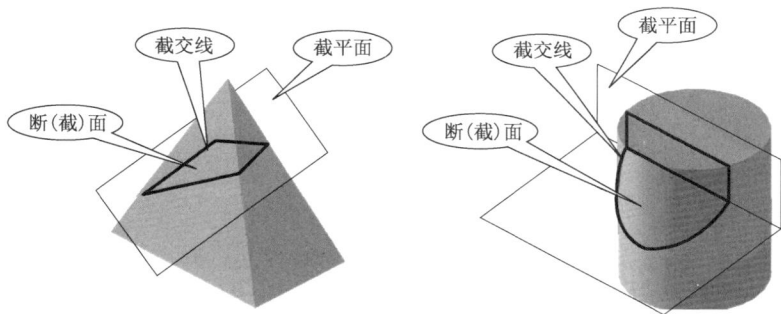

图 1-1-3-14　截平面、断(截)面与截交线

截交线的性质:截交线是截平面与基本体表面共有点的集合,是截平面与立体表面的共有线。当平面体被截平面完全截断,则所得的截交线必为一闭合的平面多边形。此平面的每个点均为截平面与平面体棱边的交点,平面的每条边均为截平面与平面体棱面的交线,如图 1-1-3-15a) 所示。

当基本平面体被某个截平面部分截断,则所得的截交线必为一段不位于同一平面内的折线。此平面折线由若干个截交线端点连接的若干直线段组成,其中端分端点为截平面与平面体棱边的交点,另一部分是平面体某个棱面内部的点,同时也是截平面终止部位处,如图 1-1-3-15b) 所示。

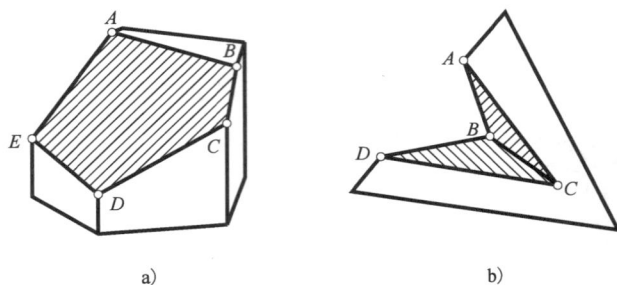

a)   b)

图 1-1-3-15　截交线

1. 平面与平面立体相交

【同步训练 1-1-3-4】

绘制正垂面与四棱柱的截交线,如图 1-1-3-16 所示。

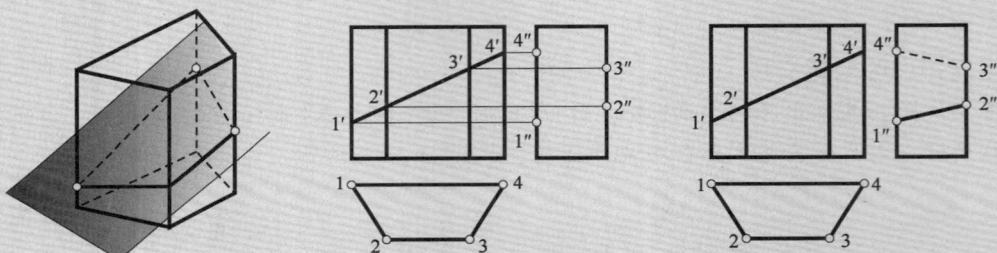

图 1-1-3-16　正垂面与四棱柱的截交线

分析:作平面体截交线投影的方法有两种。

(1)交点法:先求出各截交线端点,然后将同一平面内两点连线,最后首尾相接所形成的折线即为截交线。

注意:求截交线端点时,若是平面体面上的点,则可利用线面求交点的方法;若不是面上的点,则要利用在平面内作点的方法确定端点位置(通常需作辅助线)。

(2)交线法:一般利用特殊截平面的投影性质(如平行面的投影性质)直接求出截交线上的每段直线段。

(举一反三案例见平台资源。)

2. 平面与曲面立体相交

在工程上的一些构件中,常有平面与曲面立体表面相交的情况。平面与曲面相交时,所产生的截交线可能是平面曲线或直线,也可能是平面曲线和直线组成的平面图形,还可能是平面多边形。但不改截交后的产物是什么,其实质是求平面与曲面共有点的集合。

截交线投影可以采用描点法求出。即先求出曲线上一些点,包括三类特殊点和一般点,然后将这些点用平滑线条相连。

特殊点包括：

（1）确定曲线轮廓具体形状的点，如最左点、最右点、最高点、最低点、最前点、最后点。

（2）截交线上位于曲面体轮廓线上的点，如轴线上的点、中心线上的点。

（3）截交线的投影中可见部分与不可见部分的分界点。

【同步训练 1-1-3-5】

求图 1-1-3-17 所示平面与圆柱的截交线。

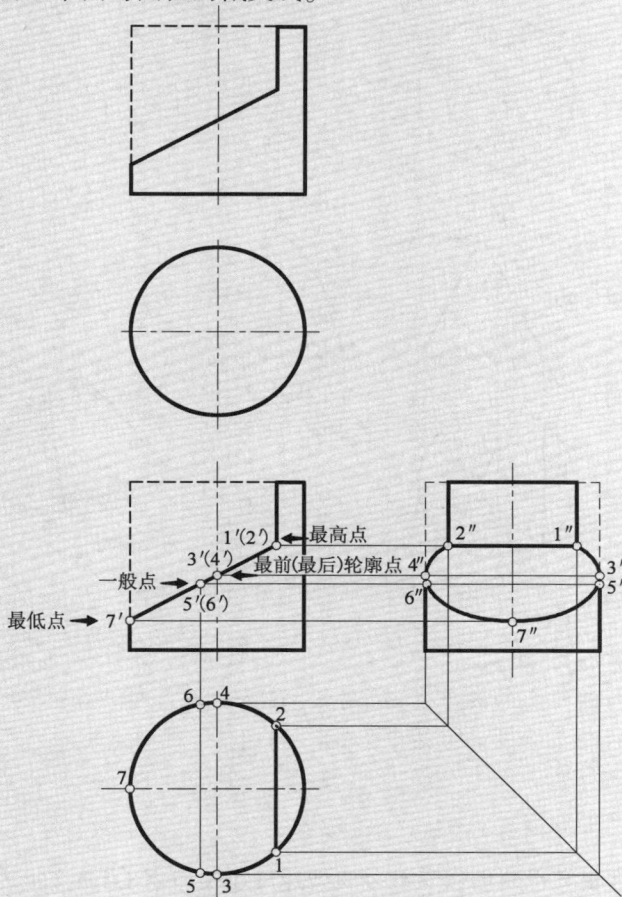

图 1-1-3-17　平面物体与圆柱的截交线

分析：

（1）作出截平面与圆柱上的特殊点：最高点、最右点 1、2，最前点 3，最后点 4、最低点和最左点 7。

（2）利用圆投影的积聚性性质作一般点，如点 5、6。

（3）用平滑线条连接各点。

（举一反三案例见平台资源。）

【同步训练 1-1-3-6】

求截平面与圆锥的截交线,如图 1-1-3-18 所示。

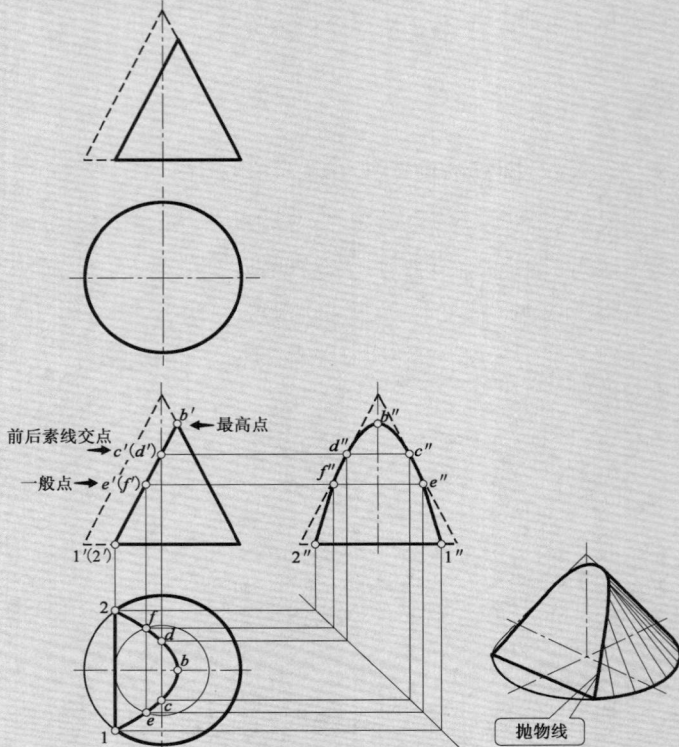

图 1-1-3-18 截平面与圆锥的截交线

分析:

(1)作出截平面与圆锥上的特殊点:最高点、前后素线交点、底圆交点。

(2)利用在圆锥的面上取点的方法(素线法、纬圆法)作一般点。

(3)用平滑线条连接各点。

(举一反三案例见平台资源。)

平面与圆柱、圆锥相交得到的截交线情况见表 1-1-3-1、表 1-1-3-2。

平面与圆柱相交所得的截交线的情况

表 1-1-3-1

截平面 P 的位置	截平面垂直于圆柱轴线	截平面倾斜于圆柱轴线	截平面平行于圆柱轴线
	圆	椭圆	矩形
截交线空间形状			

续上表

截平面 P 的位置	截平面垂直于圆柱轴线	截平面倾斜于圆柱轴线	截平面平行于圆柱轴线
投影图	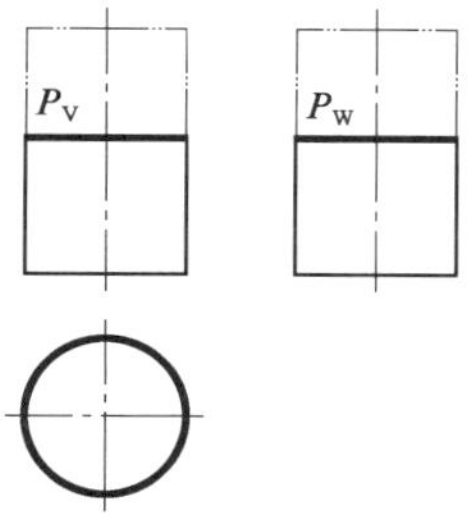	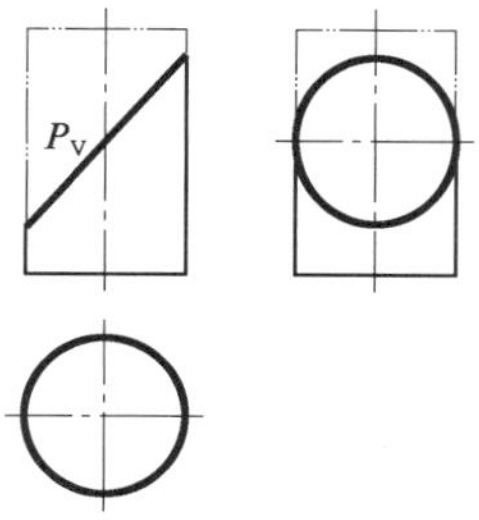	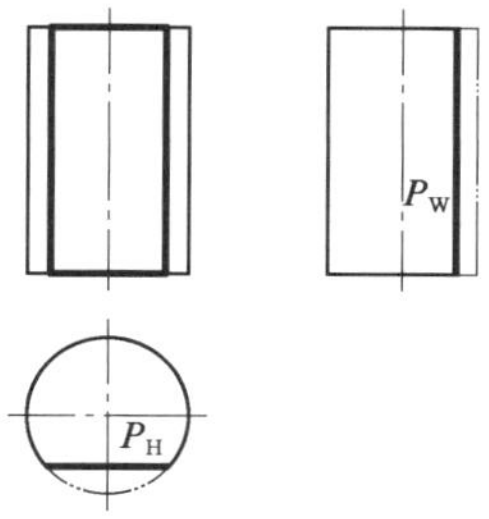

平面与圆锥相交所得的截交线的情况　　　　　　　　表 1-1-3-2

截平面 P 位置	截平面垂直于圆锥轴线	截平面与锥面上所有素线相交	截平面平行于圆锥面上一条素线	截平面平行于圆锥面上两条素线	截平面通过锥顶
	圆	椭圆	抛物线	双曲线	两条素线
截交线空间形状	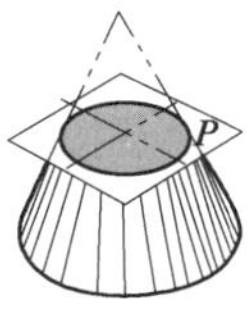	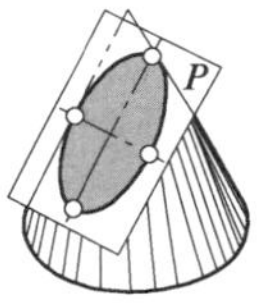	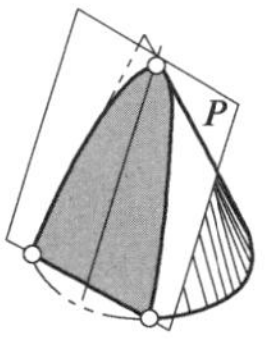	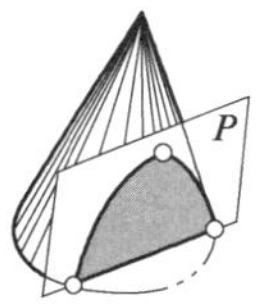	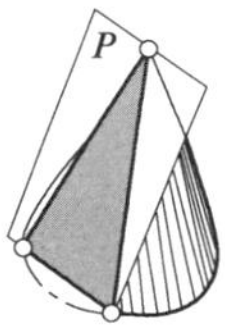
投影图	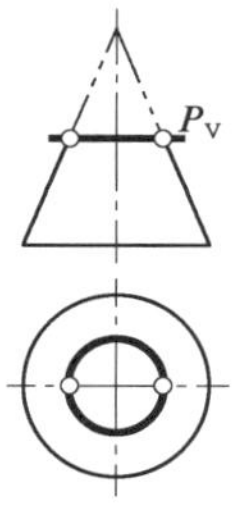	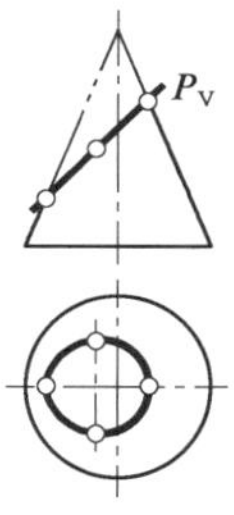	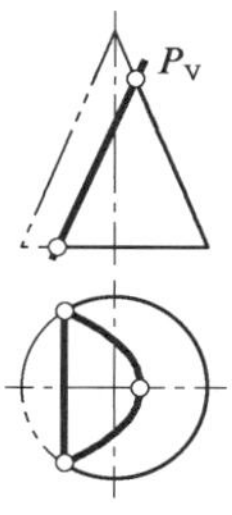	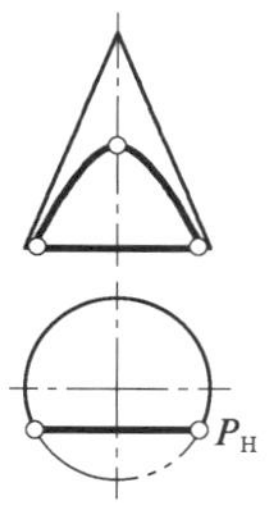	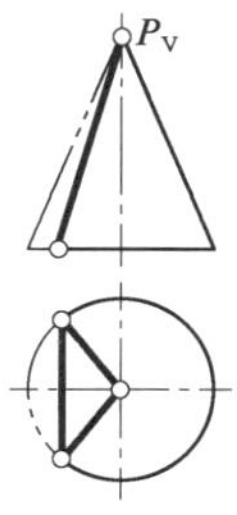

拓展知识点 2：相贯线

详见平台资源。

夯基强技

"夯基强技"内容见超星学习通平台。

学习评价与分析

评 价 项 目	评 价 标 准	参考分值(分)	得分(分)
平面立体的三面投影	绘制的准确程度	50	
曲面立体的三面投影	绘制的准确程度	50	
小组之间 互相评价(50%)	课前预习 课中学习 (60分)	1.课前预习,找出难点:10分 2.课中完成课堂任务(评价项目):40分 3.学习态度、职业素质考核(严谨细致):10分	
	课后作业 (20分)	1.规定时间内完成该学习任务平台上夯基强技内容 2.找出错题、难题	
	小组代表展示 (20分)	1.对出错多的题目或者难题进行讲解 2.总结各个题目考查的知识点	
教师评价(50%)		1.时间观念(考勤):10分 2.学习态度(评价项目):80分 3.表达能力:10分	
课后学习总结			
学习收获			
不足之处			

学习任务四 绘制 T 梁的轴测投影图

在工程实践中,一般采用正投影图作为施工的主要图样来表示工程结构物的形状和大小。但是,正投影图中各投影面的投射线方向平行于工程结构物长、宽、高方向之一,所以正投影图的每一个投影图只能反映形体长、宽、高中的两个度量,因而缺乏立体感,直观性较差,要想象物体的形状,需要运用正投影原理把几个视图联系起来看,对空间想象能力要求较高。

轴测投影图(简称轴测图)是一种单面投影图,选取适当的投影方向,将形体向一个投影面上进行投影,得到一个能同时反映形体长、宽、高三个方向的形状,即得到一个有立体感的投影图。轴测图接近人们的视觉习惯,形象、逼真,富有立体感,但是一般不能反映出物体各表面的实形,因而度量性差,作图较复杂。因此,在工程上常把轴测图作为辅助图样。

◎ 知识目标与能力目标

学习轴测投影的形成、投影特点,轴测投影的分类和基本特性等基本知识。

通过学习,应该达到以下要求:

1. 理解轴测图的定义、形成规律及投影特点。

2. 掌握轴间角及轴向伸缩系数等概念。

3. 掌握正等测轴测图的画法。

4. 掌握斜二测轴测图的画法。

5. 掌握常用曲面立体轴测投影图的绘制方法。

☑ 学习任务描述与分析

想一想：想象图 1-1-4-1 所示形体的空间形状。

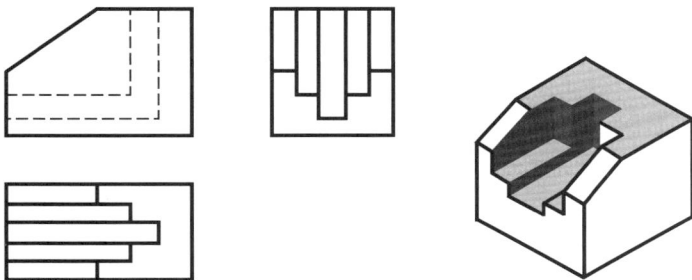

图 1-1-4-1 形体的空间形状图

学习任务：学习绘制基本体的轴测投影图,从而更好地理解三面投影图与轴测投影图的区别,掌握轴测投影方法,辅助识图,为组合体的学习打下基础。

T 梁的正投影图如图 1-1-4-2 所示,本任务将根据 T 梁的三面投影图来绘制正等测轴测图。 绘制正等测轴测图的基本方法是坐标法,绘制轴测图时恰当选择坐标原点可简化作图流程,提高绘图速度,绘图时须注意正等测轴测图的轴间角、轴向伸缩系数(简化后的),沿轴测坐标轴方向度量对应的尺寸。

a)正投影图　　　　b)正等测轴测图

图 1-1-4-2 T 梁正投影图及正等测轴测图

▤ 学习任务实施

明确任务：掌握基本体的正等测和斜二测轴测图画法。

🔍 引导问题 1　绘制 T 梁的正等测轴测图

【同步训练 1-1-4-1】

根据图 1-1-4-3,采用特征面法画出 T 梁的正等测轴测图,理解形状特征的含义。

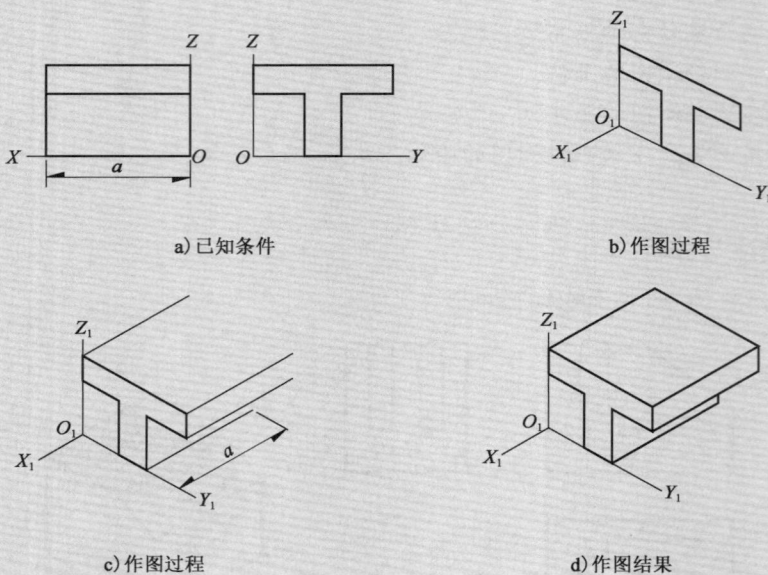

a)已知条件　　　　　　　　　b)作图过程

c)作图过程　　　　　　　　　d)作图结果

图 1-1-4-3　T 梁正等测轴测图的画法

特征面法:可用特征面方法绘制 T 梁的正等测轴测图。

作图提示:

(1)在正投影图上确定参考直角坐标系,坐标原点取 T 梁断面一个角点,如图 1-1-4-3a) 所示。

(2)画轴测坐标轴,T 梁的侧面投影图反映 T 梁的形状特征,故先作出 T 梁左侧面的轴 测投影,如图 1-1-4-3b) 所示。

(3)根据长度 a,平行于轴测坐标轴画出 T 梁可见棱线,如图 1-1-4-3c) 所示。

(4)连接对应点,擦去作图线,即完成 T 梁的正等测轴测图。

(5)检查并描深,如图 1-1-4-3d) 所示。

　　轴测图的常用作图方法有坐标法、特征面法、叠加法和切割法。

1. 坐标法

　　坐标法是绘制轴测投影的基本方法。该方法是根据形体表面上各点在三面投影图中的坐标,乘以对应的轴向伸缩系数,得到各点的轴测尺寸,沿轴测轴或平行于轴测轴的方向进行度量,画出它们的轴测投影,然后依次连接各点得到形体轴测投影图。

【同步训练 1-1-4-2】

完成点的正等轴测图,如图 1-1-4-4 所示。

点的平面投影图

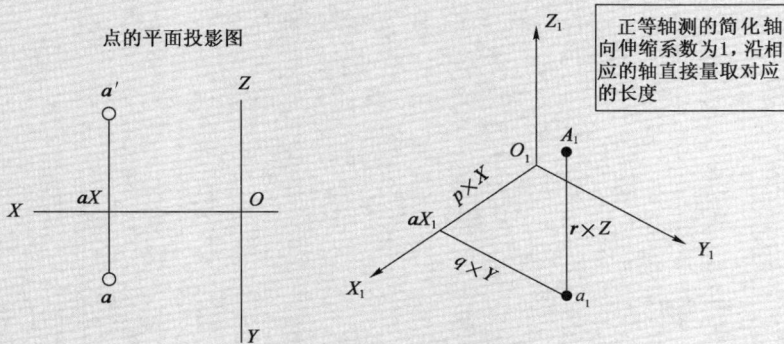

正等轴测的简化轴向伸缩系数为1,沿相应的轴直接量取对应的长度

图 1-1-4-4 点的轴测投影

作图提示:

(1)在投影图上建立坐标系。

(2)画出正等测轴。

(3)根据正等测图的简化轴向伸缩系数 $p = q = r = 1$ 以及坐标关系,分别沿 O_1X_1 轴量取 X,沿 O_1Y_1 轴量取 Y,并分别作轴测轴的平行线,相交得 a_1,由 a_1 作 O_1Z_1 轴平行线并量取 Z 即得到点 A_1 的轴测图。

(举一反三案例见平台资源。)

2.特征面法

当物体的某一个端面能反映物体的形状特征时,可先画出该特征面,继而绘制物体的轴测图。

练一练:图 1-1-4-5a)所示的立面投影图反映翼墙的形状特征,请完成翼墙的正等测轴测图。

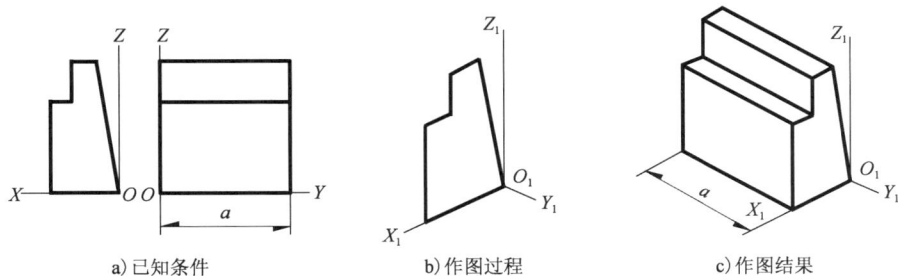

a)已知条件   b)作图过程   c)作图结果

图 1-1-4-5 翼墙的轴测投影绘制

3.叠加法

采用叠加法绘制组合体的轴测图时,将由基本体叠加而成的组合体分解成若干个基本形

体,再依次按其相对位置逐个画出各部分的轴测投影,最后完成组合体的轴测投影。

【同步训练 1-1-4-3】

采用叠加法完成图 1-1-4-6 所示台阶的正等测轴测图。

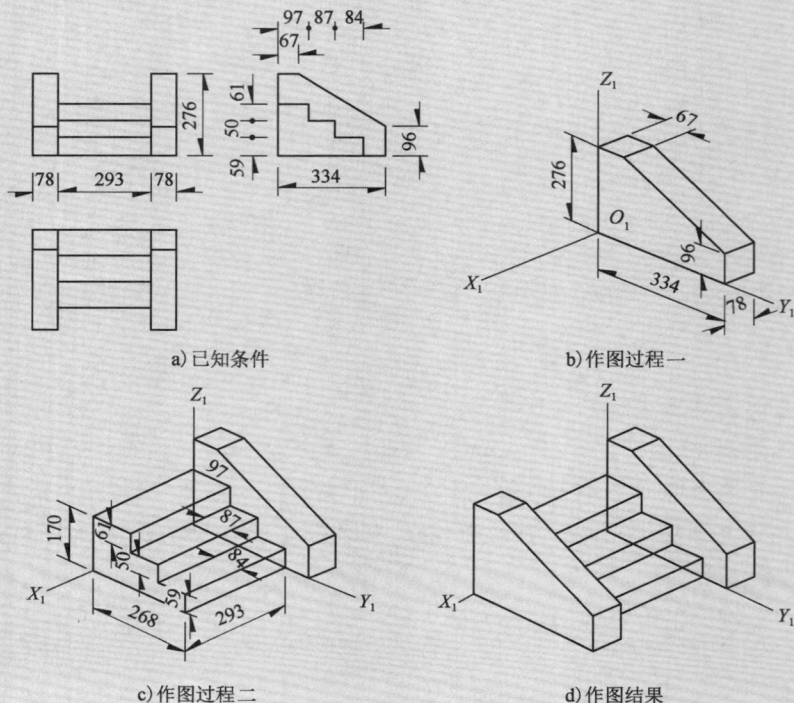

a)已知条件   b)作图过程一

c)作图过程二   d)作图结果

图 1-1-4-6 台阶的正等测轴测图的绘制

分析:台阶由两侧栏板和三级阶梯组成。一般先画出右侧栏板,然后画阶梯和左侧栏板。

作图提示:

(1)绘制右侧栏板:根据右侧栏板的侧面特征投影画出右侧栏板的左表面,然后作 X 轴的平行线向右延伸78cm,连接可见轮廓线,即可得到右侧栏板的正等测轴测图(五棱柱)。

(2)绘制阶梯:在右侧栏板的左侧面上,根据阶梯的侧面投影形状画出阶梯右端面的正等测轴测投影,然后沿 X 轴方向向左延伸293cm,连接可见轮廓线,即可得到阶梯的正等测轴测图。凡是底面比较复杂的棱柱体,都应先画端面,即特征面,这种方法称为特征面法。

(3)画左侧栏板的正等轴测图:根据阶梯与左侧栏板的位置关系,画出左侧栏板的右表面轮廓,沿 X 轴向左延伸78cm,连接可见轮廓线,即可得到左侧栏板的正等测轴测图(五棱柱)。

(4)擦去多余图线并加深。

4. 切割法

有些形体是由基本形体切割若干部分后得到的。绘制这类形体的轴测投影时,应先画出原始基本形体的轴测投影,然后根据截平面的位置依次切割相应部分,从而得到该物体的轴测投影,这种方法称为切割法。

【同步训练 1-1-4-4】

采用切割法完成图 1-1-4-7 所示物体的正等测轴测投影图。

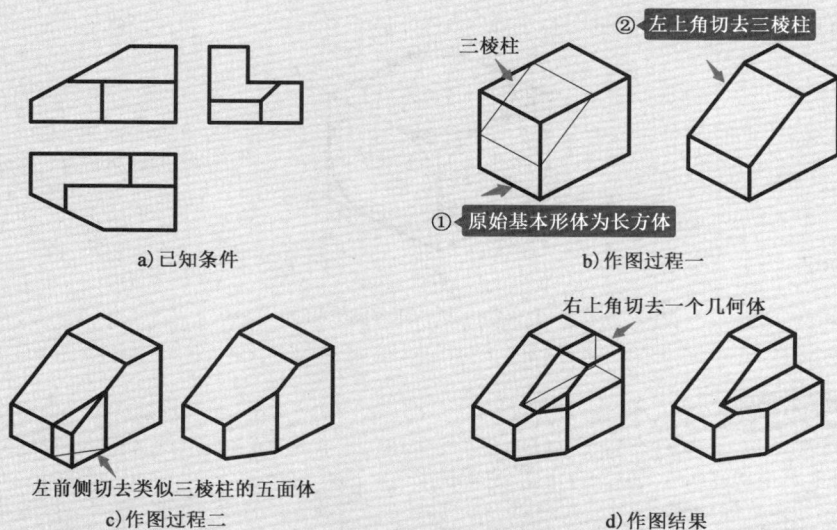

图 1-1-4-7 采用切割法绘制物体的正等测轴测投影图

作图提示:

(1)绘制原始的长方体,左上角切去一个三棱柱。或者以立面五边形为特征投影拉伸宽度。

(2)左前侧切去一个类似三棱柱的五面体。

(3)右上角切去一个几何体。

💡 引导问题 2 如何绘制圆的正等测轴测图?

从正等测轴测投影的形成过程知道,三面正投影图的各坐标面对轴测投影面都是倾斜的,因此,平行于坐标平面的圆的正等测轴测图是椭圆。由于直接绘制椭圆难度较大,在工程应用中,画圆的正等测轴测投影时,一般以圆的外切正方形为辅助线,先画出外切正方形的轴测投影(菱形),然后用四心法近似画出椭圆,如图 1-1-4-8 所示。现以平行于 XOY 坐标平面的圆的正等测轴测投影的画法为例,说明正等测轴测椭圆的作图方法。

作图提示:

(1)作轴测坐标轴 O_1X_1 与 O_1Y_1,从点 O_1 沿轴向按半径量切点 1_1、2_1、3_1、4_1,通过这些点

作轴测坐标轴的平行线,得菱形。

(2)菱形120°角端点 O_2、O_3 与对边中点相连,得到两个交点即圆心,如图1-1-4-8c)所示。

(3)分别以点 O_2、O_3、O_4、O_5 为圆心,以圆心到对边中点的距离为半径($O_2 1_1$、$O_4 4_1$)作圆弧,得到四段圆弧,即为圆的正等测轴测投影,检查并描深,如图1-1-4-8d)所示。

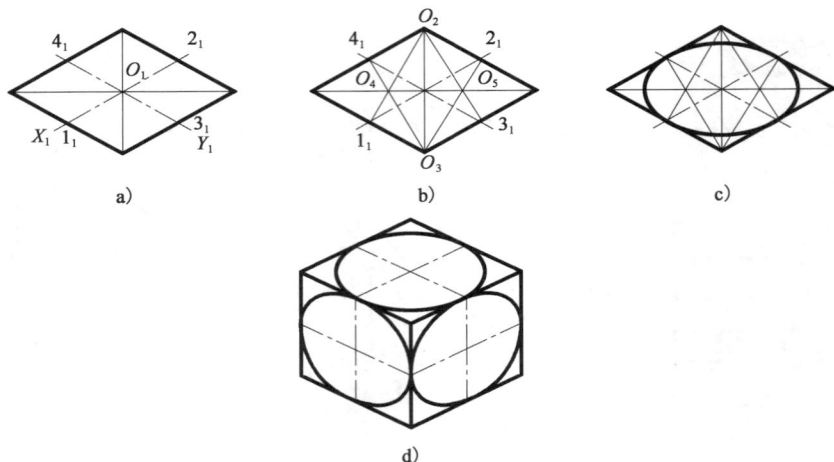

图1-1-4-8 圆的正等测轴测图

【同步训练 1-1-4-5】

完成图1-1-4-9c)所示圆柱的正等测轴测图。

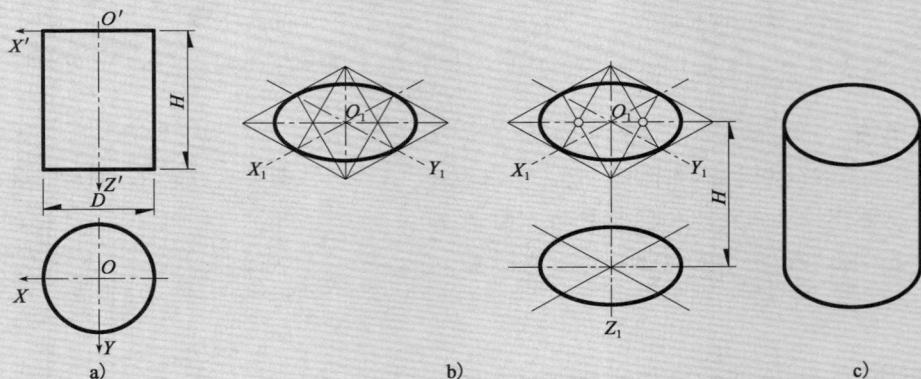

图1-1-4-9 圆柱的正等测轴测图

作图提示:

(1)画顶面,即图1-1-4-9a)所示椭圆。

(2)用移心法画下底椭圆,即将上底椭圆的四段圆弧的四个圆心分别沿 $O_1 Z_1$ 轴方向下移圆柱高度 H,得下底椭圆四段圆弧的圆心,同时对应的圆弧不变,得下底椭圆,如图1-1-4-9b)所示。

(3)作两椭圆公切线,完成圆柱体的轴测图。

1/4 圆弧的正等测轴测作图方法：可在同一椭圆的不同弧段，以圆弧代替椭圆弧，如图 1-1-4-10 所示。Z 轴在轴测投影的两条相交边上，量取圆角半径 R 得到切点 1、2，过切点作相应的垂线，交于 O 点，即得所求圆角的圆心，分别以 O 为圆心，以 O1（或 O2）为半径画圆弧，即得两圆角的轴测图；将圆心向下移动 h，对应的半径不变，画圆弧，即得到底面圆角的轴测投影，最后作小圆弧的公切线（轴测投影中 1/4 圆柱面的轮廓线），擦去多余图线即可。

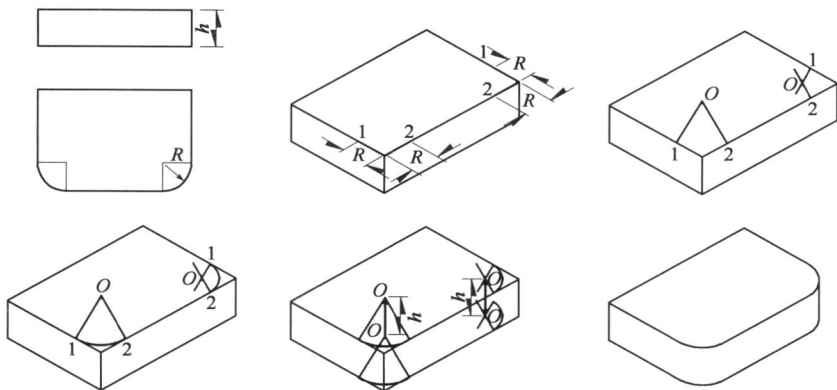

图 1-1-4-10　1/4 圆弧的正等测轴测图绘制过程

（举一反三案例详见平台资源。）

💡引导问题 3　如何绘制斜二测轴测图？

【同步训练 1-1-4-6】

如图 1-1-4-11 所示，已知涵洞洞口的三面投影图，求作其斜二测轴测图。

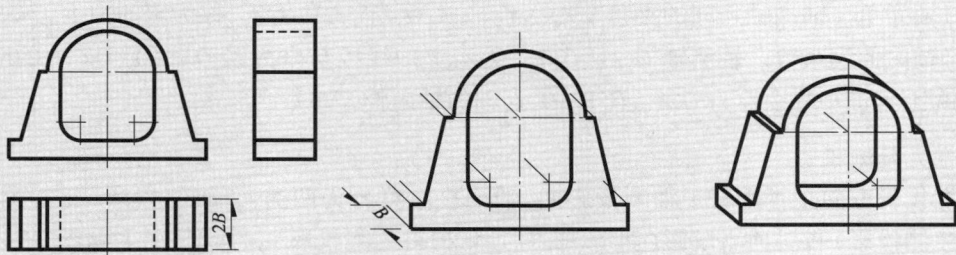

图 1-1-4-11　物体的斜二测轴测图的绘制

作图提示：先绘制涵洞口的前表面即正面投影图，然后沿着 O_1Y_1 轴向后拉伸宽度的一半。

分析：绘制物体的斜二测图时，因为一个坐标面 V 面（XOZ）平行于轴测投影面，轴向伸缩系数 $p = r = 1$，故在 XOZ 方向上前后端面的圆在轴测投影面上的投影均反映实形，$q = 0.5$，故 Y 向宽度在轴测投影图上绘制时缩短一半。

相关知识

知识点 1 轴测投影的基本知识

1. 轴测投影的形成

轴测投影是平行投影法的应用之一。用平行投影法将物体连同确定该物体空间位置的直角坐标系一起沿不平行于任一坐标轴的方向投影到单个投影面 P(轴测投影面)上得到的投影图称为轴测投影图,如图1-1-4-12 所示。

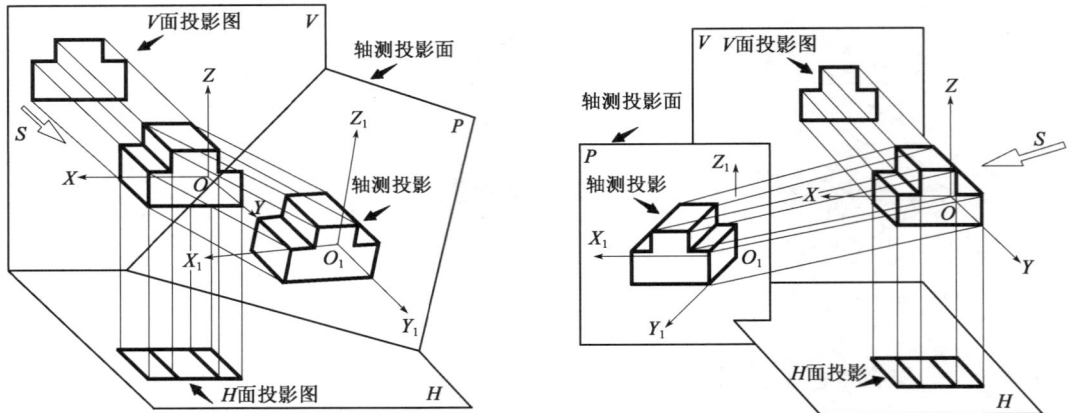

图1-1-4-12　轴测投影的形成

2. 轴测投影的元素

(1)轴测投影面。轴测投影的投影面,如图1-1-4-12 中的平面 P。

(2)轴测轴。空间直角坐标轴 OX、OY、OZ 在轴测投影面上的投影 O_1X_1、O_1Y_1、O_1Z_1,称为轴测投影轴,简称轴测轴。

(3)轴间角。轴测轴之间的夹角 $\angle X_1O_1Y_1$、$\angle X_1O_1Z_1$、$\angle Y_1O_1Z_1$,称为轴间角。

(4)轴向伸缩系数。轴测轴 O_1X_1、O_1Y_1、O_1Z_1 上的线段与坐标轴 OX、OY、OZ 上的对应线段的长度比 p、q、r,分别称为 O_1X_1、O_1Y_1、O_1Z_1 轴的轴向伸缩系数。

3. 常见轴测投影

根据投射方向是否垂直于轴测投影面,轴测投影可分为两类:正轴测投影(正等测、正二测和正三测投影)和斜轴测投影(斜等测、斜二测和斜三测投影)。其中,正等测图、斜二测图最为常用,需要重点掌握这两种轴测图的投影特点、性质和画法。

(1)正等测轴测图

将物体斜放使其三个投影轴都倾斜于轴测投影面的位置,然后按正投影法向轴测投影面投影,这种方法称为正等测轴测投影,得到的投影图称为正等测轴测投影图,简称正等测图。

(2)斜二测轴测图

使空间直角坐标系中的 OX 轴和 OZ 轴均平行于轴测投影面 P,采用斜投影法向轴测投影面投射,这种方法称为斜二测轴测投影,得到的投影图称为斜二测轴测投影图,简称斜二测图。

4.轴测投影的性质

形体上不平行于轴测投影面 P 的平面和直线,在轴测投影中的形状与长度都会发生变形。轴测投影是用平行投影法绘制的,所以,轴测投影仍然具有平行投影的基本性质,即:

(1)空间中平行的两条直线的轴测投影仍然平行,这是轴测投影最主要的特性。

(2)空间中与坐标轴平行的直线,其轴测投影必然平行于相应的轴测轴。

(3)对于形体上不平行于坐标轴的线段,应作出两端点的轴测投影,然后相连得到线段的轴测投影。

(4)平行于坐标面的圆的正等轴测投影,其投影为椭圆。在斜二测投影中,平行于正平面的圆,其投影仍为圆,而平行于其他投影面的圆,其投影是椭圆。

轴测的含义:可根据轴向伸缩系数度量出平行于相应坐标轴向的线段的长度。

知识点 2 **选择轴测图的类型和方向**

轴测图种类很多,最常用的是正等测投影和斜二测投影,但在具体情况中应选用哪一种轴测图来表达,则要根据不同立体的形状和结构特点来综合考虑,见表1-1-4-1。

常用轴测投影
表 1-1-4-1

轴测类型		正轴测投影			斜轴测投影		
		正等测投影	正二测投影	正三测投影	斜等测投影	斜二测投影	斜三测投影
简称		正等测	正二测	正三测	斜等测	斜二测	斜三测
特性		投影线与轴测投影面垂直			投影线与轴测投影面倾斜		
应用举例	轴向伸缩系数	$p_1 = q_1 = r_1 = 0.82$	$p_1 = r_1 = 0.94$ $q_1 = 0.47$	视具体要求选用	视具体要求选用	$p_1 = r_1 = 1$ $q_1 = 0.5$	视具体要求选用
	简化伸缩系数	$p_1 = q_1 = r_1 = 1$	$p_1 = r_1 = 1$ $q_1 = 0.5$			无	
	轴间角						
	例图						

绘制轴测图时,首先要考虑的是选用哪种轴测图以及从哪个方向去观察物体,才能使形体最复杂的部分显示出来。轴测图选取的原则是:图形明显、自然,作图方法简便。

1. 轴测类型的选择

在选择轴测类型时应考虑使图样有较强的立体感,不要有太大的变形,要尽可能完整清晰地表达出物体各部分的形状,尤其是要把物体的主要形状和结构特征表达清楚,避免出现需要表达的部分被遮挡的问题,应尽可能看全形体上的通孔、通槽等。

思考:圆的正等测与斜二测轴测投影基本作图方法的区别有哪些?

当一个圆处于正平、水平、侧平的位置时,在正等测轴测投影中,因空间坐标面对轴测投影面都是倾斜的,因此平行于坐标面的圆的轴测投影是椭圆。

斜二测轴测投影面是与正立面(XOZ)平行的,所以正平圆的斜二测轴测投影仍然是圆。

2. 轴测投射方向的选择

画轴测投影时,除了要考虑选择轴测类型外,还要考虑从哪个方向观察形体,才能使形体最复杂的部分显示出来,即考虑观察者从哪个方向去观察物体能够使需要表达的部分最为明显,图的立体感强(物体的内外表面可见部分更多),图形的清晰感好。顶面简单而底面复杂的形体(如梁或柱),通常应采用仰视轴测图;顶面较复杂的形体,通常采用俯视轴测图(基础或台阶)。

正面斜二测轴测图如图 1-1-4-13 所示,图 a)、b)是自上往下观察,即形体位于低处,图 c)、d)是自下往上观察,即形体位于高处,图 a)、c)是自左向右观察,图 b)、d)是自右向左观察。

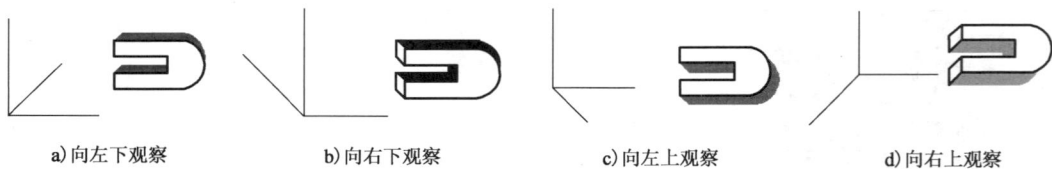

a)向左下观察　　　　b)向右下观察　　　　c)向左上观察　　　　d)向右上观察

图 1-1-4-13　四种不同方向的正面斜二测图

夯基强技

"夯基强技"内容见超星学习通平台。

学习评价与分析

评 价 项 目	评 价 标 准	参考分值(分)	得分(分)
轴测图基本知识	理解与掌握度	10	
绘制 T 梁正等测图	准确性与熟练程度	40	
绘制圆、圆弧正等测	准确性与熟练程度	30	
绘制涵洞洞口斜二测	准确性与熟练程度	20	
小组之间 互相评价(50%)	课前预习 课中学习 (60 分)	1. 课前预习,找出难点:10 分 2. 课中完成课堂任务(评价项目):40 分 3. 学习态度、职业素质考核(严谨细致):10 分	
	课后作业 (20 分)	1. 规定时间内完成该学习任务平台上夯基强技内容 2. 找出易错题、难题	
	小组代表展示 (20 分)	1. 对出错多的题目或者难题进行讲解 2. 总结各个题目考查的知识点	
教师评价(50%)		1. 时间观念(考勤):10 分 2. 学习态度(评价项目):80 分 3. 表达能力:10 分	
课后学习总结			
学习收获			
不足之处			

项目二

绘制与识读组合体的投影图与剖面、断面图

学习任务一 绘制与识读扶壁式挡土墙的轴测投影

由基本形体通过一定组合方式按其相对位置组合而成的形体称为组合体。组合体的组合方式主要有叠加和切割。叠加是指用类似于搭积木的方式将若干个基本体根据一定的相对位置拼接组合成为组合体。切割是从基本体上切除一部分从而形成一个组合体。

分析组合体各组成部分的组合方式,明白每个组成部分的形状,为正确标注组合体尺寸打下基础,学习时要注意知识的贯通。

◎ 知识目标与能力目标

学习组合体的组合方式,组合体轴测投影的绘制,组合体识读方法。

通过学习,应该达到以下要求:

1. 掌握组合体组合方式:叠加与切割。

2. 掌握叠加型与切割型组合体轴测投影的绘制。

3. 熟练运用形体分析法和线面分析法,分析、识读组合体三面投影图。

☑ 学习任务描述与分析

本任务通过识读如图 1-2-1-1 所示的扶壁式挡土墙的 V 面和 W 面正投影图,绘制其正等测轴测投影,学习组合体的分析方法。 该扶壁式挡土墙为叠加型组合体,由基础、立墙和两个扶壁组成。

绘制组合体的轴测图时实际应用的仍是简单基本体的绘图方法,但在作图之前先要进行形体分析,将复杂形体分解为若干个基本形体,再根据各个基本形体之间组合方式与相对位置,依次作基本形体的轴测图,因而必须熟练掌握基本形体的投影特点,理解特征投影。

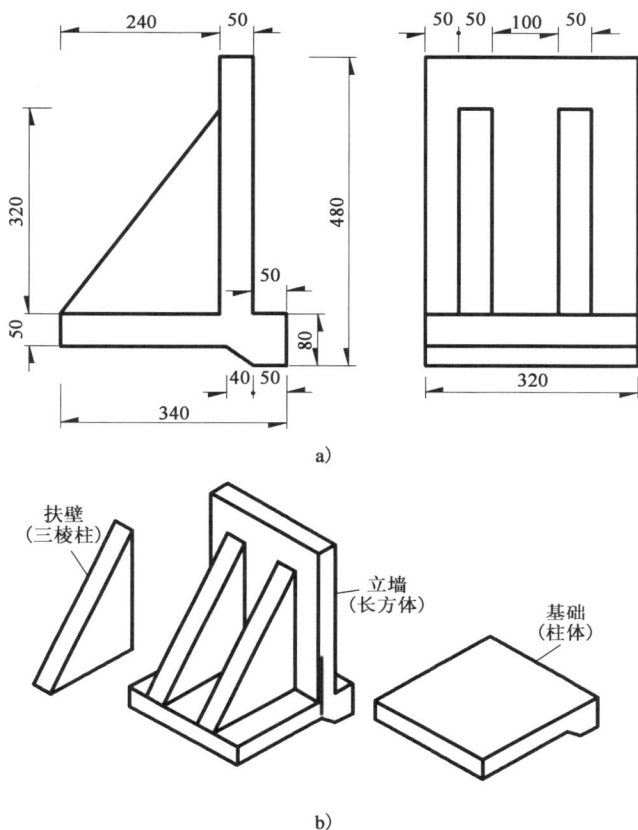

图 1-2-1-1 扶壁式挡土墙投影图

学习任务实施

明确任务:正确识读扶壁式挡土墙的三面投影图,理解组合体的组合方式并绘制正等测轴测投影。

引导问题 绘制扶壁式挡土墙的轴测投影

作图提示:

(1)在正投影图上确定空间直角坐标系,坐标原点取为挡土墙的右前下方点。

(2)画轴测坐标轴,作出挡土墙基础和立墙前面的轴测投影。

注意:当绘制挡土墙的斜二测轴测投影时,根据挡土墙形状的特点,选定 OY_1 方向时,如果采用与 OY_1 方向呈45°的轴,即投射方向是从右向左,这时三角形的扶壁会将立墙遮挡而表示不清。所以轴间角应改用135°,即投射方向是从左向右。

(3)根据宽度向后画出基础和立墙的正等测轴测图。

(4)根据挡土墙的投影图中扶壁与立墙边的相对位置,从立墙边往后量70画出扶壁的三角形底面的实形,再沿着 OY_1 方向向后拉伸扶壁 50 的厚度,即完成一个扶壁的正等测轴测图。采用同样的方法定位另一个扶壁的前表面,沿着 OY_1 方向向后拉伸扶壁 50 的厚度,即完成另一个扶壁的正等测轴测图。

(5)描深图线,完成扶壁,如图 1-2-1-2 所示。

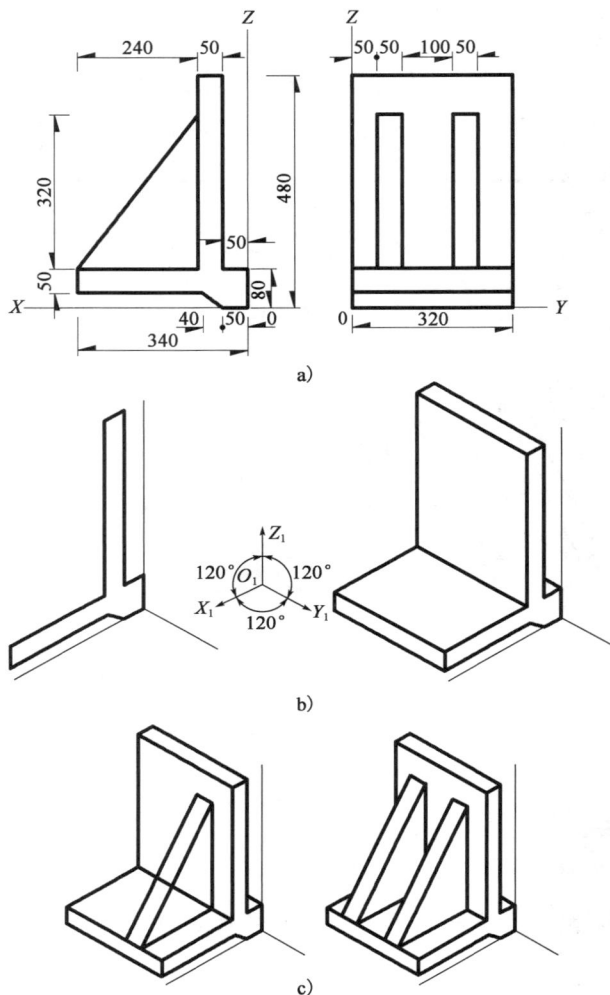

图 1-2-1-2　扶壁式挡土墙的轴测投影

相关知识

知识点 1　组合体的组合方式

1. 叠加

当组合体是由基本体叠加而成时,先将组合体分解为若干个基本体,然后按各基本体的相对位置逐一组合,这一过程称为组合体的叠加。

【同步训练 1-2-1-1】

根据图 1-2-1-3a)所示的三面投影图,通过叠加方式、识读并绘制组合体的轴测投影。

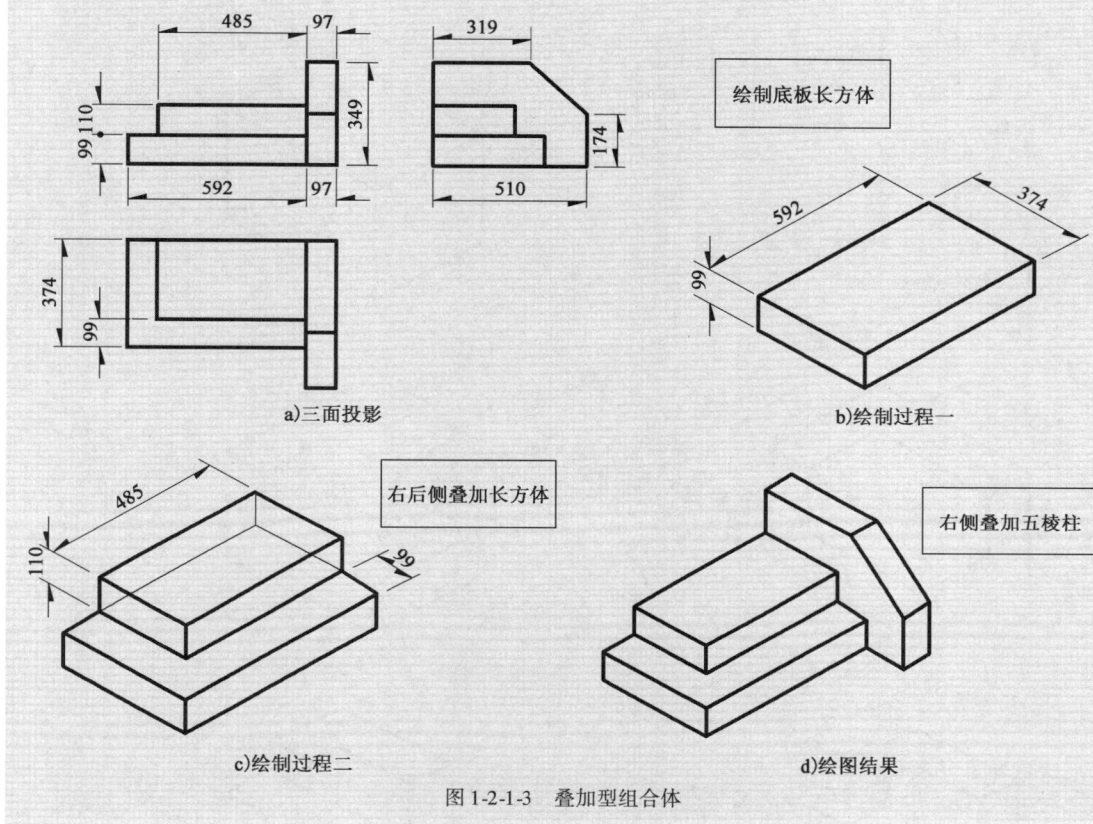

a)三面投影

绘制底板长方体

b)绘制过程一

右后侧叠加长方体

c)绘制过程二

右侧叠加五棱柱

d)绘图结果

图 1-2-1-3 叠加型组合体

2. 切割

切割是指当组合体是由基本体切割而成时,切割基本体得到组合体的方法和过程,如图 1-2-1-4 所示。

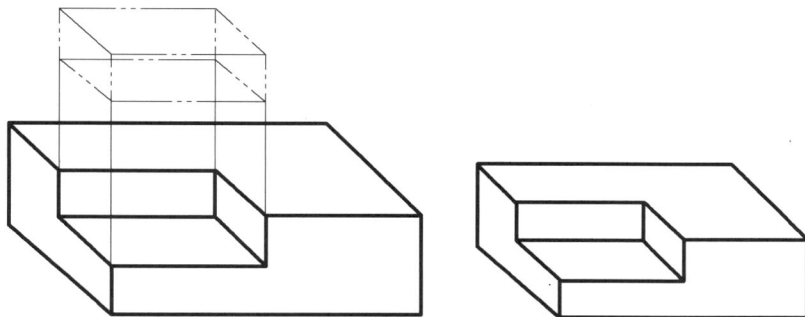

图 1-2-1-4 切割

【同步训练 1-2-1-2】

根据图 1-2-1-5a)所示的三面投影图,通过切割方式识读并绘制组合体的轴测投影。

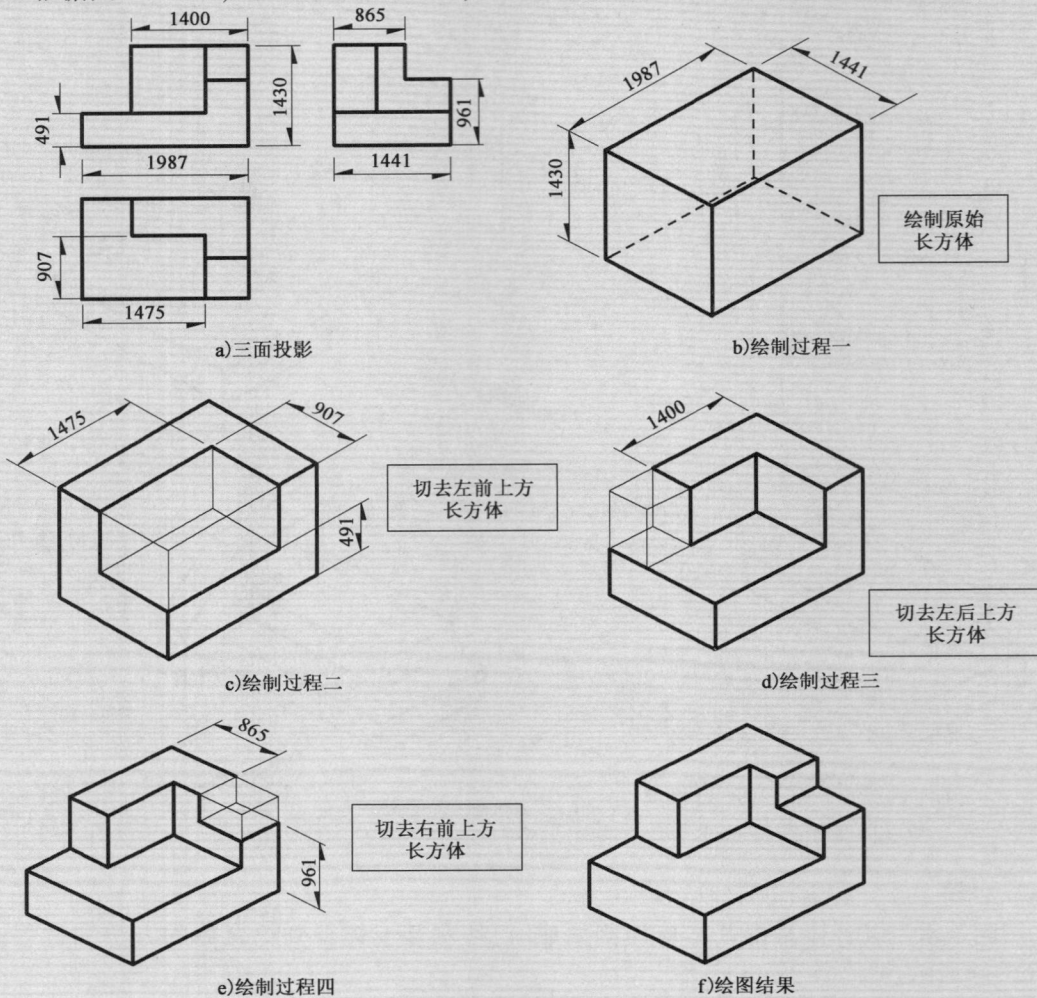

a)三面投影

b)绘制过程一

c)绘制过程二

d)绘制过程三

e)绘制过程四

f)绘图结果

图 1-2-1-5 切割型组合体

提示:

(1)画出完整基本体的轴测图。

(2)按截平面的位置逐一切去多余部分。

知识点 2 组合体看图方法

1.形体分析法

采用形体分析法读图是从特征比较明显的投影图入手,根据投影图间的投影关系,把组合体分解成若干基本形体,想象各基本形体的形状,再按照它们的相对位置及组合方式,综合想象组合体的形状。这种"化整为零"的方法称为形体分析法。

想一想:图 1-2-1-6a)和图 1-2-1-6b)有何区别?

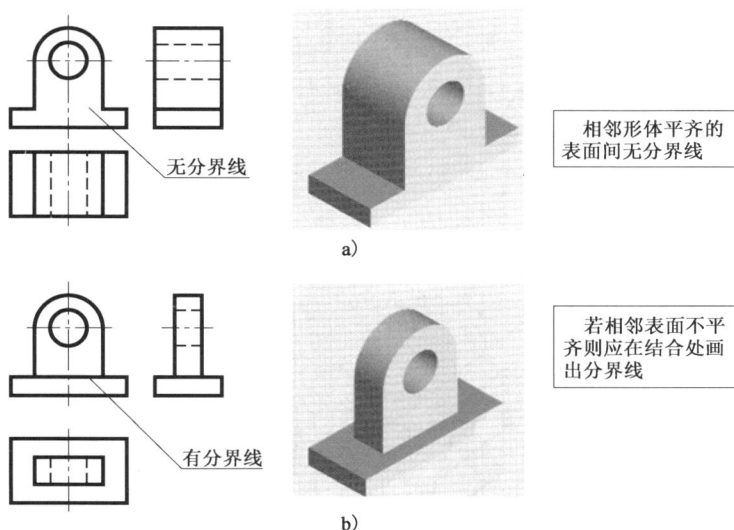

图 1-2-1-6 比较两图的区别

形体分析过程中要注意正确表示各基本形体之间的表面连接关系,如图 1-2-1-7 所示。基本形体之间的表面连接可归纳为以下四种情况:

(1)两形体表面相交时,两表面投影之间应画出交线的投影。

(2)两形体表面共面时,两表面投影之间不应画线。

(3)两形体表面相切时,由于光滑过渡,两表面投影之间不应画线。

(4)两形体表面不共面时,两表面投影之间应画线。

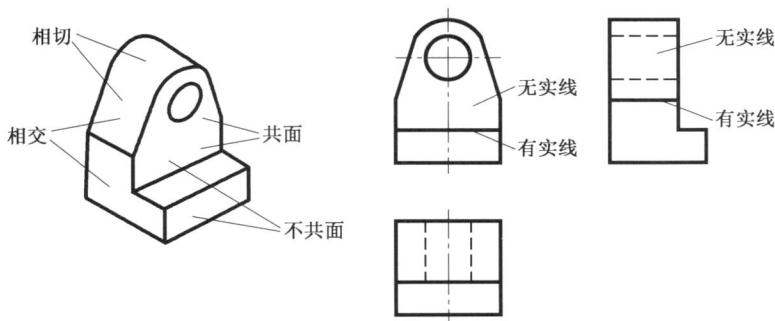

图 1-2-1-7 形体之间的表面连接关系

2.拉伸法

拉伸法读图一般用于柱体或由平面切割柱体而成的简单体,如图 1-2-1-8 所示。

拉伸法读图的关键是在给定投影图中找出反映立体形状特征的线框,然后沿着其投影方向拉伸对应的长度,完成物体三面投影图的识读。

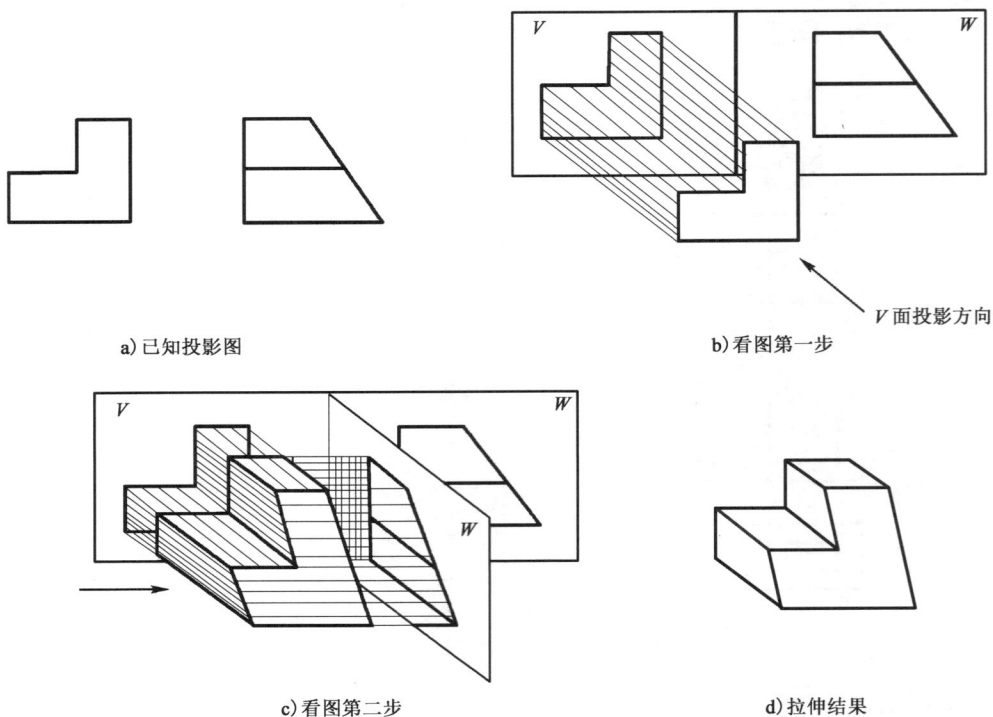

a) 已知投影图

b) 看图第一步

V 面投影方向

c) 看图第二步

d) 拉伸结果

图 1-2-1-8　拉伸法读图

思考: 分析图 1-2-1-9 所示的工程物体,并思考能够反映 T 梁形状特征的是哪个投影图。

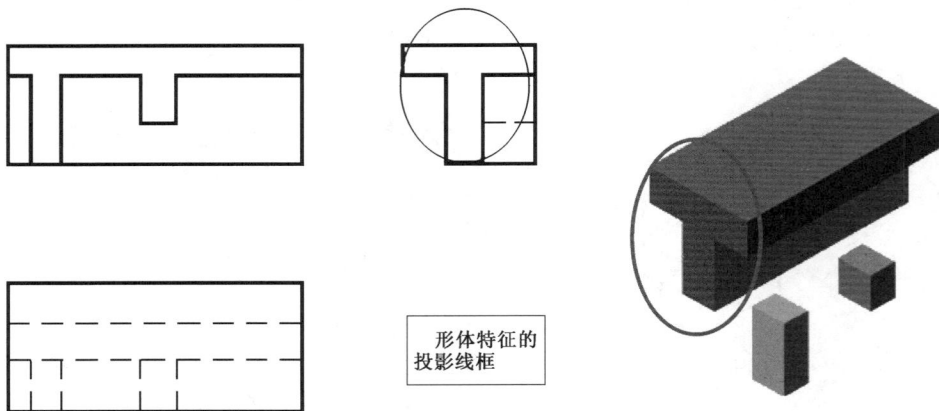

形体特征的
投影线框

图 1-2-1-9　形状特征投影

　　一般来说,当立体的三面投影图中有两个投影图中的大多数线条互相平行,且都平行于同一投影轴,而另一投影图中的线条不平行,呈几何线框状,则该线框就是反映立体形状特征的线框。

3.线面分析法

当形体被多个平面切割,形体形状不规则时,运用形体分析法难以读图,这时就需要运用线面分析判断形体表面形状以及面与面之间的表面交线情况,这种方法称为线面分析法。

看图时,把立体的表面分解为线、面等几何元素,运用线面的投影特性,逐个分析各个面的形状、面与面的相对位置关系,以及各交线的性质,从而想象出组合体的形状。

分析图 1-2-1-10 桥台翼墙的平面特点。

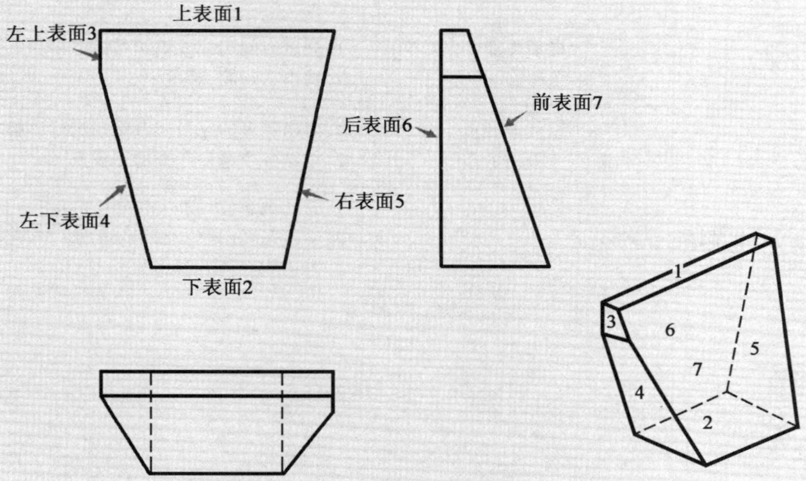

图 1-2-1-10　桥台翼墙

桥台翼墙的线面分析结果:上下平面 1、2 为水平面,左上平面 3 为侧平面,左下平面 4 和右表面 5 为正垂面,前表面 7 为侧垂面,后平面 6 为正平面。

形体分析法和线面分析法是相互联系的,不能完全分离考虑。对于比较复杂的图形,先从形体分析获得形体的大致整体形状,对于不清楚的地方,针对每一条线段和每一个封闭的线框加以分析,从而明确该部分的形状。比如 U 形桥台,先进行形体分析,得到基础、前墙、侧墙和台帽的形状,对于侧墙可采用线面分析法进行分析。以形体分析法为主,结合线面分析法,综合想象出组合体的整体形状。

(举一反三案例见平台资源。)

夯基强技

"夯基强技"内容见超星学习通平台。

学习评价与分析

评 价 项 目	评 价 标 准		参考分值(分)	得分(分)
绘制扶壁式挡土墙的轴测投影	准确性与熟练程度		50	
绘制组合体的轴测投影(切割法)	准确性与熟练程度		50	
小组之间 互相评价(50%)	课前预习 课中学习 (60 分)	1. 课前预习,找出难点:10 分 2. 课中完成课堂任务(评价项目):40 分 3. 学习态度、职业素质考核(严谨细致):10 分		
	课后作业 (20 分)	1. 规定时间内完成该学习任务平台上夯基强技内容 2. 找出易错题、难题		
	小组代表展示 (20 分)	1. 对出错多的题目或者难题进行讲解 2. 总结各个题目考查的知识点		
教师评价(50%)		1. 时间观念(考勤):10 分 2. 学习态度(评价项目):80 分 3. 表达能力:10 分		
课后学习总结				
学习收获				
不足之处				

学习任务二　绘制与识读 U 形桥台的投影

　　形体分析法是通过对组合体进行分块分析来识读组合体,把复杂的组合体化繁为简,逐一分析每个基本形体的形状,最后,根据各个基本形体之间的组合方式综合想象组合体形状。故看图时必须是将三个视图联系起来看,三个视图中通常会有一个视图能较好地反映整体或者局部的形状特征或位置特征,要善于抓住这些特征视图作为突破口,借助其准确、快速识图。在该任务的学习中,学生应基于知识点内容学会把复杂的问题化繁为简,了解逐一解决问题的处事思路,同时应意识到不能孤立地、片面地看问题,应通过现象看本质。

◎ 知识目标与能力目标

　　学习组合体三面投影图的绘制方法与步骤。
　　通过学习,学生应具备以下能力:
　　1. 能熟练运用形体分析法和线面分析法,分析、绘制组合体三面投影图。
　　2. 能根据组合体轴测图等绘制组合体三面投影图。

📝 学习任务描述与分析

本任务通过识读如图 1-2-2-1 所示的 U 形桥台的三面投影图，学习组合体读图、绘图的方法与步骤。

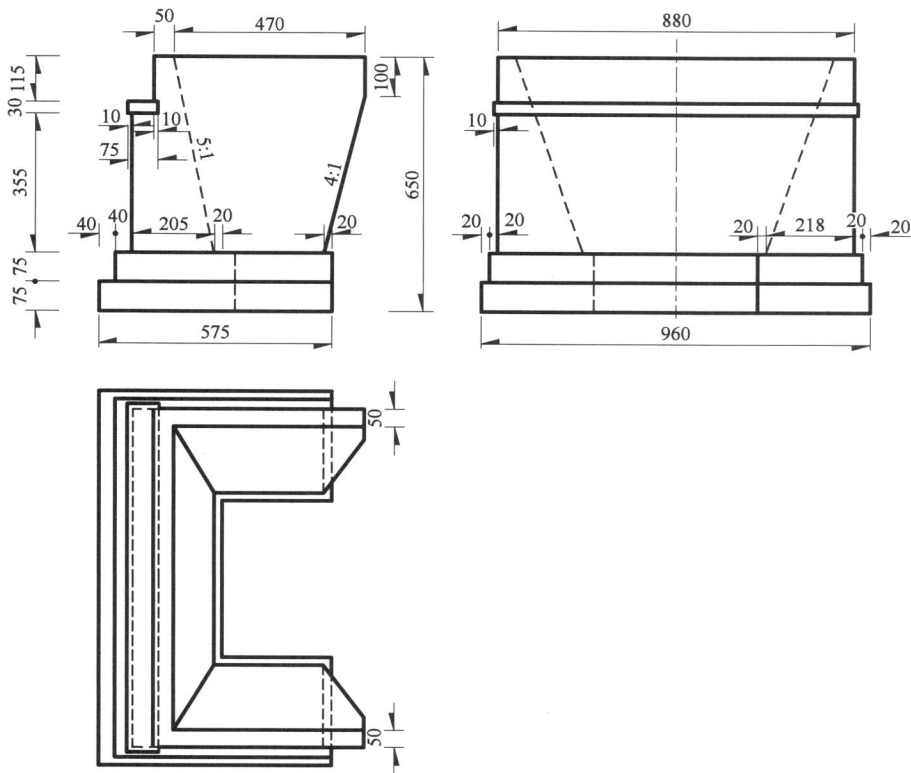

图 1-2-2-1　U 形桥台的三视图

组合体识读常采用形体分析法和线面分析法。该 U 形桥台是由基础、前墙、侧墙及台帽叠加而成的组合体。三面投影图的"长对正、高平齐、宽相等"是识图和绘图必须遵循的最基本的投影规律，应用这个规律绘制组合体三面投影图时，要注意物体的上、下、左、右、前、后六个方位与视图绘制的关系，关注组合体各部分间的表面连接关系和被遮挡部位的可见性判别等难点。

学习任务实施

明确任务：正确识读 U 形桥台的三面投影图，掌握识读组合体的方法。

💡引导问题 1　如何识读组合体的三面投影图？

识读 U 形桥台三面投影图的步骤如下：

1. 分线框

把 U 形桥台立面投影中的线框分成四部分，如图 1-2-2-2 所示。

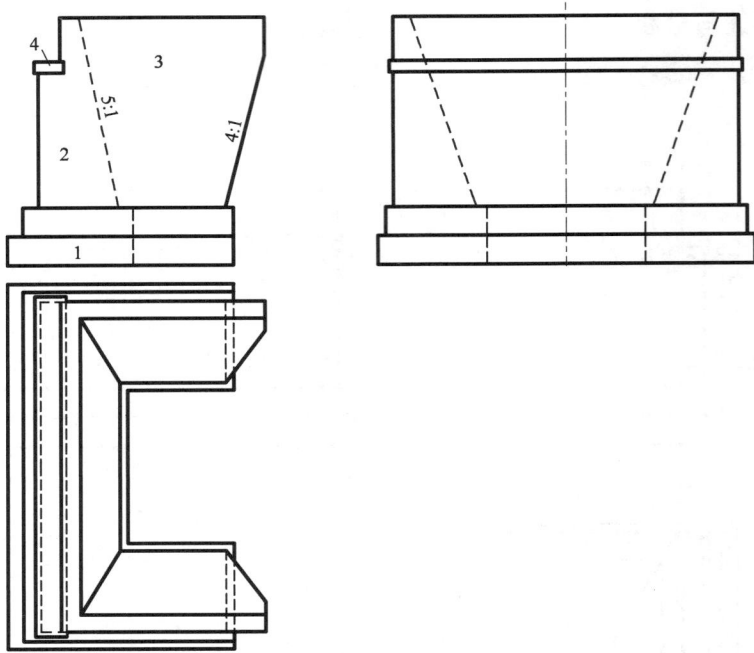

图 1-2-2-2　U 形桥台的分块

2. 分析每个组成部分的形状、组合方式及相对位置
(1) 分析第一部分(图 1-2-2-3)

找对应线框:根据"长对正、高平齐、宽相等"的投影规律,分别找出第一部分线框在其他两面投影中的对应线框。

分析形状和相对位置:由于第一部分水平投影为 U 形桥台的特征投影,立面、侧面投影为矩形线框,水平投影为八边形,根据棱柱的判定方法,故第一部分为水平放置的八棱柱。

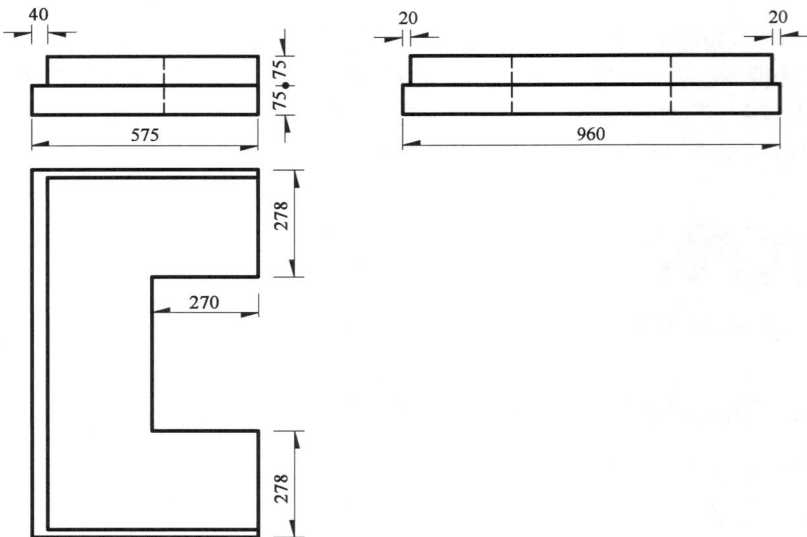

图 1-2-2-3　第一部分(基础)

（2）分析第二部分（图 1-2-2-4）

分析方法同第一部分,由于第二部分侧面投影和水平投影均为矩形线框,正面投影为六边形,根据棱柱的判定方法,可知该部分为一直立六棱柱。

（3）分析第三部分（图 1-2-2-5）

第三部分,即翼墙的上下平面的正面投影为五边形、侧面投影为四边形,采用线面分析法分析每个面的投影特征,可以得到如下结果:

第三部分上下平面为水平面,左上平面为侧平面,左下平面和右为正垂面,前平面侧垂面,后平面为正平面。

（4）分析第四部分

分析方法与分析结果同第一部分,第四部分为一个长方体。

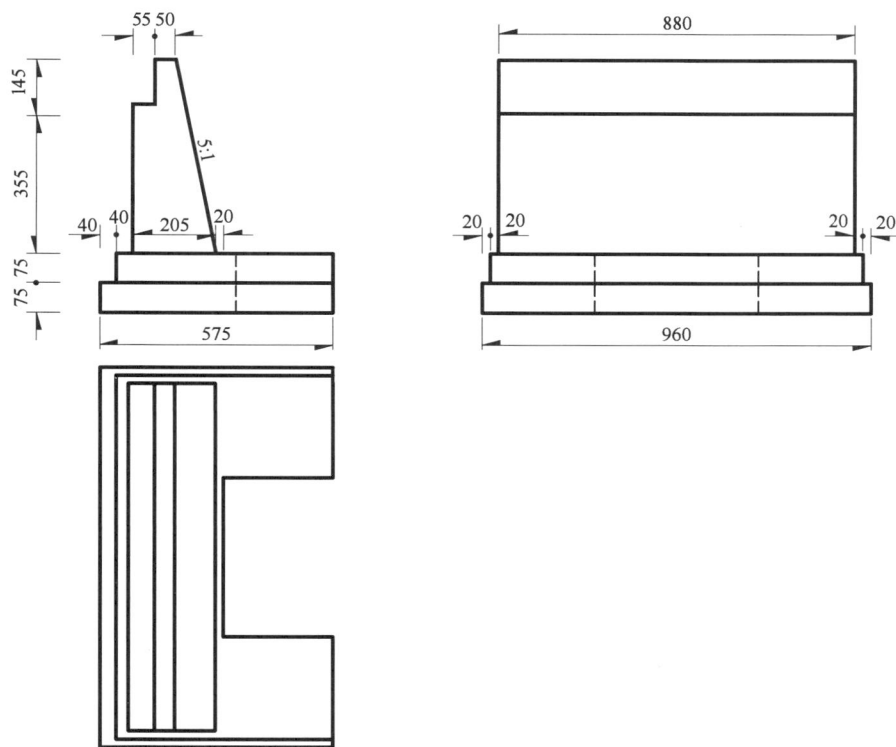

a)

图　1-2-2-4

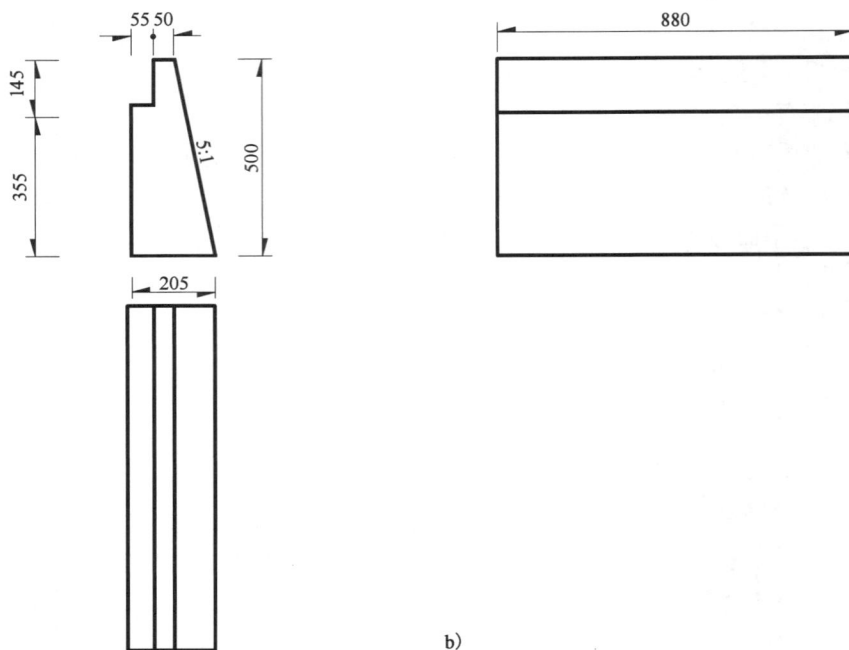

b)

图 1-2-2-4 第二部分(前墙)

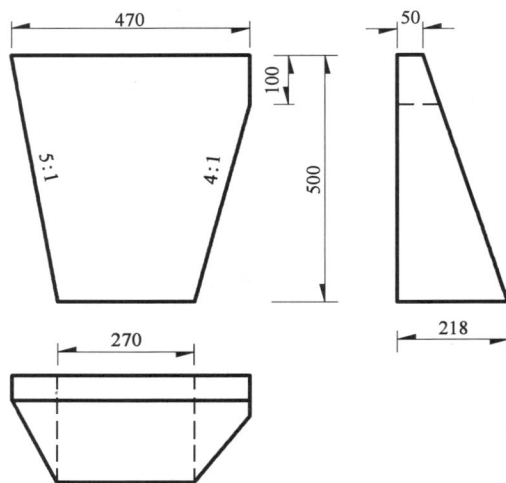

图 1-2-2-5 第三部分(翼墙)

3.组合各部分基本形体

根据原图中各部分线框的位置关系,分析出各基本形体之间的相对位置,将各基本形体进行组合,得到的组合体即为 U 形桥台。

(举一反三案例见平台资源。)

💡 引导问题2 如何绘制组合体的投影？

【同步训练 1-2-2-1】

已知图 1-2-2-6a) 所示桥台的两面投影,如何绘制第三面投影?

提示:将桥台分解成若干基本形体,然后利用投影的对等关系绘制其他各组成部分的投影。

(1) 绘制底部与顶部基础的三面投影[图 1-2-2-6b)、c)];

(2) 绘制侧墙、缘石与前墙的三面投影[图 1-2-2-6d) ~ f)]。

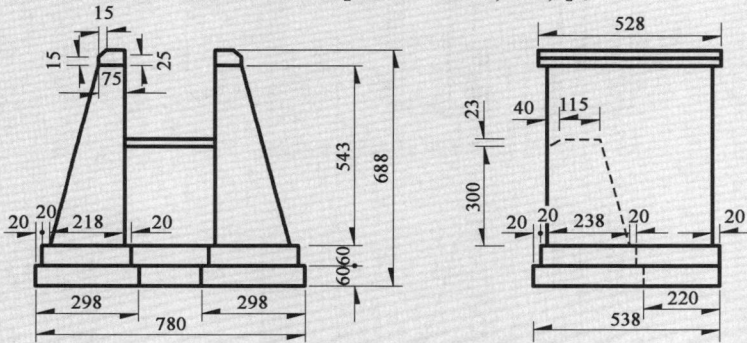

a) 已知两面投影图

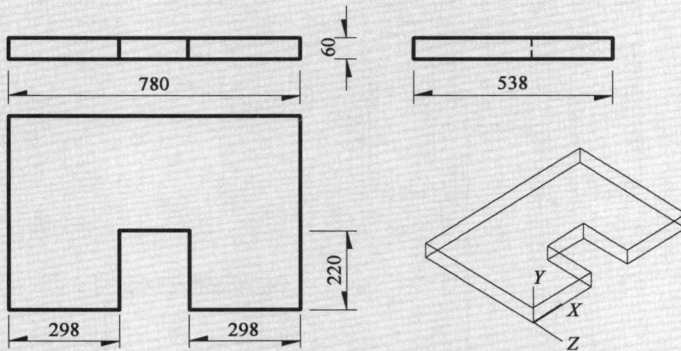

b) 绘制底部基础的三面投影

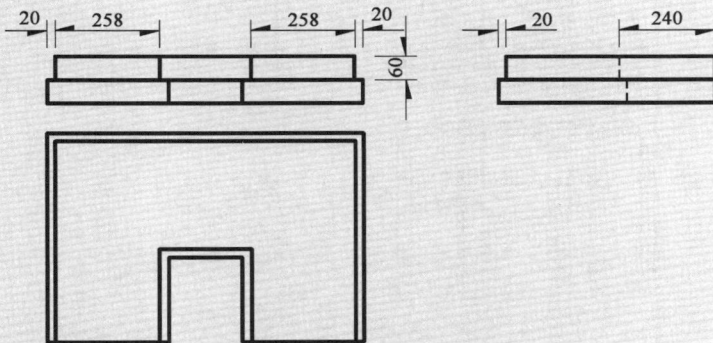

c) 绘制顶部基础的三面投影

图 1-2-2-6

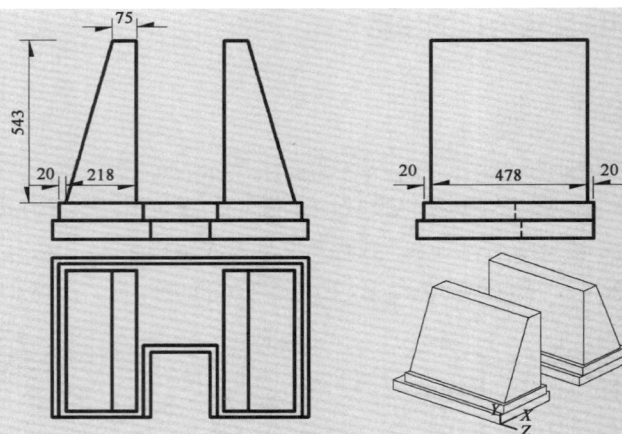

d）绘制侧墙的三面投影

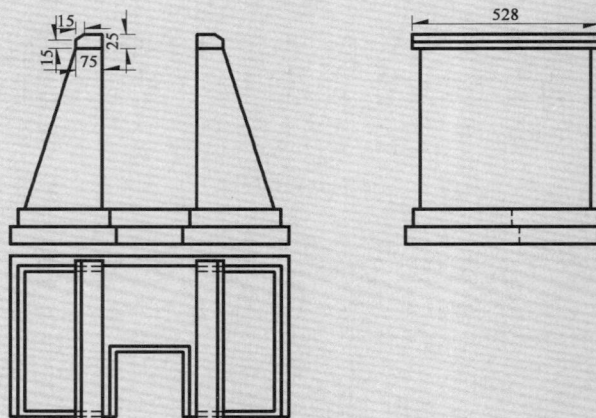

e）绘制缘石的三面投影

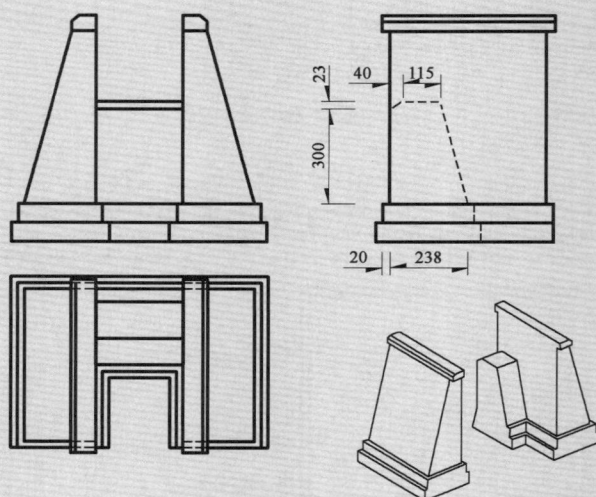

f）绘制前墙的三面投影图

图 1-2-2-6　绘制桥台的三面投影图

相关知识

知识点 1 组合体投影识读的注意事项

读图是根据给定的投影图想象出形体的空间形状的过程。识读组合体投影时,必须熟练运用投影规律进行分析,并且必须注意以下几点:

(1)将几个视图联系起来看。

组合体的每个投影图只反映形体某一个侧面的特征,读图时要把几个视图联系起来,综合各个面的特征想象形体的空间形状。一个面的投影不能确定点的空间位置及物体的形状,如图 1-2-2-7 所示。

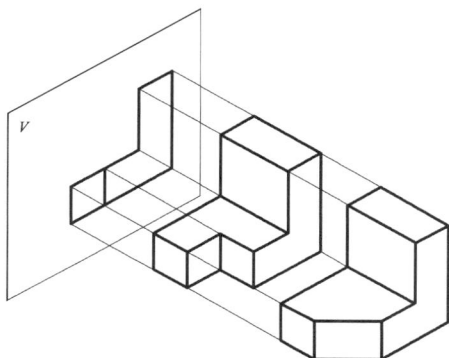

图 1-2-2-7　一个面的投影不能确定物体形状

两个视图有时也不能完全反映物体的确切形状,故读图时不可只凭两个视图就确定物体的形状,应将三个视图结合分析才可真正确定其形状。

思考:想象图 1-2-2-8 所示的物体形状,并分析 4 个物体彼此间的区别。

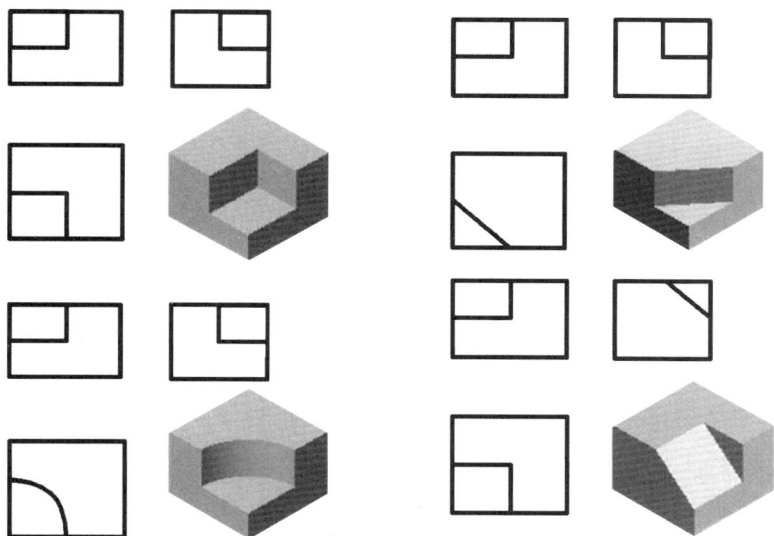

图 1-2-2-8　比较物体的形状

(2)熟练掌握各种位置的直线、平面(或曲面)以及基本几何体的形状特征和投影特性。

(3)读图时应先从特征视图入手。

(4)明确投影图中线条和线框的含义。

分析投影图时,需要注意:投影图中的线除可以表示一条线的投影外,还可以表示一个有积聚性的面、两个面的交线、曲面的转向轮廓线。投影图中一个封闭的线框,可能表示一个平面或曲面,也可能表示一个空洞。应利用投影关系,在其他投影图上找到对应的图形,再分析该面的投影特性(实形性、积聚性、类似性)。

思考:分析图1-2-2-9所示各线框的含义。

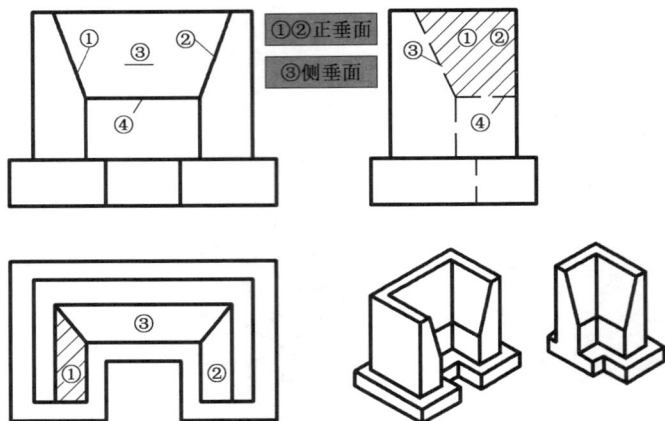

图1-2-2-9　各线框的含义

(1)平面①、②是正垂面。

(2)平面③是侧垂面。

(3)平面④是水平面。

知识点 2　看图的步骤

1.看视图,抓特征

(1)看视图:一般以立面图为主,辅以其他视图。对于组合体,更要将几个视图联系起来读,进行初步的投影分析和空间分析。

(2)抓特征:找出反映物体特征较多的视图,在较短的时间里,对物体有大致的了解。

2.分解形体,对投影

(1)分解形体:参照特征视图,分解形体。

(2)对投影:利用"长对正、高平齐、宽相等"的关系,找出每一部分的三面投影,想象它们的形状。

3.综合起来想整体

在完成识读每部分形体的基础上,进一步分析它们之间的组合方式和相对位置关系,从而想象出整体的形状。

识读图1-2-2-10所示桥墩图。

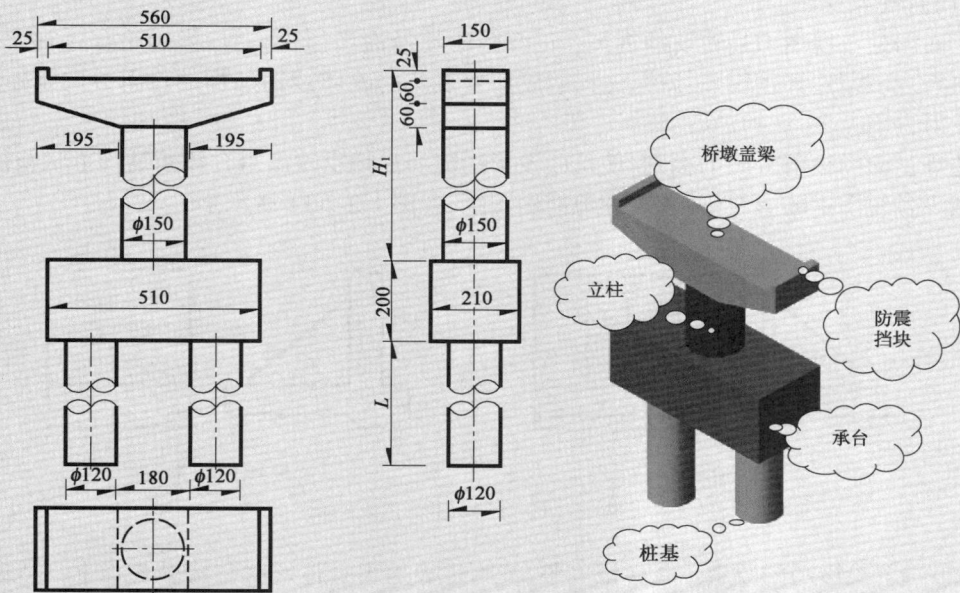

图1-2-2-10 桥墩的组成分析图

提示:

(1)看视图,抓特征。先粗读所给的各面投影图,经过投影分析大致了解组合体的形状及组合方式,在此基础上应用形体分析。该桥墩可大致分为四部分:桩基、承台、立柱、盖梁。

(2)分解形体,对投影。根据投影"长对正、高平齐、宽相等"的关系,将每一部分的各投影划分出来,仔细分析,想象并确定每部分的形状:基桩直径为120cm,桩与桩之间的距离是300cm;承台尺寸为510cm×210cm×200cm;立柱直径为150cm;盖梁长560cm,宽150cm,高120cm,两侧是防震挡块。

(3)综合起来想整体。在看懂了每部分形体及其之间相对位置的基础上,最后综合确定组合体的整体形状,如图1-2-2-10所示。

知识点 3 组合体的投影

1.形体分析

画组合体的投影图,首先要进行形体分析,分析它们是由哪些简单的基本体组成的,同时要分析各基本体之间的组合形式以及相对位置关系等。

形体分析的目的是从形体分析中进一步认识组合体的结构特点,为正确地绘制组合体的视图做好准备。

2.选择投影图

为了能用较少的投影图清晰地表示出组合体的形状,在进行形体分析的基础上,还应选择合适的投射方向和投影图的数量。

（1）选择正面图。

正面图是三视图中最重要的视图，正面图的选择恰当与否，直接影响组合体视图表达的清晰与否。所谓选择正面图，就是怎样放置所要表达的物体或用怎样的投射方向来作为正面图的投射方向。

选择正面图投射方向的原则：使正面投影图能明显地反映出组合体的结构形状特征，同时尽量减少各视图中的虚线，并较合理地使用图纸，如图1-2-2-11所示。

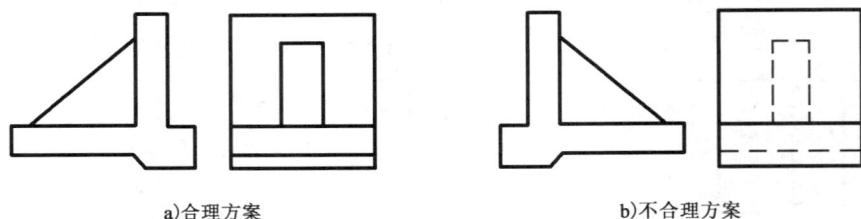

a)合理方案　　　　　　　　b)不合理方案

图1-2-2-11　挡土墙投影图的选择

（2）选取投影图的数量。在保证完整、清晰地表达组合体形状结构的前提下，尽量减少投影图的数量，如图1-2-2-12所示。

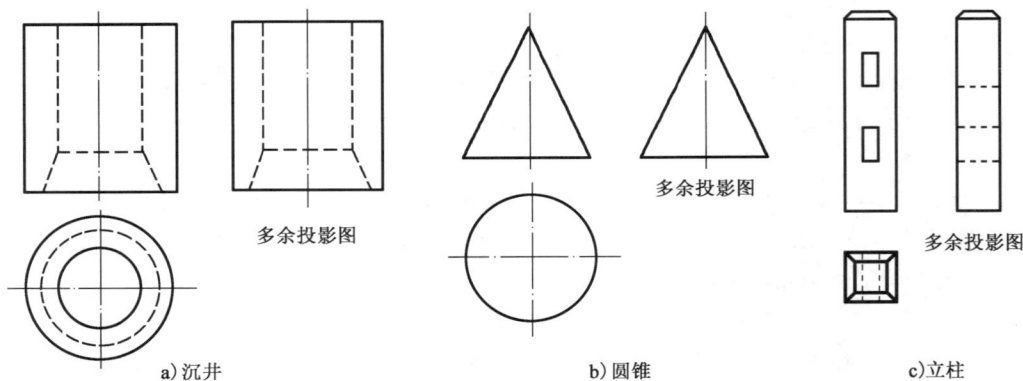

a)沉井　　　　　　　　b)圆锥　　　　　　　　c)立柱

图1-2-2-12　投影图数量的选择

3.选比例、定图幅

投影图确定后，还要根据组合体的总体大小和复杂程度，按照国家标准的规定选择适当的比例和图幅。

4.布置投影图

布图前，先画图纸、图框以及标题栏的边框。根据选定的比例和组合体的总体尺寸，可粗略算出各投影图大小。各视图的位置要匀称，并注意在两视图之间要留出适当距离，用以标注尺寸。一般定出形体的对称中心线、主要端面的轮廓线作为作图基准线。

5.画底图

正确的画图方法和步骤是保证绘图质量和提高绘图效率的关键。

（1）在画组合体的三面投影图时，应分清组合体上结构体形状的主次，一般从正面投影入手，先画主要部分，后画次要部分；先画看得见的部分，后画看不见的部分。

（2）在画每一部分时，要先画反映该部分形状特性的投影，后画其他投影。要严格按照投影关系，保证三面投影互相匹配，逐一画出每一组成部分的投影。切忌画完一个投影，再画另一个投影。

拓展训练1-2-2-2

已知如图 1-2-2-13a) 所示的马蹄形 T 梁的两面投影，求作其第三面投影图。

提示：先画马蹄形 T 梁的投影，然后画各横隔板投影，注意可见性。

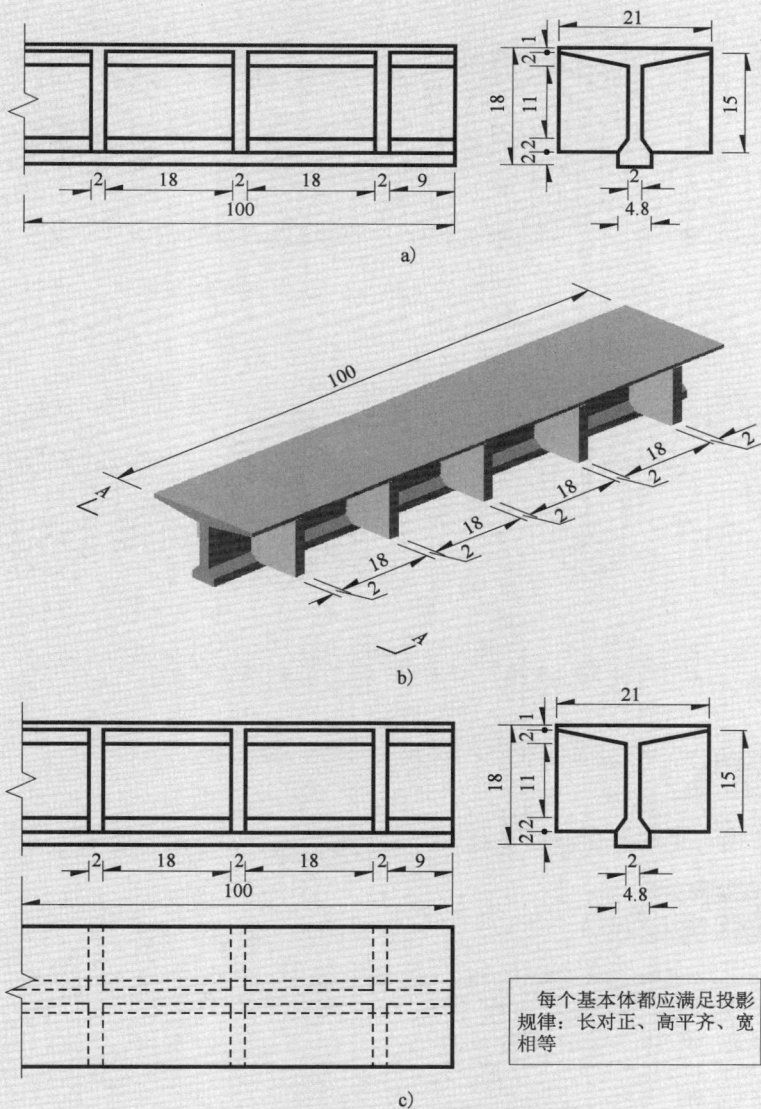

a)

b)

每个基本体都应满足投影规律：长对正、高平齐、宽相等

c)

图 1-2-2-13　补画物体的第三面投影图

根据组合体的理论知识,识读图 1-2-2-14a)所示的现浇柱梁楼盖节点图。

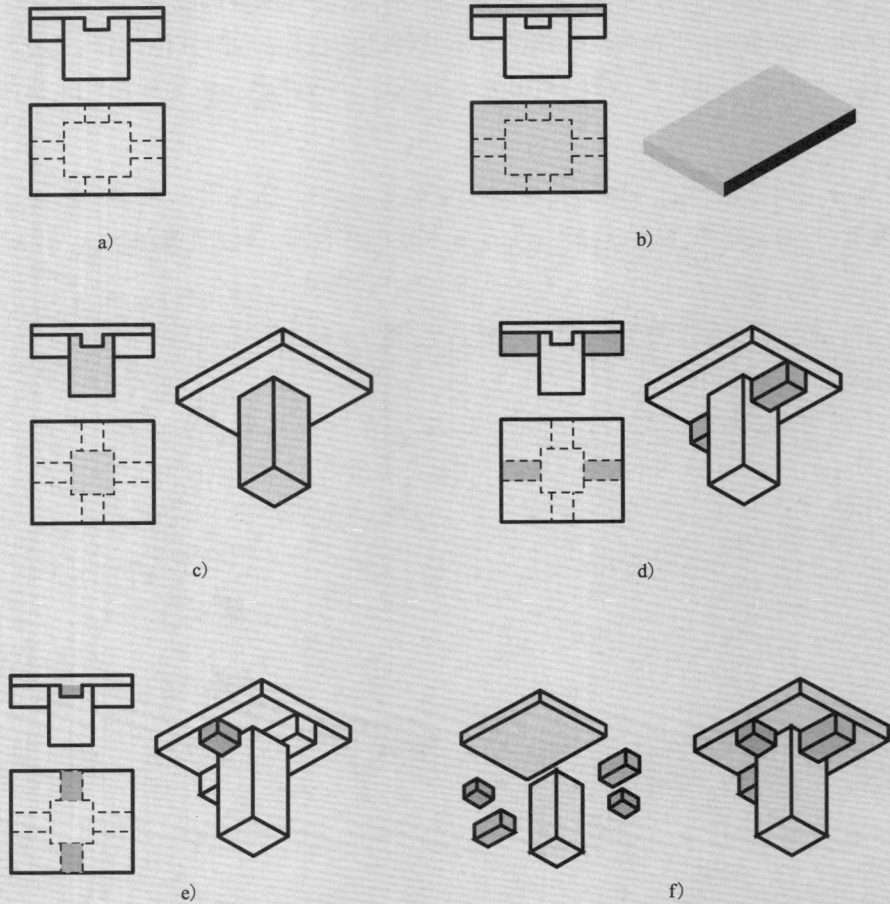

图 1-2-2-14　现浇柱梁楼盖节点图识读过程

夯基强技

"夯基强技"内容见超星学习通平台。

学习评价与分析

评 价 项 目	评 价 标 准	参考分值(分)	得分(分)
识读和绘制 U 形桥台的三视图	识读和绘制的准确性	60	
实训:绘制马蹄形 T 梁的两面投影	准确性与熟练程度	40	

小组之间 互相评价(50%)	课前预习 课中学习 (60 分)	1. 课前预习,找出难点:10 分 2. 课中完成课堂任务(评价项目):40 分 3. 学习态度、职业素质(严谨细致)考核:10 分
	课后作业 (20 分)	1. 规定时间内完成该学习任务平台上夯基强技内容 2. 找出易错题、难题
	小组代表展示 (20 分)	1. 对出错多的题目或者难题进行讲解 2. 总结各个题目考查的知识点
教师评价(50%)		1. 时间观念(考勤):10 分 2. 学习态度(评价项目):80 分 3. 表达能力:10 分
课后学习总结		
学习收获		
不足之处		

学习任务三　　绘制与标注涵洞一字墙洞口的尺寸

工程图样中,视图只能表示物体的形状,物体各部分的真实大小及准确的相对位置则依靠标注尺寸来表示。尺寸是生产加工的重要依据,尺寸的作用在于表达结构物的大小和位置。尺寸标注要完整正确清晰,平时的学习和工作中要养成精益求精,严谨细致的良好习惯。

◎ 知识目标与能力目标

学习和贯彻《道路工程制图标准》(GB 50162—1992)关于尺寸标注的基本规定,学习组合体的尺寸标注方法。通过学习,学生应该具备以下能力:

1. 掌握常见基本体的尺寸标注。

2. 掌握组合体的尺寸分析与标注方法。

3. 明确国家标准关于尺寸标注的有关规定,做到尺寸标注的正确、完整、清晰、合理。

☑学习任务描述与分析

　　绘制如图 1-2-3-1 所示的涵洞口一字墙的三面投影图并标注尺寸，掌握组合体的尺寸标注方法。

　　工程图样能清楚地表达形体的形状和各部分的相互关系，但只有在标注尺寸后才能明确形体的实际大小和各部分的相对位置。 尺寸标注不全的图样是不符合要求的。 如图 1-2-3-1 所示，涵洞一字墙洞口立面投影如果少了圆孔的尺寸，则无法知道涵洞口的直径大小。 由此可见，尺寸对图样而言至关重要。

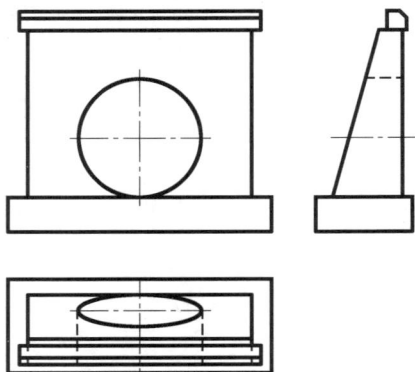

图 1-2-3-1　涵洞口一字墙的三视图

　　对于工程图样的图形，不同的尺寸作用也不相同，有的尺寸用来确定几何元素的位置，有的则用来确定几何元素的形状和大小。 若要避免在尺寸标注过程中出现错误与遗漏，就必须遵照国家标准合理进行尺寸标注。

≡ 学习任务实施

　　明确任务: 掌握剖面图和断面图的画法并规范进行尺寸标注。

♀引导问题　标注涵洞口一字墙的尺寸

　　1. 形体分析, 选定基准

　　该涵洞口一字墙由基础、墙身和缘石组成, 如图 1-2-3-2 所示。

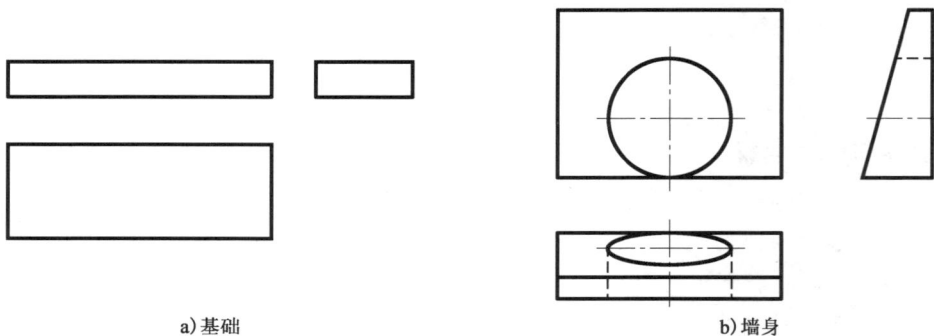

a)基础　　　　　　　　　　　　　　　　　　　b)墙身

图　1-2-3-2

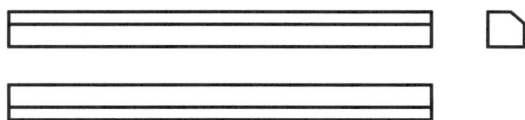

c) 缘石

图 1-2-3-2　涵洞口一字墙组成

2. 标注各组成部分的定形尺寸(图 1-2-3-3)

根据形体分析的结果,标注基础的定形尺寸 340cm × 125cm × 45cm,墙身的定形尺寸 30cm、90cm、290cm、225cm,直径 160cm;缘石的定形尺寸 310cm、25cm、20cm,右侧上方 5cm、5cm。

标注总体尺寸:标注涵洞口一字墙的总长 340cm,总宽 125cm,总高 290cm。

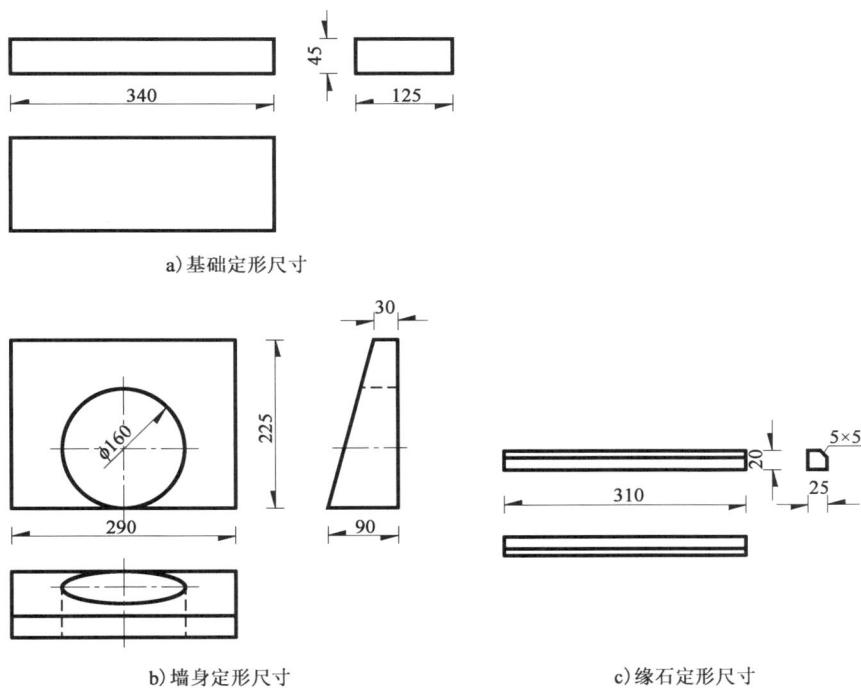

a) 基础定形尺寸

b) 墙身定形尺寸

c) 缘石定形尺寸

图 1-2-3-3　涵洞口一字墙各组成部分的定形尺寸

3. 标注涵洞口一字墙的定位及总体尺寸(图 1-2-3-4)

标注定位尺寸:在长度方向,基础、墙身和缘石关于长度方向对称布置,在高度方向,各基本形体依次叠加,不需要定位尺寸;在宽度方向,只需标出墙身和基础之间的定位尺寸 20cm、15cm;缘石与基础之间的定位尺寸为 5cm。

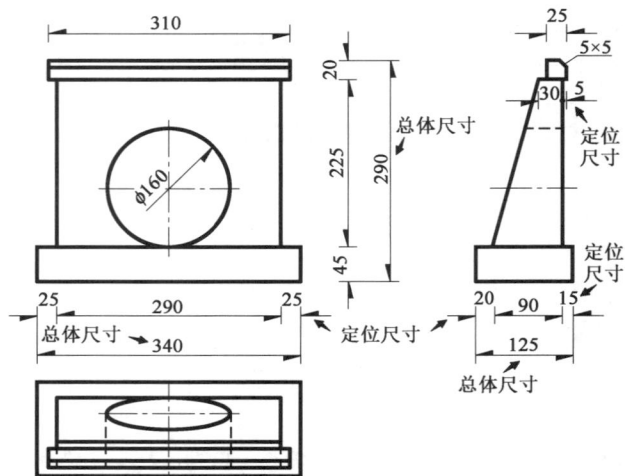

图1-2-3-4 涵洞口一字墙的定位及总体尺寸

【同步训练 1-2-3-1】

标注图1-2-3-5所示桥墩的尺寸。

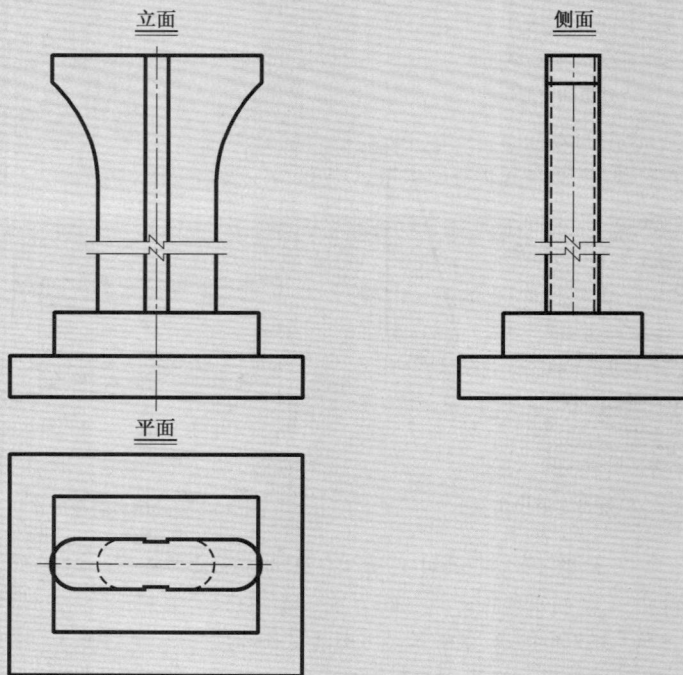

立面　　　　　　　侧面

平面

图1-2-3-5 桥墩的三面投影图

提示：

(1)形体分析：该异形桥墩由两部分组成,即基础和墩身[图1-2-3-6a)]。

（2）标注定形尺寸：如图 1-2-3-6b）和 c）所示，标注基础的长、宽、高，异形墩身的定形尺寸，圆曲线半径，以及墩身上下底面的定形尺寸。定形尺寸集中在平面图上。

（3）标注定位尺寸：75cm 为两基础长度以及宽度方向的定位尺寸。

（4）标注总体尺寸：该异形桥墩总长 500cm、总宽 390cm、总高 844.5cm，如图 1-2-3-6d）所示。

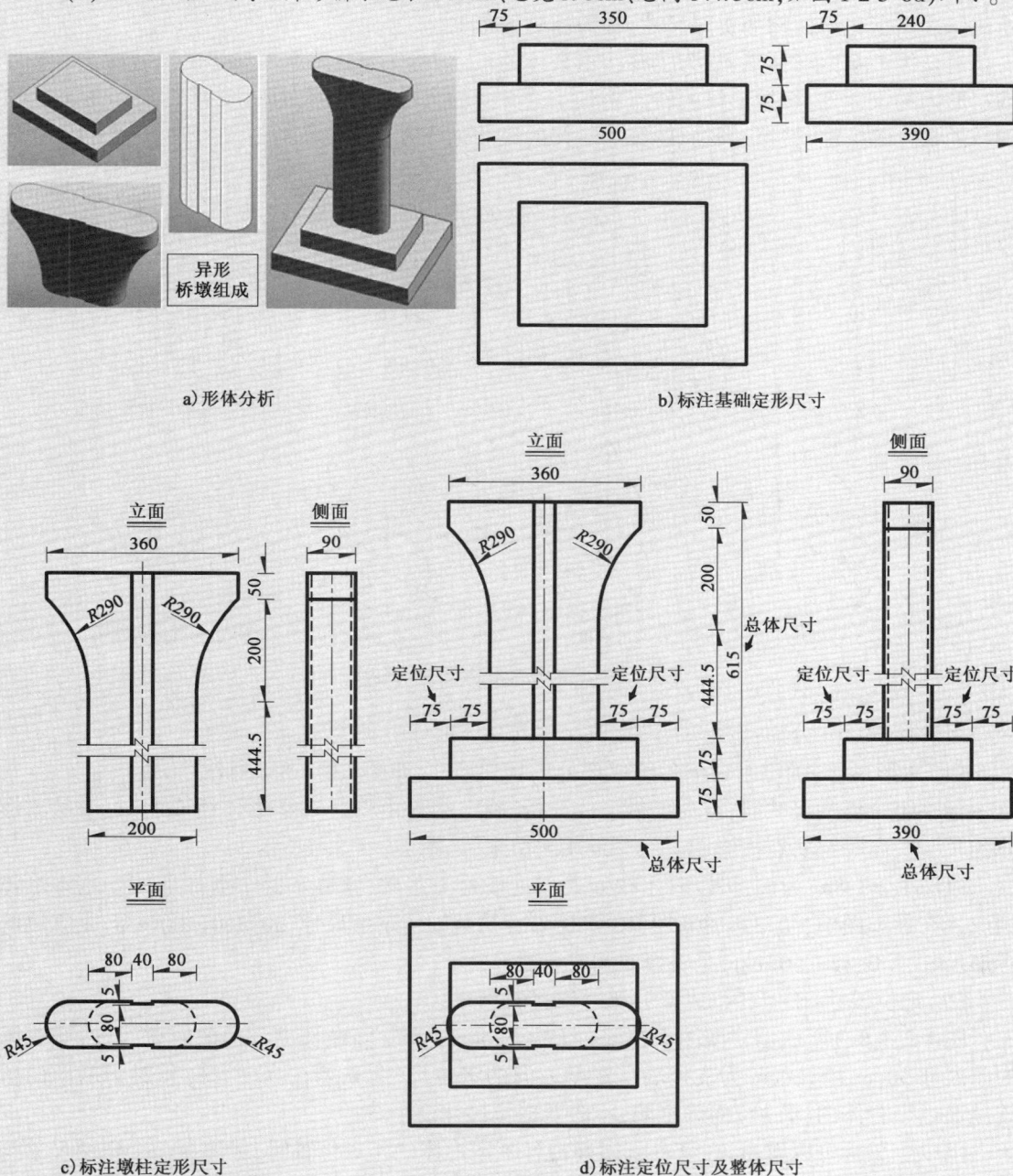

a）形体分析

b）标注基础定形尺寸

c）标注墩柱定形尺寸

d）标注定位尺寸及整体尺寸

图 1-2-3-6　桥墩尺寸标注

注：本图尺寸除高程以米计外，余均以厘米计。

相关知识

知识点 1 组合体尺寸的分类

工程图样是要准确地表达工程结构物的形状、大小及技术要求,所以必须准确、完整和清晰地标注出工程结构物的实际尺寸,作为施工的依据。

组合体由基本形体组成,为了标注组合体的尺寸,首先要熟悉基本形体的尺寸标注。标注基本形体的尺寸,应根据形体的特点将其三个方向的尺寸完整地标注在投影图上。图1-2-3-7列举了常见的棱柱、棱锥、圆柱、圆锥等形体的尺寸标注方式。

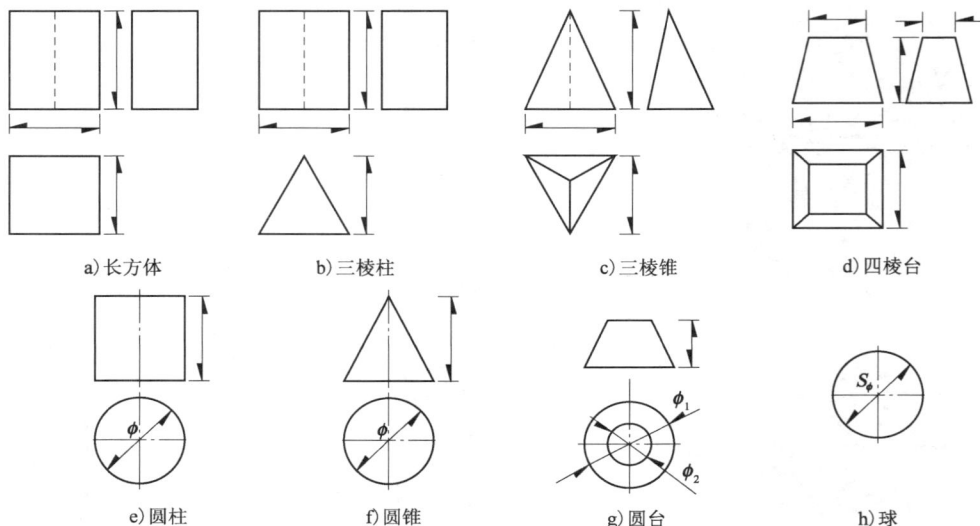

a) 长方体   b) 三棱柱   c) 三棱锥   d) 四棱台

e) 圆柱   f) 圆锥   g) 圆台   h) 球

图 1-2-3-7   常见基本形体的尺寸标注

组合体的尺寸分为:定形尺寸、定位尺寸与总体尺寸三种类型。

(1)定形尺寸:确定组合体各组成部分形状和尺寸,如图1-2-3-8a)所示。

标注组合体的尺寸时,首先要做形体分析,确定它是由哪些基本形体组成的,每个基本形体的长、宽、高等都要在投影图上完整地反映出来,如图1-2-3-8b)所示。

以图1-2-3-8a)为例,可以看出扶壁式挡土墙是由基础、立墙和两个支撑墙四个基本形体组成。在投影图中,50、340、80、50、40、320(cm)是基础的定形尺寸,50、320、400(cm)是立墙的定形尺寸,240、320、50(cm)是支撑墙的定形尺寸。

(2)定位尺寸:确定各组成部分相对位置的尺寸。

图1-2-3-8c)所示正立面图中基础右上方的50cm为立墙在长度方向的定位尺寸,侧面图中的尺寸50cm和100cm为支撑墙在宽度方向的定位尺寸,立墙在高度方向相对于基础的位置是通过组合体的(叠加)而确定的,不需要定位尺寸。

由以上分析可以看出,在某一方向确定各基本形体的相对位置时,标注每一个定位尺寸均需有一个相对的基准作为标注尺寸的起点,这个起点叫作尺寸基准。组合体有长、宽、高三个方向的尺寸,每个方向至少要有一个尺寸基准。尺寸基准一般选在组合体底面、重要端面、对称面以及曲面立体的轴线上。

标注任何一个定位尺寸,都必须与基准有直接或者间接的尺寸联系。

(3)总体尺寸:反映组合体的总长、总宽、总高的尺寸。

如图1-2-3-8c)所示,扶壁式挡土墙的总长为340cm,总宽为320cm,总高为480cm。

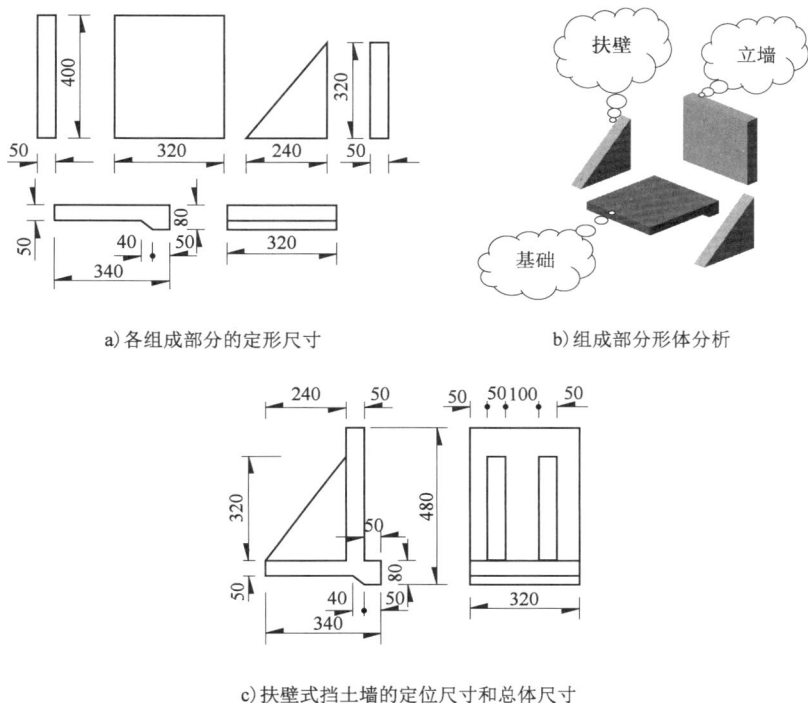

a)各组成部分的定形尺寸   b)组成部分形体分析

c)扶壁式挡土墙的定位尺寸和总体尺寸

图1-2-3-8　扶壁式挡土墙的尺寸标注(尺寸单位:cm)

(举一反三案例见平台资源。)

知识点 2　**组合体尺寸标注需注意的问题**

对组合体进行尺寸标注时,尺寸布置应正确、完整、清晰,便于阅读。

正确是指尺寸数值要正确无误,符合《道路工程制图标准》(GB 50162—1992)的规定。完整是指所注尺寸能完全确定组合体的形状和大小,不遗漏或重复。即组合体尺寸标注中定形尺寸、定位尺寸、总体尺寸都必须标注完整。尺寸清晰是指尺寸的标注要整齐、清晰。

夯基强技

"夯基强技"内容见超星学习通平台。

学习评价与分析

评 价 项 目	评 价 标 准	参考分值(分)	得分(分)
标注涵洞一字墙洞口尺寸	尺寸标注的正确性	50	
实训:标注扶壁式挡土墙尺寸	尺寸标注的正确性	50	
小组之间 互相评价(50%)	课前预习 课中学习 (60分)	1.课前预习,找出难点:10分 2.课中完成课堂任务(评价项目):40分 3.学习态度、职业素质(严谨细致)考核:10分	
	课后作业 (20分)	1.规定时间内完成该学习任务平台上夯基强技内容 2.找出易错题、难题	
	小组代表展示 (20分)	1.对出错多的题目或者难题进行讲解 2.总结各个题目考查的知识点	
教师评价(50%)		1.时间观念(考勤):10分 2.学习态度(评价项目):80分 3.表达能力:10分	
课后学习总结			
学习收获			
不足之处			

学习任务四　绘制涵洞口的剖面图和变截面 T 梁的断面图

多面正投影图被用来表示工程结构物时,对于不可见部分是用虚线表示的。当结构物内部结构比较复杂,在形体的投影中存在较多不可见的轮廓线时,虚线数量也相应较多,虚实密集交错,会影响图样的清晰度,也不利于了解空间形状和尺寸标注。例如,对于钢筋结构物,钢筋分布比较密集,可以通过剖面图与断面图对形体内部结构、钢筋的布置情况进行了解。

◎ 知识目标与能力目标

了解剖面图和断面图的种类,理解《道路工程制图标准》(GB 50162—1992)有关各种剖面图、断面图的画法及其标注的有关规定。

通过学习,学生应该具备以下能力:

1.了解剖面图和断面图的形成原理,掌握剖面图与断面图的种类及标注方法。

2.掌握剖面图和断面图的区别,能正确识读形体的剖面图和断面图。

3.掌握全剖面图、半剖面图、局部剖面图及阶梯剖面图的画法。

4.掌握断面图的绘制方法。

5.能根据工程结构物的特点与需要,合理选择剖面图的绘制方法、剖切位置,正确完整清晰地表达工程结构物的结构。

学习任务描述与分析

为了避免工程结构物中三面投影图中虚线过多导致混乱,可采用剖面图来解决这个问题,将原来不可见的部分转化为可见部分。 本任务基于涵洞口工程结构物剖面图的绘制、变截面工字梁断面图的绘制来学习剖面图、断面图的相关知识。

思考:识读图 1-2-4-1 所示的涵洞口三面投影图和剖面图,试比较两图的区别。

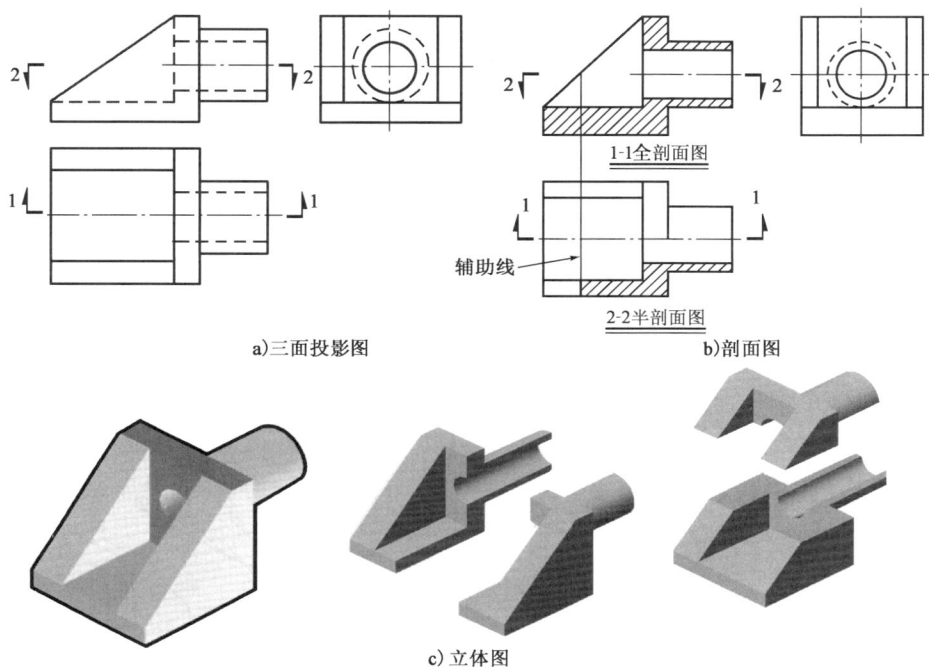

图 1-2-4-1 涵洞口

假想用剖切面将物体的某处切断,仅画出该剖切面与物体接触部分的图形,称为断面图。 断面图主要用于表达形体的断面形状,如钢筋混凝土结构物断面钢筋的布置情况。 断面图是面的投影,仅画出断面的形状,用断面图表达既简化了作图,又使图样更加清晰、明了。 图 1-2-4-2 所示为变截面工字梁的 B—B、C—C 断面图。

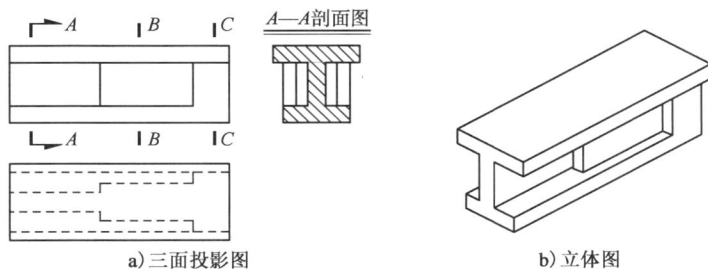

图 1-2-4-2 变截面工字梁

学习任务实施

明确任务：掌握剖面图和断面图的画法并规范进行尺寸标注。

💡引导问题1　什么是剖面图?

涵洞口三面投影图和剖面图的区别:剖面图为形体沿对应的剖切面切开后的投影,使涵洞口原本的内部结构以外部结构的形式呈现,原来不可见的线则在剖面图中变成了可见的线。三面投影图是对整个形体进行投影,看得见的线用实线绘制,看不见的线用虚线绘制。

1.剖面图的形成

假想用剖切平面剖切物体后,移去观察者与剖切平面之间的部分,剩余物体向投影面投射,在所得投影图被剖切处画上剖面符号,称为剖面图,如图1-2-4-3所示。

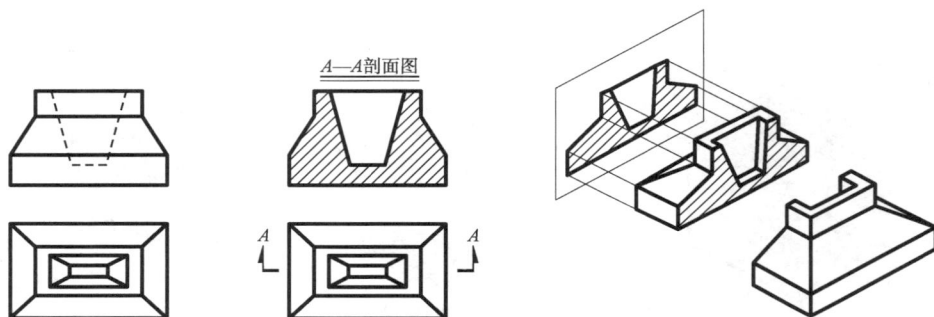

图1-2-4-3　剖面图

2.剖面图的标注(图1-2-4-4)

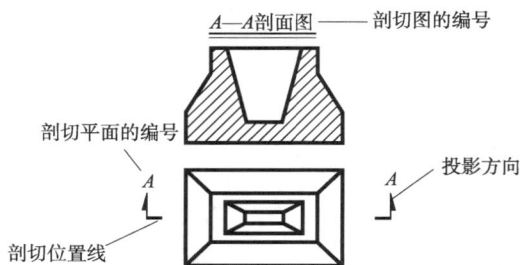

图1-2-4-4　剖面图的标注

(1)剖切位置:作剖面图时,一般使剖切平面平行于基本投影面,从而使断面的投影反映实形,与剖切平面垂直的投影面上的投影则积聚成一直线,此直线表示剖切位置,称为剖切位置线,简称剖切线。投影图中用一对短粗实线表示,长度为5~10mm。

(2)投射方向:为表明剖切后对剩余形体的投射方向,在剖切线两端的同侧各画一段具有单边箭头的细实线以指明投射方向,长度为 4～6mm。

（3）剖面图的编号:为了清楚区分不同的剖面图,要对每一次剖切进行编号,《道路工程制图标准》(GB 50162—1992)规定,在剖切位置用一对英文字母(也可以用一对阿拉伯数字)注明剖面图编号,写在表示投射方向的单边箭头一侧,并在所得相应的剖面图的上方居中写上对应的剖面编号名称。即剖面符号可用"A—A""B—B"等大写英文字母表示,也可使用阿拉伯数字。规范另外规定:所有视图名称应标注在视图上方中部,并在图名底部绘制与图名等长的粗实线和细实线,二者间距为净 0.5～1mm。

（4）材料图例:剖面图中包含了形体的断面,在断面图上必须画上表示材料的图例。如果没有指明材料,可在断面处画上互相平行且间距相等的45°细实线,称为剖面线。常用材料断面图例见表 1-2-4-1。

常用材料断面图例 表 1-2-4-1

材料名称	断面图示	画法说明	材料名称	断面图示	画法说明
天然土、混凝土		斜线为 45°细线,石子有棱角	夯实土壤、钢筋混凝土		斜线为45°细线,在剖面图上画出钢筋时,不画图例线,若断面较窄,可涂黑
砂、灰土、石材		靠近线的点分布较密,斜线为45°细线,用尺画(包括岩层及贴画、铺地等石材)	砂砾石、碎砖、三合土、毛石		石子有棱角,徒手画
普通砖、焦渣、矿渣		斜线为45°细线,当断面较窄,不易画出图例线时,可涂红。包括水泥、石灰等材料	金属、多孔材料		斜线为45°细线
水		图中三角形为等腰直角三角形,用尺画	木材		徒手画
松散材料、网状材料		底线用尺画,其余徒手画	防水材料、橡胶、塑料		用尺画

3. 画剖面图时的注意事项

（1）剖切平面的位置一般选择在需要表达内部结构的位置处,且为投影面平行面,故在剖面图中反映截断面的实形。

（2）因剖切平面是假想的,除剖面图是剩余"体"的正投影,立体的其他面投影不受剖切的影响,仍然按完整的物体进行绘制,即每次剖切都是独立的,如图 1-2-4-5 所示。各视图之间仍满足"长对正、高平齐、宽相等"的投影规律。

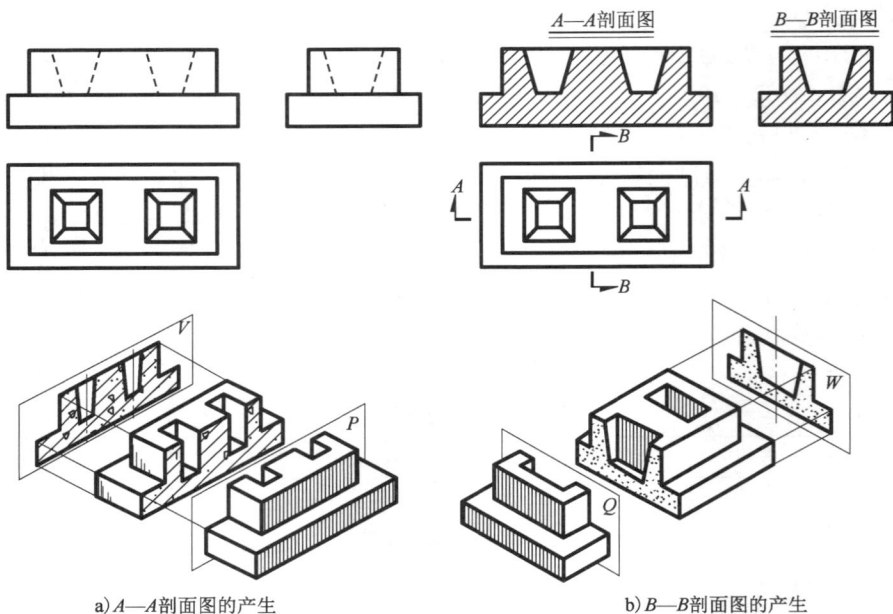

a)A—A剖面图的产生　　　　　　　　b)B—B剖面图的产生

图 1-2-4-5　剖面图的产生

（3）剖面图中的截断面随剖面位置的不同而异,必须用剖切线(用粗实线表示,长划表示剖切位置,短划表示投射方向)注明剖切位置和投射方向,并用一对英文字母(或阿拉伯数字)编号命名,或者用"Ⅰ—Ⅰ"等编号命名。

（4）在剖切平面后面的可见轮廓线,应全部用实线画出,不要出现漏线或多画线的情况。凡不可见的部位,如果通过其他视图可以表达清楚,均可省略,否则仍应画出。

💡引导问题2　如何绘制涵洞口的剖面图(图 1-2-4-6)？

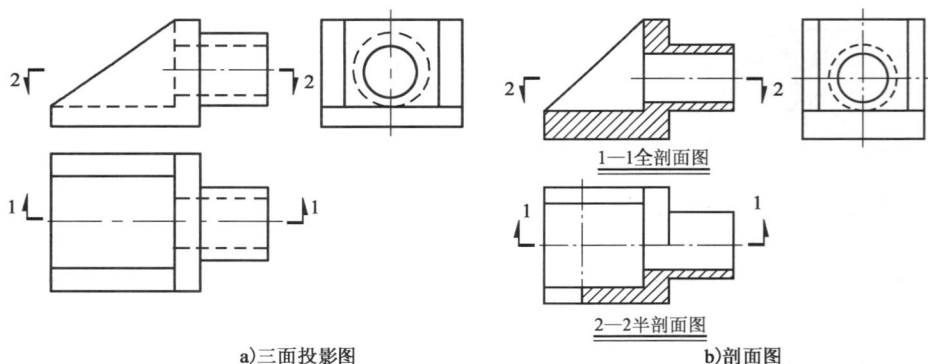

a)三面投影图　　　　　　　　　　　　b)剖面图

图 1-2-4-6　涵洞口

1.1—1 剖面图的绘制

1—1 全剖面图的绘制可分为以下步骤:

(1)1—1 剖切平面是沿着涵洞口前后分界位置进行竖向剖切,该剖切平面剖切到底板、立板及圆孔,根据长对正、高平齐的原理绘制截断面的投影,同时绘制剖切后的支撑板可见轮廓线。

（2）绘制截断面的材料符号或者45°斜线,标注剖面图的名称为"1—1 全剖面图"。

2.2—2 半剖面图的绘制

2—2 半剖面图的绘制可分为以下步骤:

①2—2 剖切平面是沿着涵洞口圆孔中心线进行水平方向剖切,该剖切平面剖切圆孔、立板及支撑板,根据长对正的原理绘制截断面的投影,同时绘制剖切后的支撑板与底板的可见轮廓线。

②绘制截断面的材料符号或者45°斜线,因为形体前后对称,将形体的剖面图修改成一半表示剖面图、另一半表示其平面投影图,中间以点划线隔开,标注剖面图的名称为"2—2 半剖面图"。

💡引导问题3　全剖面图与半剖面图的区别?

思考:如何用剖面图正确表达蓄水池[图 1-2-4-7a)]的立面和侧面投影?

蓄水池外形简单,内部结构比较复杂,左侧有方孔,左右是非对称结构,故立面投影采用沿前后对称的位置的全剖面图[图 1-2-4-7b)],侧面投影采用半剖面图[图 1-2-4-7c)],而不是全剖面图。

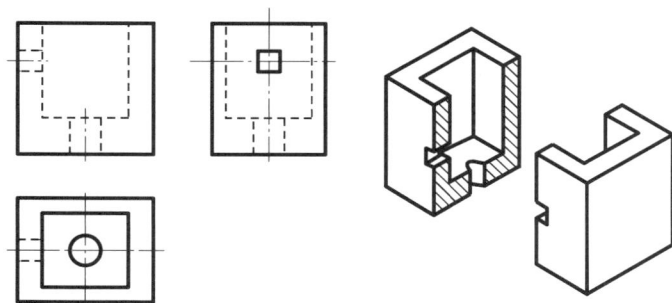

a)蓄水池的三视图

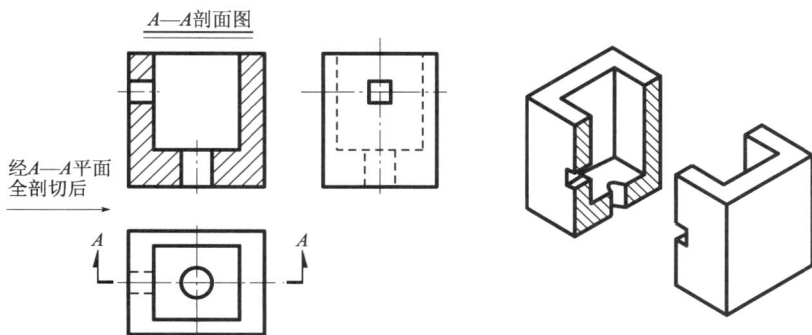

b)全剖面图

图　1-2-4-7

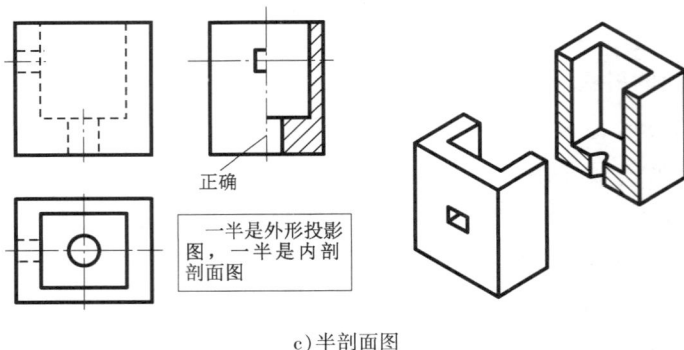

c)半剖面图

图 1-2-4-7 蓄水池的三视图及剖面图

1. 全剖面图

全剖面图是假想用一个剖切平面将形体全部剖开所得到的剖面图,如图 1-2-4-7b)所示。

适用范围:外形结构比较简单而内部结构比较复杂的形体或非对称结构形体。

注意:全剖面图一般都要标注剖切线,只有当剖切平面与形体的对称平面重合,且全剖面图投射方向与基本投影图投射方向一致时,可以省去标注。

2. 半剖面图

当形体具有对称平面,而内外形状都比较复杂时,以对称中心线为界,可将其投影的一半画成表示形体外部形状的投影图,另一半画成表示内部结构的剖面图,中间用点划线分开,这种由半个投影图和半个剖面图合成的图形称为半剖面图,如图 1-2-4-7c)所示。

适用范围:内、外形状比较复杂且都需要表达的对称形体。

注意:

(1)半个投影图和半个剖面图的分界线应画成点划线,不画实线。若作为分界线的点划线刚好与轮廓线重合,则应避免用半剖面图。

(2)形体的内部结构在半个剖面图中已表达清楚时,在投影图中应用虚线绘制的部分可省略不画。

(3)习惯上通常将半个剖面图画于正面投影、侧面投影的右侧及水平投影的下方。

(举一反三案例见平台资源。)

💡引导问题4　剖面图和断面图有哪些区别?

思考:注意图 1-2-4-8 所示断面图与剖面图的区别。

结论:剖面图为剩余体的投影,包括可见轮廓线;断面图为面的投影,为剖切面与形体的交线所围成的图形。

1. 断面图的形成

当用假想的剖切平面将形体剖开后,移去观察者与剖切平面之间的部分,用正投影的方法,仅画出物体与剖切平面接触部分的平面图形,而不画剖切后按投射方向可能看到的形体的投影,并在图形内画上相应的材料图例,便可作出断面图,如图 1-2-4-9 所示。

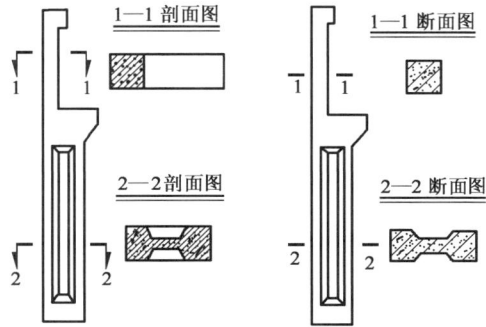

图 1-2-4-8　断面图与剖面图的区别(形成过程)

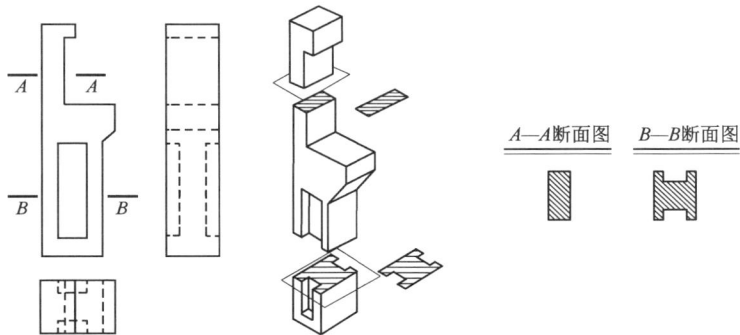

图 1-2-4-9　断面图的形成

2. 断面图的绘制特点

（1）断面图只画出被剖切处断面的投影,它只是面的投影;而剖面图除了画出被剖切处平面的形状外,还要画出形体被剖开后沿投射方向看到的整个剩余部分形体的投影,它是体的投影,如图 1-2-4-10 所示。

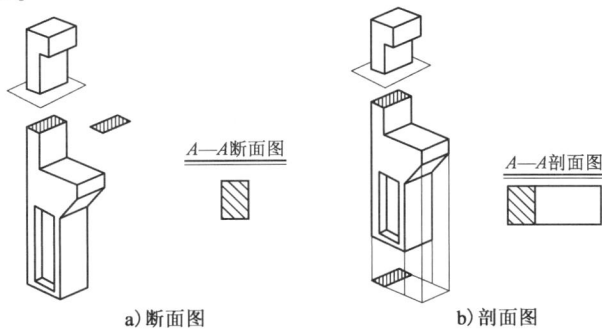

a)断面图　　　　　　　　　　b)剖面图

图 1-2-4-10　断面图与剖面图的区别(绘制特点)

（2）断面图的标注与剖面图的标注有所不同,且剖切位置线表示剖切平面的位置,用 6～10mm 的粗实线绘制,在剖切位置线的一侧标注剖切符号编号,编号所在的一侧表示该断面剖切后的投射方向。编号写在剖切线下方,表示向下投射;编号写在剖切线右方,表示向右投射。如图 1-2-4-11 所示。

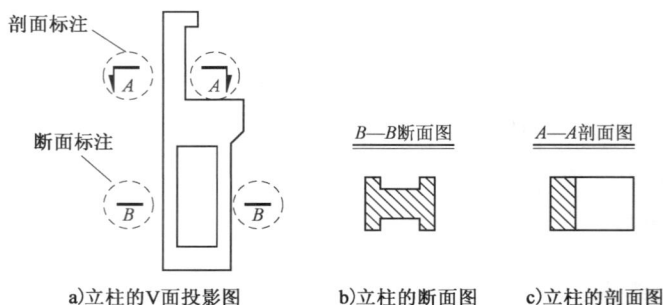

a)立柱的V面投影图　　b)立柱的断面图　　c)立柱的剖面图

图 1-2-4-11　断面图与剖面图的标注区别

💡引导问题5　如何绘制变截面工字梁的断面图？

根据图 1-2-4-12 所示的变截面工字梁的投影图以及 A—A 剖面图,画出 B—B、C—C 断面图。

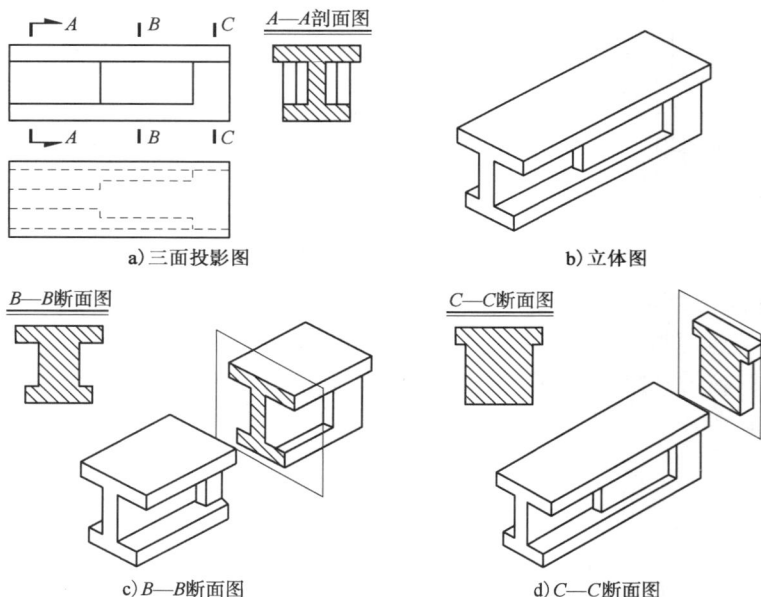

a)三面投影图

b)立体图

c)B—B断面图

d)C—C断面图

图 1-2-4-12　变截面工字梁

1. B—B 的断面图的绘制

根据图 1-2-4-12 所示的变截面工字梁的投影图及 A—A 剖面图可知,该工字梁在 B—B 位置中间肋板处的厚度变大,正确量取 B—B 位置中间肋板的厚度,绘制 B—B 的断面图及材料符号或者 45°斜线。

2. C—C 的断面图的绘制

该工字梁在 C—C 位置中间肋板的厚度与底板厚度是一样的,绘制 C—C 位置的断面图及材料符号或者45°斜线。

相关知识

知识点 1　局部剖面图与阶梯剖面图

1. 局部剖面图

用剖切平面局部地剖开形体来表达结构内部形状所得到的剖面图,称为局部剖面图。局部剖切的范围用波浪线来表示,如图 1-2-4-13 所示。

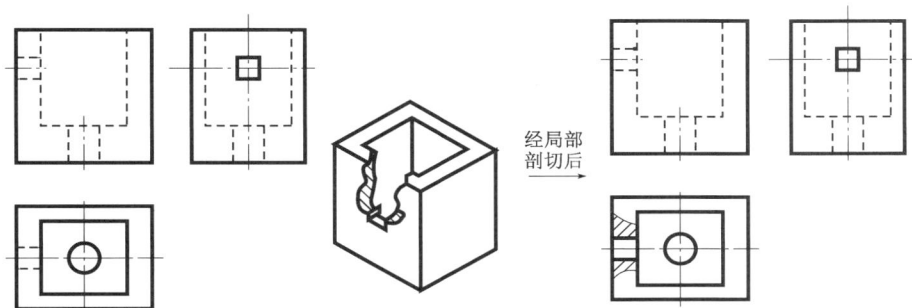

图 1-2-4-13　局部剖面图

适用范围:

(1)当形体外形比较复杂,只有局部的内部形状需要表达时,可采用局部剖面图。

(2)形体轮廓线与对称中心线重合,不宜采用半剖面或不宜采用全剖的形体,可采用局部剖面图表示其内部结构。

注意:

(1)局部剖切比较灵活,但应考虑看图方便,其位置、剖切范围大小都可以根据需要而定,但不应过于零碎。

(2)用波浪线表示形体断裂痕迹,应画在实体部分,不能超过图形轮廓线或画在中空部位,不能与图上其他线条重合。

(3)局部剖面图只是形体整个外形投影中的一部分,不需标注。

2. 阶梯剖面图

当形体内部结构的层次较多,采用一个剖切平面不能将形体内部结构全部表达清楚时,可以假想用两个或两个以上互相平行的剖切平面来剖开形体。利用此方法所得到的剖面图,称为阶梯剖面图。

适用范围:内部结构(孔或者槽)的中心线排列在几个互相平行的平面内的形体。

拓展训练1-2-4-1

识读图1-2-4-14所示的剖面图。

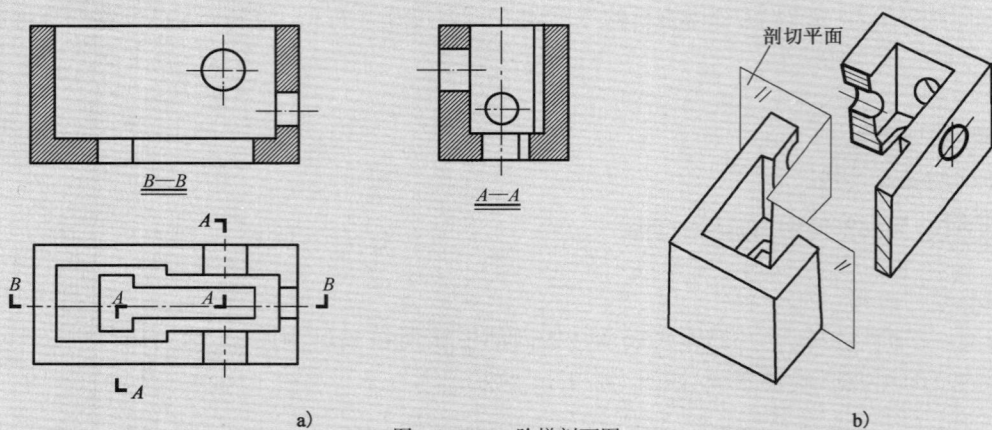

图1-2-4-14 阶梯剖面图

注意:

(1)在剖面图中,不允许画出两个剖切平面转折处交线的投影。

(2)对阶梯剖面图必须加以标注,在剖切的起止点和转折处均应画出剖切符号,转折处的剖切符号不应与图形轮廓线重合。

拓展训练1-2-4-2

识读图1-2-4-15所示的沉井剖面图。

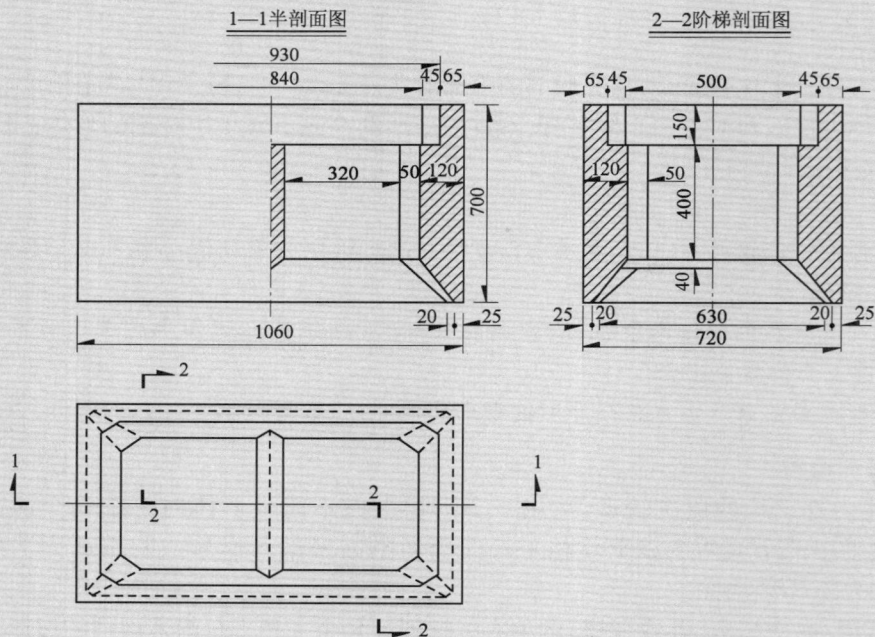

图1-2-4-15 沉井结构图

图 1-2-4-15 为沉井结构图。立面图是左右对称的，因此采用半剖面图，一半表达外形，另一半表达井身内部构造。侧面图虽然也是左右对称的，但因正中为一道隔墙，不宜采用半剖，所以采用阶梯剖面图。立体图中投影图和剖面图的分界线不画轮廓线而画中心线。在半剖面图中，如果某些尺寸只有一边能画尺寸界线，则尺寸线不必全部画出，但无法画出尺寸界线的一端线头应略超过对称轴线，如图 1-2-4-15 中标注标注尺寸为 930cm、840cm 等处所示。在断面符号或剖面线中标注尺寸数字时应留有空隙，如图 1-2-4-15 中标注尺寸为 120cm 处所示。

知识点 2 **旋转剖面图与展开剖面图**

旋转剖面图：用两相交的剖切面（交线垂直于一基本投影面）剖切形体后，将被剖切的倾斜部分旋转到与选定的基本投影面平行的位置，再进行投射，即可得到旋转剖面图，如图 1-2-4-16 所示。

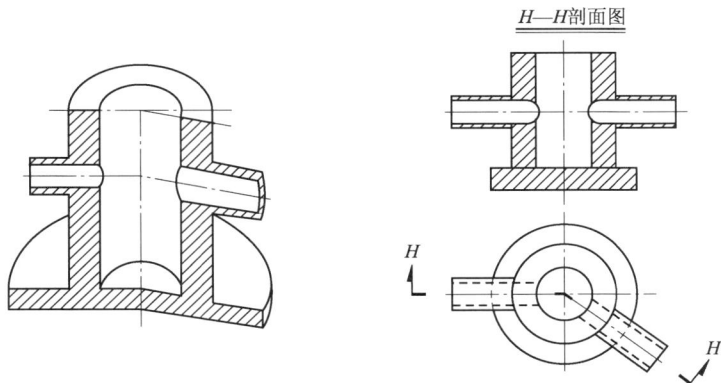

图 1-2-4-16 旋转剖面图

展开剖面图：剖切平面是用曲面或平面与曲面组合而成的铅垂面，沿构造物的中心线剖切，再将剖切平面展开（或拉直），使之与投影面平行，并进行投影所得的剖面图称为展开剖面图。

适用范围：道路路线、纵断面及带有弯曲结构的工程形体，如弯桥的展开剖面图。

拓展训练1-2-4-3

识读弯桥的展开剖面图，如图 1-2-4-17 所示。

弯桥的展开剖面图是将其立面图沿桥面中心线展开后绘制而成的，由于其具有对称性，故采用了半剖的画法。当全桥一部分在曲线范围内时，其立面或纵断面应平行于平面图中的直线部分，并以桥面中心线展开绘制，如图 1-2-4-17 所示。

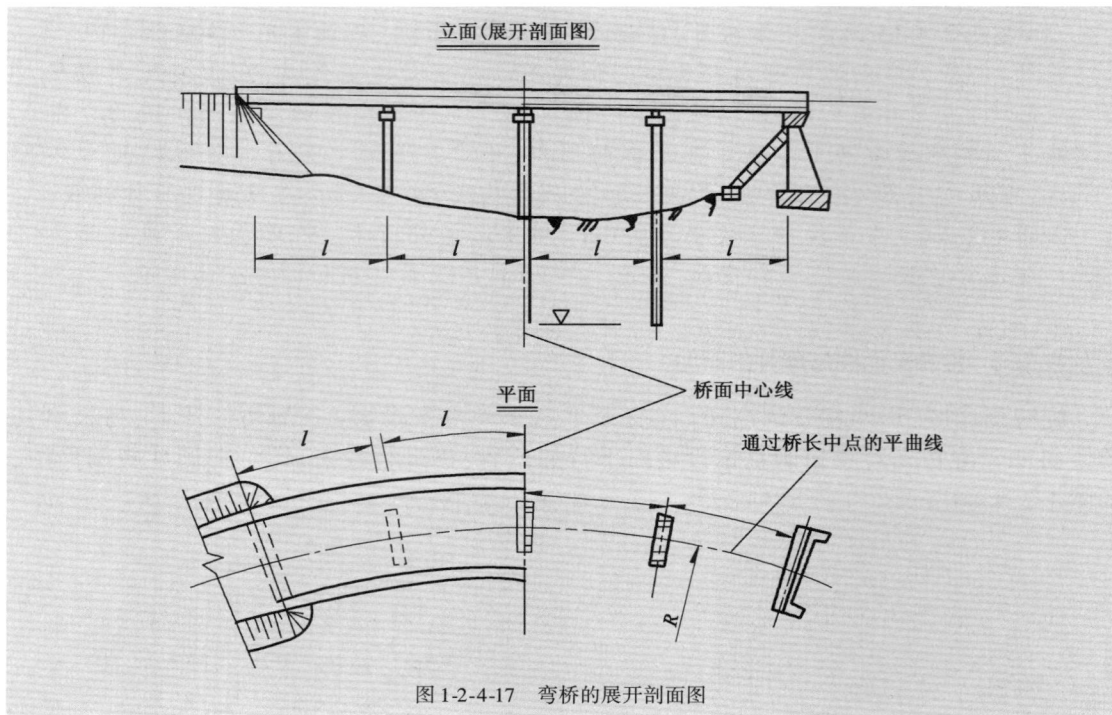

图 1-2-4-17 弯桥的展开剖面图

知识点③ **断面图的分类**

断面图根据布置的位置不同,分为移出断面图、重合断面图和中断断面图。

1. 移出断面图

将断面图画在投影图之外,称为移出断面图,如图 1-2-4-18 所示。

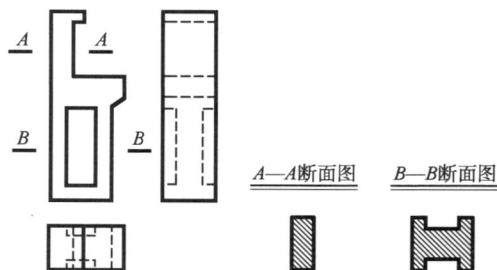

图 1-2-4-18 移出断面图

挡土墙的移出断面图如图 1-2-4-19 所示,桥墩盖梁的移出断面如图 1-2-4-20 所示。

移出断面图的轮廓线用实线绘制,一般只画出剖切后的断面形状,但剖切后出现完全分离的两断面时,这些结构应按剖面图画出。

2. 重合断面图

重合断面图是重叠在基本视图轮廓之内的断面图,如图 1-2-4-21 所示。

挡土墙平面图

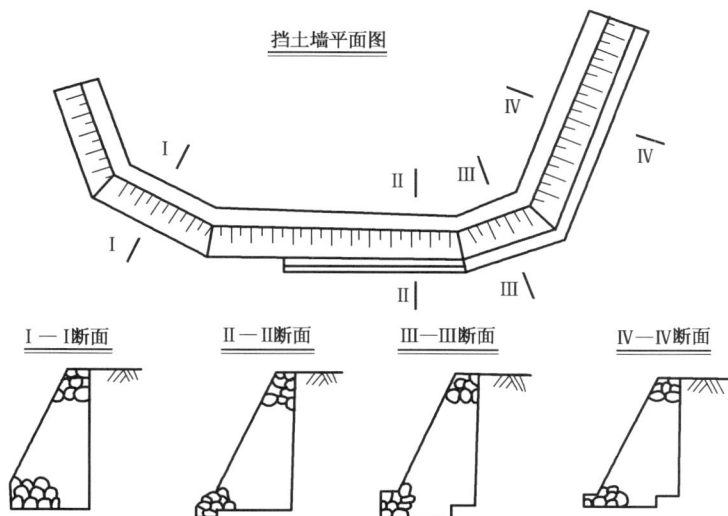

图 1-2-4-19　挡土墙的移出断面图

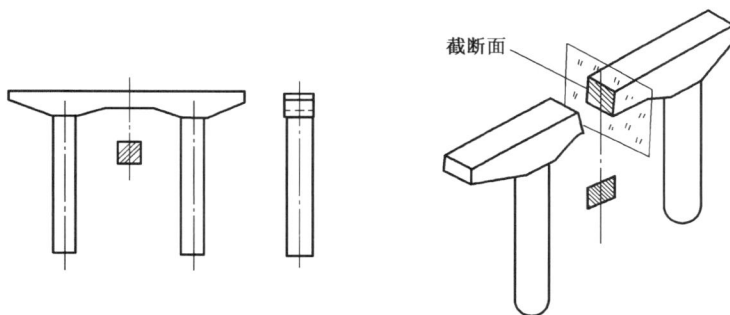

图 1-2-4-20　桥墩盖梁的移出断面图

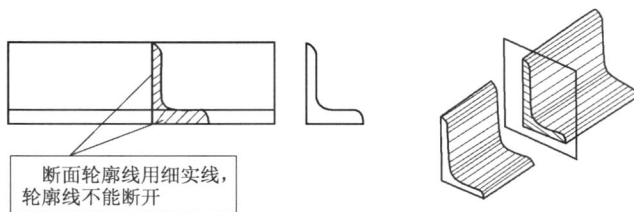

图 1-2-4-21　角钢重合断面图

绘制重合断面图的注意事项：

（1）重合断面图的比例应与基本视图一致，其断面轮廓线应用细实线绘制。

（2）重合断面图不得影响视图中轮廓线的表达。

在土木工程中，重合断面图常用于表示路面结构坡度、屋面坡度或构件及墙面的雕饰等，如图 1-2-4-22 所示。

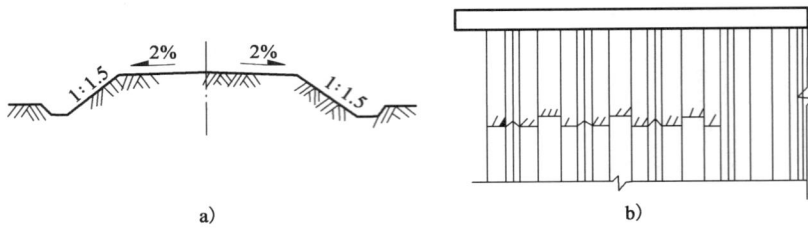

图 1-2-4-22　路面坡度及墙面花饰重合断面

　　为了使视图表达更清晰,有时在重合断面轮廓线内直接画出材料符号,如桥台锥坡及挡土墙重合断面图,如图 1-2-4-23 所示。

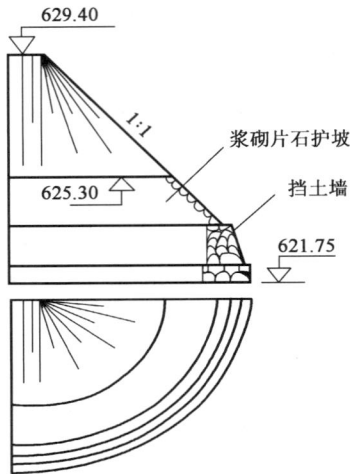

图 1-2-4-23　桥台锥坡及挡土墙重合断面图

3. 中断断面图

　　把长杆件的投影图断开,把断面图画在中间,这样的断面图称为中断断面图,如图 1-2-4-24 所示。

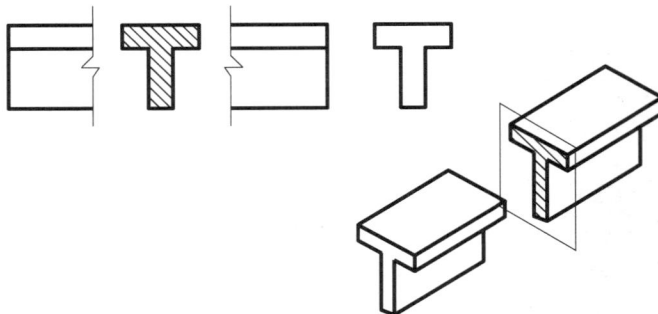

图 1-2-4-24　T 梁中断断面图

知识点 4 **剖面图、断面图的规定画法**

在画剖面图、断面图时,为了使图形表达更为清晰,除了严格按照投影方法绘图外,画图时还应遵守以下规定:

(1)画较大面积的断面图时,符号可以简化,如图 1-2-4-25 所示。由于横断面面积较大,可只在其断面轮廓的边沿画出断面符号。

(2)对于薄板、圆柱等构件(如梁的隔板、柱、桩、轴等),凡是剖切平面通过其对称中心线或轴线的,均不画出剖面线,但可以画上材料图例,如图 1-2-4-26 所示。

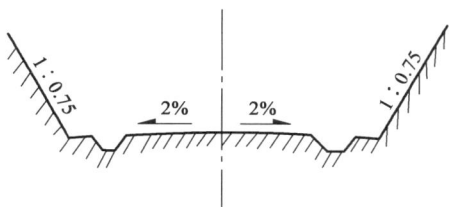

图 1-2-4-25 较大面积的断面线表示法

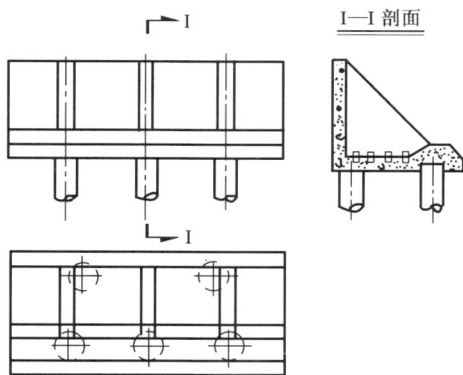

图 1-2-4-26 桩的剖面图绘制

(3)在工程图中,为了表示构造物的不同材料(如不同强度等级的混凝土或砂浆等),往往在同一断面上画出材料分界线,并注材料符号或文字说明,如图 1-2-4-27 所示的挡土墙断面,挡土墙由混凝土和浆砌片石组成,中间要画出分界线。

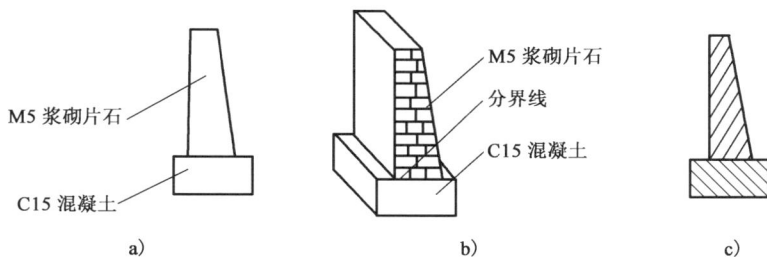

图 1-2-4-27 挡土墙材料分界线

(4)剖面线使用细实线绘制,且当剖、断面图有部分轮廓线与该图的基本轴线成 45°倾角时,可将剖面线画成与基本轴成 30°或 60°的倾斜线。

(5)在不影响图样清晰度的情况下,对图样上实际宽度小于 2mm 的狭小面积的剖面,允许用涂色代替剖面线。

(6)路桥专业图中,画断面图时,可以根据需要取舍断面图形以外的可见部分,这种图仍称为断面,但不注明"断面",仅注剖切编号字母,如图 1-2-4-28 所示。理论上讲,其 I — I 剖面应画成如图 1-2-4-28a)所示的形式,但专业图常用如图 1-2-4-28b)所示的形式来表示,即不把端隔板画出。

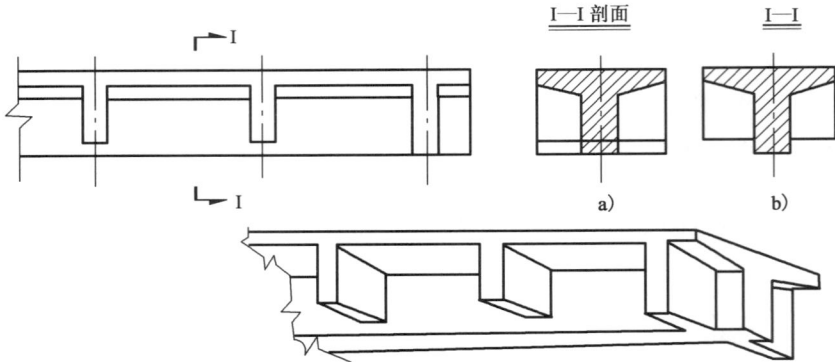

图 1-2-4-28　习惯画法

(7)当用虚线表示被遮挡的复杂结构图时,应只绘制主要结构或离视图较近的不可见的虚线。如图 1-2-4-29 所示的 U 形桥台的侧面图由从桥台的前、后两个方向投射所得的台前、台后两个图合并而成,虚线部分没有全部画出。这样处理避免了图样中线条重叠不清的问题,有利于表达主要结构,便于画图和读图。

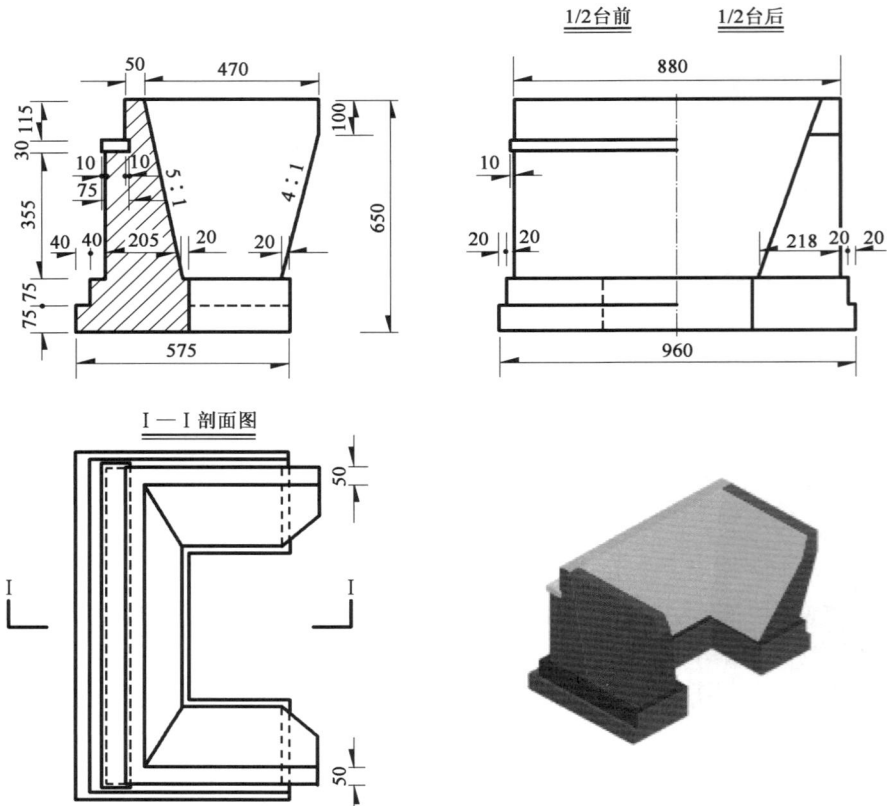

图 1-2-4-29　U 形桥台

（8）当土体或锥坡遮挡视线时，可将土体看成透明体，使土体遮挡部分成为可见体，以实线表示。如地面以下的部分桩段按可见结构画出。

（9）对称图形可采用绘制一半或者 1/4 图形的方法表示，除总体布置图外，在图形的名称前应标注"1/2"或"1/4"字样；也可以对称中心线为界，一半画一般构造图；另一半画断面图，也可以分别画两个不同的 1/2 断面，或分别画两个不同方向的投影图。在对称中心线的两端，可标注对称符号，对称符号应由两条平行的细实线组成，如图 1-2-4-30 所示。

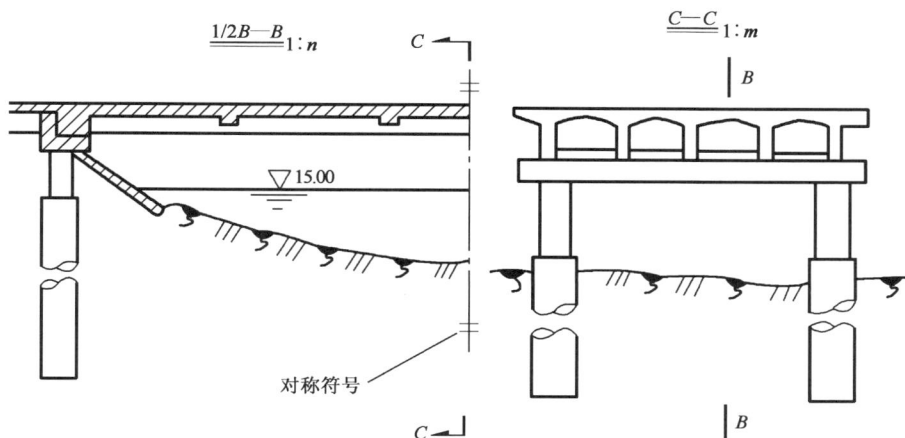

图 1-2-4-30　对称图形的表达

在总体布置图中，可以将对称的一半图形画成剖切后的断面图或剖面图。此时，不宜再在图名中注"1/2"字样。

（10）当图形较大时，可用折断线和波浪线勾出图形表示范围，折断线可超出图形范围 1.5 ~ 3mm，波浪线不应超出图形轮廓线，折断线和波浪线均用细实线绘制。

夯基强技

"夯基强技"内容见超星学习通平台。

学习评价与分析

评 价 项 目	评 价 标 准	参考分值(分)	得分(分)
绘制涵洞口的全剖面、半剖面图	准确性和熟练程度	40	
绘制变截面工字梁的断面图	准确性和熟练程度	40	
实训：识读沉井三视图	准确性和熟练程度	20	

续上表

小组之间 互相评价(50%)	课前预习 课中学习 (60分)	1.课前预习,找出难点:10分 2.课中完成课堂任务(评价项目):40分 3.学习态度、职业素质考核(严谨细致):10分
	课后作业 (20分)	1.规定时间内完成该学习任务平台上夯基强技内容 2.找出易错题、难题
	小组代表展示 (20分)	1.对出错多的题目或者难题进行讲解 2.总结各个题目考查的知识点
教师评价(50%)		1.时间观念(考勤):10分 2.学习态度(评价项目):80分 3.表达能力:10分
课后学习总结		
学习收获		
不足之处		

项目三

◎

绘制基坑开挖线、坡面交线及公路路基填挖分界线

学习任务一　　绘制基坑开挖线、坡面交线

◎ 知识目标与能力目标

学习点、线、平面的高程投影表示法。

通过学习,学生应具备以下能力:

1. 理解高程投影的形成。
2. 理解直线的高程投影、坡度和平距的含义。
3. 掌握求作平面高程等高线的方法。
4. 掌握求作基坑开挖线和坡面交线的方法。

☑ 学习任务描述与分析

思考:如图 1-3-1-1 所示, 在工程上怎样求出基坑开挖线和坡面交线?

图 1-3-1-1　基坑开挖线和坡面交线

思考:分析图 1-3-1-2 是如何表达空间点、线的位置的。 学习点、线、平面的标高投影画法。

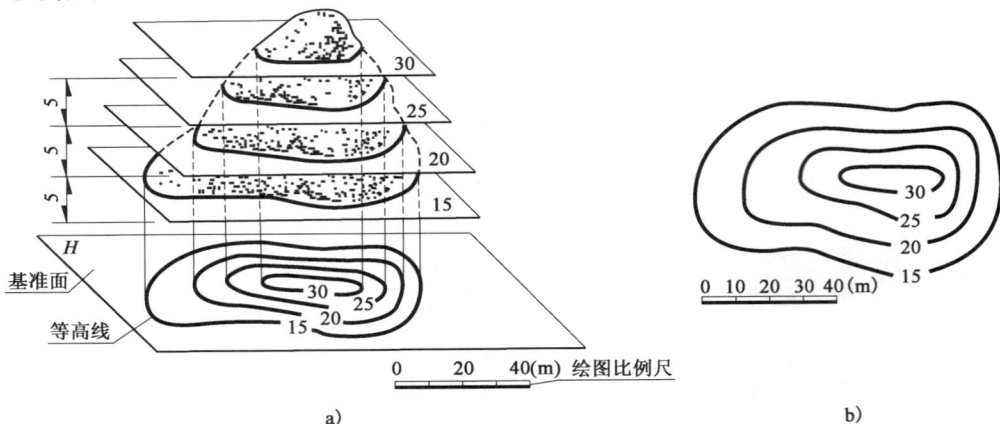

图 1-3-1-2　标高投影(高程单位:m)

地面是起伏不平的不规则曲面,其长度方向的尺寸和高度方向的尺寸相差很大,很难用三面投影图来表达清楚。 在生产实践中常用标高投影法来表示地形图,即用一组等间隔的水平面切割地面,所得截交线均为水平曲线,其上的各点都有相等的高程,故称该水平曲线为等高线。 在这些等高线的水平投影上标注高程数字,能够表示地面的起伏变化。 这种将水平投影与高程数字结合起来表达空间物体的方法称为标高投影法。

学习任务实施

明确任务: 学习标高投影知识,掌握坡脚线和坡面交线的绘制方法。

引导问题1　点的标高投影如何表示?

在标高投影中,以水平投影面 H 为基准面,高程就是空间点到基准面的距离。一般规定基准面 H 的高程为零,在基准面以上,高程为正,在基准面以下,高程为负。

空间点 A 在基准面以上4m,空间点 B 在基准面以下3m。作出点 A、B 在 H 面上的投影 a、b,并在其右下角标出这两点的高程4、-3,即得到 A、B 点的标高投影图。

在标高投影中必须标明比例或者附有比例尺,以便确定空间点的位置,如图 1-3-1-3b)所示。

引导问题2　直线的标高投影如何表示?

1.直线的表示法

直线的标高投影可以通过将直线上两点的标高投影相连来绘制,或用直线上一点的标高投影加上直线的坡度与方向表示,如图 1-3-1-4 所示。

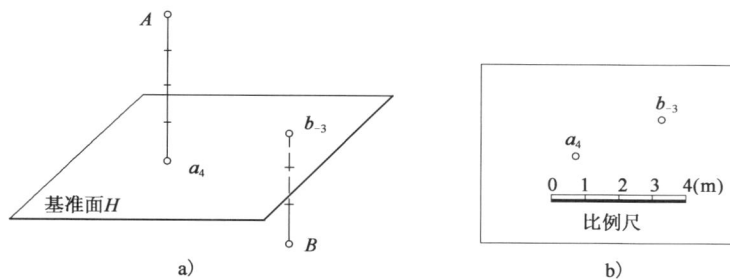

图 1-3-1-3 点的标高投影

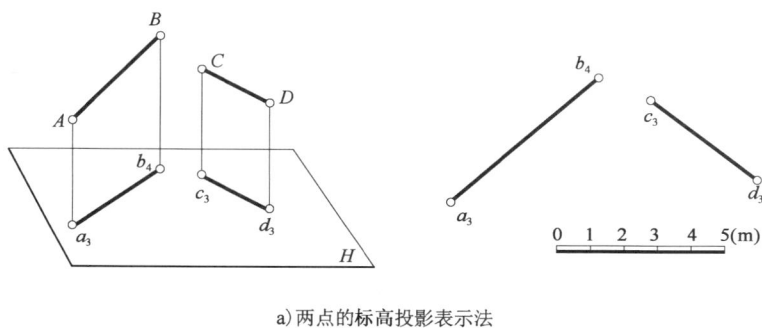

a)两点的标高投影表示法

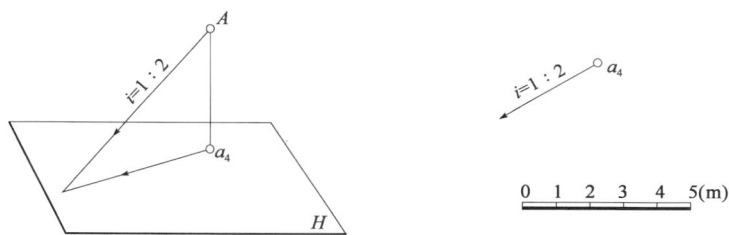

b)直线的坡度与方向表示法

图 1-3-1-4 直线的标高投影

2.直线的坡度和平距

（1）坡度

直线上任意两点的高差与其水平距离之比称为该直线的坡度,记为 i,如图 1-3-1-5 所示。

$$坡度(i) = \frac{高差(H)}{水平距离(L)} = \tan\alpha$$

式中:α——直线对水平面的倾角。

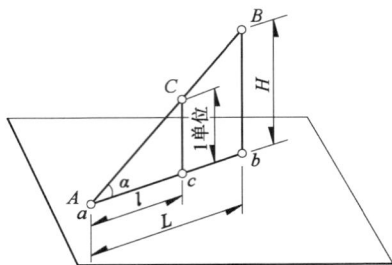

图 1-3-1-5 直线的坡度与平距

（2）平距

直线上任意两点的高差为 1 个单位时的水平距离，称为该直线的平距，记为 l。$l = L/H = 1/i$，也可写成 $i = 1/l$ 或 $i = 1:l$。总之，坡度与平距互为倒数，直线的坡度大，则其平距就小。坡度大则表明直线陡。

3. 直线上的整数高程点

在实际工作中，常遇到直线两端的高程并非整数，需要在直线的标高投影上作出各整数高程点。为解决这类问题，可利用定比分割原理作图。

【同步训练 1-3-1-1】

作直线 AB 的整数高程点，如图 1-3-1-6 所示。

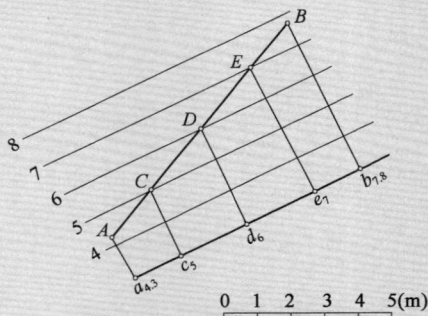

图 1-3-1-6 直线的整数高程点

分析：过直线 $a_{4.3}b_{7.8}$ 作一个辅助的铅垂面，在该面上按照所给的比例尺作出若干条整数高程的水平线，最高水平线的高程为 8m，最低水平线的高程为 4m。根据 A、B 两点的高程，在铅垂面上作出直线 AB，AB 与各整数高程的水平线的交点为 C、D、E，然后将这些点投至直线的标高投影上，即可得到各整数高程点的投影。

作图步骤：

（1）平行于 $a_{4.3}b_{7.8}$ 作互相平行等距的 5 条直线，依次对应高程 4m、5m、6m、7m、8m。

（2）由直线 AB 的标高投影 $a_{4.3}b_{7.8}$ 的两端点 $a_{4.3}$、$b_{7.8}$ 作直线垂直于 $a_{4.3}b_{7.8}$，根据 A、B 两点的高程，求出平行线组上对应点 A、B。

（3）直线 AB 与平行线组的交点分别为 C、D、E，由 C、D、E 向直线的标高投影上作垂线，得到的垂足即为整数高程点 c_5、d_6、e_7。

【同步训练 1-3-1-2】

如图 1-3-1-7 所示，已知直线 AB 的标高投影 a_9b_5 和直线上点 C 到点 A 的水平距离 $L_{AC} = 4\text{m}$，试求直线 AB 的坡度 i、平距 l 和点 C 的高程。

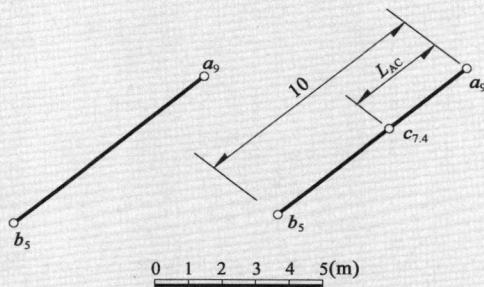

图 1-3-1-7　直线 AB 的坡度、平距和点的高程

分析：使用图中的比例尺量得点 a_9 和点 b_5 之间的距离为 10m。

于是可求得直线的坡度为：

$$i = \frac{H}{L} = \frac{9-5}{10} = \frac{2}{5}$$

由此求得直线的平距为：

$$l = \frac{1}{i} = \frac{5}{2} = 2.5(\text{m})$$

由于 $L_{AC} = 4\text{m}$，所以点 C 和点 A 的高差为：

$$H_{AC} = i \times L_{AC} = \frac{2}{5} \times 4 = 1.6(\text{m})$$

由此求得点 C 的高程：

$$H_C = H_A - H_{AC} = 9 - 1.6 = 7.4(\text{m})$$

引导问题3 如何求基坑开挖线和坡面交线?

【同步训练 1-3-1-3】

已知坑底高程为 –2m,以及坑底尺寸大小和各坡面的坡度。如图 1-3-1-8 所示,地面高程为 2m,求作开挖线和坡面交线。

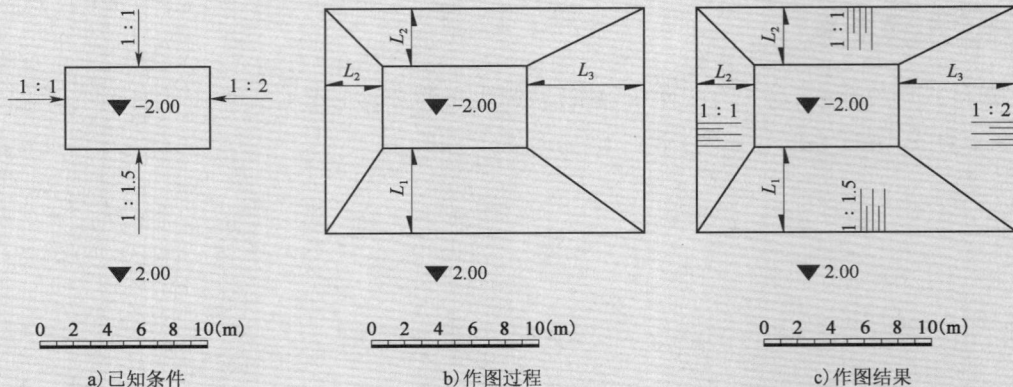

图 1-3-1-8 基坑的开挖线

分析:求基坑的开挖线实际上就是求各坡面上高程为 2m 的等高线。坡面交线即为相邻坡面上高程相等的等高线交点的连线。

提示:

(1)求开挖线。作各坡面上高程为 2m 的等高线,它们分别与坑底的相应底边线平行,水平距离 $L_1 = 1.5 \times 4 = 6(m)$,$L_2 = 1 \times 4 = 4(m)$,$L_3 = 2 \times 4 = 8(m)$。

(2)求坡面交线。相邻两坡面高程相同的两条等高线的交点即为两坡面的共有点,分别连接相应的两个共有点可得四条坡面交线。

(3)将结果加深,画出各坡面的示坡线。

【同步训练 1-3-1-4】

如图 1-3-1-9a) 所示,已知主堤与支堤相交,顶面高程分别为 3m 和 2m,地面高程为 0.000,各坡面的坡度如图 1-3-1-9a) 所示,试求相交两堤的标高投影。

分析:作相交两堤的标高投影图,需要求三种线:各坡面与地面的交线,即坡脚线;主堤坡面与支堤顶面的交线;支堤坡面与支堤坡面的交线,即相邻面的交线。

通过以上分析得知,工程中求坡面交线、坡脚线或开挖线的问题,可转化为求平面等高线的问题。

提示:

(1)先计算各堤顶边线与各坡面上高程为零的等高线间的水平距离,以及支堤顶面与主堤间的水平距离:

$$L_1 = 1 \times 3 = 3(\text{m}), L_2 = 1 \times 2 = 2(\text{m})$$
$$L_3 = 0.75 \times 2 = 1.5(\text{m}), L_4 = 1 \times 1 = 1(\text{m})$$

（2）求主堤、支堤的坡脚线。主堤堤顶边缘到坡脚线的水平距离为 L_1，沿两侧坡面坡度线方向按比例量取 L_1，根据等高线互相平行的性质，作顶面边缘的平行线，即得两侧坡面高程为零的坡脚线；同法，根据 L_2、L_3 作支堤坡脚线，主堤与支堤的坡脚线交于 a_0、b_0，支堤自身的坡脚线交于 c_0、d_0。

（3）作支堤顶面与主堤坡面的交线，支堤顶面高程为 2m，与主堤坡面的交线就是主堤坡面上高程为 2m 的等高线中的 $e_2 f_2$ 段，根据 L_4 作主堤坡面上的 2m 等高线与支堤的交线 $e_2 f_2$。

（4）求主堤坡面与支堤坡面的交线、支堤坡面间的交线。

（5）加深，画出各坡面的示坡线。

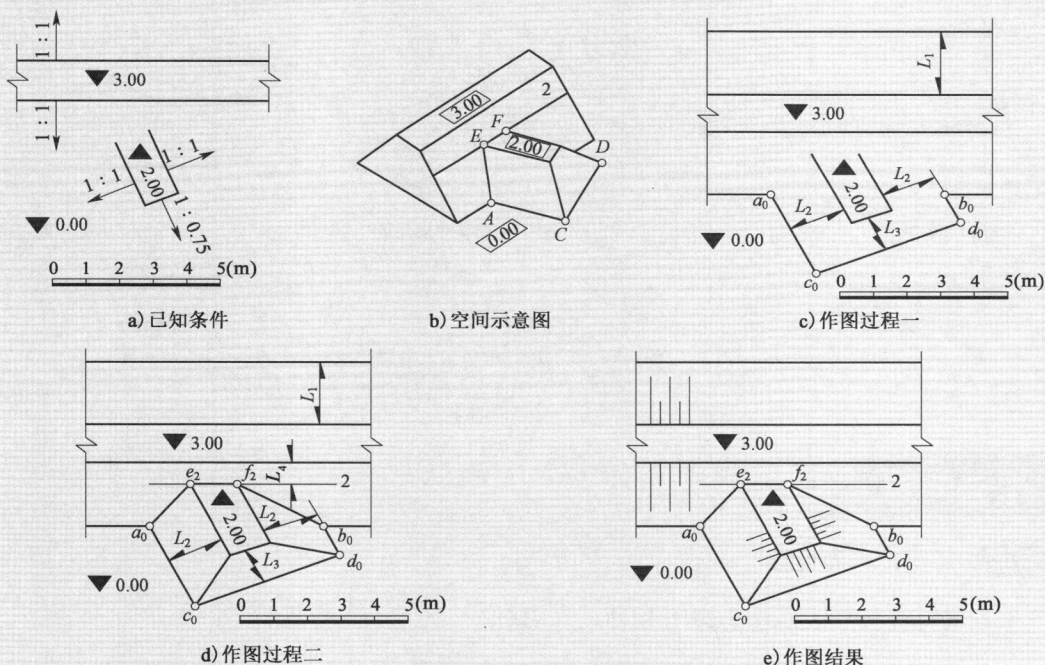

a) 已知条件   b) 空间示意图   c) 作图过程一

d) 作图过程二   e) 作图结果

图 1-3-1-9 求支堤与主堤相交的标高投影图

【同步训练 1-3-1-5】

如图 1-3-1-10 所示，一斜坡引道直通水平场地，设地面高程为 2m，水平场地顶面高程为 5m，试画出其坡脚线和坡面交线。

分析：作水平场地与斜坡引道的标高投影图，需要求以等高线和坡度表示的水平场地及以非等高线和坡度表示的斜坡引道与地面的交线，即坡脚线；水平场地坡面与斜坡引道的交线，即相邻面的交线。

提示：

(1)求水平场地的坡脚线(高程为2m的等高线)。

计算水平场地高程为5m的等高线与地面上高程为2m的等高线间的水平距离：

$$L_1 = 1.2 \times 3 = 3.6(\text{m})$$

根据等高线互相平行的性质可画出水平场地边坡的坡脚线。

(2)求以非等高线和坡度表示的斜坡引道与地面的交线,即坡脚线。

以点 a_5、b_5 为圆心,以 $R = 3 \times 1 = 3(\text{m})$ 为半径作圆弧,分别过 c_2、d_2 点作圆弧的切线,即可得到斜坡引道上的2(m)等高线。

(3)求坡面的交线,即求相等高程的等高线交点的连线。

(4)加深作图结果,画出各坡面的示坡线。

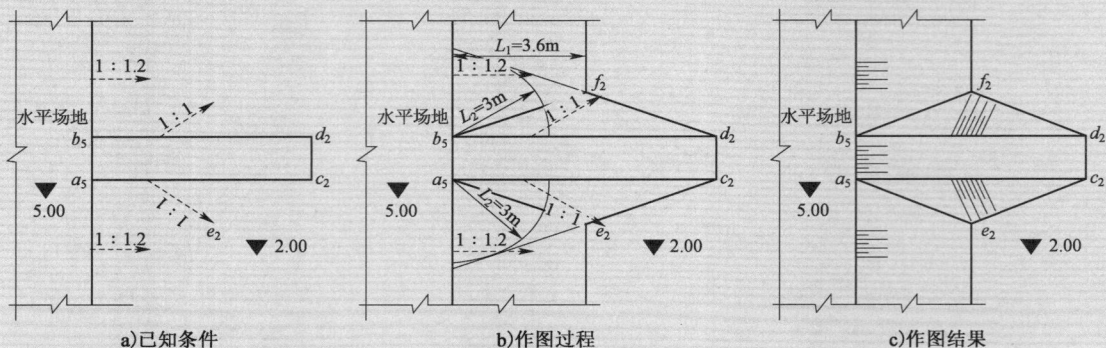

图1-3-1-10　求斜坡引道与水平场地的标高投影图

相关知识

知识点　平面的标高投影

平面的标高投影表示法有以下几种。

1.等高线表示法

等高线表示法实质上就是采用一系列等高线表示平面,如图1-3-1-11所示。

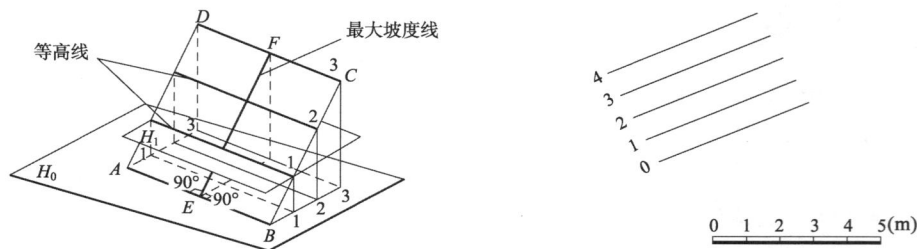

图1-3-1-11　平面上的等高线与坡度线

2. 坡度比例尺表示法(即最大坡度线表示法)

坡度比例尺的实质为最大坡度线的标高投影。平面的坡度线和平面的水平线垂直,其水平投影也应垂直,即坡度比例尺与等高线垂直,如图 1-3-1-12 所示。

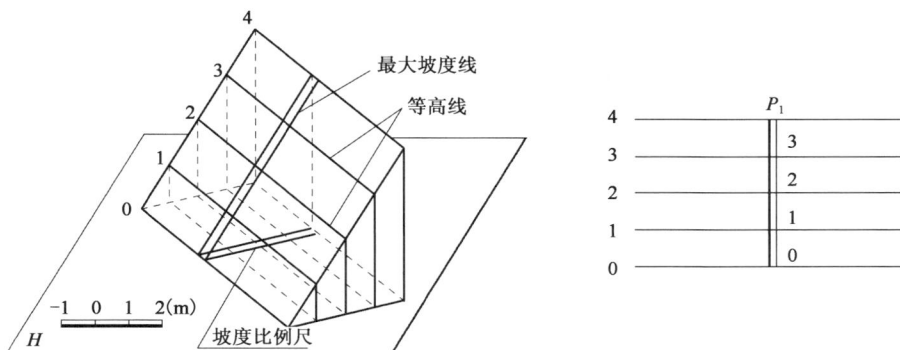

图 1-3-1-12　平面的坡度比例尺

坡度比例尺的位置与方向一经给定,平面的方向和位置也就随之确定。根据等高线与垂直坡度比例尺的关系,过坡度比例尺上的整数高程点作出它的垂线即能得到平面上相应高程的等高线。

3. 用平面上一条等高线与平面的坡度表示平面

平面上的水平线即为平面的等高线,等高线是一组互相平行的直线。平面的坡度线和平面的水平线垂直,其水平投影也应垂直。

这种表示法实质上是等高线表示法和最大坡度线表示法的结合。知道平面上的一条等高线,就可定出最大坡度线方向,由于平面的坡度已知,该平面的方向和位置即可确定。求平面的等高线,可利用坡度求得等高线的平距,然后作已知等高线的垂线,在垂线上按图 1-3-1-13 中所给比例尺截取平距,再过各分点根据等高线平行的特性作出平面上一系列等高线的标高投影,如图 1-3-1-13 所示。

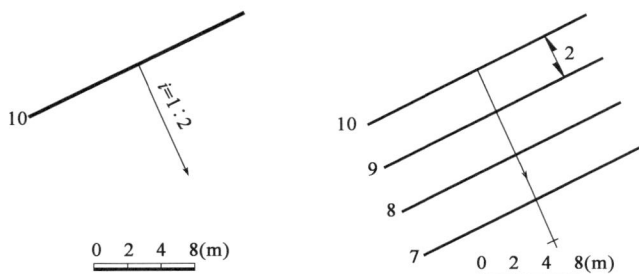

图 1-3-1-13　用平面上的一条等高线和平面的坡度表示平面

提示:

(1)坡度(i) = 高差(H)/水平距离(L);

(2)等高线已知即可定出坡度线的方向;

(3)利用高差(H)、坡度(i)求等高线之间的水平距离。

4.用平面上一条非等高线与平面坡度的表示法

图1-3-1-14为一高程为5m的水平场地及一坡度为1:3的斜坡引道,斜坡引道两侧的倾斜平面 ABC 和 DEF 的坡度均为1:2,这种倾斜平面可由平面上的一条倾斜直线的标高投影加上该平面的坡度来表示。图中 a_2b_5 旁边的箭头只是表明该平面向直线的某一侧倾斜,并非代表平面的坡度线方向,坡度线的准确方向需作出平面的等高线后才可确定,所以比箭头的线条用虚线表示。

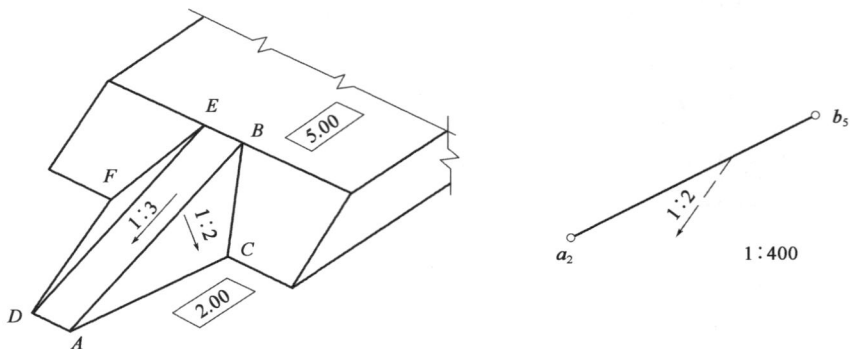

图1-3-1-14　用平面上的一条非等高线和平面的坡度表示平面

用平面上的一条非等高线和平面的坡度表示平面的等高线的方法如下:

绘制一个圆锥与该平面相切,该圆锥的底半径 R = 高差/坡度 = 3/(1:1.5) = 6m。

如图1-3-1-15所示,以 b_5 为圆心,以 R = 6m 为半径画圆,过 a_2 作该圆的切线,即得平面上高程为2m的等高线。过 a_2b_5 上整数高程的点作此线的平行线,可得相应高程的等高线。

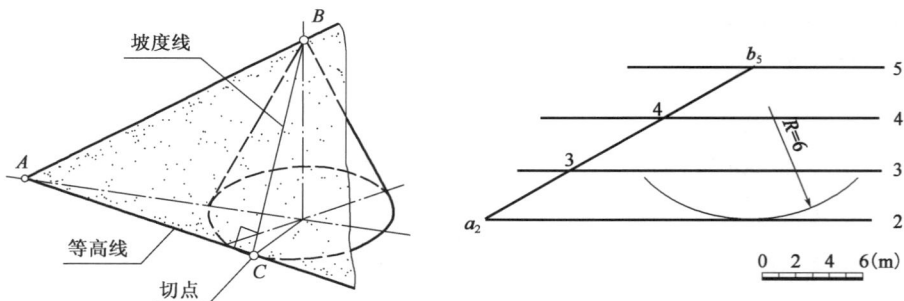

图1-3-1-15　用平面上的一条非等高线和平面的坡度表示平面的等高线

夯基强技

"夯基强技"内容见超星学习通平台。

学习评价与分析

评 价 项 目	评 价 标 准	参考分值(分)	得分(分)
求作直线整数高程点	绘制的准确性	10	
理解直线的坡度	理解准确	10	
绘制基坑开挖线	绘制的准确性	40	
绘制斜坡平面开挖线	绘制的准确性	40	
小组之间 互相评价(50%)	课前预习 课中学习 (60分)	1.课前预习,找出难点:10分 2.课中完成课堂任务(评价项目):40分 3.学习态度、职业素质(严谨细致)考核:10分	
	课后作业 (20分)	1.规定时间内完成该学习任务平台上夯基强技内容 2.找出易错题、难题	
	小组代表展示 (20分)	1.对出错多的题目或者难题进行讲解 2.总结各个题目考查的知识点	
教师评价(50%)		1.时间观念(考勤):10分 2.学习态度(评价项目):80分 3.表达能力:10分	
课后学习总结			
学习收获			
不足之处			

学习任务二　　绘制地形断面图与填挖分界线

◎ 知识目标与能力目标

学习曲面的标高投影表示法。

通过学习,学生应具备以下能力:

1. 能结合工程实际情况分析和绘制地形断面图。

2. 能绘制填挖分界线。

3. 能结合实际情况判断管线的可见性。

学习任务描述与分析

思考:如何绘制图 1-3-2-1a)所示的地形断面图和图 1-3-2-1b)所示的填挖边坡的交线? 学习曲面的标高投影画法。

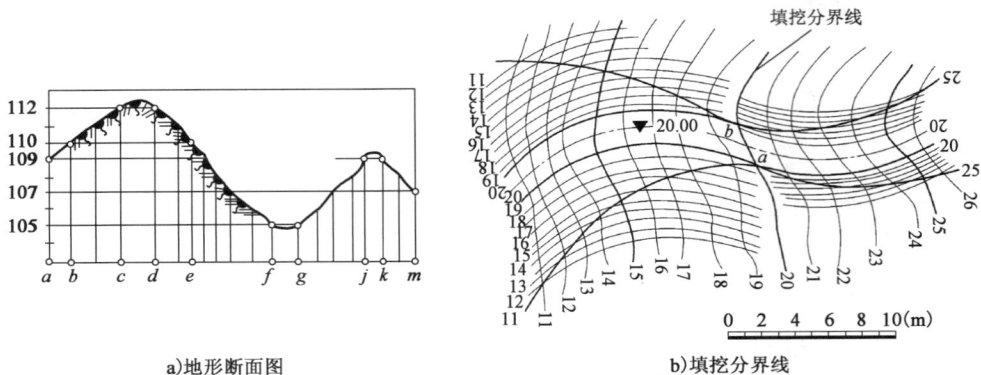

a)地形断面图　　　　　　　　b)填挖分界线

图 1-3-2-1　地形断面图和填挖分界线

学习任务实施

明确任务：掌握地形断面图和填挖分界线的绘制方法。

💡引导问题 1　如何求圆锥面的标高投影？

工程上常见的曲面有锥面、同坡曲面和地形面等。在标高投影中表示曲面，就是用一系列高差相等的水平面与曲面相交，并画出这些截交线（即等高线）的投影。

正圆锥面的等高线都是一系列的同心圆。当高差相等时，等高线的水平距离相等。当圆锥正放时，等高线的高程越大，圆的直径则越小；而当圆锥倒放时，等高线的高程越大，圆的直径则越大，如图 1-3-2-2 所示。

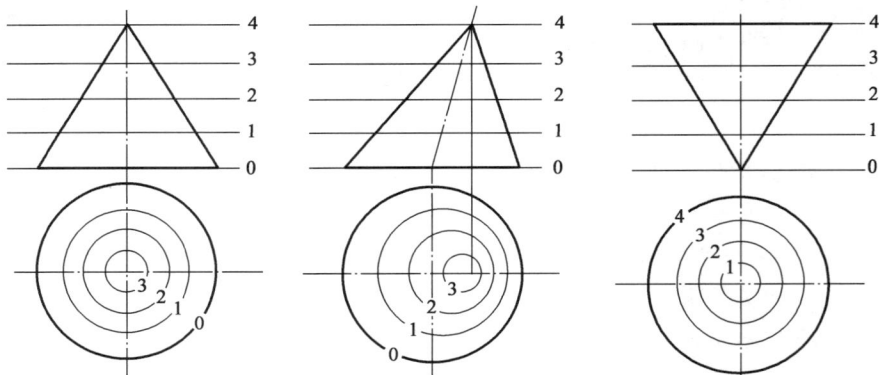

图 1-3-2-2　正圆锥面的标高投影图

在土石方工程中，常在两坡面的转角处采用与坡面坡度相等的锥面过渡。

【同步训练 1-3-2-1】

在图 1-3-2-3 中,土坝与河岸的连接处采用圆锥面护坡过渡,河底高程为 118.00m,土坝、河岸、圆锥台顶面高程及各坡面坡度如图 1-3-2-3a)所示,试完成它们的标高投影图。

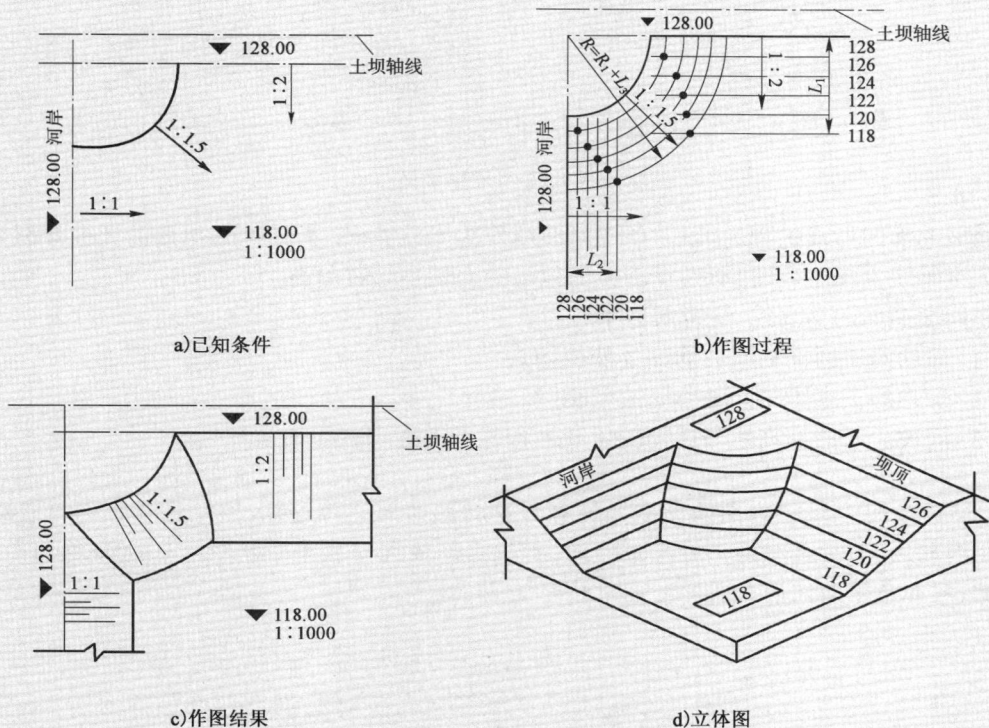

a)已知条件   b)作图过程

c)作图结果   d)立体图

图 1-3-2-3 求土坝、河岸、护坡的标高投影图

分析:圆锥面坡脚线为圆弧,即圆锥面上高程为 118m 的一条等高线;坡面交线为曲线段。

作图提示:

(1)作坡脚线。土坝、河岸、锥面护坡各坡面的水平距离分别为 $L_1 = 2 \times (128 - 118) = 20 (m)$,$L_2 = 1 \times (128 - 118) = 10 (m)$,$L_3 = 1.5 \times (128 - 118) = 15 (m)$,根据各坡面的水平距离即可作出坡脚线。圆弧面的坡脚线是圆锥台顶圆的同心圆。

(2)作坡面交线。各坡面相同高程等高线的交点即为坡面交线上的点,用平滑曲线依次连接各点即得交线。

(3)加深作图结果,画出各坡面的示坡线。

💡引导问题 2   如何作同坡曲面的等高线?

工程上道路弯道处两侧边坡是曲面,且曲面上任何地方的坡度都相同,这种曲面称为同坡曲面,即各处的坡度都相等的曲面,如图 1-3-2-4 所示。工程上常用到同坡曲面,如道路在弯道处,无论路面有无纵坡,其边坡均为同坡曲面。

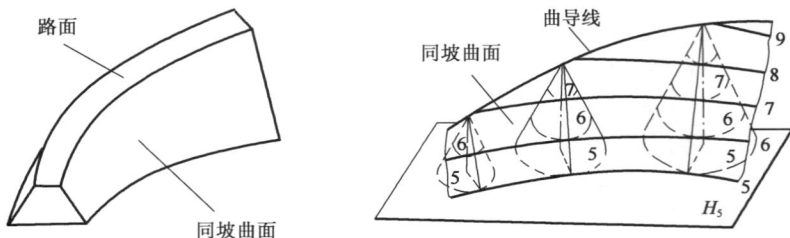

图 1-3-2-4 同坡曲面

同坡曲面的形成过程为:以一条空间曲线作为导线,一个正圆锥的顶点沿此曲导线运动,当正圆锥轴线方向不变时,所有正圆锥的包络曲面就是同坡曲面。

作同坡曲面的等高线,应理解以下三点:

(1)运动的正圆锥与同坡曲面处处相切。

(2)运动的正圆锥与同坡曲面坡度相同。

(3)同坡曲面的等高线与运动的正圆锥相等高程的等高线相切。

拓展训练1-3-2-1

已知图 1-3-2-5a) 所示平台的高程为 9m,地面高程为 5m。拟修筑一条弯曲斜路与平台相连,其位置和路面坡度为已知,所有填筑边坡的坡度 i 均为 1:1,试作坡面与坡面、坡面与地面间的交线。

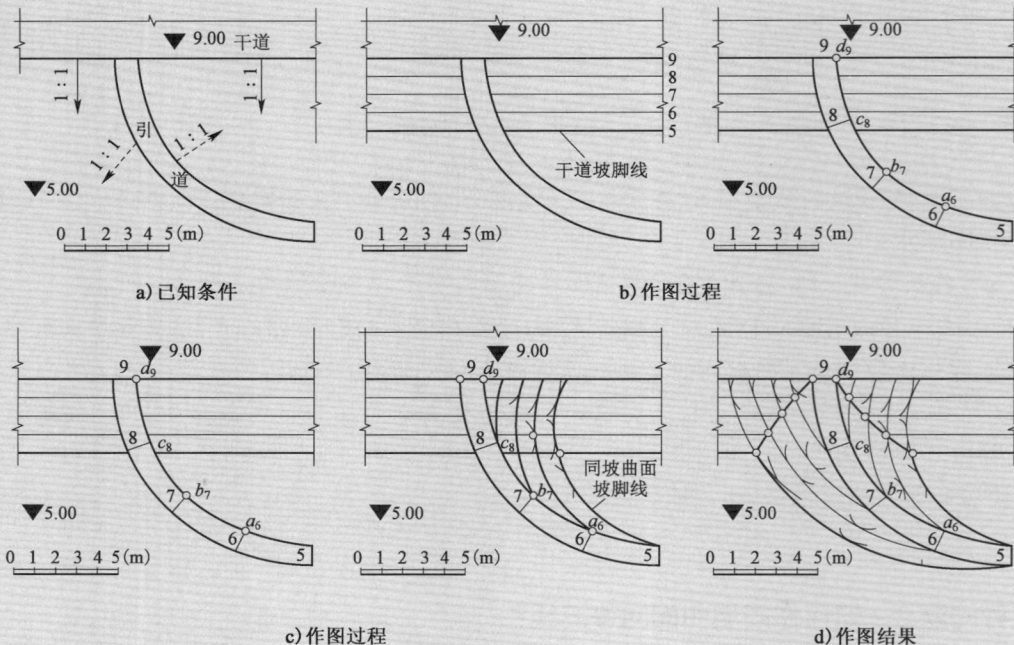

图 1-3-2-5 求坡面与坡面、坡面与地面间的交线

分析：引道两侧的边坡就是同坡曲面，同坡曲面上高程为5m的等高线就是引道的坡脚线；同坡曲面与干道边坡坡面上的相同高程等高线交点的连线就是坡面交线。

（1）求干道边坡等高线及坡脚线。算出边坡平距，作干道坡面上高程为8m、7m、6m、5m的等高线，其中，坡面上高程为5m的等高线即为干道坡脚线。

（2）将引道顶面的曲导线四等分，定出曲导线上各整数高程点 a_6、b_7、c_8、d_9。

（3）求引道的坡脚线及等高线。分别以 a_6、b_7、c_8、d_9 为圆心，以1m、2m、3m、4m为半径画同心圆，即可得各正圆锥的高程为5m的等高线；作正圆锥上相同高程等高线的公切曲线（包络线），即可得引道边坡同坡曲面的等高线，即坡脚线。依此类推，作出正圆锥一系列的等高线，作正圆锥上相同高程等高线的公切曲线（包络线），即得到同坡曲面上的等高线。以同法可作出另一侧边坡的等高线。

（4）求引道与干道坡面的交线。引道边坡的等高线与干道坡面上相同高程的等高线相交，用平滑曲线连接起来，即得引道边坡曲面与干道坡面的交线。

（5）加深作图结果，画出各坡面的示坡线。

💡引导问题3　如何求地形断面图？

用铅垂面剖切地形面，剖切平面与地形面的截交线就是地形断面轮廓线，画上相应的材料图例符号，即为地形断面图。

【同步训练 1-3-2-2】

地形断面图的作图方法如图1-3-2-6所示。

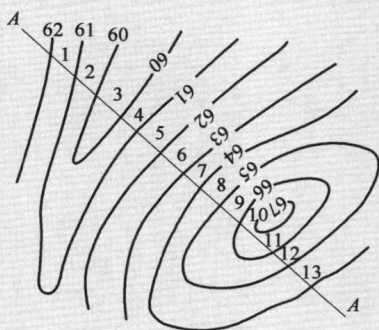
a) 已知条件

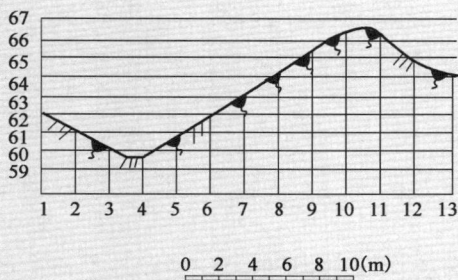
b) 作图结果

图 1-3-2-6　地形断面图的画法

分析:用 $A—A$ 平面剖切地形面,剖切平面与等高线的交点就是地形断面轮廓线上的点,连接这些点,即可得到 $A—A$ 位置的地形断面图。

(1)过 $A—A$ 作铅垂面,它与地形面上各等高线的交点为1、2、3…,如图 1-3-2-6a)所示。

(2)以 $A—A$ 剖切线上相邻点的水平距离方向为横坐标,以高程方向为纵坐标,建立坐标系。

(3)根据高程确定各点,平滑连接各点即得地形断面图,并根据地质情况画上相应的材料图例符号 (横断面图) 。

在图 1-3-2-7a) 所示的地形面上修筑道路,已知路面位置及道路标准剖面,试求各截面的地形断面图,即横断面图。

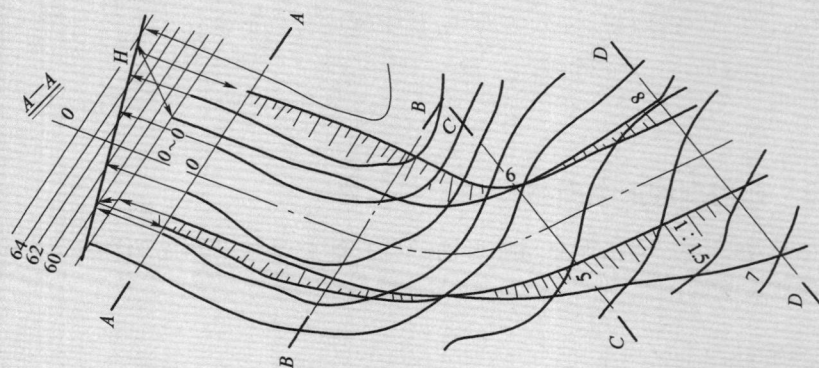

a) 弯道的已知条件

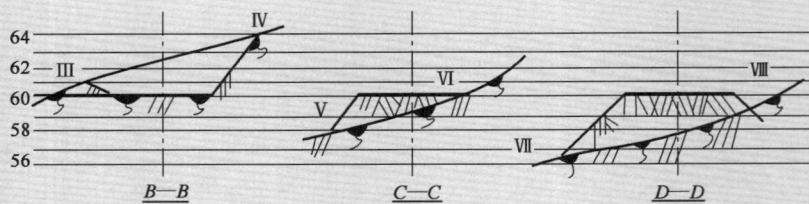

b) 绘图结果

图 1-3-2-7 求横断面图

分析:路面高程为60m,所以地形面低于60m的一端要填,高于60m的一端要挖。

提示:以 $B—B$ 剖面为例。

(1)作地形图的 $B—B$ 剖面图(按地形断面图的作法,即以相邻点的水平距离方向为横坐标、高程方向为纵坐标,点绘各点的位置,连成地面线),并在此图上定出道路中心线的位置。

(2)根据道路标准剖面图画出路面及边坡线。根据 $B—B$ 中心位置的高程计算填挖高度，$B—B$ 处地面高出路面，所以边坡应按挖方坡面的边坡处理，坡度为1:1。

以同样的方法作 $A—A$、$C—C$、$D—D$ 剖面横断面图。

💡引导问题4　如何判断管线的可见性?

【同步训练 1-3-2-3】

如图 1-3-2-8 所示，已知管线两端高程分别为 21.5m 和 23.5m，求管线 AB 与地面的交点。

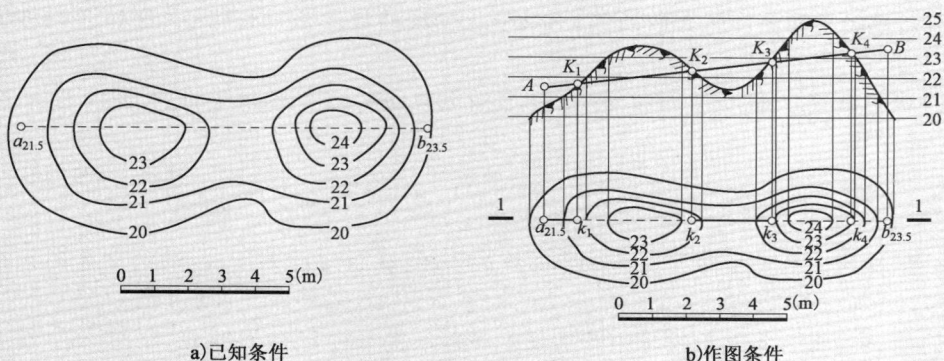

a)已知条件　　　　　　b)作图条件

图 1-3-2-8　求管线 AB 与地面的交点

分析：求过斜管线的铅垂剖切面与地形面的截交线，再求斜管线与截交线的交点，即为直线与地形面的交点。

(1)作间距相等的高程分别为 20m、21m、22m、23m、24m、25m 的平行线组。

(2)根据管线上 A、B 两点的高程，以及经过 AB 的铅垂面与地形面上各等高线的交点高程，得到对应的空间点 A、B，以及经过 AB 的铅垂面的地形断面线。

(3)连接 A、B 点，则直线 AB 与经过 AB 的铅垂面的地形断面线的交点 K_1、K_2、K_3、K_4，即是直线 AB 与地面的交点。

(4)在地形图上得到交点的标高投影 k_1、k_2、k_3、k_4，并将地面以下的部分用虚线绘制。

💡引导问题5　如何求填挖分界线?

【同步训练 1-3-2-4】

在图 1-3-2-9a)给定的地形面上修筑一条弯曲的道路，道路的路面高程为 20m，两侧的边坡填方分别为 1:1.5、挖方 1:1，如何求填挖边界线?

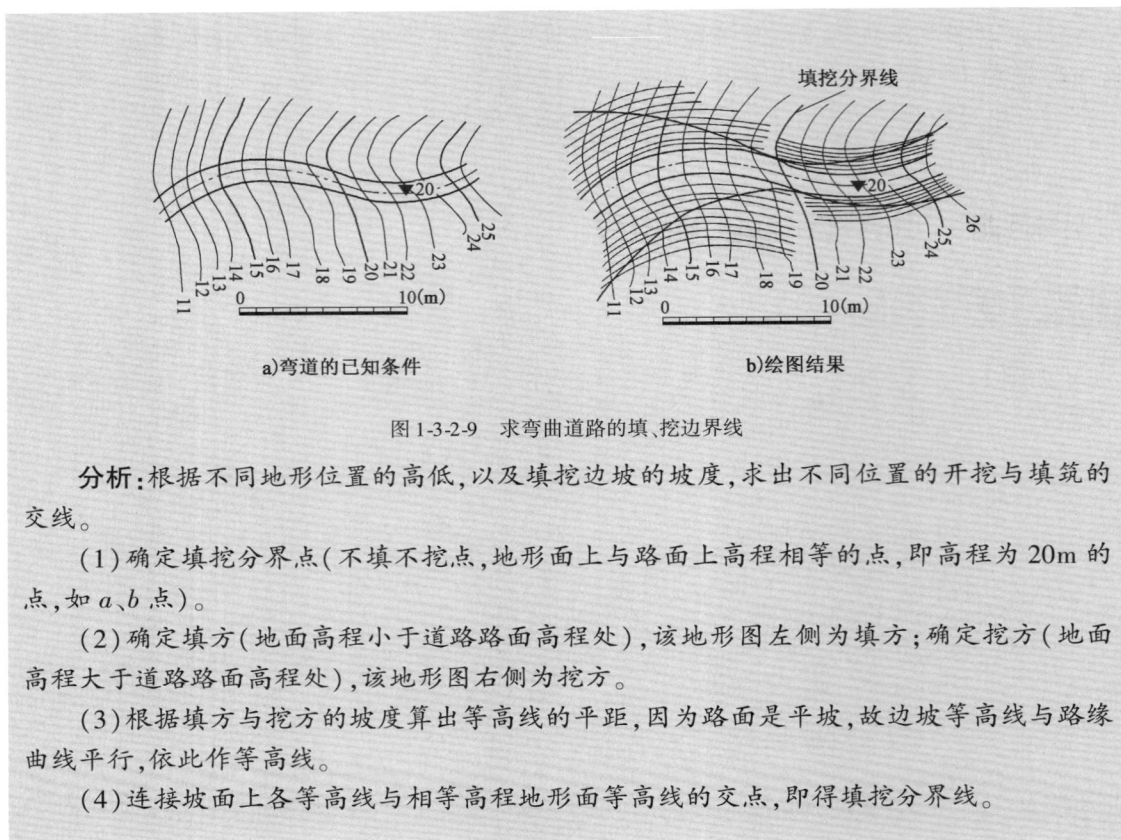

a)弯道的已知条件   b)绘图结果

图1-3-2-9　求弯曲道路的填、挖边界线

分析:根据不同地形位置的高低,以及填挖边坡的坡度,求出不同位置的开挖与填筑的交线。

(1)确定填挖分界点(不填不挖点,地形面上与路面上高程相等的点,即高程为20m的点,如 a、b 点)。

(2)确定填方(地面高程小于道路路面高程处),该地形图左侧为填方;确定挖方(地面高程大于道路路面高程处),该地形图右侧为挖方。

(3)根据填方与挖方的坡度算出等高线的平距,因为路面是平坡,故边坡等高线与路缘曲线平行,依此作等高线。

(4)连接坡面上各等高线与相等高程地形面等高线的交点,即得填挖分界线。

相关知识

地形面是不规则的曲面,用一系列高差相等的水平面来截地形面,所得的截交线是一系列不同高程的等高线。如图1-3-2-10所示,地形面的等高线是不规则的曲线。

用这种方法表示地形图能够清楚地反映地形的起伏变化以及坡向等,地形图上等高线高程数字的字头按规定应朝向上坡方向。相邻等高线之间的高差称为等高距。

地形等高线有以下特点:

(1)等高线是不规则的曲线。

(2)等高线一般是封闭曲线(在有限的图形范围内可不封闭)。

(3)除悬崖、峭壁外,等高线不相交。

(4)同一地形内,等高线越密,表明地势越陡;等高线越稀疏,表明地势越平坦。

在一张完整的地形等高线图中,为了便于看图,一般每隔四条等高线中有一条画成粗线,这样的粗等高线称为计曲线,不加粗的等高线称为首曲线。

为了便于看地形图,把典型地貌在地形图上的特征归纳如下:

(1)山丘:等高线闭合圈由小到大高程依次递减,等高线亦随之渐稀的地形。

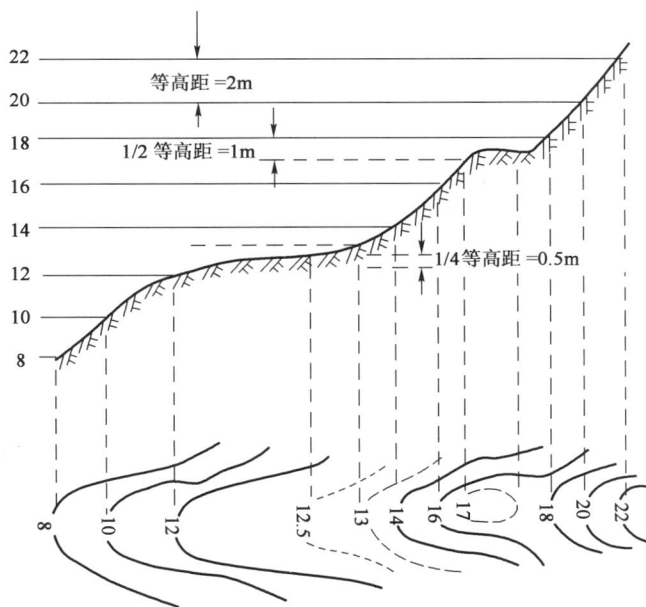

图 1-3-2-10 等高线示意图

（2）盆地：等高线闭合圈由小到大高程依次递增，等高线亦随之渐稀的地形。
（3）山脊：等高线凸出方向指向低处的地形。
（4）山谷：等高线凸出方向指向高处的地形。
（5）鞍部：相邻两峰之间形状像马鞍的区域，在鞍部两侧的等高线形状接近对称。
典型地貌在地形图上的特征如图 1-3-2-11 所示。

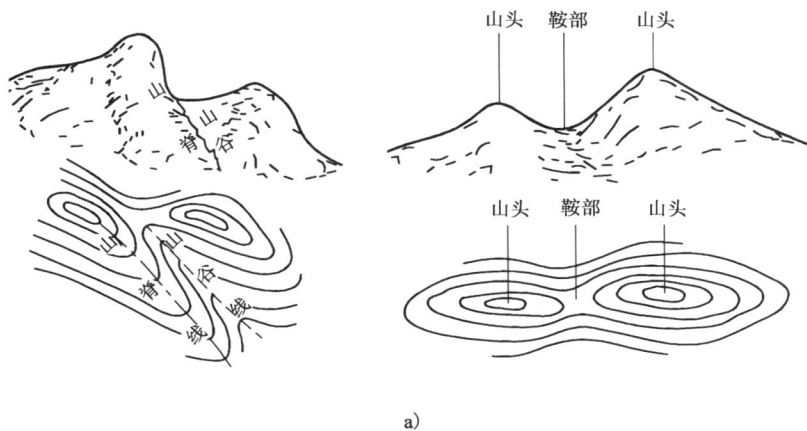

a)

图　1-3-2-11

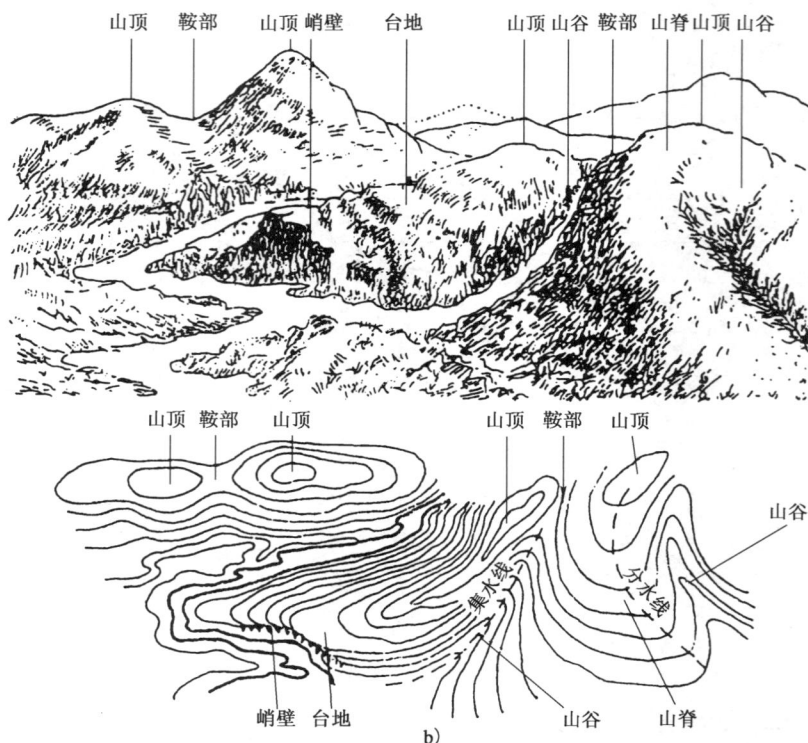

图 1-3-2-11 典型地貌在地形图上的特征

拓展训练1-3-2-3

在如图 1-3-2-12 所示地形图上修筑道路,已知路面位置及道路标准剖面,求道路边坡与地形面的交线。

(1)作地形图与道路方向垂直的横向剖切平面 1—1,根据剖切平面位置处各点的水平距离以及对应的高程,画出这些位置的横断面图,即地形的 1—1 剖面图。

(2)按照道路标准画出路面以及边坡线。在剖面图上标出道路边坡与地形剖面的交点 a、b,在地形的 1—1 剖面图上量取 a、b 点到路两侧的距离,即为开挖边界线。

以同样方法作 2—2、3—3 剖切面,求出交线上的点,如 c、d、e、f,分别量取点到路两侧的距离,即为开挖边界线。

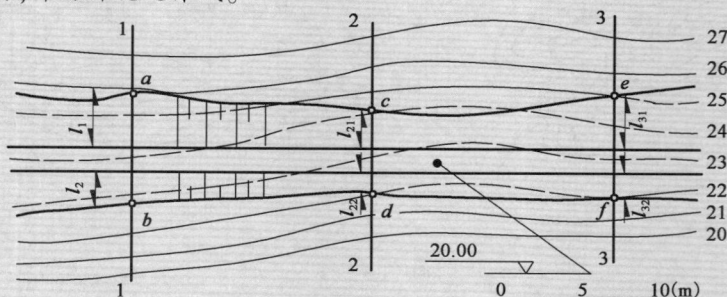

a)已知条件

图 1-3-2-12

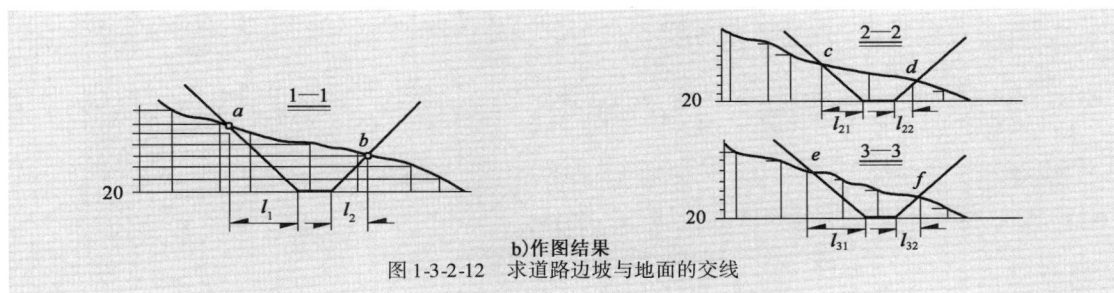

b)作图结果
图 1-3-2-12 求道路边坡与地面的交线

夯基强技

"夯基强技"内容见超星学习通平台。

学习评价与分析

评 价 项 目	评 价 标 准	参考分值(分)	得分(分)
掌握圆锥面、同坡曲面 等高线知识	掌握正确性与准确程度	15	
绘制地形图	绘制的准确性	20	
判别管线的可见性	判别的准确性	15	
绘制地形面的横断面图	绘制的准确性	25	
绘制路基填挖方线	绘制的准确性	25	
小组之间 互相评价(50%)	课前预习 课中学习 (60分)	1.课前预习,找出难点:10分 2.课中完成课堂任务(评价项目):40分 3.学习态度、职业素质(严谨细致)考核:10分	
	课后作业 (20分)	1.规定时间内完成该学习任务平台上夯基强技内容 2.找出易错题、难题	
	小组代表展示 (20分)	1.对出错多的题目或者难题进行讲解 2.总结各个题目考查的知识点	
教师评价(50%)		1.时间观念(考勤):10分 2.学习态度(评价项目):80分 3.表达能力:10分	
课后学习总结			
学习收获			
不足之处			

识读道路工程专业图

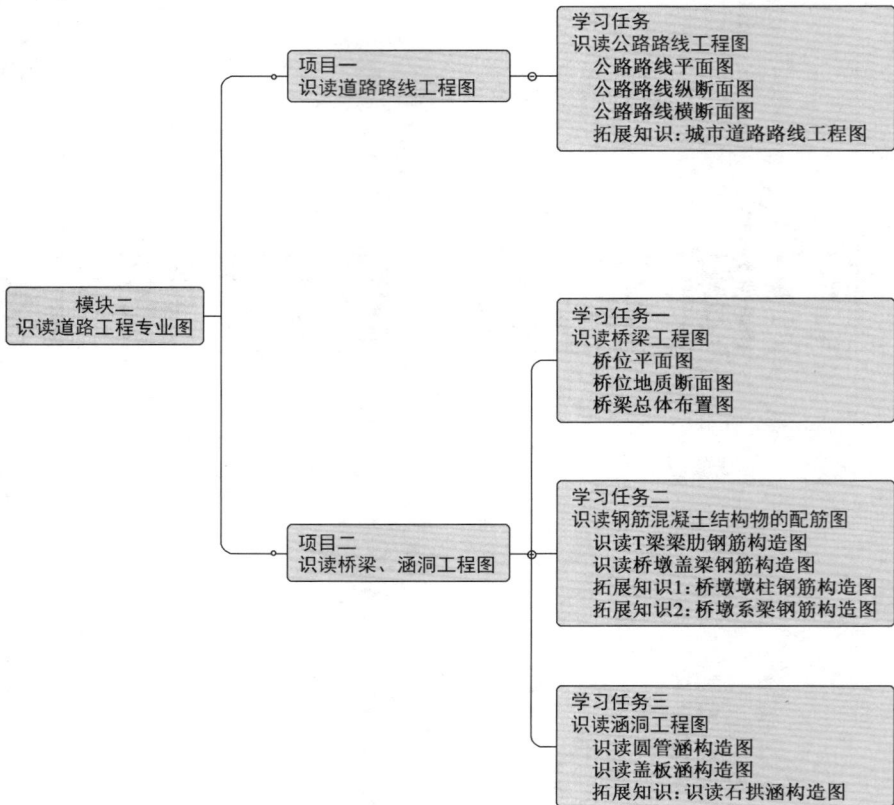

模块二
识读道路工程专业图

项目一
识读道路路线工程图

学习任务
识读公路路线工程图
　　公路路线平面图
　　公路路线纵断面图
　　公路路线横断面图
　　拓展知识:城市道路路线工程图

项目二
识读桥梁、涵洞工程图

学习任务一
识读桥梁工程图
　　桥位平面图
　　桥位地质断面图
　　桥梁总体布置图

学习任务二
识读钢筋混凝土结构物的配筋图
　　识读T梁梁肋钢筋构造图
　　识读桥墩盖梁钢筋构造图
　　拓展知识1:桥墩墩柱钢筋构造图
　　拓展知识2:桥墩系梁钢筋构造图

学习任务三
识读涵洞工程图
　　识读圆管涵构造图
　　识读盖板涵构造图
　　拓展知识:识读石拱涵构造图

项目一

识读道路路线工程图

学习任务一　识读公路路线工程图

◎ 知识目标与能力目标

学习公路路线平面图、纵断面图、横断面图的识图方法。

通过学习，学生应具备以下能力：

1. 能识读公路路线平面图。
2. 能识读公路路线纵断面图。
3. 能识读公路路线横断面图。

☑ 学习任务描述与分析

道路是一种供车辆行驶和行人步行的带状结构物。根据其不同的组成和功能特点，道路可分为公路和城市道路两大类。位于城市郊区和城市以外的道路称为公路，位于城市范围内的道路称为城市道路。

道路的基本组成包括路基、路面、桥梁、涵洞、隧道、防护工程、排水设施和交通工程设施等，具有组成复杂、长宽高三向尺寸相差大、形状受地形影响大和工程涉及学科广的特点。道路的位置和形状与所在地区的地形、地貌、地物以及地质有密切关系。由于道路路线有竖向高度变化（上坡、下坡、竖曲线）和平面弯曲（左向、右向、平曲线）变化，所以道路路线整体来看是一条空间曲线。

道路路线工程图主要指道路路线平面图、纵断面图和横断面图。道路工程图的图示方法是以地形图作为平面图、以纵向展开断面图作为立面图、以横断面作为侧面图，并且大都各自画在单独的图纸上。道路路线设计结果以平面图、纵断面图和横断面图来综合表达，利用这三种工程图来表达道路的空间位置、线形和尺寸。绘制道路工程图时，应遵守《道路工程制图标准》（GB 50162—1992）中的有关规定。

在教师指导下，根据图 2-1-1-1 和图 2-1-1-2，识读某工程的公路路线平面图、纵断面图、横断面图。

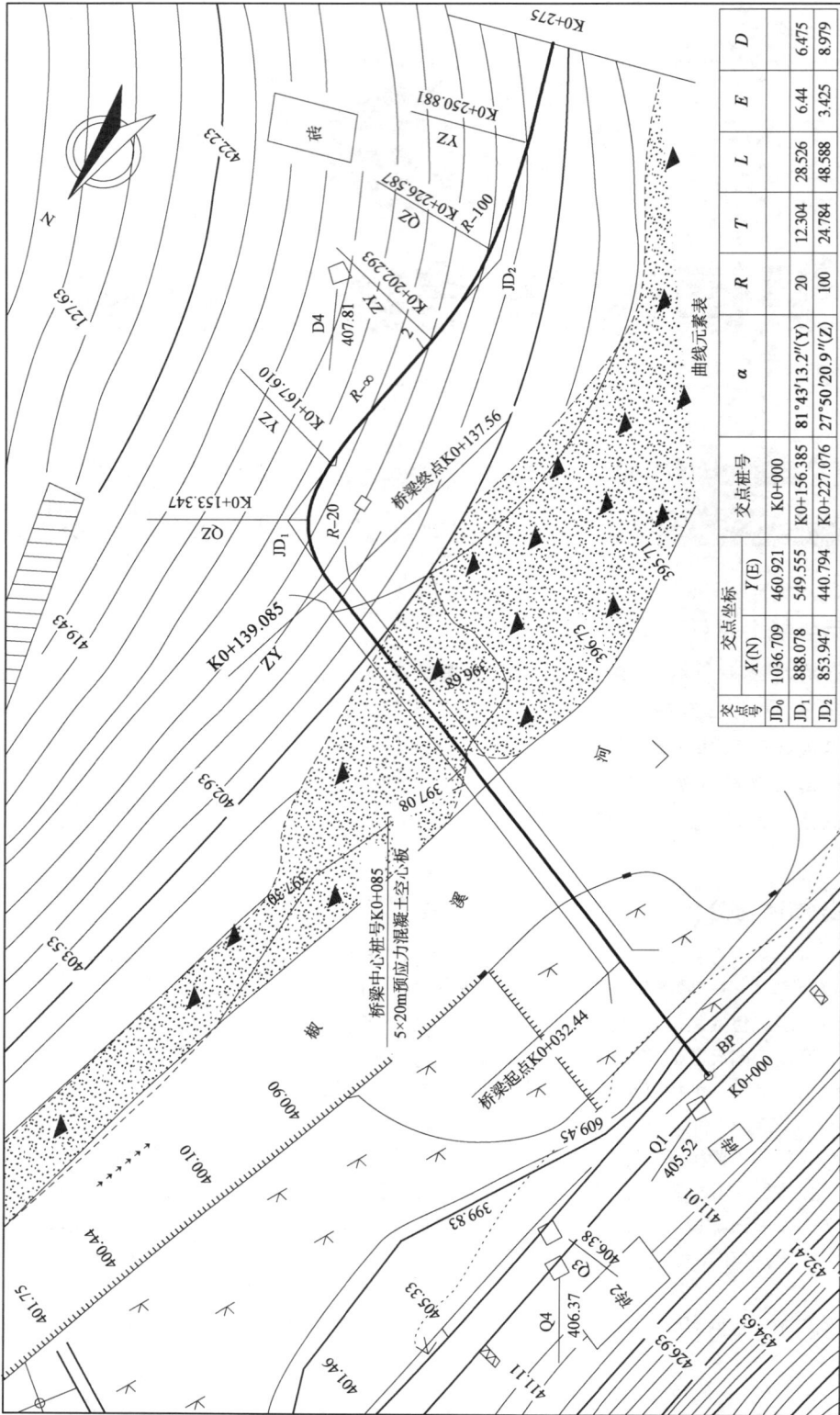

图2-1-1-1 路线平面图

交点号	交点坐标			
	X(N)	Y(E)		
JD₀	1036.709	460.921		
JD₁	888.078	549.555		
JD₂	853.947	440.794		

曲线元素表

交点桩号	α	R	T	L	E	D
K0+000						
K0+156.385	81°43'13.2"(Y)	20	12.304	28.526	6.44	6.475
K0+227.076	27°50'20.9"(Z)	100	24.784	48.588	3.425	8.979

比例
垂直 1:400
水平 1:2000

桩号范围
第　页　总　页

R-12000m　　　K0+520 427.52　　　T-289.8m　　　E-3.5m

444
40
36
32
28
24
20
16
12
08
04
400
396

1-2m×2m拱涵 K0+686　　　1-2m×2m盖板涵 K0+830

地质概况	填方区主要为粉质黏土、粉土,系花岗岩坡积土,厚6~7m,其下部为强风化岩,K0+270~K0+400左侧路堤坡脚处有软土分布,软土厚4.6m

填挖高度: 11.18　9.22　-8.81　-21.90　-17.16　0.43　5.23　-9.92　-20.24　-21.73　-8.54　0.68　-4.01　-17.11　-27.65　-27.13　-13.79　-16.38　-32.82　-28.08　-21.15　-15.48　-8.19　7.07　16.04　13.40　6.46　6.25　3.08　13.54　14.41　17.00　11.84　4.20　6.79　-28.08

设计高程(m): 408.91　409.43　409.94　410.43　410.88　411.30　411.69　412.04　412.36　412.66　412.90　413.12　413.31　413.47　413.59　413.67　413.73　413.75　413.73　413.69　413.61　413.49　413.35　412.17　412.96　412.71　412.43　412.12　411.77　411.39　410.98　410.54　410.09　410.64　409.20　408.25

地面高程(m): 307.73　200.21　418.75　412.33　428.04　410.87　406.46　421.96　432.60　434.38　412.44　412.44　417.32　430.58　441.24　440.80　427.52　430.13　446.55　441.77　434.76　428.91　421.54　406.10　396.92　399.31　405.97　405.87　408.69　397.85　411.39　396.57　393.54　398.25　405.44　402.41　413.36

坡度(%): 2.600　　+020　117.23　　-2.230
坡长(m): 320.00　　　380.00(1135.07)

直线及平曲线

里程桩号: K0+200　+020　+040　+060　+080　-3　+020　+040　+060　+080　-4　+020　+040　+060　+080　-5　+020　+040　+060　+080　-6　+020　+040　+060　+080　-7　+020　+040　+060　+080　-8　+020　+040　+060　+080　K0+900

第1合同段	路线纵断面图	设计		复核		审核		图号	S2-3

图 2-1-1-2　路线纵断面图

学习任务实施

　　明确任务:根据某公路路线工程图纸,布置识读任务,进行公路路线平面图、纵断面图、横断面图的识读。

💡引导问题1　如何识读公路路线平面图?

　　思考:分小组识读路线平面图 2-1-1-1,回答下列问题:
　　(1)此段路线的大致走向是怎样的?
　　(2)此图展示的路线有多长?起点在哪里?终点在哪里?
　　(3)此段路线经过了哪些地方?位于什么样的地形中?
　　(4)此平面图中有几个交角点?怎样识读平曲线的几何要素?

💡引导问题2　如何识读公路路线纵断面图?

　　思考:分小组读路线纵断面图 2-1-1-2,回答下列问题:
　　(1)此段路线纵向起伏情况是怎样的?
　　(2)图样中的细实线和粗实线分别表示什么?

（3）设计高程线和地面高程线是如何得到的？

（4）填挖高度怎样计算？

引导问题3　如何识读公路路线横断面图？

思考：分小组读路线横断面图，回答下列问题：

（1）横断面图所表达的内容包括哪些？

（2）横断面的基本形式有哪些？

相关知识

知识点1　公路路线平面图

路线平面图的作用是表达路线的走向、平面线形（直线和曲线）以及沿线两侧一定范围内的地形、地物情况。

1. 公路路线平面图示方法

路线平面图是路线从上向下投影所得到的水平投影图，也就是用标高投影法所绘制的道路中心线及沿线两侧一定范围的地形图。

2. 公路路线平面图画法特点和表达内容

图 2-1-1-1 所示为某公路从 K0+000 至 K0+275 段的路线平面图。路线平面图的内容包括地形和路线两部分，画法特点和表达内容如下。

1）地形部分

（1）比例

道路路线平面图所用比例一般较小，通常在城镇区为 1:500 或 1:1000，山岭区为1:2000，丘陵区和平原区为 1:5000 或 1:10000。

（2）方位与走向

在路线平面图上应画出指北针或测量坐标网，用来指明道路在该地区的方位与走向。指北针的箭头所指为正北方向，指北针宜用细实线绘制。方位坐标网的 X 轴向为南北方向（X坐标增加方向为正北），Y 轴向为东西方向（Y 坐标增加方向为正东）。坐标值的标注应靠近被标注点，书写方向应与网格平行或在网格延长线上，数值前标注坐标轴线代号。如"$X3000$，$Y2000$"表示两垂直线的交点坐标为距坐标网原点北 3000、东 2000，单位为 m。图 2-1-1-1 中用指北针来表示方位。

（3）地形、地貌和地物

平面图中用等高线表示地形的起伏情况，每隔 4 条等高线画出一条粗的计曲线，并应标有相应的高程数字。地貌和地物如河流、房屋、道路、桥梁、电力线、植被等，都应按规定图例绘制，常见的图例见表 2-1-1-1、表 2-1-1-2。从图 2-1-1-1 中等高线的疏密可以看出，路线起点西方的等高线较密，JD_1 附近等高线较疏，在起点与 JD_1 之间有大片的沙滩地和一条河流。

道路工程常用地物图例

表 2-1-1-1

名　称	图　例	名　称	图　例	名　称	图　例
机场		港口		井	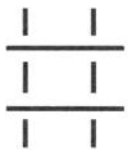
学校		交电室		房屋	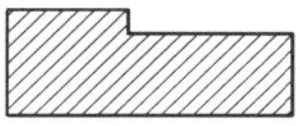
土堤	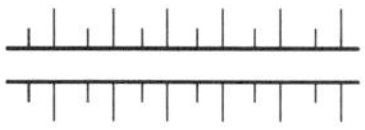	水渠	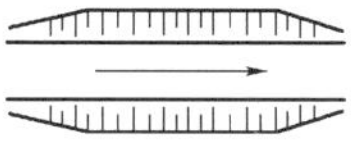	烟囱	
河流		冲沟	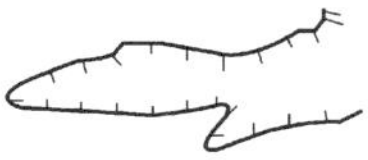	人工开挖	
铁路		公路		大车道	
小路		低压电力线 高压电力线	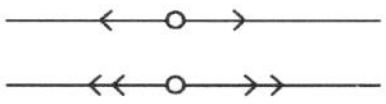	电信线	
果园		旱地		草地	
林地		水田		菜地	
导线点	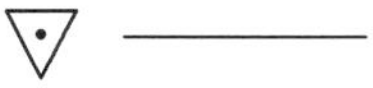	三角点		图根点	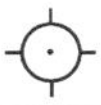
水准点	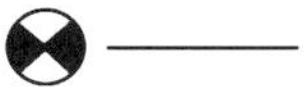	切线交点		指北针	
只有屋盖的 简易房		石棉瓦	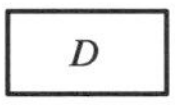 D	储水池	 水
砖石或混凝土 结构房屋	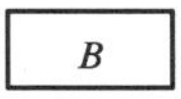 B	围墙	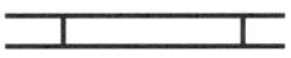	下水道 检查井	
砖瓦房	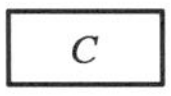 C	非明确 路边线		通信杆	

道路工程常用结构物图例   表 2-1-1-2

序号	名　称	图　例	序号	名　称	图　例
1	涵洞		10	防护栏	
2	桥梁(大、中桥按实际长度绘制)	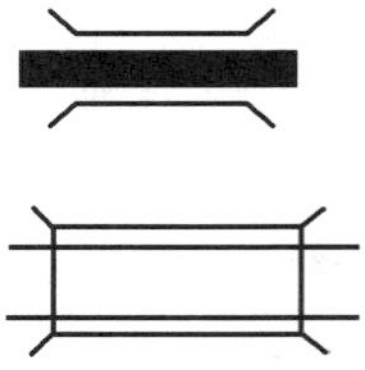	11	箱涵	
3	隧道		12	盖板涵	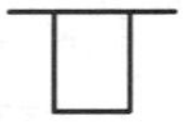
4	养护机构		13	拱涵	
5	隔离墩		14	分离式立交 a)主线上跨 b)主线下穿	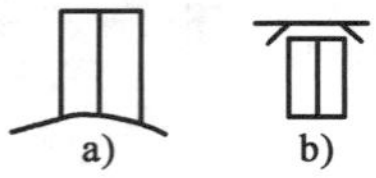
6	通道	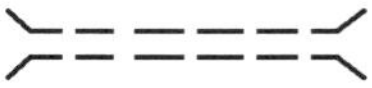	15	桥梁	
7	分离式立交：a)主线上跨 b)主线下穿	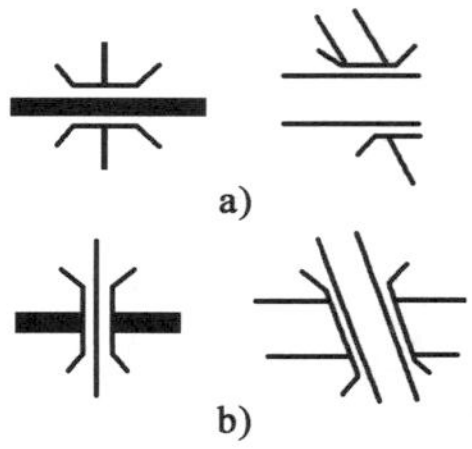	16	箱形通道	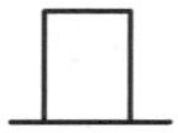
8	互通式立交(采用形式绘)		17	管涵	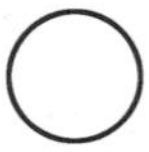
9	管理机构		18	互通式立交 a)主线上跨 b)主线下穿	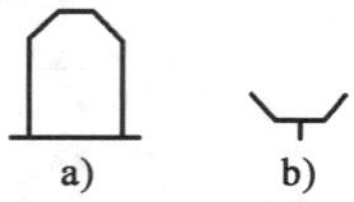

（4）导线点和水准点

在桥梁起点附近设有 Q_1、Q_2 等桥梁控制点,在 JD_1 附近可以看到导线点 D_4 等。沿路线附近每隔一段距离,应标有水准点的位置,用于路线的高程测量,水准点的符号用"BM"表示。

2）路线部分

（1）设计路线

用加粗实线表示路线,由于道路的宽度相对于长度来说要小得多,公路的宽度只有在采用较大比例的平面图中才能画清楚,因此,通常沿道路中心线画出一条加粗的实线来表示设计路线。

（2）里程桩

道路路线的总长度和各段之间的长度用里程桩号表示。里程桩号的标注应在道路中线上从路线的起点至终点，按从小到大、从左到右的顺序排列。里程桩分公里桩和百米桩，公里桩宜标注在路线前进方向（从左往右）的左侧，用符号"φ"表示，公里数注写在符号的上方，如"K3"表示离起点 3km；百米桩宜标注在路线前进方向的右侧，用垂直于路线的细短线表示桩位，用字头朝向前进方向（或字头向上）的阿拉伯数字表示百米数，注写在短线的端部，例如在 K3 与 K4 公里桩之间的"1"，表示桩号为 K3 + 100，说明该点距路线起点 3100m。

（3）平曲线及曲线要素

路线在平面上是由直线段和曲线段组成的。在路线平面图中，路线转折处应注写交角点代号并依次编号，如 JD_2，表示第 2 个交角点。在交角点处应设平曲线，常见的较简单的平曲线为圆弧曲线，标注有曲线的起点（ZY）、中点（QZ）和终点（YZ）。曲线元素包括转折角 α，即路线前进时向左（α_Z）或向右（α_Y）偏转的角度；圆曲线半径 R，即圆弧的半径长度；切线长 T，即切点与交角点之间的长度；外距 E，即曲线中点到交角点的距离；曲线长 L，即圆曲线两切点之间的弧长。平曲线及曲线要素如图 2-1-1-3 所示。

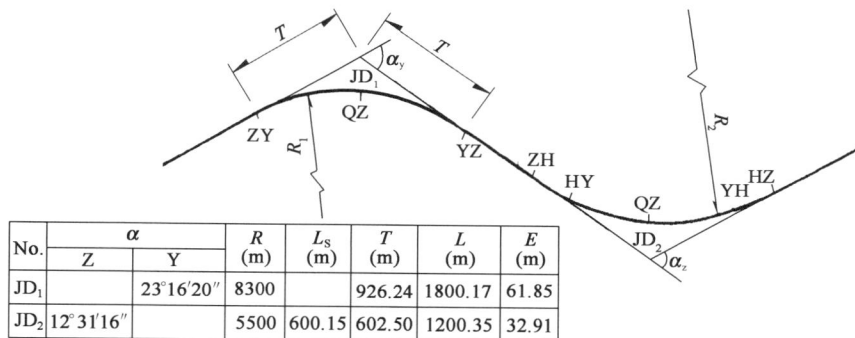

No.	α		R (m)	L_S (m)	T (m)	L (m)	E (m)
	Z	Y					
JD_1		23°16′20″	8300		926.24	1800.17	61.85
JD_2	12°31′16″		5500	600.15	602.50	1200.35	32.91

图 2-1-1-3　平曲线及曲线要素

通过读图 2-1-1-1 可知，这段公路从起点 K0 + 000 处开始，在交角点 JD_1 处向右转折，圆曲线半径 R_1 = 20m，转弯角度 α = 81°43′13.2″；YZ 到交角点 JD_2 处再向左转折，圆曲线半径 R_2 = 100m，转弯角度 α = 27°50′20.9″，公路向南方延伸至本图的终点 K0 + 275 处。

公路路线狭长曲折，要将整条路线清晰地画在一张图纸（A3）上是不可能的，因此平面图是分段画在若干张图纸上，使用时可将图纸拼接起来，如图 2-1-1-4 所示。

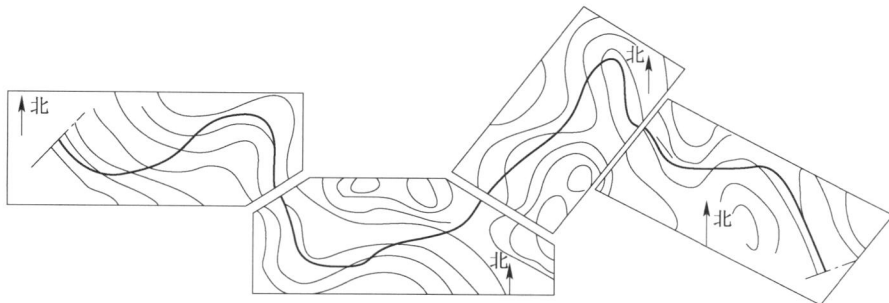

图 2-1-1-4　路线图拼接示意图

知识点 2　公路路线纵断面图

1.公路路线纵断面图示方法

路线纵断面图是用假设的铅垂剖切面沿道路中线进行剖切而得到的竖向剖面图。由于道路路线是由直线和曲线组合而成的,所以纵向剖切面既有平面又有曲面。为了清楚地表达路线的纵断面情况,需要将此纵断面拉直展开,并绘制在图纸上,也就形成了路线纵断面图。

2.公路路线纵断面图画法特点和表达内容

路线纵断面图主要表达道路的纵向设计线形以及沿线地面的高低起伏状况、地质和沿线设置的构造物概况。路线纵断面图包括图样和资料表两部分,图样画在图纸的上部,资料表布置在图纸的下部。图 2-1-1-2 所示为某公路从 K0 + 200 ~ K0 + 900 段的纵断面图。

1)图样部分

(1)比例

路线纵断面图的水平方向表示路线的长度,竖直方向表示地面和设计线的高程。由于地面高程和设计高程的高差比路线的长度要小得多,如果用同一种比例绘制竖向高度与水平长度,很难把高差明显地表达出来,所以绘图时规定,一般情况下,竖向的比例要在水平向的比例基础上放大 5 倍。这样的绘图方式虽然方便图上路线的坡度与实际不符,但却能清晰地显示竖向坡度的变化。如图 2-1-1-2 的水平比例为 1∶2000,而竖向比例为 1∶400。为了便于画图和读图,应在纵断面图图样的左侧按竖向比例画出高程标尺。

(2)设计线和地面线

在纵断面图中,道路的设计线用粗实线表示,原地面线用细实线表示。设计线是根据地形起伏和公路等级对应的工程技术标准而综合确定的,设计线上各点的高程通常是指路基边缘的设计高程;地面线是根据原地面上沿线各点的实测中心桩高程绘制而成的。比较同一里程桩号处设计线与地面线的相对位置,可计算出该处的填挖高度。

(3)竖曲线

在设计线纵坡变更处(变坡点),为了便于车辆行驶,应设置符合技术标准规定的圆弧竖曲线。竖曲线分为凸形和凹形两种,在图中分别用"┳"和"┷"表示。符号中部的竖线应对准变坡点,竖线左侧标注变坡点的里程桩号,竖线右侧标注竖曲线中点的高程。符号的水平线两端应对准竖曲线的始点和终点,竖曲线要素(半径 R、切线长 T、外距 E)的数值标注在水平线上方。图 2-1-1-2 中,K0 + 520 处为变坡点,变坡点地面高程 427.52m,设计高程为 413.73m,设有凸形竖曲线,半径为 12000m,切线长为 289.8m,外距为 3.5m。

(4)工程构造物

道路沿线的工程构造物,如桥梁、涵洞等,应在设计线的上方或下方用竖直引出线标注。竖直引出线应对准构筑物的中心位置,并注出构造物的名称、规格和里程桩号。如图 2-1-1-2中,K0 + 686桩位处有一个 1-2m×2m 的拱涵,K0 + 830 桩位处有一个 1-2m×2m 的盖板涵。

（5）水准点

沿线设置的测量水准点也应标注，竖直引出线对准水准点，左侧注写里程桩号，右侧写明其位置，水平线上方注出其编号和高程。

2）资料表部分

路线纵断面图的测设数据表与图样上下对齐布置，以便阅读。这种表示方法可较好反映纵向设计在各桩号处的高程、填挖高度、地质条件和坡度以及平曲线与竖曲线的配合关系。资料表主要包括以下项目和内容。

（1）本路段的地质概况

根据实测资料，在图中注出沿线各段的地质情况，为施工提供资料。图 2-1-1-2 所示路段主要有 6 ~ 7m 粉质黏土、粉土，K0 + 270 ~ K0 + 400 处有软土分布，软土厚度为 4.6m。

（2）填挖高度

设计线在地面线下方时需要挖土，设计线在地面线上方时需要填土。即"填挖高度"正为填，负为挖。填挖高度的高度值应是各点（桩号）对应的设计高程与地面高程之差的绝对值。

（3）高程

表中有设计高程和地面高程两栏，它们应与图样相对应，分别表示设计线和地面线上各点（桩号）的高程。地面高程是根据原始地面上沿道路中心线各点桩号实测出的高程。设计高程是设计线上沿道路中心线各点桩号的高程。

（4）坡度和坡长

坡度和坡长是标注设计线各段的纵向坡度和水平长度距离。表格中的对角线表示坡度方向，左下至右上表示顺路线方向上坡，左上至右下表示顺路线方向下坡，坡度和坡长分注在对角线的上下两侧。上坡坡度为正，下坡坡度为负，如图 2-1-1-2 中第一分格内注有 2.600/320.00，表示顺路线前进方向上坡，坡度为 2.6%，坡长为 320m。若为不设坡度的平路段，则在分格内画一水平线，上方注写数字"0"，下方注写坡长。各分格线为变坡点的位置。

（5）里程桩号

沿线各点的桩号是按测量的里程数值填入的，单位为 m，桩号从左向右排列。在平曲线的起点、中点、终点和桥涵中心点等处可设置加桩。

（6）平曲线

为了表示该路段的平面线形，通常在表中画出平曲线的示意图。直线段用分格中部的水平线表示；路线右转弯，用"＿＿⎤⎽⎡＿＿"表示不设缓和曲线的圆曲线，用"＿＿／⌒＼＿＿"表示设有缓和曲线的圆曲线；路线左转弯，用"＿⎡⎽⎤＿＿"表示不设缓和曲线的圆曲线，用"＼⌒／＿"表示设有缓和曲线的圆曲线，并标注平曲线要素值。

（7）标题栏

每页图纸应按照要求绘制标题栏，整册图纸标题栏应标准一致。在每张图纸的右上角标明序号及总张数和本段表示的里程。

知识点 3 公路路线横断面图

1. 公路路线横断面图示方法

路线横断面是用假设的剖切平面,在公路沿线设置的中心桩处,沿路线中心线的法线方向剖切,画出剖切平面与地面的交线,再根据填挖高度及规定的路基宽度和边坡,画出路基横断面设计线,即为路基横断面图。该图可用来计算土石方量和进行路基施工放样。

在横断面图中,路基轮廓线用粗实线表示,地面线用细实线表示,路中心线用细点划线表示。

路基横断面图应按桩号顺序从下至上、从左至右画出。

2. 公路路线横断面图画法特点和表达内容

1) 图样部分

(1) 比例:横断面图的水平方向和高度方向宜采用相同比例,一般为 1:200、1:100 或 1:50。

(2) 在路线横断面图中,路面线、路肩线、边坡线、防护构造物轮廓线均用粗实线表示,路面厚度用中粗实线表示,原有地面线用细实线表示,路中心线用细点划线表示。

路基横断面的基本形式有三种:填方路基、挖方路基、半填半挖路基。

①填方路基,称为路堤。如图 2-1-1-5a) 所示,整个路基全为填方,图下注有该断面的里程桩号、边坡的坡度、中心线处的填方高度 H_T(m) 以及该断面的填方面积 A_T(m^2)。

②挖方路基,称为路堑。如图 2-1-1-5b) 所示,整个路基全为挖方,图下注有该断面的里程桩号、边坡的坡度、中心线处挖方高度 H_W(m) 以及该断面的挖方面积 A_W(m^2)。

③半填半挖路基。如图 2-1-1-5c) 所示,路基断面一部分为填方、另一部分为挖方,是前两种路基的综合,在图下应注有该断面的里程桩号、边坡的坡度、中心线处的填 (或挖) 高度 H 以及该断面的填方面积 A_T 和挖方面积 A_W。

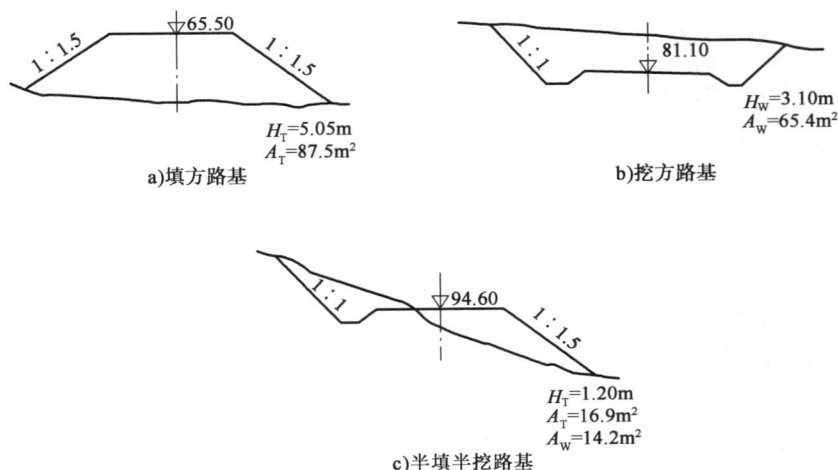

a) 填方路基

H_T=5.05m
A_T=87.5m^2

b) 挖方路基

H_W=3.10m
A_W=65.4m^2

c) 半填半挖路基

H_T=1.20m
A_T=16.9m^2
A_W=14.2m^2

图 2-1-1-5 路基横断面的三种形式

常见路基横断面形式如图 2-1-1-6 ~ 图 2-1-1-8 所示。

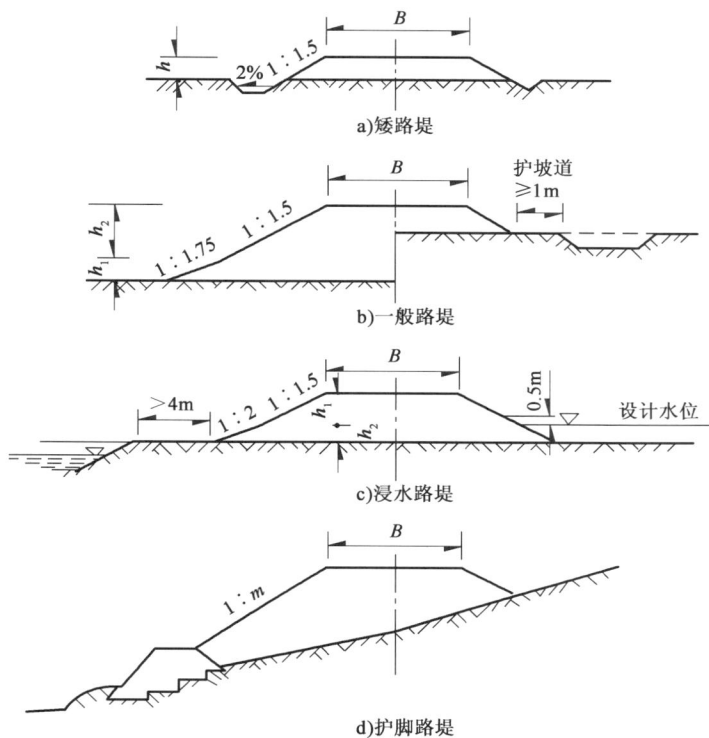

a)矮路堤

b)一般路堤

c)浸水路堤

d)护脚路堤

图 2-1-1-6　路堤的几种常见横断面形式

注:B 为路基宽度。

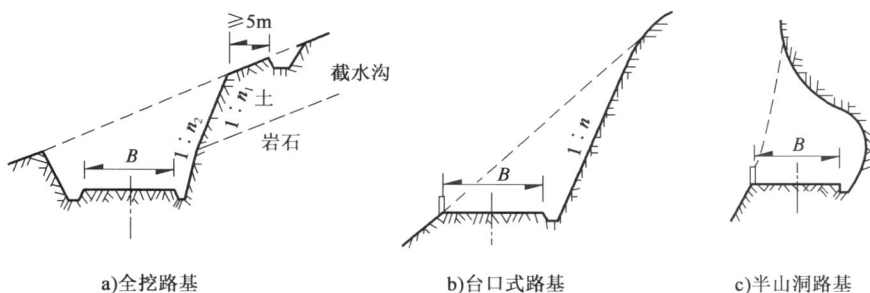

a)全挖路基　　　　　b)台口式路基　　　　　c)半山洞路基

图 2-1-1-7　路堑的几种常见横断面形式

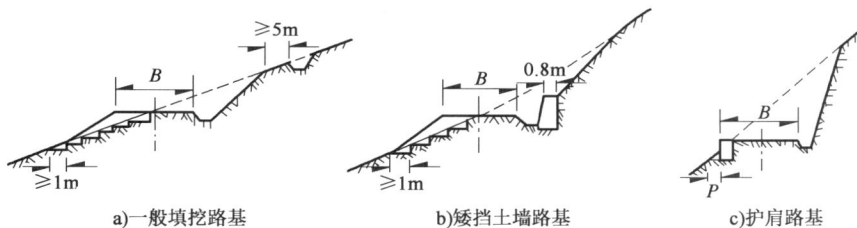

a)一般填挖路基　　　　　b)矮挡土墙路基　　　　　c)护肩路基

图　2-1-1-8

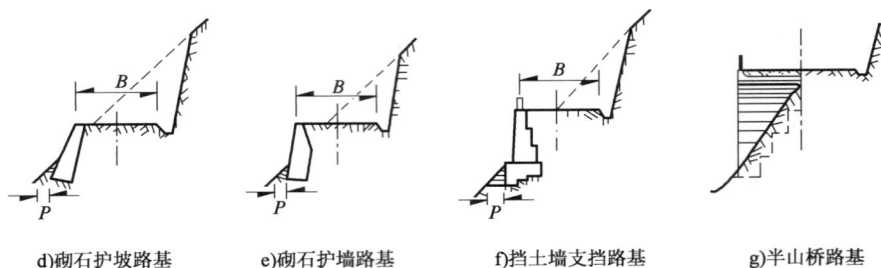

d)砌石护坡路基　　　　e)砌石护墙路基　　　　f)挡土墙支挡路基　　　　g)半山桥路基

图 2-1-1-8　半填半挖路基的几种常见横断面形式

注:B 为路基宽度。

2)资料表部分

横断面资料表如图 2-1-1-9 所示,标出对应的桩号 K0+060,设计高程为 413.17m,填挖高度为 7.07m,左侧路基宽度为 13m,右侧路基宽度为 13m,左侧超高 -0.37m,右侧超高0.31m,填方面积为 289.24m²,挖方面积为 3.03m²。

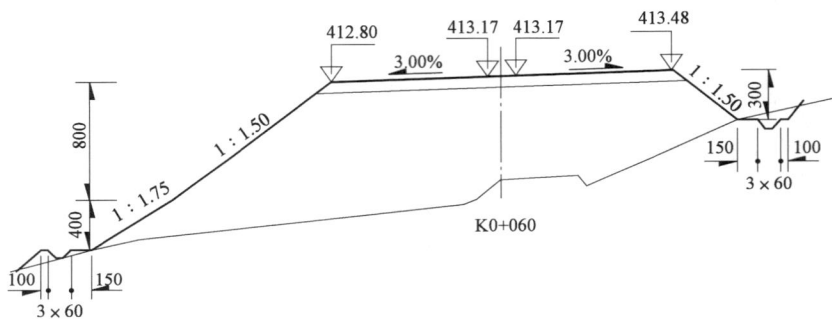

桩号：K0+060		
填：7.07m		挖：0m
路基宽	左：13m	右：13m
超高	左：-0.37m	右：0.31m
边坡	左：1∶1.5	右：1∶1.5
面积	填：289.24m²	挖：3.03m²

注:
1.本图单位均以cm计。
2.本图为×××连接线标准横断面图。
3.山坡填方地段护坡道根据需要设置。

图 2-1-1-9　横断面图资料表

知识拓展

拓展知识点:城市道路路线工程图

城市道路一般由车行道、人行道、绿化带、分隔带、交叉口和交通广场以及高架桥、地下通道等各种设施组成。

城市道路的线形设计结果也是通过路线平面图、纵断面图和横断面图表达的,其图示方法与公路路线工程图相同,但城市道路交通性质和组成部分比较复杂,这主要体现在横断面图上。

1. 平面图

城市道路平面图与公路路线平面图表达方法相同,用来表示路线的走向、平面线形和车行道布置以及沿线两侧一定范围内的地形和地物情况。

1)地形地物部分

(1)走向。走向采用指北针或测量坐标网表示。

(2)地形。城市道路所在地的地势一般比较平坦,地形除用等高线表示外,还可用地形点来表示地面起伏状况。

(3)地物图例。采用道路工程常用地物图例表示,可查表 2-1-1-1。

图 2-1-1-10 所示为城市道路交叉口情况。

图 2-1-1-10 城市道路交叉口示意图

2)路线部分

城市道路平面图一般采用较大比例绘制,因此,道路宽度方向可按比例画出,路线的中线采用细点划线绘制,而道路的边线、车行道与人行道宽度线、中央分隔带宽度线、绿化带宽度线等采用粗实线绘制。

2. 纵断面图

城市道路纵断面图图示形成过程与公路相同,亦为纵向展开断面图,内容亦包括图样和资料表两部分。

1)图样部分

城市道路纵断面图中,道路的边线采用粗实线绘制,道路中心设计线和地面线采用细实线绘制。水平方向和垂直方向比例选取通常也相差 10 倍。

2)资料表部分

资料表中除设计中心线的纵坡之外,还包括边沟的坡度、坡长及高程,表达方式与公路路线纵断面图基本相同。

3. 横断面图

城市道路横断面图是通过道路中心线法线方向的断面图。城市道路横断面图一般由车行道、人行道、绿化带和分隔带等部分组成。城市道路横断面图布置的基本形式如图 2-1-1-11 所示。

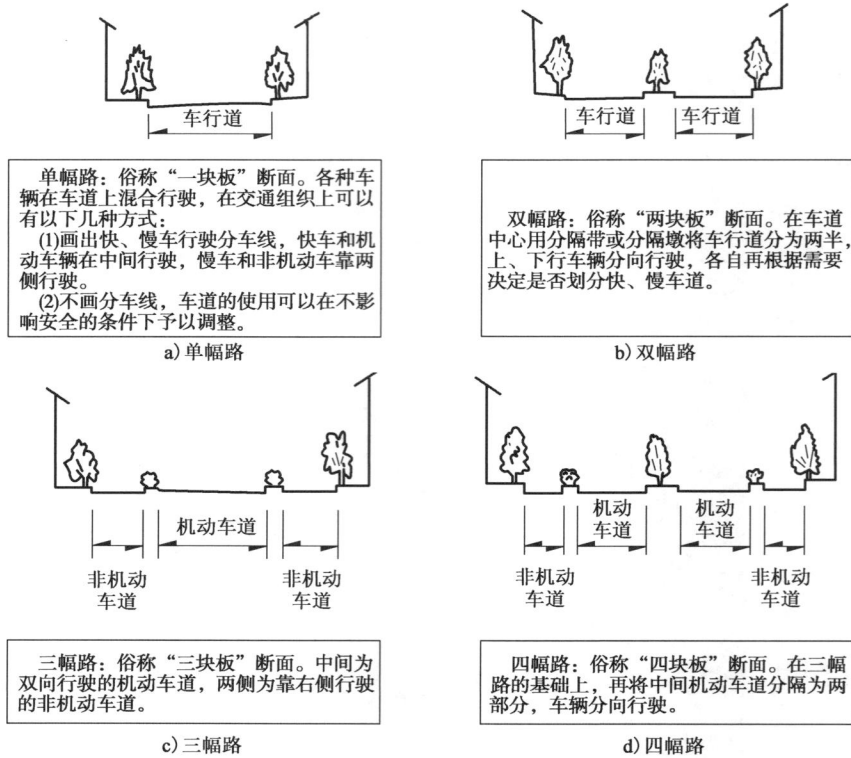

单幅路：俗称"一块板"断面。各种车辆在车道上混合行驶，在交通组织上可以有以下几种方式：
(1)画出快、慢车行驶分车线，快车和机动车辆在中间行驶，慢车和非机动车靠两侧行驶。
(2)不画分车线，车道的使用可以在不影响安全的条件下予以调整。

a) 单幅路

双幅路：俗称"两块板"断面。在车道中心用分隔带或分隔墩将车行道分为两半，上、下行车辆分向行驶，各自再根据需要决定是否划分快、慢车道。

b) 双幅路

三幅路：俗称"三块板"断面。中间为双向行驶的机动车道，两侧为靠右侧行驶的非机动车道。

c) 三幅路

四幅路：俗称"四块板"断面。在三幅路的基础上，再将中间机动车道分隔为两部分，车辆分向行驶。

d) 四幅路

图 2-1-1-11　城市道路横断面图布置的基本形式

夯基强技

"夯基强技"内容见超星学习通平台。

学习评价与分析

评价项目	评价标准	参考分值(分)	得分(分)
识读公路路线平面图	识读准确性与熟练程度	25	
识读公路路线纵断面图	识读准确性与熟练程度	25	
识读公路路线横断面图	识读准确性与熟练程度	25	
拓展:识读城市道路路线工程图	识读准确性与熟练程度	25	
小组之间互相评价(50%)	课前预习 课中学习 (60分)	1.课前预习，找出难点:10分 2.课中完成课堂任务(评价项目):40分 3.学习态度、职业素质(严谨细致)考核:10分	
	课后作业 (20分)	1.规定时间内完成该学习任务平台上夯基强技内容 2.找出易错题、难题	
	小组代表展示 (20分)	1.对出错多的题目或者难题进行讲解 2.总结各个题目考查的知识点	

续上表

教师评价(50%)	1.时间观念(考勤):10 分 2.学习态度(评价项目):80 分 3.表达能力:10 分
课后学习总结	
学习收获	
不足之处	

项目二

识读桥梁、涵洞工程图

学习任务一　　识读桥梁工程图

◎ 知识目标与能力目标

学习桥位平面图、桥位地质断面图的作用,以及桥梁总体布置图、构件图的图示方法。

通过学习,学生应具备以下能力:

1. 能识读桥位平面图和桥位地质断面图。

2. 能识读桥梁总体布置图和构件图。

☑ 学习任务描述与分析

桥梁工程的图样一般可分为桥位平面图、桥位地质断面图、桥梁总体布置图、构件图、详图等。

在教师指导下,根据图 2-2-1-1 ~ 图 2-2-1-4,识读某桥梁的工程图。

▤ 学习任务实施

明确任务: 根据某桥梁的图纸,进行桥位平面图、桥位地质断面图、桥梁总体布置图、构件图的识读。

💡 引导问题 1　　如何识读桥位平面图、桥位地质断面图与桥梁总体布置图?

思考:分小组阅读桥梁工程图(图 2-2-1-1、图 2-2-1-5、图 2-2-1-6)回答下列问题。

(1)此桥梁的桥位平面图情况如何?

(2)此桥梁的桥位地质情况如何?

(3)此桥梁总体情况如何? 起始点桩号、中心线的里程桩号、桥梁总长、桥面宽度、行车道宽度、人行道宽度、桥型情况等如何?

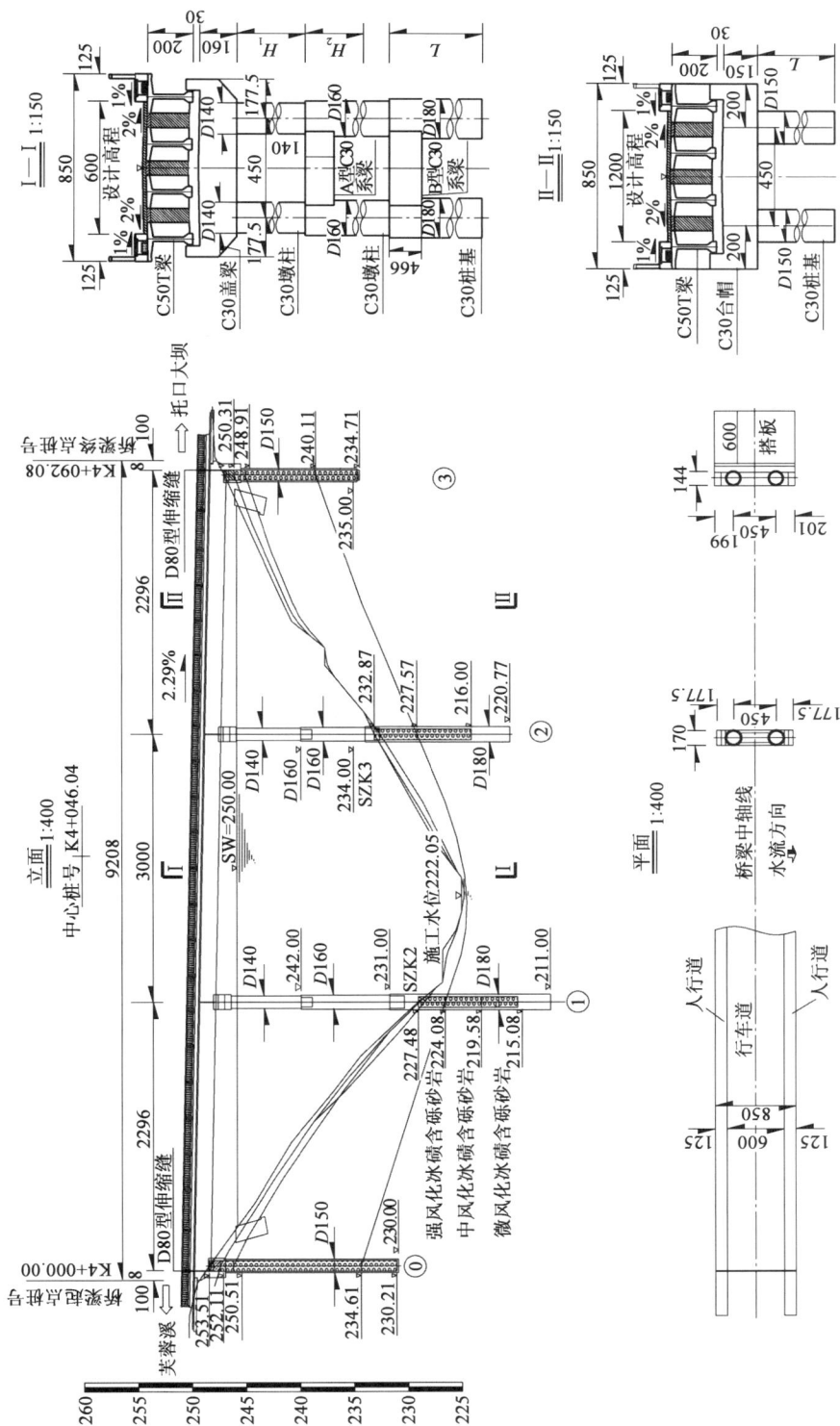

图 2-2-1-1 桥梁总体布置示意图（尺寸单位：cm；高程单位：m）

图 2-2-1-2
a) 立面图、平面图

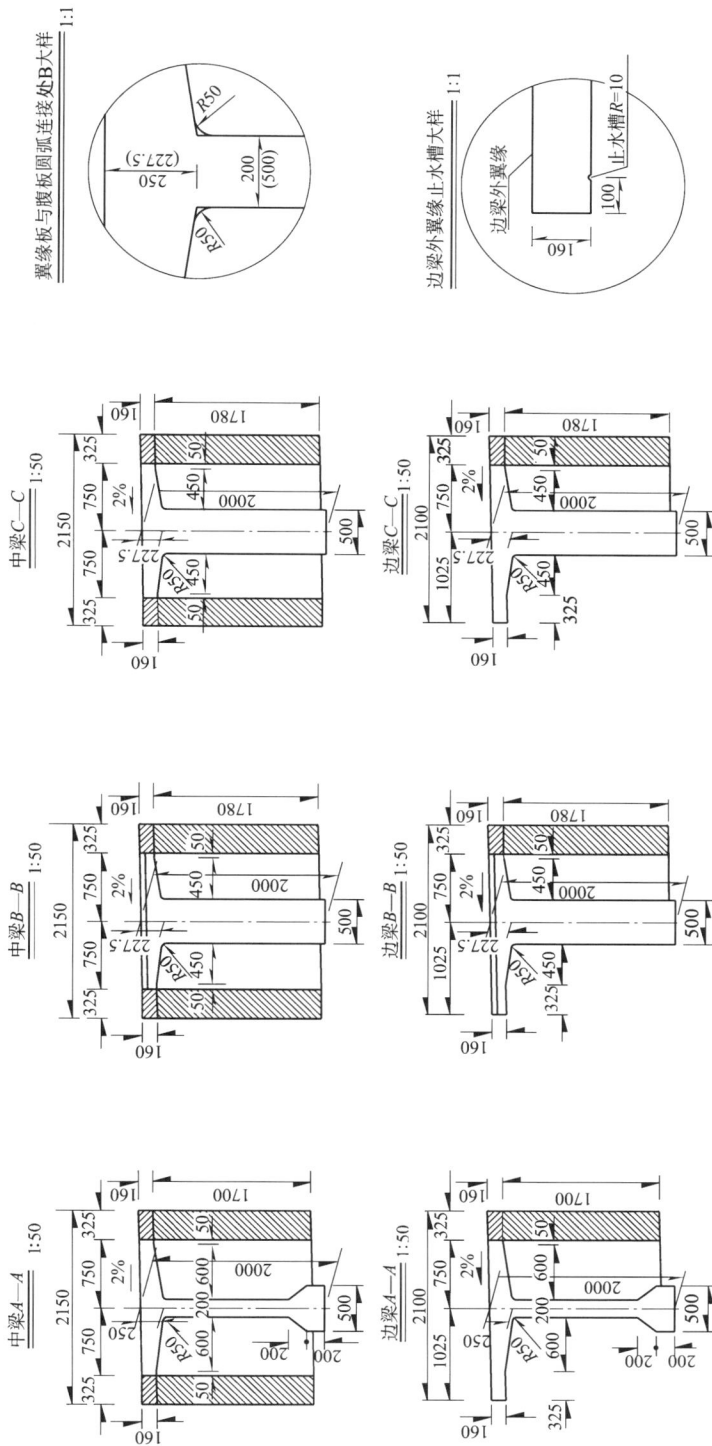

b) 断面图

图 2-2-1-2 T 梁一般构造图

注：1. 本图尺寸均以 mm 为单位。
2. 预制边、主梁注意其内、外主、边梁的横坡方向。
3. 主梁采用预制 T 形断面，横隔板也采用部分预制，安装就位后浇筑横隔板接缝、纵向湿接缝及桥面现浇层，使其连成整体。
4. 主梁横隔板底面与翼板顶面平行。
5. 图中阴影部分表示现浇部分。
6. 本图适用于设 D80 型伸缩缝端孔及桥面连续中孔。

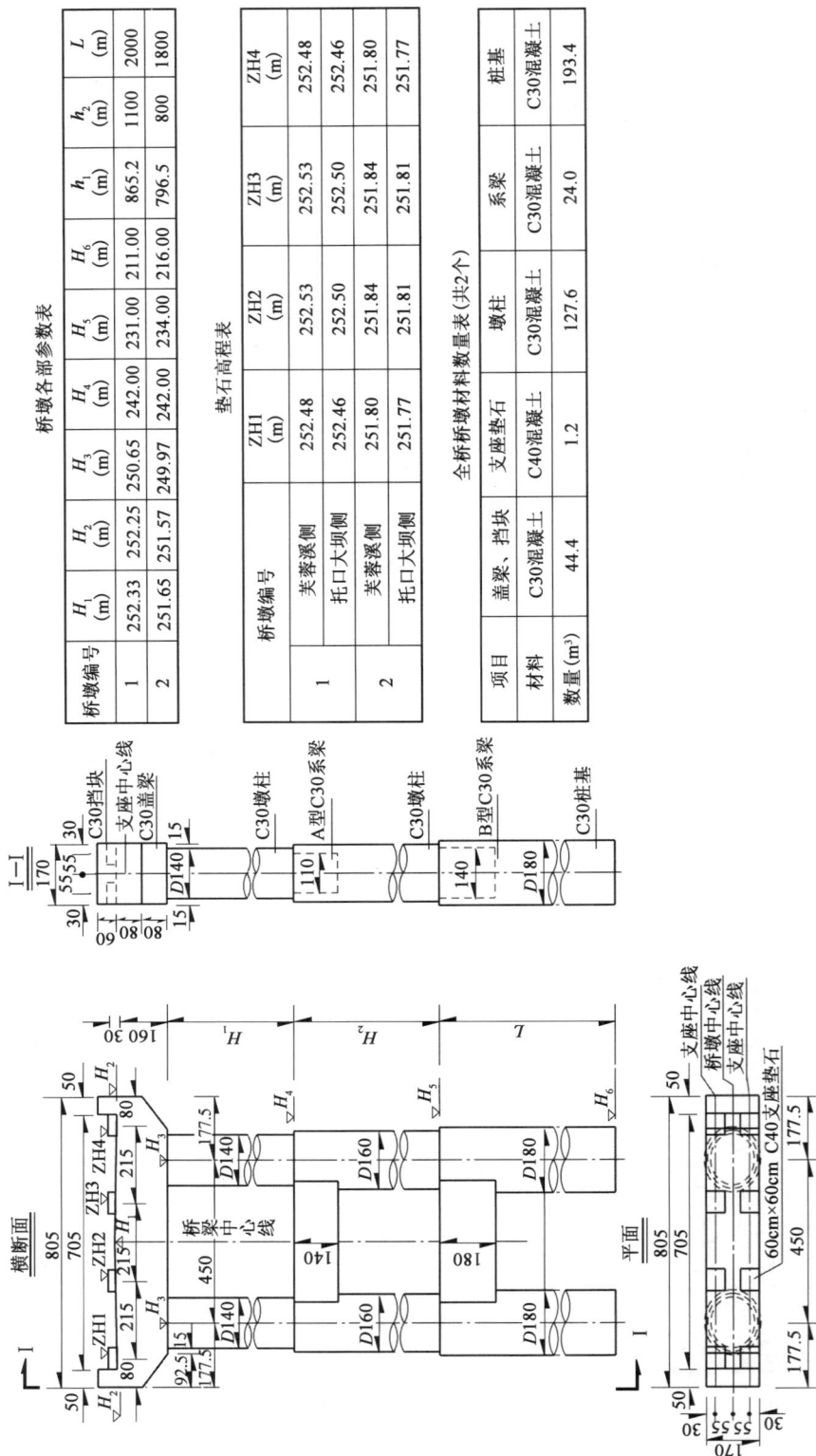

桥墩各部参数表

桥墩编号	H_1(m)	H_2(m)	H_3(m)	H_4(m)	H_5(m)	H_6(m)	h_1(m)	h_2(m)	L(m)
1	252.33	252.25	250.65	242.00	231.00	211.00	865.2	1100	2000
2	251.65	251.57	249.97	242.00	234.00	216.00	796.5	800	1800

垫石高程表

桥墩编号		ZH1(m)	ZH2(m)	ZH3(m)	ZH4(m)
1	芙蓉溪侧	252.48	252.53	252.53	252.48
	托口大坝侧	252.46	252.50	252.50	252.46
2	芙蓉溪侧	251.80	251.84	251.84	251.80
	托口大坝侧	251.77	251.81	251.81	251.77

全桥墩材料数量表（共2个）

项目	盖梁、挡块	支座垫石	墩柱	系梁	桩基
材料	C30混凝土	C40混凝土	C30混凝土	C30混凝土	C30混凝土
数量(m³)	44.4	1.2	127.6	24.0	193.4

图 2-2-1-3　桥墩一般构造图

注：
1. 本图尺寸除高程以m计外，其余均以cm为单位。
2. 本图适用于1号、2号桥墩。3.1号、2号桥墩均采用GJZ350×400×84型板式橡胶支座，共计16块。4.1号、2号桥墩桩基要求分别嵌入中风化基岩不小于13m、11.5m。桩基施工时，若发现地质情况与所采用地质报告不符，应及时与建设单位及设计院沟通并调整。监理单位，应及时与建设单位及设计院沟通并调整。

侧面 1:80

立面 1:80

平面 1:80

全桥桥台材料数量表

项目	台帽 挡块 (m³)	垫石 (m³)	背墙 (m³)	搭板 (m³)	桩基 (m³)	挡土墙 (m³)
材料	C30	C40	C30	C30	C30	M7.5砂浆砌MU30片石挡土墙
数量	58.5	0.6	31.0	34.7	126.6	210

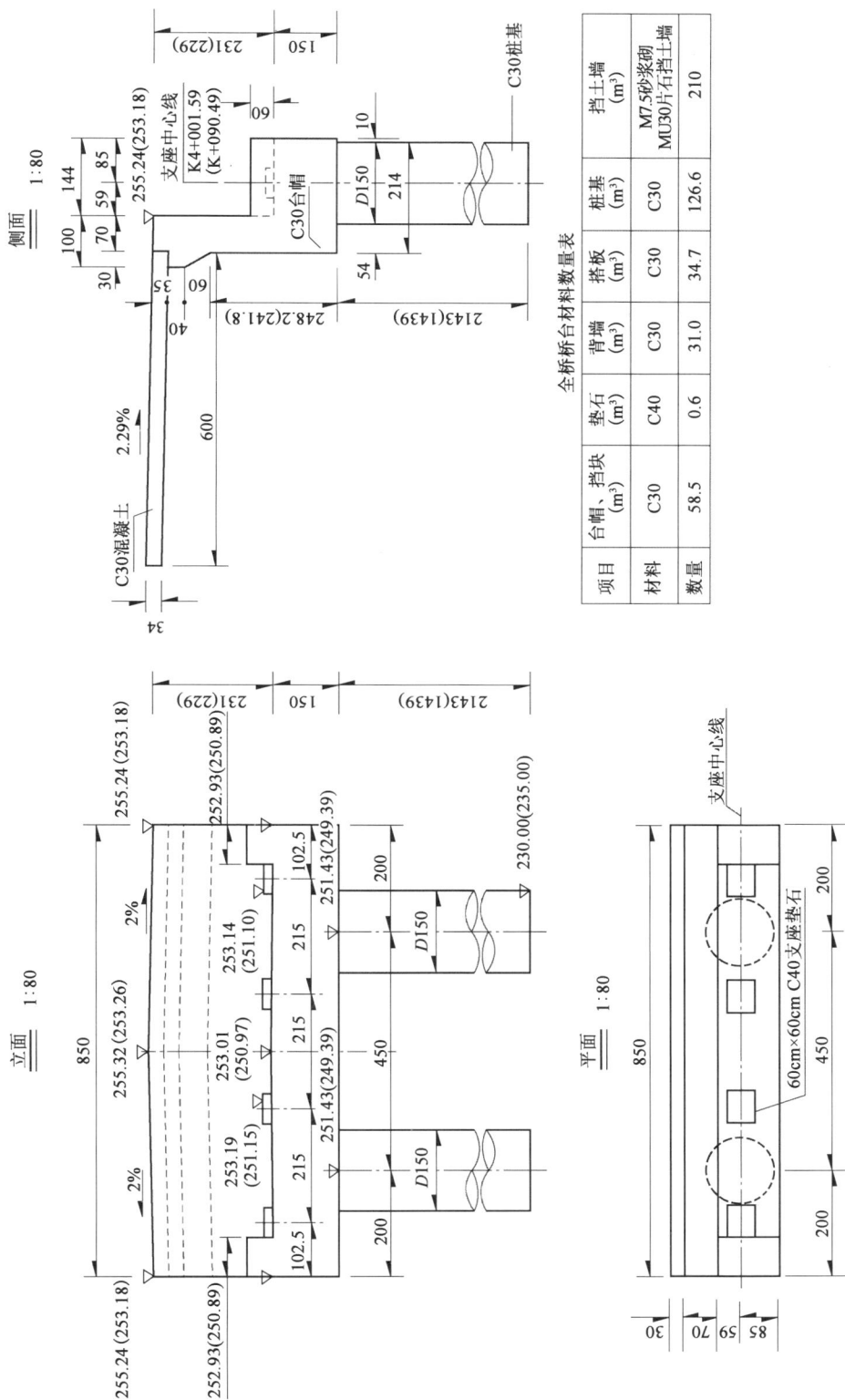

图2-2-1-4 桥台一般构造图

注：1.本图尺寸除高程以m计，其余均以cm计，比例见图。
2.本图适用于0号、3号桥台，3号桥台适用于0号桥台，括号外数据适用于3号桥台。3.0号、3号桥台均采用GJZF₄350×400×86型四氟滑板橡胶支座，共计8块。

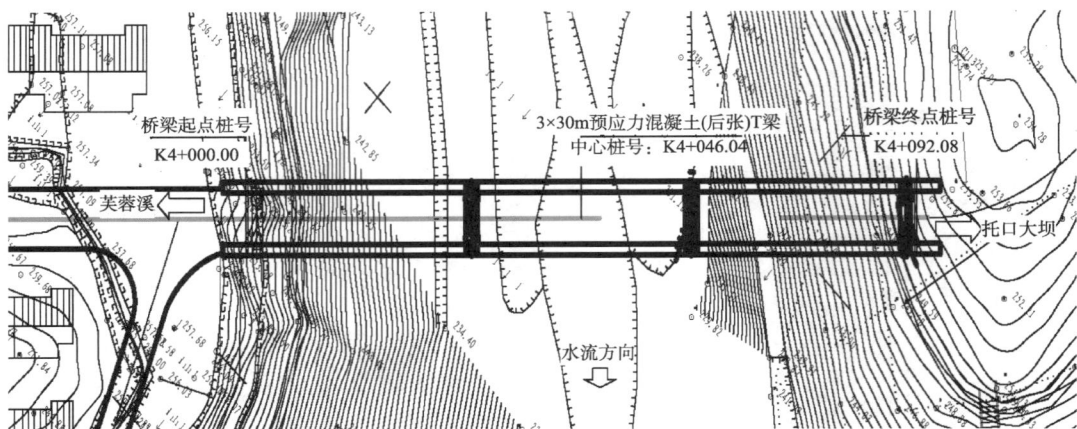

图 2-2-1-5　桥位平面图

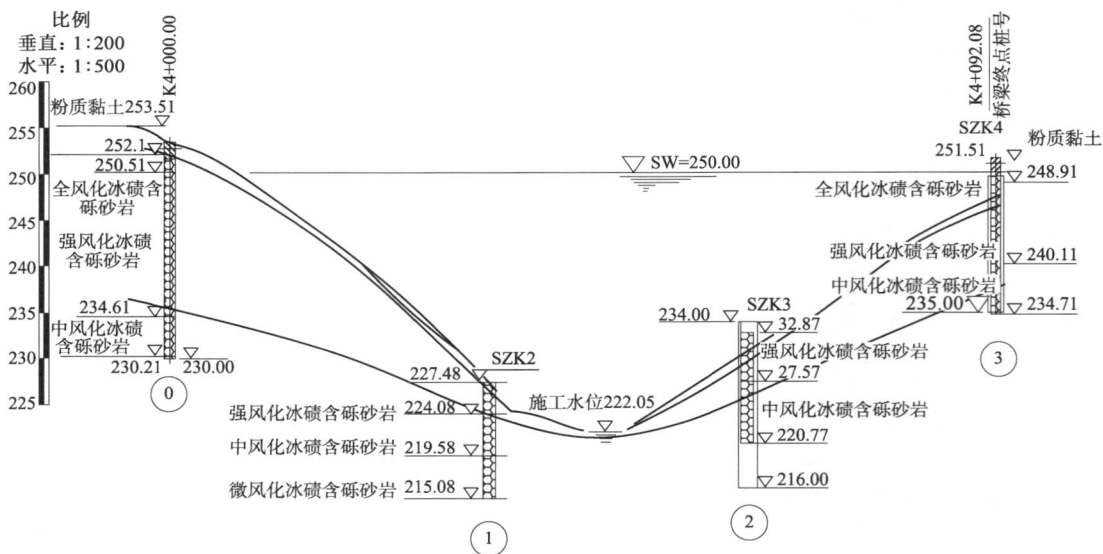

图 2-2-1-6　桥位地质断面图(高程单位:m)

引导问题2　如何识读构件图?

思考:分小组阅读下面构件图,回答下列问题:

(1)此桥梁 T 梁构造情况如何?

(2)此桥梁桥墩构造情况如何?

(3)此桥梁桥台构造情况如何?

相关知识

知识点 1 桥位平面图

桥位平面图主要是表示桥梁所在的位置、与路线的连接情况以及与地形、地物的关系。桥位平面图的画法与路线平面图相同，只是所用的比例较大。通过地形测量绘出桥位处的道路、河流及附近的地形和地物，以便作为桥梁设计、施工定位的依据。桥位平面图除了表示路线平面形状、地形和地物外，还标出里程、水流方向等数据，如图 2-2-1-5 所示。

知识点 2 桥位地质断面图

桥位地质断面图是根据水文调查和地质钻探所得的资料绘制的河床地质断面图，表示桥梁所在位置的地质水文情况，包括河床断面线、最高水位线、常水位线和最低水位线，是桥梁设计的依据。小型桥梁的设计可不绘制桥位地质断面图，但应写出地质情况说明。地质断面图为了显示地质和河床深度变化情况，特意把地形高度（高程）以一较水平方向放大数倍的比例画出。如图 2-2-1-6 所示，竖向比例采用 1:200，水平方向比例采用 1:500。

知识点 3 桥梁总体布置图

1. 总体布置图的用途

桥梁总体布置图是指导桥梁施工的最主要图样，它主要表明桥梁的形式、跨径、孔数、总体尺寸、桥面高程、桥面宽度、各主要构件的相互位置关系，桥梁各部分的高程、材料数量以及总的技术说明等。桥梁总体布置图中还应表明桥位处的地质水文资料和桥面设计高程、地面高程、纵坡、横坡以及里程桩号，作为施工时确定墩台位置、安装构件和控制高程的依据。图 2-2-1-7 所示为桥梁构造立体图。

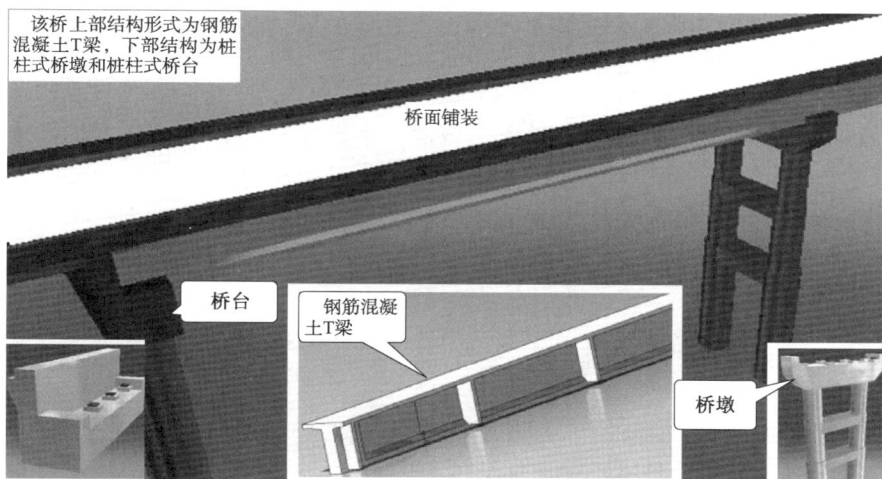

图 2-2-1-7 桥梁构造立体图

2.总体布置图的图示方法

桥梁总体布置图一般由立面图、平面图和剖面图组成。

1)立面图

立面图可以反映出桥梁的大致特征和桥型。若桥梁左右对称,立面图常用半立面图和半纵剖面图合并而成。半立面图表达桥梁主要构件的外部形状,半纵剖面图表达桥梁沿中心线剖开的剖面形状。图 2-2-1-1 所示的桥的立面采用全立面图来表示,主要表达桥梁的总长、各跨跨径、纵向坡度、施工放样和安装所需的桥梁各部分的高程、河床的形状及水位高度,还反映桥位起始点、终点、桥梁中心线的里程桩号及桥梁各方向立面图主要构件,如桥台、桥墩、T 梁、人行道栏杆等的外形视图以及相互位置关系。

从图 2-2-1-1 中可以看出:该立面图绘图比例为 1:400,该桥桥位起始点桩号为 K4+000,终点桩号为 K4+092.08,桥梁中心线的里程桩号为 K4+046.04,全桥为三孔预应力钢筋混凝土 T 梁桥,总长度为 92.08m,跨径为 30m+30m+30m,纵坡坡度为 2.29%。桥中设有两个柱式桥墩,两端为桩柱式桥台,桥台和桥墩均采用桩基础。立面图中还包括了根据水文调查和地质钻探所得的资料绘制的河床断面形状,即桥位地质断面图,注明了桥位所在位置的地质水文情况,包括河床断面线、最高水位(SW 设计水位)、施工水位(最低水位),是桥梁设计的依据。河床断面线以下的结构,如桥台、桩等用虚线绘制。图中还注出了桥梁各重要部位,如桥面、梁底、桥墩、桥台、桩尖等处的控制高程。

2)平面图

桥梁总体布置图中的平面图常采用分层局部剖切的形式绘制。左半平面图是由从上向下投影得到的桥面俯视图,主要画出了车行道、人行道等的位置;右半平面图中,桥墩位置、桥台位置采用剖切画法,即假想把上部结构移去后,画出桥墩和右侧桥台各结构的平面形状和位置。

从图 2-2-1-1 中可以看出该桥为钢筋混凝土 T 梁桥,桥梁总宽度为 8.5m,两侧人行道宽度为 1.25m,行车道宽度为 6m;桥梁中轴线与水流方向成 90°角。

3)剖面图

图 2-2-1-1 中的剖面图由中跨和边跨部分各取一半组成。从图 2-2-1-1 立面图中所示的剖切位置可以看出,Ⅰ—Ⅰ剖面图中表达了桥墩各部分,包括盖梁、立柱、承台、桩基等的投影;Ⅱ—Ⅱ剖面图中表达了桥台各部分,包括盖梁、桩基等的投影。中跨和边跨部分的上部结构相同,桥面总宽度为 850cm,两侧人行道宽度为 125cm,行车道宽度为 600cm,由 4 块 T 梁拼接而成。

知识点 4　桥梁构件图

1.T 梁一般构造图

预应力钢筋混凝土 T 梁是该桥梁上部结构中最主要的受力构件,其两端搁置在桥墩和桥台上。图 2-2-1-2 所示为 30m 跨径 T 梁一般构造图,由立面图、平面图和断面图组成,主要表示 T 梁的形状、构造和尺寸。立面图、平面图采用同一比例,两者符合长对正的投影关系,而断面图则采用较大的比例绘制。整个桥宽由 4 片 T 梁拼成,按不同位置分为两种:中梁(中间共 2 块)、边梁(两边各 1 块)。两种梁的高度相同,均为 200cm。由于两种梁的宽度和构造不同,故分别绘制了中梁和边梁的平面图,中梁宽 215cm,边梁宽 210cm,横向是对称的,所以只画出了顶平面图和底平面图的各一半。此外还分别绘制了两种梁的跨中断面图和支点断面图,可以看出它们不同的断面形状和详细尺寸。另外,图中还画出了一些细部构造的大样图。

2. 桥墩一般构造图

桥墩的作用是支撑上部的桥跨结构。桥墩一般构造图主要表示桥墩各部分的形状和尺寸。图 2-2-1-3 所示的桥墩由横断面图、平面图和Ⅰ—Ⅰ剖面图组成。该桥墩由盖梁、墩柱、系梁和桩基组成。盖梁的全长为 805cm,宽为 170cm,高度在中部为 168cm、在两端为 160cm,设有 2% 的横坡坡度。盖梁的两端各有一个 50cm×170cm×60cm 的抗震挡块,是为防止 T 梁移动而设置的。该桥墩的盖梁下设有两根间距为 450cm、墩柱顶直径为 140cm、墩柱底直径为 160cm 的圆柱形墩柱,其高度见桥墩各部参数表。墩柱两种直径变化处设有 140cm 高、110cm 宽的 A 型系梁。墩柱底设有直径为 180cm 的桩基,桩基顶设有 180cm 高、140cm 宽的 B 型系梁。该桥墩设有 60cm×60cm 的支座垫石。垫石高度是变化的,由立面图中的高程控制。

3. 桥台一般构造图

桥台位于桥梁的两侧,主要支撑上部 T 梁,并承受路堤填土的水平推力。图 2-2-1-4 所示为桥台一般构造图,主要表示桥台各部分的形状和尺寸,通过桥台的立面图、平面图和侧面图来表达。该桥台是由背墙、盖梁和桩基组成的桩柱式桥台。盖梁全长 850cm,宽 214cm,高度在中部为 158cm,两端为 150cm。该桥台设有 2% 的横坡坡度,盖梁两端各有 144cm×60cm 的抗震挡块,是为防止 T 梁移动而设置的。该桥台的基础采用两根间距为 450cm、直径为 150cm 的桩基。该桥台设有 60cm×60cm 的支座垫石。垫石高度是变化的,由立面图中的高程控制。

知识拓展

拓展知识点:桥梁的组成与分类

桥梁是指道路路线在跨越江河、湖泊、山谷和低洼地带及其他地形时,为了保持道路的畅通、水体的流动和船只的通航及其他相关线路运行需求而修筑的结构物,如图 2-2-1-8 所示。

图 2-2-1-8 桥梁示意图

1.桥梁组成

桥梁主要由上部结构(主梁或主拱圈和桥面系)、下部结构(桥墩、桥台、基础)、支座及附属结构(栏杆、灯柱、护岸、导流结构等)四部分组成,如图 2-2-1-9 所示。

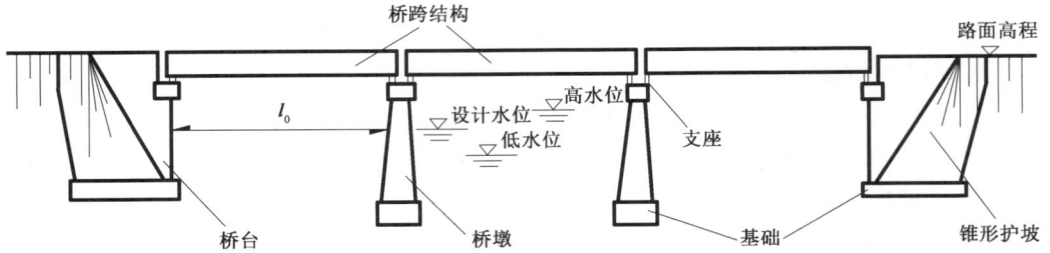

图 2-2-1-9 桥梁示意图

上部结构是在路线跨越地形障碍的主要承载结构,也称为桥跨结构。

桥墩和桥台是支承桥跨结构并将永久荷载和可变荷载等传至基础的建筑物。

支座是设在桥墩(桥台)顶,用于支承上部结构的传力装置。

在路堤与桥台衔接处,一般还在桥台两侧设置石砌的锥形护坡,以保证迎水部分路堤边坡的稳定。

桥梁上部结构概貌如图 2-2-1-10 所示。

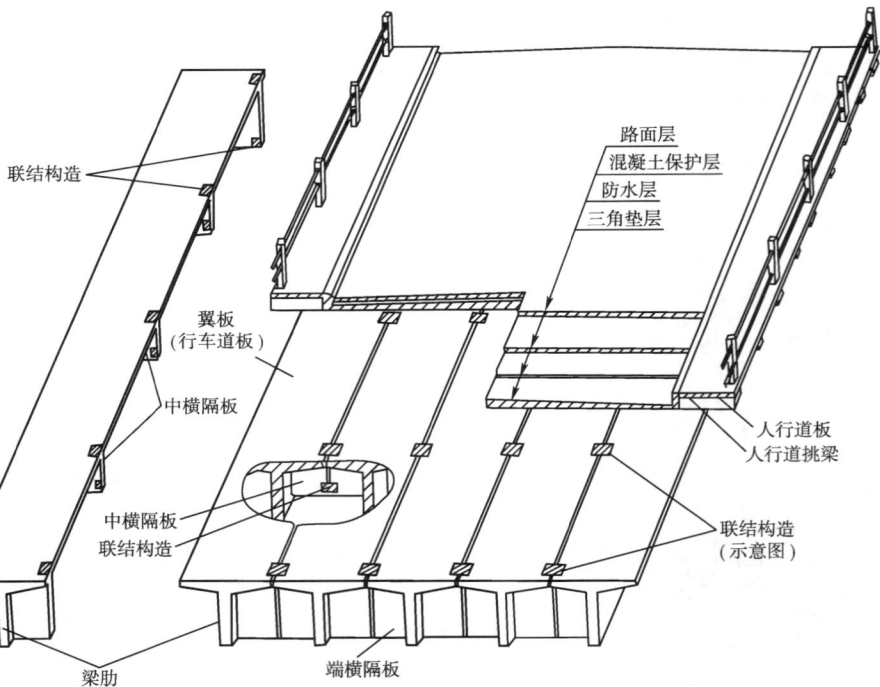

图 2-2-1-10 桥梁上部结构概貌

2.桥梁的分类

桥梁的形式有很多,常见的分类形式有:

(1)按结构形式不同分为梁桥、拱桥、刚架桥、悬索桥、斜拉桥等。

(2)按建筑材料不同分为钢桥、钢筋混凝土桥、石桥、木桥等。

(3)按桥梁全长和跨径不同分为特大桥、大桥、中桥和小桥。

(4)按行车道位置不同分上承式桥、下承式桥和中承式桥。

就桥梁而言,无论它们的形式和建筑材料有何不同,其图示方法都是相同的。

桥梁的设计应遵循安全、适用、经济、美观等方面的要求。一般的(常规的)桥梁设计采用两阶段设计:第一阶段(初步设计)着重解决桥梁设计方案问题;第二阶段(施工图设计)主要是进行详细结构计算,确保各项技术指标满足规范要求,绘制施工详图等。

夯基强技

"夯基强技"内容见超星学习通平台。

学习评价与分析

评 价 项 目	评 价 标 准	参考分值(分)	得分(分)
识读桥位平面图	识读准确性与熟练程度	10	
识读桥位地质断面图	识读准确性与熟练程度	10	
识读桥梁总体布置图	识读准确性与熟练程度	20	
识读桥梁构件图——T梁的一般构造	识读准确性与熟练程度	20	
识读桥梁构件图——桥墩的一般构造	识读准确性与熟练程度	20	
识读桥梁构件图——桥台的一般构造	识读准确性与熟练程度	20	
小组之间互相评价(50%)	课前预习课中学习(60分)	1.课前预习,找出难点:10分 2.课中完成课堂任务(评价项目):40分 3.学习态度、职业素质(严谨细致)考核:10分	
	课后作业(20分)	1.规定时间内完成该学习任务平台上夯基强技内容 2.找出易错题、难题	
	小组代表展示(20分)	1.对出错多的题目或者难题进行讲解 2.总结各个题目考查的知识点	

续上表

教师评价(50%)	1. 时间观念(考勤):10 分 2. 学习态度(评价项目):80 分 3. 表达能力:10 分
课后学习总结	
学习收获	
不足之处	

学习任务二　识读钢筋混凝土结构物的配筋图

◎ 知识目标与能力目标

学习钢筋结构图的图示特点、钢筋的编号和尺寸标注。

通过学习,学生应具备以下能力:

1. 能识读钢筋混凝土结构物的钢筋布置图。
2. 能进行钢筋混凝土结构物钢筋工程量的计算。

☑ 学习任务描述与分析

混凝土是由水泥、砂、石子和水按一定的比例拌和硬化而成的一种人造石料。混凝土的抗压强度较高,抗拉强度较低,容易因受拉力而断裂。而钢筋的抗拉、抗压能力都比较强,为了提高混凝土构件的抗拉能力,常在混凝土构件的受拉区内加入一定数量的钢筋,使其承受拉力,使混凝土只需承受压力,这样可提高构件的承载能力,从而减小构件的截面尺寸。

钢筋混凝土结构是由钢筋和混凝土两种物理力学性能不同的材料结合成的整体,共同承受外力的结构物,如钢筋混凝土梁、柱等。

表达钢筋混凝土结构的图样称为钢筋混凝土结构图。其中,钢筋结构图用来表示构件中钢筋的布置情况,包括钢筋布置图、钢筋编号、尺寸、规格、根数、钢筋成型图和钢筋数量表及技术说明,是钢筋断料、加工、绑扎、焊接和检验的重要依据。

在教师指导下,识读 T 梁梁肋钢筋布置图(图 2-2-2-1)与桥墩盖梁钢筋构造图(图 2-2-2-2),掌握如何进行钢筋的识读。

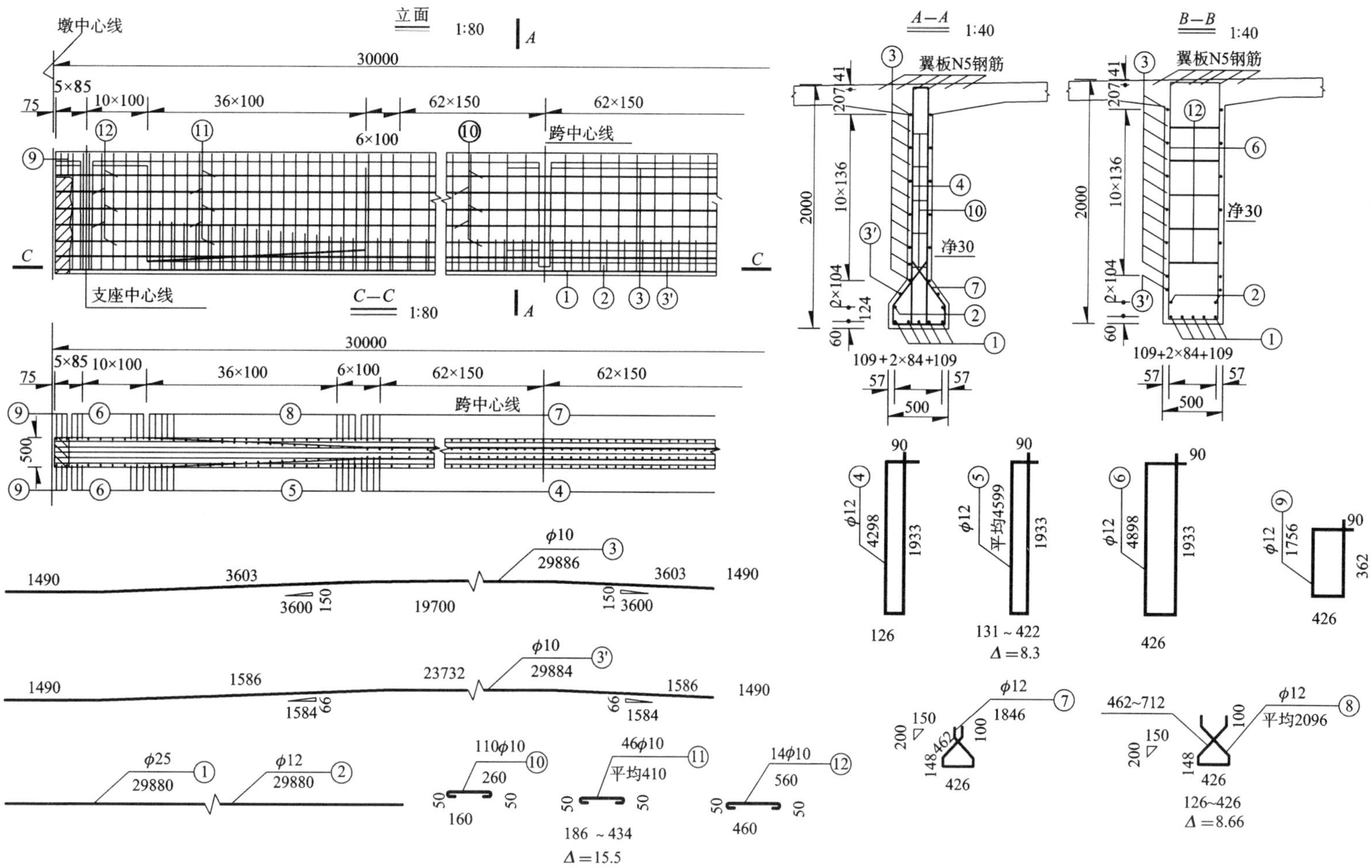

图 2-2-2-1　T梁梁肋钢筋布置图

注：1. 图中尺寸以毫米计。
2. 梁肋钢筋若与钢束位置相干扰时，可适当移动梁肋钢筋。

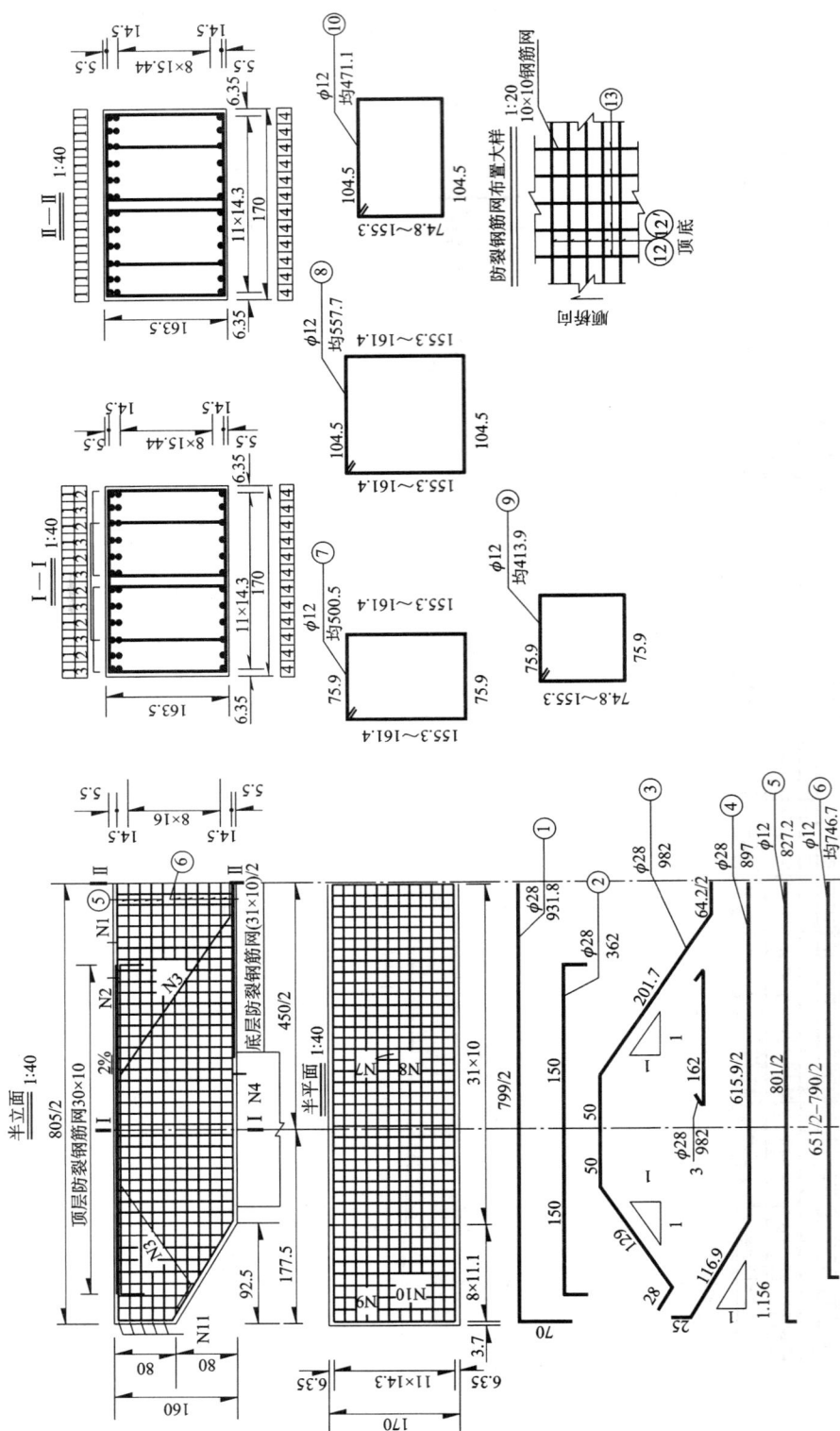

图 2-2-2-2 桥墩盖梁钢筋构造图

注：1.图中尺寸除钢筋直径以毫米计，其余均以厘米为单位。
2.防震挡块防震挡块构造未示，详见桥墩防震挡块钢筋构造。
3.盖梁钢筋与施工柱，防震挡块钢筋发生干扰时，可适当挪动其中一种。
4.N11号钢筋应勾住在最外层钢筋的外侧。
5.底层防裂钢筋网在盖梁中心线布置，顶层防裂钢筋网对称于盖梁墩柱中心线布置；防裂钢筋网紧靠箍筋布置，N13布置在外侧。
6.箍筋末端做成135°弯钩，紧邻末端尺寸已计入弯钩长。
7.图中绘制一半盖梁，另一半盖梁横坡与之相反，详见桥墩一般构造图。

学习任务实施

明确任务：在教师指导下，识读 T 梁梁肋钢筋布置图与桥墩盖梁钢筋构造图。

引导问题1　钢筋混凝土结构图的内容？

思考：分小组阅读钢筋结构图（图 2-2-2-1、图 2-2-2-2），回答下列问题。

（1）钢筋结构图的图示特点是什么？

（2）如何进行钢筋编号与尺寸标注？

（3）钢筋结构图的图示内容有哪些？

引导问题2　如何识读 T 梁梁肋、桥墩盖梁钢筋构造图？

思考：分小组阅读钢筋结构图（图 2-2-2-1、图 2-2-2-2），回答下列问题。

（1）如何识读 T 梁梁肋钢筋结构图中各钢筋？

（2）如何进行桥墩盖梁钢筋的识读？

相关知识

知识点 1　钢筋混凝土结构图的内容

钢筋混凝土结构图包括两类图样：一类称为构件构造图（或模板图），即对于钢筋混凝土结构，只画出构件的形状和大小，不表示内部钢筋的布置情况；另一类称为钢筋结构图（或钢筋构造图或钢筋布置图），即主要表示构件内部钢筋的布置情况。

1. 钢筋结构图的图示特点

（1）为了突出结构物中钢筋配置情况，把混凝土假设为透明体，用细实线绘制图中构件的外形轮廓，用粗实线绘制钢筋纵向结构，钢筋的断面用黑圆点表示。

（2）当钢筋间距和净距太小，难以按比例画出时，钢筋的间隙允许夸大绘制。若钢筋并在一起，画图时应留有空隙，以免线条重叠。

（3）钢筋结构图不一定需要绘制全部三个投影图，而是根据需要来决定。例如画钢筋混凝土梁的钢筋图，一般不画平面图，只用立面图和断面图来表示。

（4）在道路工程图中，钢筋直径的尺寸单位采用毫米（mm），其余尺寸单位均采用厘米（cm），图中无须注出单位。

（5）钢筋布置图应置于一般构造图之后，当结构外形简单时，两者可绘于同一视图中。

在一般构造图中，外形轮廓线应以 0.35mm 的粗实线表示，钢筋构造图中的轮廓线应以细实线表示，钢筋应以粗实线（0.35mm）的单线条或者实心黑圆点表示，其他线条以细实线（0.18mm）表示。

2. 钢筋的编号和尺寸标注

在钢筋结构图中,对各种钢筋应标注数量、直径、长度、间距、编号,编号用阿拉伯数字表示。钢筋编号宜先编主、次部位的主筋,后编主、次部位的构造筋。

钢筋编号的格式应符合下列规定:

(1)编号 N 标注在引出线右侧的细实线圆圈内,圆圈的直径为 4~8mm,一般采用下列格式进行标注。

$$\frac{n\phi d}{l}(N)$$

其中:n——钢筋根数;

ϕ——钢筋牌号;

d——钢筋直径的数值,mm;

l——钢筋总长度的数值,cm。

例如" $\frac{14\phi10}{l=560}$ "②,其中"②"表示 2 号钢筋,"14ϕ10"表示直径为 10mm 的 HPB235 钢筋共 14 根,"l=560"表示每根钢筋的设计长度为 560cm。即表示直径为 10mm 的 HPB235 钢筋共 14 根,每根钢筋的设计长度为 560cm。

(2)在钢筋断面图中,编号可标注在对应的方格内。

(3)钢筋的编号和根数也可采用简略形式标注,根数注在"N"之前,编号注在"N"之后。图 2-2-2-3 中的"20N24"表示编号 24 的钢筋有 20 根。

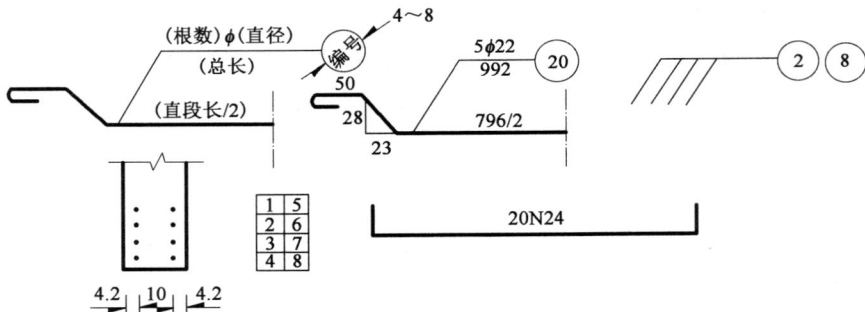

图 2-2-2-3 钢筋编号的标注(详见桥墩盖梁配筋图)(直径单位:mm;长度单位:cm)

3. 钢筋结构图的图示内容

1)配筋图

配筋图(布置图)主要是表明各钢筋的配置情况,是绑扎或者焊接钢筋骨架的依据。应根据结构的特点选用相应的基本投影:对于钢筋混凝土梁等长条结构,常采用一个立面图和几个断面图;对于钢筋混凝土板,则采用一个平面图或者一个平面图和一个立面图。图 2-2-2-4 为某桥墩盖梁钢筋布置图。

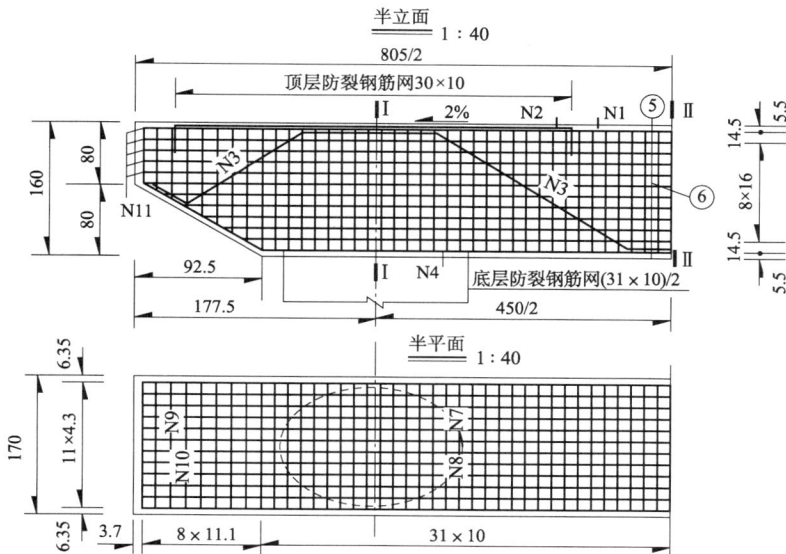

图 2-2-2-4　盖梁钢筋布置图(尺寸单位:cm)

2)钢筋成型图

钢筋成型图(钢筋详图)是表示每根钢筋形状和尺寸的图样,是钢筋加工成型的依据。在画钢筋成型图时,主要钢筋应尽可能与配筋图中同类型的钢筋保持对齐关系。图 2-2-2-5 为某桥墩盖梁钢筋成型图。

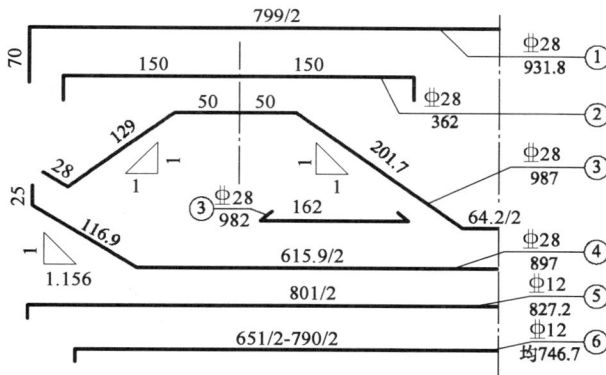

图 2-2-2-5　盖梁钢筋成型图(直径单位:mm;长度单位:cm)

当钢筋加工形状简单时,也可把钢筋大样图绘制在钢筋数量明细表内。

3)钢筋结构图中的尺寸标注

(1)配筋图中钢筋尺寸标注。在配筋图中,一般标注构件的外形尺寸和定位尺寸及钢筋编号。在断面图中除标注断面形状尺寸外,还应注明钢筋定位尺寸,尺寸界线通过钢筋断面中心。对于按一定规律排列的钢筋,定位尺寸一般只画出两三个。

(2)钢筋成型图中钢筋尺寸标注。在钢筋成型图上,应逐段标出长度,对于直线段,尺寸数字可直接写在各段钢筋的侧面,弯起钢筋的斜度利用直角三角形标出。在成型图编号的引出线上还应标注钢筋直径、根数和设计长度。如图 2-2-2-5 所示,5 号钢筋为 1 根 ϕ12 钢筋,设计长度为 827.2cm。

4)钢筋数量表(钢筋明细表)

在钢筋结构图中,一般还附有钢筋数量表,内容包括钢筋的编号、直径、每根长度、根数、总长、每米质量及总质量等。必要时可在表中加画钢筋略图,见表 2-2-2-1。

钢筋混凝土梁钢筋数量表

表 2-2-2-1

编号	型号和直径(mm)	每根长度(m)	根数	总长(m)	每米质量(kg/m)	总质量(kg)
1	ϕ22	528	1	5.28	2.984	15.76
2	ϕ22	708	2	14.16	2.984	42.25
3	ϕ22	892	2	17.84	2.984	53.23
4	ϕ22	881	3	26.43	2.984	78.87
5	ϕ12	745	2	14.90	0.888	13.23
6	ϕ6	198	24	47.52	0.222	10.55
总计						213.89
绑扎用铅丝(0.5%计)						1.07

知识点 2 T 梁梁肋、桥墩盖梁钢筋构造图

T 梁梁肋钢筋构造图主要表达 T 梁梁肋钢筋的布置情况,并统计一片主梁梁肋所用普通钢筋的数量。如图 2-2-2-6 所示,N1 为主筋,共 5 根,纵向水平布置,距离梁底 60mm 处布置了 1 排,1 排的间距为 109 + 84 + 84 + 109(mm);N2 为马蹄底部第二排钢筋,共 2 根,纵向水平布置,距离梁底 184mm 处布置,距离梁两侧边缘为 57mm;N3 为分布钢筋,共 22 根,纵向水平布置,距离梁两侧 57mm 处各布置了 1 排,每排 11 根,1 排内每根钢筋的间距为 136mm;N3′为分布钢筋,共 2 根,纵向水平布置,距离梁底 288mm、距离梁两侧 57mm 处各布置了 1 根钢筋;N4、N7 为跨中区段箍筋,分别为 137 根,在跨中两边 9900mm 的范围内横向布置,在跨中两边 9300mm 的范围内钢筋间距为 150mm,在跨中两边 9300 ~ 9900mm 的范围内钢筋间距为 100mm;N5、N8 为梁肋加宽段箍筋,间距为 100mm;N6 为梁端箍筋,间距为 100mm;N9 为翼缘部位箍筋,间距 85mm;N10、N11、N12 为构造钢筋。

如图 2-2-2-7 所示,桥墩盖梁钢筋构造图主要表达桥墩盖梁钢筋的布置情况,并统计了一个盖梁所用普通钢筋的数量。N1、N2、N3、N4 为主筋,布置在梁的顶部和底部;N7、N8、N9、N10 为箍筋;N5、N6 为分布钢筋。由图可知,盖梁高为 1.6m,宽为 8.05m,厚为 1.7m。

N9箍筋

翼板N5钢筋

翼板钢筋成型图见翼板详图

N3为梁肋分布钢筋，共22根，纵向水平布置

N2为马蹄底部第二排主筋，共2根，纵向水平布置

N1为主筋，共5根，纵向水平布置

N3'为马蹄底部钢筋，共2根，纵向水平布置

N1主筋

N4、N5、N6、N7、N8、N9为不同部位横向布置的箍筋。N4、N7为跨中区段箍筋，间距为150mm和100mm；N8为梁肋加宽段箍筋，间距为100mm；N7、N8箍筋位于马鞍部位，N6为梁端箍筋，间距100mm；N9为翼板部位箍筋，间距85mm；N10、N11、N12为不同部位的构造钢筋；N5为顶部翼板钢筋，见翼板详图

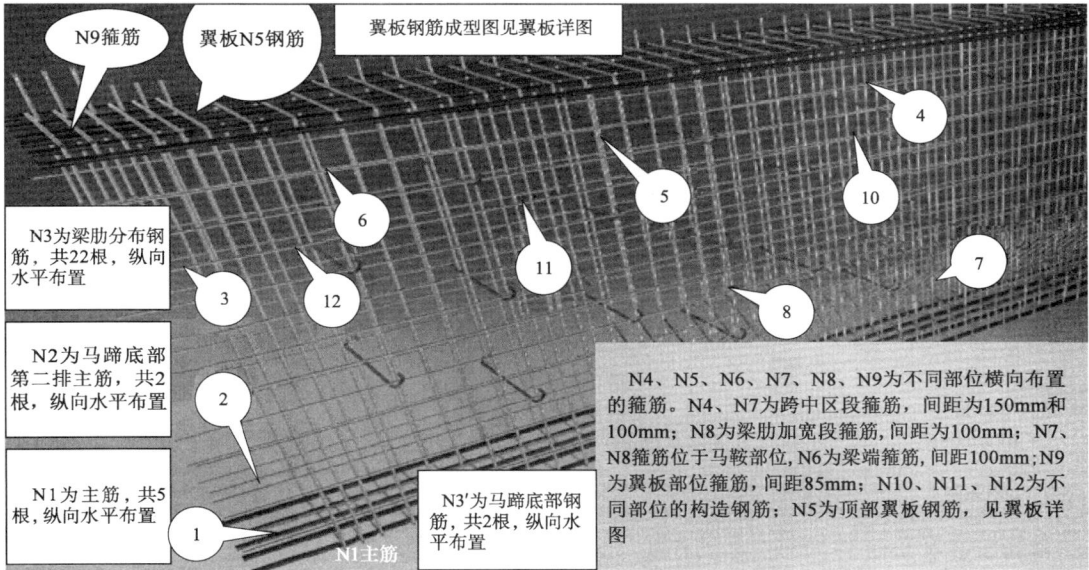

图 2-2-2-6　T梁梁肋钢筋构造图模型图

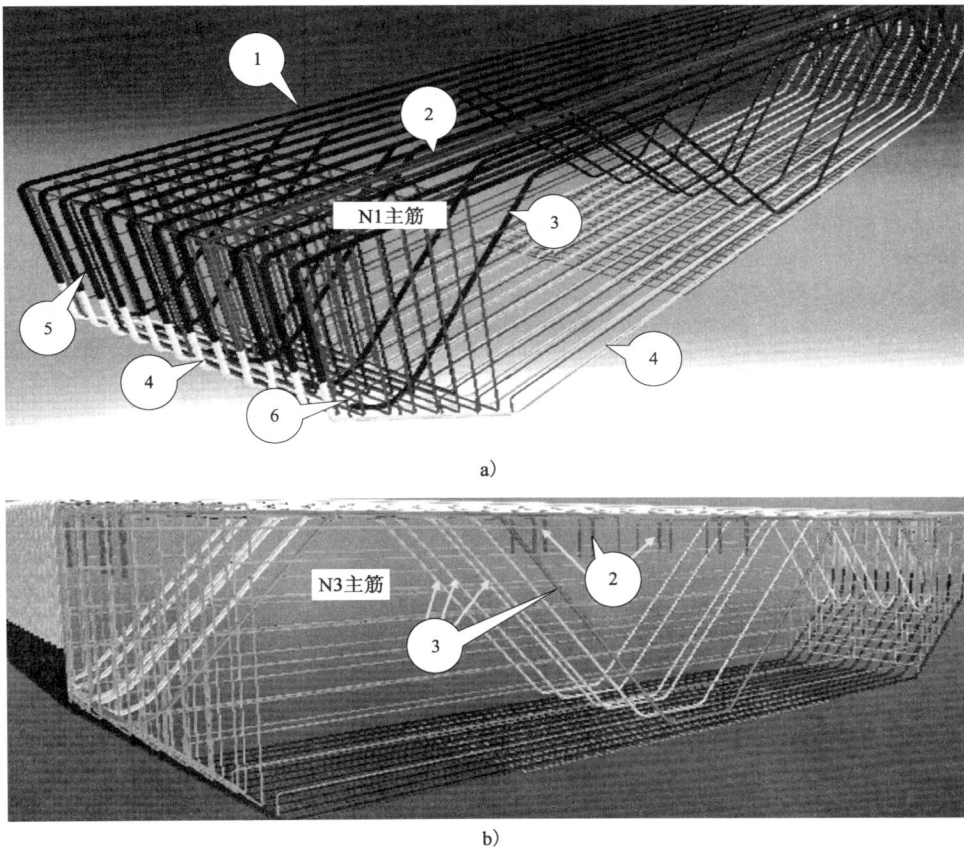

N1主筋

a)

N3主筋

b)

图 2-2-2-7　桥墩盖梁钢筋构造图

知识点 3 钢筋混凝土结构的基本知识

1. 钢筋的种类与符号

现行《钢筋混凝土用钢》(GB/T 1499)中,常根据屈服强度特征值和品种不同对钢筋分类,牌号及符号详见表2-2-2-2。

常用钢筋种类及符号　　　　　　　　表2-2-2-2

钢 筋 种 类	公称直径 d(mm)	符号	钢 筋 种 类		公称直径 d(mm)	符号
HPB300	6 ~ 22	ϕ	钢绞线	1 × 7	9.5、12.7、15.2、17.8	ϕ^S
					21.6	
HRB400 HRBF400 RRB400	6 ~ 50	$\underline{\phi}$ $\underline{\phi}^F$ $\underline{\phi}^R$	消除应力 钢丝	光面 螺旋肋	5	ϕ^P ϕ^H
					7	
					9	
HRB500	6 ~ 50	$\underline{\underline{\phi}}$	预应力螺纹钢筋		18、25、32、40、50	ϕ^T

钢筋按其在整个构件中所起的作用不同,可分为下列几种:

(1)受力钢筋(主筋)——用来承受拉力或压力,用于梁、板、柱等各种钢筋混凝土构件。

(2)箍筋(钢箍)——用以固定受力钢筋位置,并承受一部分剪力或扭力。

(3)架立钢筋——一般用于钢筋混凝土梁中,用来固定箍筋的位置,并与梁内的受力筋、箍筋一起构成钢筋骨架。

(4)分布钢筋——一般用于钢筋混凝土板或高梁结构中,用以固定受力钢筋位置,使荷载更好地分布给受力钢筋,并防止混凝土收缩和温度变化导致的裂缝出现。

(5)构造筋——因构件的构造要求和施工安装需要配置的钢筋,如腰筋、预埋锚固筋、吊环等。

配筋示意如图2-2-2-8 ~ 图2-2-2-10所示。

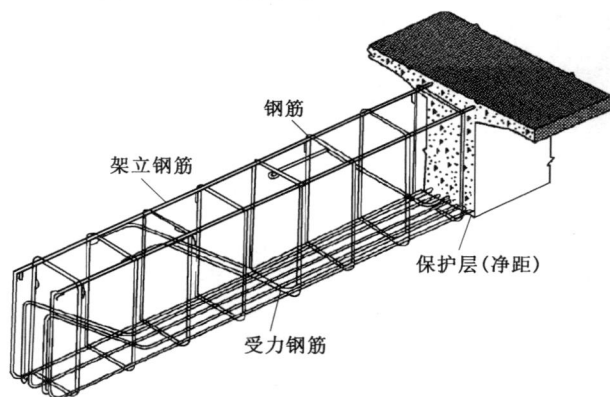

图 2-2-2-8　钢筋混凝土梁配筋示意图

2. 钢筋的弯钩和弯起

对于光圆外形的受力钢筋,为了增加它与混凝土的黏结力,一般将钢筋的端部做成弯钩,弯钩的形式有半圆、直弯钩和斜弯钩3种,如图2-2-2-11所示。计算加工时,钢筋的实际长度要比端点长出 6.25d、4.9d 或 3.5d,这段长度即为钢筋弯钩的增长值,这时钢筋的长度要计算其弯钩的增长值。

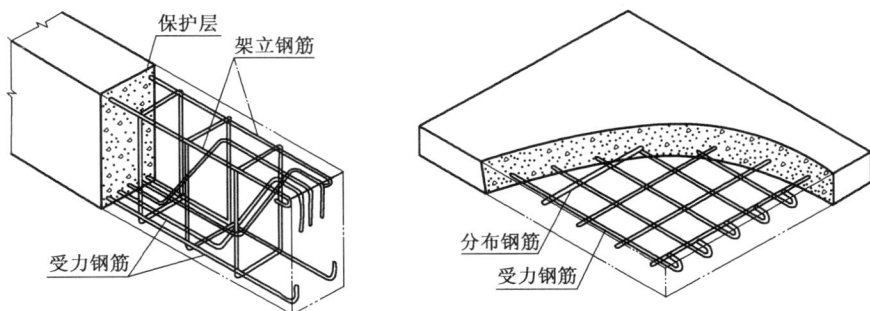

图 2-2-2-9　钢筋混凝土梁、板配筋示意图

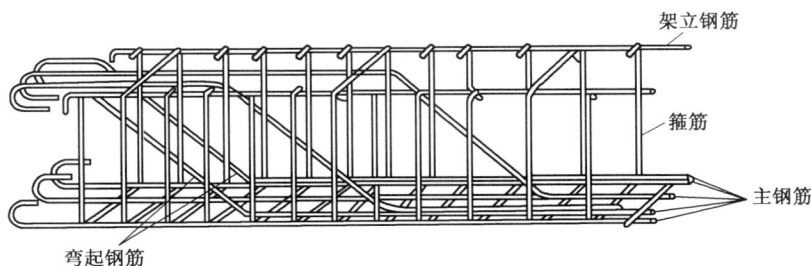

图 2-2-2-10　钢筋的弯钩和弯起

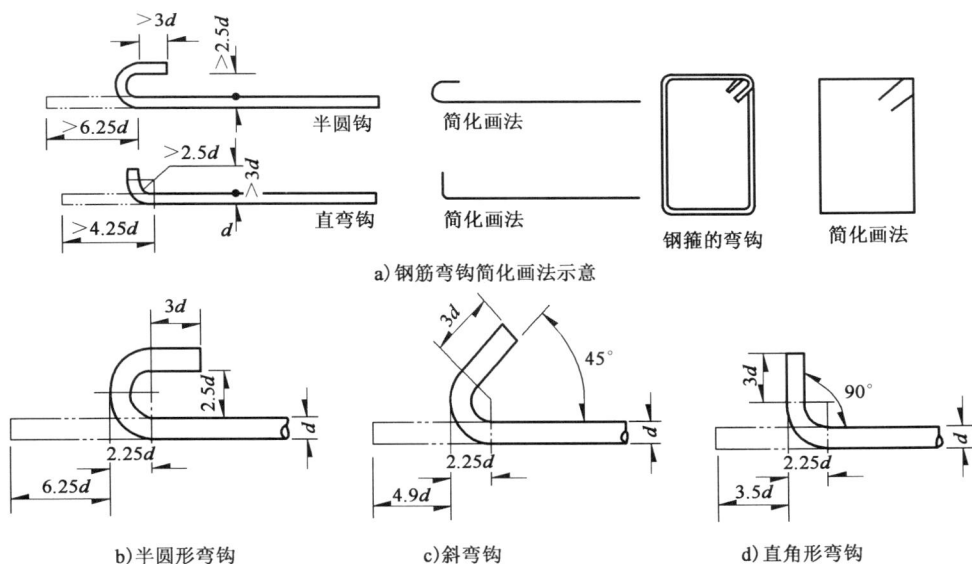

a) 钢筋弯钩简化画法示意

b) 半圆形弯钩　　　c) 斜弯钩　　　d) 直角形弯钩

图 2-2-2-11　钢筋的弯钩

钢筋的弯起:受力钢筋中有一部分需要在梁内向上弯起,这时弧长比两切线之和短些,其计算长度应减去折减数值。

为了简化计算,钢筋弯钩的增长数值和弯起的折减数值均编有表格备查,见表 2-2-2-3、表 2-2-2-4。

光圆钢筋弯钩增长(mm)   表 2-2-2-3

钢筋直径	180° 弯 钩	135° 弯 钩	90° 弯 钩
6	38	29	21
8	50	39	28
10	63	49	35
12	75	59	42
14	88	68	49
16	100	78	56
18	113	88	63
19	119	93	67
20	125	98	70
22	138	107	77
24	150	117	84

光圆钢筋弯转长度折减(mm)   表 2-2-2-4

钢筋直径	45° 弯 起	90° 弯 转	钢筋直径	45° 弯 起	90° 弯 转
6	3	6	18	8	19
8	3	9	19	8	20
10	4	11	20	9	21
12	5	13	22	9	24
14	6	15	24	10	26
16	7	17			

如图 2-2-2-12 所示,4 号 $\phi22$ 钢筋长度为 $728 + 65 \times 2 = 858$(cm)。查表得弯钩长度为 13.8cm,90°弯起折减长度值为 2.4cm,则其计算长度为:

$$728 + 65 \times 2 + 2 \times (13.8 - 2.4) = 880.8 \approx 881(cm)$$

图 2-2-2-12 钢筋长度的计算(尺寸单位:cm)

3. 混凝土保护层

为了保护钢筋免遭锈蚀,同时加强钢筋与混凝土的黏结力,钢筋必须全部被包在混凝土中,因此钢筋外表面到混凝土表面应保持一定的厚度,这一部分混凝土被称为钢筋的保护层。混凝土保护层厚度视不同的构件而异,具体数值可查阅有关设计或者施工规范。梁内钢筋位置如图 2-2-2-13所示。

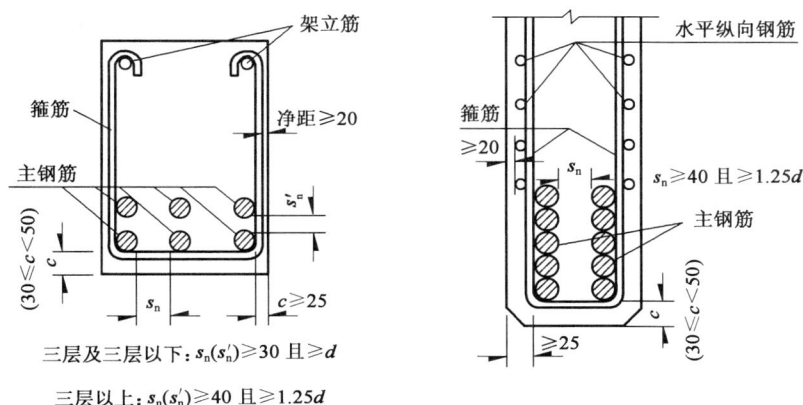

图 2-2-2-13　梁内钢筋位置(尺寸单位:mm)

c-混凝土保护层厚度;$s_n(s'_n)$-净距;d-钢筋直径

普通钢筋及预应力直线形钢筋有最小保护层厚度(钢筋外缘或管道外缘至混凝土表面的距离),后张法构件预应力直线形钢筋不应小于其管道直径的1/2,且应符合表 2-2-2-5 的规定。

普通钢筋及预应力直线形钢筋的最小保护层厚度(mm)　　表 2-2-2-5

序号	构件类别	环境条件		
		Ⅰ	Ⅱ	Ⅲ、Ⅳ
1	基础、桩基承台:(1)基坑底面有垫层或侧面有模板(受力主筋)	40	50	60
	(2)基坑底面无垫层或侧面无模板(受力主筋)	60	75	85
2	墩台身、挡土结构、涵洞、梁、板、拱圈、拱上建筑(受力主筋)	30	40	45
3	人行道构件、栏杆(受力主筋)	20	25	30
4	箍筋	20	25	30
5	缘石、中央分隔带、护栏等行车道构件	30	40	45
6	收缩、温度、分布、防裂等表层钢筋	15	20	25

注:环境条件:Ⅰ-温暖或寒冷地区的大气环境及与无侵蚀性的水或土接触的环境;Ⅱ-严寒地区的大气环境、使用除冰盐环境、滨海环境;Ⅲ-海水环境;Ⅳ-受侵蚀性物质影响的环境。

拓展知识 ✍

拓展知识点:桥墩墩柱钢筋、系梁钢筋构造图

如图 2-2-2-14 所示,桥墩墩柱钢筋构造图主要表达桥墩墩柱钢筋的布置情况,并分别统计了各个桥墩的墩柱所用普通钢筋的数量。N1、N6 为主筋;N2、N7 为加强钢筋;N3、N4、N8 为箍筋;N5、N9 为螺旋构造钢筋。由图 2-2-2-15 桥墩墩柱钢筋构造模型图可知,桥墩墩柱上半部分直径为1.4m,下半部分直径为1.6m。

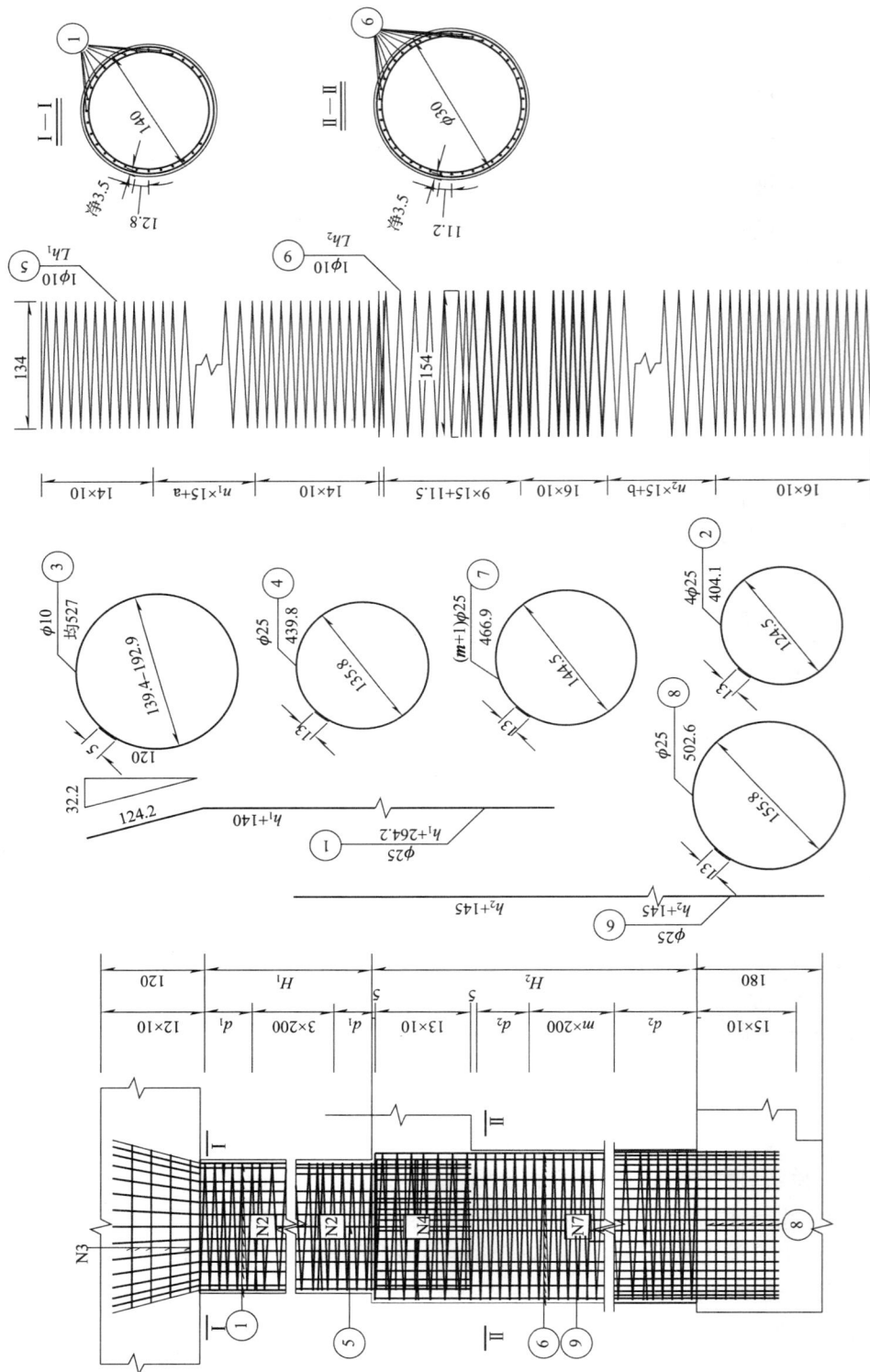

图2-2-2-14 桥墩墩柱钢筋构造图

注：1. 本图尺寸除钢筋直径以毫米计外，其余均以厘米为单位。
2. 加强钢筋N2、N7每2m左右设一根。
3. 伸入盖梁内钢筋除受构造限制外，应做成与竖直线成15°角的喇叭形。
4. 本图适用于1号、2号桥墩柱。

如图 2-2-2-16 所示,桥墩系梁钢筋构造图主要表达桥墩两墩柱之间系梁钢筋的布置情况。由图可知,N1 钢筋位于系梁顶部、底部,N2 钢筋位于系梁侧面,均为纵向分布钢筋,N3、N4 为箍筋,N5 为构造钢筋。

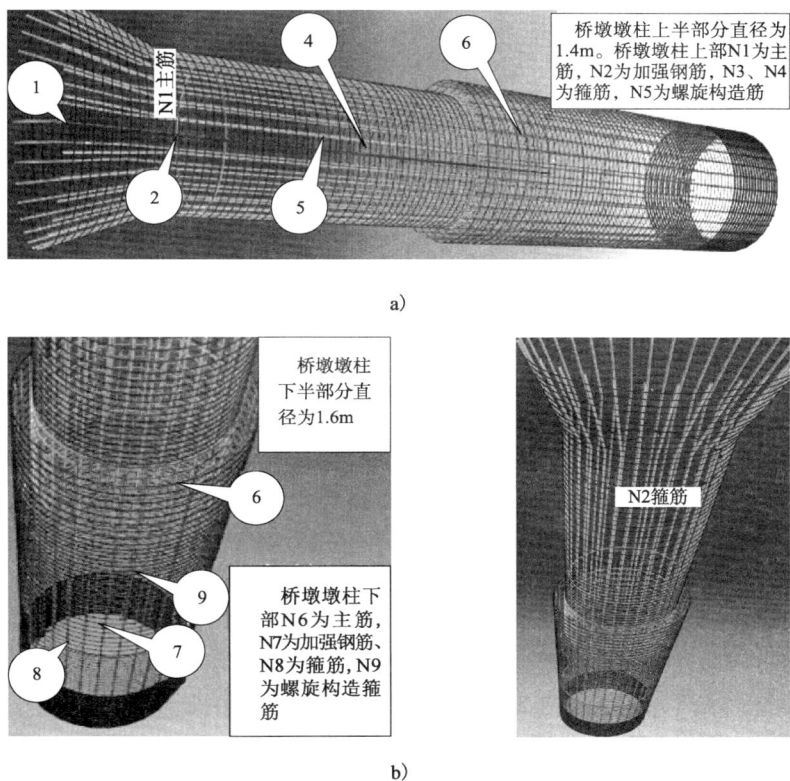

桥墩墩柱上半部分直径为 1.4m。桥墩墩柱上部N1为主筋,N2加强钢筋,N3、N4为箍筋,N5为螺旋构造筋

N1主筋

a)

桥墩墩柱下半部分直径为1.6m

桥墩墩柱下部N6为主筋,N7为加强钢筋、N8为箍筋,N9为螺旋构造箍筋

N2箍筋

b)

图 2-2-2-15 桥墩墩柱钢筋构造模型图

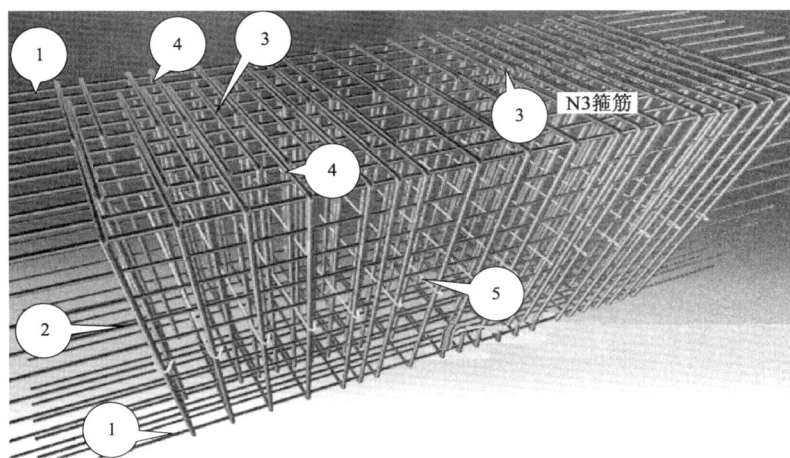

N3箍筋

图 2-2-2-16 桥墩系梁钢筋图

夯基强技

"夯基强技"内容见超星学习通平台。

学习评价与分析

评 价 项 目	评 价 标 准	参考分值(分)	得分(分)
掌握钢筋结构图图示的基本知识	识读准确性与熟练程度	20	
识读T梁梁肋钢筋构造图	识读准确性与熟练程度	20	
识读桥墩盖梁钢筋构造图	识读准确性与熟练程度	20	
识读桥墩墩柱钢筋构造图	识读准确性与熟练程度	20	
识读桥墩系梁钢筋构造图	识读准确性与熟练程度	20	
小组之间 互相评价(50%)	课前预习 课中学习 (60分)	1.课前预习,找出难点:10分 2.课中完成课堂任务(评价项目):40分 3.学习态度、职业素质(严谨细致)考核:10分	
	课后作业 (20分)	1.规定时间内完成该学习任务平台上夯基强技内容 2.找出易错题、难题	
	小组代表展示 (20分)	1.对出错多的题目或者难题进行讲解 2.总结各个题目考查的知识点	
教师评价(50%)		1.时间观念(考勤):10分 2.学习态度(评价项目):80分 3.表达能力:10分	
课后学习总结			
学习收获			
不足之处			

学习任务三　识读涵洞工程图

◎ 知识目标与能力目标

学习涵洞的图示方法。
通过学习,学生应具备以下能力:
1.能识读端墙式单孔圆管涵构造图。
2.能识读单孔钢筋混凝土盖板涵构造图。

📝 学习任务描述与分析

　　涵洞是埋设在路基下的工程构造物,其纵向与线路方向正交或斜交,用来从道路一侧向另一侧排水或作为横向穿越道路的地下通道。 根据《公路工程技术标准》(JTG B01—2014)中的规定,凡是单孔跨径小于5m、多孔总跨径小于8m,以及圆管涵、箱涵,不论其管径或跨径大小、孔数多少,均称为涵洞。 涵洞洞口图如图 2-2-3-1 所示。

图 2-2-3-1　涵洞洞口图

学习任务实施

　　明确任务:在教师的指导下,正确识读如图 2-2-3-2 所示的端墙式单孔圆管涵构造图和如图 2-2-3-3 所示的单孔钢筋混凝土盖板涵构造图。

💡引导问题 1　涵洞工程图的图示方法是什么?

　　思考:分小组阅读涵洞工程结构图(图 2-2-3-2、图 2-2-3-3),回答下列问题:
涵洞工程图的图示方法是什么?

💡引导问题 2　如何识读涵洞工程图?

　　思考:分小组阅读涵洞工程结构图(图 2-2-3-2、图 2-2-3-3),回答下列问题:
　　(1)如何识读圆管涵构造图各结构物?
　　(2)如何识读盖板涵构造图各结构物?

相关知识

知识点 1　**涵洞工程图的图示方法**

　　(1)涵洞工程图以水流方向为纵向(即与路线前进方向成一定的角度),并以纵剖面图代替立面图。
　　(2)平面图中将涵洞上方的覆土假想成透明物体。平面图以半剖形式表达,一般沿基础顶面水平剖切。

Ⅱ—Ⅱ剖面图

中部涵部

端部涵部

涂沥青两层

砂砾垫层

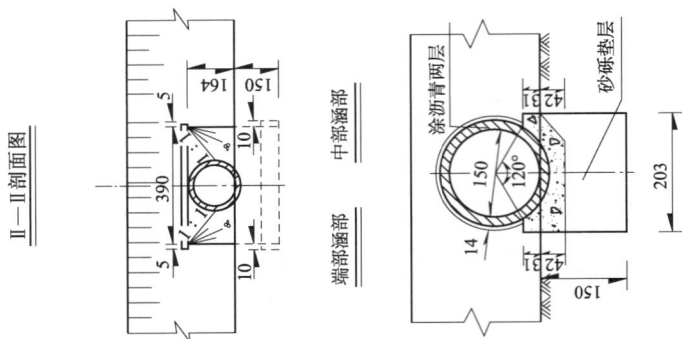

Ⅰ—Ⅰ半纵剖面图

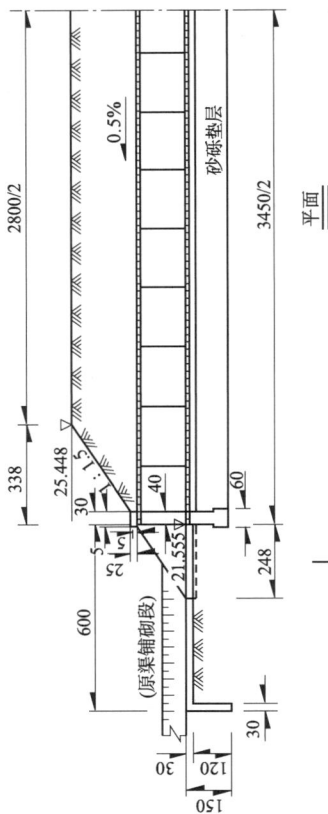

0.5%

砂砾垫层

K63+101.0

平面

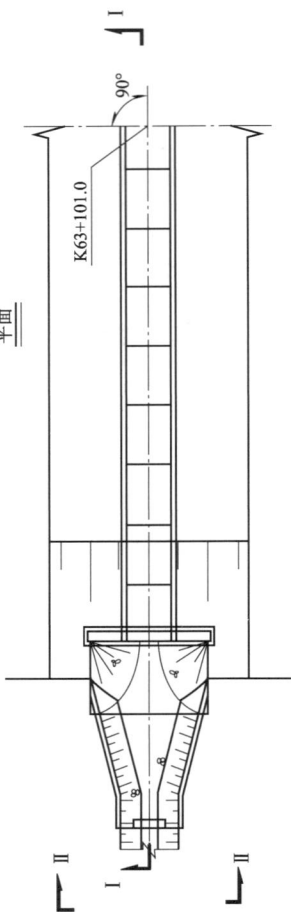

原渠铺砌横断面图

M7.5 浆砌片石

图 2-2-3-2 端墙式单孔圆管涵构造图

工 程 数 量 表

材料	ϕ10	ϕ8	混凝土		浆砌片石 M7.5	砂砾垫层	挖土方	填土方
项目			C30	C15				
单位	kg	kg	m³	m³	m³	m³	m³	m³
涵身	1550	840	24.8	28.2	3.9	78.7	250	
端墙				10.2	1.9	1.1		3.2
					3.1	0.8		
防水端					8.4			
合计	1550	640	24.9	36.4	17.3	80.6	250	4

注：1. 本图尺寸除高程以 m 计外，其余均以 cm 计。
2. 本涵采用 2m 正管节 17 个，0.5m 正管节 1 个。
3. 图中沉降缝未示出，施工时注意在涵洞全长范围内每 4～6m 设一道沉降缝（与涵洞中心线垂直），缝宽 1～1.5cm，缝内用沥青麻絮填塞。

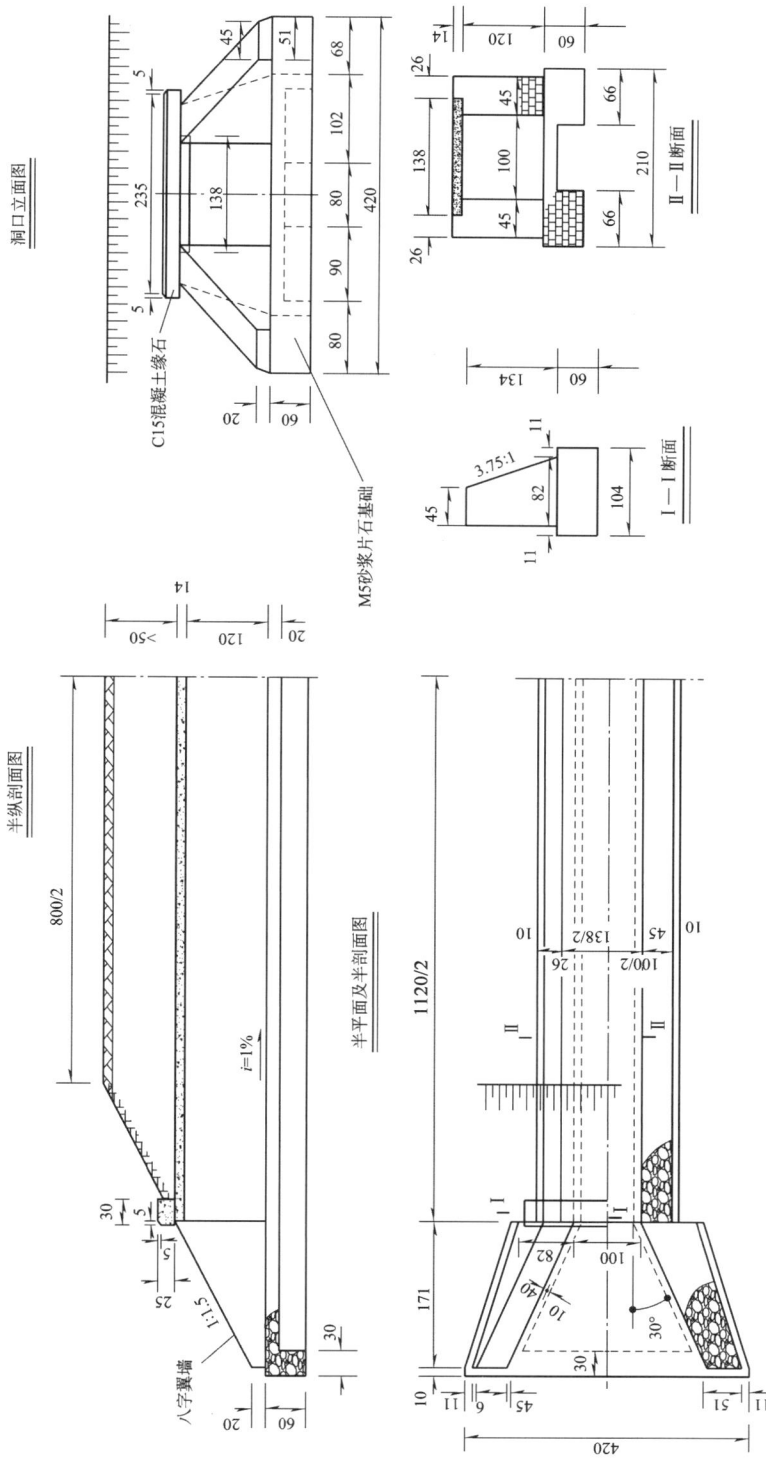

图 2-2-3 单孔钢筋混凝土盖板涵构造图

注：1. 本图尺寸均以 cm 计。
2. 洞底铺砌用 M5 砂浆砌筑，盖板用 C20 钢筋混凝土。
3. 基础深度应视实际情况确定，但最小不得小于 60cm。
4. 本工程施工时，必须安装好上部构造后才能填土。

(3)洞口正面图布置在侧面图的位置,洞顶覆土亦假想成透明物体,也可以采用半剖的形式表示,垂直于纵向剖切;当进、出水洞口形状不相同时,需分别画出进、出水洞口侧面图。

(4)涵洞的进、出水洞口间应有流水的纵坡,画图时,可不考虑洞底的纵坡而画成水平状,只图示出其纵坡,但进、出水洞口的高度可能不同,应加以计算。

知识点 2 圆管涵构造图

图 2-2-3-4 为圆管涵洞立体分解图。图 2-2-3-2 为一端墙式圆管涵构造图,该涵洞的进出水洞口一样,构造呈对称性,所以图示采用了半纵剖面图、半平面图和洞口正面图(Ⅱ—Ⅱ剖面图)。

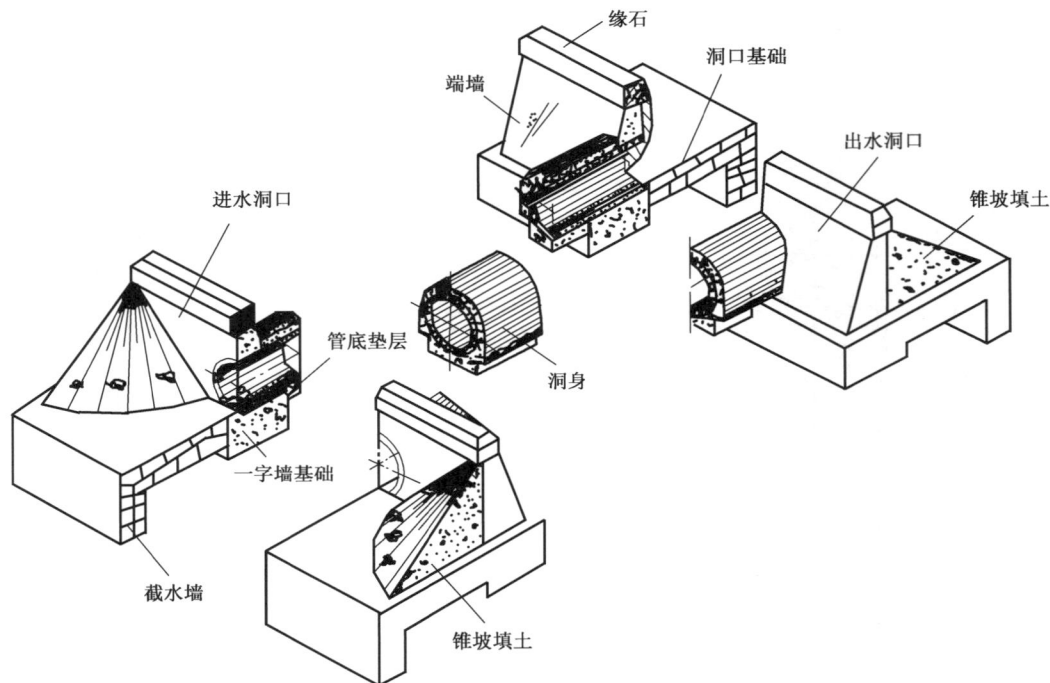

图 2-2-3-4　圆管涵洞立体分解图

从半纵剖面图(Ⅰ—Ⅰ半纵剖面图)可以读出,该涵洞涵身长 3450cm,洞口锥坡长 248cm,洞口长 600cm,洞口截水墙长度 30cm,截水墙高 150cm,洞口铺砌厚度 30cm,缘石的长度 30cm、高度 25cm、倒角尺寸 5cm,端墙厚度 40cm、基础宽度 60cm,路基长度 2800cm,路基边坡 1∶1.5,涵顶纵坡为 0.5% 等。路基填土的高度可以根据高程和路基边坡计算出来。

从半平面图可以读出该涵洞与路线中线的交角为 90°,即为正交涵洞,涵洞的锥坡为一椭圆形锥坡等。

从洞口正面图(Ⅱ—Ⅱ剖面图)可以读出缘石宽度 390cm、其倒角尺寸 5cm,端墙高 164cm,端墙基础与端墙的定位尺寸 10cm,锥坡的坡度为 1∶1 等。

该图还画了端部洞身和中部洞身的 1/2 断面图,从该图可以读出涵管的管径 150cm,管壁厚度 14cm,洞身基础尺寸 203cm、42cm、31cm 等。该涵洞的洞口与原来的水渠相接,所以图中还给出了原渠铺砌横断面图。

知识点 3　盖板涵构造图

图 2-2-3-5 为盖板涵的立体图,图中标示出了各组成部分的名称。

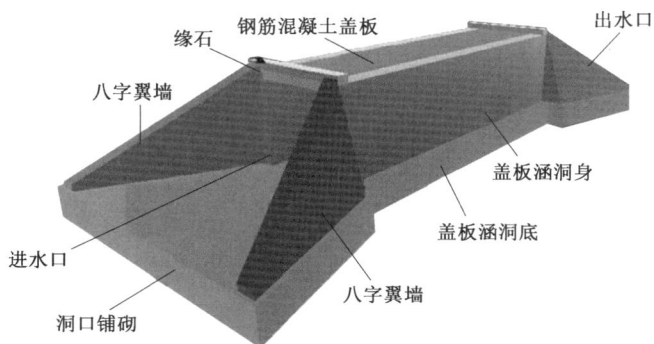

图 2-2-3-5　单孔钢筋混凝土盖板涵立体图

图 2-2-3-3 为一单孔钢筋混凝土盖板涵构造图。其图示方法基本与上述管涵相同,但由于洞口两侧为八字翼墙,其顶面和背面均是斜面,构造比较复杂,所以图中增加了Ⅰ—Ⅰ断面图和Ⅱ—Ⅱ断面图。

从半纵剖面图可读出八字翼墙端部高 20cm,顶面的坡度为 1:1.5 及其与洞身的连接关系,涵身高 120cm,涵底铺砌 20cm,截水墙高 60cm、长 30cm,缘石的长高尺寸分别为 30cm、25cm,倒角尺寸 5cm,涵底纵坡 1%,路基长度 800cm 等。盖板及基础所用材料在图中用材料断面符号表示,亦可读出。一般情况下,图中还应画出沉降缝的位置,或者在附注中说明,本图未画出沉降缝的位置。

从半平面及半剖面图中可读出涵洞的台身宽度 45cm,与台基的定位尺寸为 10cm,涵身长度为 1120cm,洞口的平面形状和尺寸以及台身和翼墙的材料图例等。

从洞口立面图可读出缘石宽 235cm、倒角尺寸 5cm,标准跨径 138cm,翼墙端部宽 45cm、51cm 及洞口的总宽等尺寸。

为了便于施工,在八字翼墙的Ⅰ—Ⅰ、Ⅱ—Ⅱ位置进行了剖切,并画出相应的断面图,表示该位置翼墙、台身和台基的详细尺寸、墙背坡度以及材料情况等。

知识拓展

拓展知识点 1:涵洞的基本知识

1. 涵洞的分类

(1)按构造形式分为圆管涵、拱涵、箱涵、盖板涵,如图 2-2-3-6 所示。

(2)按建筑材料分为钢筋混凝土涵、混凝土涵、砖涵、石涵、木涵、金属涵等。

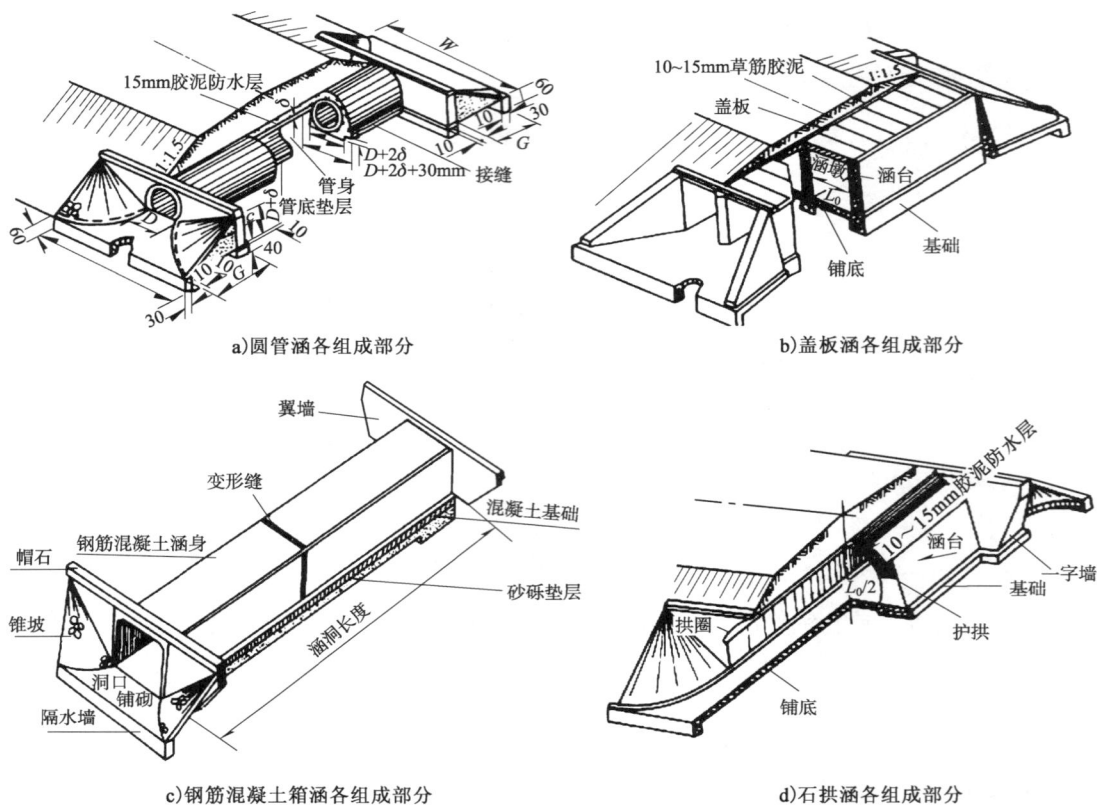

a)圆管涵各组成部分

b)盖板涵各组成部分

c)钢筋混凝土箱涵各组成部分

d)石拱涵各组成部分

图 2-2-3-6 涵洞的类型

(3)按洞身断面形状分为圆形、卵形、拱形、梯形、矩形等。

(4)按孔数分为单孔、双孔、多孔等。

(5)按洞口形式分为一字式(端墙式)、八字式(翼墙式)、走廊式等。

(6)按洞顶有无覆盖土分为明涵和暗涵(洞顶填土厚度大于50cm)等。

2. 涵洞的构造

涵洞由洞口、洞身和基础三部分组成。

洞身是涵洞的主要部分,作用是承受活载压力和土压力等,并将其传递给基础,其孔径应保证设计流量能通过。常见的洞身形式有圆管涵、拱涵、箱涵、盖板涵。

洞口包括端墙、翼墙或护坡、截水墙和缘石等。一般进、出水口采用同一种构造形式。

拓展知识点2:识读石拱涵构造图

1. 纵剖面图

图 2-2-3-7 为石拱涵立体图。图 2-2-3-8 为石拱涵构造图,本书以八字式单孔石拱涵构造图为例介绍涵洞的构造。涵洞的纵向是指水流方向,即洞身的长度方向。纵剖面图是沿涵洞

的中心位置纵向剖切得到的。半纵剖面图示出了路基宽度、填土厚度、路基横坡,翼墙的坡度(一般与路基边坡相同)、端部高度,缘石的长和高,沉降缝的设置距离、宽度,台高,防水层厚度,涵身长度等内容,并画出了相应的材料图例。如果进水洞口和出水洞口的构造和形式基本相同,整个涵洞是左右对称的,则纵剖面图可只画一半。由于这里是通用的图,路基宽度 B_0 和填土厚度 F 在图中没有注出具体值,可根据实际情况确定。翼墙的坡度一般和路基的边坡相同,均为 $1:1.5$。整个涵洞较长,考虑到地基不均匀沉降的影响,在翼墙和洞身之间应设有沉降缝,洞身部分每隔 $4\sim6\mathrm{m}$ 也应设沉降缝,沉降缝的宽度均为 $2\mathrm{cm}$。主拱圈是用条石砌成的,内表面是圆柱面,在纵剖面图中用上密下疏的水平细线表示。拱顶的上面有 $15\mathrm{cm}$ 厚的黏土胶泥防水层。端墙的断面为梯形,背面是用虚线画出的,坡度为 $3:1$。端墙上面有端墙帽,又称缘石。

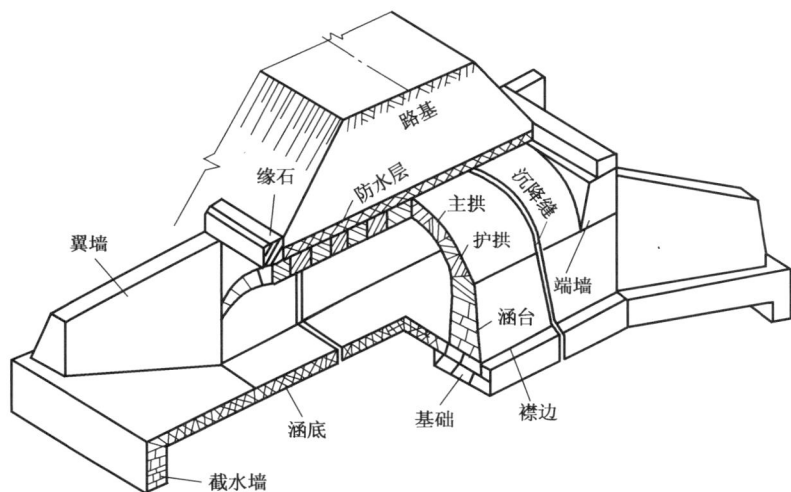

图 2-2-3-7 石拱涵立体图

2.平面图

由于该涵洞是左右对称的,平面图采用了长度和宽度两个方向的半平面图,上边一半是沿涵台基础的上面(襟边)作水平剖切后画出的剖面图,主要图示翼墙和涵台的基础宽度。下边一半为涵洞的外形投影图,是移去了顶面上的填土和防水层以及护拱等画出的,拱顶的圆柱面部分也是用一系列疏密有致的细线(素线)表示的,拱顶与端墙背面交线为椭圆曲线。八字翼墙与涵洞纵向成 $30°$ 角。为了把翼墙的形状表达清楚,故画出翼墙的 Ⅰ—Ⅰ 和 Ⅱ—Ⅱ 断面图,标示翼墙及其基础的构造、材料、尺寸和墙背坡度等内容。

3.侧面图

侧面图采用了半剖画法。左半部为洞口的外形投影,主要反映洞口的正面形状和翼墙、端墙、缘石、基础等的相对位置,所以习惯上称为洞口正面图。右半部为洞身横断面图,主要表达洞身的断面形状,主拱、护拱和涵台的连接关系及防水层的设置情况等。

由于图 2-2-3-7 是石拱涵洞的标准构造图,适用于矢跨比 $f_0/L_0=1/3$、跨径 L_0 为 $1.0\sim5.0\mathrm{m}$ 的涵洞。图中一些尺寸是可变的,暂用字母代替,设计绘图时,可根据需要选择跨径、涵高等主要参数。

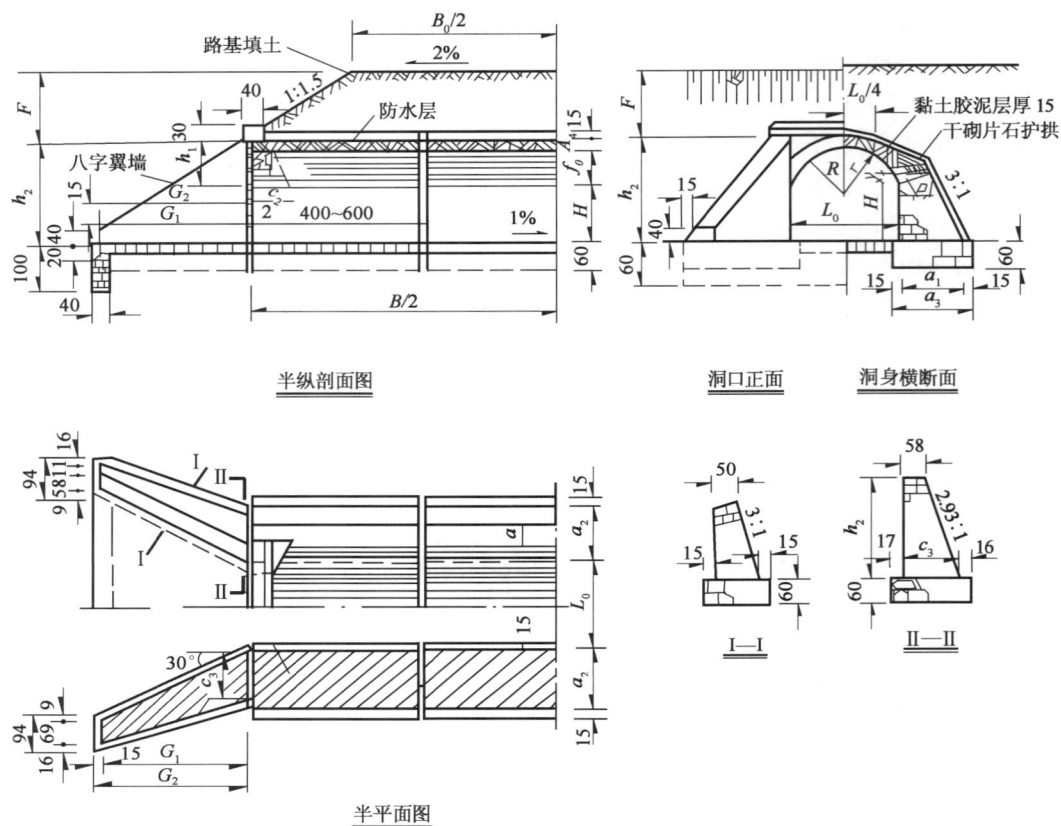

半纵剖面图

洞口正面   洞身横断面

I—I   II—II

半平面图

图 2-2-3-8　石拱涵构造图

注:1. 本图尺寸均为 cm。

2. 路基宽度 B 和填土厚度 F 根据实际确定。

3. 其他尺寸可查标准图中的尺寸表。

例如:确定跨径 $L_0 = 300\text{cm}$,涵高 $H = 200\text{cm}$ 后,可查标准图得各部分尺寸如下:

拱圈尺寸:$f_0 = 100$,$d_0 = 40$,$r = 163$,$R = 203$,$x = 37$,$y = 15$。

端墙尺寸:$h_1 = 125$,$c_2 = 102$。

涵台尺寸:$a = 73$,$a_1 = 110$,$a_2 = 182$,$a_3 = 212$。

翼墙尺寸:$h_2 = 340$,$G_1 = 450$,$G_2 = 465$,$c_3 = 174$。

以上尺寸单位均为厘米(cm)。

以上分别介绍了表达涵洞工程的各个图样,实际上它们是紧密相关的,应该互相对照联系起来读图,才能了解涵洞的各部分位置、构造、形状、尺寸。

夯基强技

"夯基强技"内容见超星学习通平台。

学习评价与分析

评 价 项 目	评 价 标 准		参考分值(分)	得分(分)
了解涵洞的图示方法	识读准确性与熟练程度		20	
识读圆管涵构造图	识读准确性与熟练程度		25	
识读盖板涵构造图	识读准确性与熟练程度		25	
识读石拱涵构造图	识读准确性与熟练程度		30	
小组之间 互相评价(50%)	课前预习 课中学习 (60分)	1.课前预习,找出难点:10分 2.课中完成课堂任务(评价项目):40分 3.学习态度、职业素质(严谨细致)考核:10分		
	课后作业 (20分)	1.规定时间内完成该学习任务平台上夯基强技内容 2.找出易错题、难题		
	小组代表展示 (20分)	1.对出错多的题目或者难题进行讲解 2.总结各个题目考查的知识点		
教师评价(50%)		1.时间观念(考勤):10分 2.学习态度(评价项目):80分 3.表达能力:10分		
课后学习总结				
学习收获				
不足之处				

绘制工程结构物

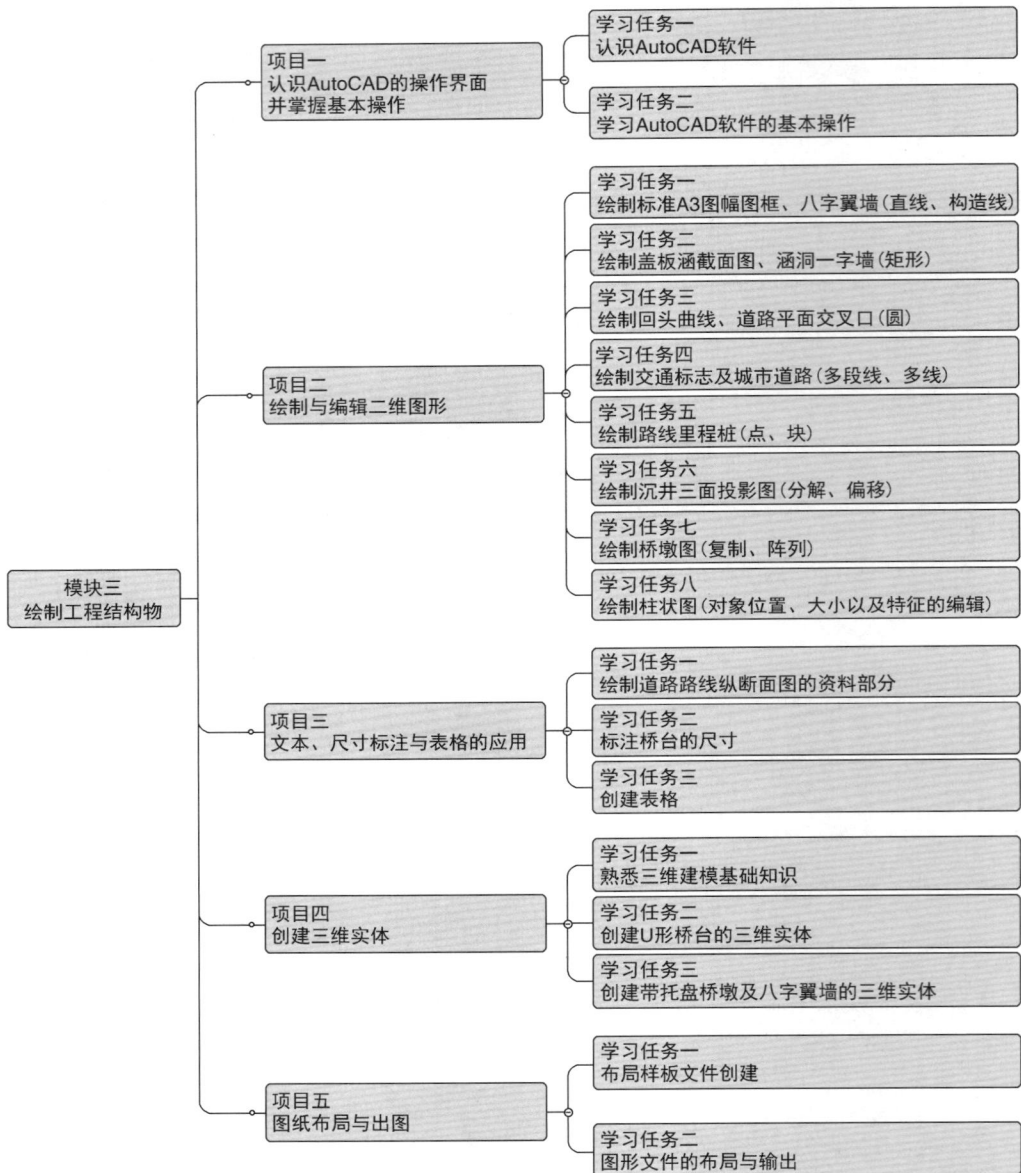

模块三
绘制工程结构物

项目一
认识AutoCAD的操作界面
并掌握基本操作

学习任务一
认识AutoCAD软件

学习任务二
学习AutoCAD软件的基本操作

项目二
绘制与编辑二维图形

学习任务一
绘制标准A3图幅图框、八字翼墙(直线、构造线)

学习任务二
绘制盖板涵截面图、涵洞一字墙(矩形)

学习任务三
绘制回头曲线、道路平面交叉口(圆)

学习任务四
绘制交通标志及城市道路(多段线、多线)

学习任务五
绘制路线里程桩(点、块)

学习任务六
绘制沉井三面投影图(分解、偏移)

学习任务七
绘制桥墩图(复制、阵列)

学习任务八
绘制柱状图(对象位置、大小以及特征的编辑)

项目三
文本、尺寸标注与表格的应用

学习任务一
绘制道路路线纵断面图的资料部分

学习任务二
标注桥台的尺寸

学习任务三
创建表格

项目四
创建三维实体

学习任务一
熟悉三维建模基础知识

学习任务二
创建U形桥台的三维实体

学习任务三
创建带托盘桥墩及八字翼墙的三维实体

项目五
图纸布局与出图

学习任务一
布局样板文件创建

学习任务二
图形文件的布局与输出

项目一

认识AutoCAD的操作界面并掌握其基本操作

学习任务一　认识 AutoCAD 软件

◎ 知识目标与能力目标

通过学习,学生应具备以下能力:

1. 能够独立进行 AutoCAD 软件的安装、启动和退出。

2. 认识 AutoCAD 软件工作界面,能够进行个性化工作界面的设置并初步了解快捷键的使用。

3. 能够进行文件管理操作。

4. 能够进行图层的设置与管理

☑ 学习任务描述与分析

AutoCAD 是一款功能强大的绘图软件,是目前使用最为广泛的计算机辅助设计软件之一。

在使用 AutoCAD 开展绘图工作之前,必须充分认识 AutoCAD 软件。 本任务通过上机实践,使学生能够正确启动和退出软件,认识 AutoCAD 的工作界面组成及各部分的主要功能,能够进行文件管理操作并掌握绘图环境的设置方法。

⬛ 学习任务实施

明确任务: 熟悉 AutoCAD 软件,为使用 AutoCAD 软件绘图做好准备。

💡引导问题1 如何启动和退出 AutoCAD 软件?

AutoCAD 软件安装完成后,用户即可启动该软件,进行绘图的相关操作,使用完毕后退出软件。

1. 启动 AutoCAD 软件

正确安装 AutoCAD 后,首先需要了解如何启动该软件。启动 AutoCAD 软件的方法很多,常用的有以下几种:

(1)从计算机"开始"菜单中执行"所有程序—Autodesk—AutoCAD"命令,即可启动 AutoCAD 软件。

(2)AutoCAD 软件安装完毕后,系统会自动在计算机显示器桌面上生成快捷方式,用户只需双击该快捷方式图标即可启动 AutoCAD 软件。

(3)如果计算机中存有".dwg"格式的文件,可以双击该文件,在打开文件的同时即可启动 AutoCAD 软件。

2. 退出 AutoCAD 软件（图 3-1-1-1）

退出该软件的方法有 3 种,下面将分别介绍其操作。

(1)在 AutoCAD 软件运行的状态下,单击界面右上角标题栏上的"关闭"按钮即可退出软件。

(2)在 AutoCAD 界面中,执行"应用程序菜单—关闭"命令即可退出软件。

(3)在命令行输入"QUIT"或"EXIT",按 Enter 键即可关闭软件。

退出 AutoCAD 软件之前,如果未曾对编辑软件进行本地保存,系统会询问用户是否保存当前修改后的文件。

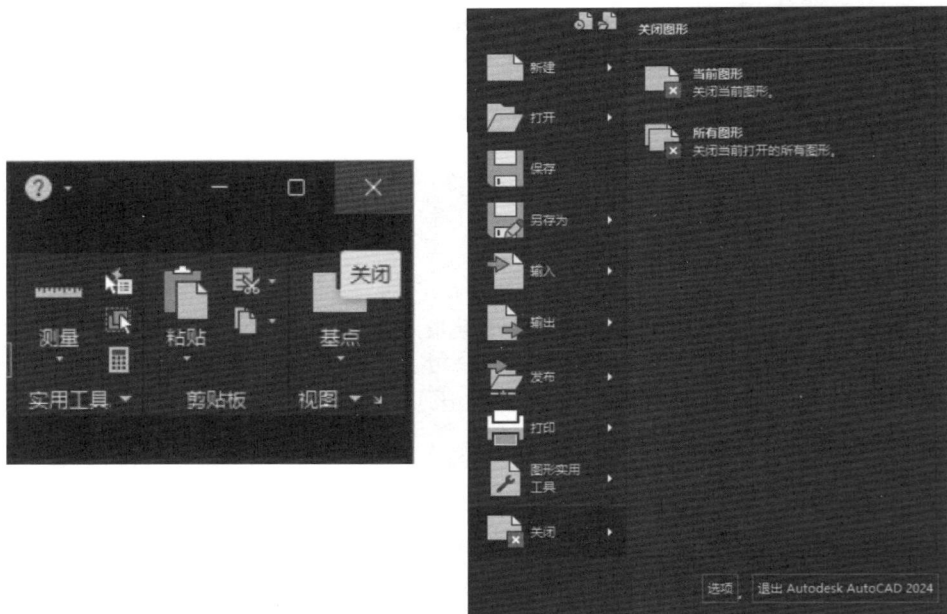

图 3-1-1-1　退出 AutoCAD 软件

⚲引导问题2 认识 AutoCAD 软件的工作界面

启动 AutoCAD 软件后,将打开如图 3-1-1-2 所示的界面。在左侧单击"新建"按钮,则显示 AutoCAD "草图与注释"工作空间的绘图工作界面。

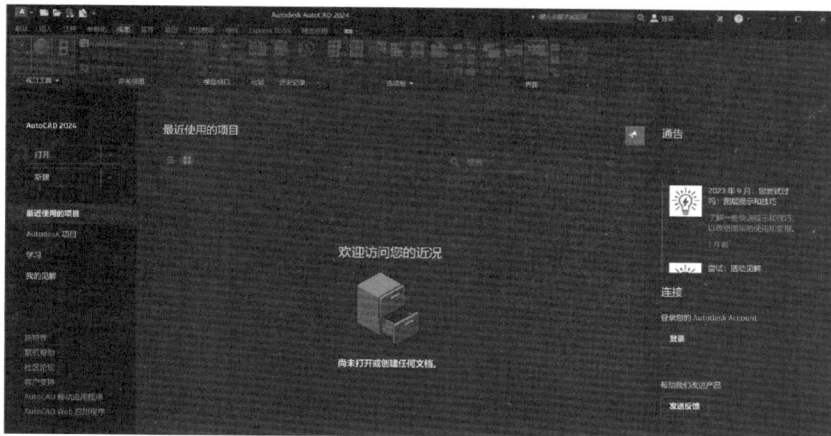

图 3-1-1-2 启动 AutoCAD 软件后的界面

默认状态下,"草图与注释"工作空间的绘图工作界面主要由标题栏、功能区面板和选项卡、绘图区、十字光标、导航栏、坐标系图标、命令行窗口、状态栏、布局标签以及快速访问工具栏等组成,如图 3-1-1-3 所示。

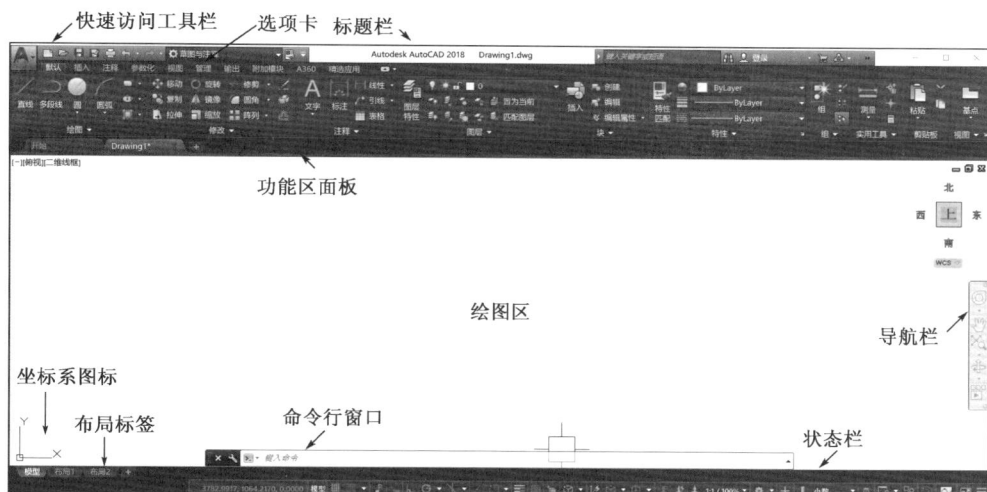

图 3-1-1-3 AutoCAD"草图与注释"的工作界面

1. 工作空间及其切换

工作空间是 AutoCAD 为用户提供的经过分组和组织的菜单、工具栏、功能区选项卡和面板的集合,AutoCAD 为工作空间的使用和管理提供了多种方式。当用户需要处理不同绘图任务时,可以在 AutoCAD 所提供的"草图与注释""三维基础"和"三维建模"三种工作空间中切换,也可以依据自己的使用习惯自定义工作界面,并将之保存为自定义工作空间。

工作空间的切换:单击状态栏右下角的"切换工作空间"按钮,如图3-1-1-4所示,在弹出的菜单中选择工作空间。

图3-1-1-4 "切换工作空间"按钮

(1)草图与注释工作空间(图3-1-1-5)

图3-1-1-5 草图与注释工作空间功能区

该工作空间为默认的工作空间,主要用于绘制二维草图,是最常用的工作空间。在该工作空间中,系统提供了常用的绘图工具、图层、图形修改等各种功能面板。

(2)三维基础工作空间(图3-1-1-6)

图3-1-1-6 三维基础工作空间功能区

该工作空间的使用场景只限于创建三维模型。用户可运用系统所提供的建模、编辑、渲染等各种命令创建三维模型。

(3)三维建模工作空间(图3-1-1-7)

图3-1-1-7 三维建模工作空间功能区

该工作空间与三维基础工作空间相似,但在功能区中增添了"网格"和"曲面"面板。在该工作空间中,也可以用二维命令来创建三维模型。

2.快速访问工具栏

AutoCAD的快速访问工具栏有很多功能,并与其他Windows应用程序保持一致。该工具栏包括"新建""打开""保存""另存为""打印""放弃""重做"和"工作空间"等几个常用的工具。右键点击菜单空白区出现的选项包括:从工具栏中删除工具、在工具间添加分割符以及将快速访问工具栏显示在功能区的上面或者下面。

AutoCAD 的快速访问工具栏除了右键菜单外,还包含一个新的弹出菜单,该菜单显示一些常用工具列表,用户可选定并将其置于快速访问工具栏内。

自定义快速访问工具栏:用户可以根据需要设定快速访问工具栏,在"快速访问工具栏"右侧的下列按钮处单击鼠标右键,在弹出的快捷菜单中选择"自定义快速访问工具栏"下列按钮,在打开的下拉列表中勾选所需要的命令选项,其即可在该工具栏中显示。相反,若取消某命令的勾选,则其在快速访问工具栏中不再显示。快速访问工具栏操作如图 3-1-1-8 所示。

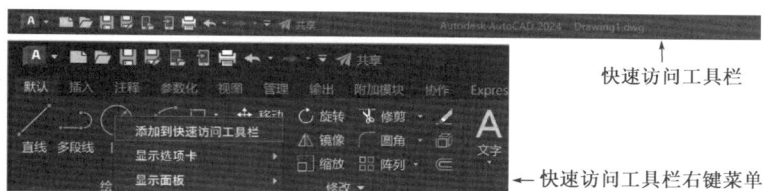

图 3-1-1-8 快速访问工具栏

3. 标题栏

AutoCAD 的标题栏位于操作界面的最上方,显示系统当前正在运行的应用程序和用户正在使用的图形文件。第一次启动 AutoCAD 时,标题栏将显示 AutoCAD 在启动时创建并打开的图形文件"Drawing1.dwg",右端控制按钮可以用来最小化、最大化或者关闭 AutoCAD 的工作界面,如图 3-1-1-9 所示。

图 3-1-1-9 标题栏

4. 功能区选项卡

在默认情况下,功能区包括"默认""插入""注释""参数化""视图""管理""输出""附加模块"等选项卡,每个选项卡集成了相关的操作工具,如图 3-1-1-10 所示。

图 3-1-1-10 功能区选项卡

5. 功能区面板

功能区代替了 AutoCAD 众多的工具栏,以面板的形式将各工具按钮分门别类地集合在选项卡内。用户在调用工具时,只需在功能区中展开相应的选项卡,然后在相应面板上单击工具按钮即可执行相关命令。由于在使用功能区时,无须再显示 AutoCAD 的工具栏,因此,该窗口显得简洁有序。简洁的功能区界面还可以将可用的工作区域最大化。功能面板如图 3-1-1-11 所示。

图 3-1-1-11 功能区面板

6. 绘图区

绘图区即功能区下方的空白区域,图形的绘制与修改工作在这个区域内进行的。绘图区包含坐标系、十字光标和导航盘等。用户可以根据需要利用导航盘对图形进行缩放来控制图形显示大小以及进行"图形的移动"等操作。

在绘图区左下角有坐标系图标,表示用户绘图时正使用的坐标系样式。坐标系选取如图 3-1-1-12 所示。

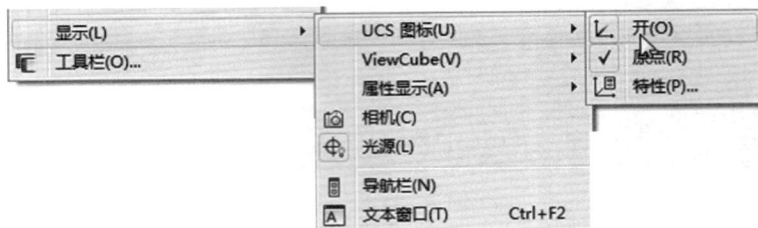

图 3-1-1-12　坐标系选取

7. 命令行窗口

命令行窗口是输入命令和显示命令提示的区域,默认命令行窗口布置在绘图区下方。它由命令行和命令历史窗口(也称 AutoCAD 文本窗口)共同组成。命令行显示用户从键盘上输入的命令信息,命令历史窗口显示启动后最新的命令信息。

单击 F2 功能键可打开(关闭)命令历史窗口,其中显示当前 AutoCAD 绘图进程中命令的输入和执行过程。

在绘图时,通过命令行窗口反馈各种信息,也包括错误提示信息,用户要时刻注意命令行的各种提示,以便准确快捷地绘图。

当命令行窗口显示"命令:"时,标志着 AutoCAD 已经做好了接受命令输入的准备。从菜单或工具栏中输入某一命令,命令提示区将提示操作者响应命令的方法和参数。

> **操作提示**
>
> 命令:_line
> 指定第一个点:
> 指定下一点或[放弃(U)]:
> 指定下一点或[放弃(U)]:

8. 状态栏

状态栏位于命令行下方,操作界面的最底端,用来显示当前的作图状态,包括当前光标所在的坐标点位置,以及一些绘图辅助工具,分别为模型空间、栅格、捕捉方式、正交模式、极轴追踪、等轴测草图、对象捕捉追踪、线宽显示、切换工作空间等,如图 3-1-1-13 所示。

图 3-1-1-13　状态栏

9. 布局标签

AutoCAD 系统默认为用户提供了模型空间和布局空间,布局空间分"布局1""布局2"两个图纸空间。

(1)模型空间是指用户绘图所处的环境。通常图形绘制与编辑工作都是在模型空间下进行的。一般来说,用户可以在模型空间按实际尺寸 1∶1 进行绘图,待输出图形时(输出到显示器、打印图纸),再设置输出比例。

(2)布局空间:主要用于对图形最后输出的效果进行打印设置,它只能进行二维操作,因此又称"图纸空间"。在图纸空间里,用户无须再对任何图形进行修改、编辑,只需考虑图形在整张图纸中如何布置,包括图样大小、尺寸单位、角度设定、数值精确度等。

通过单击选项卡控制栏中的选项卡标签,可以方便地实现模型空间和布局空间的切换。在模型空间中绘制的图形能够转化到图纸空间,但图纸空间绘制的图形不能转化到模型空间。

注意:先在模型空间内完成图形的绘制与编辑,再进入图纸空间进行布局。二维图形的绘制不必进入图纸空间布局。

引导问题3　AutoCAD 如何进行文件管理?

文件管理的一些基本操作包括新建文件、打开文件、保存文件。

1. 新建文件

当启动 AutoCAD 时,系统会自动新建一个文件"Drawing1. dwg",如果想新绘制一张图,可以再新建一个文件。

命令调用方式:

◆命令行:输入"New"或按快捷键 Ctrl + N

◆菜单栏:单击"文件"—"新建"命令

◆单击"快速访问工具栏"中的"新建"按钮 ▢ 。

执行新建文件操作后,屏幕上将弹出"选择样板"对话框(图 3-1-1-14)。

用户还可以在系统中预先设置默认的样板文件,从而快速地创建图形。

命令调用方式:

◆命令行:输入"Qnew"

用户可以按照如下方法预先设置默认的样板文件:选择菜单栏中的"工具"—"选项"命令,弹出"选项"对话框,选择"文件"选项卡,单击"样板设置"前面的" + "图标,在展开的选项列表中选择"快速新建的默认样板文件名"选项,单击"浏览"按钮,打开"选择文件"对话框,然后选择需要的样板文件即可。

2. 保存文件

绘制完成或者绘制的过程中都可以保存文件。

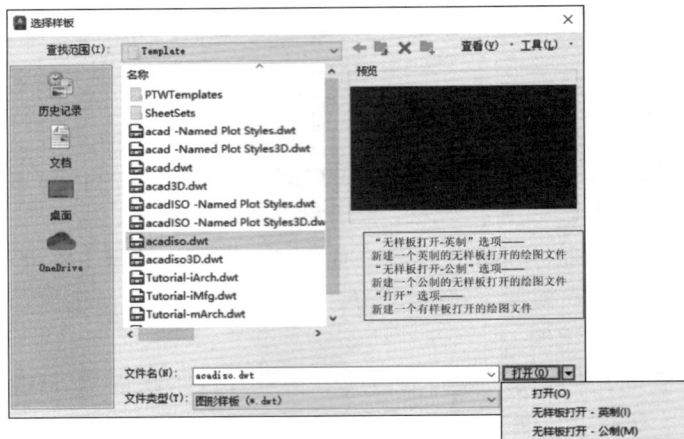

图 3-1-1-14 "选择样板"对话框

命令调用方式：

◆命令行：输入 Save 或按快捷键【Ctrl + S】

◆菜单栏：单击"文件"—"保存"命令

◆单击"快速访问工具栏"中的"保存"按钮▣。

如果文件未命名(即为默认名"Drawing1.dwg")，则在保存时系统会弹出"图形另存为"对话框，用户可以重新命名并保存文件，如图 3-1-1-15 所示。若文件已命名，则系统自动保存文件。

图 3-1-1-15 "图形另存为"对话框

对于高版本软件创建的图形，为了可以使其用低版本软件打开，保存时文件类型应选为低版本。

3.打开文件

命令调用方式：

◆命令行：输入"Open"或按快捷键 Ctrl + O

◆菜单栏:单击"文件"—"打开"命令

◆单击"快速访问工具栏"中的"保存"按钮 📄

相关知识

知识点 设置 AutoCAD 软件绘图环境

在默认情况下,绘图环境是无须进行设置的,用户可以直接进行绘图操作。但由于每个用户绘图习惯不同,在绘图前进行一些设置,可使用户绘图更方便、更精确,极大地提高绘图的精度和效率。

1.修改绘图区背景颜色

AutoCAD 绘图区背景颜色的一般默认设置为黑色,用户也可根据自己的习惯把背景颜色设置为其他颜色,可通过"选项"(OPTIop ONS)命令改变绘图区的背景颜色,如图 3-1-1-16 所示。

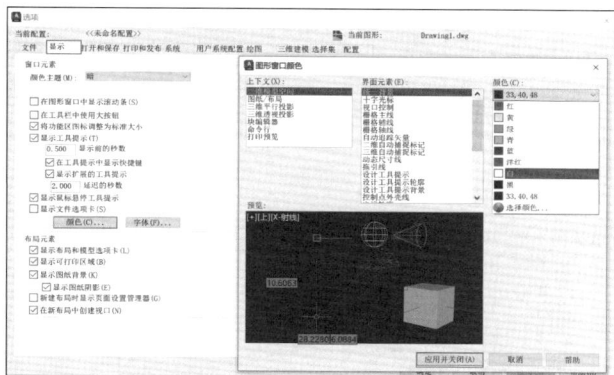

图 3-1-1-16　绘图区背景颜色的设置

2.根据操作习惯自定义右键选项

AutoCAD 提供了对各种操作状态的鼠标右键菜单功能。默认的系统配置是单击鼠标右键可弹出右键菜单,如图 3-1-1-17 所示。操作状态不同(没有选定对象时、选定对象时、正在执行命令时)和单击右键时光标的位置不同(绘图区、命令行、对话框、工具栏、状态栏、模型选项卡和布局选项卡处等),弹出的右键菜单内容也相应不同。

3.图形单位的设置

通常,不同的行业绘制的图纸中所涉及的变量单位不同,因此用户应使用与自己建立的图形相适合的变量单位类型。打开"图形单位"对话框(图 3-1-1-18),在"长度"栏中选择所需要的长度单位类型和精度,一般情况下,单位类型选择"小数";在"角度"栏中设置角度单位类型和精度,默认状态类型选择"十进制度数",方向以逆时针方向为正,点击"顺时针"复选框,也可设置顺时针方向为正。

命令调用方式:

◆命令行:输入"Units"(UN)

◆菜单栏:单击"格式"—"单位"命令

图 3-1-1-17　右键菜单自定义

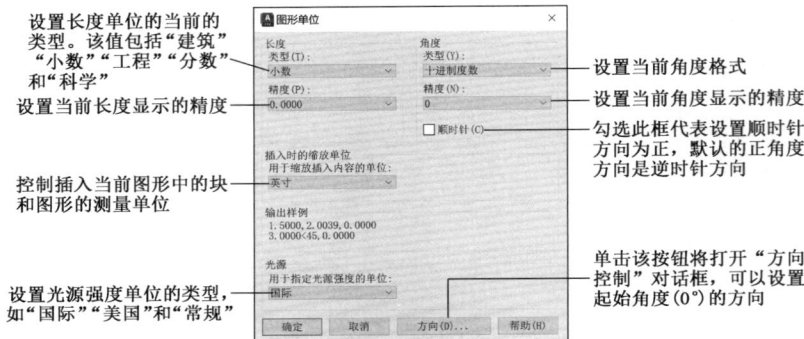

设置长度单位的当前的类型。该值包括"建筑""小数""工程""分数"和"科学"

设置当前长度显示的精度

控制插入当前图形中的块和图形的测量单位

设置光源强度单位的类型，如"国际""美国"和"常规"

设置当前角度格式

设置当前角度显示的精度

勾选此框代表设置顺时针方向为正，默认的正角度方向是逆时针方向

单击该按钮将打开"方向控制"对话框，可以设置起始角度(0°)的方向

a)

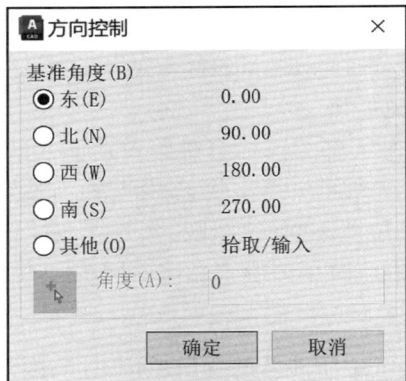

b)

图 3-1-1-18　"图形单位"对话框

4.图形界限设置

绘图范围也称绘图界限,图形界限定义了一个虚拟的、不可见的绘图边界。

命令调用方式:

◆命令行:输入"Limits"

◆菜单栏:单击"格式"—"图形界限"命令

如绘制一张 A3 图幅的图纸,用此命令来规定一个绘图范围,方式如下。

(1)调用"格式"—"图形界限"命令,或者在命令行中输入 Limits。

(2)输入所要求的范围。A3 图纸大小为 420mm×297mm,可以使用相对坐标。

操作提示

命令:Limits
重新设置模型空间界限:
指定左下角点或[开(ON)/关(OFF)]<0.0000,0.0000>:
指定右上角点 <420.0000,297.0000>:　　←输入图形边界右上角的坐标
　　　　　　　　　　　　　　　　　　　　　后按【Enter】键

(3)打开图形界限检查功能。再次调用"图形界限"命令,输入"ON",AutoCAD 将打开图形界限检查功能,拒绝输入图形界限外部的点;输入"OFF"表示关闭界限检查,关闭后,对于超出界限的点依然可以输入并在界面显示。

操作提示

命令:Limits
重新设置模型空间界限:
指定左下角点或[开(ON)/关(OFF)]<0.0000,0.0000>:ON

(4)在菜单栏选择"视图"—"缩放"—"全部",或者单击标准工具栏上的"缩放"按钮,或者在命令行输入命令"Zoom"或者"(Z)"后按 Enter 键,选择"A"选项,可以将所设置的绘图区域以最大的方式显示在绘图窗口中。

提示:在 AutoCAD 中,图形界限的设置不受限制,因此所绘制的图形大小也不受限制,可以按 1∶1 的比例来作图。图形绘制好后,再按一定的比例输出。

5.控制视图显示(视窗缩放和视窗平移操作详见平台资源)

用户在绘制和编辑图形时,为了能清楚地观察和处理图形的局部细节,总揽图形整体结构,达到理想的视觉效果,需要对图形进行缩放或平移。

对于一个较复杂的图形来说,在观察整幅图形时往往看不到或看不清局部细节,而当在屏幕上显示一个细部时又看不到其他部分,为解决这类问题,AutoCAD 提供了图形显示缩放功能。

如果需要观察当前视口之外的图形,可以使用图形平移命令来实现。平移命令能将当前视口以外的图形移动至视口内进行查看,但不会改变图形的缩放比例。

6.创建与管理图层

在 AutoCAD 中,任何图形实体都是绘制在图层上的。可以将图层想象为透明的、没有厚

度的薄片,一般用来对图形中的实体进行分组,把具有相同属性(如线型、颜色和状态)的实体画在同一层上,使绘图、编辑操作更加方便。

在命令行输入"Layer"(或"LA"),打开图层特性管理器,可创建新的图层,设置当前层及修改图层的颜色、线型等属性。例如,绘制 U 形桥台的三面投影图时,可以按 U 形桥台的组成来设置图层(注意:本案例图层是按照构造来命名的,一般还可以按照线型、标注等进行图层的命名和定义)。

(1)创建新图层

命令调用方式:

◆命令行:输入"Layer"(或"LA")

◆菜单栏:单击"格式"—"图层"命令

◆功能区:单击"默认"选项卡—"图层"面板—"图层特性"按钮 🖿 或者单击"视图"选项卡—"选项板"面板—"图层特性"按钮 🖿

打开图层特性管理器,如图 3-1-1-19 所示。可创建新的图层,设置当前层及修改图层的颜色、线宽和线型等属性,还可控制图层的开关、解冻、冻结等状态。

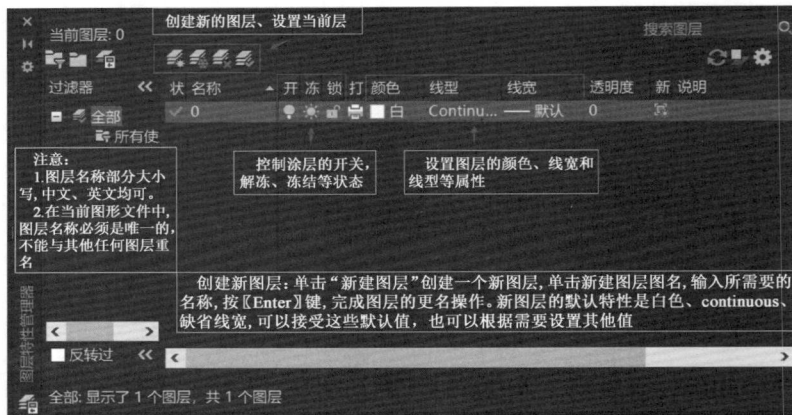

图 3-1-1-19　图层特性管理器

(2)设置图层线型

AutoCAD 中有多种线型供用户选用,但每一个图层只能有一种线型,在缺省的情况下为实线,用户可以根据需要为不同的图层设置不同的线型。

单击图层所对应的线型名即打开"线型管理器"对话框;选择所需要的线型;也可以通过单击"加载"按钮,打开"加载或者重载线型"对话框,在其中选择所需要的线型,如图 3-1-1-20a)、b)所示。然后单击"确定"按钮返回。

(3)设置图层颜色、线宽

单击图层所对应的颜色选项,打开"选择颜色"对话框,设置图层的颜色;单击图层所对应的线宽选项,打开选择"线宽设置"对话框,设置图层的线宽,如图 3-1-1-20c)所示。

(4)控制图层开关

对图层管理熟练与否,直接影响到绘图效率的高低。AutoCAD 提供了一组状态开关,用以控制图层状态。控制图层状态的操作是:在"图层特性管理器"对话框中,选择要操作的图层,单击开关状态图标等进行设置,单击"确定"按钮完成状态设置,如图 3-1-1-21 所示。

a) 线型管理器

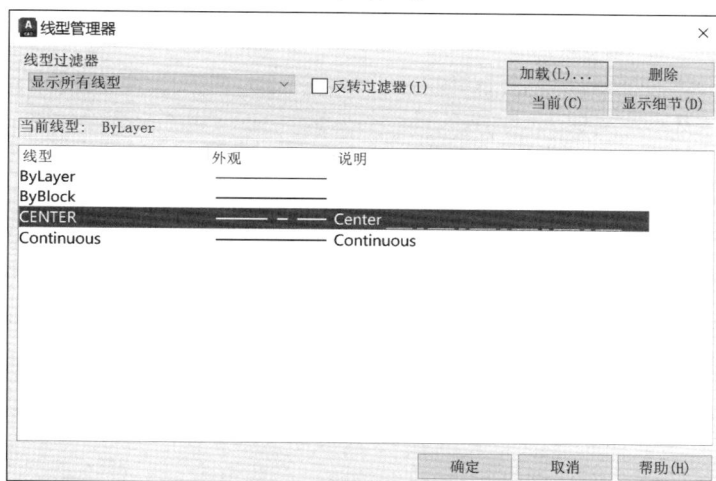

b) 线型的设置

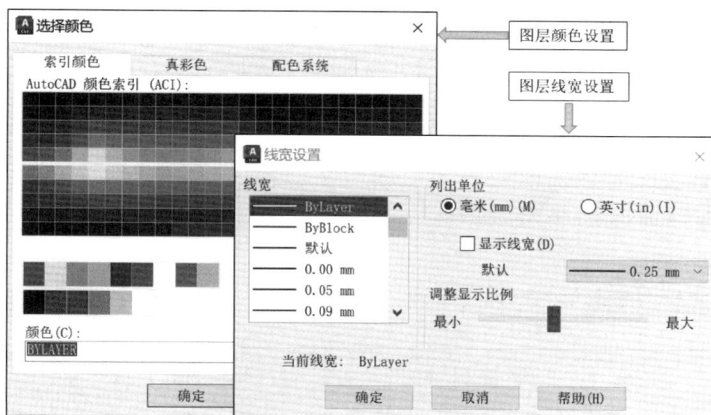

c) 颜色, 线宽的设置

图 3-1-1-20 线型、颜色、线宽的设置

①打开/关闭图层

单击"图层特性管理器"对话框中图层控制开关即—灯泡状按钮,如按钮为黄色则表示打开图层,绘图区将显示图层上的图形对象,用户可以编辑该图层上的图形对象;如按钮为灰色则表示关闭图层,该图层上的内容全部隐蔽,不能在屏幕上显示或由绘图仪输出。重新生成图形时,图层上的对象仍将参与重新生成运算。

②冻结/解冻图层

单击"图层特性管理器"对话框中图层控制开关按钮,使其自太阳状变为雪花状,即冻结图层。若图层被冻结,图层上的图形对象不可见,也不能被编辑和打印,重新生成图形时,图层上的对象不参与重新生成运算。需要注意的是,当前层不能被冻结。

③锁定/解锁图层

单击"图层特性管理器"对话框中图层控制开关使 🔓 变成 🔒 即"锁定"该图层。若图层被锁定,图层上的图形对象仍旧可见,并且能够对其进行捕捉和添加新操作对象,也可以被显示和输出打印,但锁定的图层不能被编辑和修改。图层控制状态如图 3-1-1-21 所示。

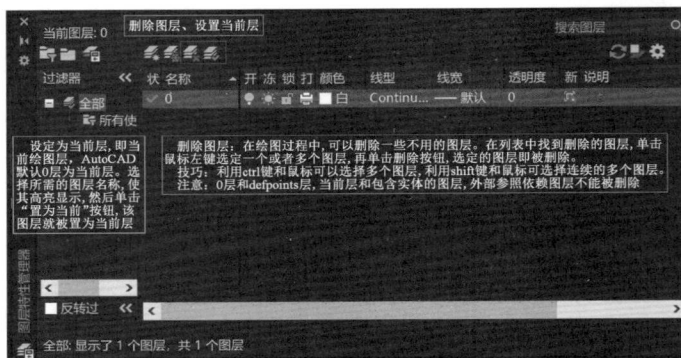

图 3-1-1-21　图层控制状态

(5)设置当前图层

在"图层特性管理器"对话框中选择某一图层名,然后单击对话框上部的"置为当前"按钮,就可以将该图层设置为当前图层。

夯基强技

"夯基强技"内容见超星学习通平台。

学习评价与分析

评 价 项 目	评 价 标 准	参考分值(分)	得分(分)
认识 AutoCAD 工作界面	了解程度	20	
管理 AutoCAD 文件	熟悉程度	20	
设置 AutoCAD 图层	熟悉程度	30	
设置软件绘图环境	熟悉程度	30	

续上表

小组之间 互相评价(50%)	课前预习 课中学习 (60分)	1. 课前预习,找出难点:10分 2. 课中完成课堂任务(评价项目):40分 3. 学习态度、职业素质(严谨细致)考核:10分
	课后作业 (20分)	1. 规定时间内完成该学习任务平台上夯基强技内容 2. 找出易错题、难题
	小组代表展示 (20分)	1. 对出错多的题目或者难题进行讲解 2. 总结各个题目考查的知识点
教师评价(50%)		1. 时间观念(考勤):10分 2. 学习态度(评价项目):80分 3. 表达能力:10分
课后学习总结		
学习收获		
不足之处		

学习任务二　学习 AutoCAD 软件的基本操作

◎ 知识目标与能力目标

学习 AutoCAD 中鼠标、对话框等相关基本操作,常用的三种命令调用方法:绘图选项卡、绘图菜单和命令行输入命令、图形选择方式及图层知识。

通过学习,学生应具备以下能力:

1. 掌握 AutoCAD 右键的相关操作,以便快速绘图。
2. 掌握精确绘图方法。
3. 能快速选择图形。

☑ 学习任务描述与分析

熟悉鼠标右键及键盘的相关操作,熟悉常用的 AutoCAD 文件调用方法,熟悉图形选择、精确绘图方式。

学习任务实施

明确任务：熟悉 AutoCAD 中鼠标等相关基本操作和命令的调用方法，图层的设置与管理，练习如何快速选择图形文件。

引导问题 1　常用的调用 AutoCAD 命令的方法有哪些?

使用 AutoCAD 软件完成绘图任务，首先要学会在 AutoCAD 中调用命令。AutoCAD 常用的命令输入方法有使用功能区选项卡中的命令按钮、在命令行中输入命令、使用快捷菜单等。下面以直线命令为例进行说明。

1. AutoCAD 命令的激活方式

1）使用功能区选项卡中的命令按钮

单击"绘图"面板—"直线"命令按钮 ，执行直线命令。若把光标移动至功能区面板的命令按钮上停顿片刻，系统会自动显示该命令按钮的命令名，若停顿 3s 以上则可显示关于该命令按钮的相关帮助信息，如图 3-1-2-1 所示。

图 3-1-2-1　功能区输入命令

2）在命令行中输入命令

在命令行中输入绘图命令，按 Enter 键或者空格键即可激活命令，命令字符不区分大小写，用户可根据提示行的提示信息进行绘图操作。这种方法需要掌握绘图命令的全名或快捷键及其选项的具体功能，例如，若想输入直线命令，则键入"Line"（命令全名）或"L"（快捷键，但需要注意：不是所有命令都有快捷键）即可。命令行提示与操作如下：

操作提示	命令：_line 指定第一点： 指定下一点或 [放弃(U)]： 指定下一点或 [闭合(C)/放弃(U)]：	←在绘图区指定一点或输入一个点的坐标 ←指定下一点的位置或者输入 U

命令参数的输入有两种：

（1）鼠标输入

在绘图时，若想要确定一个点，最为常用的方法就是用鼠标直接点取，另外还常常利用捕捉、极轴、追踪等辅助作图功能来精确确定一些特征点。

（2）用键盘输入数值

在 AutoCAD 软件中，大部分的绘图、编辑功能都需要通过键盘输入来完成。键盘还可以输入文本对象、数值参数、点的坐标或进行参数选择。

3）使用快捷键及使用透明命令的方法

在 AutoCAD 中，透明命令是指在执行其他命令的过程中可以执行的命令。常使用的透明命令多为修改图形设置的命令、绘图辅助工具命令，例如 SNAP、GRID、ZOOM 等。

要以透明方式使用命令，应在输入命令之前输入单引号（'）。命令行中，透明命令的提示前有一个双折号（＞＞）。完成透明命令后，将继续执行原命令。

4）使用右键菜单

如果要输入的命令刚刚使用过，那么可以在绘图区单击鼠标右键，打开快捷菜单，在"最近的输入"子菜单中选择需要再次执行的命令。

5）使用菜单栏或快速访问工具栏

单击"快速访问工具栏"右侧小三角按钮，在弹出的菜单中选择"显示菜单栏"，可通过单击菜单执行相应的命令。

2.命令的重复、撤消与重作的操作

在绘图过程中经常会使用相同的命令或者用错命令。

（1）命令的重复：当一个命令执行完，需要继续执行该命令时，按 Enter 键或空格键即可再次执行该命令（输入文字时除外）；

（2）在执行命令过程中，可按 Esc 键中断激活的命令。

（3）命令的撤销：在命令执行的任何时候都可以取消或者终止命令。

◆命令行：输入"UNDO"或者按 Esc 键

◆单击"快速访问工具栏"中的"放弃"选项 ↶

（4）命令的重作：被撤销的命令还可以恢复重作，要恢复撤销的是最后一个命令。

命令调用方式：

◆命令行：输入"REDO"或者按 Esc 键

◆单击"快速访问工具栏"中的"重作"选项 ↷

💡引导问题2　AutoCAD 中如何进行鼠标右键、键盘相关操作？

1.右键菜单

将鼠标分别定位在绘图区、面板、标题栏等位置再点击鼠标右键，打开右键菜单，了解和熟悉各菜单下的命令。右键菜单如图 3-1-2-2 所示。

2.键盘操作

键盘主要用于命令行输入，尤其是在输入选项或数据时，一般只能通过键盘输入。即便是 AutoCAD 中文版，由键盘输入时输入法也只能进行英文输入。在"命令："提示下，可以通过键盘输入命令，并按下【Enter】键或空格键予以确认。

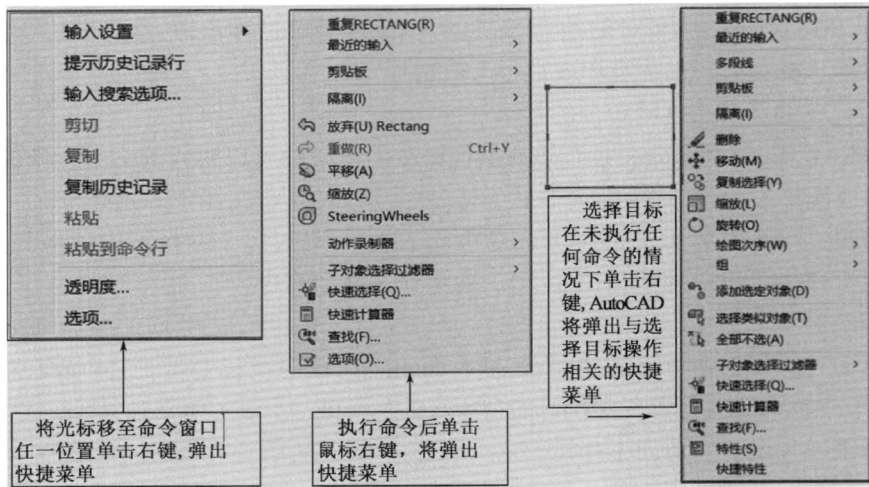

图 3-1-2-2　右键菜单

通过键盘输入命令、选项和数据时，字母的大小写是等效的。一般情况下，空格键等效于【Enter】键。大部分命令通过键盘输入时可以缩写，此时只键入很少的字母即可调用该命令，如"Circle"命令的缩写为"C"（不区分大小写）。用户也可以自己定义命令的缩写。

3. 输入命令提示

输入命令后，信息提示如下：

操作提示

```
命令:c
CIRCLE 指定圆的圆心或［三点(3P)/两点(2P)/相切、相切、半径(T)］：
指定圆的半径或［直径(D)］＜871.1002＞:20
```

方括号"［　］"中以"/"分隔不同选项，使用时应选择所需选项，选择某个选项只需输入圆括号中的字母（不区分大小写）。尖括号"〈〉"中的内容是当前缺省值和默认值，按回车键可使用当前值。

💡引导问题3　AutoCAD 中选择图形的方式有哪些？

绘制图形时，经常会用到编辑图形的命令，而编辑对象的前提就是选择对象。AutoCAD提供了两种编辑图形的途径。

（1）先执行编辑命令，然后选择要编辑的对象。

（2）先选择要编辑的对象，然后执行编辑命令。

1. 对象选择模式的设置

（1）命令调用方式：

◆命令行：Options—Ddselect（快捷键：Op）

◆菜单栏：单击工具—"选项"—"选择集"命令

在命令窗口单击鼠标右键弹出快捷菜单，或者单击"工具"菜单选择"选项"，系统将弹出"选项"对话框，点击"选择集"选项，用户可以根据需要对图形目标的选择模式等进行设置，如图3-1-2-3所示。

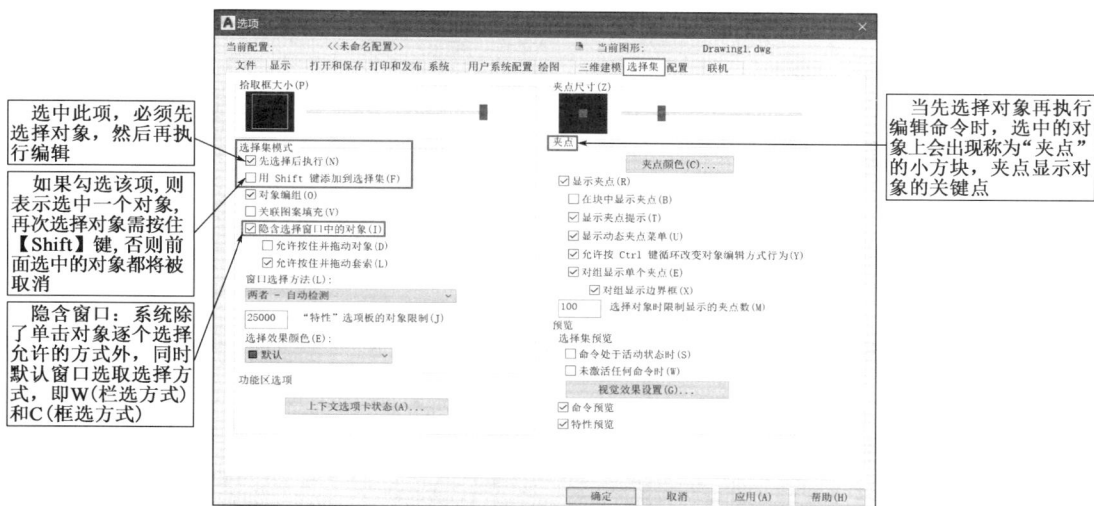

图3-1-2-3 对象选择集的设置

（2）先选择后执行：调用编辑命令前先选择编辑对象，则对象上会出现若干蓝色的小正方形，称之为"夹点"。AutoCAD默认先执行后选择模式，即先激活某一编辑命令，再选择编辑的对象。

建议：学生学习并养成先执行后选择的操作习惯，有助于厘清操作思路。

2. 选取对象的方式

常见的选择对象的方式包括点选及多重点选方式、窗选方式、框选方式、栏选方式、全部（ALL）方式、移出（R）方式、加入（ADD）方式、撤消（U）方式等。

（1）鼠标拾取对象方式。

执行某个编辑命令，系统要求选择编辑对象，十字光标被一个小正方形拾取框所取代。最简单的办法是用拾取框直接点取对象，当用户在选择某图形对象时，只需将光标移至该图形对象上，单击即可选中。选择目标后，被选中的对象虚显，和未被选择的对象明显区分开来。若要选择多个图形对象，则只需逐个单击需要选中的图形对象，如图3-1-2-4 所示。

注意：一般来说，利用拾取框每次只可选择单个实体，虽然简单直观，但其精度不高。如果在图形对象较为密集的图形中进行选择操作，往往会出现误选或漏选现象。

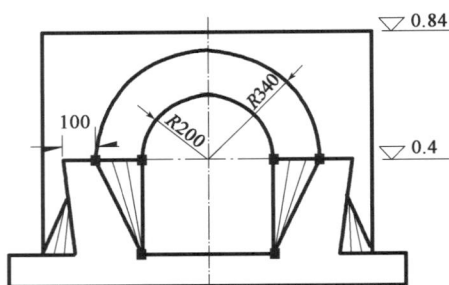

图 3-1-2-4   选择实体

（2）窗选方式。

当选取对象较多时，使用窗选方式比较合适。在选择图形时，用户只需在绘图区中指定窗选起点，拖拽光标至合适位置即可，窗选又可分为 Window 和 Crossing 两种方式。

①Window 方式：在"选择对象"提示下，单击鼠标选择第一对角点，从左向右移动鼠标至适当位置，再单击鼠标，即可看到绘图区内出现一个具有实线边框的矩形。只有全部被包含在该选择矩形框中的实体目标才被选中，如图 3-1-2-5 所示。

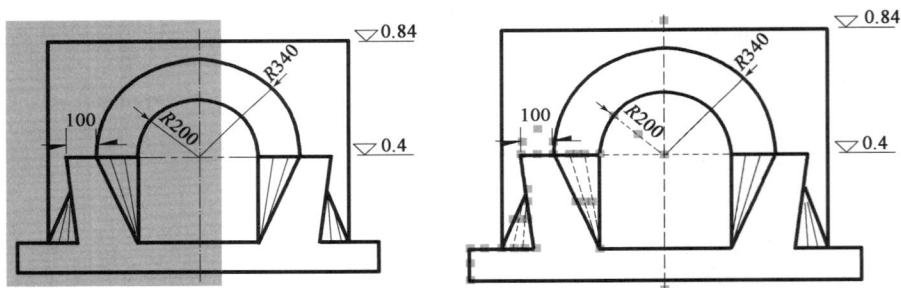

图 3-1-2-5   Window 方式

②Crossing 方式：在"选择对象"提示下，单击鼠标选择第一对角点，从右向左移动鼠标至适当位置，再单击鼠标，即可看到绘图区内出现一个具有虚线边框的矩形。完全被包含在该选择矩形框中的实体目标，以及与选择矩形框相交的实体目标均被选中，如图 3-1-2-6 所示。

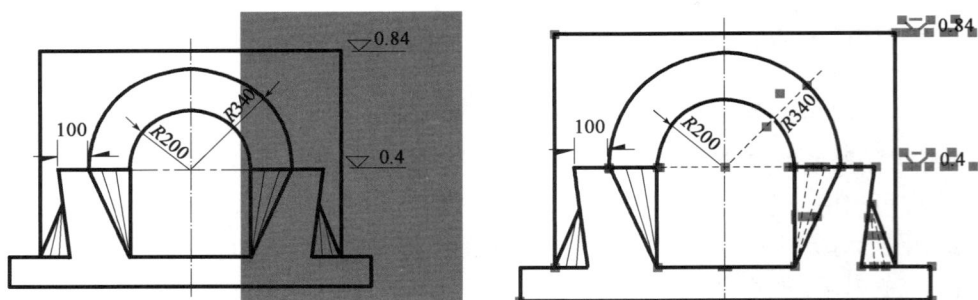

图 3-1-2-6   Crossing 方式

（3）框选（Crossing）方式。

在"选择对象"提示语句后输入"C"，可执行框选方式命令。单击鼠标选择第一对角点，不用考虑从左向右还是从右向左，只需移动鼠标至适当位置，再单击鼠标，窗口中完全被包含在该选择框中的实体目标，以及与选择框相交的实体目标即可被选中。

（4）栏选（Fence）方式。

在"选择对象"提示语句后输入"F"，可执行栏选方式命令。此时就像绘制直线一样，左键单击一点，然后移动鼠标至第二点单击，与该折线相交的所有对象将被选中，而且各段折线也可以相交。执行删除命令时，可采用栏选方式选择图形对象，结果如图3-1-2-7所示。

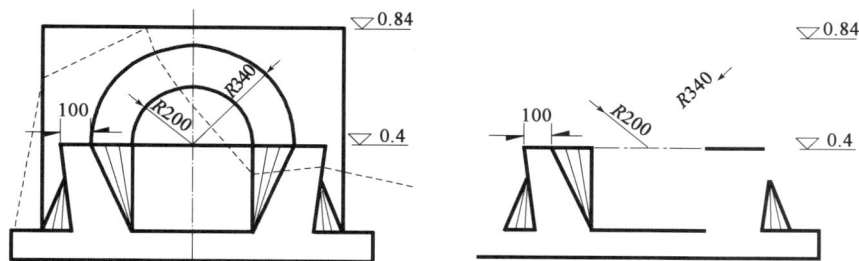

图 3-1-2-7　栏选方式

（5）围选方式。

使用围选方式选择图形对象，灵活性较大，可通过不规则的图形围选需要选择的图形，围选方式可分为圈选和圈交。

圈选是一种多边形窗口选择方法。用户在命令行要求"选择对象"时，输入"WP"，在要选择图形的任意位置指定第一圈围点，移动鼠标以再指定其他点，绘制任意的多边形，多边形内的图形将被选中，然后按回车键即可。

> **操作提示**
>
> 命令：_erase
> 选择对象：WP
> 第一圈围点：
> 指定直线的端点或［放弃（U）］：
> 指定直线的端点或［放弃（U）］：

圈交与窗交相类似，用户在执行命令时，输入"CP"，在要选择图形的任意位置指定第一圈围点，移动鼠标再指定其他点，绘制任意的多边形，多边形内的图形及与多边形相交的图形将被选中，然后按回车键即可。

（6）全选（All）方式。

在命令行要求"选择对象"提示后输入 ALL，可执行全选方式。全选方式用于快速选取屏幕上的所有对象，但不包括处于冻结或锁定图层中的对象。

（7）最后选择（Last）方式可以选中最后创建的对象。

（8）前次选择（Previous）方式可以重新选中此命令前选中的一个选择集。

（9）删除选项（Remove）方式可以将不想选中的对象从选择集中剔除。

（10）加入选项（Add）方式可以回到选择对象的模式中重新选择对象。

3. 快速选择命令

快速选择命令可以快速选择具有相同属性的对象。快速选择的设置操作步骤如下：

（1）执行"工具"—"快速选择"命令，弹出"快速选择"对话框。

（2）在对话框中，单击【选择对象】按钮，回到绘图区，选中全部图形，按【Enter】键确定。

（3）单击【确定】按钮得到选择后的效果，如图3-1-2-8所示。

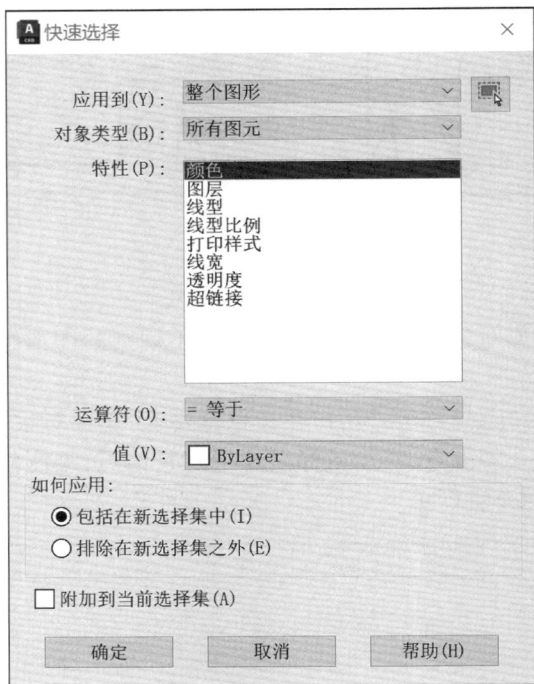

图 3-1-2-8　"快速选择"对话框

相关知识

知识点　**使用精确作图的绘图工具**

1. 使用捕捉、栅格和正交功能

（1）捕捉、栅格

将鼠标移至状态栏【栅格】按钮，单击右键，选择"设置"选项。

系统弹出"草图设置"对话框，选择"捕捉与栅格"选项卡，分别选中"启用捕捉""启用栅格"复选框,打开捕捉和栅格模式,并进行设置,然后单击【确定】按钮进行确认,如图 3-1-2-9 所示。

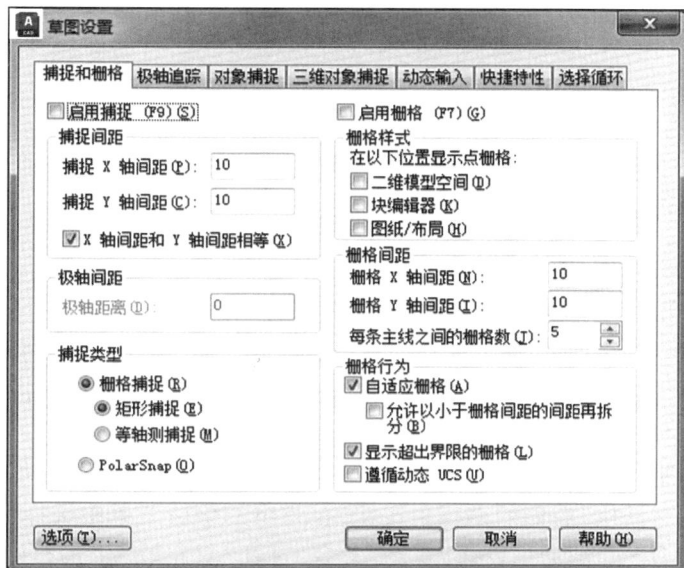

图 3-1-2-9 "草图设置"对话框

栅格是 AutoCAD 中一种可见的位置参考图标,在屏幕上显示一个个等距离点,如同方格纸一样,有利于定位。

注意:栅格只显示于绘图界限范围内,不作为图的一部分,只是一种视觉参考,用于辅助绘图,不会随图打印。

在绘制图形时, AutoCAD 还提供了捕捉工具,可以在绘图区域生成一个隐含的栅格(捕捉栅格),这个栅格能够捕捉光标,约束光标只落在栅格的某一个节点上,用户能够精确地去捕捉和选择这个栅格上的点,进行精确绘图。

自动捕捉是将光标捕捉至固定的栅格点,捕捉模式下 AutoCAD 光标只能落在已指定的某个栅格点上,X 轴和 Y 轴方向栅格点的间距可以进行设置,这时,十字光标无法连贯地移动,即无法自由地落在其指向位置。自动捕捉可分为"矩形捕捉"和"等轴测捕捉"两种类型,如图 3-1-2-10 所示。默认设置为"矩形捕捉"。"等轴测捕捉"表示捕捉模式为等轴测模式,此模式是绘制正等轴测图时的工作环境,在"等轴测捕捉"模式下,光标十字线变成绘制等轴测图时设置的特定角度。

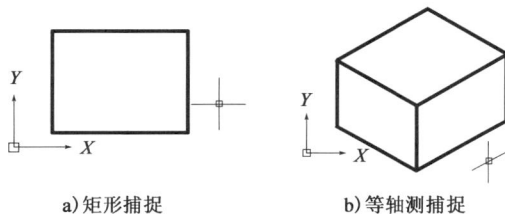

a)矩形捕捉　　　　b)等轴测捕捉

图 3-1-2-10 捕捉的类型

（2）正交功能

在 AutoCAD 中,经常要绘制水平直线和垂直直线,用光标控制选择线段的端点时很难保证两点严格沿水平或者垂直方向。AutoCAD 提供了正交功能用于绘制水平线和垂直线。当启用正交模式时,画线或者移动对象时只能沿水平方向或垂直方向,即只能绘制平行于坐标轴的正交线段。

命令调用方式:

◆快捷键:F8

◆单击状态栏中的"正交模式"按钮 ▥

2.使用对象捕捉功能

对象捕捉是绘图时常用的精确定点方式。对象捕捉方式可把点精确定位到可见实体的某特征点上,如端点、中点、圆心、切点等。利用对象捕捉选点,光标便无需十分"精确"地定位于所选图形的特征点上,只要光标在所选图形特征点附近即可。因此,在 AutoCAD 中利用对象捕捉选点,是提高作图效率及作图精度最为适用的手段。

（1）单一对象捕捉执行方式

点击"快速访问工具栏"右侧的小三角按钮,在弹出的快捷菜单中选择"显示菜单栏",单击"工具"菜单—"工具栏"选项—"对象捕捉"命令,打开"对象捕捉"工具栏。各对象捕捉方式如图 3-1-2-11 所示。

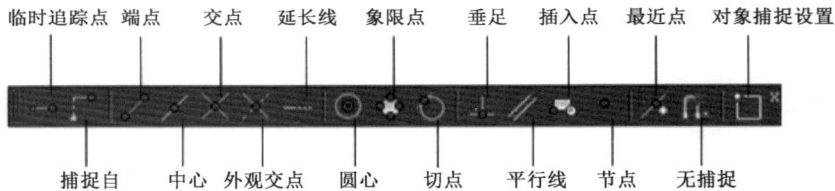

图 3-1-2-11　对象捕捉方式

使用命令行:在命令行输入相应特征点的关键字,再把光标移到捕捉对象的特征点附近,AutoCAD 会自动提示并捕捉这些特征点,特征点缩写见表 3-1-2-1。

对象捕捉特征点缩写及其功能　　　　　　　　　　　表 3-1-2-1

菜单项	工具栏按钮	缩写	功　　能
临时追踪点	●━◎ 临时追踪点	TT	确定临时追踪点
捕捉自	┏━ 自(F)	FROM	临时指定一点为基点,用其确定另一点
端点	╱ 端点(E)	END	捕捉线段、圆弧、椭圆弧、多段线、样条曲线等对象的端点

续上表

菜单项	工具栏按钮	缩写	功　能
中点	中点(M)	MID	捕捉线段、圆弧、椭圆弧、多段线、样条曲线等对象的中点
交点	交点(I)	INT	捕捉线段、圆弧、圆、椭圆、椭圆弧、多段线、样条曲线等对象之间的交叉点
外观交点	外观交点(A)	APP	如果延伸线段、圆弧等对象之后它们之间能相互交叉,捕捉对应的交叉点
延长线	延长线(X)	EXT	通过已有线或弧的端点,假想延伸一定距离来确定另一点
圆心	圆心(C)	CEN	捕捉圆弧、圆、椭圆、椭圆弧的圆心
象限点	象限点(Q)	QUA	捕捉圆弧、圆、椭圆、椭圆弧上的象限点
切点	切点(G)	TAN	捕捉切点
垂足	垂足(P)	PER	捕捉垂足
平行线	平行线(L)	PAR	确定与指定对象平行的线上的一点
节点	节点(D)	NOD	捕捉点、定数等分、定距等分命令生成的点对象及尺寸定义点、尺寸文字定义点
插入点	插入点(S)	INS	捕捉块、文字的插入点
最近点	最近点(R)	NEA	捕捉离拾取点最近的线段、圆、圆弧等对象上的点
无	无(N)	NON	取消捕捉模式

快捷菜单:执行命令的过程中,当需要确定点时,可单击鼠标右键,在弹出的快捷菜单中选择"捕捉替代"选项。

（2）固定对象捕捉方式

单击状态栏"对象捕捉"按钮，可打开或关闭某种对象捕捉方式，也可以选择"对象捕捉设置"选项，打开"草图设置"对话框设置捕捉类型（图3-1-2-12）。

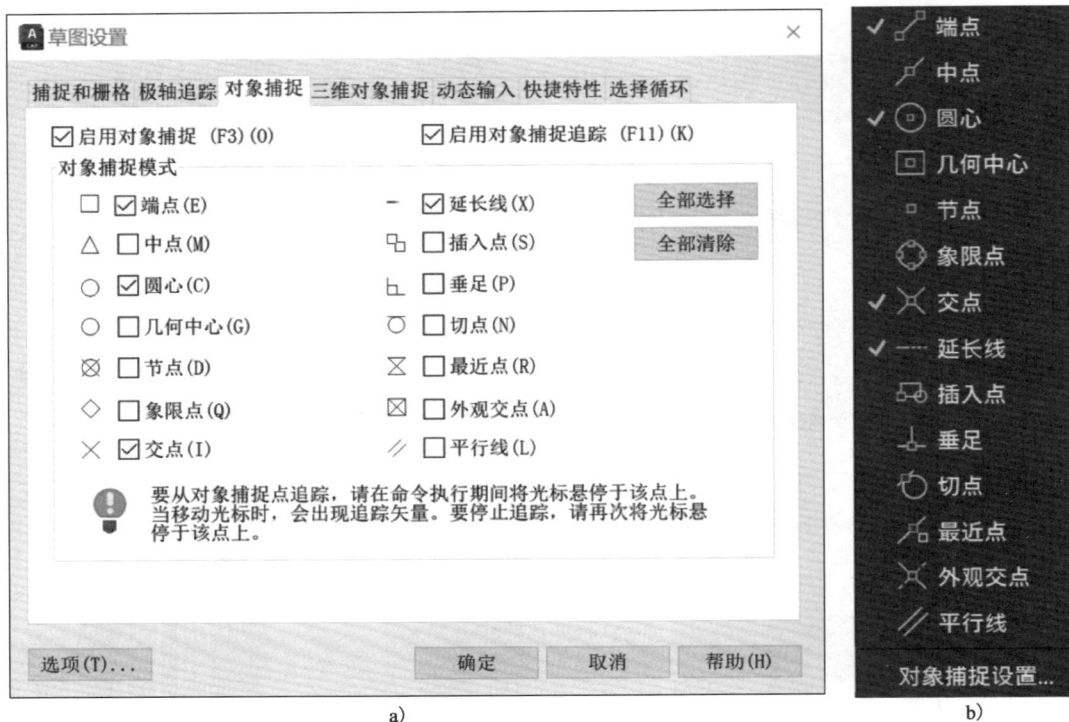

图3-1-2-12　对象捕捉设置

3.使用自动追踪功能

在AutoCAD中，自动追踪可按指定角度绘制对象，或者绘制与其他对象有特定关系的对象。

（1）极轴追踪与对象捕捉追踪

当系统要求指定一点时，极轴追踪功能按事先设置的角度增量显示一条无限延伸的辅助线，用户可沿着辅助线追踪到指定点。

在状态栏中单击"极轴追踪"启动（关闭）按钮，或单击鼠标右键，选择"设置"选项，打开"草图设置"对话框，切换到"极轴追踪"选项卡，从中设置相关选项，如图3-1-2-13所示。

在使用对象捕捉追踪功能时，必须打开对象捕捉功能，AutoCAD首先按设置的对象捕捉类型，自动捕捉到一个几何点作为追踪参考点。若设置"正交追踪"，系统将以该点为基准点沿正交方向进行追踪。如图3-1-2-14所示，要找点2的Y坐标，可追踪点1的Y坐标。打开对象追踪，鼠标指向点1，向右拖动鼠标，待对象追踪虚线出现时，点击鼠标左键，即可确定点2。

（2）使用临时追踪点和"捕捉自"功能

在"对象捕捉"工具栏中，还有两个非常有用的对象捕捉工具，即"临时追踪点"和"捕捉自"工具。

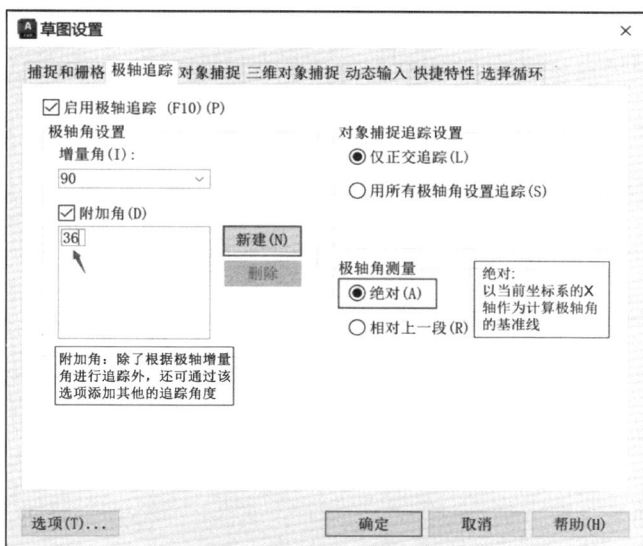

图 3-1-2-13　极轴追踪设置

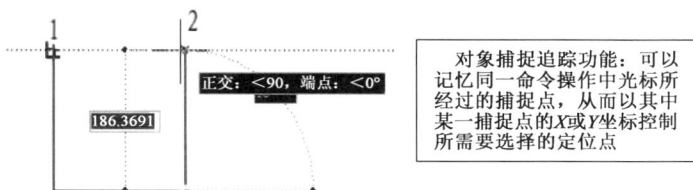

图 3-1-2-14　对象捕捉追踪确定点的位置

4. 使用动态输入功能

在 AutoCAD 中,使用动态输入功能可以在光标附近显示标注输入和命令提示等信息,以帮助用户专注于绘图区域,从而极大地方便绘图。在"草图设置"对话框中的"动态输入"选项,单击"指针输入"设置按钮,进行"指针输入设置",如图 3-1-2-15 所示。

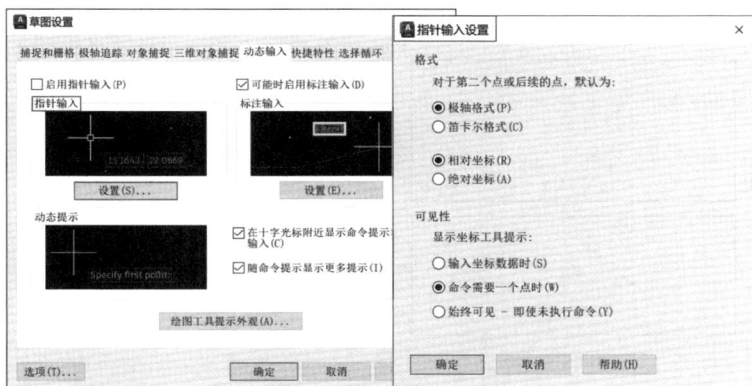

图 3-1-2-15　动态输入的指针输入设置

夯基强技

"夯基强技"内容见超星学习通平台。

学习评价与分析

评 价 项 目	评 价 标 准	参考分值(分)	得分(分)
熟悉 AutoCAD 右键菜单 与键盘操作	熟悉程度	20	
掌握常用 AutoCAD 调用 命令的方法	熟悉程度	20	
掌握对象选择方式	熟悉程度	30	
掌握对象捕捉及极轴设置	熟悉程度	30	
小组之间 互相评价(50%)	课前预习 课中学习 (60分)	1.课前预习,找出难点:10分 2.课中完成课堂任务(评价项目):40分 3.学习态度、职业素质(严谨细致)考核:10分	
	课后作业 (20分)	1.规定时间内完成该学习任务平台上夯基强技内容 2.找出易错题、难题	
	小组代表展示 (20分)	1.对出错多的题目或者难题进行讲解 2.总结各个题目考查的知识点	
教师评价(50%)		1.时间观念(考勤):10分 2.学习态度(评价项目):80分 3.表达能力:10分	
课后学习总结			
学习收获			
不足之处			

项目二

绘制与编辑二维图形

学习任务一　绘制标准 A3 图幅图框、八字翼墙（直线、构造线）

◎ 知识目标与能力目标

学习直线、构造线命令，删除命令及坐标分类与定义。

通过学习，学生应具备以下能力：

1. 掌握利用绝对坐标和相对坐标确定点绘制 A3 图幅的方法。

2. 掌握动态输入的方法。

3. 掌握运用对象捕捉、对象捕捉追踪、极轴追踪、正交功能等辅助工具精确定点的方法。

4. 掌握运用删除命令删除某些对象，运用撤消和重作命令来恢复图线的方法。

☑ 学习任务描述与分析

完成标准的 A3 图幅图框、八字翼墙（图 3-2-1-1）的绘制，培养学生在制图过程中严格遵守国家行业标准的职业精神，建立工程意识。

绘图时，可使用坐标及对象捕捉、自动追踪、极轴、栅格和正交功能精确将光标定位在特征点上，方便、迅速、准确地实现图形的绘制和编辑，这样不仅可提高工作效率，而且能更好地保证图形的质量。

A3 图幅图框可以用矩形命令绘制，此处用直线命令与坐标定点的方式来绘制。八字翼墙可以用直线命令与对象追踪定点的方式绘制，此处运用构造线命令绘制。

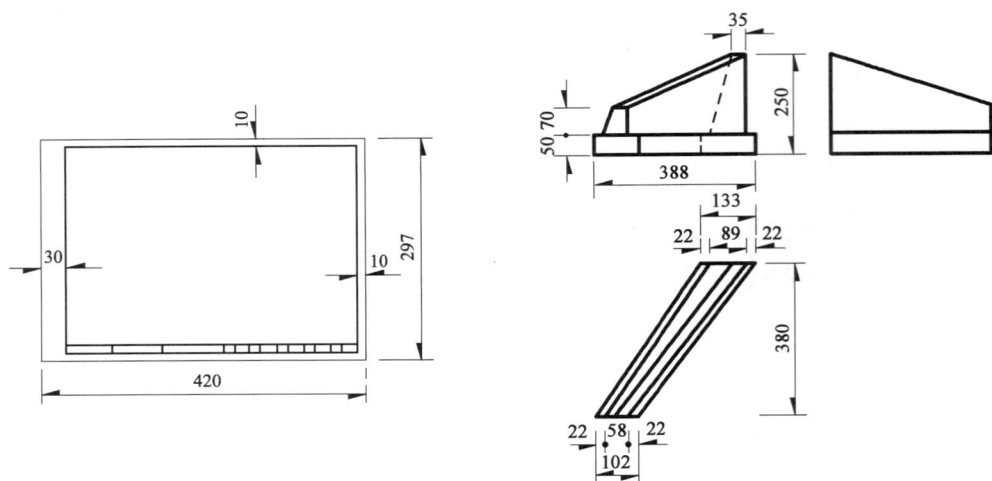

图 3-2-1-1　A3 图幅图框及八字翼墙三面投影图(尺寸单位:mm)

学习任务实施

　　明确任务：完成标准 A3 图幅图框、八字翼墙三面投影图的绘制，熟悉 AutoCAD 直线、构造线命令，坐标的确定方法，为绘图过程中确定点的位置打下基础。

引导问题 1　如何利用坐标法绘制标准的 A3 图幅图框？

　　1. 用绝对坐标绘制 A3 图幅图框[图 3-2-1-2a)]

　　绘制图幅：

操作提示	命令：_line	
	指定第一个点：0,0	←输入原点坐标。
	指定下一点或 [放弃(U)]：420,0	←输入图幅右下角的绝对直角坐标。
	指定下一点或 [放弃(U)]：420,297	
	指定下一点或 [闭合(C)/放弃(U)]：0,297	
	指定下一点或 [闭合(C)/放弃(U)]：C	←C 选项是闭合,使直线闭合于第一点。

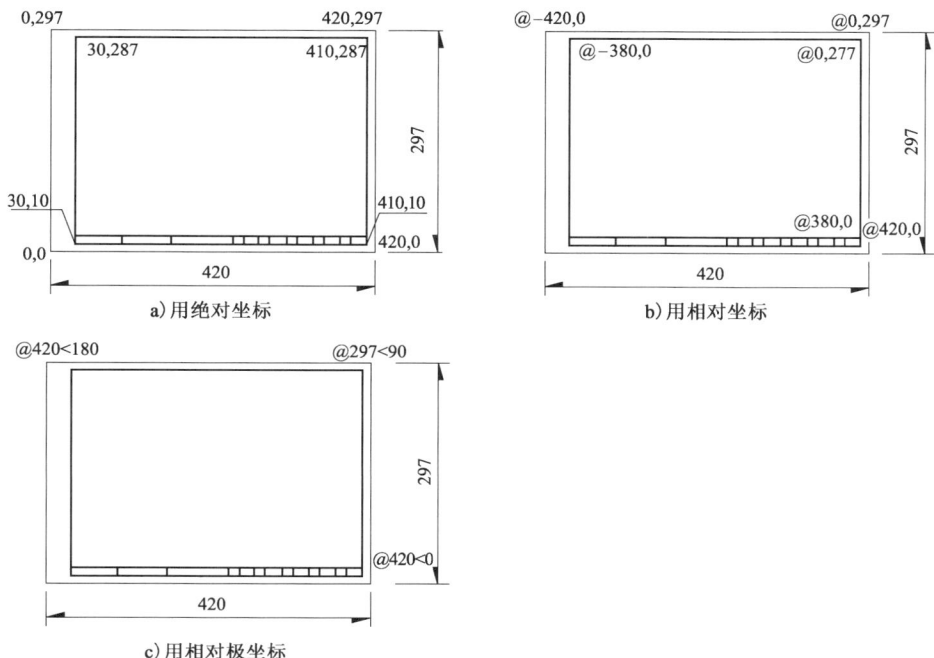

a) 用绝对坐标

b) 用相对坐标

c) 用相对极坐标

图 3-2-1-2　绘制 A3 图幅图框(尺寸单位:mm)

绘制图框:

<table>
<tr><td rowspan="6">操作提示</td><td>命令:_line</td><td></td></tr>
<tr><td>指定第一个点:30,10</td><td>← 输入图框左下角的绝对直角坐标。</td></tr>
<tr><td>指定下一点或[放弃(U)]:410,10</td><td></td></tr>
<tr><td>指定下一点或[放弃(U)]:410,287</td><td></td></tr>
<tr><td>指定下一点或[闭合(C)/放弃(U)]:30,287</td><td></td></tr>
<tr><td>指定下一点或[闭合(C)/放弃(U)]:C</td><td></td></tr>
</table>

2. 用相对坐标绘制 A3 图幅图框[图 3-2-1-2b)]

绘制图幅:

<table>
<tr><td rowspan="6">操作提示</td><td>命令:_line</td><td></td></tr>
<tr><td>指定第一个点:</td><td>←鼠标在屏幕上任意位置单击,以确定图幅左下角点。</td></tr>
<tr><td>指定下一点或[放弃(U)]:@420,0</td><td>←输入图幅右下角点与左下角点之间的相对直角坐标。</td></tr>
<tr><td>指定下一点或[放弃(U)]:@0,297</td><td></td></tr>
<tr><td>指定下一点或[闭合(C)/放弃(U)]:@−420,0</td><td></td></tr>
<tr><td>指定下一点或[闭合(C)/放弃(U)]:C</td><td></td></tr>
</table>

3.用相对极坐标绘制 A3 图幅图框[图 3-2-1-2c)]

绘制图幅:

<table>
<tr><td rowspan="7">操作提示</td><td colspan="2">命令:_line</td></tr>
<tr><td>指定第一个点:</td><td>←鼠标在屏幕上任意位置单击,以确定图幅左下角点。</td></tr>
<tr><td>指定下一点或[放弃(U)]:@420<0</td><td>←输入图幅右下角点与左下角点之间的相对极坐标。</td></tr>
<tr><td>指定下一点或[放弃(U)]:@297<90</td><td></td></tr>
<tr><td>指定下一点或[闭合(C)/放弃(U)]:@420<180</td><td></td></tr>
<tr><td>指定下一点或[闭合(C)/放弃(U)]:C</td><td></td></tr>
</table>

运用捕捉自确定图框的左下角点:

绘制图框:

<table>
<tr><td rowspan="7">操作提示</td><td colspan="2">命令:_line</td></tr>
<tr><td>指定第一个点:from</td><td>←采用捕捉自的方式确定图框的左下角点。</td></tr>
<tr><td>基点:<偏移>:@30,0</td><td>←鼠标捕捉图幅的左下角为基点。</td></tr>
<tr><td>指定下一点或[放弃(U)]: <正交 开> 380</td><td>←鼠标向右移动,键盘输入380。</td></tr>
<tr><td>指定下一点或[放弃(U)]:277</td><td>←鼠标向上移动,键盘输入277。</td></tr>
<tr><td>指定下一点或[闭合(C)/放弃(U)]:380</td><td>←鼠标向左移动,键盘输入380。</td></tr>
<tr><td>指定下一点或[闭合(C)/放弃(U)]:C</td><td></td></tr>
</table>

引导问题2 如何利用构造线命令定位绘制涵洞口八字翼墙三面投影图?

1.绘制基础

基础的绘制如图 3-2-1-3 所示。

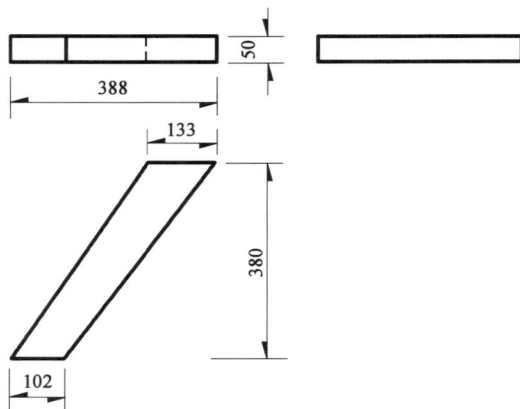

图 3-2-1-3 基础的绘制

操作提示

命令: L
指定第一个点:
指定下一点或［放弃(U)］: 133
指定下一点或［放弃(U)］: @ - 255, - 380
指定下一点或［闭合(C)/放弃(U)］: 102
指定下一点或［闭合(C)/放弃(U)］: C　　　　　←绘制基础的平面投影。

操作提示

命令: XL　　　　　　　　　　　←执行构造线命令。
指定点或［水平(H)/垂直(V)/角度(A)/二等分(B)/偏移(O)］: V
　　　　　　　　　　　　　　　←满足"长对正"投影规律。
指定通过点:　　　　　　　　←运用构造线确定基础的立面投影左下角点,也可以采
　　　　　　　　　　　　　　　用对象追踪定点。

操作提示

命令: _rectang　　　　　　　　　←绘制基础的立面投影。
指定第一个角点或［倒角(C)/标高(E)/圆角(F)/厚度(T)/宽度(W)］:
　　　　　　　　　　　　　　　←选择构造线上最近点作为第一角点,也可以
　　　　　　　　　　　　　　　采用对象追踪定点。
指定另一个角点或［面积(A)/尺寸(D)/旋转(R)］: @388,50

操作提示

命令: XL　　　　　　　　　　　←执行构造线命令。
指定点或［水平(H)/垂直(V)/角度(A)/二等分(B)/偏移(O)］:H
　　　　　　　　　　　　　　　←满足"高平齐"投影规律。
指定通过点:　　　　　　　　←运用构造线确定基础的侧
　　　　　　　　　　　　　　　面投影后上方点。

操作提示

命令：_rectang   ←绘制基础的侧面投影。
指定第一个角点或 [倒角(C)/标高(E)/圆角(F)/厚度(T)/宽度(W)]:
                                                  ←运用构造线定点,也可以采用对象追踪定点。
指定另一个角点或 [面积(A)/尺寸(D)/旋转(R)]:@380,-50

2.绘制八字翼墙(除基础处)

可以采用复制命令完成八字翼墙(除基础外)的水平投影,也可以采用平行捕捉方式来完成八字翼墙(除基础外)的水平投影。

操作提示

命令:l
指定第一个点:22   ←对象追踪的方式定点。
指定下一点或 [放弃(U)]: per   ←平行捕捉定点,注意要把正交模式及最近点关闭。
到
指定下一点或 [放弃(U)]:

绘制八字翼墙的立面投影。

操作提示

命令: L   ←绘制八字翼墙(除基础外)前表面立面图。
指定第一个点: 22
指定下一点或 [放弃(U)]: 58
指定下一点或 [放弃(U)]: 70   ←向上移动鼠标,输入70。
指定下一点或 [闭合(C)/放弃(U)]: 35
指定下一点或 [闭合(C)/放弃(U)]: C

操作提示

命令: L   ←绘制八字翼墙后表面立面图。
指定第一个点: 22   ←对象追踪的方式定点。
指定下一点或 [放弃(U)]: 200   ←向上移动鼠标,输入70。
指定下一点或 [放弃(U)]: 35
指定下一点或 [闭合(C)/放弃(U)]: @-54,-200
指定下一点或 [闭合(C)/放弃(U)]: C

用直线命令连接八字翼的上表面,完成八字翼墙的立面图。

再次调用直线命令完成八字翼墙侧面投影的绘制。

<table>
<tr><td rowspan="6">操作提示</td><td>命令:L</td><td>←绘制八字翼墙侧面投影。</td></tr>
<tr><td>指定第一个点:</td><td></td></tr>
<tr><td>指定下一点或［放弃(U)］:70</td><td></td></tr>
<tr><td>指定下一点或［放弃(U)］:@ – 380,130</td><td></td></tr>
<tr><td>指定下一点或［闭合(C)/放弃(U)］:200</td><td></td></tr>
<tr><td>指定下一点或［闭合(C)/放弃(U)］:C</td><td></td></tr>
</table>

相关知识

知识点 1 直线命令

在 AutoCAD 中,"直线(line)"命令用于在两点之间绘制直线,执行一次直线命令可绘制一条直线,也可以绘制多条直线,但每一条都是一个独立的对象,即可以对每一条直线段进行单独编辑。单击 Enter 键或 Esc 键,才能终止命令。输入直线的起点和终点的方法有两种:一种是用鼠标在屏幕上直接点取,另一种是在命令中使用键盘输入坐标值。

命令调用方式:

◆命令行:输入"Line"(或"L")

◆菜单栏:单击【绘图】菜单—【直线】命令

◆功能区:单击【默认】选项卡—【绘图】面板—【直线】命令

<table>
<tr><td rowspan="6">操作提示</td><td>命令:_line 指定第一点:</td><td></td></tr>
<tr><td>指定下一点或［放弃(U)］:</td><td>←输入参数"U"或者右键选择【放弃】命令,删除最后的一段线,退回到上一点,连续输入"U"可以沿线段退回起点。</td></tr>
<tr><td>指定下一点或［放弃(U)］:</td><td></td></tr>
<tr><td>指定下一点或［闭合(C)/放弃(U)］:</td><td>←输入参数"C"表示自动形成封闭的多边形并结束 Line 命令。</td></tr>
<tr><td></td><td>←若要画出水平线和铅垂线,可单击 F8 键进入正交模式。</td></tr>
<tr><td></td><td>←若要准确画线到某一特定点,可用对象捕捉工具。</td></tr>
</table>

注意:单击 Enter 键表示结束线段的绘制,单击 Esc 键表示取消线段的绘制。在命令行的"命令":提示下输入"U",则取消刚执行的命令。

绘制任意方向上指定长度的线段,可以在指定第一点后,先利用光标确定线段方向,然后直接输入线段长度,再单击 Enter 键即可,与状态栏中的"正交"选项配合可以快速绘制水平方向和竖直方向上规定长度的直线段。

拓展训练3-2-1-1

用"角度替代"或"极轴追踪"法完成立柱的绘制(图 3-2-1-4、图 3-2-1-5)。

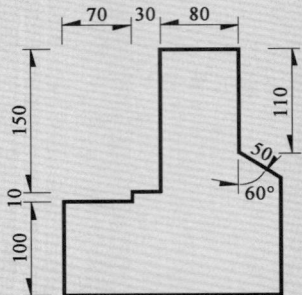

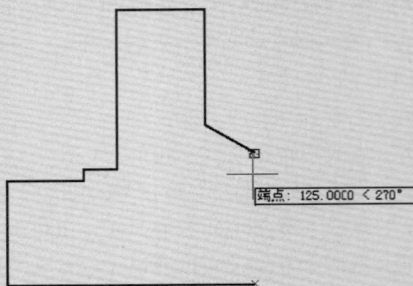

图 3-2-1-4　立柱图　　　　　　　　图 3-2-1-5　对象追踪提示

操作提示

命令:_XLine 指定第一点:　　　　　　　　←单击鼠标左键。
指定下一点或［放弃(U)］:@50<150　　←重点提示:采用相对极坐标绘制斜线。
指定下一点或［放弃(U)］:110
指定下一点或［闭合(C)/放弃(U)］:80
指定下一点或［闭合(C)/放弃(U)］:150
指定下一点或［闭合(C)/放弃(U)］:30
指定下一点或［闭合(C)/放弃(U)］:10
指定下一点或［闭合(C)/放弃(U)］:70
指定下一点或［闭合(C)/放弃(U)］:100
指定下一点或［闭合(C)/放弃(U)］:　　　←利用对象追踪定右下角点。
指定下一点或［闭合(C)/放弃(U)］:C

知识点 2　构造线命令

构造线命令调用方式:

◆命令行:输入"Xline"(或"XL")

◆菜单栏:单击【绘图】菜单—【构造线】命令

◆功能区:单击【默认】选项卡—【绘图】面板—【构造线】命令

选项的含义如图 3-2-1-6 所示。

默认方式:通过两指定点来确定

命令:XLINE 指定点或水平(H)/垂直(V)/ | 角度(A) | / | 二等分(B) | / | 偏移(O)]:
指定通过点:

H 水平方向	V 垂直方向	A 斜线方向	B 角平分线	O 偏移距离

a)

图　3-2-1-6

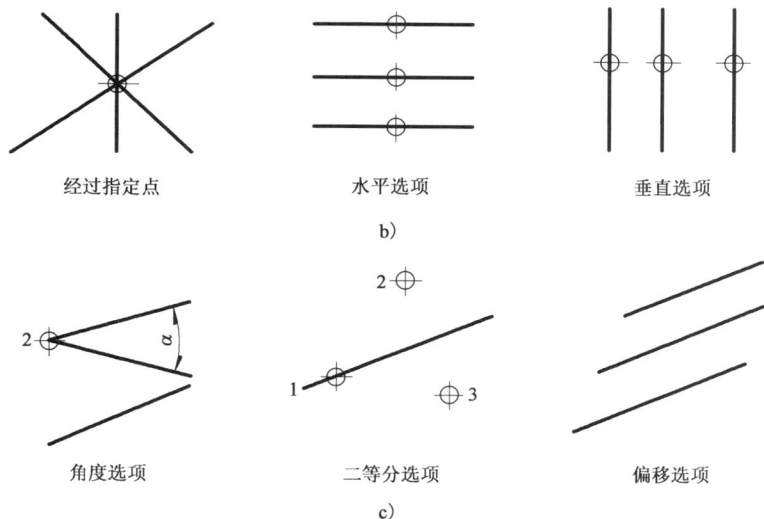

经过指定点　　　　　　　水平选项　　　　　　　垂直选项

b)

角度选项　　　　　　　二等分选项　　　　　　　偏移选项

c)

图 3-2-1-6　选项的含义

用构造线(Xline)命令绘制的无限长直线,通常称为参照线。这类线通常作为辅助作图线使用。在绘制三面投影图时,常用构造线命令绘制保证"长对正、高平齐、宽相等"的投影关系。当绘制的图形比较大、比较复杂时,利用目测很难实现这样的要求,可以绘制一些参照线作为辅助线,利用辅助线则容易绘出所需的图形。

知识点 3 　坐标系统和点的坐标输入方式

1. 坐标系

在 AutoCAD 中,图形的大小和位置是用坐标来确定的,因此学生必须了解 AutoCAD 的坐标系设置,在缺省状态下,默认坐标系为世界坐标系。

世界坐标系(World Coordinate System),又叫通用坐标系,简称 WCS。WCS 原点位于绘图窗口的左下角,X 轴正方向为水平向右,Y 轴正方向为垂直向上,Z 轴正方向为垂直屏幕向外。图上任意一点都可以用从原点的位移来表示,比如,某点的坐标为(4,5,0),表示该点距离原点在 X 轴正方向为 4 个单位,Y 轴正方向为 5 个单位,Z 轴正方向为 0 个单位。用户在绘制二维图形时,只需输入 X、Y 坐标,Z 坐标在 AutoCAD 2018 中自动赋值为 0。

为了绘图的方便,可修改坐标系的原点位置和 X、Y 轴的方向,这种适合于用户需要的坐标系叫作用户坐标系,简称 UCS。

2. 点的输入

在 AutoCAD 中,点的坐标可以用直角坐标、极坐标、球面坐标和柱面坐标表示,每一种坐标又分别具有两种坐标输入方式,即绝对坐标和相对坐标。其中直角坐标与极坐标最为常用,下面分别介绍它们的输入方式。

(1)直角坐标

直角坐标有 X、Y、Z 三个坐标值(二维平面图形只用到 X、Y 的值),中间用逗号隔开,分别表示与坐标原点(绝对坐标)或前一点在 X、Y 方向上的相对(相对坐标)距离,如图 3-2-1-7

所示。

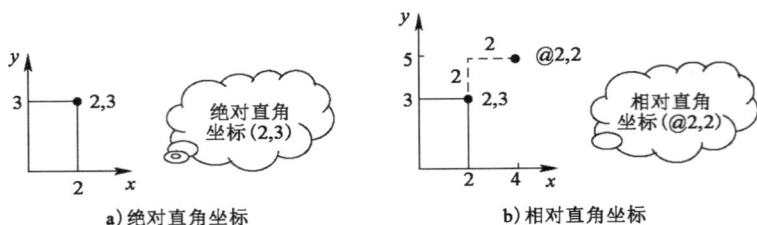

a)绝对直角坐标　　　　　　　　　　b)相对直角坐标

图3-2-1-7　直角坐标系

①绝对直角坐标。绝对直角坐标采用点的 X、Y 坐标值表示。在命令行中"输入点的坐标"提示下,输入"2,3",则表示输入了一个 X、Y 的坐标值分别为 2、3 的点,此为绝对直角坐标输入方式,表示该点的坐标是相对于当前坐标原点的坐标值。

②相对直角坐标。在命令行中"输入点的坐标"提示下,输入"@2,2",表示该点相对于前一点,沿 X 轴正方向移动 2,沿 Y 轴正方向移动 2,此为相对直角坐标输入方式,表示该点的坐标是相对于前一点的坐标值。

(2)极坐标

极坐标用距离和角度表示,表示该点相对于原点或其前一点的距离及这两点的连线与 X 轴正方向的夹角,中间用"<"号隔开,如图3-2-1-8所示。

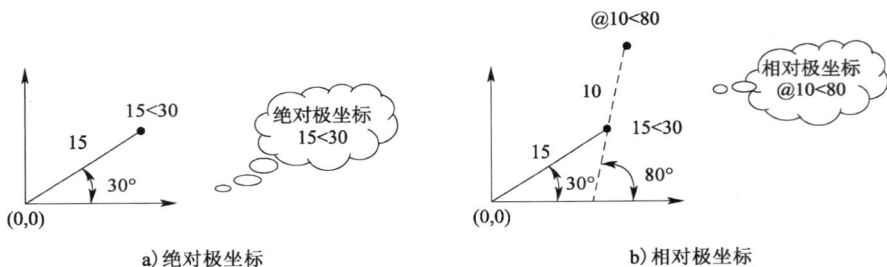

a)绝对极坐标　　　　　　　　　　b)相对极坐标

图3-2-1-8　极坐标

①绝对极坐标。在命令行中"输入点的坐标"提示下,输入"15<30",表示该点与坐标原点的距离为 15,该点与坐标原点的连线与 X 轴正方向的夹角为 30°。

②相对极坐标。在命令行中"输入点的坐标"提示下,输入"@10<80",表示输入点与上一点的距离为 10,该点与上一点的连线与 X 轴正方向的夹角为 80°。

注意:在作图时,把前一点看成是坐标原点,就可以得出相对坐标值,在输入坐标值时,一定要在坐标前加上符号"@"。

(3)用对象捕捉方式

用对象捕捉方式捕捉绘图区已有图形的特殊点(端点、中点、中心点、交点,切点、垂足点等)。

(4)直接输入距离

用鼠标决定方向,用键盘输入距离。可以采用正交方式,也可以采用极轴捕捉方式确定方向。

知识点 4 **修剪命令**

修剪命令是将超出边界的多余部分修剪删除掉,修剪对象可以是直线、圆、圆弧、多段线、样条曲线、射线和图案填充。

命令调用方式:

◆命令行:输入"Trim"(或"TR")

◆菜单栏:选择"修改"菜单—"修剪"命令

◆功能区:单击"默认"选项卡—"修改"面板——"修剪"命令按钮 ✂

(1)一般对象修剪模式:单击"修剪"命令按钮,选择修剪边界,按 Enter 键,单击不需要的部分,剪去多余的线条。

修剪命令修剪填充图案,如图 3-2-1-9 所示。

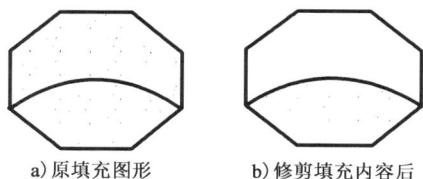

a)原填充图形   b)修剪填充内容后

图 3-2-1-9 调用修剪命令修剪填充图案

(2)决定延伸对象的修剪模式(图 3-2-1-10)。

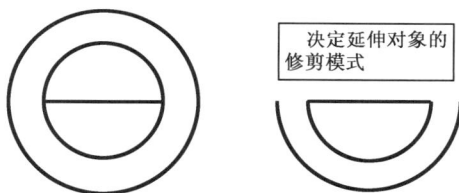

决定延伸对象的修剪模式

图 3-2-1-10 决定延伸对象的修剪模式

操作提示

命令:_trim

当前设置:投影 = UCS,边 = 无

选择剪切边...

选择对象或 <全部选择>: 找到 1 个

选择对象:

选择要修剪的对象,或按住 Shift 键选择要延伸的对象,或[栏选(F)/窗交(C)/投影(P)/边(E)/删除(R)/放弃(U)]:e   ←修改对象不相交选择的修剪模式。

输入隐含边延伸模式[延伸(E)/不延伸(N)] <不延伸>:e   ←选择延伸选项。

选择要修剪的对象,或按住 Shift 键选择要延伸的对象,或[栏选(F)/窗交(C)/投影(P)/边(E)/删除(R)/放弃(U)]:

知识点 5　删除、撤销和重作命令

在图形绘制过程中,有时需要删除已经绘制的不符合要求或者绘错的对象,用删除命令、撤销命令均可将其删除。

1. 删除命令

命令调用方式:

◆命令行:输入"ERASE"(或"E")

◆菜单栏:单击:"修改"菜单—"删除"命令

◆功能区:单击"默认"选项卡—"修改"面板—"删除"命令按钮 🖉

操作提示

命令:_erase

选择对象:找到 1 个

选择对象: ←选择一个或多个要删除的对象,选择完成后单击 Enter 键确认,将删除选中的所有对象。

2. 撤销(恢复)和重作命令

(1)命令调用方式

◆命令行:输入"U"(oops)或使用 Ctrl + Z 快捷键

◆快速访问工具栏:单击按钮 🔄

(2)重作和撤销命令

单击快速访问工具栏中的按钮 🔄,使用撤销命令可以逐步取消本次进入绘图状态后的操作直至初始状态。重作命令只有在撤销命令之后才起作用。

夯基强技

"夯基强技"内容见超星学习通平台。

学习评价与分析

评价项目	评价标准	参考分值(分)	得分(分)
绘制 A3 图幅	准确性与熟练程度	30	
绘制八字翼墙	准确性与熟练程度	30	
绘制立柱图	准确性与熟练程度	30	
掌握捕捉自、tk 定点方式	灵活运用	10	

小组之间 互相评价(50%)	课前预习 课中学习 (60 分)	1. 课前预习,找出难点:10 分 2. 课中完成课堂任务(评价项目):40 分 3. 学习态度、职业素质(严谨细致)考核:10 分
	课后作业 (20 分)	1. 规定时间内完成该学习任务平台上夯基强技内容 2. 找出易错题、难题
	小组代表展示 (20 分)	1. 对出错多的题目或者难题进行讲解 2. 总结各个题目考查的知识点
教师评价(50%)		1. 时间观念(考勤):10 分 2. 学习态度(评价项目):80 分 3. 表达能力:10 分
课后学习总结		
学习收获		
不足之处		

学习任务二　　绘制盖板涵截面图、涵洞一字墙（矩形）

◎ 知识目标与能力目标

学习 AutoCAD 中矩形、正多边形的绘制方法及镜像命令的调用，学习对象追踪定点的方法。

通过学习，学生应具备以下能力：

1. 掌握盖板涵截面图、涵洞一字墙三面投影图的绘制方法。
2. 掌握镜像命令的操作技巧并能快速绘图。

☑ 学习任务描述与分析

完成盖板涵截面图、涵洞一字墙三面投影图（图 3-2-2-1）的绘制。掌握 AutoCAD 中绘制矩形的方法，并理解矩形命令各参数的含义，能设置倒角、倒圆、宽度等选项，完成对矩形的绘制，熟悉镜像命令的操作。

涵洞一字墙由基础、墙身及缘石组成，其三面投影图中，各个组成部分要满足"长对正、高平齐、宽相等"的投影规律，灵活运用对象追踪定点的方式。

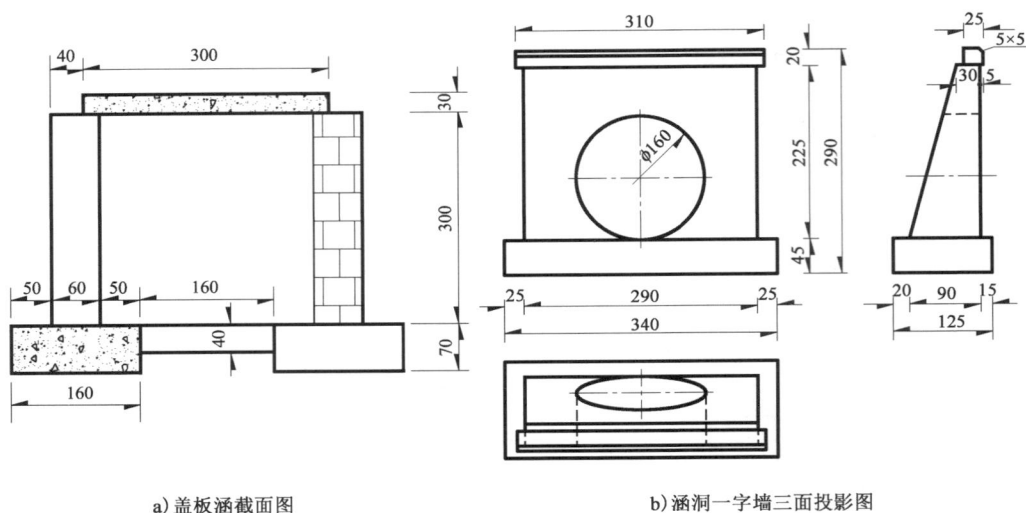

a) 盖板涵截面图　　　　　　　　　　　b) 涵洞一字墙三面投影图

图 3-2-2-1　盖板涵截面图、涵洞一字墙三面投影图

学习任务实施

明确任务：熟悉矩形、镜像命令，并绘制盖板涵截面图和涵洞一字墙三面投影图。

引导问题1　如何用矩形与镜像命令绘制盖板涵截面图？

图 3-2-2-1 所示的盖板涵断面图主要由矩形框组成,基本上采用矩形来绘制,也可采用直线绘制。

1. 绘制基础

操作提示		
	命令：_rectang	←执行矩形命令。
	指定第一个角点或［倒角（C）/标高（E）/圆角（F）/厚度（T）/宽度（W）］：	←指定任意点作为矩形第一角点，即基础左下角点。
	指定另一个角点或［面积（A）/尺寸（D）/旋转（R）］：@160,70	←用相对直角坐标输入基础的对角点坐标。

2. 绘制涵底铺砌

命令:_rectang

指定第一个角点或[倒角(C)/标高(E)/圆角(F)/厚度(T)/宽度(W)]:　　←捕捉已画矩形右上角点作为矩形第一角点。

指定另一个角点或[面积(A)/尺寸(D)/旋转(R)]:@160,-40

3. 绘制涵台

命令:_rectang

指定第一个角点或[倒角(C)/标高(E)/圆角(F)/厚度(T)/宽度(W)]:50　　←打开"正交"模式,对象追踪定位。

指定另一个角点或[面积(A)/尺寸(D)/旋转(R)]:@60,300

4. 绘制盖板

命令:_rectang

指定第一个角点或[倒角(C)/标高(E)/圆角(F)/厚度(T)/宽度(W)]:40　　←对象追踪定位。

指定另一个角点或[面积(A)/尺寸(D)/旋转(R)]:@300,30

5. 运用镜像命令完成盖板涵右侧部分的绘制

命令:_mirror　　　　　　　　　　　　　　←操作小技巧:镜像得右半涵洞断面图。

选择对象:指定对角点:找到1个

选择对象:　　　　　　　　　　　　　　　←选择对象。

指定镜像线的第一点:指定镜像线的第二点:　　←指定镜像线。

要删除源对象吗?[是(Y)/否(N)]<N>:

也可以用复制命令将左侧基础和左侧涵台复制到右侧指定位置。

💡 引导问题2　如何绘制涵洞一字墙的三面投影图?

1.绘制基础(运用矩形命令绘制)

操作提示	命令:_rectang 指定第一个角点或 [倒角(C)/标高(E)/圆角(F)/厚度(T)/宽度(W)]: 指定另一个角点或 [面积(A)/尺寸(D)/旋转(R)]:@340,125	←基础平面投影。 ←屏幕上任意一点。 ←指定另一角点坐标。

操作提示	命令:_rectang 指定第一个角点或 [倒角(C)/标高(E)/圆角(F)/厚度(T)/宽度(W)]: 指定另一个角点或 [面积(A)/尺寸(D)/旋转(R)]:@340,45	←基础立面投影。 ←对象追踪满足长对正,确定立面投影左下角点。

操作提示	命令:_rectang 指定第一个角点或 [倒角(C)/标高(E)/圆角(F)/厚度(T)/宽度(W)]: 指定另一个角点或 [面积(A)/尺寸(D)/旋转(R)]:@125,-45	←基础侧面投影。 ←对象追踪满足高平齐,确定侧面投影后上角点。

2.绘制墙身(运用矩形命令绘制立面和平面视图)

操作提示	命令:L 指定第一个点:15 指定下一点或 [放弃(U)]:225 指定下一点或 [放弃(U)]:30 指定下一点或 [放弃(U)]:@-60,-225	←墙身侧面投影。 ←鼠标捕捉基础侧面投影前上角点,向左追踪15,确定墙身侧面投影前下角点。

命令:_rectang ←墙身立面投影。
指定第一个角点或［倒角(C)/标高(E)/圆角(F)/厚度(T)/宽度(W)］:25←鼠标捕捉基础立
面投影左上端
点,向右追踪25,
确定墙身立面投
影左下角点。

指定另一个角点或［面积(A)/尺寸(D)/旋转(R)］:@290,225

命令:_rectang ←墙身平面投影。
指定第一个角点或［倒角(C)/标高(E)/圆角(F)/厚度(T)/宽度(W)］:from
基点:<偏移>:@-25,-20 ←捕捉基础右后角点作
为基点。

指定另一个角点或［面积(A)/尺寸(D)/旋转(R)］:@-290,-90
命令:L
指定第一个点:30 ←自基础右前角点向后
追踪30。

指定下一点或［放弃(U)］:290

3.墙身正面投影的圆的绘制以及水平面椭圆的绘制
(1)绘制圆

命令:_circle
指定圆的圆心或［三点(3P)/两点(2P)/相切、相切、半径(T)］:80
指定圆的半径或［直径(D)］:80 ←打开正交功能,鼠标指向墙身V面投影中点位置,向
上追踪80确定圆的圆心,再确定半径绘制圆。

(2)绘制椭圆
打开象限点捕捉方式功能,用构造线确定圆孔的侧面投影,以及椭圆的长轴,补画一条
45°线,绘制椭圆的短轴。也可以直接利用对象追踪确定圆孔的侧面投影,过圆孔的侧面投影
顶点作垂线,圆孔底到垂线的距离为椭圆短轴长度,绘制辅助线,执行旋转移动命令得到椭圆
的短轴,再用对象追踪功能基于椭圆的长轴绘制椭圆。

操作提示

命令：_ellipse
指定椭圆的轴端点或［圆弧（A）/中心点（C）］:c
指定椭圆的中心点：
指定轴的端点：
指定另一条半轴长度或［旋转（R）］:　　←用确定椭圆的中心点和端点及另一半轴长度的方
式来绘制椭圆，V 面圆的直径为椭圆的长轴，W 面
后表面决定椭圆的短轴。

4.绘制缘石（图 3-2-2-2）

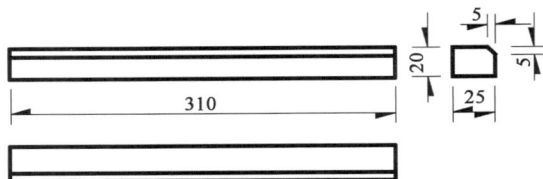

图 3-2-2-2　绘制缘石

操作提示

命令：_rectang　　　　　　　　　　　　　　　　　　　←缘石平面投影。
指定第一个角点或［倒角（C）/标高（E）/圆角（F）/厚度（T）/宽度（W）］:　　←捕捉墙身右前角作为
基点。
基点：＜偏移＞:@10,5
指定另一个角点或［面积（A）/尺寸（D）/旋转（R）］:@ -310,25
命令：l
指定第一个点：5　　　　　　　　　　　　　　　←自基础右前角点向后
追踪5。
指定下一点或［放弃（U）］:310

操作提示

命令：_rectang　　　　　　　　　　　　　　　　　←缘石侧面投影。
指定第一个点：5　　　　　　　　　　　　　←在侧面投影用鼠标捕捉墙身前上角点，向前追踪5，
确定缘石前下方点。
指定另一个角加点或［放弃（U）］:@ -25,20

操作提示

命令:_chamfer   ←用倒角命令完成缘石前上方的绘制。

("修剪"模式) 当前倒角距离 1 = 0.0000,距离 2 = 0.0000

选择第一条直线或 [放弃(U)/多段线(P)/距离(D)/角度(A)/修剪(T)/方式(E)/多个(M)]:D

指定第一个倒角距离 <0.0000>:5

指定第二个倒角距离 <5.0000>:5

选择第一条直线或 [放弃(U)/多段线(P)/距离(D)/角度(A)/修剪(T)/方式(E)/多个(M)]:

选择第二条直线,或按住【Shift】键选择直线以应用角点或 [距离(D)/角度(A)/方法(M)]:

也可以用直线命令完成。

命令:_line

指定第一个点:5   ←在侧面投影用鼠标指向墙身前上角点,移动鼠标,键盘输入5,向前追踪5。

指定下一点或 [放弃(U)]:<正交 开> 15

指定下一点或 [放弃(U)]:@ -5,5

指定下一点或 [闭合(C)/放弃(U)]:20

指定下一点或 [闭合(C)/放弃(U)]:20

指定下一点或 [闭合(C)/放弃(U)]:c

命令:_rectang   ←缘石立面投影。

指定第一个角点或 [倒角(C)/标高(E)/圆角(F)/厚度(T)/宽度(W)]:10←在立面投影用鼠标捕捉墙身左上角点,向左追踪10,确定缘石立面投影左下角点。

指定另一个角点或 [面积(A)/尺寸(D)/旋转(R)]:@310,20

相关知识

知识点 1 矩形命令

矩形是最简单的封闭直线图形,在道路工程制图中常用来表达方形基础。

命令调用方式:

◆命令行:输入"Rectang"(或"REC")

◆菜单栏:单击"绘图"菜单—"矩形"命令

◆功能区:单击"默认"选项卡—"绘图"面板—"矩形"命令按钮▭

命令:_rectang　　　　　　　　　　　　　　　　←默认方式是分别指定矩形的两个对
　　　　　　　　　　　　　　　　　　　　　　　　角点画矩形。

指定第一个角点或［倒角(C)/标高(E)/圆角(F)/厚度(T)/宽度(W)］:
　　　　　　　　　　　　　　　　　　　←指定矩形的第一个角点。

指定另一个角点或［面积(A)/尺寸(D)/旋转(R)］:　←指定另一个角点。

设置点的位置的几种方式:

(1)用鼠标直接在屏幕上取点。

(2)通过键盘输入点的坐标。

(3)在指定方向上通过给定距离确定点。

(4)用目标捕捉方式输入特殊点,用"捕捉自"的方式定点。

(5)用对象追踪功能确定点。

矩形命令行中各选项的功能如下:

1. 面积(A)

该选项用于绘制给定面积的矩形。

以绘制一个面积为 $4800mm^2$、长度为 80mm 的矩形为例。

命令:_rectang
指定第一个角点或［倒角(C)/标高(E)/圆角(F)/厚度(T)/宽度(W)］:
指定另一个角点或［面积(A)/尺寸(D)/旋转(R)］:A　　←选择面积选项。
输入以当前单位计算的矩形面积 <100.0000>:4800　←输入要绘制的矩形的面积。
计算矩形标注时依据［长度(L)/宽度(W)］<长度>:　←选择矩形的长度或宽度。
输入矩形长度 <10.0000>:80　　　　　　　　　←输入矩形长度,由面积和长度确
　　　　　　　　　　　　　　　　　　　　　　　定矩形。

2. 尺寸(D)

该选项用于绘制给定长度和宽度的矩形。

以绘制一个 80mm×60mm 的矩形为例。

命令：_rectang
指定第一个角点或［倒角(C)/标高(E)/圆角(F)/厚度(T)/宽度(W)］：
指定另一个角点或［面积(A)/尺寸(D)/旋转(R)］：D　　　←选择尺寸选项。
指定矩形的长度 ＜80.0000＞：80　　　　　　　　　←输入矩形的长度。
指定矩形的宽度 ＜60.0000＞：60　　　　　　　　　←输入矩形的宽度。
指定另一个角点或［面积(A)/尺寸(D)/旋转(R)］：　　←在屏幕上拾取一点,确定矩形
　　　　　　　　　　　　　　　　　　　　　　　　　　的方向。

3. 倒角(C)

该选项用于绘制带倒角的矩形。

以绘制一个带倒角的 80mm×60mm 矩形为例,倒角矩离为 10mm。

命令：_rectang
指定第一个角点或［倒角(C)/标高(E)/圆角(F)/厚度(T)/宽度(W)］：C
　　　　　　　　　　　　　　　　　　　　　　　　　　　　←选择倒角选项。
指定矩形的第一个倒角距离 ＜0.0000＞：10　　　　　　　←指定第一倒角距
　　　　　　　　　　　　　　　　　　　　　　　　　　　　　离值。
指定矩形的第二个倒角距离 ＜10.0000＞：10　　　　　　←指定第二倒角距
　　　　　　　　　　　　　　　　　　　　　　　　　　　　　离值。
指定第一个角点或［倒角(C)/标高(E)/圆角(F)/厚度(T)/宽度(W)］：←指定第一角点。
指定另一个角点或［面积(A)/尺寸(D)/旋转(R)］：@80,60　←输入相对坐标。

4. 圆角(F)

该选项用于绘制带圆角的矩形。

以绘制一个带圆角的 80mm×60mm 矩形为例,圆角半径为 10mm,指定线宽为 3mm。

命令：_rectang
指定第一个角点或［倒角(C)/标高(E)/圆角(F)/厚度(T)/宽度(W)］：W ←选择宽度选项。
指定矩形的线宽 ＜0.0000＞：3　　　　　　　　　　　　　　　←指定线宽值。
指定第一个角点或［倒角(C)/标高(E)/圆角(F)/厚度(T)/宽度(W)］：F ←选择圆角选项。
指定矩形的圆角半径 ＜10.0000＞：10　　　　　　　　　　　　←指定圆角半径。
指定第一个角点或［倒角(C)/标高(E)/圆角(F)/厚度(T)/宽度(W)］：←指定第一角点。
指定另一个角点或［面积(A)/尺寸(D)/旋转(R)］：@80,60　　　　←输入相对坐标。

5. 旋转(R)

该选项用于绘制有一定旋转角度的矩形。

操作提示

```
命令:_rectang
指定第一个角点或 [倒角(C)/标高(E)/圆角(F)/厚度(T)/宽度(W)]: F
指定矩形的圆角半径 <0.0000>: 20
指定第一个角点或 [倒角(C)/标高(E)/圆角(F)/厚度(T)/宽度(W)]:
指定另一个角点或 [面积(A)/尺寸(D)/旋转(R)]: R          ←输入旋转角度。
指定旋转角度或 [拾取点(P)] <0>: 30
指定另一个角点或 [面积(A)/尺寸(D)/旋转(R)]: D          ←输入矩形的长度与
                                                              宽度。

指定矩形的长度 <10.0000>: 200
指定矩形的宽度 <10.0000>: 150
指定另一个角点或 [面积(A)/尺寸(D)/旋转(R)]:
```

倒角、圆角及旋转选项如图3-2-2-3所示。

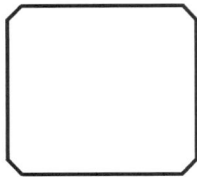

a)倒角(C)选项的含义   b)圆角(F)选项的含义   c)旋转(R)选项的含义

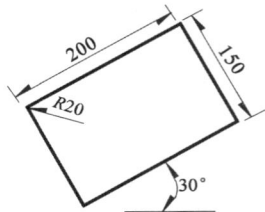

图3-2-2-3 矩形选项含义

6.标高(E)

以绘制一个80mm×60mm的矩形为例,设置矩形线宽3mm,厚度为25mm。

操作提示

```
命令:_rectang
指定第一个角点或 [倒角(C)/标高(E)/圆角(F)/厚度(T)/宽度(W)]: W      ←选择宽度
                                                                          选项。

指定矩形的线宽 <0.0000>: 3                                        ←指定线宽
                                                                          值。

指定第一个角点或 [倒角(C)/标高(E)/圆角(F)/厚度(T)/宽度(W)]: T      ←选择厚度
                                                                          选项。

指定矩形的厚度 <0.0000>: 25                                       ←指定矩形
                                                                          厚度值。

指定第一个角点或 [倒角(C)/标高(E)/圆角(F)/厚度(T)/宽度(W)]:
指定另一个角点或 [面积(A)/尺寸(D)/旋转(R)]: @80,60
```

在图3-2-2-4a)中,我们不能观察到矩形的厚度,主要是由于视角的问题。系统默认的视图是俯视图,而在俯视图中是不能体现矩形厚度的,所以需要转换视图角度。

执行"视图>三维视图>西南等轴测"菜单命令,把视图调整为西南等轴测视图,如

图 3-2-2-4b)所示;矩形呈立体效果,这时就可以观察到矩形的厚度了。

图 3-2-2-4b)表现的是矩形的线框效果,单击"视图 > 消隐"菜单命令,让矩形以实体形式显示,如图 3-2-2-4c)所示, 这样就可以形象地表现出矩形的宽度和厚度。

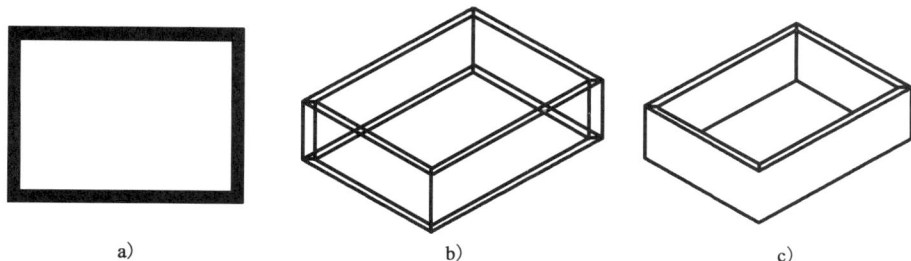

a)　　　　　　　　　　　b)　　　　　　　　　c)

图 3-2-2-4　矩形宽度、厚度选项含义

思考:绘制完倒角或圆角矩形后,如何返回绘制一般矩形的阶段?

提示:设置倒角距离、圆角半径、厚度、线宽等数据后,再调用矩形命令时则会把这些数据作为当前值。因此,还原一般矩形的操作命令如下:

操作提示

```
命令:_rectang
当前矩形模式:圆角 = 20.0000
指定第一个角点或 [倒角(C)/标高(E)/圆角(F)/厚度(T)/宽度(W)]: F  ← 因为当前矩
                                                                形模式是圆
                                                                角, 还 原 一
                                                                般矩形就是
                                                                设置圆角半
                                                                径为 0。
指定矩形的圆角半径 <20.0000>: 0                                ← 指定圆角半
                                                                径值 0。
指定第一个角点或 [倒角(C)/标高(E)/圆角(F)/厚度(T)/宽度(W)]:
指定另一个角点或 [面积(A)/尺寸(D)/旋转(R)]:
```

知识点 2 **正多边形命令**

绘制正多边形需先指定正多边形边数,缺省时的默认设置为正方形,可根据绘图需要键入 3 ~ 1024 之间任一整数作为多边形数,通过指定中心点或多边形一边可选择以什么方式绘制正多边形。

"正多边形(Polygon)"命令用于绘制正多边形时有三种使用方式,即内接法,外切法和边长法,如图 3-2-2-5 所示。

(1)三种方式的共同点是都必须知道多边形边数。

(2)同样的半径,内接于圆或者外切于圆所绘的多边形大小不同。

(3)按边长法绘正多边形默认顺序为逆时针方向,第一条边长的方向决定六边形的方向。

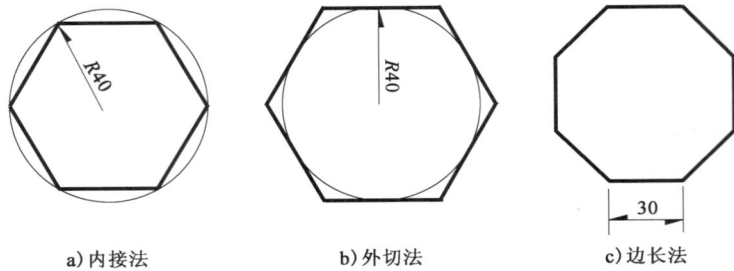

a)内接法　　　　　　　b)外切法　　　　　　c)边长法

图 3-2-2-5　　正多边形的绘制

命令调用方式：

◆命令行：输入"Polygon"（或"POL"）

◆菜单栏：单击"绘图"菜单—"正多边形"命令

◆功能区：单击"默认"选项卡—"绘图"面板—"正多边形"命令按钮⬡

正多边形的绘制方式操作提示：

（1）内接法。利用此方法绘制内接于圆的多边形，即正多边形的所有顶点都位于一个假想的圆上。

<table>
<tr><td rowspan="5">操作提示</td><td>命令：_polygon</td><td></td></tr>
<tr><td>输入侧面数 <4>:6</td><td>←输入正多边形的边数。</td></tr>
<tr><td>指定正多边形的中心点或[边(E)]：</td><td>←指定正多边形的中心点位置。</td></tr>
<tr><td>输入选项[内接于圆(I)/外切于圆(C)] <I>:I</td><td>←内接圆法。</td></tr>
<tr><td>指定圆的半径:20</td><td>←输入圆的半径。</td></tr>
</table>

（2）外切法。利用此方法绘制的多边形外切于圆。

<table>
<tr><td rowspan="5">操作提示</td><td>命令：_polygon</td><td></td></tr>
<tr><td>输入侧面数 <4>:6</td><td>←输入正多边形的边数。</td></tr>
<tr><td>指定正多边形的中心点或[边(E)]：</td><td>←指定正多边形的中心点位置。</td></tr>
<tr><td>输入选项[内接于圆(I)/外切于圆(C)] <I>:C</td><td>←外切圆法。</td></tr>
<tr><td>指定圆的半径:20</td><td>←输入圆的半径。</td></tr>
</table>

（3）边长法。用边长确定正多边形。

命令:_polygon
输入侧面数 <4>:6
指定正多边形的中心点或[边(E)]:E   ←边长确定正多边形。
指定边的第一个端点:
指定边的第二个端点:

知识点 3 倒角命令

倒角是指用斜线连接两个不平行的线型对象。

1. 命令调用方式

◆命令行:输入"Chamfer"(或"CHA")

◆菜单栏:单击"修改"菜单—"倒角"命令

◆功能区:单击"默认"选项卡—"修改"面板—"倒角"命令按钮◻

倒角命令的两种参数模式如图 3-2-2-6 所示。

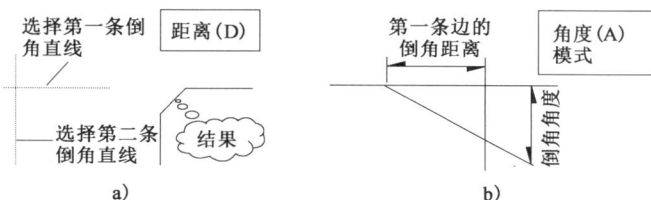

图 3-2-2-6 倒角命令的参数模式

命令:_chamfer
("修剪"模式)当前倒角距离 1 = 0.0000,距离 2 = 0.0000
选择第一条直线或[放弃(U)/多段线(P)/距离(D)/角度(A)/修剪(T)/方式(E)/多个(M)]:D
指定第一个倒角距离 <0.0000>:5
指定第二个倒角距离 <5.0000>:5
选择第一条直线或[放弃(U)/多段线(P)/距离(D)/角度(A)/修剪(T)/方式(E)/多个(M)]:
选择第二条直线,或按住【Shift】键选择要应用角点的直线:

2. 各选项含义

倒角命令各选项含义见表 3-2-2-1。

倒角命令各选项含义　　　　　　　　　　　　　　　　　　　　表 3-2-2-1

倒角命令各选项	含义
多段线(P)	用于在对多段线进行倒角操作时,将所有直线段间的顶点进行倒角
距离(D)	用于设定倒角距离,在该方式下,倒角由两对象的交点分别到倒角斜线两个端点的距离(即第一倒角距离和第二倒角距离)决定
角度(A)	以第一条线的倒角距离和第二条线与倒角的角度设置倒角距离
修剪(T)	用于设定完成倒角操作后是否修剪对象。如果选择"修剪(T)"方式进行倒角,则完成操作后,倒角连接多余的部分将被修剪掉。选择"不修剪(N)"方式则会保留原对象状态,但在他们之间会加上一条倒角斜线
方式(E)	用于控制使用两个距离,还是一个距离和一个角度来创建倒角
多个(M)	该选项可以一次创建多个倒角。调用该选项后,系统将重复提示"选择第二个对象",直到用户单击 Enter 或 Esc 键结束命令

拓展训练3-2-2-1

绘制图 3-3-2-7 所示图形,熟悉倒角命令的运用。

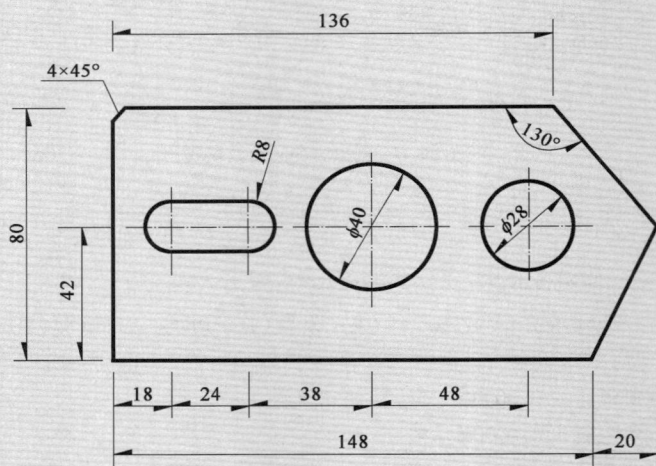

图3-3-2-7　倒角命令的运用

提示:用长度和角度来完成倒角操作时,长度是指第一条边被切去的长度,角度是指第一条边与倒角边的夹角。

命令:Chamfer

("修剪"模式) 当前倒角距离 1 = 0.0000,距离 2 = 0.0000

选择第一条直线或[放弃(U)/多段线(P)/距离(D)/角度(A)/修剪(T)/方式(E)/多个(M)]: A

指定第一条直线的倒角长度 <0.0000>:32 ←输入倒角长度值。

指定第一条直线的倒角角度 <0>:50 ←输入倒角角度值。

选择第一条直线或[放弃(U)/多段线(P)/距离(D)/角度(A)/修剪(T)/方式(E)/多个(M)]:

选择第二条直线,或按住【Shift】键选择要应用角点的直线:

命令:Chamfer

("修剪"模式) 当前倒角距离 1 = 0.0000,距离 2 = 0.0000

选择第一条直线或[放弃(U)/多段线(P)/距离(D)/角度(A)/修剪(T)/方式(E)/多个(M)]:D

指定第一条直线的倒角长度 <0.0000>:20 ←输入倒角长度值。

指定第一条直线的倒角角度 <20.0000>:指定第二点 ←鼠标捕捉两点之间的距离。

选择第一条直线或[放弃(U)/多段线(P)/距离(D)/角度(A)/修剪(T)/方式(E)/多个(M)]:

选择第二条直线,或按住 Shift 键选择要应用角点的直线:

知识点 4 镜像命令

镜像命令用于将选定的对象按照指定的镜像线对称地复制。原对象可以删除,也可以保留。同时镜像命令可以将图形中的个别图形实体进行镜像复制,也可将对称图形绘制一半后用该命令进行镜像复制而得到另一半图形,如图3-2-2-8所示。

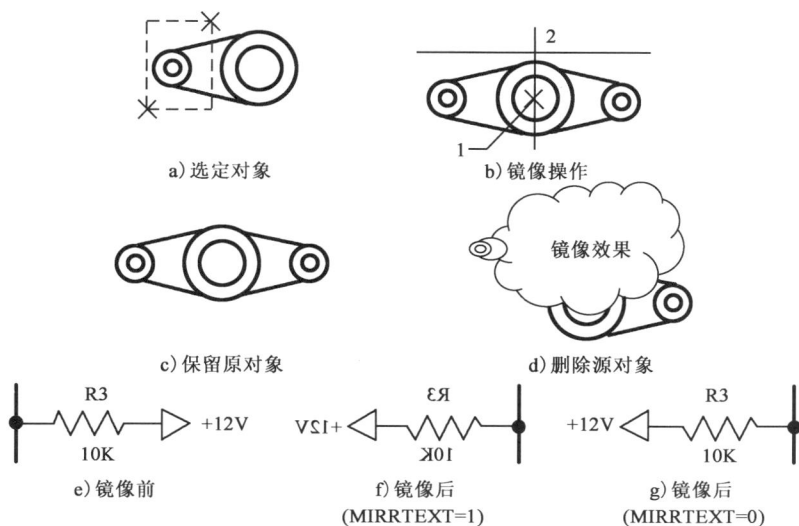

图3-2-2-8 镜像操作

命令调用方式:

◆命令行:输入"Mirror"(或"MI")

◆菜单栏:单击【修改】菜单—【镜像】命令
◆功能区:单击【默认】选项卡—【修改】面板—【镜像】命令按钮◢◣

操作提示

命令:_mirror	←执行 MIRROR 命令。
选择对象:找到 1 个	←选择需要镜像的图形对象。
选择对象:	
指定镜像线的第一点:	←在对称轴上指定一点。
指定镜像线的第二点:	←在对称轴上指定另一点。
要删除源对象吗?[是(Y)/否(N)] <N>:	
	←选择"Y",删除镜像后源对象;选择"N",保留镜像后源对象。

注意:当镜像操作对象中有文本时,镜像后的文本等对象的可读性由系统变量 MIRRTEXT 决定,其默认值是1,即文字操作完全镜像,文字镜像后不具有可读性。当 MIRRTEXT 值是0,则文字镜像后具有可读性。

操作技巧:绘制工程图时,通常都需要利用轴线来定位,而且轴线通常为一组平行线,故利用偏移命令可以完成所有轴线的绘制。对于对称图形,一般先绘制其中一半图形,然后运用镜像命令完成另一半图形的绘制。

夯基强技

"夯基强技"内容见超星学习通平台。

学习评价与分析

评价项目	评价标准	参考分值(分)	得分(分)
绘制盖板涵断面图	准确性与熟练程度	30	
绘制涵洞口一字墙三视图	准确性与熟练程度	60	
掌握对象追踪技巧、镜像命令的使用	熟练使用绘图技巧	10	
小组之间互相评价(50%)	课前预习 课中学习 (60分)	1. 课前预习,找出难点:10分 2. 课中完成课堂任务(评价项目):40分 3. 学习态度、职业素质(严谨细致)考核:10分	
	课后作业 (20分)	1. 规定时间内完成该学习任务平台上夯基强技内容 2. 找出易错题、难题	
	小组代表展示 (20分)	1. 对出错多的题目或者难题进行讲解 2. 总结各个题目考查的知识点	
教师评价(50%)		1. 时间观念(考勤):10分 2. 学习态度(评价项目):80分 3. 表达能力:10分	
课后学习总结			
学习收获			
不足之处			

学习任务三 绘制回头曲线、道路平面交叉口(圆)

◎ 知识目标与能力目标

学习圆、圆弧、椭圆及椭圆弧的命令操作。

通过学习,应达到以下要求:

1. 掌握绘制圆命令各选项的功能,能正确绘制圆及与直线相切的圆弧图形。
2. 能正确绘制回头曲线、交叉口。
3. 熟悉修剪命令的功能,能对图形进行快速、正确修剪。
4. 掌握绘制椭圆、椭圆弧的方法。

☑ 学习任务描述与分析

道路桥梁工程制图中经常要将圆弧与直线连接或将圆弧与圆弧连接,如道路的平面曲线、涵洞的洞口、隧道洞门等。 如图 3-2-3-1 所示道路的平面交叉路口,就是将圆弧与直线连接而成的。

完成回头曲线(图 3-2-3-2)、道路平面交叉口的绘制,熟悉如何绘制圆弧、圆。

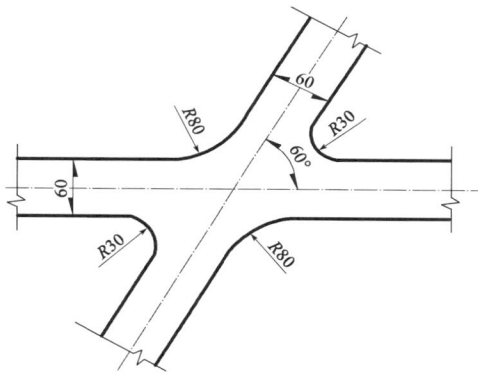

图 3-2-3-1 道路的平面交叉路口

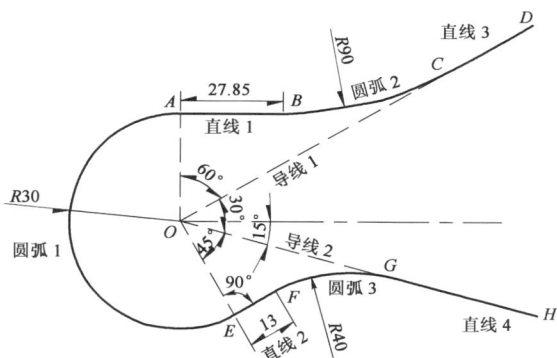

图 3-2-3-2 回头曲线

学习任务实施

明确任务：运用圆、修剪、打断于点的命令，能够正确绘制回头曲线和交叉口。

💡引导问题1　如何绘制回头曲线?

1. 绘制导线，并对其进行线型设置

<table>
<tr><td rowspan="7">操作提示</td><td>命令:L
指定第一个点:O 点
指定下一点或[放弃(U)]:＜30</td><td>←角度为正(逆时针为角度增大方向)，为负(顺时针为角度增大方向)。</td></tr>
<tr><td>角度替代:30
指定下一点或[放弃(U)]:D 点</td><td>←直导线1。</td></tr>
</table>

2. 绘制圆弧1

<table>
<tr><td rowspan="7">操作提示</td><td>命令:_arc
圆弧创建方向:逆时针(按住 Ctrl 键可切换方向)
指定圆弧的起点或[圆心(C)]:30</td><td>←从 O 点对象追踪确定 A 点，以 A 点作为圆弧的起点。</td></tr>
<tr><td>指定圆弧的第二个点或[圆心(C)/端点(E)]:_c
指定圆弧的圆心</td><td>←指定 O 点为圆心。</td></tr>
<tr><td>指定圆弧的端点或[角度(A)/弦长(L)]:_a
指定包含角:210</td><td>←输入角度。</td></tr>
</table>

3. 绘制直线 AB、EF

<table>
<tr><td rowspan="7">操作提示</td><td>命令:_line
指定第一点:</td><td>←捕捉圆弧端点 A。</td></tr>
<tr><td>指定下一点或[放弃(U)]:27.8461</td><td>←正交打开，向右移动输入直线的长度27.8461(也可以是任意长度，到时再用延伸命令即可)。</td></tr>
<tr><td>命令:_line
指定第一点</td><td></td></tr>
<tr><td></td><td>←直线的第一点为 E 点。</td></tr>
<tr><td>指定下一点或[放弃(U)]:@ 13.4315＜30</td><td>←直线第二点是利用相对极坐标绘制(也可以是任意长度)。</td></tr>
</table>

4.绘制与直线相切的圆弧 2、圆弧 3

> **操作提示**
>
> 命令:C
> CIRCLE   ←输入圆快捷键
> 指定圆的圆心或[三点(3P)/两点(2P)/切点、切点、半径(T)]:T
> 指定对象与圆的第一个切点: ←选择 AB 直线作为第一相切对象。
> 指定对象与圆的第二个切点: ←选择 CD 直线作为第二相切对象。
> 定圆的半径 <166.5050>:90   ←输入半径值。

此外,也可运用倒圆角命令绘制圆弧 2、圆弧 3。

> **操作提示**
>
> 命令:_fillet
> 当前设置:模式 = 修剪,半径 = 0.0000
> 选择第一个对象或[放弃(U)/多段线(P)/半径(R)/修剪(T)/多个(M)]:R
> 指定圆角半径 <0.0000>:40   ←输入圆角半径值。
> 选择第一个对象或[放弃(U)/多段线(P)/半径(R)/修剪(T)/多个(M)]:
>   ←选择 EF 直线作为第一倒圆角对象。
> 选择第二个对象,或按住 Shift 键选择对象以应用角点或[半径(R)]: ←选择 GH 直线作为第二倒圆角对象。

💡 引导问题 2 　如何用修剪命令、圆角命令完成道路平面交叉路口绘制?

1.用修剪命令完成绘制平面交叉路口

(1)使用直线命令绘制交叉角度为 60°的两条直线,如图 3-2-3-3a)所示。

(2)使用偏移命令 OFFSET 将步骤(1)绘制的直线段分别向上、下和左、右两侧偏移 30,结果如图 3-2-3-3b)所示。

(3)使用"相切、相切、半径"方式绘制半径为 80 的圆,如图 3-2-3-3c)所示。

(4)使用"相切、相切、半径"方式绘制半径为 30 的圆,如图 3-2-3-3d)所示。

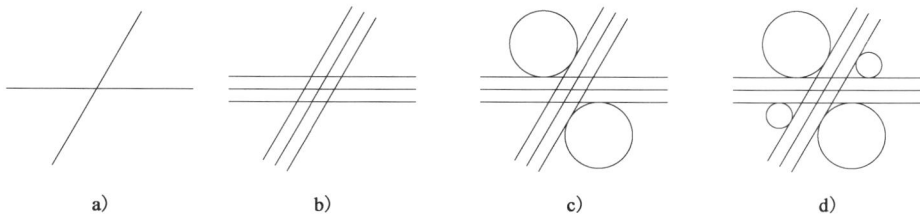

a)   b)   c)   d)

图 3-2-3-3 　圆弧连接准备工作

(5)在命令提示行输入修剪命令 TRIM(TR)后单击 Enter 键,AutoCAD 提示如下。

<table>
<tr><td rowspan="1">操作提示</td><td>

命令:_trim

当前设置:投影 = UCS,边 = 无

选择剪切边...

选择对象或 < 全部选择 >:找到 1 个

选择对象:找到 1 个,总计 2 个

选择对象:

选择要修剪的对象,或按住 Shift 键选择要延伸的对象,或[栏选(F)/窗交(C)/投影(P)/边
(E)/删除(R)/放弃(U)]:

选择要修剪的对象,或按住 Shift 键选择要延伸的对象,或[栏选(F)/窗交(C)/投影(P)/边
(E)/删除(R)/放弃(U)]:

</td><td>

←输入命令,单击 Enter 键。

←移动鼠标选择前一步完成图形中的直线 1,
　单击鼠标左键确定。

←移动鼠标选择前一步完成图形中的直线 4,
　单击鼠标左键确定。

←单击 Enter 键,完成剪切边的选择[图 3-2-
　3-4a)]。

←移动鼠标选择与直线 1、4 相切的圆中需要
　修剪掉的部分[图 3-2-3-4b)]。

←单击 Enter 键,完成修剪[图 3-2-3-4c)]。

</td></tr>
</table>

提示:执行修剪命令,系统提示选择剪切边时,可以输入"all",选择全部对象,也就是说各对象互为剪切边,这样彼此相交的对象就可进行一次修剪。

(6)修改其他直线段。

(7)选中直线 2、5,将其线型调整为点画线,选中圆弧及与其相连的各直线段,将其线宽调整为"0.30mm",点击状态栏上的"线宽"按钮线宽,显示线宽,得到如图 3-2-3-4d)所示道路平面交叉口图。

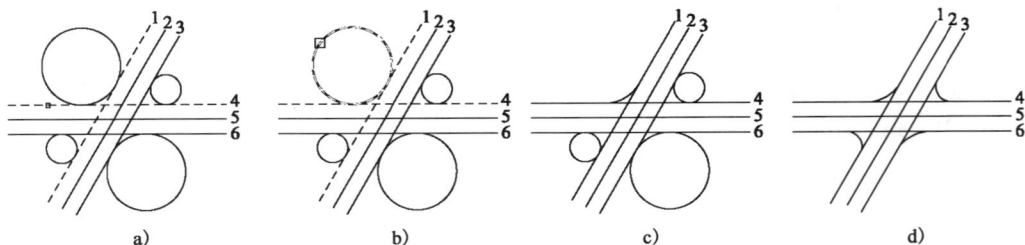

| a) | b) | c) | d) |

图 3-2-3-4　修剪方式形成圆弧连接过程

2.用圆角命令绘制平面交叉路口。

操作提示:

(1)直线绘制同上。

(2)单击"修改"面板"圆角"命令按钮，完成连接圆弧的绘制。

操作提示

```
命令:_fillet                                                    ←选择"圆角"
                                                                 命令。
当前设置:模式 = 不修剪,半径 =0
选择第一个对象或[放弃(U)/多段线(P)/半径(R)/修剪(T)/多个(M)]:R
                                                              ←选择"半径"
                                                                 选项。
指定圆角半径 <0>:80
选择第一个对象或[放弃(U)/多段线(P)/半径(R)/修剪(T)/多个(M)]:T  ←选择"修剪"
                                                                 选项。
输入修剪模式选项[修剪(T)/不修剪(N)] <修剪>:N             ←选择"不修剪"
                                                                 选项。
选择第一个对象或[放弃(U)/多段线(P)/半径(R)/修剪(T)/多个(M)]:   ←选择直线1。
选择第二个对象或按住 Shift 键选择对象以应用角点或[半径(R)]:  ←选择直线4。
```

相关知识

知识点 1 圆命令

命令调用方式:
◆命令行:输入 Circle(或 C)
◆菜单栏:单击【绘图】菜单—【圆】命令
◆功能区:单击【默认】选项卡—【绘图】面板—【圆】命令按钮⊙或下拉菜单中的画圆方式

操作提示

```
命令:_circle
指定圆的圆心或[三点(3P)/两点(2P)/相切、相切、半径(T)]:
指定圆的半径或[直径(D)]:200    ←默认是已知圆心、半径绘制圆。
                              ←直径(D):已知圆心、直径绘制圆。
                              ←两点(2P):通过确定圆上两点绘制圆。
                              ←三点(3P):通过确定圆上任意三点绘制圆。
```

画圆命令有以下几种操作方式,如图 3-2-3-5 所示。

提示:

(1)相切对象可以是直线、圆、圆弧、椭圆等图线,"相切、相切、半径"和"相切、相切、相切"方式可以解决工程制图中圆弧连接的问题。

(2)使用"相切、相切、半径"和"相切、相切、相切"方式画图时,选择相切对象的选择点不仅指出了相切对象,而且还指明了切点的大致位置。因此,选择相切对象时,所选择的位置不同,最后得到的结果也不相同。

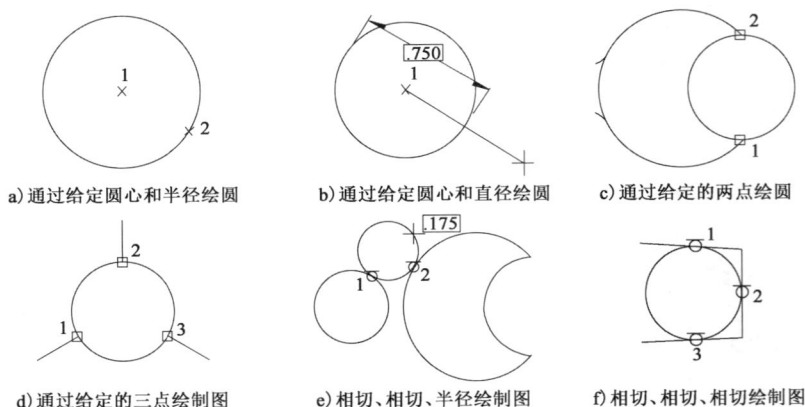

a) 通过给定圆心和半径绘圆　　b) 通过给定圆心和直径绘圆　　c) 通过给定的两点绘圆

d) 通过给定的三点绘制图　　e) 相切、相切、半径绘制图　　f) 相切、相切、相切绘制图

图 3-2-3-5　画圆命令的几种操作方式

知识点 2　圆弧命令

圆弧也是工程制图中常见的图形元素。

命令调用方式:

◆命令行:输入 Arc(或 A)

◆菜单栏:选择【绘图】菜单栏—"圆弧"命令按钮

◆功能区:单击【默认】选项卡—【绘图】面板—【圆弧】命令按钮或下拉菜单的画弧方式

提示:在 AutoCAD 中,将逆时针方向默认为圆弧增大方向,即从起点向终点逆时针画弧。故所取的始末点顺序不同,将会画出不同方向的圆弧。

圆弧的操作方式,如图 3-2-3-6 所示。

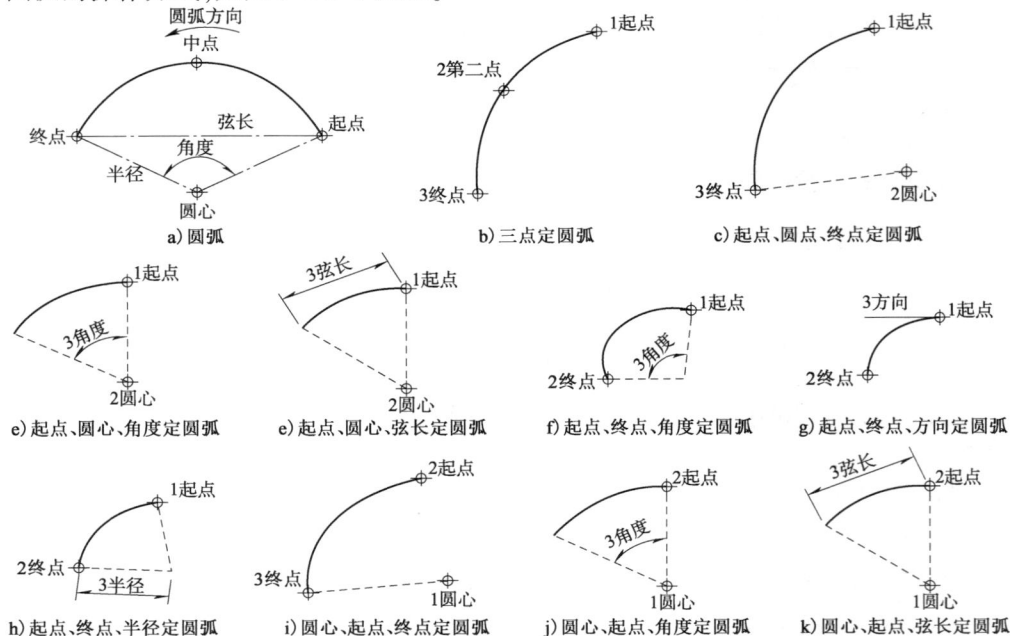

a) 圆弧　　b) 三点定圆弧　　c) 起点、圆点、终点定圆弧

e) 起点、圆心、角度定圆弧　　e) 起点、圆心、弦长定圆弧　　f) 起点、终点、角度定圆弧　　g) 起点、终点、方向定圆弧

h) 起点、终点、半径定圆弧　　i) 圆心、起点、终点定圆弧　　j) 圆心、起点、角度定圆弧　　k) 圆心、起点、弦长定圆弧

图 3-2-3-6　圆弧的操作方式

提示:绘制与直线或者其他对象相切的圆弧不适用"圆弧"命令,此时可用"圆"命令结合"TRIM(修剪)"命令绘制,或直接采用圆角命令。

知识点 3 椭圆命令

椭圆也是一种典型的封闭曲线图形,圆在某种意义上可以看成是特殊的椭圆。在工程上,涵洞口的截面为投影面垂直面,其不垂直的面的投影为椭圆。

命令调用方式:

◆命令行:输入 Ellipse(或 EL)

◆菜单栏:选择【绘图】菜单—【椭圆】选项

◆功能区:单击【默认】选项卡—【绘图】面板—【椭圆】命令按钮 🔘。

1. 轴、端点方式

操作提示	命令:_ellipse	
	指定椭圆的轴端点或[圆弧(A)/中心点(C)]:	←指定轴端点或选择参数。
		←可以通过指定一个轴的两个端点(主轴)和另一个轴的半轴长度绘制椭圆。
	指定轴的另一个端点:	←指定第二个端点。
	指定另一条半轴长度或[旋转(R)]:	←指定另一条半轴长度或通过参数确定椭圆旋转角度。

给定两轴端点的方式绘制:如图 3-2-3-7a)所示,根据两个端点(1 轴端点和 2 轴端点)定义椭圆的第一条轴,第一条轴确定了椭圆的角度。

2. 给定中心点和两轴端点的方式[图 3-2-3-7b)]

操作提示	命令:_ellipse	
	指定椭圆的轴端点或[圆弧(A)/中心点(C)]:C	←输入椭圆的中心点选项。
		←可以通过指定椭圆中心、一个轴的端点(主轴)及另一个轴的半轴长度绘制椭圆。
	指定椭圆的中心点:	←捕捉椭圆中心点。
	指定轴的端点:	←指定轴端点。
	指定另一条半轴长度或[旋转(R)]:	←指定另一半轴端点。

3. 椭圆弧的绘制

椭圆弧绘制的命令与椭圆绘制命令完全一样,只是在使用工具栏按钮或菜单方式绘制时,系统可以自动调用参数"圆弧(A)",各选项含义如图 3-2-3-7c)所示。

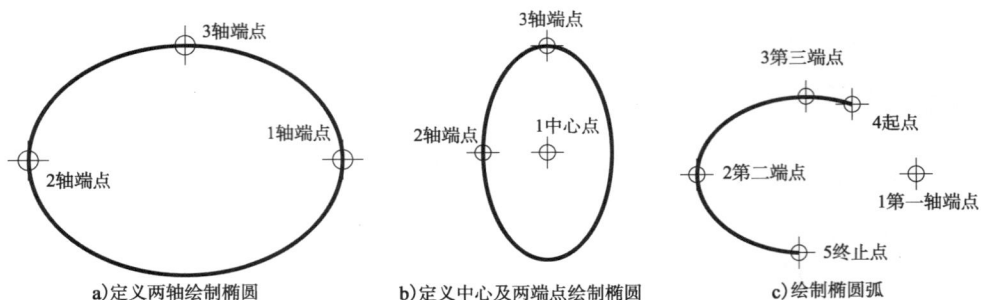

图 3-2-3-7　椭圆及椭圆弧的绘制

> **操作提示**
>
> 命令:_ellipse
> 指定椭圆的轴端点或[圆弧(A)/中心点(C)]:A
> 指定椭圆弧的轴端点或[中心点(C)]:　　　　←指定椭圆弧所在椭圆轴端点或输入参数。
> 指定轴的另一个端点:　　　　　　　　　　　←指定椭圆弧所在椭圆的另一端点。
> 指定另一条半轴长度或[旋转(R)]:　　　　　←指定椭圆弧所在椭圆另一条半轴长度或输
> 　　　　　　　　　　　　　　　　　　　　　　入参数。
> 指定起始角度或[参数(P)]:　　　　　　　　←指定椭圆弧起始角度或输入参数 P 用于输
> 　　　　　　　　　　　　　　　　　　　　　　入参照角度点位置。
> 指定终止角度或[参数(P)/包含角度(I)]:　　←指定椭圆弧的终止角度。
> 　　　　　　　　　　　　　　　　　　　　　　←输入椭圆弧包含角度值定义椭圆弧所对应
> 　　　　　　　　　　　　　　　　　　　　　　的圆心角,其角度值为从起始点开始逆时
> 　　　　　　　　　　　　　　　　　　　　　　针旋转的角度。

知识点 4　等轴测圆绘制命令

　　正平面圆、水平圆、侧平面圆的正等轴测投影形状是椭圆。在绘制正等轴测图中的椭圆时,应先打开等轴测平面,然后绘制椭圆。

　　按图 3-2-3-8 设置等轴测作图模式。在状态栏"对象捕捉"按钮右键,选择"设置"选项,在打开"草图设置"对话框中,选择"捕捉类型"选项,勾选"等轴测捕捉",按下 F5 快捷键或者使用快捷方式 Ctrl + E,将等轴测平面切换为正平面等轴测平面模式,重复上述操作绘制正平面上正平面圆的轴测投影。

　　绘制水平圆的轴测投影(注意十字光标的变化,需在等轴测平面为水平面等轴测平面模式下)。

> **操作提示**
>
> 命令:_ellipse
> 指定椭圆轴的端点或[圆弧(A)/中心点(C)/等轴测圆(I)]:I　←输入选项参数"I",调用
> 　　　　　　　　　　　　　　　　　　　　　　　　　　　　等轴测圆的绘制选项。
> 指定等轴测圆的圆心:　　　　　　　　　　　　　　　　　←利用对象捕捉功能确定
> 　　　　　　　　　　　　　　　　　　　　　　　　　　　　圆心。
> 指定等轴测圆的半径或[直径(D)]:D　　　　　　　　　　←输入选项参数"D"调用
> 　　　　　　　　　　　　　　　　　　　　　　　　　　　　直径选项,确定椭圆
> 　　　　　　　　　　　　　　　　　　　　　　　　　　　　参数。
> 指定等轴测圆的直径:211　　　　　　　　　　　　　　　←输入直径值。

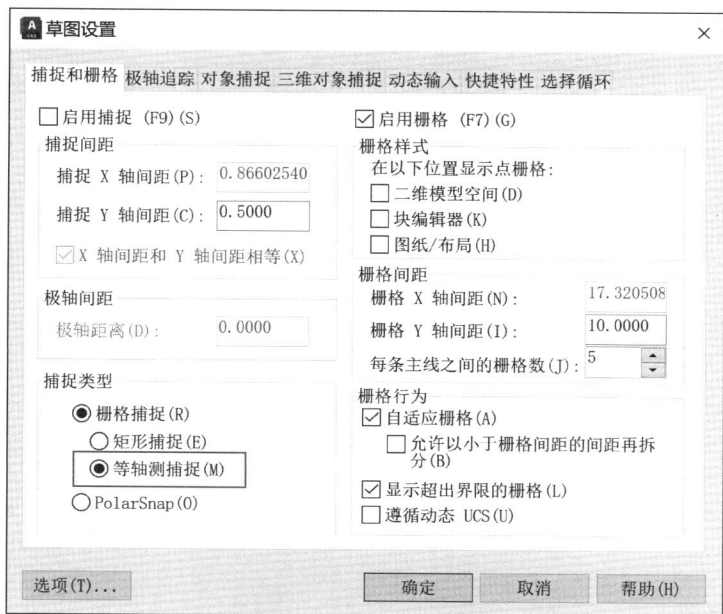

图 3-2-3-8　等轴测作图模式设置

知识点 **5**　**圆角命令**

圆角是指用指定半径的一段平滑圆弧连接两个对象。

1. 命令调用方式

◆命令行:输入 Fillet(或 F)

◆菜单栏:单击【修改】菜单—【圆角】命令

◆功能区:单击【默认】选项卡—【修改】面板—【圆角】命令按钮

> **操作提示**
>
> 命令:_fillet
> 当前设置:模式 = 修剪,半径 = 0.0000
> 选择第一个对象或[放弃(U)/多段线(P)/半径(R)/修剪(T)/多个(M)]:R
> 指定圆角半径 <0.0000>:20　　　　　　　　　　←输入圆角半径值。
> 选择第一个对象或[放弃(U)/多段线(P)/半径(R)/修剪(T)/多个(M)]:
> 选择第二个对象,或按住【Shift】键选择要应用角点的对象:

2. 命令选项说明(表 3-2-3-1)

命令选项说明表　　　　　　　　　　　　　　　　　　　表 3-2-3-1

命令选项	说明
多段线(P)	将多段线中每个直线段间的顶点进行圆角操作
半径(R)	用于设定圆角半径

续上表

命令选项	说明
修剪(T)	用于设定完成圆角操作后是否修剪对象，采用"不修剪"方式则会在圆弧连接完成后保留原对象状态，如图3-2-3-9所示
多个(M)	该选项可以一次创建多个圆角
按住Shift键选择要应用角点的对象	选择第二个圆角对象时按住Shift键，系统将以0值替代当前的圆角半径，可使两直线相交

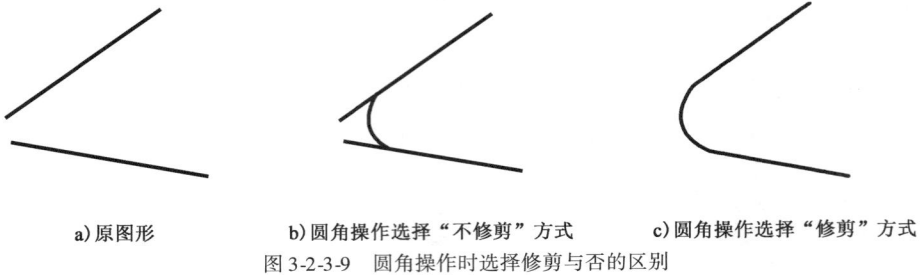

a)原图形　　　　b)圆角操作选择"不修剪"方式　　　　c)圆角操作选择"修剪"方式

图3-2-3-9　圆角操作时选择修剪与否的区别

3.命令功能说明

（1）圆角命令，不仅可以在直线对象间完成圆角操作，还可以在圆和圆弧及直线之间完成圆弧连接，如图3-2-3-10所示，但对多段线的操作只能在直线段之间完成。

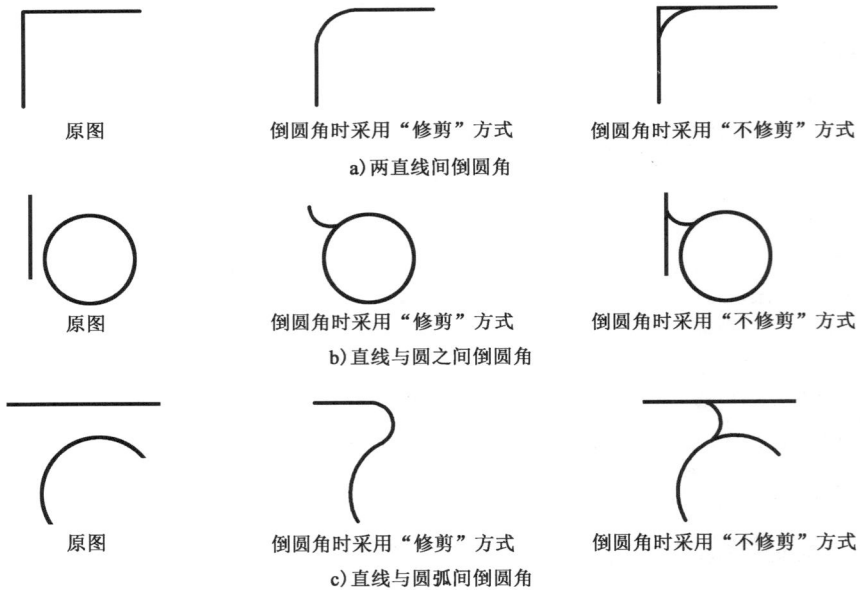

原图　　　　倒圆角时采用"修剪"方式　　　　倒圆角时采用"不修剪"方式

a)两直线间倒圆角

原图　　　　倒圆角时采用"修剪"方式　　　　倒圆角时采用"不修剪"方式

b)直线与圆之间倒圆角

原图　　　　倒圆角时采用"修剪"方式　　　　倒圆角时采用"不修剪"方式

c)直线与圆弧间倒圆角

图3-2-3-10　圆角命令示例

（2）在使用"多段线"选项对多段线进行圆角操作时，如果多段线本身是通过"封闭（C）"选项完成首尾封闭连接，在多段线的直线段之间会自动倒出圆角；如果多段线最后一段的终点和起点仅通过手动相连，该多段线的起终点之间不会进行圆角操作。

（3）如果将圆角半径设定为 0，则在修剪模式下，无论两条非平行直线间相互关系如何，都将会自动准确相交，如图 3-2-3-11 所示。

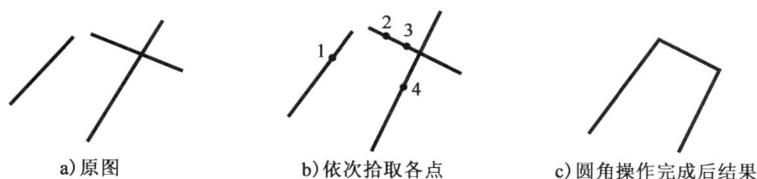

a) 原图　　　　　　b) 依次拾取各点　　　　　c) 圆角操作完成后结果

图 3-2-3-11　圆角半径设定为 0 时的操作效果

夯基强技

"夯基强技"内容见超星学习通平台。

学习评价与分析

评 价 项 目	评 价 标 准	参考分值（分）	得分（分）
绘制回头曲线	准确性与熟练程度	40	
绘制平面交叉口	准确性与熟练程度	60	
小组之间 互相评价（50%）	课前预习 课中学习 （60 分）	1. 课前预习，找出难点：10 分 2. 课中完成课堂任务（评价项目）：40 分 3. 学习态度、职业素质（严谨细致）考核：10 分	
	课后作业 （20 分）	1. 规定时间内完成该学习任务平台上夯基强技内容 2. 找出易错题、难题	
	小组代表展示 （20 分）	1. 对出错多的题目或者难题进行讲解 2. 总结各个题目考查的知识点	
教师评价（50%）		1. 时间观念（考勤）：10 分 2. 学习态度（评价项目）：80 分 3. 表达能力：10 分	
课后学习总结			
学习收获			
不足之处			

学习任务四　绘制交通标志及城市道路(多段线、多线)

◎知识目标与能力目标

学习多段线、多段线编辑,多线、多线编辑,样条曲线命令。

通过学习,应达到以下要求:

1. 掌握通过多段线命令绘制带有宽度的交通标志等图形。

2. 掌握多段线的编辑。

3. 能正确设置多线样式,进行多线编辑。

☑学习任务描述与分析

完成交通标志(图3-2-4-1)、城市道路(图3-2-4-2)的绘制,理解多段线各参数的含义,多线样式的设置及多线绘制与编辑。

图 3-2-4-1　交通标志

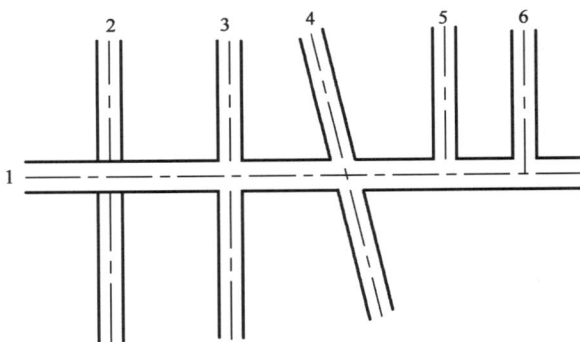

图 3-2-4-2　城市道路

学习任务实施

明确任务：熟悉多段线、多段线编辑命令，能够正确绘制交通标志及城市道路。

💡引导问题1　如何用多段线命令绘制交通标志？

命令：_pline

指定起点：　　　　　　　　　　　　　　　　　　←指定多段线起点。

当前线宽为 0.0000

指定下一个点或[圆弧(A)/半宽(H)/长度(L)/放弃(U)/宽度(W)]：W　←选择此选项设置线宽。

指定起点宽度 <0.0000>：2　　　　　　　　　　←设置线段起点宽度。

指定端点宽度 <1.0000>：2　　　　　　　　　　←设置线段终点宽度。

指定下一个点或[圆弧(A)/半宽(H)/长度(L)/放弃(U)/宽度(W)]：　←指定多段线下一点。

指定下一点或[圆弧(A)/闭合(C)/半宽(H)/长度(L)/放弃(U)/宽度(W)]：W　←变宽度的箭头。

指定起点宽度 <1.0000>：10　　　　　　　　　←设置起点宽度。

指定端点宽度 <10.0000>：0　　　　　　　　　←设置端点宽度。

指定下一点或[圆弧(A)/闭合(C)/半宽(H)/长度(L)/放弃(U)/宽度(W)]：←指定下一点,确定箭头

　　　　　　　　　　　　　　　　　　　　　　　　　　长度。

指定下一点或[圆弧(A)/闭合(C)/半宽(H)/长度(L)/放弃(U)/宽度(W)]：←按回车键,结束绘

　　　　　　　　　　　　　　　　　　　　　　　　　　图命令。

💡引导问题2　如何设置多线样式？　如何用多线命令绘制简单的城市道路？

思考：完成图 3-2-4-2 所示的城市道路交叉口的绘制练习,分析该图各道路间的相互关系,设置多线样式并绘制道路平面交叉图。

道路 1 跨 2,1 为主干道,2 为次干道;1 与 3 呈平面交叉;1 与 4 呈 X 形平面交叉;1 与 5 呈 T 形平面交叉;1 与 6 呈 T 形平面交叉。

绘制道路交叉口的多线操作命令如下。

命令：ML　　　　　　　　　　　　　←输入多线快捷键。

MLEDIT

当前设置：对正 = 上,比例 = 20.00,样式 = STANDARD

指定起点或[对正(J)/比例(S)/样式(ST)]：

指定下一点：

指定下一点或[放弃(U)]：

编辑道路交叉口的多线如下：

点击【修改】菜单—对象—多线对话框,选择十字闭合选项,点击确定,操作提示如

图3-2-4-3所示。

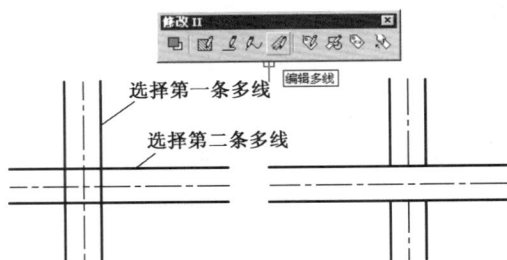

图3-2-4-3　多线编辑提示

操作提示

命令:_mledit
选择第一条多线:　　　　　　　　←注意选择顺序。
选择第二条多线:

引导问题3　如何用样条曲线命令绘制等高线或者桩的折断符号?

【同步训练3-2-4-1】

完成图3-2-4-4管状桩的绘制,注意桩截面的绘制,掌握镜像命令的使用及进行对象选择操作。

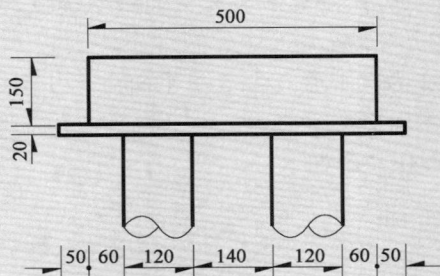

图3-2-4-4　管状桩的绘制

提示:
(1)绘制矩形(600×20,500×150)。
(2)运用移动命令调整矩形的位置。
(3)绘制管桩。
(4)镜像得另一根管桩。

绘制管桩的断面操作提示如下。

```
命令:_spline
当前设置:方式 = 控制点,阶数 = 3
指定第一个点或[方式(M)/阶数(D)/对象(O)]:_M
输入样条曲线创建方式[拟合(F)/控制点(CV)] <CV>:_CV
当前设置:方式 = 控制点,阶数 = 3
指定第一个点或[方式(M)/阶数(D)/对象(O)]:          ←指定样条曲线第一点。
输入下一个点:                                      ←指定样条曲线第二点。
输入下一个点或[放弃(U)]:
输入下一个点或[闭合(C)/放弃(U)]:
输入下一个点或[闭合(C)/放弃(U)]:
```

相关知识

知识点 1 多段线命令

用"多段线"命令可以绘制由若干直线和圆弧连接而成的不同宽度的曲线或折线,并且均为一个对象,可以用"多段线修改(Pedit)"命令对其进行编辑。"多段线(Pline)"命令在实际绘图中,主要用来绘制具有一定宽度或宽度变化的线段、箭头或圆弧对象。

命令调用方式:

◆命令行:输入 Pline(或 PL)

◆菜单栏:单击【绘图】菜单—【多段线】选项

◆功能区:单击【默认】选项卡—【绘图】面板—【多段线】命令按钮

其中:半宽(H)选项用于设置多段线的半宽宽度。

放弃(U)选项用于删除多段线的上一段直线段或圆弧段。

切换到画圆弧状态,各选项功能说明见表3-2-4-1。

各选项功能说明   表3-2-4-1

选项	功能说明	选项	功能说明
圆弧(A)	切换至圆弧绘制模式	角度(A)	指定输入角度值控制圆弧的绘制,正值时,逆时针画弧;负值则顺时针画弧
半宽(H)	设置多段线一半的宽度	圆心(CE)	指定圆弧的圆心方式绘制圆弧的绘制
长度(L)	绘制与前一段直线角度相同的指定长度线段	方向(D)	指定圆弧起点的切线方向绘制圆弧
放弃(U)	退回至上一点	直线(L)	由圆弧绘制切换至直线绘制
宽度(D)	设置多段线绘制的起始与结束的宽度值	半径(R)	指定圆弧的半径控制圆弧绘制
闭合(CL)	用于封闭起点和最后一个绘线点,并结束命令	第二个点(S)	指定圆弧的第二点。根据指定的三点来绘制圆弧

在"指定包含角:"提示符后所输入角度值的正负将影响圆弧的绘制方向。如果当前的绘图环境设置逆时针方向为角度方向,若输入的角度值为正,则从圆弧起始点开始绕圆心逆时针方向绘制圆弧;反之,则以顺时针方向绘制圆弧。

知识点 2   **多段线的编辑**

编辑多段线命令是针对用多段线命令 Pline 命令绘制的多段线的专门编辑命令。

命令调用方式:

◆命令行:输入 Pedit(或 PE)

◆菜单栏:单击【修改】菜单—【对象】—【多段线】选项

◆功能区:单击【默认】选项卡—【修改】面板—编辑【多段线】命令按钮🖉

提示:调用多段线合并时,如果选择的不是多段线,则 AutoCAD 将提示是否转换成多段线,同时欲连接的各相邻对象必须在形式上彼此已经首尾相连,否则,将提示 0 条线段已添加到多段线。

操作提示

命令:PE

PEDIT

选择多段线或[多条(M)]:M

选择对象:指定对角点:找到 6 个

选择对象:

是否将直线和圆弧转换为多段线?[是(Y)/否(N)]? <Y>

输入选项[闭合(C)/打开(O)/合并(J)/宽度(W)/拟合(F)/样条曲线(S)/非曲线化(D)/线型生成(L)/放弃(U)]:J   ←输入合并选项。

合并类型 = 延伸

输入模糊距离或[合并类型(J)] <0.0000>:

多段线已增加 4 条线段

输入选项[闭合(C)/打开(O)/合并(J)/宽度(W)/拟合(F)/样条曲线(S)/非曲线化(D)/线型生成(L)/放弃(U)]:

知识点 3   **墙线的绘制——多线**

多线是一种由多条平行的线组成的图形,每条线的颜色和线型可以相同也可以不同,且其线宽偏移、比例、样式和端头交接方式都可以用多线样式命令控制。多线常用在一些特殊的绘图中,如建筑平面图中可用多线绘制墙体线,在道路工程制图中可以用多线来绘制道路的标线等。

1.命令调用方式

◆命令行:输入 Mline(或 ML)

◆菜单栏:单击【绘图】菜单—【多线】命令

操作提示

```
命令:ML
MLINE
当前设置:对正 = 上,比例 = 1.00,样式 = STANDARD        ←上(T):以外侧为基准。
指定起点或[对正(J)/比例(S)/样式(ST)]:J               ←对正(J):设置基准对正位置。
输入对正类型[上(T)/无(Z)/下(B)] <无>:Z              ←无(Z):以中心为基准。
当前设置:对正 = 无,比例 = 1.00,样式 = STANDARD        ←下(Z):以内侧为基准。
指定起点或[对正(J)/比例(S)/样式(ST)]:                ←选择起点或输入选项。
指定下一点:
指定下一点或[放弃(U)]:                               ←指定多线下一点或输入选项
                                                     或单击 Enter 键完成绘制。
```

其中,比例(S)用于设置平行线之间的距离。可输入 0、正值或负值。比例值为 0 时,各平行线重合;当比例值为负值时,平行线的排列将倒置。AutoCAD 默认的比例值为 20。

样式(ST)用于设置多线的绘制样式。AutoCAD 提供的默认样式为"STANDARD",采用该默认的比例和样式绘制的多线是由两条间距为 20 单位的平行线组成。用户可根据提示输入所需的多线样式名。

当用户需要大于 2 条的平行线,或对其中的某条线型有特殊要求,需要通过"多线样式"对话框进行设置。

2. 多线命令样式的设置

多线 Mline 命令样式缺省模式为双线,线宽为 1,AutoCAD 中允许自行对多线的一些特性如平行线数量、线型、颜色、间距等进行设置,用"Mlstyle"命令定义样式。

命令调用方式:

◆命令行:Mlstyle

◆菜单栏:单击【格式】菜单—【多线样式】命令

打开多线样式的设置,如图 3-2-4-5 所示。

3. 多线编辑

多线编辑往往需要通过多线编辑命令来完成,该命令可以控制多线之间相交时的连接方式。

命令调用方式:

◆命令行:Mledit

◆菜单栏:单击【修改】菜单—【对象】—【多线】命令

执行上述操作后,打开多线编辑工具,各选项如图 3-2-4-6 所示。在该对话框中,系统提供了 12 种编辑多线样式的形式,其中,第一列用于编辑十字交叉的多线,第二列用于编辑 T 形相交的多线,第三列用于编辑角点连接和顶点,第四列用于编辑多线的剪切或接合。对话框中的各个图像按钮形象地说明了各编辑功能,用户单击所需的按钮后,退出该对话框,返回到绘图窗口,根据命令行提示继续进行相应的多线编辑操作。

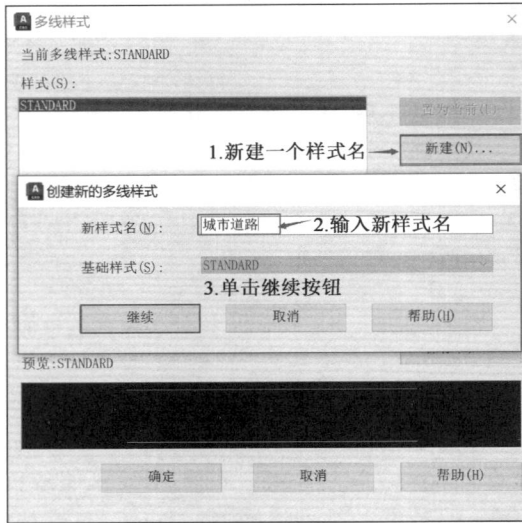

a)

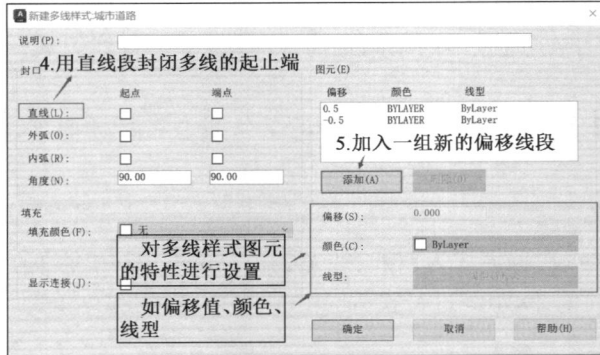

b)

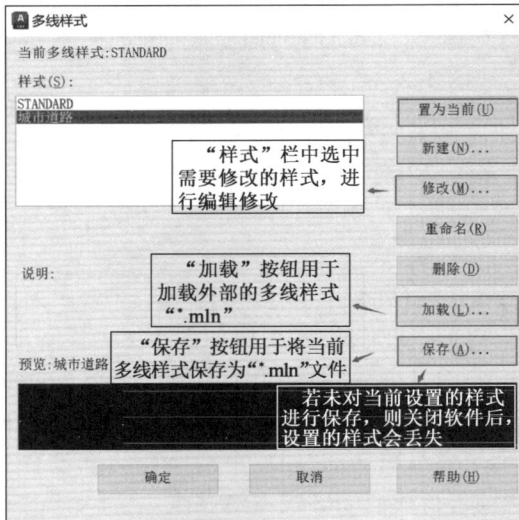

c)

图 3-2-4-5　多线样式的设置

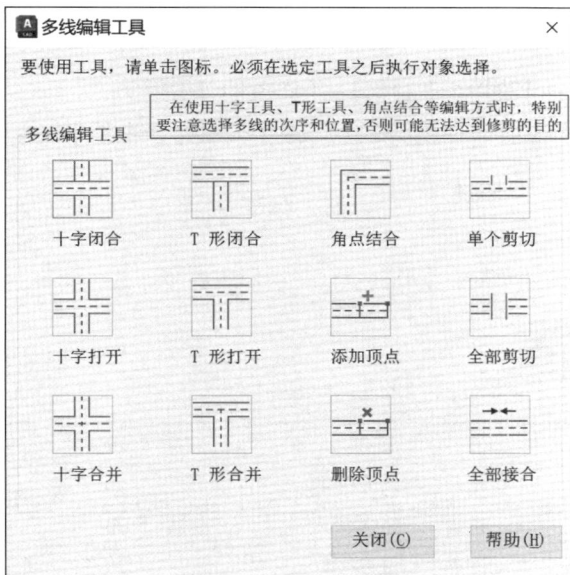

图 3-2-4-6　多线的编辑

注:在使用十字工具、T形工具、角点结合等编辑方式时,特别要注意选择多线的次序和位置,否则可能无法达到修
剪的目的。

知识点 ④　样条曲线命令

样条曲线是工程图的一个组成要素,但通常不用来精确绘图,一般需要经拉伸、修改后才
能得到满足需求的曲线。例如用样条曲线绘制等高线。

样条曲线是经过或接近一系列给定点的光滑曲线,并可以控制曲线与点的拟合程度。用
户可以通过指定的一系列控制点,在指定的公差范围内把控制点拟合成光滑的曲线,也可以封
闭样条曲线,使起点和端点重合。样条曲线适合于绘制具有不规则变化曲率半径的曲线。

提示:编辑样条曲线最为常用的方式是编辑夹持点来改变曲线的形状,即"拖拖拉拉"法。
通常曲线要求不是非常精确,所以利用夹持点拖拉,便能得到所需要的形状。注意在进行修改
时要关闭对象捕捉和正交模式,否则会影响对图形的修改。

1.绘制样条曲线
命令调用方式:
◆命令行:输入 SPline（或 SPL）
◆菜单栏:选择【绘图】菜单—【样条曲线】命令
◆功能区:单击默认选项卡—【绘图】面板—【样条曲线】命令按钮 ∿ ∿
样条曲线有两种绘制模式,分别是"样条曲线拟合"和"样条曲线控制点"。
"样条曲线拟合":该模式是使用曲线拟合来绘制样条曲线。
"样条曲线控制点":该模式是使用曲线控制点来绘制样条曲线,使用该模式绘制的曲线
较为平滑。

2.样条曲线编辑
多线编辑往往需要通过多线编辑命令来完成,控制多线之间相交时的连接方式。

命令调用方式:

◆命令行:Splinedit

◆菜单栏:单击【修改】菜单—【对象】—【样条曲线】命令

◆功能区:单击默认选项卡—【修改】面板—【编辑样条曲线】命令按钮⑤

夯基强技

"夯基强技"内容见超星学习通平台。

学习评价与分析

评 价 项 目	评 价 标 准	参考分值(分)	得分(分)
绘制交通标志	准确性与熟练程度	40	
绘制城市道路	准确性与熟练程度	30	
绘制管状桩	准确性与熟练程度	30	
小组之间 互相评价(50%)	课前预习 课中学习 (60分)	1.课前预习,找出难点:10分 2.课中完成课堂任务(评价项目):40分 3.学习态度、职业素质(严谨细致)考核:10分	
	课后作业 (20分)	1.规定时间内完成该学习任务平台上夯基强技内容 2.找出易错题、难题	
	小组代表展示 (20分)	1.对出错多的题目或者难题进行讲解 2.总结各个题目考查的知识点	
教师评价(50%)		1.时间观念(考勤):10分 2.学习态度(评价项目):80分 3.表达能力:10分	
课后学习总结			
学习收获			
不足之处			

学习任务五　绘制路线里程桩(点、块)

◎ 知识目标与能力目标

学习点命令、图块的创建与插入、图块的属性定义与编辑操作。

通过学习，应达到以下要求：

1. 掌握运用点的定数、定距等分命令来绘制图形的能力。
2. 掌握块的定义，能创建块。
3. 掌握插入块、图块属性的定义与操作，能快速绘制相同的图形。

✓ 学习任务描述与分析

完成路线里程桩的绘制操作练习。掌握点的定距等分、定数等分命令，以及掌握如何创建块及图块的属性定义与使用等操作。

绘制路线里程桩，根据所给转角点的坐标及圆曲线半径绘制路线公里桩，如图 3-2-5-1 所示。

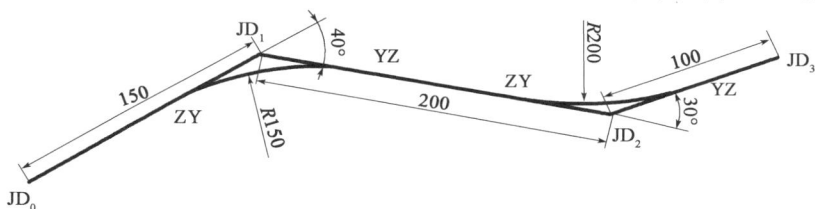

图 3-2-5-1　路线里程桩的设置

路线导线上共有 2 个交点，加上起点和终点，一共是 4 个点，坐标数据如下。

JD_0：$X = 48.3423$，$Y = 109.5000$

JD_1：$X = 178.2461$，$Y = 184.5000$，$\alpha_1 = 40°$，$JD_0 \sim JD_1 = 150$

JD_2：$X = 375.2077$，$Y = 149.7704$，$\alpha_2 = 30°$，$JD_1 \sim JD_2 = 200$

JD_3：$X = 469.1770$，$Y = 183.9724$，$JD_2 \sim JD_3 = 100$

学习任务实施

明确任务：熟悉点的定数等分、定距等分命令，块命令的使用，正确绘制路线里程桩。

♀ 引导问题 1　如何绘制路线里程桩?

1. 绘制直线

提示：利用 Excel 和 AutoCAD 结合绘制路线导线。进行坐标转换，将图 3-2-5-2 所示的 D

项目格的坐标从上到下全部复制,再回到 AutoCAD 操作界面,命令行输入多段线命令 PLINE 绘制公路导线。

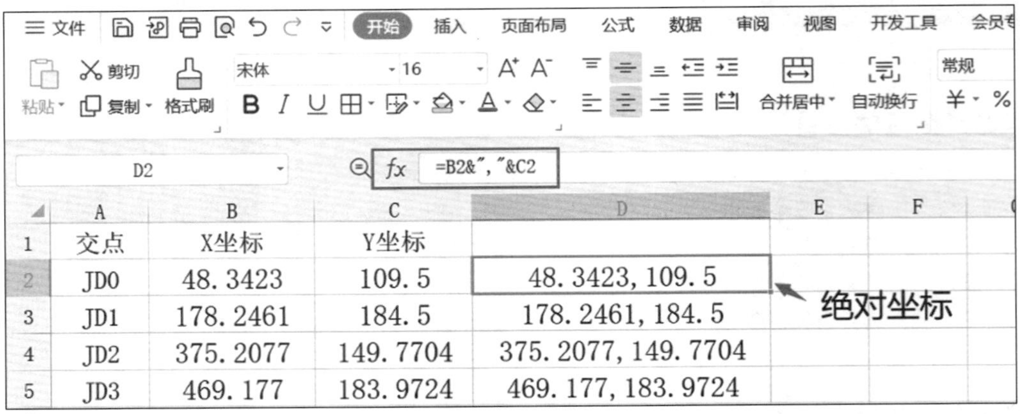

	A	B	C	D
1	交点	X坐标	Y坐标	
2	JD0	48.3423	109.5	48.3423,109.5
3	JD1	178.2461	184.5	178.2461,184.5
4	JD2	375.2077	149.7704	375.2077,149.7704
5	JD3	469.177	183.9724	469.177,183.9724

图 3-2-5-2　坐标的转换

操作提示

命令:_pline

指定起点:48.3423,109.5

当前线宽为 0.0000

指定下一个点或[圆弧(A)/半宽(H)/长度(L)/放弃(U)/宽度(W)]:178.2461,184.5

指定下一点或[圆弧(A)/闭合(C)/半宽(H)/长度(L)/放弃(U)/宽度(W)]:375.2077,149.7704

指定下一点或[圆弧(A)/闭合(C)/半宽(H)/长度(L)/放弃(U)/宽度(W)]:469.177,183.9724

2. 平曲线的绘制

利用"相切-相切-半径"绘制半径分别为 150、200 的两个圆,然后进行修剪。

操作提示

命令:C

CIRCLE

指定圆的圆心或[三点(3P)/两点(2P)/相切、相切、半径(T)]:T

指定对象与圆的第一个切点:　　←捕捉切点。

指定对象与圆的第二个切点:　　←捕捉切点。

指定圆的半径:150　　←指定圆半径。

3. 多段线编辑

(1)运用"打断于点"命令将所绘的导线在 ZY、YZ 点处打断。

操作提示

命令:_break
选择对象:
指定第二个打断点 或[第一点(F)]:F ←选择修改工具栏中打断于点的图标▭,捕捉
　　　　　　　　　　　　　　　　　导线上圆弧的切点为打断点。
指定第一个打断点:
指定第二个打断点:@

(2)多段线的合并,将打断后的导线和平曲线合并成一个整体。

操作提示

命令:_pedit
选择多段线或[多条(M)]:M
选择对象:找到 1 个,总计 5 个
是否将直线、圆弧和样条曲线转换为多段线? [是(Y)/否(N)]? <Y>
输入选项[闭合(C)/打开(O)/合并(J)/宽度(W)/拟合(F)/样条曲线(S)/非曲线化(D)/线
型生成(L)/反转(R)/放弃(U)]:J ←输入合并选项。
合并类型 = 延伸
输入模糊距离或[合并类型(J)] <0.0000>:
多段线已增加 4 条线段

多段线的编辑效果如图 3-2-5-3 所示。

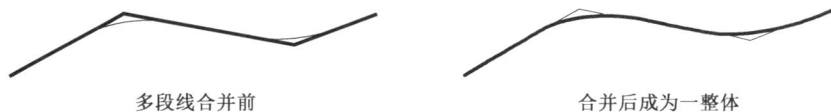

多段线合并前　　　　　　合并后成为一整体
图 3-2-5-3　多段线的编辑

4.定义百米桩的标注线块
定义块命令调用方式:
◆命令行:block(或 B)
打开块定义对话框给定块的名称、捕捉拾取点、选择对象即可,如图 3-2-5-4 所示。

5.运用点的定距等分命令绘制路线百米桩

操作提示

命令:ME ←输入定距等分命令。
MEASURE
选择要定距等分的对象: ←选择定距等分对象。
指定线段长度或[块(B)]:B ←选择块的选项。
输入要插入的块名:百米桩 ←输入块名。
是否对齐块和对象? [是(Y)/否(N)] <是>:Y
指定线段长度:100 ←输入长度。

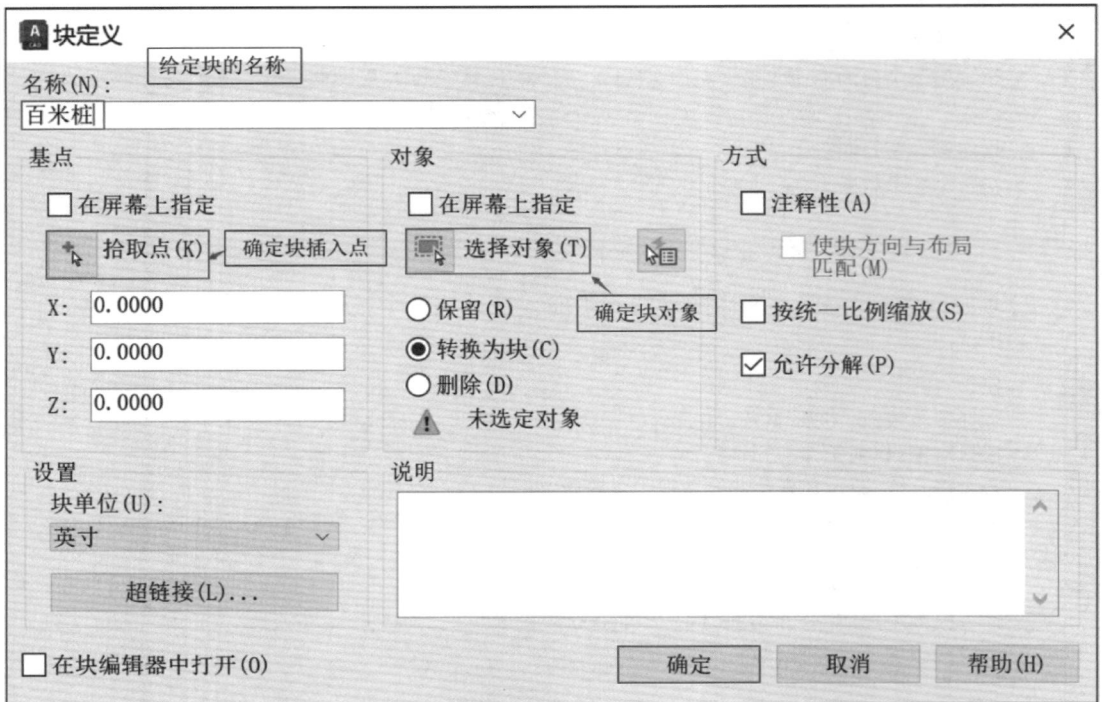

图 3-2-5-4   块定义

百米桩的绘制结果如图 3-2-5-5 所示。

图 3-2-5-5   百米桩

6. 书写文字,旋转文字

具体见后文中关于文本、尺寸标注与表格应用的相关内容。

7. 缩放至图框

具体见后文中绘制柱状图的缩放命令相关内容。

💡引导问题 2   如何建立带属性的 A3 图幅块(包含标题栏)?

【同步训练 3-2-5-1】

　　建立带属性的 A3 图幅块(包含标题栏),掌握块的创建和插入方法,了解基本的块属性调整与设置方法。

（1）绘制标准的 A3 图幅及图框和标题栏，如图 3-2-5-6 所示。单击"默认"选项卡—"块"面板—"创建"命令，打开"块定义"对话框，在"块定义"对话框中进行块定义的有关设置，如图 3-2-5-7 所示，创建 A3 图幅块。

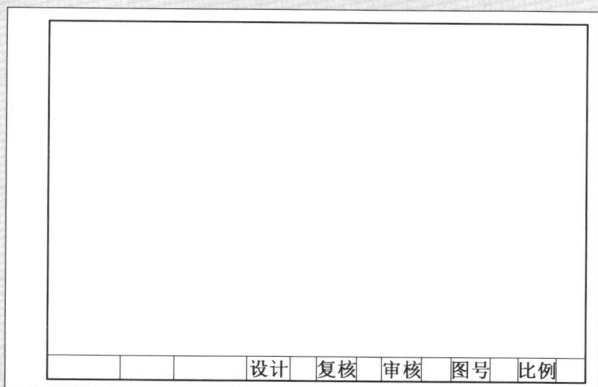

图 3-2-5-6　A3 图块

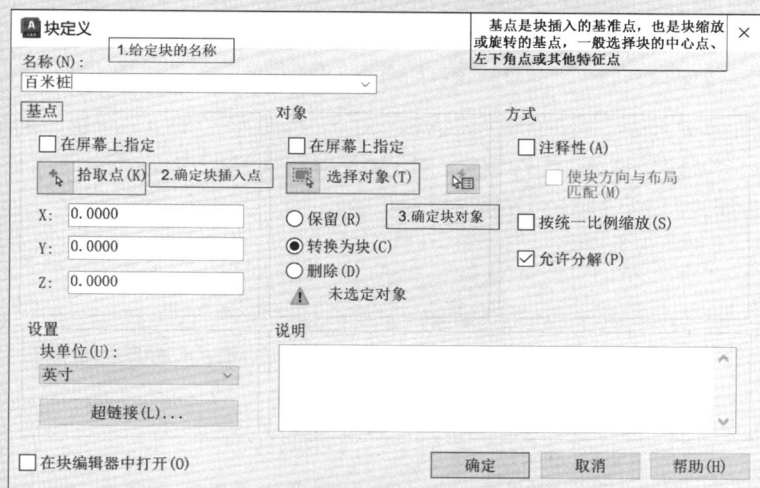

图 3-2-5-7　块定义对话框

（2）定义块的属性。

块属性采用文字说明表示。要创建块属性，首先进行块的属性定义。单击"默认"选项卡—"块"面板—"编辑"命令，选择定义的 A3 图块，单击"操作参数"面板—"属性定义"命令，或者单击"插入"选项卡—"块定义"面板—"定义属性"命令，打开"属性定义"对话框，进行属性的定义。块属性特征包括标记，标记就是属性名。插入块时显示的属性提示、值、文字格式、位置。创建属性定义之后，在定义块时将属性块选为对象，然后，插入块时，Auto-CAD 就会在命令行设计等属性值的提示信息，并等待输入属性。对每个新的插入块，输入不同的属性值。要同时使用几个属性时，需先定义这些属性，然后将它们定义在同一块中，如图 3-2-5-8 所示。

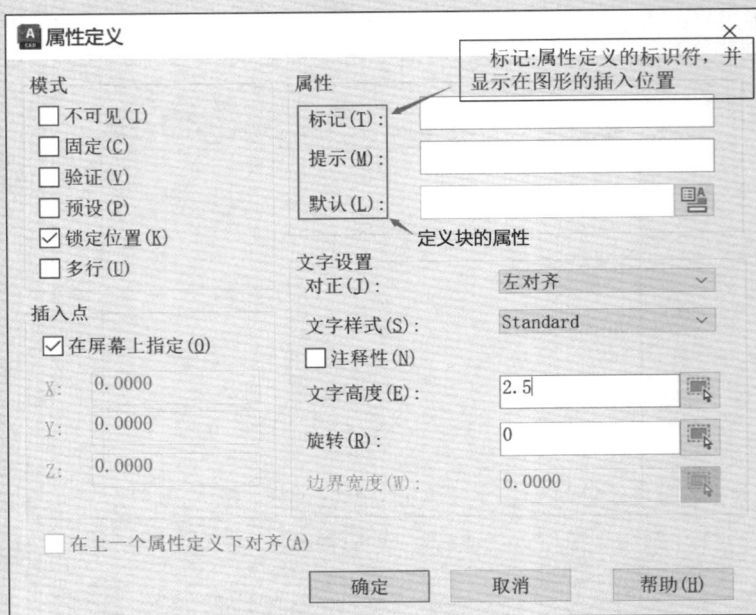

图 3-2-5-8　块属性的定义

单击"默认"选项卡—"块"面板—"编辑"命令,选择定义的 A3 图块,单击"操作参数"面板—"属性定义"命令,打开"属性定义"对话框,进行属性的定义。

定义了带有属性的图形显示,如图 3-2-5-9 所示。

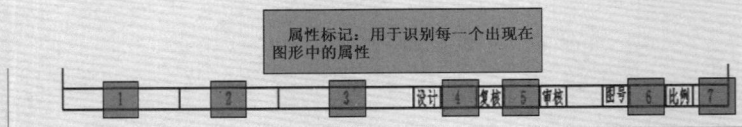

图 3-2-5-9　定义属性

(3)单击"关闭块编辑器",在弹出的"块一为保存更改"对话框中选择"将更改保存到 A3 图块",保存属性块。

(4)写块。命令行输入 Wlock(或 W),打开"写块"对话框,如图 3-2-5-10 所示,完成写块。

命令调用方式:

◆命令行:输入 Wlock(或 W)

打开写块对话框,如图 3-2-5-10 所示,确定块的来源及保存路径。

(5)插入块,如图 3-2-5-11 所示。

命令调用方式:

◆命令行:输入 Insert（或 I）

A3 块定义了属性特征。插入块时,AutoCAD 就会在命令行出现设计等属性值的提示信息,并等待输入属性。在"编辑属性"对话框中,逐一给定 A3 块属性值,如图 3-2-5-11 所示。

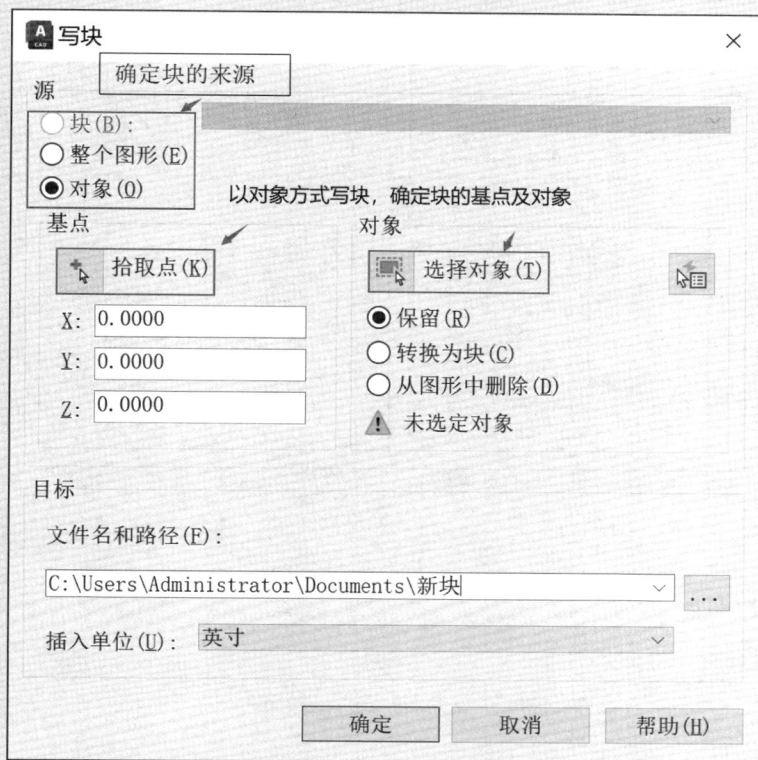

图 3-2-5-10 "写块"对话框

a)

图 3-2-5-11

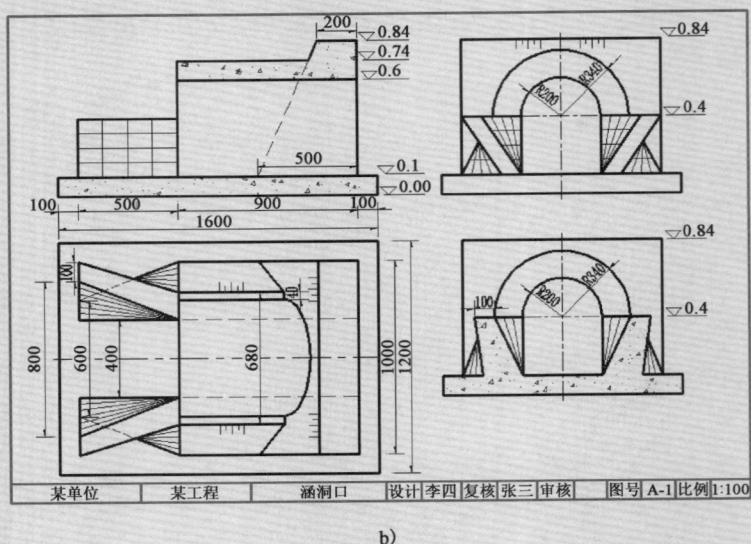

b)

图 3-2-5-11　插入图块

（6）修改块属性。

详见平台资源。

相关知识

知识点 1　点的绘制

1. 点的样式设置

点在 AutoCAD 图形中有多种不同的表示方式，使用时可以根据需要进行设置，也可以设置定数等分点和定距等分点。在绘制点之前，一般需要根据所需绘制点的情况对其样式进行设置。

"点样式"命令调用方式：

◆命令行：输入 Ddptype（或 DDP）

提示：在命令提示行输入命令并按回车键后，屏幕弹出如图 3-2-5-12 所示的"点样式"对话框，在该对话框中列出了 20 种点的类型，单击所需要的类型即可。在对话框中选择所需点样式和设置点大小，"点大小"文本框和两个单选框用于设置点的大小。在"点大小"文本框中指定数值后，选中"相对于屏幕设置大小（R）"单选框，则点的大小随屏幕窗口的缩放而变化；选中"按绝对单位设置大小（A）"单选框，则点的大小按照文本框中的实际单位显示，不随屏幕窗口的缩放而改变。系统默认的点类型为圆点，当改变了点的类型和大小之后，将影响图形中所有点对象的显示效果。按"确定"按钮返回绘图屏幕。

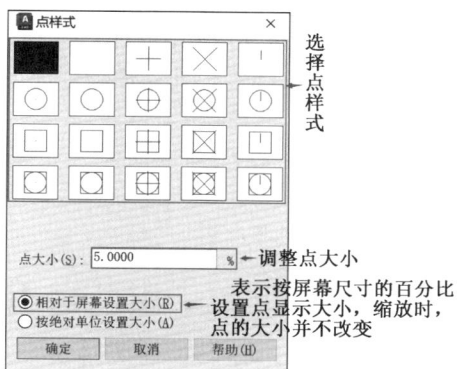

图 3-2-5-12 "点样式"对话框

2. 绘制点

(1)命令调用方式。

◆命令行:输入 Point(或 PO)

◆菜单栏:选择【绘图】菜单—【点】命令

◆功能区:单击【默认】选项卡—【绘图】面板—【多点】命令按钮

(2)命令功能说明。

绘制点:菜单方式操作时,"单点"选项表示只输入一个点,"多点"选项表示可输入多个点。命令行输入 POINT 或 PO 多点方式下调用点命令,采用的是单点方式,通过功能区按钮方式调用点命令时采用的是多点方式。在多点方式下,AutoCAD 可以在指定的位置绘制一系列的点,直到用户按 Esc 键结束命令。

操作提示	命令:_point 当前点模式: PDMODE = 0 PDSIZE = 0.0000 指定点:	←说明当前所绘制点的样式与大小。 ←通过鼠标拾取特征点或输入点的坐标值来指定点的位置,AutoCAD 即在该位置绘制出相应的点。

其中,PDMODE 和 PDSIZE 为系统变量,变量 PDMODE 用于设置点的类型(如 PDMODE 的值为 2,则点的类型为十字形),变量 PDSIZE 用于控制点的大小(如 PDSIZE 的值为 0,则点的大小按绘图区域高度的 5% 生成)。点的类型和大小一般通过"点样式"对话框来设置。

3. 点的定数等分命令

定数等分命令在选定的图形对象(如直线、圆弧、圆、多段线等)的等分处放置点或插入块,将所选对象等分为指定的数目。

命令调用方式:

◆命令行:Divide(或 DIV)

◆菜单栏:选择【绘图】菜单—【点】—【定数等分】命令

◆功能区:单击【默认】选项卡—【绘图】面板—【定数等分】命令按钮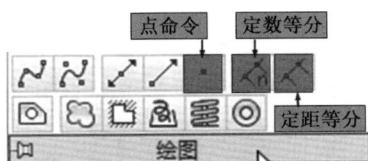

点的定数等分点命令,如图3-2-15-13b)所示,其操作命令如下。

操作提示	
命令:DIV	←点的定数等分命令。
DIVIDE	
选择要定数等分的对象:	←选择对象。
输入线段数目或[块(B)]:4	←输入等分数量。
	←在等分点处,AutoCAD按当前点样式放置等分点。

4.点的定距等分命令

定距等分命令是从选定对象的一个端点开始,以指定的长度在该对象上放置等分点标记或插入块。

命令调用方式:

◆命令行:Measure(或 ME)

◆菜单栏:【绘图】菜单—【点】—【定距等分】命令

◆功能区:单击【默认】选项卡—【绘图】面板—【定距等分】命令按钮

点的定距等分点命令,如图3-2-5-13c)所示,其操作命令如下。

操作提示	
命令:ME	←点的定距等分命令。
MEASURE	
选择要定距等分的对象:	←选择对象。
指定线段长度或[块(B)]:100	←输入分段长度。

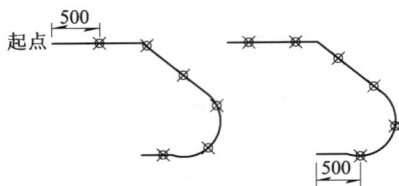

a)选项选定   b)定数等分   c)定距等分

图3-2-5-13　点的定数等分及定距等分

用块的方式进行定距等分操作。

操作提示

命令:ME	←点的定距等分命令。
MEASURE	
选择要定距等分的对象:	←选择对象。
指定线段长度或[块(B)]:b	←以块来取代点记号布点表示在等距点处插入指定的块
图形。	
输入要插入的块名:s	
是否对齐块和对象?[是(Y)/否(N)] <是>:Y	
指定线段长度:100	←执行此操作后,在等距点处插入块。

提示:用定距等分(Measure)命令绘制点时,在"选择定距等分对象"提示下选择对应的对象后,总是从离选择点近的一端开始绘制点。

知识点2 图块

在 AutoCAD 中,图块功能是将一些经常重复使用的对象组合在一起,形成一个整体,并按指定的名称保存起来,以后就可以根据作图需要将这组对象插入图中任意指定位置,而不必重新绘制。这里的"块"指的是内部图块,也就是说只能在当前文件中使用,而不能被其他文件所引用的图块,被插入的图块可以根据图形设置不同的比例和旋转角,把图块作为一个单独的、完整的对象来操作。也可以对整个图块进行复制、移动、旋转、比例缩放、镜像、删除和阵列等操作。

1. 创建块命令

命令调用方式:

◆命令行:输入 block(或 B)

◆菜单栏:选择【绘图】菜单—【块】—【创建】命令

◆功能区:单击"默认"选项卡—【块】面板—【创建块】命令按钮■或者单击"默认"选项卡—【块定义】面板—【创建块】按钮

当激活块的命令后,打开"块定义"的对话框(图 3-2-5-14)创建块。

2. 插入块命令

在 AutoCAD 中,使用插入块命令可以插入内部图块或者外部图块。

命令调用方式:

◆命令行:输入 Insert(或 I)

◆菜单栏:选择【插入】菜单—【块】命令

◆功能区:单击"默认"选项卡—【块】面板—【插入块】命令按钮■或者单击"插入"选项卡—【块】面板—【插入】命令按钮■

执行上述操作后,打开图 3-2-5-14 所示的对话框。

提示:插入块的时候,可以根据实际需要对原创建的块从 X、Y、Z 三个方向进行不同比例的缩放,也可设定插入块时原块的旋转角度。

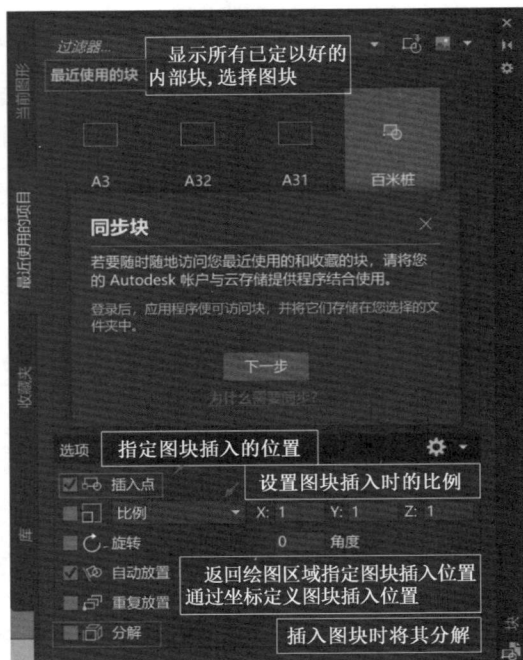

图 3-2-5-14　块的插入

插入块时还可以使用 MINSERT 命令,通过确定行数、列数及行间距和列间距,以矩阵形式插入多个图块。

在 AutoCAD 中,还可以使用拖放的方式插入图块。

操作步骤为:选取.dwg 文件,按住鼠标左键将文件拖到打开的 CAD 图形窗口中,松开鼠标左键,根据提示指定插入点和缩放比例,即可将所选择的文件按指定参数插入当前文件中的指定位置。

3. 写块命令

利用 Block 命令定义的图块保存在其所属的图形当中,该图块只能在该图形中插入,而不能插入到其他的图形中,但是有些图块在许多图形中经常用到,用写块 Wblock 命令可以创建图形文件,并作为单独的图形文件存储,可作为块插入到其他图形中。

运行"写块"操作后,打开如图 3-2-5-10 所示。在"源"选择对象选项中设置写块的源,必须指定文件保存路径,后期插入时指定相应的路径才能准确插入图块。

"源"选择对象选项各选项含义:

(1)块(B):选择当前图形文件中已定义的块。

(2)整个图形(E):将整个当前图形文件写块。

(3)对象(O):选择当前图形中的某些对象写块。

Wblock 命令可把所定义的块或者图形作为一个独立图形文件保存到磁盘中,再插入其他的图形中。用 Block 定义的块只能在当前图形中使用。

知识点 ③　打断、合并命令

打断命令可以将对象在某一点打断成为两个单独部分或删去其中某一部分。

1. 打断命令

打断是在两个点之间创建间隔,可以将对象删去其中某一部分。

命令调用方式:

◆命令行:输入 Break(或 BR)

◆菜单栏:选择【修改】—【打断】选项

◆功能区:单击【默认】选项卡—【修改】面板—【打断】命令按钮🖼

> **操作提示**
>
> 命令:_break
> 选择对象:
> 指定第二个打断点 或[第一点(F)]:F　　　　←选择第一点选项模式。
> 指定第一个打断点:
> 指定第二个打断点:

2. 打断于点命令

打断于点命令可以将对象在一点处打断,断开成两个对象,打断之处没有间隙。

命令调用方式:

◆命令行:输入 Break(或 BR)

◆功能区:单击【默认】选项卡—【修改】面板—【打断于点】命令按钮🖼

3. 各选项的含义

(1)打断命令按钮🖼主要用于将对象从中间截掉一部分。而打断于点命令按钮🖼主要用于将对象从中间某处断开。

(2)打断命令中的"选择对象"提示除选择对象之外,在缺省情况下是将拾取对象的位置作为断开的第一点;如果要重新指定第一点,可在"指定第二个打断点或[第一点(F)]:"提示下输入参数 F 来重新选择。

(3)指定第一个打断点后,在"指定第二个打断点或[第一点(F)]:"或"指定第二个打断点:"提示下直接输入"@",则表示第二个断开点与第一个断开点是同一点,即采用"打断于点"方式。在这种方式下虽然无法直接观察打断情况,但是实际上对象已被无缝隙断开,如图 3-2-5-15所示。

(4)将圆或圆弧进行断开操作时,AutoCAD 默认将第一、二两点间按逆时针旋转的部分断开,操作时一定要注意第一、二两点的拾取顺序和两点间的位置关系,否则可能会把不该去掉的部分截掉,如图 3-2-5-16 所示。

提示:一个完整的圆不能在同一点被打断,也就是说,圆不能使用"打断于点"的方式编辑修改。被打断成两段或两段以上的对象可以通过合并命令 JOIN 完成连接,合并命令还可以将一段圆弧闭合为完整的圆。

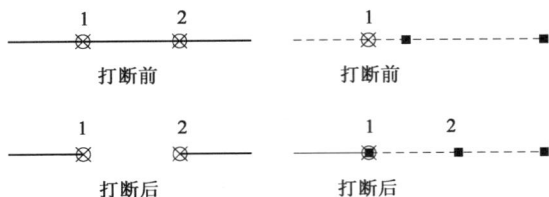

a)两点间打断   b)打断于点

图 3-2-5-15　直线的打断

注:1、2 表示选择的顺序。

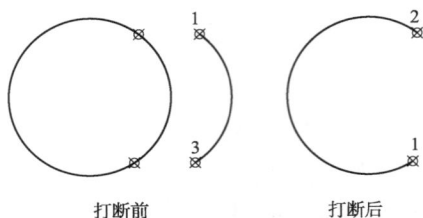

图 3-2-5-16　圆的打断

注:1、2、3 表示选择的顺序。

4. 合并命令(图 3-2-5-17)

连接某一连续图形的两个部分,将其合并为一个对象,或将某段圆弧闭合为整圆。用此命令可以将两段分开的直线、多段线、圆弧、椭圆弧或样条曲线合并为一个完整的对象。

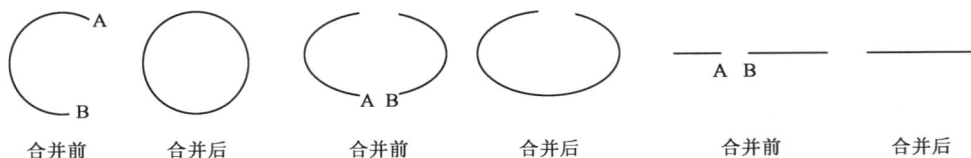

图 3-2-5-17　合并命令

(1)命令调用方式

◆命令行:输入 JOIN(或 J)

◆菜单栏:选择【修改】菜单—【合并】命令

◆功能区:【默认】选项卡—【修改】面板—【合并】命令按钮➼

<table>
<tr><td rowspan="5">操作提示</td><td>命令:_join</td><td>←执行 JOIN 命令。</td></tr>
<tr><td>选择源对象或要一次合并的多个对象:找到 1 个</td><td>←选择对象。</td></tr>
<tr><td>选择要合并的对象:</td><td></td></tr>
<tr><td>选择圆弧,以合并到源或进行[闭合(L)]:L</td><td>←选择闭合选项。</td></tr>
<tr><td>已将圆弧转换为圆</td><td>←"闭合"选项可将源圆弧转换成圆。</td></tr>
</table>

(2)命令功能说明

①使用合并命令 JOIN 可以将相似的对象合并为一个对象。也可以使用圆弧和椭圆弧创建完整的圆和椭圆。可以使用合并命令的对象包括:圆弧、椭圆弧、直线、多段线、样条曲线。

②要将相似的对象与之合并的对象称为源对象。要合并的对象必须位于相同的平面上。合并两段或多段圆弧(椭圆弧)时,将从源对象开始沿逆时针方向进行合并操作。

③源对象是直线时,合并对象只能是直线且必须与之共线,源对象与合并对象之间可以有间隙;源对象是多段线时,合并对象可以是直线、多段线或圆弧。源对象与合并对象之间不能

有间隙,并且必须位于同一平面上;源对象是圆弧(椭圆弧)时,合并对象只能是圆弧(椭圆弧),并且圆弧(椭圆弧)对象与源对象必须位于同一假想的圆(椭圆)上,但是它们之间可以有间隙,选择"闭合"选项可将源对象圆弧(椭圆弧)转换成完整圆(椭圆);源对象是样条曲线时,合并对象可以是样条曲线和螺旋曲线,但源对象与之合并对象必须相接(端点对端点),合并完成后将形成新的单个样条曲线。

夯基强技

"夯基强技"内容见超星学习通平台。

学习评价与分析

评价项目	评价标准	参考分值(分)	得分(分)
绘制路线里程桩	准确性与熟练程度	30	
建立带属性的 A3 图幅块(包含标题栏)	准确性与熟练程度	50	
掌握点样式设置、定距、定数等分命令	熟练程度	20	
小组之间互相评价(50%)	课前预习 课中学习 (60分)	1.课前预习,找出难点:10分 2.课中完成课堂任务(评价项目):40分 3.学习态度、职业素质(严谨细致)考核:10分	
	课后作业 (20分)	1.规定时间内完成该学习任务平台上夯基强技内容 2.找出易错题、难题	
	小组代表展示 (20分)	1.对出错多的题目或者难题进行讲解 2.总结各个题目考查的知识点	
教师评价(50%)		1.时间观念(考勤):10分 2.学习态度(评价项目):80分 3.表达能力:10分	
课后学习总结			
学习收获			
不足之处			

学习任务六 绘制沉井三面投影图(分解、偏移)

◎ 知识目标与能力目标

学习分解、偏移及图案填充命令。

通过学习,应该达到以下要求:

1. 掌握分解命令与偏移命令操作,快速完成沉井三视图的绘制。

2. 能正确运用填充命令对图中某些部分进行图案填充。

☑ 学习任务描述与分析

使用矩形、图案填充命令绘制沉井图(图 3-2-6-1)。 沉井是一种基础形式。 该沉井水平投影采用全剖面图,正面投影采用半剖面图,侧面投影采用阶梯剖面图。 外形为长方体(1060cm ×720cm ×700cm),从上往下分别切去两个尺寸分别为长 930cm、宽 590cm、高 150cm 和长 820cm、宽 480cm、高 400cm 的八棱柱,以及一个上底尺寸为长 820cm、宽 480cm 矩形,下底尺寸为长 1010cm、宽 670cm 矩形,高为 150 cm 的八棱台。 正面投影主要利用偏移命令完成,也可以直接用直线命令完成,水平投影主要利用倒角矩形命令完成,侧面投影用偏移或者直线命令与镜像命令结合完成。

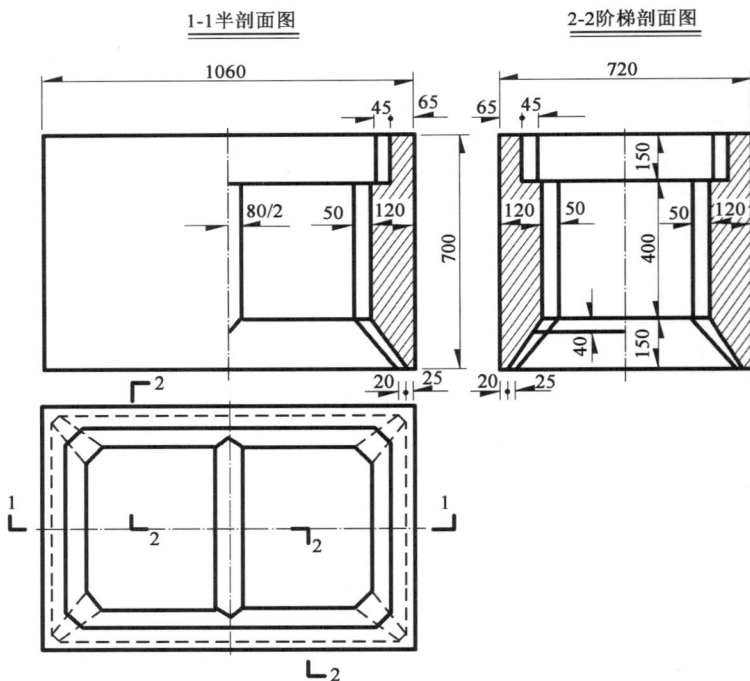

图 3-2-6-1 沉井图(尺寸单位:cm)

学习任务实施

💡 引导问题　如何绘制沉井三面投影图?

(1)绘制沉井外形图($1060 \times 720 \times 700$)。

分别用矩形命令绘制沉井正面投影1060×700、水平投影1060×720、侧面投影720×700,注意满足三个投影间的投影规律。

(2)利用分解命令把正面投影和侧面投影分解成独立的四条边。

操作提示

> 命令:_explode
> 选择对象:找到 1 个　　←选择矩形,把矩形分解成独立的四条边。
> 选择对象:

(3)绘制沉井内部结构图。

该沉井从上往下进行了三次截切,第一次截切为八棱柱,理解为长方体切去四个角,倒角大小为45×45,沉井厚度为65,高度为150;同样,第二次截切也是八棱柱,倒角大小为50×50,沉井厚度为120,高度为400;第三次截切为八棱台,下底为倒角矩形,倒角为大小为20×20,沉井底部厚度为25,高为150。

①绘制沉井第一次截切的正面投影和侧面投影,可以用直线命令与对象追踪定点的方式直接绘制,此任务采用偏移命令加修剪命令来绘制。

偏移命令与修剪命令结合绘制第一次截切的立面投影。

操作提示

> 命令:_offset
> 当前设置:删除源 = 否　图层 = 源　OFFSETGAPTYPE = 0
> 指定偏移距离或 [通过(T)/删除(E)/图层(L)] <通过>:　65　　←输入偏移距离。
> 选择要偏移的对象,或 [退出(E)/放弃(U)] <退出>:　　　　　← 选择直线。
> 指定要偏移的那一侧上的点,或 [退出(E)/多个(M)/放弃(U)] <退出>:
> 选择要偏移的对象,或 [退出(E)/放弃(U)] <退出>:

②利用矩形倒角命令完成最上方截切八棱柱的平面投影(倒角矩形与临时对象追踪定点)。

命令：REC

指定第一个角点或 [倒角(C)/标高(E)/圆角(F)/厚度(T)/宽度(W)]：C　←根据沉井的平面图，绘制倒角矩形。

指定矩形的第一个倒角距离 <0.0000>：45

指定矩形的第二个倒角距离 <45.0000>：45

指定第一个角点或 [倒角(C)/标高(E)/圆角(F)/厚度(T)/宽度(W)]：tk

第一个追踪点：

下一点（按 ENTER 键结束追踪）：65

下一点（按 ENTER 键结束追踪）：65

下一点（按 ENTER 键结束追踪）：

指定另一个角点或 [面积(A)/尺寸(D)/旋转(R)]：tk

第一个追踪点：

下一点（按 ENTER 键结束追踪）：65

下一点（按 ENTER 键结束追踪）：65

下一点（按 ENTER 键结束追踪）：

(4)绘制沉井第二次截切的正面投影和侧面投影,可以用直线命令与对象追踪定点的方式直接绘制,也可以采用偏移命令与修剪命令完成,偏移距离为120。

绘制平面投影的操作提示如下。

命令：REC

指定第一个角点或 [倒角(C)/标高(E)/圆角(F)/厚度(T)/宽度(W)]：c

指定矩形的第一个倒角距离 <0.0000>：50

指定矩形的第二个倒角距离 <45.0000>：50

指定第一个角点或 [倒角(C)/标高(E)/圆角(F)/厚度(T)/宽度(W)]：tk

第一个追踪点：

下一点（按 ENTER 键结束追踪）：120

下一点（按 ENTER 键结束追踪）：120

下一点（按 ENTER 键结束追踪）：

指定另一个角点或 [面积(A)/尺寸(D)/旋转(R)]：tk

第一个追踪点：

下一点（按 ENTER 键结束追踪）：120

下一点（按 ENTER 键结束追踪）：120

下一点（按 ENTER 键结束追踪）：

(5)使用同样的操作完成第三次截切的三面投影图。

相关知识

知识点 1　分解命令

分解命令用于分解块、尺寸、多段线等组合对象,分解后可对它们的各个组成部分单独进行操作。

命令调用方式:

◆命令行:输入 EXPLODE(或 X)

◆菜单栏:选择【修改】菜单—【分解】命令

◆功能区:单击【默认】选项卡—【修改】面板—【分解】命令按钮⑳

知识点 2　偏移命令

偏移 Offset 命令用于将直线、圆弧、圆、椭圆、多边形、多段线等选定的对象,以指定距离或点创建新对象进行等距离(即平行) 的复制,即同心复制(平行复制) 。如果新对象是封闭的图形(如圆、正多边形等) ,则偏移后的对象被放大或缩小时,源对象会保持不变。

命令调用方式:

◆命令行:输入 OFFSET (或 O)

◆功能区:单击【默认】选项卡—【修改】面板—【偏移】命令按钮

操作提示

```
命令:_offset
当前设置:删除源 = 否　图层 = 源　OFFSETGAPTYPE = 0
指定偏移距离或[通过(T)/删除(E)/图层(L)] <通过>:　45          ←输入距离值。
选择要偏移的对象,或[退出(E)/放弃(U)] <退出>:
指定要偏移的那一侧上的点,或[退出(E)/多个(M)/放弃(U)] <退出>:
选择要偏移的对象,或[退出(E)/放弃(U)] <退出>:
```

在默认情况下,偏移对象命令先指定偏移距离,再选择要偏移复制的对象,然后指定偏移方向,最后复制出对象。

各选项含义为:

(1)"指定偏移距离"选项:偏移距离可直接键入或用鼠标拾取两个点来确定,当偏移有宽度的线段时,其距离按中心线计算。

(2)"通过(T)"选项:指定偏移实体将要通过的点。

操作提示

```
命令:_offset
当前设置:删除源 = 否　图层 = 源　OFFSETGAPTYPE = 0
指定偏移距离或[通过(T)/删除(E)/图层(L)] <通过>:T      ←输入 T 选项。
选择要偏移的对象,或[退出(E)/放弃(U)] <退出>:          ←选择要偏移的图形。
指定通过点或[退出(E)/多个(M)/放弃(U)] <退出>:         ←选择偏移图形要通过的点。
```

(3)"删除(E)"选项:指定偏移后是否保留源对象。

(4)"图层(L)"选项:在命令行输入"L",选择要偏移对象的图层。

问题:为什么使用偏移命令偏移不了对象?

分析:不显示偏移线段的原因有两种:

①偏移对象太大而偏移的量又太小,从而无法显示偏移的线段。

②偏移对象太小而偏移的量又太大,使偏移的对象超出了绘图区域,因此无法显示。

解决方法:使用缩放命令显示要偏移的对象,在命令行中输入"A + 空格 + Z + 空格"组合键,可将图形对象全屏显示。

知识点 3 **图案填充**

AutoCAD 提供了一定量的填充图案,用户还可以自己定义新的填充图案。此处重点讲解图案填充、渐变色填充及填充图案的编辑操作。

1.图案填充的操作

命令调用方式:

◆命令行:输入 Bhatch(或 H)

◆菜单栏:选择【绘图】菜单—【图案填充】选项

◆功能区:单击【默认】选项卡—【绘图】面板—【图案填充】命令按钮

执行上述操作后,打开"图案填充"面板,如图 3-2-6-2 所示,进行图案填充参数设置。

图 3-2-6-2 "图案填充编辑器"选项卡

2.图案填充面板说明

1)图案填充特性面板(图 3-2-6-3)

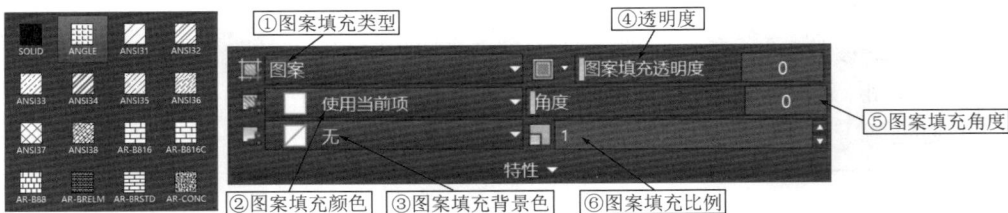

图 3-2-6-3 图案与特性面板

点击"特性"面板小三角,"图案填充类型"文本框用于指定填充图案的类型,其下拉列表框中有实体、渐变色、图案和自定义 4 个选项。用户定义用于创建由一组平行线或两组相互垂直的平行线组成的图案进行填充,用户可以控制线条的角度及线条之间的间距。自定义是采用用户事先定义好的图案进行填充。

图案填充"角度"文本框:用于指定填充图案的倾斜角度。系统默认的角度值为0°。用户可以在其下拉列表框中选择所需的旋转角度,也可以直接输入角度值。

图案填充"比例"文本框:用于按比例放大或缩小填充图案。系统默认的比例值为1。数值越小,表示填充图案的图线越密集;数值越大,表示填充图案的图线越稀疏。

2)图案填充设定原点面板(图3-2-6-4)

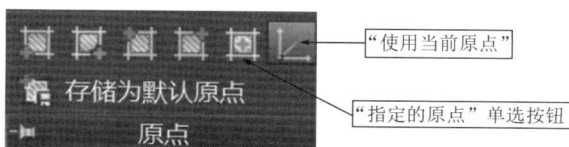

图3-2-6-4 图案填充设定原点面板

该选项组用来设置图案填充的初始位置。一些类似于砖的图案填充需要从边界的一点排成一行,此时需要重新定义原点。

(1)"使用当前原点"单选按钮:用于指定系统当前的UCS原点作为图案填充原点,是系统的默认选项。

(2)"指定的原点"单选按钮:用于指定新的点作为填充原点。用户可以从绘图窗口中选择某一点作为填充原点,也可以选择填充边界的左下角、右下角、右上角、左上角或正中位置作为填充原点,并且可以将指定点存储为默认原点。

3)图案填充的边界面板

如果图形中的一个区域是由直线、圆或者圆弧围成的边界,那么就可以在这个区域内填充图案。可通过"边界"面板(图3-2-6-5)来定义填充边界的方式。

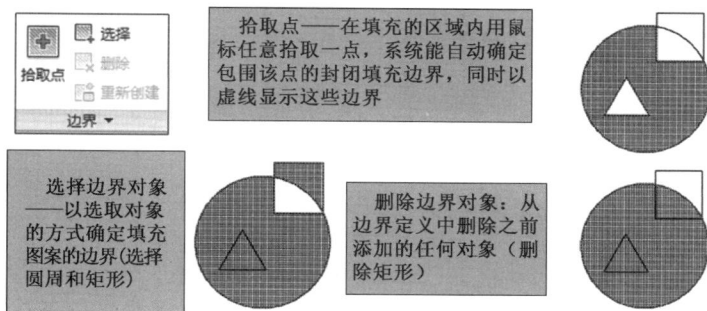

图3-2-6-5 "边界"面板

4)图案填充选项面板

"选项"面板组用于设置填充图案与边界之间的关系。

(1)"注释性"复选框:用于创建带有注释性的图案填充。

(2)"关联"复选框:图3-2-6-6a)为原始填充,选中该复选框,当用户修改边界时,填充图案将随边界的改变自动更新;反之,则填充图案不随着边界改变而改变,如图3-2-6-6b)、c)所示。

(3)"创建独立的图案填充"复选框:用于创建独立的填充图案。

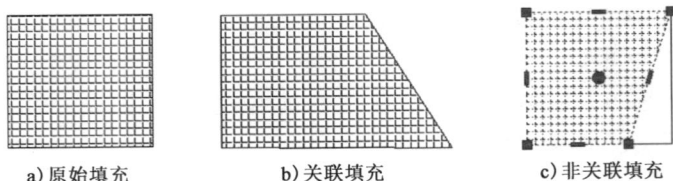

a) 原始填充   b) 关联填充   c) 非关联填充

图 3-2-6-6 关联与非关联填充

(4)"绘图次序"下拉列表框:用于设置图案填充的绘图顺序,填充图案可以放在填充边界及所有其他对象之后或之前。

3.用孤岛填充方式填充图形

单击"图案填充创建"选项卡—"选项"面板的小三角,在打开的下拉菜单中选择"外部孤岛检测"选项。

孤岛检测外部:在进行图案填充时,需要控制填充的范围,AutoCAD 系统为用户设置了 3 种填充方式,以实现对象填充范围的控制,如图 3-2-6-7 所示。

(1)普通方式:从边界开始,从每条填充线或每个填充符号的两端向里填充。

(2)最外层方式:从边界向里填充,只要在边界内部与对象相交,剖面符号会断开,而不再继续填充。

(3)忽略方式:忽略边界内的对象,所有内部结构都被剖面符号覆盖。

图 3-2-6-7 孤岛检测外部

4.图案的编辑

如果对填充之后的图案不太满意,可以通过编辑图案填充命令随时进行修改。该命令不仅可以修改已经创建的填充图案,而且还可以指定一个新的图案替换以前生成的图案。该命令用于修改现有的图案填充对象,但不能修改边界。

命令调用方式:

◆命令行:输入 Hatchedit(或 HE)

◆菜单栏:输入选择【修改】菜单栏—【对象】—【图案填充】选项

◆功能区:输入单击【默认】选项卡—【修改】面板—【编辑图案填充】命令按钮

◆双击填充图案

执行上述命令后,打开图案填充编辑器,如图 3-2-6-8 所示。

两种图案填充选择对象以生成控制边界的方法为"拾取点"和选择对象。"拾取点"方式创建边界，则边界必须是真是存在的封闭面域，并且默认的"孤岛检测样式"是普通，"孤岛检测方法"是"填充"

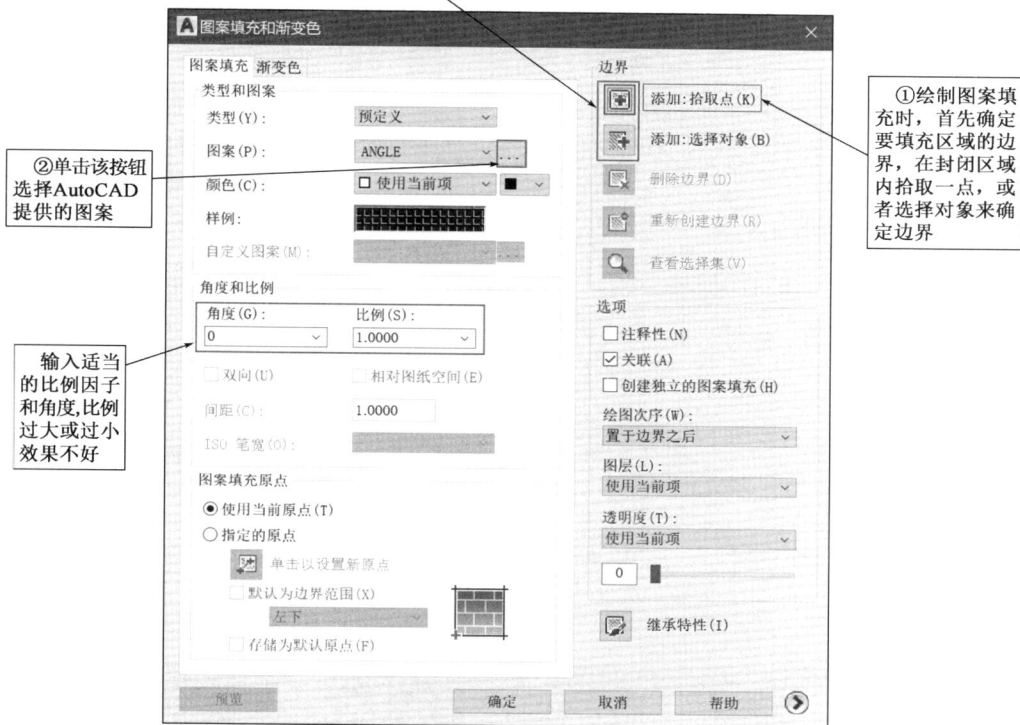

②单击该按钮选择AutoCAD提供的图案

输入适当的比例因子和角度,比例过大或过小效果不好

①绘制图案填充时，首先确定要填充区域的边界，在封闭区域内拾取一点，或者选择对象来确定边界

图 3-2-6-8　边界图案填充

夯基强技

"夯基强技"内容见超星学习通平台。

学习评价与分析

评 价 项 目	评 价 标 准	参考分值(分)	得分(分)
绘制沉井外形图	准确性与熟练程度	30	
绘制沉井水平投影（倒角矩形）	准确性与熟练程度	50	
绘制沉井内部立面、侧面投影(偏移)	准确性与熟练程度	20	

续上表

小组之间 互相评价(50%)	课前预习 课中学习 (60分)	1.课前预习,找出难点:10分 2.课中完成课堂任务(评价项目):40分 3.学习态度、职业素质(严谨细致)考核:10分
	课后作业 (20分)	1.规定时间内完成该学习任务平台上夯基强技内容 2.找出易错题、难题
	小组代表展示 (20分)	1.对出错多的题目或者难题进行讲解 2.总结各个题目考查的知识点
教师评价(50%)		1.时间观念(考勤):10分 2.学习态度(评价项目):80分 3.表达能力:10分
课后学习总结		
学习收获		
不足之处		

学习任务七 绘制桥墩图(复制、阵列)

◎ 知识目标与能力目标

学习图形复制编辑命令。

通过学习,应该达到以下要求:

1.熟悉三面投影图的绘制要求:必须满足三等关系。

2.掌握多重复制、阵列的功能运用,能正确快速绘制桥墩图。

📝 学习任务描述与分析

在 AutoCAD 中可以对已有的图形对象进行选择、复制、移动、旋转、缩放、阵列等编辑修改操作。当要绘制较为复杂的图形时,就必须借助于图形编辑命令。 AutoCAD 具有非常强大的图形编辑功能,使用这些功能可以快速、准确地修改或绘制复杂图形。 因此,掌握图形编辑命令是快速、精确绘图的基础。

完成桥墩图(图3-2-7-1)的操作练习,掌握用不同的复制方式绘制桩基立柱等构件的方法。 该桥墩由桩基础、承台、立柱和盖梁四部分组成,分析各部分的形状、相对位置,各部分之间应满足长对正、高平齐、宽相等的投影关系要求。

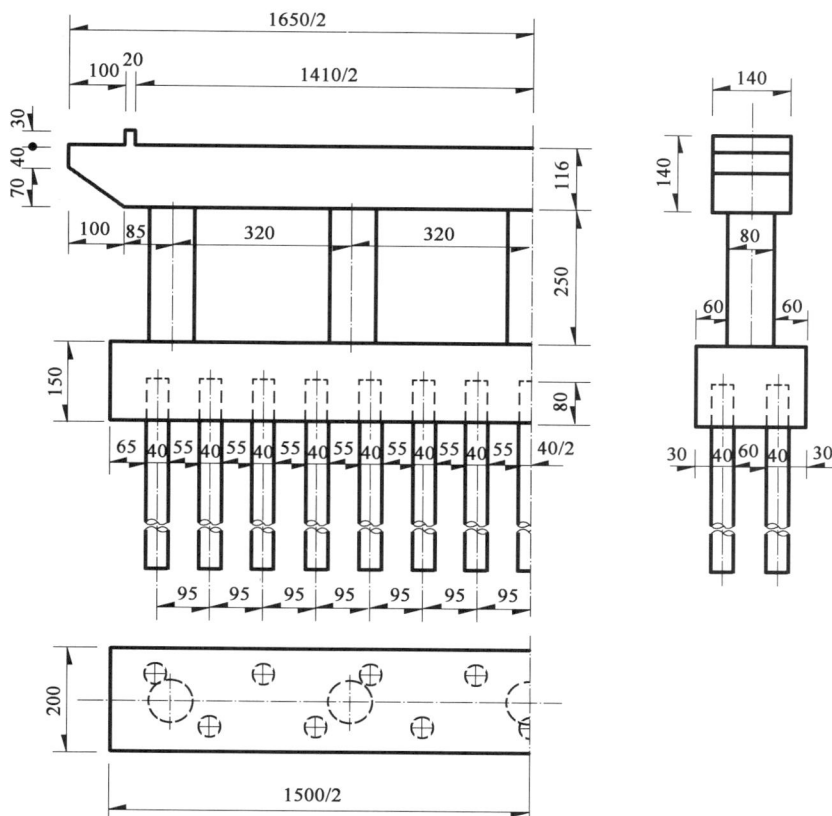

图 3-2-7-1　桥墩图

学习任务实施

明确任务：根据桥墩三面投影图，建立图层，设置对象的线型、线宽，利用多重复制、阵列、镜像、偏移复制类编辑功能绘制复杂的二维图形，并分析其绘图技巧；完成桥墩图三面投影图的绘制。

引导问题1　如何绘制桥墩桩基与承台？

1.建立桥墩各构件的图层

单击功能区【图层】面板—【图层】命令按钮建立图层（为了便于识图，按照构件的组成进行图层的命名），如图 3-2-7-2 所示。

2.绘制桩基的对称中心线

略。

3.绘制群桩基础与承台

（1）绘制群桩，如图 3-2-7-3 所示。

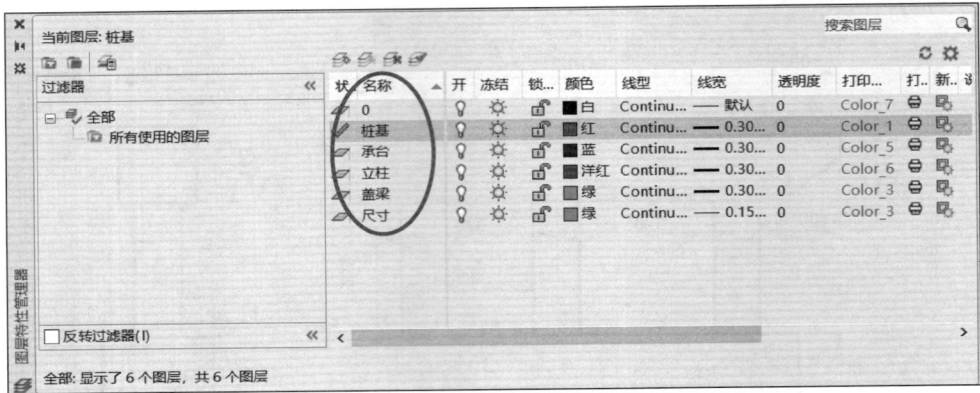

图 3-2-7-2　桥墩构件各图层的名称

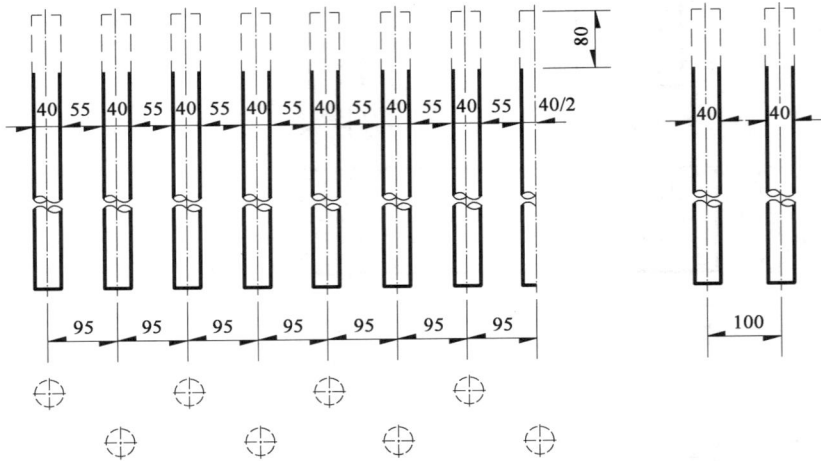

图 3-2-7-3　群桩的绘制

提示:绘制群桩时,先绘制一根桩,然后运用复制 Copy 或阵列复制 Array 完成群桩绘制。设置群桩的阵列绘制参数,即设置矩形阵列的行数、列数、行间距和列间距,偏移距离和方向。间距的正负将影响阵列的方向,间距为正值将使阵列沿 X 轴或 Y 轴正方向阵列。

具体操作方式:【默认】选项卡—【修改】面板—单击矩形阵列命令按钮▦,如图 3-2-7-4 所示,设置群桩的阵列参数。

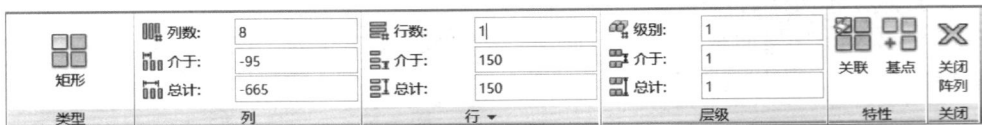

图 3-2-7-4　群桩的阵列绘制参数

桩的水平投影绘制,运用圆的命令,通过对象追踪定圆心,设定半径为 20,绘制圆,然后采用阵列(一行 4 列,列数之间的距离是 190)生成第一排桩,由第一排桩左侧桩复制一根桩,阵列生成第二排桩。

操作提示

命令:CO
COPY
选择对象:指定对角点:找到 3 个
选择对象:
当前设置: 复制模式 = 多个
指定基点或[位移(D)/模式(O)] <位移>:
指定第二个点或[阵列(A)] <使用第一个点作为位移>:@95,-100

(2)绘制承台,如图 3-2-7-5 所示。

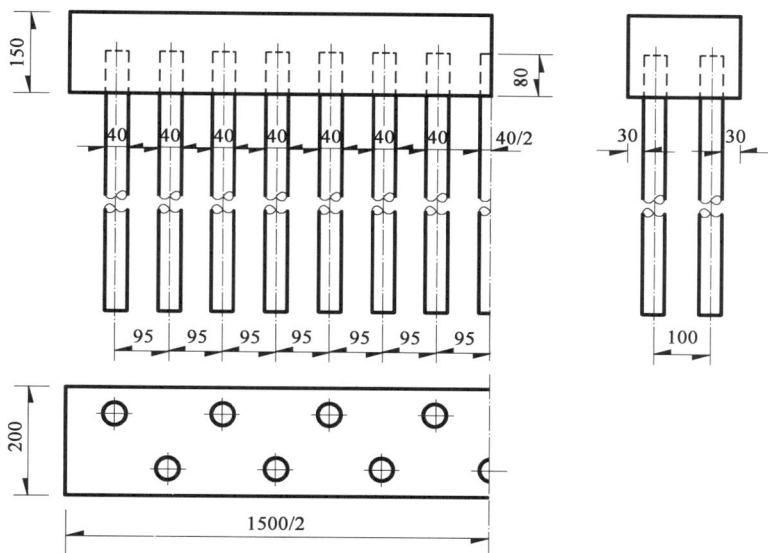

图 3-2-7-5 承台的绘制

提示:承台尺寸为 1500×200×150,故承台正面投影图矩形尺寸为 750×150,水平面投影图尺寸为 750×200。桩基深入承台部分使用打断于点命令打断,然后利用图层特性修改深入桩承台部分的线型。

引导问题2 如何绘制桥墩立柱与盖梁?

提示:立柱尺寸为圆柱,直径为 80,高为 250,先绘制一个立柱,再利用复制或阵列完成其他立柱绘制,如图 3-2-7-6 所示。

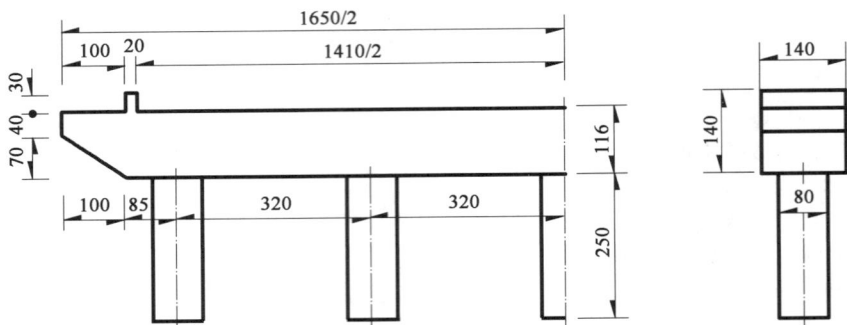

图 3-2-7-6　盖梁的绘制

盖梁操作命令如下。

操作提示	命令:_line 指定第一点:
	指定下一点或[放弃(U)]:725
	指定下一点或[放弃(U)]:@ −100,70
	指定下一点或[闭合(C)/放弃(U)]:40
	指定下一点或[闭合(C)/放弃(U)]:100
	指定下一点或[闭合(C)/放弃(U)]:30
	指定下一点或[闭合(C)/放弃(U)]:20
	指定下一点或[闭合(C)/放弃(U)]:30
	指定下一点或[闭合(C)/放弃(U)]:@705,6

相关知识

知识点 1　复制命令

运用复制命令可将所选择对象复制到指定位置,可绘制相同形状、无规律图形。

1.命令调用方式

◆命令行:输入 Copy（或 CO 或 CP）

◆菜单栏:选择【修改】菜单—【复制】命令

◆功能区:单击【默认】选项卡—【修改】面板—【复制】命令按钮

操作提示	命令:CO	←执行复制命令。
	COPY	
	选择对象:找到 1 个	←选择对象。
	选择对象:	←选择一个或多个要复制的对象,选择完成后单击 Enter 键确认。
	当前设置:复制模式 = 多个	
	指定基点或[位移(D)/模式(O)] <位移>:	←捕捉基点。
	指定第二个点或 <使用第一个点作为位移>:	←捕捉第二点。
	指定第二个点或[退出(E)/放弃(U)] <退出>:	←单击 Enter 键结束复制命令。

2. 选项含义

（1）指定基点：指定一个坐标后，AutoCAD 把该点作为复制对象的基点。指定第二个点后，系统根据指定的两点确定位移来复制对象。

（2）基点一般选取复制对象中的一个点，比如特征点等。

（3）位移值可以通过指定的两点确定，也可在命令行输入 X、Y 方向的位移分量，中间用逗号分开，单击 Enter 键确认。

3. 单一复制

对图 3-2-7-7a）中的圆进行单一复制，其结果如图 3-2-7-7b）所示。

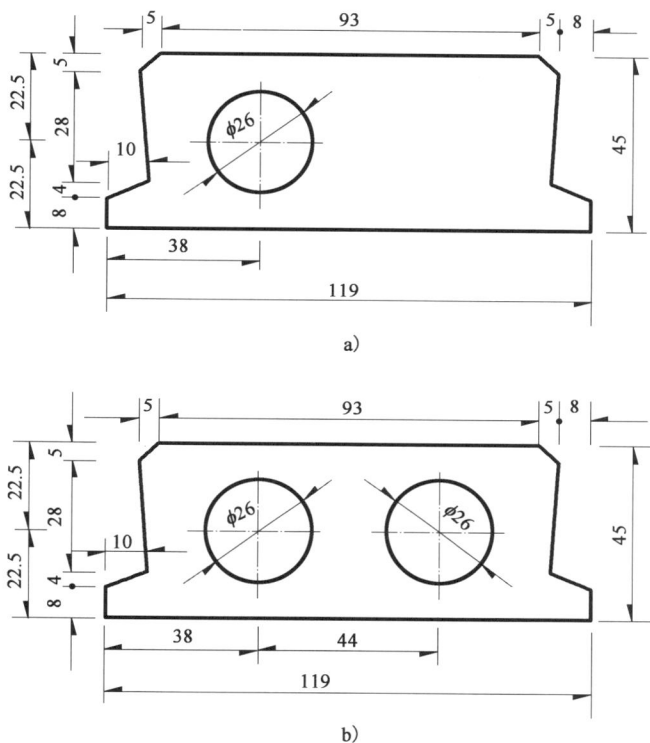

a)

b)

图 3-2-7-7　单一复制

4. 多重复制（图 3-2-7-8）

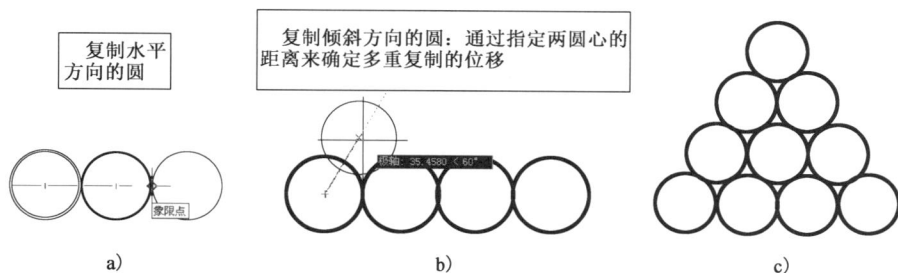

图 3-2-7-8　多重复制

复制倾斜方向圆的操作命令如下。

<table>
<tr><td rowspan="11">操作提示
●
●
●</td><td>命令:CO</td></tr>
<tr><td>COPY</td></tr>
<tr><td>选择对象:找到 1 个</td></tr>
<tr><td>选择对象:</td></tr>
<tr><td>当前设置:复制模式 = 多个</td></tr>
<tr><td>指定基点或[位移(D)/模式(O)] <位移>:指定第二个点或 <使用第一个点作为位移>:80</td></tr>
<tr><td>指定第二个点或[退出(E)/放弃(U)] <退出>: 160　　←假定圆的半径是 40,利用
　　　　　　　　　　　　　　　　　　　　极轴捕捉或相对坐标复制
　　　　　　　　　　　　　　　　　　　　其他的圆。</td></tr>
<tr><td>指定第二个点或[退出(E)/放弃(U)] <退出>: 240</td></tr>
</table>

5.复制与移动的区别(图 3-2-7-9)

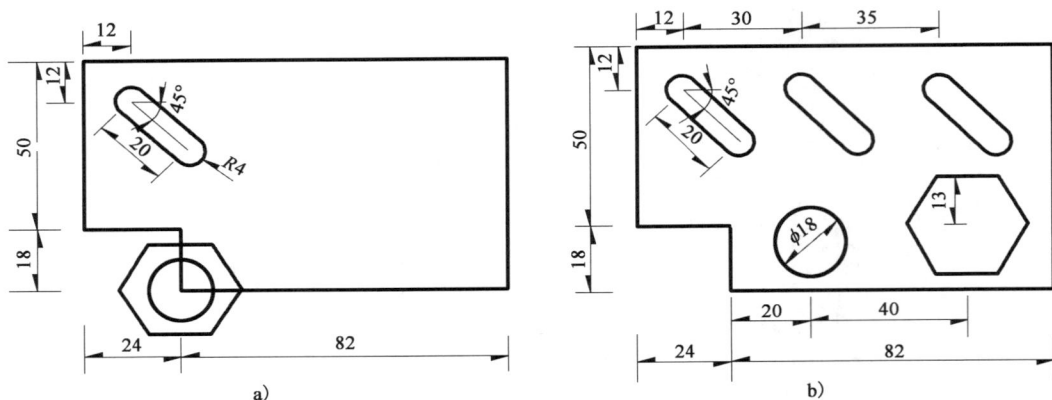

图 3-2-7-9　复制与移动的区别

MOVE 移动命令将对象从一个位置重新定位到另一个新的位置,原对象不保留;而 COPY 复制命令是原来的位置保留对象,并复制一个或者多个新的对象到其他位置。

"编辑"菜单下的"复制"命令与"修改"菜单下的"复制"命令有着本质的区别,前者是将目标复制到粘贴板上,再通过"粘贴"命令才能完成复制工作,这个"复制"命令既可以在同一文件下使用,也可以在不同文件下进行图形的复制。而后者只能在同一文件中使用。

知识点 2　阵列命令

阵列命令是一种有规则的复制命令,可创建按指定方式排列的多个图形副本。AutoCAD 软件提供了三种阵列选项,分别为矩形阵列、环形阵列和路径阵列。

命令调用方式:

◆命令行:输入 Array(或 AR)

◆菜单栏:选择【修改】菜单—【阵列】命令

◆功能区:单击【默认】选项卡—【修改】面板—【阵列】命令按钮■

1. 矩形阵列

矩形阵列通过设置行数、列数、行偏移和列偏移来对选择的对象进行复制。

当选择对象并执行阵列命令时,在功能区打开"阵列创建"选项卡,在该选项卡中,用户可设置阵列的行数、列数、行间距、列间距等,如图 3-2-7-10 所示。

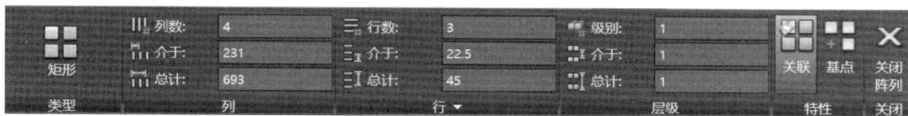

图 3-2-7-10 矩形"阵列创建"选项卡

2. 环形阵列

环形阵列是指阵列后的图形呈环形。使用环形阵列也需要设定相关参数,其中包括中心点、方法、项目总数和填充角度。与矩形阵列相比,环形阵列创建出来的阵列效果更灵活,执行环形阵列命令后,根据命令行提示,指定阵列中心,并输入阵列数目值,单击回车键即可完成环形阵列操作。

环形阵列完成后,选择阵列的图形,在功能区打开"阵列创建"选项卡,如图 3-2-7-11 所示,在该选项卡中,可设置陈列的中心点、项目数填充角度。

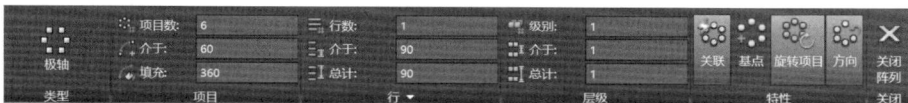

图 3-2-7-11 环形"阵列创建"选项卡

项目面板可设置阵列项目数、阵列角度以及阵列中第一项到最后一项之间的角度。

工程应用:利用矩形阵列与环形阵列绘制桩基础断面图,如图 3-2-7-12 所示。

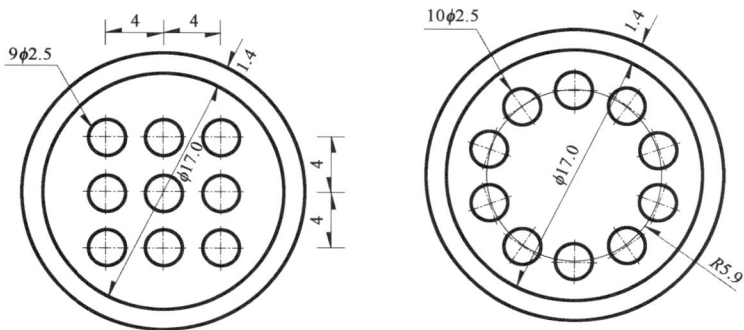

图 3-2-7-12 桩基础断面图

矩形桩基础断面阵列的操作对话框,如图 3-2-7-13 所示。环形桩基础断面阵列的操作对话框,如图 3-2-7-14 所示。

图 3-2-7-13　矩形阵列的操作对话框

图 3-2-7-14　环形桩基础断面图的操作对话框

拓展训练3-2-7-1

绘制图 3-2-7-15 所示锥坡平面。

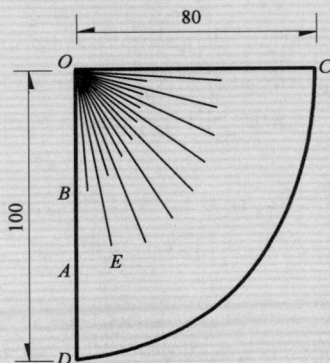

图 3-2-7-15　锥坡平面

提示：

(1)绘制直线 OC、OD 以及椭圆弧 CD。

(2)绘制 OE 直线,并阵列。

(3)偏移椭圆弧 CD 并修剪。

椭圆弧的操作命令如下。

操作提示

命令:_ellipse
指定椭圆的轴端点或[圆弧(A)/中心点(C)]:_a
指定椭圆弧的轴端点或[中心点(C)]:C
指定椭圆弧的中心点:　　　　　　　　　←鼠标拾取 O 点为中心点。
指定轴的端点:　　　　　　　　　　　　←鼠标点取 C 点。
指定另一条半轴长度或[旋转(R)]:　　　←鼠标点取 D 点。
指定起始角度或[参数(P)]:180
指定终止角度或[参数(P)/包含角度(I)]:270

OE 直线的阵列操作提示如图 3-2-7-16 所示。

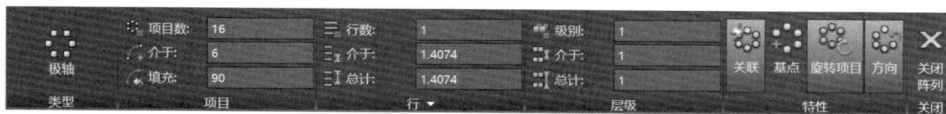

图 3-2-7-16　阵列操作对话框

<table>
<tr><td rowspan="11">操作提示</td></tr>
</table>

命令:_arraypolar
选择对象:找到 1 个
选择对象:
类型 = 极轴　关联 = 是
指定阵列的中心点或[基点(B)/旋转轴(A)]:
选择夹点以编辑阵列或[关联(AS)/基点(B)/项目(I)/项目间角度(A)/填充角度(F)/行(ROW)/层(L)/旋转项目(ROT)/退出(X)] <退出>:F
指定填充角度(+ = 逆时针、− = 顺时针)或[表达式(EX)] <360>:90
选择夹点以编辑阵列或[关联(AS)/基点(B)/项目(I)/项目间角度(A)/填充角度(F)/行(ROW)/层(L)/旋转项目(ROT)/退出(X)] <退出>:I
输入阵列中的项目数或[表达式(E)] <6>:16

3. 路径阵列

路径阵列是根据所指定的路径进行阵列(图 3-2-7-17)。例如曲线、弧线或者导线等所有开放型线段。执行路径阵列命令后,根据命令行提示,选择所需要阵列的图形对象,然后选择所需阵列的路径曲线,并输入项目数即可完成路径阵列操作,如图 3-2-7-18 所示。

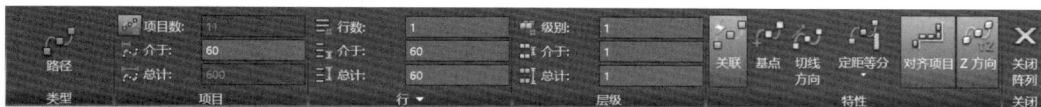

图 3-2-7-17　路径阵列选项卡

图 3-2-7-18　路径阵列

按照图 3-2-7-19 所示尺寸要求,绘制交通标志牌。

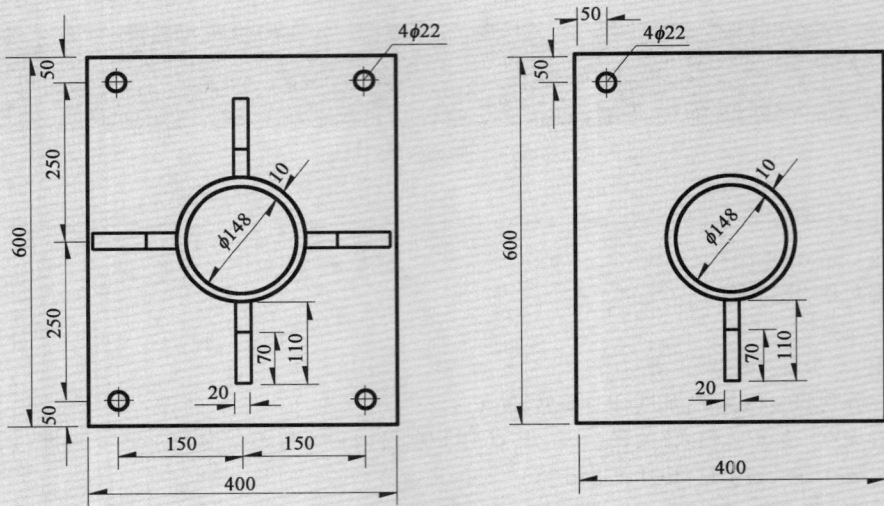

图 3-2-7-19　交通标志牌图

提示:

(1)按照图中的尺寸先绘制如图所示的矩形、小圆以及中间大圆,并偏移大圆和小矩形。

(2)对小圆进行矩形阵列,对于小矩形进行环形阵列。

工程应用:利用矩形阵列绘制等间距钢筋网,如图 3-2-7-20 所示。

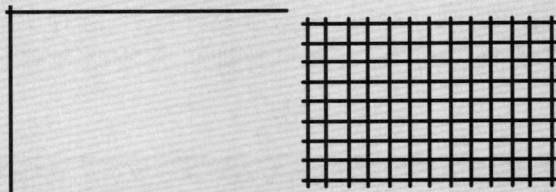

图 3-2-7-20　等间距钢筋网

工程应用:利用环形阵列绘制灌注桩钢筋,如图 3-2-7-21 所示。

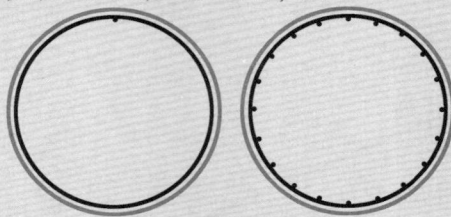

图 3-2-7-21　灌注桩钢筋

提示:先测试箍筋周长,根据主筋间距和箍筋周长计算阵列的个数。

夯基强技

"夯基强技"内容见超星学习通平台。

学习评价与分析

评 价 项 目	评 价 标 准	参考分值(分)	得分(分)
绘制桩基	准确性与熟练程度	30	
绘制承台	准确性与熟练程度	25	
绘制立柱	准确性与熟练程度	20	
绘制盖梁	准确性与熟练程度	25	
小组之间 互相评价(50%)	课前预习 课中学习 (60分)	1. 课前预习,找出难点:10分 2. 课中完成课堂任务(评价项目):40分 3. 学习态度、职业素质(严谨细致)考核:10分	
	课后作业 (20分)	1. 规定时间内完成该学习任务平台上夯基强技内容 2. 找出易错题、难题	
	小组代表展示 (20分)	1. 对出错多的题目或者难题进行讲解 2. 总结各个题目考查的知识点	
教师评价(50%)		1. 时间观念(考勤):10分 2. 学习态度(评价项目):80分 3. 表达能力:10分	
课后学习总结			
学习收获			
不足之处			

学习任务八　绘制柱状图(对象位置、大小以及特性的编辑)

◎ 知识目标与能力目标

　　学习拉伸、拉长、旋转对象及夹点编辑等命令。

　　通过学习,应该达到以下要求:

　　1.掌握图形对象长度、位置的变换命令,能够独立、灵活地运用这些命令绘制图形。

　　2.掌握对象特性编辑命令。

✎ 学习任务描述与分析

　　完成如图 3-2-8-1 所示的缩放图与桩状图。 熟悉缩放命令与拉长命令操作。 当工程图样绘制后,用缩放命令将图样进行缩放,插入标准的 A3 图幅中。

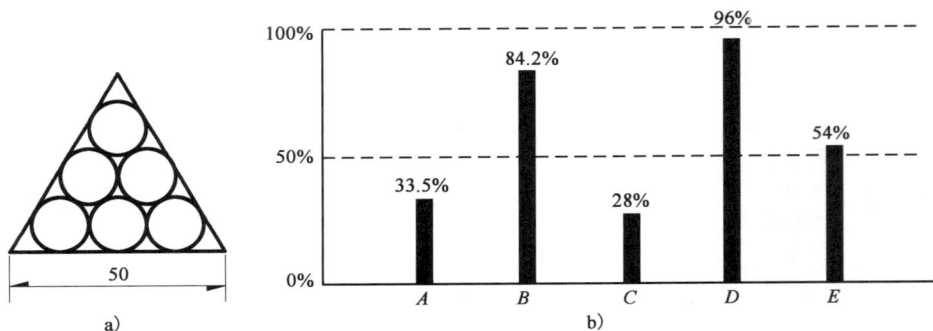

图 3-2-8-1　百分比柱状图

学习任务实施

　　明确任务:完成缩放图形及百分比的桩状图,熟悉 AutoCAD 有关图形编辑技巧。

♀ 引导问题 1　如何执行缩放命令?

　　先满足各圆的相切关系,然后绘制多段线,并偏移多段线,最后缩放成所要求的尺寸。

　　(1)先绘制一个圆(半径可任取,为便于绘图,本例取圆半径为 20),并利用对象捕捉复制水平方向两个与之相切的圆和极轴追踪复制倾斜方向的圆,如图 3-2-8-2a)和图 3-2-8-2b)所示。

　　(2)用多段线命令或多边形命令绘制正三角形,结果如图 3-2-8-2c)所示。

　　(3)使用偏移命令 OFFSET 将正三角形向外侧偏移距离 20,得到图 3-2-8-2d)所示结果,并删除多余三角形。

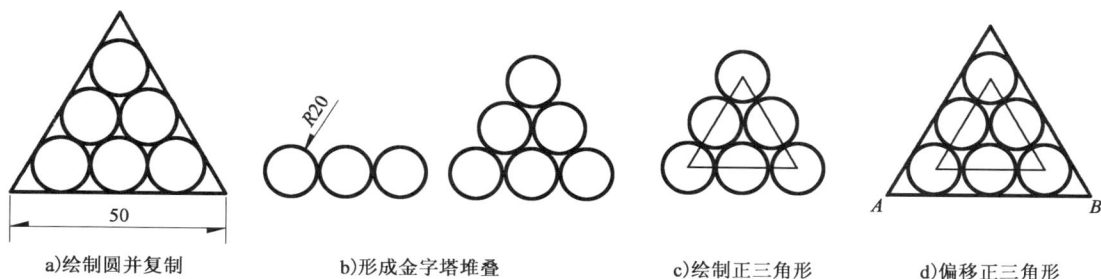

a)绘制圆并复制　　　b)形成金字塔堆叠　　　c)绘制正三角形　　　d)偏移正三角形

图3-2-8-2　用参照方式缩放图形对象示例

（4）用缩放命令 SCALE(命令缩写 SC)缩放至最后的结果。

①水平方向的复制。

操作提示

```
命令:CO
COPY
选择对象:找到 1 个
选择对象:
当前设置:复制模式 = 多个
指定基点或[位移(D)/模式(O)] <位移>:        ←打开"象限点捕捉模式",捕捉圆左
                                              侧象限点。
指定第二个点或[阵列(A)] <使用第一个点作为位移>:  ←捕捉圆右侧象限点。
```

②倾斜方向的复制。

操作提示

```
命令:CO
COPY
选择对象:找到 1 个
选择对象:
当前设置:复制模式 = 多个
指定基点或[位移(D)/模式(O)] <位移>:         ←打开"圆心捕捉
                                              模式",捕捉
                                              圆心。
指定第二个点或[阵列(A)] <使用第一个点作为位移>:<极轴 开> 40  ←在出现极轴追踪
                                              线时,输入40。
指定第二个点或[阵列(A)/退出(E)/放弃(U)] <退出>:80
```

③缩放操作。

操作提示	命令:_scale	←输入命令,单击 Enter 键。
	选择对象:指定对角点:找到 8 个	←选中前 3 步绘制的全部图形对象。
	选择对象:	←单击 Enter 键确认对象选择完成。
	指定基点:	←配合对象捕捉功能捕捉到大三角形左下角点 A 作为缩放基点。
	指定比例因子或[复制(C)/参照(R)] <1.0000>:R	←输入选项参数"R",单击 Enter 键,调用参照方式缩放图形对象
	指定参照长度 <1.0000>:@	←配合对象捕捉功能捕捉到大三角形左下角点 A。作为参照长度第一点。
	指定第二点:	←配合对象捕捉功能捕捉到大三角形右下角点 B。作为参照长度第二点。
	指定新的长度或[点(P)] <1.0000>:50	←输入新的长度值"50",单击 Enter 键,完成缩放。

💡引导问题2　如何理解拉长命令并绘制柱状图?

(1)使用直线命令绘制水平方向和竖直方向上的柱状图框架直线段,并调整线型和线宽。(线段长度为任意长度),如图 3-2-8-3a)所示。

(2)打开点样式对话框,将点样式设置为任意明显可见样式。使用定数等分命令 DIVIDE 将表示横轴的直线段等分为 6 段,如图 3-2-8-3b)所示。

操作提示	命令:_divide
	选择要定数等分的对象:
	输入线段数目或[块(B)]:6

(3)用多段线命令 PLINE 绘制具有一定宽度的直线段,并使用复制命令 COPY 将有一定宽度的直线复制到各等分点上,如图 3-2-8-3c)所示。

(4)输入拉长命令 LENGTHEN(命令缩写 LEN)后单击回车键,绘制柱状图,依次类推。结果如图 3-2-8-3d)所示。

等分对象命令及拉长命令操作如图 3-2-8-4 所示。

操作提示

命令:lengthen　　　　　　　　　　　　　　←输入命令,单击【Enter】键。

选择对象或[增量(DE)/百分数(P)/全部(T)/动态(DY)]:P ←输入选项参数"P"单击【Enter】键,使用百分数方式修改对象长度。

输入长度百分数 <100.0000>:33.5　　　　　←输入长度百分比值,单击【Enter】键确认。

选择要修改的对象或[放弃(U)]:　　　　　←移动鼠标至线段 A 上端,单击鼠标左键。

选择要修改的对象或[放弃(U)]:　　　　　←单击【Enter】键结束修改。

a) 绘制框架直线　　b) 定数等分线段　　c) 绘制宽线　　d) 使用拉长命令修改结果

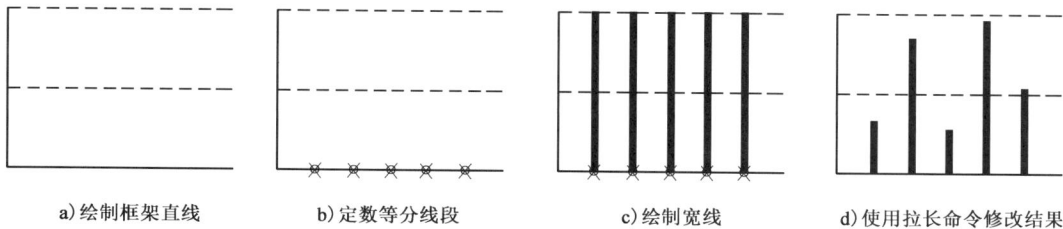

图 3-2-8-3　使用拉长命令绘制柱状图操作过程

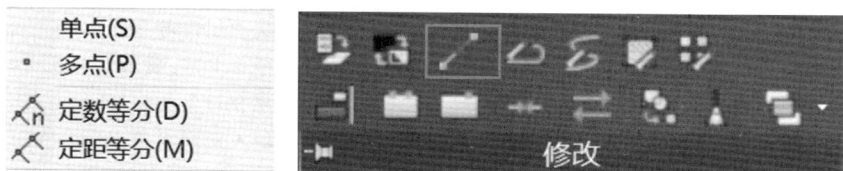

单点(S)
多点(P)
定数等分(D)
定距等分(M)

修改

图 3-2-8-4　等分及拉长命令操作

相关知识

知识点 1 图形位置、大小的改变

1. 移动命令

移动命令用于将一个或多个对象从原来位置移到新的位置,并且其大小和方向保持不变。

命令调用方式:

◆命令行:输入 MOVE（或 M）

◆菜单栏:选择【修改】菜单—【移动】选项

◆功能区:单击【默认】选项卡—【修改】面板—【移动】命令按钮

操作提示

命令:_move
选择对象:找到 1 个　　　　　　　　　　←选中需要移动的对象。
指定基点或[位移(D)]<位移>:　　　←指定移动的基点。
指定第二个点或 <使用第一个点作为位移>:　←指定新位置点或输入移动
　　　　　　　　　　　　　　　　　　　　　　距离。
　　　　　　　　　　　　　　　　　　　←在屏幕上指定两个点,这
　　　　　　　　　　　　　　　　　　　　两点的距离和方向代表了
　　　　　　　　　　　　　　　　　　　　实体移动的距离和方向。

2. 缩放命令

比例(Scale)命令用于将对象按指定的比例因子(包括参考值)相对于指定的基点放大或缩小,从而改变对象的尺寸大小。

命令调用方式:

◆命令行:输入 Scale (或 SC)

◆菜单栏:选择【修改】菜单—【缩放】命令

◆功能区:单击【默认】选项卡—【修改】面板—【缩放】命令按钮

(1)直接缩放对象。

操作提示

命令:_scale　　　　　　　　　　　　　　　←输入命令,单击 Enter 键。
选择对象:指定对角点:找到 11 个　　　　　←选中图形对象。
选择对象:　　　　　　　　　　　　　　　　←单击 Enter 键确认对象选择完成。
指定基点:　　　　　　　　　　　　　　　　←配合对象捕捉功能
指定比例因子或[复制(C)/参照(R)]<1.0000>:2　←输入比例因子,单击 Enter 键。

命令功能说明:

①比例缩放时指定的基点表示选定对象的大小发生改变时位置保持不变的点。

②使用比例因子缩放图形对象时,输入的比例因子必须是非零正数,比例因子大于1,则选中图形对象放大;比例因子小于1,则选中图形对象缩小。

③比例缩放不同于视图缩放命令 ZOOM,前者直接改变了对象的实际尺寸,而后者仅仅是改变了对象在屏幕上的显示大小,对图形对象的实际尺寸并无任何影响。

④利用比例缩放命令可以使某些图形的绘制变得简单,例如需要绘制某个结构物或者构造物的局部大样图时,可以先将需要放大的部分复制下来,再利用比例缩放、修剪等工具即可完成图形的绘制。

(2)参照方式缩放对象。

有时需要缩放的图形对象比例因子无法得知,或者需要经过复杂的计算,因此,使用指定比例因子的方法缩放图形对象就不那么方便了,在这种情况下可选用参照方式缩放对象。绘图时可以先以任意尺寸绘出图形的形状,再利用参照方式缩放对象,使图形对象满足尺寸要求。

复制缩放是给定一定比例进行复制与缩放;参照方式缩放是缩放的倍数未知。参照方式缩放如图3-2-8-5所示。

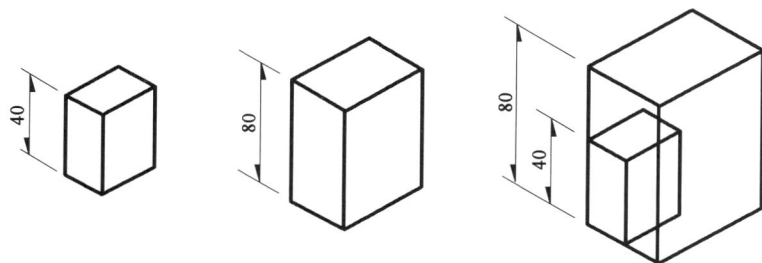

a)缩放前的长方形　　b)缩放后的长方形　　c)参照方式缩放后的长方体

图3-2-8-5　参照方式缩放对象

操作提示

命令:SC
SCALE
选择对象:找到 1 个
选择对象:
指定基点:
指定比例因子或[复制(C)/参照(R)]:C　　←输入复制选项缩放一组选定对象。
指定比例因子或[复制(C)/参照(R)]:R　　←输入参照选项。
指定参照长度 <1.0000>:@　　　　　　←采用相对于点的方式选择缩放对象的参照。
指定第二点:　　　　　　　　　　　　　←拾取两点来指定一个参照长度。
指定新的长度或[点(P)] <1.0000>:100　←输入新长度,两个数值的比值作为缩放比例因子。

3. 旋转命令

完成图3-2-8-6的操作。

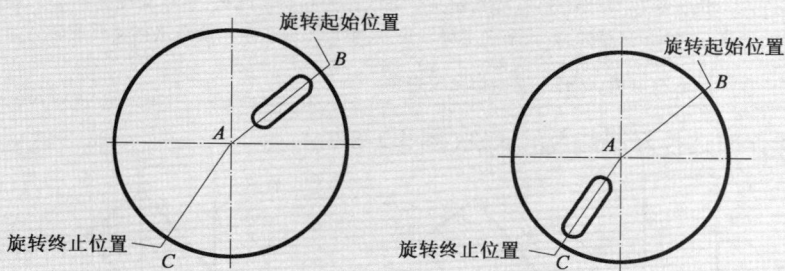

图3-2-8-6　使用"参照"选项旋转图形

使用"参照"选项旋转图形是通过先指定某个方向作为起始参照角,然后以选择一个新对象作为原对象要旋转到的位置的方式来确定旋转角度。如将键槽由直线AB位置旋转到直线AC位置,如图3-2-8-6所示。

旋转(Rotate)命令用于将所选的单个或一组对象,在不改变大小的情况下,绕指定的基点旋转一个角度,旋转后的位置将做相应的改变,即改变对象的方向。旋转角度分为相对角度和绝对角度。相对角度是围绕选定对象的基点进行旋转(需在命令行提示中选择"参照"选项后选定);绝对角度是指从当前角度开始选择指定的角度,默认为绝对角度。

(1)命令调用方式。

◆命令行:输入 ROTATE(或 RO)

◆菜单栏:选择【修改】菜单—【旋转】命令

◆功能区:单击【默认】选项卡—【修改】面板—单击【旋转】命令按钮⟳

命令:_rotate	←执行 ROTATE 命令。
UCS 当前的正角方向:ANGDIR = 逆时针 ANGBASE = 0	
选择对象:指定对角点:找到 4 个	←选中要旋转的对象。
指定基点:	←指定旋转基点。
指定旋转角度,或[复制(C)/参照(R)] <0>:C	←旋转复制操作后保留原图。
指定旋转角度,或[复制(C)/参照(R)] <0>:60	←指定旋转角度。

(2)命令功能说明(表3-2-8-1)。

命令功能说明 表 3-2-8-1

命令名称	功能说明
基点	编辑对象的参考点,可以是图形中的任意点,基点的选择与实体旋转后的图形位置有关,根据绘图需要指定基点,且基点最好选在已知对象上
转角	转角是基于当前用户坐标系量测的,旋转角度为正,选定对象将按逆时针方向旋转;反之,选定对象将按顺时针方向旋转
默认状态	旋转操作完成后,原位置上的图形对象将被删除,选择参数"复制(C)",然后给出旋转角度,则可保留原位置上的图形对象
参照(不能准确知道旋转角度的值)	选择参数"参照(R)",先指定某个方向作为起始参照角,然后采用选择一个新对象作为原对象要旋转到的位置的方式来确定旋转角度,也可以输入新角度值来指明要旋转到的方位
放弃与退出	放弃指取消误操作,退出指完成编辑

(3)旋转操作时选择复制与否的区别(图3-2-8-7)

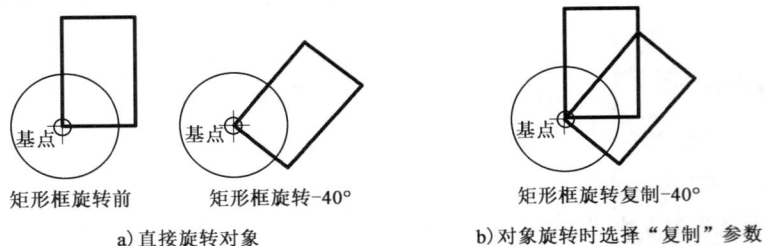

矩形框旋转前   矩形框旋转-40°   矩形框旋转复制-40°

a)直接旋转对象   b)对象旋转时选择"复制"参数

图 3-2-8-7 旋转操作时选择复制与否的区别

知识点 2 **改变图形长度命令**

1. 拉伸命令

如果想调整图形中某部分实体的位置,可以使用 STRETCH 命令。用于按指定的方向和角度拉伸或缩短图形。拉伸命令可以移动图形的指定部分,能使图形的指定部分拉伸、压缩或变形,同时又保持与原图未动部分的连接,如图 3-2-8-8 所示。

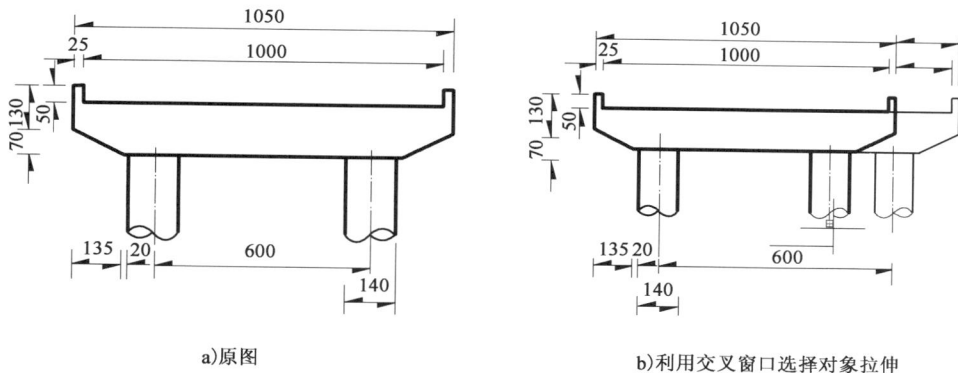

a)原图　　　　　　　　　　　　　b)利用交叉窗口选择对象拉伸

图 3-2-8-8 使用拉伸命令调整对象长度和位置的操作过程

(1)命令调用方式

◆命令行:输入 STRETCH(或 S)

◆菜单栏:选择【修改】菜单—单击【拉伸】命令

◆功能区:单击【默认】选项卡—【修改】面板—【拉伸】命令按钮

操作提示	命令:_stretch 以交叉窗口或交叉多边形选择要拉伸的对象… 选择对象:指定对角点:找到 11 个 选择对象: 指定基点或[位移(D)]<位移>: 指定第二个点或<使用第一个点作为位移>:	←输入命令,单击 Enter 键。 ←以交叉窗口方式选择需要拉伸的对象,单击鼠标左键确认。 ←单击 Enter 键或单击鼠标右键确认选择的对象。 ←在绘图区任意位置单击鼠标左键,指定基点。 ←输入第二点的相对坐标,单击 Enter 键,完成修改工作。

(2)命令功能说明(表 3-2-8-2)

命令功能说明　　　　　　　　　　　　　　　　　　　　表 3-2-8-2

命令名称	功能说明
拉伸命令 STRETCH	通过改变端点的位置来修改图形对象,编辑过程中除被拉长、缩短的对象外,其他图形元素的大小及相互间的几何关系将保持不变

续上表

命令名称	功能说明
拉伸命令 STRETCH	图形对象的选择只能使用交叉窗口方式或交叉多边形方式完成
	可以拉伸圆弧、椭圆弧、直线、多段线段、多线、样条曲线以及使用矩形命令 RETCANG 绘制的矩形和正多边形命令 POLYGON 绘制的正多边形等,其中多段线段按照一段一段的直线和圆弧处理
	对象完全包含在交叉窗口或交叉多边形里面,则此时拉伸命令与使用移动命令 MOVE 的效果一样
	可以使用鼠标直接在屏幕上指定两个点,这两点的距离和方向即为拉伸实体的距离和方向,另外也可以通过输入两点之间的绝对坐标或相对坐标来确定拉伸的距离和方向

提示:延伸命令和拉伸命令有着本质的区别,前者是将目标延伸到所选界限,而后者则不设界限,可通过输入数值确定拉伸的距离。

2. 拉长命令

拉长命令可以修改直线长度、圆弧长度及圆心角度。它可用来拉长或缩短直线、多段线、圆弧和椭圆弧,而对样条曲线则只能缩短。对于闭合的图形对象,如圆、矩形等,它只能起测量作用,而不能改变其长度。

(1)命令调用方式

◆命令行:输入 LENGTHEN(或 LEN)

◆菜单栏:选择【修改】菜单—【拉长】命令

◆功能区:单击【默认】选项卡—【修改】面板—【拉长】命令按钮

> **操作提示**
>
> 命令:_lengthen
> 选择对象或[增量(DE)/百分数(P)/全部(T)/动态(DY)]:←如果没有输入选项参数而直接选择对象,则会在命令提示行中显示被选中对象的长度和角度值。

(2)命令选项说明(表 3-2-8-3)

命令选项说明 表 3-2-8-3

命令选项	说明
增量(DE)	通过输入增减量值调整长度或角度,修改对象长度时,输入值为正,对象将拉长;输入值为负时将缩短

续上表

命令选项	说明
百分数(P)	通过指定对象总长度的百分数来调整对象长度,长度百分数必须为非零正数,输入值在 0 到 100 之间时,对象缩短;取值等于 100 时,对象长度不变;取值大于 100 时,对象长度增加
全部(T)	通过指定从固定端点测量的总长度的绝对值来修改选定对象的长度
动态(DY)	通过拖动鼠标或移动选定对象的端点之一来改变其长度,其他端点保持不变

注意:无论使用哪种方式调整对象长度或圆弧的圆心角度,拉长命令都从距选择点最近的端点处开始。

3. 延伸命令

可以将线段和曲线等对象延伸到一个边界对象,使其与边界对象相交,或者与边界的隐含部分(延长线)相交。

(1)命令调用方式

◆命令行:输入 Extend(或 EX)

◆菜单栏:选择【修改】菜单—【延伸】命令

◆功能区:单击【默认】选项卡—【修改】面板—【延伸】命令按钮--/

操作提示

命令: _extend
当前设置:投影 = UCS,边 = 延伸
选择边界的边...
选择对象或 <全部选择>:找到 1 个   ←使用鼠标单击选中直线段 C 作为延伸边界。

选择对象: ←按 Enter 键或单击鼠标右键确认选择的对象。

选择要延伸的对象,或按住 Shift 键选择要修剪的对象,或
[栏选(F)/窗交(C)/投影(P)/边(E)/放弃(U)]:   ←使用鼠标单击选中直线段 A 完成延伸。

(2)命令选项说明(表 3-2-8-4)

命令选项说明   表 3-2-8-4

命令选项	说明
栏选(F)	通过绘制连续折线的方式选择需要修剪的对象,与折线相交的所有对象将被修剪
窗交(C)	以交叉窗口方式选择修剪对象,与窗口具有交叉关系和包容关系的所有对象将被修剪
投影(P)	该选项用于设置执行修剪的空间,例如,三维空间中两条线段呈交叉关系,用户可利用该选项假想将其投影到某一平面上执行修剪操作
边(E)	设定是否将对象延伸到隐含边界(延长线),选择"延伸(E)"方式进行修剪,则在此方式下,即使边界边太短且延伸对象后不能与其直接相交,AutoCAD 会假想将边界边延长,然后使延伸边伸长到与边界相交的位置,否则将只能延伸到与边界边可以直接相交的对象

技巧:
①若在"选择对象"提示下直接按下空格键或是回车键,则绘图区中所有的对象可以为互相边界和被延伸对象,此时系统会在选择的对象中自动判断边界;
②延伸命令调用后,首先提示选择的对象是作为延伸边界的对象,延伸边界可以有多条,确认后,再选择被延的对象,连续选择被延伸的对象,可延伸多个对象,直到按 Enter 键结束命令;
③有效的边界对象可以是二维和三维多段线、圆弧、圆、椭圆、直线、样条曲线、文字和构造线等,如果边界对象是具有一定宽度的多段线,则 AutoCAD 将忽略多段线的宽度,而将对象延长到多段线的中心线位置;
④利用鼠标拾取需要延伸的部分时,如果按住 Shift 键,系统就自动将"延伸"命令转换成"修剪"命令。
⑤选择需要延伸的对象时,拾取点的位置决定了延伸的方向,延伸发生在拾取点的一侧

如图 3-2-8-9 所示,可以使用延伸命令将直线 A、B 延伸至直线 C。

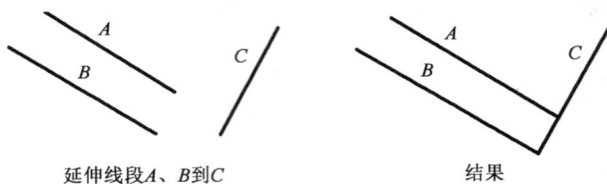

延伸线段A、B到C　　　　　　　结果

图 3-2-8-9　使用延伸命令延长线条

操作提示

命令:_extend　　　　　　　　　　　←输入命令,单击 Enter 键。
当前设置:投影 = UCS,边 = 无
选择边界的边...
选择对象或 < 全部选择 >:找到 1 个　　←使用鼠标单击选中直线段 C 作为延伸边界。

选择对象:
选择要延伸的对象,或按住 Shift 键选择要修剪的对象,或[栏选(F)/窗交(C)/投影(P)/边(E)/放弃(U)]:e
　　　　　　　　　　　　　　　←输入选项参数 E,单击 Enter 键,调用边界设置选项。

输入隐含边延伸模式[延伸(E)/不延伸(N)] <不延伸 >:e
　　　　　　　　　　　　　　　←输入选项参数 E,单击 Enter 键,设置边界为延伸模式。

选择要延伸的对象,或按住 Shift 键选择要修剪的对象,或[栏选(F)/窗交(C)/投影(P)/边(E)/放弃(U)]:
　　　　　　　　　　　　　　　←使用鼠标单击选中直线段 B 即完成延伸。

知识点3　对象特性的编辑

1.夹点功能说明及应用
每个图形、每个线条都有其不同的颜色、线宽、线型(实线、虚线或中心线)图层,高度、文

字样式等,在 AutoCAD 中,图形实体的这些属性被称为对象特性。改变实体的形状、大小,实质上就是在改变其属性。例如,使用虚线绘制图形对象,当线型比例不合适,导致虚线各段间距过大或过小时,通过改变虚线对象的特性,可以快速调整其线型比例。

下面介绍如何运用夹点操作来进行编辑,以及如何改变对象的属性和对象特性的匹配问题。

(1)运用夹点操作。

在 AutoCAD 中,系统还提供了一种简单实用的编辑方法,那就是利用图形对象的关键点来拉伸、移动或复制对象。

要使用夹点操作编辑对象,必须先打开夹点框。

在状态栏单击鼠标右键,弹出"选项"对话框,选择"选择集"选项卡,如图 3-2-8-10 所示。在"夹点"选项组中选中"显示夹点"复选框,在该选项卡中还可以设置代表夹点的小方格的大小和颜色。

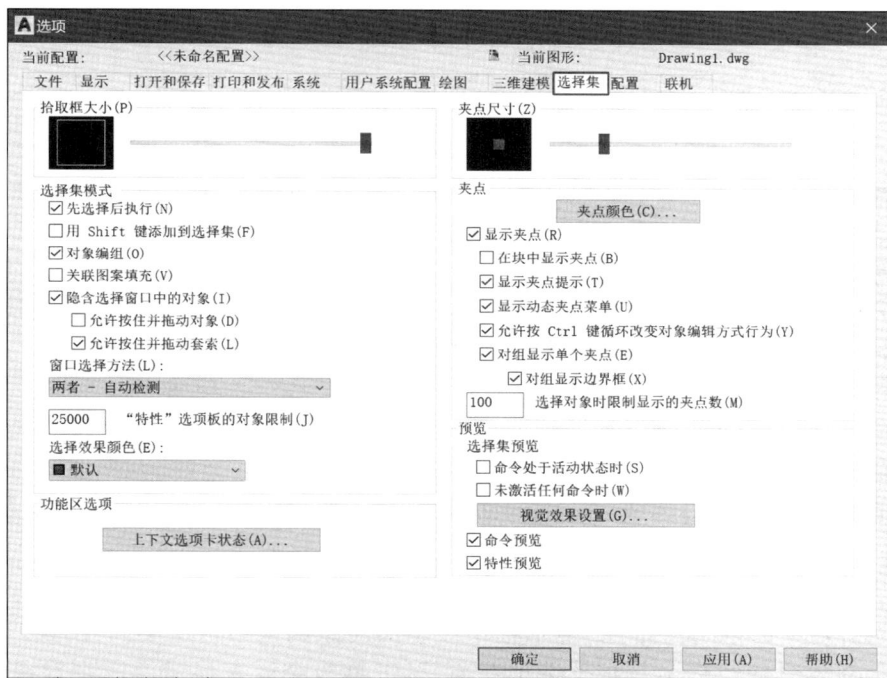

图 3-2-8-10 "选项"对话框

(2)夹点的定义。

AutoCAD 中在未执行任何命令的情况下,当选择要编辑的某个对象后,对象的控制点上将出现一些小的蓝色正方形框,这些正方形框被称为对象的冷夹点。夹点表示对象的控制位置,使用夹点编辑对象时,要选择一个夹点作为基点,称为基准夹点。

用鼠标单击其中一个夹点,夹点变为热夹点,热夹点以高亮度的颜色显示,如图 3-2-8-11所示。

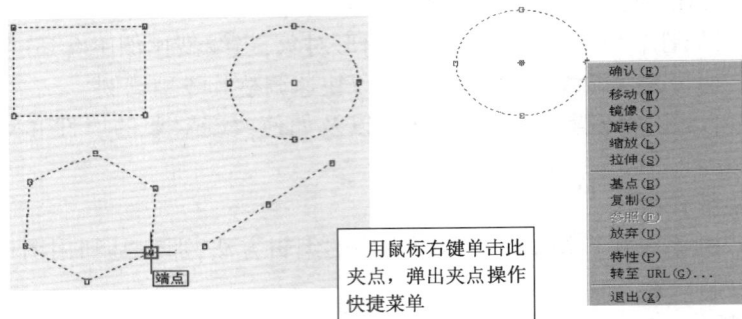

用鼠标右键单击此夹点,弹出夹点操作快捷菜单

图 3-2-8-11 夹点的定义

操作提示

命令:
＊＊拉伸＊＊
指定拉伸点或[基点(B)/复制(C)/放弃(U)/退出(X)]:

2. 对象特性面板的说明及应用

AutoCAD 提供了一个专门进行图形实体属性编辑和管理的工具——特性管理器,在特性管理器中,图形实体的所有特性均一目了然,修改起来极为方便。

命令调用方式:

◆命令行:输入 Properties(或 PR)

◆键盘快捷键:Ctrl + 1

◆功能区:单击【视图】选项卡—【选项板】面板—【特性】命令或者单击【默认】选项卡—单击【特性】面板右下角箭头按钮

命令功能说明:

根据选择对象的不同,"特性"对话框中显示的对象属性项目也不同,图 3-2-8-12a)为不选择任何对象时的特性工具板。选中对象后,工具板会列表显示所选中对象的当前特性。此时,只要点击欲修改特性选项就可以通过对话框或下拉菜单以及直接输入新的数据等方式对对象的特性进行修改。修改完成,单击【Enter】键后直接关闭特性工具板,对象将具有新的特性。

在使用虚线绘制图形对象时,由于线型比例不合适,导致虚线各段间距显示过大或过小,通过改变虚线对象的特性,可以快速调整其线型比例,如图 3-2-8-12b)所示。

选中尺寸标注对象后,如图 3-2-8-12c)和图 3-2-8-12d)所示工具板会列表显示所选中尺寸对象的当前特性。

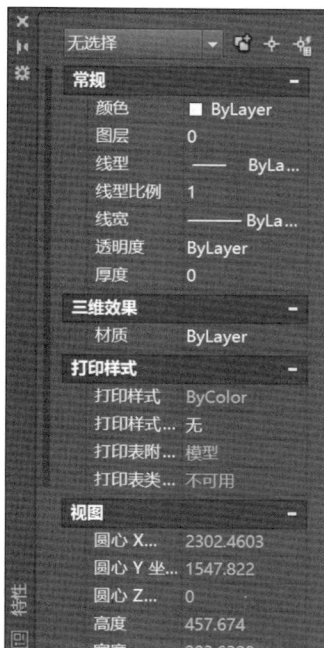

a)

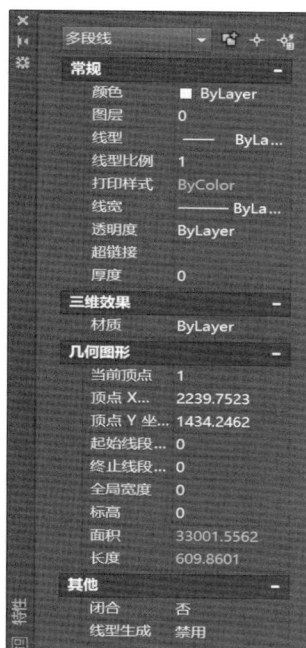

b)

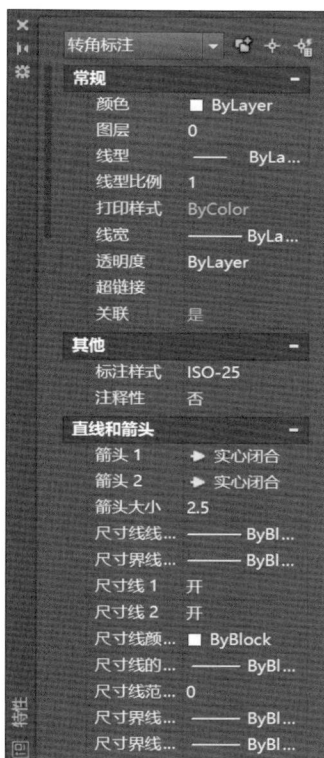

c)

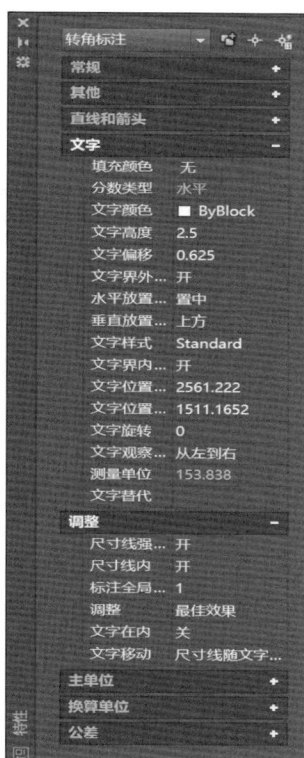

d)

图 3-2-8-12　对象特性工具板

3.对象特性匹配命令修改对象特性的说明及应用

特性匹配命令 MATCHPROP 是一个非常有用的编辑工具,利用特性匹配功能可以将目标对象的特性与源对象的特性进行匹配,使目标对象的特性与源对象相同。特性匹配功能可以快捷地修改对象特性,并使不同的对象具有相同的特性。如图 3-2-8-13 所示,如果需要将圆的特性调整为与虚线 AB 一致,包括线型、所在图层、颜色等,可以在调用特性匹配命令 MATCHPROP 后,根据提示依次选择对象完成调整。

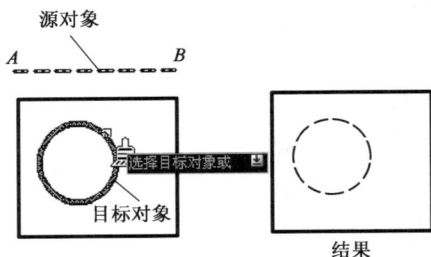

图 3-2-8-13　特性匹配

(1)命令调用方式。

◆命令行:输入 Matchprop(或 MA)

◆菜单栏:单击【修改】菜单—【特性匹配】命令

◆功能区:单击【默认】选项卡—【剪贴板】面板—【特性匹配】命令按钮⬚

"特性设置"对话框如图 3-2-8-14 所示。

操作提示

命令:_matchprop

选择源对象:　　　　　　　　　　←使用鼠标选中虚线段 AB。

当前活动设置:颜色 图层 线型 线型比例 线宽 厚度 打印样式 标注 文字 填充图案 多段线 视口 表格材质 阴影显示 多重引线

选择目标对象或[设置(S)]:　　　←使用鼠标选中圆。

选择目标对象或[设置(S)]:　　　←单击 Enter 键完成特性匹配操作。

图 3-2-8-14　"特性设置"对话框

(2)命令功能说明。

AutoCAD 的特性匹配功能类似于 OFFICE 系列软件中提供的"格式刷"功能,它可以复制某一个对象的基本特性,如颜色、图层、线型、线宽等,然后将其应用到另外一个或一组对象当中去,从而达到修改的目的。

需要复制修改的特性项目可以通过在"选择目标对象或［设置（S）］:"提示下选择参数"S"打开如图 3-2-8-15 所示"特性设置"对话框来完成。

4. 剪贴板编辑

剪贴板是 Windows 系统中各应用程序之间进行数据交换的主要方式之一,通过剪贴板可以在不同的文件之间挪移、拷贝需要的内容。

（1）复制命令 ▣ 复制到剪贴板 (Ctrl+C):该命令将选定的对象复制到剪贴板中。

（2）剪切命令 ✂ 剪切到剪贴板 (Ctrl+X):该命令将选定的对象复制到剪贴板并从图形中删除对象。

利用剪贴板粘贴命令 ▣ 从剪贴板粘贴 (Ctrl+V),可以把一些应用程序中的文字、表格等直接调入 AutoCAD 中。

夯基强技

"夯基强技"内容见超星学习通平台。

学习评价与分析

评 价 项 目	评 价 标 准	参考分值(分)	得分(分)
掌握缩放命令操作	准确性与熟练程度	30	
掌握旋转命令操作	准确性与熟练程度	40	
绘制百分比柱状图	准确性与熟练程度	30	
小组之间 互相评价(50%)	课前预习 课中学习 (60分)	1. 课前预习,找出难点:10 分 2. 课中完成课堂任务(评价项目):40 分 3. 学习态度、职业素质考核(严谨细致):10 分	
	课后作业 (20分)	1. 规定时间内完成该学习任务平台上夯基强技内容 2. 找出易错题、难题	
	小组代表展示 (20分)	1. 对出错多的题目或者难题进行讲解 2. 总结各个题目考查的知识点	
教师评价(50%)		1. 时间观念(考勤):10 分 2. 学习态度(评价项目):80 分 3. 表达能力:10 分	
课后学习总结			
学习收获			
不足之处			

项目三

文本、尺寸标注与表格的应用

文本注释是图形中很重要的一部分内容,进行设计时,通常不仅要绘出图形,还要在图形中标注一些文字。图表在 AutoCAD 图形中也有大量的应用,比如明细表和标题栏。本项目主要介绍文本的注释和编辑功能,包括文本样式、文本标注、文本编辑、尺寸标注及表格的定义与创建等。

学习任务一　绘制道路路线纵断面图的资料部分

◎ 知识目标与能力目标

学习文字标注与编辑的方法。

通过学习,应该达到以下要求:

1. 掌握新建和修改文字样式的方法。

2. 掌握单行文字和多行文字的书写方法。

3. 掌握正确编辑文字和某些特殊的文字的方法。

☑ 学习任务描述与分析

完成路线纵断面图(图3-3-1-1)的资料部分。 熟悉单行文字、多行文字的使用,掌握文字式样的设置与文字编辑的方法。

地质概况	普通黏土											坚土					
坡度(%)	3.0																
距离(m)							600							380				
填高	1.3	6.25 5.40		1.48 1.50 0.8											1.80	3.5	6.81
挖深						1.65	6.56	12.30	12.10	9.41	7.50	5.2	3.06				
设计高程	62.50	64.90	65.50	68.50	69.10	69.54	71.50	73.00	74.50	76.16	77.50	79.30	80.10	80.10	79.50	79.10	78.50
地面高程	61.20	58.65	60.10	67.02	67.60	68.74	73.15	79.56	86.80	88.26	86.91	86.80	85.30	83.16	77.70	75.60	71.69
里程桩号	6+000.00	6+080.00	6+100.00	6+200.00	6+220.00	6+234.73	6+300.00	6+350.00	6+400.00	6+455.47	6+500.00	6+560.00	6+600.00	6+640.00	6+700.00	6+740.00	6+800.00
平曲线				$\alpha=40°15''$ JD_9 $R=300$													

图 3-3-1-1 纵断面图的资料部分

学习任务实施

明确任务：完成纵断面图的资料部分，掌握文字编辑的方法。

💡引导问题 如何设置文字样式？ 如何完成纵断面图资料部分书写？

1. 设置文字样式

单击【注释】选项卡—单击【文字】面板右下角小箭头—【文字样式】命令，打开"文字样式"对话框（图 3-3-1-2），进行文字样式的设置。

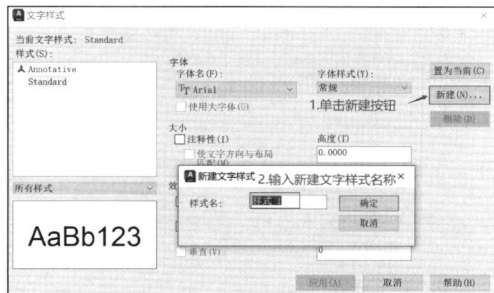

a)

b)

图 3-3-1-2 "文字样式"对话框

2.书写纵断面资料的桩号、高程等文字内容

绘制矩形框,运用多行文字书写命令,设置好各参数,然后多重复制。

命令:MT　　　　　　　　　　　　　　　　　　　　←输入多行文字命令,单击鼠标左键。
MTEXT
当前文字样式:"纵断面资料"　文字高度: 2.5　注释性: 否
指定第一角点:　　　　　　　　　　　　　　　　　←指定第一角点。
指定对角点或[高度(H)/对正(J)/行距(L)/旋转(R)/样式(S)/宽度(W)/栏(C)]:J
　　　　　　　　　　　　　　　　　←可以指定对角点,也可以进行有关
　　　　　　　　　　　　　　　　　　　参数的设置,输入对正选项。

输入对正方式[左上(TL)/中上(TC)/右上(TR)/左中(ML)/正中(MC)/右中(MR)/左下
(BL)/中下(BC)/右下(BR)]
　<左上(TL)>:ml　　　　　　　　　　　　　　←输入对正方式。
指定对角点或[高度(H)/对正(J)/行距(L)/旋转(R)/样式(S)/宽度(W)/栏(C)]:H
指定文字高度 <0>:3.5　　　　　　　　　　←输入文字高度。
指定对角点或[高度(H)/对正(J)/行距(L)/旋转(R)/样式(S)/宽度(W)/栏(C)]:R
指定旋转角度 <4>:90　　　　　　　　　　←输入文字角度。
指定对角点或[高度(H)/对正(J)/行距(L)/旋转(R)/样式(S)/宽度(W)/栏(C)]:
　　　　　　　　　　　　　　　　　←输入多行文字宽度范围的对角点。

3.用编辑文字命令编辑文字。

命令:_ddedit
选择注释对象或[放弃(U)]:

4.左侧单行文字的操作

坡度%与距离文字的输入提示:

命令:DT
TEXT　　　　　　　　　　　　　　←输入单行文字命令。
当前文字样式:"纵断面资料"　文字高度: 3.5000　注释性: 否
指定文字的起点或[对正(J)/样式(S)]:
指定高度 <3.5000>:
指定文字的旋转角度 <0>:　　　←由两点连线方向来确定旋转角度。

里程桩号、地面高程等文字的输入提示：

绘制矩形框以及矩形的一条对角线，输入执行单行文字的操作。

<table>
<tr><td rowspan="2">操
作
提
示

●
●
●</td><td colspan="2">命令：DT</td></tr>
<tr><td>TEXT</td><td>←输入单行文字命令。</td></tr>
<tr><td colspan="2">当前文字样式："纵断面资料"　文字高度：　7.30　注释性：　否</td></tr>
<tr><td colspan="2">指定文字的起点或［对正（J）/样式（S）］:J</td></tr>
<tr><td colspan="2">输入选项</td></tr>
<tr><td colspan="2">［对齐（A）/调整（F）/中心（C）/中间（M）/右（R）/左上（TL）/中上（TC）/右上（TR）/左中（ML）/正中（MC）/右中（MR）/左下（BL）/中下（BC）/右下（BR）］:M</td></tr>
<tr><td>指定文字的中间点：</td><td>←捕捉对角线的中点为文字的起点。</td></tr>
<tr><td colspan="2">指定高度 ＜7.30＞:5</td></tr>
<tr><td colspan="2">指定文字的旋转角度 ＜0.00＞:</td></tr>
</table>

相关知识

知识点1　新建文字标注样式

在输入文字之前，首先要设置文字样式，文字样式包括字体、字高、宽度比例等内容。

命令的调用方式：

◆命令行：输入 STYLE（或 ST）

◆菜单栏：选择【格式】菜单—【文字样式】命令

◆功能区：单击【默认】选项卡—【注释】面板小三角—【文字样式】—【管理文字样式】或者单击【注释】选项卡—【文字】面板右下角小箭头

当调用"文字样式"后，将打开如图 3-3-1-2 所示"文字样式"管理器对话框。

在"文字样式"对话框中完成了必要的修改后，单击【应用】按钮将确认修改的设置，然后单击【关闭】，退出"文字样式"对话框。

知识点2　单行文字标注

用于在图形中输入不需要进行复杂排版的简短内容，可以使用单行文字完成书写，每行文字都是独立的对象，可对其进行移动、格式设置或其他修改。例如工程图纸中标题栏的书写。

1.命令调用方式

◆命令行：输入 TEXT（或 DTEXT 或 DT）

◆菜单栏：选择【绘图】菜单—【文字】—【单行文字】命令

◆功能区：单击【默认】选项卡—【注释】面板—【单行文字】命令 A或者单击【注释】选项卡—【文字】面板—【单行文字】命令。

<table>
<tr><td rowspan="8">操作提示</td><td>命令:DT</td><td></td></tr>
</table>

操作提示

命令:DT

TEXT

当前文字样式:"纵断面资料"　文字高度：2.5000　注释性：否

指定文字的起点或[对正(J)/样式(S)]：　　←指定文字的起点选项为默认选项,输入或
　　　　　　　　　　　　　　　　　　　　　者拾取文字的起点位置。

指定高度 <2.5000>:5　　　　　　　　　　←可以输入根据出图比例设置文字高度(出
　　　　　　　　　　　　　　　　　　　　　图比例为1:100,字高就是500)或者拾取
　　　　　　　　　　　　　　　　　　　　　两点,以两点之间的距离为文字高度。

指定文字的旋转角度 <0>:　　　　　　　←输入所注写的文字与 X 轴正方向的夹角,
　　　　　　　　　　　　　　　　　　　　　可以输入或者拾取两点,以两点的连线与
　　　　　　　　　　　　　　　　　　　　　X 轴正方向的夹角为旋转角。

　　单行文字参数设置完成后,在光标闪烁的位置输入相应的文本内容,然后单击绘图区任意空白处,并单击【Enter】键即可输入另一个单行文字,单击两次【Enter】键即可结束单行文字的输入。

2. 单行文字对齐方式

操作提示

命令:DT

TEXT

当前文字样式:"纵断面资料"　文字高度：2.5000　注释性：否　对正：左

指定文字的起点 或[对正(J)/样式(S)]:J

输入选项[左(L)/居中(C)/右(R)/对齐(A)/中间(M)/布满(F)/左上(TL)/中上(TC)/右上(TR)/左中(ML)/正中(MC)/右中(MR)/左下(BL)/中下(BC)/右下(BR)]:M

指定文字的中间点:

指定高度 <2.5000>:

指定文字的旋转角度 <0>:

各符号的含义:

对齐(A)——通过输入两点确定字符串底线的长度,输入文字的多少将决定字高,字高与字宽比例不变。输入的文字越多,字就越小。

调整(F)——通过输入两点确定字符串底线的长度和原设定好的字高确定字的定位,即字高始终不变。两定位点确定后,输入的字越多字就越窄。

中心(C)——定位点设定在字符串基线的中点。

中间(M)——定位点设定在字符串的中间。

右(R)——定位点设定在字符串基线的右端。

TL——顶部左侧,M——中线左侧,TC——顶部中间,MC——中线中间,TR——顶部右侧。

MR——中间右侧,BL——底部左侧, BC——底部中间,BR——底部右侧,Start——基线左端。

思考：绘制工程图纸右下角的标题栏,如图 3-3-1-3 所示。

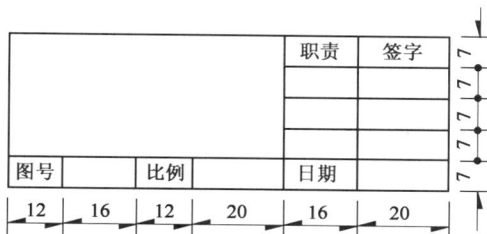

图 3-3-1-3 使用单行文字书写标题栏

提示：

(1)根据图示尺寸绘制标题栏线框图。

(2)设置文字样式,并将新的文字样式设置为当前样式。

(3)在需要书写单行文字的线框内绘制辅助对角线。

(4)执行单行文字的书写,删除对角线,复制其他文字,并进行文字编辑,得到标题栏,如图 3-3-1-4 所示。

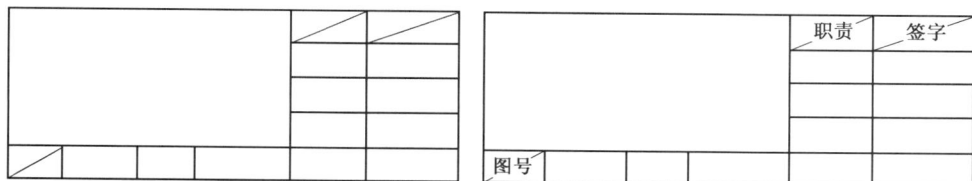

图 3-3-1-4 使用单行文字书写标题栏

3.特殊的文本字符与符号选项

工程图中用到的许多符号都不能直接通过键盘输入,比如直径符号"φ"等,在书写单行文字时可以通过以下几种方式完成。

(1)百分号引导法。

特殊的文本符号除了可以通过"多行文字编辑器"对话框输入外,还可以通过控制字符方式输入。输入特殊文本字符时,控制字符均以两个百分号开始(％％),然后输入控制符,见表 3-3-1-1。

特殊符号控制码 表 3-3-1-1

代 码	对应特殊字符及功能	代 码	对应特殊字符及功能
％％O	打开或关闭文字上划线	％％P	标注正负号(±)
％％U	打开或关闭文字下划线	％％C	标注直径符号(φ)
％％D	标注单位符号"度"("°")	％％％	标注百分比符号("％")
\U＋2220	角度	\U＋2260	不相等
\U＋2248	几乎等于	\U＋0394	差值

(2)键盘输入法。

可以利用软键盘输入希腊字母、数学符号、标点符号、罗马数字等符号,输入完成后返回

PC 键盘。

（3）复制粘贴法。

对于一些特殊的符号如"≧""～""√""∞"等，可以从 Word 等文本编辑软件中复制到 Windows 剪贴板中，然后回到 AutoCAD 中，执行单行文字命令后，粘贴到文本窗口中，这样可以在 AutoCAD 的单行文字书写中写出所需要的特殊字符。

注意：特殊符号录入过程中需要注意字体与字符的兼容性，如果一些特殊符号或汉字输入后无法辨认或显示"？"，表明当前字体与特殊符号或汉字不兼容，可以通过更改字体来解决显示问题。

知识点 3 **多行文字标注**

多行文字是以段落方式处理文字。段落的宽度由指定的矩形框决定，这样就可以很容易地将绘制的文本作为一个整体，用左、右、中对正方式进行自动排版。每个多行文字段无论包含多少字符，都被认为是单个对象。

1. 命令调用方式

◆命令行：MTEXT（或 T 或 MT）

◆菜单栏：单击【绘图】菜单—【文字】—【多行文字】命令

◆功能区：单击【默认】选项卡—【注释】面板—【多行文字】命令按钮 **A** 或者单击【注释】选项卡—【文字】面板—【多行文字】命令

执行"多行文字"命令后，单击绘图区域空白处，指定第一角点，向右下角拖出一定的距离，单击鼠标左键指定第二角点，绘制出一个矩形框，其矩形框用于指定多行文字的输入位置和行宽，箭头指示文字书写的方向。

操作提示	命令：MT MTEXT 当前文字样式："纵断面资料"　文字高度：　12.5000　注释性：　否 指定第一角点：　　　←绘图区域任意位置单击鼠标左键指定多行文字的第一角点。 指定对角点或［高度(H)/对正(J)/行距(L)/旋转(R)/样式(S)/宽度(W)/栏(C)］： 　　　←移动鼠标拖出一个矩形窗口，在适当位置单击鼠标左键，打开文字格式对话框和多行文字输入窗口。

打开"多行文字编辑器"和"文字编辑器"选项卡，输入相应的文字，如图 3-3-1-5 所示。

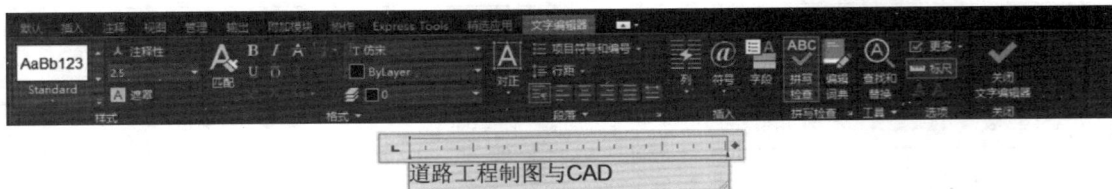

图 3-3-1-5　多行文字编辑器

进行文字样式、字体高度、倾斜角度等有关文字的设置,输入对应的文字说明,单击文字格式对话框上的确定按钮,完成多行文字的书写。

2. 设置多行文本格式

输入多行文本内容后,选择需要设置的文本内容,执行"文字编辑器"命令,则可对当前段落文本的字体、颜色、格式等进行设置,具体操作如图3-3-1-6所示。

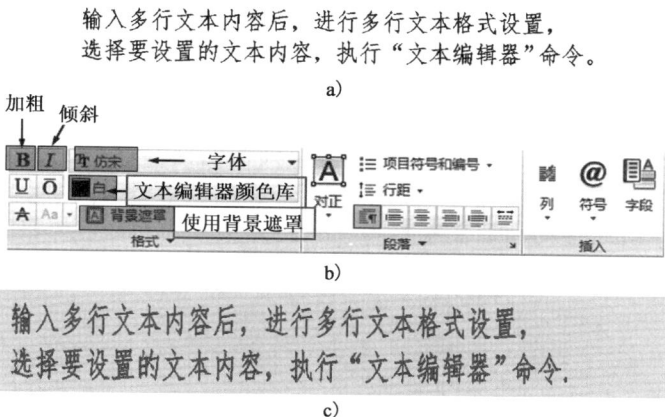

输入多行文本内容后,进行多行文本格式设置,
选择要设置的文本内容,执行"文本编辑器"命令。

a)

b)

输入多行文本内容后,进行多行文本格式设置,
选择要设置的文本内容,执行"文本编辑器"命令.

c)

图3-3-1-6 多行文字编辑

双击需要设置的段落文本如图3-3-1-6a)所示,分别执行"文字编辑器—格式—加粗""倾斜""字体""文本编辑颜色库"和"背景遮罩"等操作,进行文本的加粗、倾斜,字体设置和确定字体颜色,以及设置背景填充颜色为黄色,如图3-3-1-6b)所示,编辑后的效果如图3-3-1-6c)所示。

3. 分数形式

使用"/"或"#"连接分子与分母 3/4 → ¾ 3#4 → ¾,选择分数文字,单击【堆叠】命令按钮,即可显示为分数的表达方式。

4. 上、下标形式

使用"^"字符标识文字,将"^"字符放在文字之后,然后将其与文字都选中,并单击【堆叠】命令按钮,即可设置所选文字为上标字符。使用"^"字符标识文字,将"^"字符放在文字之前,然后将其与文字都选中,并单击【堆叠】命令按钮,即可设置所选文字为下标字符,如图3-3-1-7所示。

$100^2 → 100^2$　　$m^3 → m^3$　　$100^2 → 100_2$

图3-3-1-7 上下标形式

5. 添加特殊符号

在多行文字中添加特殊符号,除了使用单行文字中添加特殊符号的方法外,还可以直接使用多行文字编辑器中的"符号"选项菜单添加。

单击"文字格式"对话框的"@"符号选项的"其他"打开"字符映射表"对话框(图3-3-1-8),其中包含了系统中每种可用字体的整个字符集。在对话框中找到需要的特殊符号,单击【选择】按钮选中要添加的符号复制到剪贴板中,然后关闭字符映射表对话框,回到多行文字编辑器中,再使用 Ctrl + V 组合键,将保存在剪贴板中的符号粘贴在多行文字中。

图3-3-1-8 字符映射表

知识点 ④ **文本编辑**

无论是单行文字还是多行文字,均可直接通过双击来编辑,此时实际上是执行了 DDEDIT 文本编辑命令。

1. 文本编辑命令

编辑单行文字时,文字全部被选中,因此,直接输入文字,则文本原内容均被替换。退出文字编辑状态,可在其他位置单击或者单击 Enter 键。编辑多行文字时,多行文字编辑器将重新激活,可以对多行文字进行编辑修改,修改完成后点击确定按钮保存修改内容并退出多行文字编辑器。

当需要修改文字的特性时,可在选中文字后单击功能区中的"对象特性"按钮,打开单行文字的"特性"面板。利用该面板可修改文字的内容、样式、对正方式、高度、宽度比例等。

2. 命令调用方式

◆命令行:输入 TEXTEDIT

◆菜单栏:单击【修改】菜单—【对象】—【文字】—【编辑】命令

◆功能区:单击【默认】选项卡—【特性】面板—右下角箭头

夯基强技

"夯基强技"内容见超星学习通平台。

学习评价与分析

评 价 项 目	评 价 标 准	参考分值(分)	得分(分)
设置文字样式	设置的规范性	30	
书写纵断面资料部分	完整、规范、准确	40	
掌握文字编辑	准确性与熟练程度	30	
小组之间 互相评价(50%)	课前预习 课中学习 (60分)	1.课前预习,找出难点:10分 2.课中完成课堂任务(评价项目):40分 3.学习态度、职业素质(严谨细致)考核:10分	
	课后作业 (20分)	1.规定时间内完成该学习任务平台上夯基强技内容 2.找出易错题、难题	
	小组代表展示 (20分)	1.对出错多的题目或者难题进行讲解 2.总结各个题目考查的知识点	
教师评价(50%)		1.时间观念(考勤):10分 2.学习态度(评价项目):80分 3.表达能力:10分	
课后学习总结			
学习收获			
不足之处			

学习任务二　标注桥台的尺寸

◎ 知识目标与能力目标

学习尺寸标注的方法。

通过学习,应该达到以下要求:

1.掌握创建和编辑尺寸标注样式的方法。

2.能正确标注各种类型的尺寸。

3. 了解特殊尺寸标注的方法。

4. 能理论联系实际，正确标注桥台的尺寸。

✔ 学习任务描述与分析

尺寸标注就是一种图形注释，通过尺寸标注能够清晰、准确地反映形体的形状、大小和相互关系。

本任务完成桥台图 3-3-2-1 尺寸标注，将详细介绍尺寸标注格式的设置方法、一些常用标注命令的功能及使用方法、尺寸标注的编辑。掌握各种尺寸标注的调整、设置与标注方式。

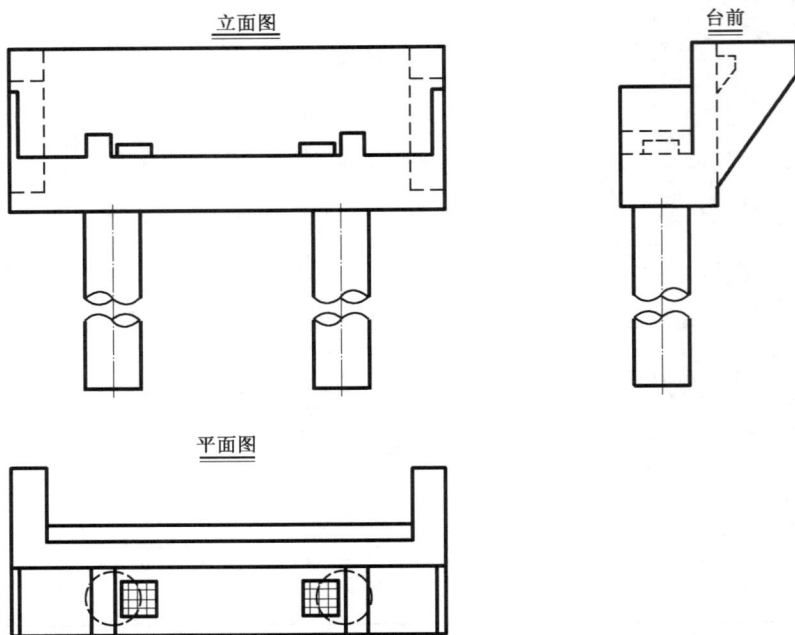

图 3-3-2-1　桥台的尺寸标注

学习任务实施

明确任务：熟悉尺寸标注样式设置和类型的选择，为准确标注图形尺寸打下基础。通过对桥台尺寸的标注，学习尺寸标注知识。

💡引导问题1　如何设置尺寸标注样式？

在标注尺寸前须设置标注样式，故需对尺寸标注的基本要求有一定的了解。

在命令行输入 DIMSTYLE（或 D），打开"标注样式管理器"对话框，创建新建标注样式，操作如图 3-3-2-2 ~ 图 3-3-2-7 所示。

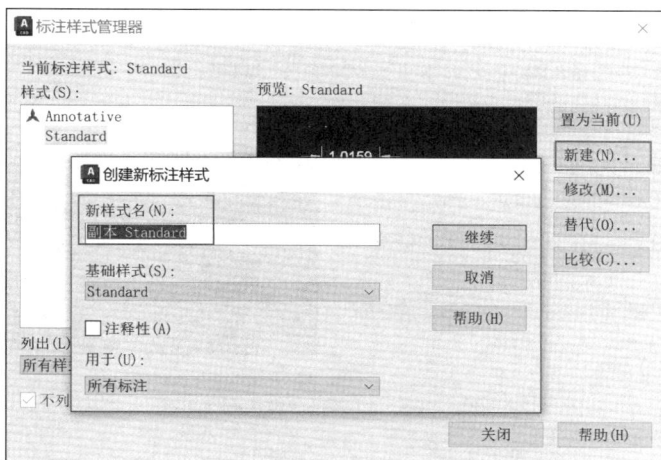

图 3-3-2-2　新建标注样式

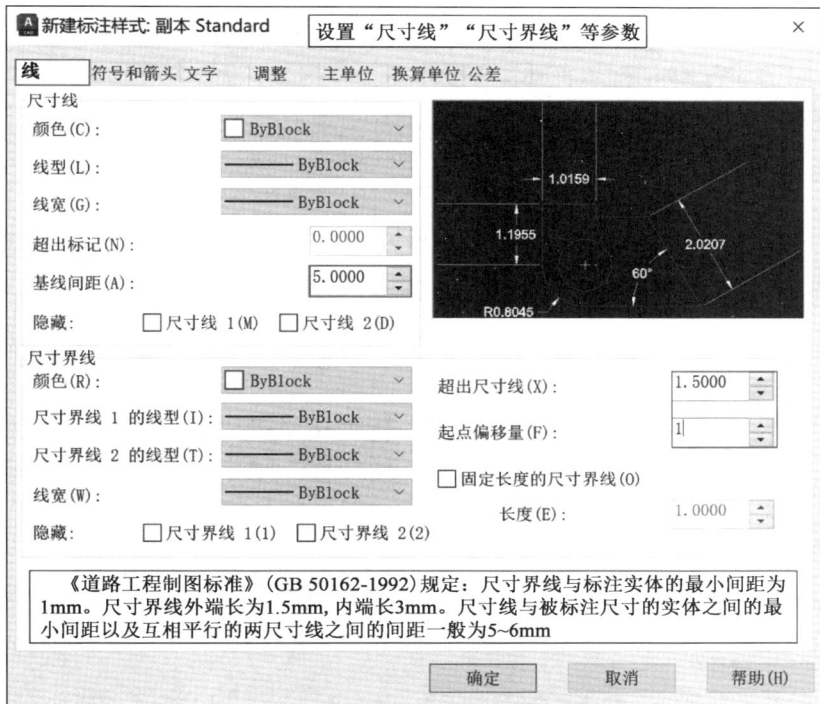

图 3-3-2-3　设置标注样式"线"选项

（1）在打开的"标注样式管理器"对话框中单击"新建"按钮,在弹出的"创建新标注样式"对话框中输入新的样式名,单击"继续"按钮,进行新的标注样式的各选项卡的设置。

（2）根据道路工程制图规范中有关尺寸界线与尺寸线的规定,进行选项"线"的有关设置,如图 3-3-2-3所示,包括尺寸线与尺寸界线的颜色、线型、线宽、超出标记、基线间距是否隐藏等设置。

（3）根据《道路工程制图标准》（GB 50162—1992）规定,箭头样式设置为单边箭头（须先创建单边箭头块),如图 3-3-2-4 所示。

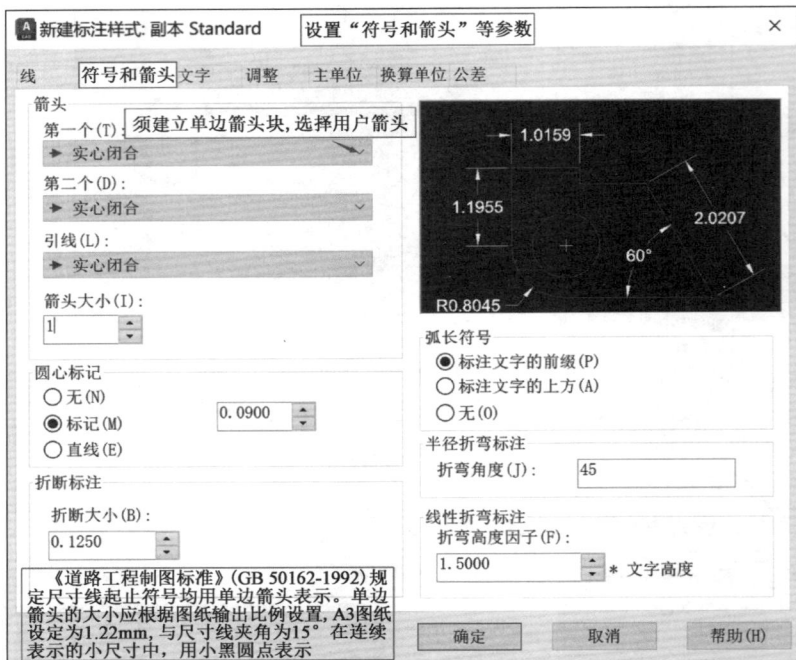

图 3-3-2-4　设置标注样式"符号和箭头"选项

（4）进行"文字"选项的有关设置,比如文字高度、文字外观、文字位置和文字对齐等有关设置。如图 3-3-2-5 所示。

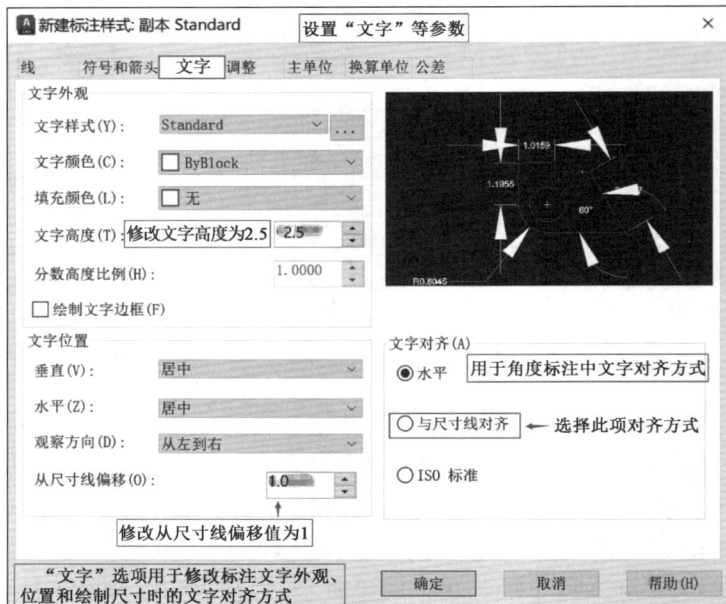

图 3-3-2-5　设置标注样式"文字"选项

（5）尺寸各组成部分的位置"调整"设置,以及设置尺寸标注的特征比例,以便于通过设置全局比例因子来增大或缩小标注尺寸的显示大小。如图 3-3-2-6 所示。

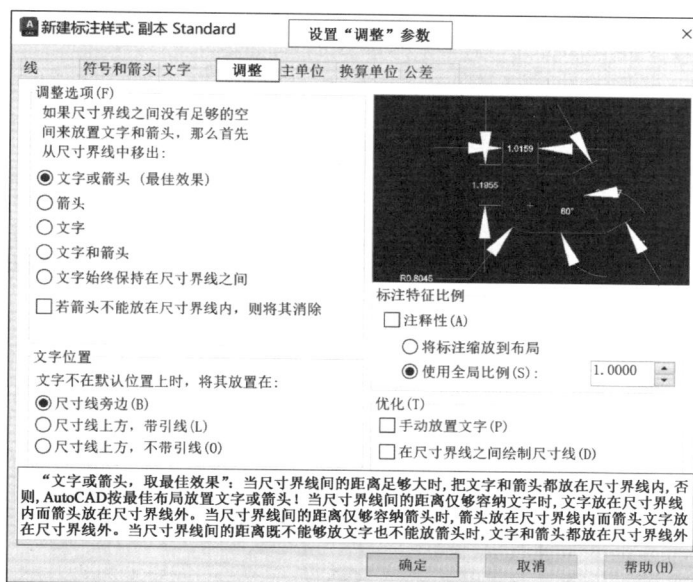

图 3-3-2-6 设置标注样式"调整"选项

（6）"主单位"选项的设置,设置主单位与精度等属性,理解测量比例因子的含义并进行设置。如图 3-3-2-7 所示。

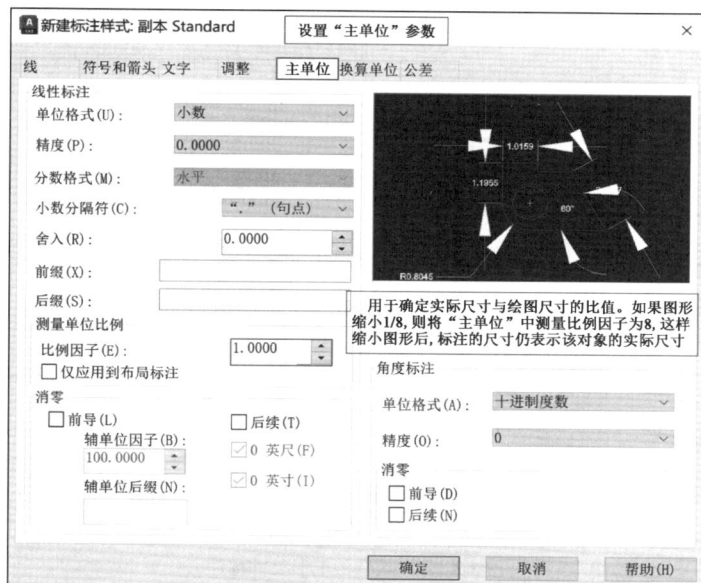

图 3-3-2-7 设置标注样式"主单位"选项

引导问题2 如何标注桥台的尺寸?

1. 标注桥台的定形尺寸

单击线性标注命令依次标注桥台各组成部分的定形尺寸。

操作提示

```
命令:_dimlinear
指定第一个尺寸界线原点或 <选择对象>:          ←捕捉第一测量点。
指定第二条尺寸界线原点:                      ←捕捉第二测量点。
指定尺寸线位置或
[多行文字(M)/文字(T)/角度(A)/水平(H)/垂直(V)/旋转(R)]:  ←指定尺寸线位置。
标注文字 = 950
```

桩基、承台、耳墙、背墙的定形尺寸标注(直径、高度以及间距),如图 3-3-2-8 ~ 图 3-3-2-11 所示。

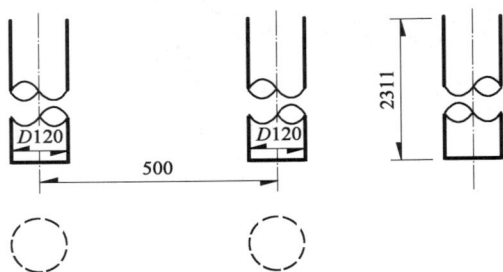

图 3-3-2-8　桩基的尺寸标注

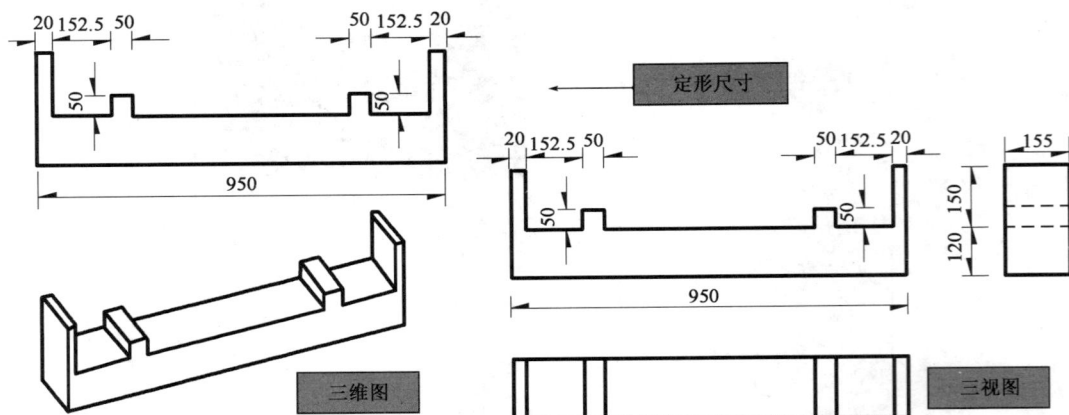

图 3-3-2-9　承台的定形尺寸标注

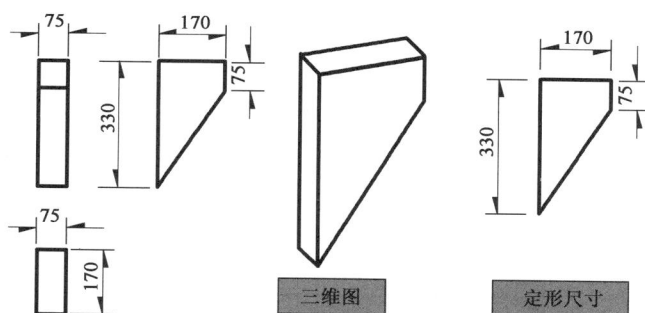

图 3-3-2-10 耳墙的定形尺寸标注

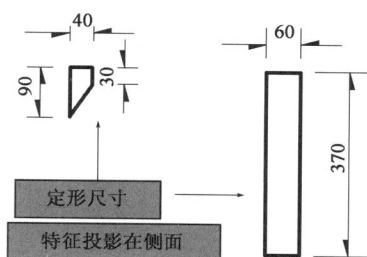

图 3-3-2-11 背墙的定形尺寸标注

2. 标注桥台的定位尺寸(图 3-3-2-12)

用连续标注命令标注桥台的定位尺寸。

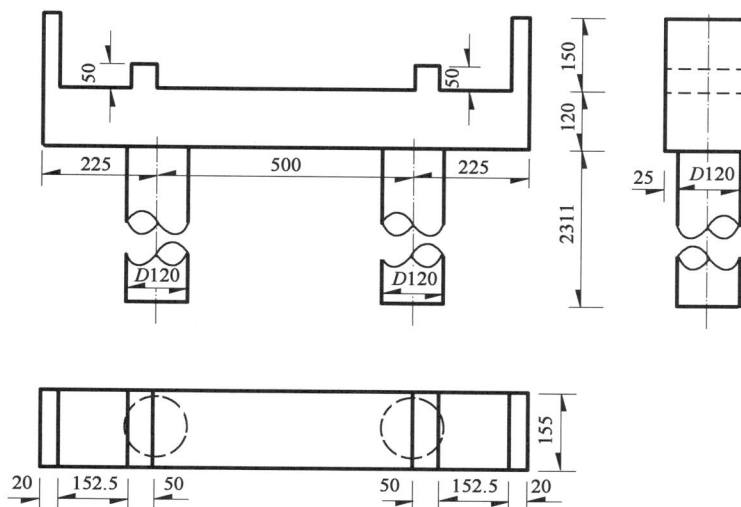

图 3-3-2-12 桥台定位尺寸

3. 标注桥台的总体尺寸(图 3-3-2-13)

用基线标注命令标注桥台的总体尺寸。

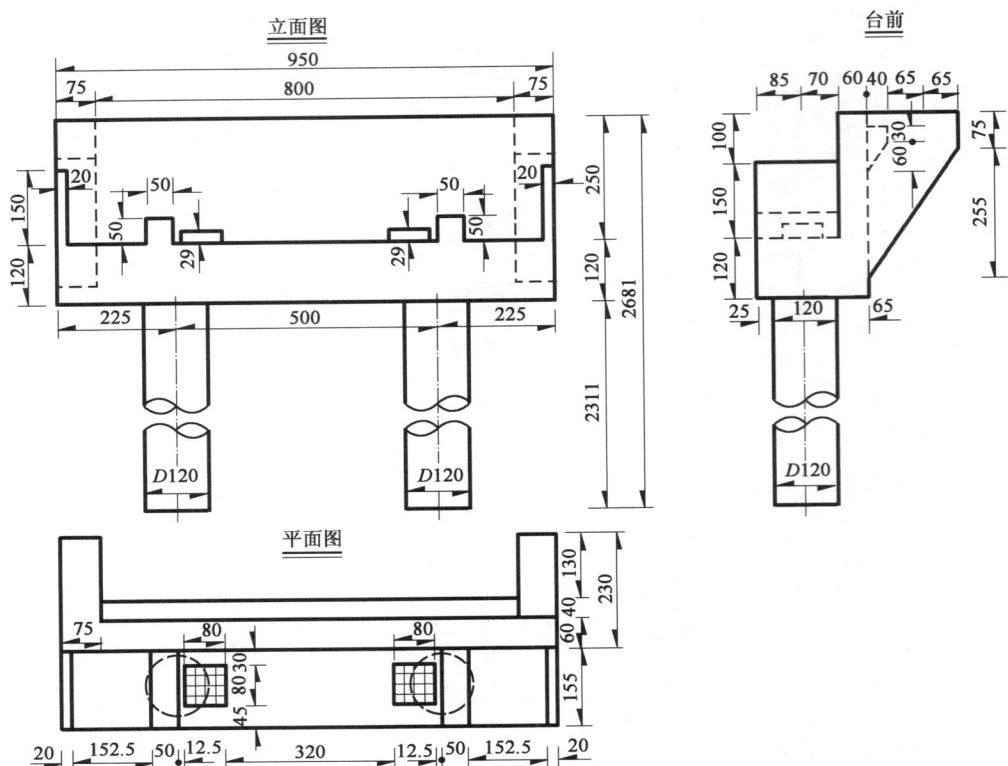

图 3-3-2-13　桥台总体尺寸

操作提示	命令:_dimbaseline 选择连续标注: 指定第二条尺寸界线原点或[放弃(U)/选择(S)] <选择>: 标注文字 = 950	←选择第一个基准标注 　界线。 ←依次捕捉尺寸测量点。

相关知识

知识点 1　新建或者修改尺寸标注样式

　　每一种不同的工程类型,其尺寸标注方式都是不一样的,同样的尺寸标注类型,在不同比例的图形中,也需要对尺寸标注的箭头大小,文字尺寸进行调整。这些工作往往需要在进行尺寸标注前首先确定。

　　尺寸标注系统变量的设置可以作为标注样式保存,并给它们命名以便在以后使用时调用。这项工作可以在"标注样式管理器"中完成。

"标注样式管理器"对话框中提供了多个子对话框用于创建新的标注样式或修改已存在的标注样式。

调用命令后,弹出"标注样式管理器"对话框,点击选择"修改"按钮,打开"修改标注样式"对话框,对话框中有六个选项卡,新建标注样式对话框,各选项含义相同,此处不赘述。

在尺寸标注样式中,设置的文字高度、偏移量、箭头大小等都是以实际出图的数字设定。对于不同的出图比例,可以用全局比例因子进行调整,所以,无需对文字高度、偏移量、箭头大小等尺寸进行换算。

命令调用方式:

◆命令行:输入 Dimstyle(或 D)

◆菜单栏:选择【格式】菜单—【标注样式】命令

◆功能区:单击【默认】选项卡—【注释】面板小三角—【标注样式】命令

知识点 2 标注尺寸

正确进行尺寸标注是绘图工作中非常重要的一个环节。AutoCAD 提供了方便快捷的尺寸标注方法。

AutoCAD 提供了多种尺寸标注类型,其中包括标注任意两点间的距离、圆或圆弧的半径和直径、圆心位置、圆弧或相交直线的角度。尺寸标注工具栏各尺寸类型说明如图 3-3-2-14 所示。

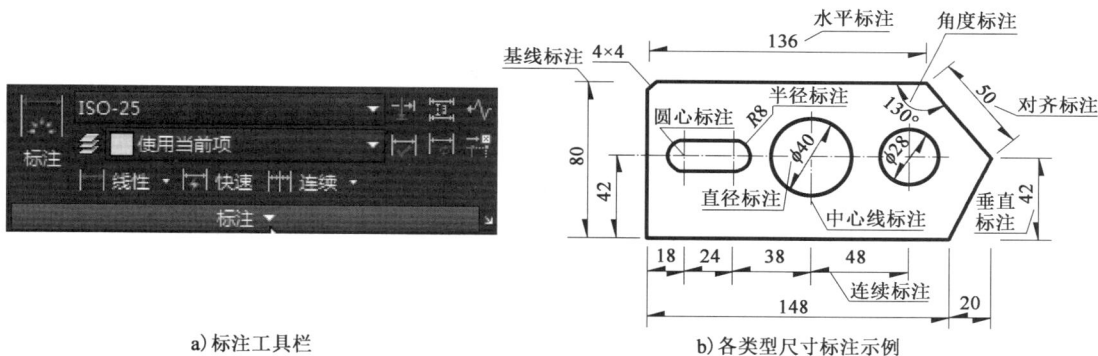

a)标注工具栏　　　　　　　　　b)各类型尺寸标注示例

图 3-3-2-14　尺寸标注类型说明

1. 线性标注

线性标注用于标注图形的线性距离或长度,是基本的标注类型,可以在图形中创建水平、垂直或倾斜的尺寸标注。执行线性标注命令后,根据命令行的提示,指定图形的两个测量点,并指定尺寸线的位置即可。

命令调用方式:

◆命令行:输入 Dimlinear(或 DIMLIN)

◆菜单栏:选择【标注】菜单—【线性】标注命令

◆功能区:单击【默认】选项卡—【注释】面板—【线性标注】命令按钮 ⊢⊣

2. 连续标注

连续标注命令用于绘制一连串尺寸,每一个尺寸的尺寸界线首尾相接。在创建连续标注形式的尺寸时,首先应建立一个基本的线性标注,然后执行连续的标注命令。

命令调用方式:

◆命令行:输入 Dimcontinue(或 DCO)

◆菜单栏:单击【标注】菜单—【连续】命令

◆功能区:单击【默认】选项卡—【注释】面板—【连续标注】命令按钮 ▐▜▐

<table>
<tr><td rowspan="2">操作提示</td><td>命令:_dimcontinue</td><td></td></tr>
<tr><td>选择连续标注:</td><td>←选择上一个标注界线。</td></tr>
<tr><td></td><td>指定第二条尺寸界线原点或[放弃(U)/选择(S)] <选择>:</td><td>←依次捕捉下一个测量点。</td></tr>
<tr><td></td><td>标注文字 = 500</td><td></td></tr>
<tr><td></td><td>指定第二条尺寸界线原点或[放弃(U)/选择(S)] <选择>:</td><td></td></tr>
<tr><td></td><td>标注文字 = 225</td><td></td></tr>
</table>

3. 基线标注

基线标注命令(有时称平行尺寸标注)用于多个尺寸标注共用一条尺寸界线。与连续标注类似,基线标注命令不能单独使用,它必须依附于已经完成的线性标注。

思考:标注如图 3-3-2-15 所示的各尺寸,理解线性标注与连续标注的区别。

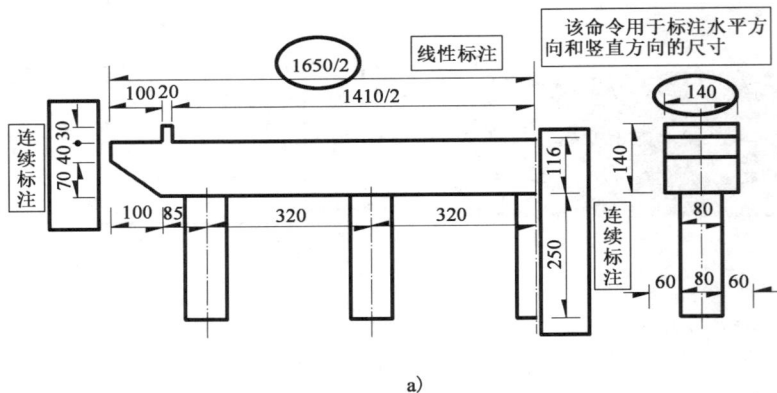

a)

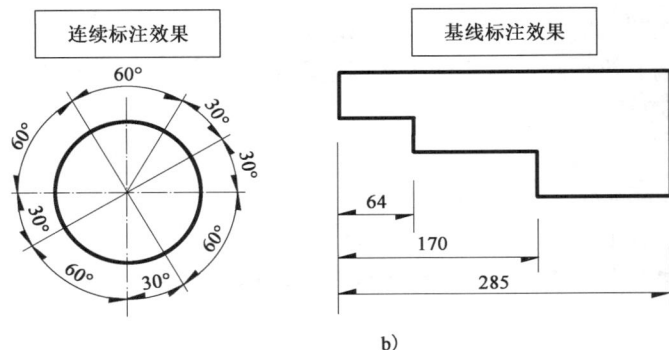

b)

图 3-3-2-15　基线标注与连续标注的区别

注意：进行连续标注、基线标注前须先进行线性标注。

4. 对齐标注

用对齐标注来标注倾斜对象的真实长度，对齐标注的尺寸线平行于倾斜的标注对象。

命令调用方式：

◆命令行：输入 Dimaligned

◆菜单栏：选择【标注】菜单—【对齐】标注命令

◆功能区：单击【默认】选项卡—【注释】面板—【对齐标注】命令按钮

5. 快速标注

快速标注用于在选定对象的端点和圆心点之间创建一系列的尺寸标注，即快速生成标注。

命令调用方式：

◆命令行：输入 QDIM

◆菜单栏：单击【标注】菜单—【快速标注】命令

◆功能区：单击【默认】选项卡—【注释】面板——【快速标注】命令按钮

> **操作提示**
>
> 命令：QDIM
> 关联标注优先级 = 端点
> 选择要标注的几何图形：找到 1 个
> 选择要标注的几何图形：
> 指定尺寸线位置或[连续(C)/并列(S)/基线(B)/坐标(O)/半径(R)/直径(D)/基准点(P)/编辑(E)/设置(T)] ＜连续＞

说明：

①快速标注最好用窗选方式进行对象选择。

②系统将自动查找标注图形的特性。

6. 半径与直径标注（图 3-3-2-16）

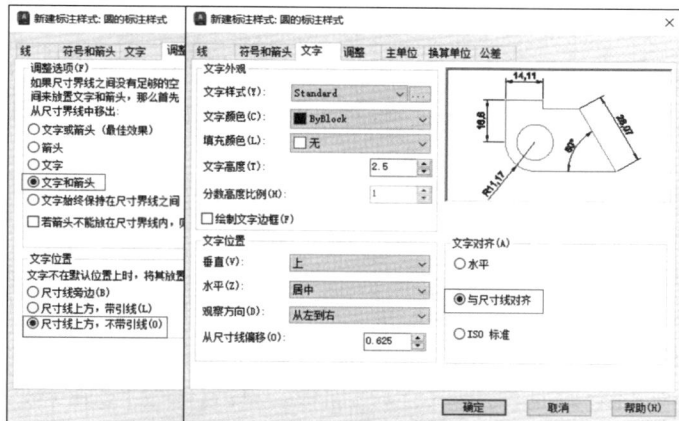

a)

图 3-3-2-16

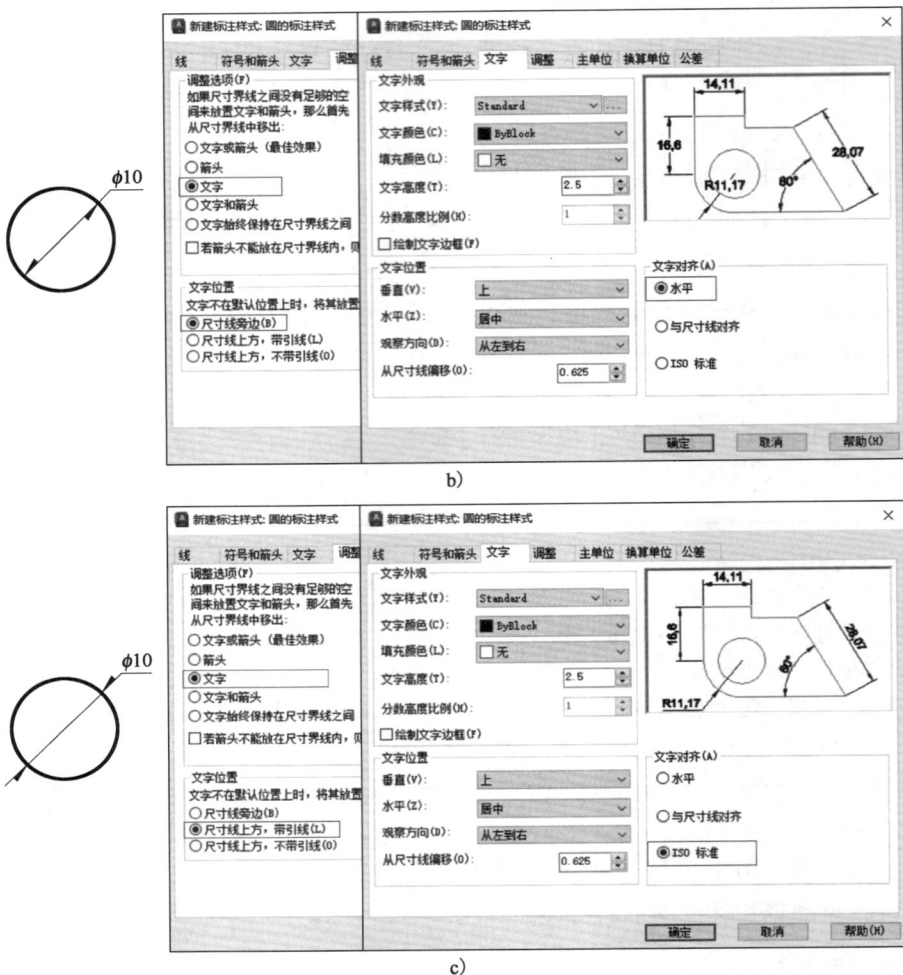

图 3-3-2-16 圆的尺寸标注效果图及对应标注样式的设置

用于标注圆或圆弧的半径,并显示前面带有一个半径符号"R"的标注文字。半径标注时,未将标注放置在圆弧上而导致标注指向圆弧外,则 AutoCAD 会自动绘制圆弧延伸线。

标注圆周直径前,进行设置直径尺寸的标注,建立独自的标注样式。进行调整选项设置,使圆的标注达到最佳效果。

命令调用方式:

◆命令行:输入 Dimradius

◆工具栏:单击【标注】工具栏—【半径】命令按钮 ⊙

◆功能区:【默认】选项卡—【注释】面板—单击【半径】按钮 ⊙

命令：_dimradius
选择圆弧或圆：　　　　　　　　　　　　　　←选择要标注的圆周。
标注文字 = 150
指定尺寸线位置或[多行文字(M)/文字(T)/角度(A)]:T
输入标注文字 <150>:R150
指定尺寸线位置或[多行文字(M)/文字(T)/角度(A)]:　　←指定尺寸线位置。

标注圆弧或圆的直径尺寸,并显示前面带有一个直径符号"φ"的标注文字。
命令调用方式：
◆命令行：DIMDIAMETER
◆菜单栏：单击【标注】菜单——【直径】命令
◆功能区：【默认】选项卡——【注释】面板——单击【直径】命令按钮◉

命令：_ dimdiameter
选择圆弧或圆：　　　　　　　　　　　　　　←选择要标注的圆周。
标注文字 = 260
指定尺寸线位置或[多行文字(M)/文字(T)/角度(A)]:T
输入标注文字 <260>:%%c260
指定尺寸线位置或[多行文字(M)/文字(T)/角度(A)]:　　←指定尺寸线位置。

7.角度标注

角度标注用于创建圆、圆弧或直线的角度尺寸标注。

注意:标注角度时进行角度样式的设置,在尺寸标注样式对话框"文字"选项中,文字对齐方式中选择"水平"。这样角度标注时可以保证角度数字是水平方向书写,角度的标注设置如图3-3-2-17所示。

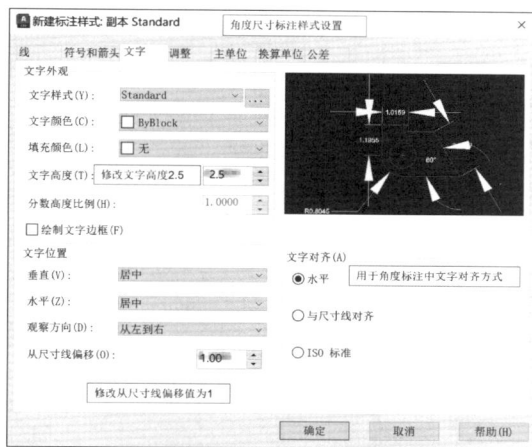

图3-3-2-17　角度的标注设置

命令调用方式：

◆命令行：输入 Dimangular

◆菜单栏：选择【标注】菜单—【角度】命令

◆功能区：单击【默认】选项卡—【注释】面板—【角度】命令按钮

说明：

(1)标注两直线间的夹角。当用户选择第一条直线后,提示选取另外一条直线,AutoCAD将两条直线的交点作为角度尺寸的顶点,用这两条直线作为尺寸界线,自动标出这两条直线之间的夹角,所标注的角度取决于尺寸线的位置,用户还可以选择多行文字、文字、角度等选项,编辑尺寸文本或指定尺寸文本的倾斜角度。

> **操作提示**
>
> 命令：_dimangular
> 选择圆弧、圆、直线或 <指定顶点> :
> 选择第二条直线：
> 指定标注弧线位置或[多行文字(M)/文字(T)/角度(A)/象限点(Q)] :
> 标注文字 =

(2)标注圆弧的中心角。AutoCAD 自动将圆弧的圆心作为顶点,并且将圆弧的两个端点分别作为第一条尺寸界线和第二条尺寸界线的端点,以响应角度标注的"顶点—端点—端点"的提示。

> **操作提示**
>
> 命令：_dimangular
> 选择圆弧、圆、直线或 <指定顶点> :
> 指定标注弧线位置或[多行文字(M)/文字(T)/角度(A)/象限点(Q)] :
> 标注文字 =

(3)标注圆上某段圆弧的中心角。AutoCAD 自动将圆的圆心作为顶点,将选择圆时的点作为角度标注的第一个端点。

> **操作提示**
>
> 命令：_dimangular
> 选择圆弧、圆、直线或 <指定顶点> :
> 指定角的第二个端点：
> 指定标注弧线位置或[多行文字(M)/文字(T)/角度(A)/象限点(Q)] :
> 标注文字 =

(4)指定顶点,直接单击 Enter 键,而没有选择圆弧、圆或两条直线,AutoCAD 将使用三点方式标注角度尺寸。

<table>
<tr><td rowspan="6">操作提示</td><td>命令:_dimangular</td></tr>
<tr><td>选择圆弧、圆、直线或 <指定顶点>:</td></tr>
<tr><td>指定角的顶点　　　　　　　　　　←指定顶点。</td></tr>
<tr><td>指定角的第一个端点:　　　　　　←输入角的第一个端点。</td></tr>
<tr><td>指定角的第二个端点:　　　　　　←输入角的第二个端点。</td></tr>
<tr><td>指定标注弧线位置或[多行文字(M)/文字(T)/角度(A)/象限点(Q)]:
标注文字 =</td></tr>
</table>

知识点 3　尺寸标注编辑

尺寸标注的各个组成部分,比如文字的大小、文字的位置、旋转角度以及箭头的形式等,都可以通过编辑尺寸标注进行修改。

在 AutoCAD 中,可以用修改命令和夹点编辑方式编辑所标注的尺寸。此外,AutoCAD 还提供了另外两个专门用于编辑标注文字对象的修改命令,尺寸编辑(DIMEDIT)和尺寸文本编辑(DIMTEDIT)命令。

1. 尺寸编辑(DIMEDIT)命令

该命令用于修改或编辑已有的尺寸对象,用于将标注文字替换成新的文字、旋转一个已经存在的文字、移动已有文字到一个新的位置,还可以将标注文字移回到原始位置。另外,通过这些选项还可以修改(用"倾斜"选项)尺寸界线相对于尺寸线的角度(通常尺寸界线垂直于尺寸线)。"默认"选项会按默认位置和方向放置尺寸文字。"新建"选项用于修改尺寸文字。"旋转"选项可将尺寸文字旋转指定的角度。"倾斜"选项可使非角度标注的尺寸界线旋转一角度,各选项含义如图 3-3-2-18 所示。

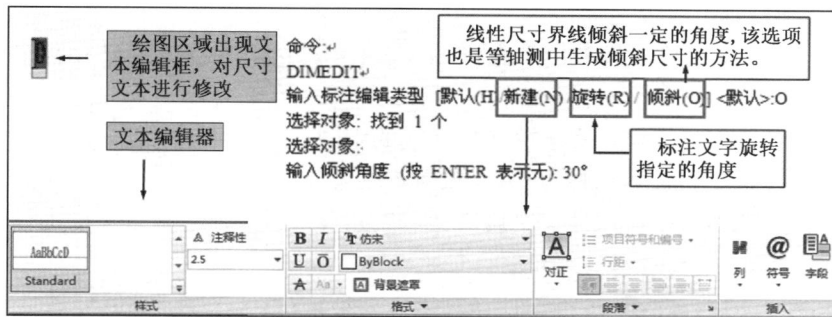

图 3-3-2-18　尺寸编辑各选项的含义

命令调用方式:
◆命令行:输入 Dimedit(或 DED)
◆菜单栏:选择【标注】菜单—【倾斜】命令
◆功能区:单击【注释】选项卡—【标注】面板——【倾斜】命令按钮
旋转与倾斜效果的区别,如图 3-3-2-19 所示。

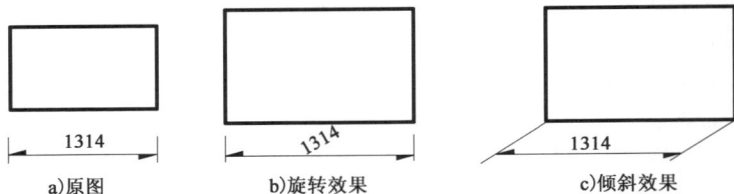

图 3-3-2-19 旋转与倾斜效果的区别

2. 尺寸文本编辑命令

该命令用于编辑尺寸文本位置,可沿尺寸线修改标注文字的位置(使用"左""右"和"缺省"选项)和使文本倾斜一定的角度(使用"旋转"选项)。

命令调用方式:

◆命令行:输入 Dimtedit

◆菜单栏:选择【标注】菜单—单击【文字对齐】命令

◆功能区:单击【注释】选项卡—【标注】面板—对齐以及角度按钮

操作提示

命令:_dimtedit
选择标注:
为标注文字指定新位置或[左对齐(L)/右对齐(R)/居中(C)/默认(H)/角度(A)]:

各选项含义如下:

默认情况下,AutoCAD 允许用光标确定标注文字的位置,通过鼠标将尺寸文字拖动到新位置后单击拾取键即可。

①"左(L)"和"右(R)"选项仅对非角度标注起作用,它们分别决定尺寸文字是沿尺寸线左对齐还是右对齐。

②"中心(C)"选项可将尺寸文字放在尺寸线的中间。

③"默认(H)"选项将按默认位置、方向放置尺寸文字。

④"角度(A)"选项可以使尺寸文字旋转指定的角度。

3. 用夹点编辑尺寸标注(图 3-3-2-20)

除了一般的夹点编辑功能,将尺寸标注作为一个组编辑(如旋转、移动和复制等)外,还可以选择每一个夹点编辑尺寸对象,如移动尺寸界线端点处的夹点到另一指定点,可以修改标注文字的值等。如果拖动对齐尺寸的尺寸界线的夹点,将旋转尺寸线。

水平和垂直的尺寸仍保持水平和垂直状态。移动尺寸线与尺寸界线交点处的夹点将使尺寸线靠近或远离要标注的对象。

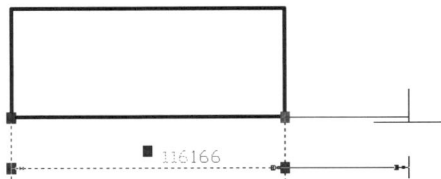

图 3-3-2-20 用夹点编辑尺寸标注

4. 使用"对象特性管理器"编辑尺寸标注(图 3-3-2-21)

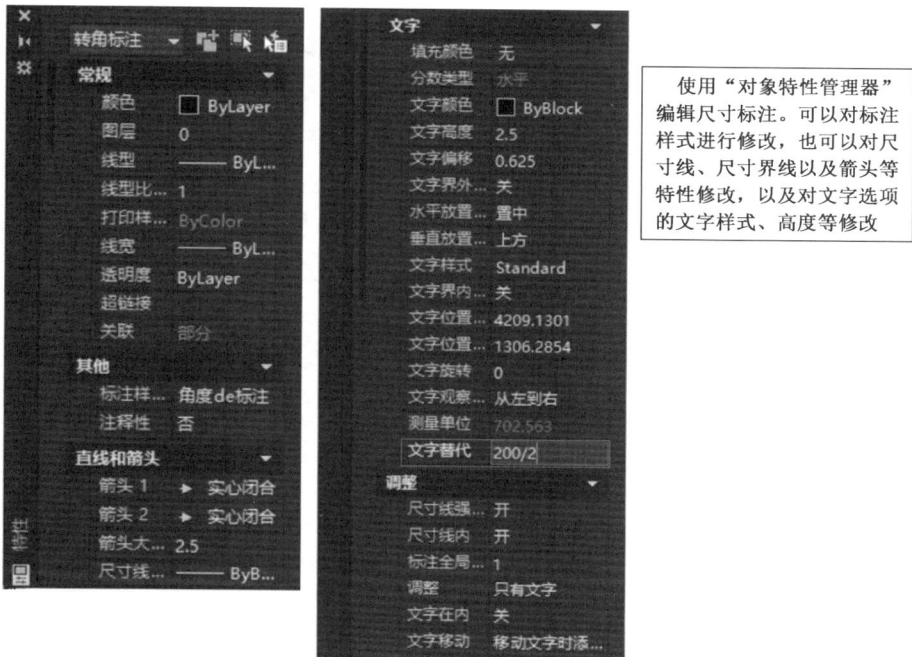

> 使用"对象特性管理器"编辑尺寸标注。可以对标注样式进行修改,也可以对尺寸线、尺寸界线以及箭头等特性修改,以及对文字选项的文字样式、高度等修改

图 3-3-2-21 使用"对象特性管理器"编辑尺寸

夯基强技

"夯基强技"内容见超星学习通平台。

学习评价与分析

评 价 项 目	评 价 标 准	参考分值(分)	得分(分)
设置文字样式	设置的规范性	30	
书写纵断面资料部分	完整、规范、准确	40	
掌握文字编辑	准确性与熟练程度	30	
小组之间 互相评价(50%)	课前预习 课中学习 (60 分)	1. 课前预习,找出难点:10 分 2. 课中完成课堂任务(评价项目):40 分 3. 学习态度、职业素质(严谨细致)考核:10 分	
	课后作业 (20 分)	1. 规定时间内完成该学习任务平台上夯基强技内容 2. 找出易错题、难题	
	小组代表展示 (20 分)	1. 对出错多的题目或者难题进行讲解 2. 总结各个题目考查的知识点	

续上表

教师评价(50%)	1.时间观念(考勤):10分 2.学习态度(评价项目):80分 3.表达能力:10分
课后学习总结	
学习收获	
不足之处	

学习任务三　　创建表格

◎ 知识目标与能力目标

学习创建表格的有关知识。

通过本任务,应该达到以下要求:

1.掌握设置新建表格样式的方法。

2.能创建与编辑表格。

3.能运用调用外部表格的方式创建表格,正确完成工程数量表的编写。

☑ 学习任务描述与分析

公路工程图样中除了必要的文字说明外,经常还需要使用一些表格用以表明工程数量等信息,AutoCAD专门提供了表格创建与管理工具,在 AutoCAD 的表格中,可以通过数学表达式进行计算,也可以快速跨行或列进行汇总等计算。

创建以下表格(表 3-3-3-1),通过上机实践熟悉如何创建表格以及如何进行有关表格的统计计算。

一根钻孔桩的工程数量表   表 3-3-3-1

墩号	钢筋编号	直径（mm）	单根长度（cm）	根数	总长（m）	总质量（kg）	C25 混凝土（m³）
2	1	$\phi25$	998	22	219.56	160.61	
	2	$\phi16$	324	4	12.96	61.40	21.20
3	3	$\phi8$	226544.3	2	4530.89	358.10	
	4	$\phi12$	56	18	10.08	26.90	

学习任务实施

明确任务：如何创建一根钻孔桩的工程数量表，熟悉创建表格和插入表格的方法。通过创建表格，学会使用表格命令。

引导问题 1　如何设置表格样式？　如何创建与插入表格？

1. 新建表格样式

在创建一个新的表格之前，应该先对表格的样式进行设置，包括表格中文字的字体、高度、颜色、对齐方式以及表格边框等。

命令调用方式：

◆命令行：输入 Tablestyle（或 TS）

◆菜单栏：单击【格式】菜单—【表格样式】命令

打开"表格样式"对话框，新建表格样式，步骤如图 3-3-3-1 所示。

a)

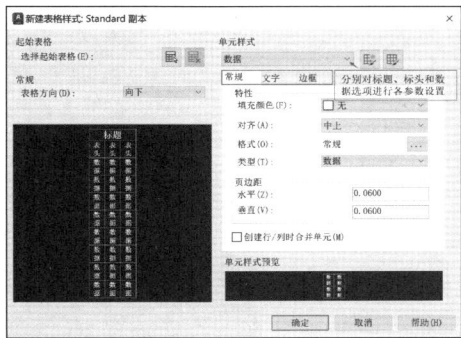

b)

图　3-3-3-1

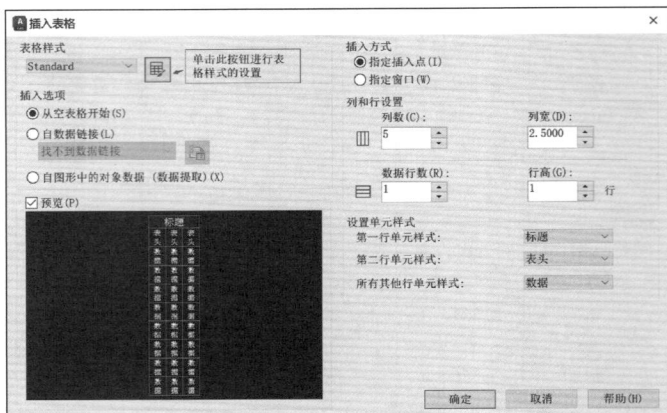

c)

图 3-3-3-1   新建表格样式

◆功能区：【默认】选项卡—【表格】面板—单击【表格】命令按钮▦

在打开的"插入表格"对话框中，单击"启动表格样式按钮"，进行表格样式的设置。

2.创建与编辑表格

（1）创建表格。

创建表格命令调用方式：

◆命令行：输入 Table

◆菜单栏：单击【绘图】菜单—【表格】选项

◆功能区：【默认】选项卡—【表格】面板—单击【表格】命令按钮▦

◆功能区：【注释】选项卡—【表格】面板—单击【表格】命令按钮▦

激活 Table 命令后，将弹出"插入表格"对话框，如图 3-3-3-2 所示。对表格样式、插入选项、插入方式、列和行等选项进行设置。

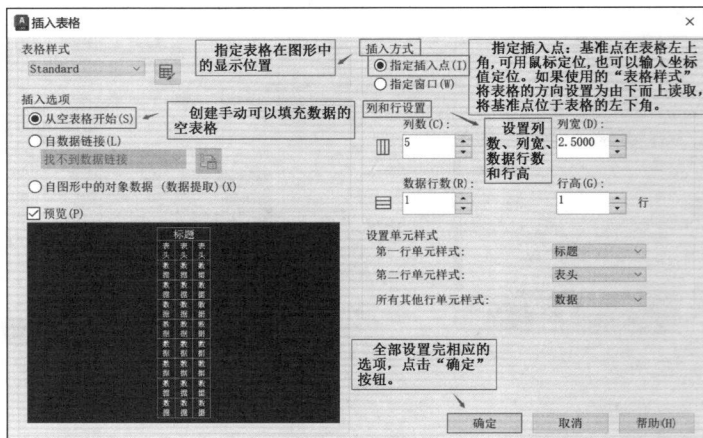

a)"插入表格"对话框

图   3-3-3-2

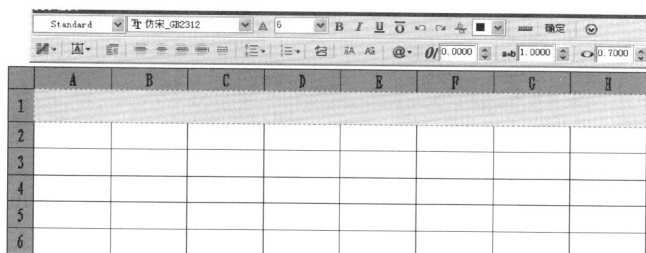

b)插入空白表格

图 3-3-3-2 插入表格

（2）编辑表格。

AutoCAD 中可以对表格进行编辑,包括修改表格的行数和列数,修改项目格的大小,以及在表格中插入和修改对象等。

①修改表格的行数和列数（图 3-3-3-3）。

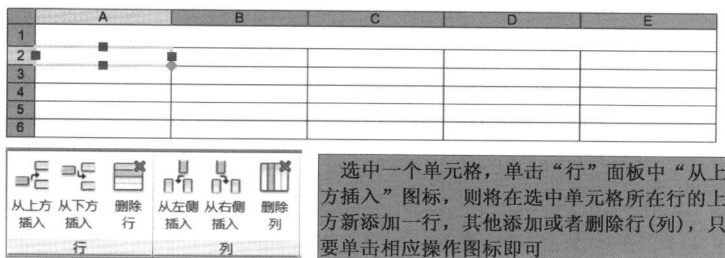

选中一个单元格,单击"行"面板中"从上方插入"图标,则将在选中单元格所在行的上方新添加一行,其他添加或者删除行(列),只要单击相应操作图标即可

图 3-3-3-3 修改表格的行数和列数

②合并单元格（图 3-3-3-4）。

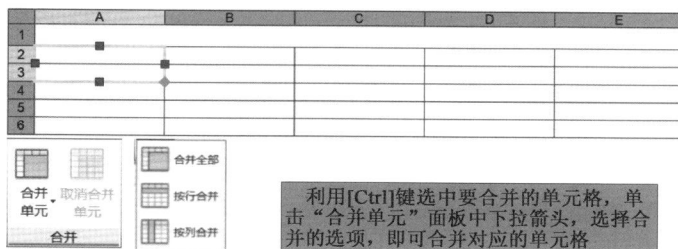

利用[Ctrl]键选中要合并的单元格,单击"合并单元"面板中下拉箭头,选择合并的选项,即可合并对应的单元格

a)单元格合并的操作

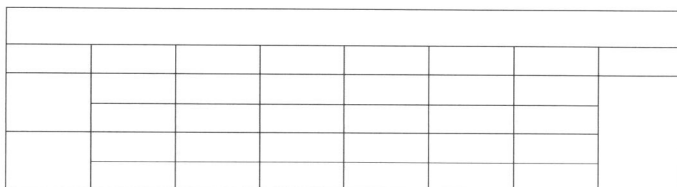

b)单元格合并后的结果

图 3-3-3-4 合并单元格

③修改表格的大小(修改"特性"面板中的"单元高度"值和"单元宽度"值,进行精确修改),如图3-3-3-5所示。

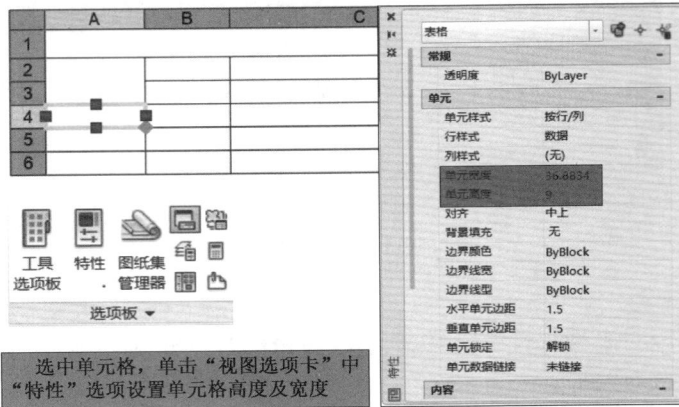

a)单元格行高的精确调整

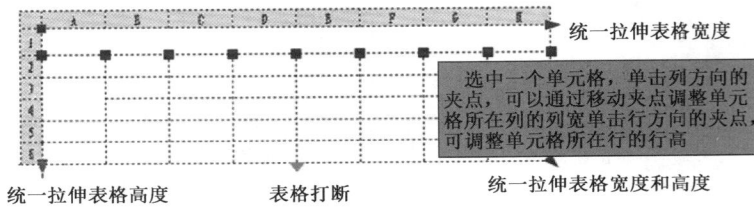

b)采用夹点修改表格大小

图3-3-3-5 修改表格大小

④表格中文字或数据的输入(图3-3-3-6)。

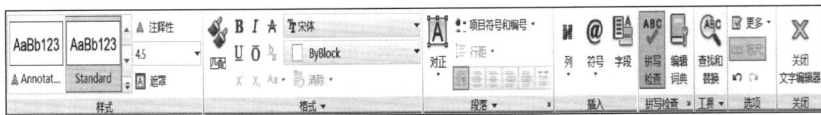

a)文字编辑器选项

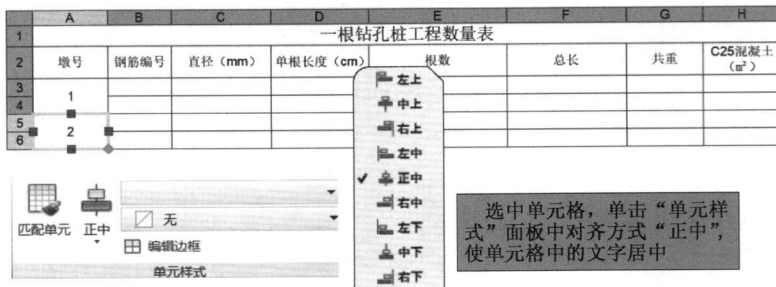

b)表格中文字位置的调整

图 3-3-3-6

	A	B	C	D	E
1			一根钻孔桩工程数量表		双击单元格，在单元格中
2					直接输入文字或数据即可
3					
4					
5					
6					

c）表格中文字的输入

	A	B	C	D	E	F	G	H
1			一根钻孔桩工程数量表					
2	墩号	钢筋编号	直径（mm）	单根长度（cm）	根数	总长	共重	C25混凝土（m²）
3	1							
4								
5	2							
6								

m² 的输入：单击"插入"面板中"符号"下拉列表中"平方"选项即可

平方 \U+00B2
立方 \U+00B3
不间断空格 Ctrl+Shift+Space

列　符号　字段
插入

d）表格中符号的输入

图 3-3-3-6　表格中文字或数据的输入

引导问题2　如何进行表格的统计计算？

表格的统计计算如图 3-3-3-7 所示。

	A	B	C	D	E	F	G	H
1			一根钻孔桩工程数量表					
2	墩号	钢筋编号	直径（mm）	单根长度（cm）	根数	总长	共重	C25混凝土（m²）
3	1	1	Ø25	998	22	=(d3*e3)/100	160.6100	21.2000
4		2	Ø16	324	4		61.4000	
5	2	3	Ø8	226544.3000	2		358.1000	
6		4	Ø12	56	18		26.9000	

块　字段　公式
插入

求和
均值
计数
单元
方程式

选中单元格，单击"插入"面板中"公式"下拉列表中"方程式"选项，输入方程式

a）

	A	B	C	D	E	F	G	H
1			一根钻孔桩工程数量表					
2	墩号	钢筋编号	直径（mm）	单根长度（cm）	根数	总长	共重	C25混凝土（m²）
3	1	1	Ø25	998	22	219.560000	160.6100	21.2000
4		2	Ø16	324	4		61.4000	
5	2	3	Ø8	226544.3000	2		358.1000	
6		4	Ø12	56	18		26.9000	

单击单元格右下角小方格并拖动以自动填充单元

	A	B	C	D	E	F	G	H
1			一根钻孔桩工程数量表					
2	墩号	钢筋编号	直径（mm）	单根长度（cm）	根数	总长	共重	C25混凝土（m²）
3	1	1	Ø25	998	22	219.560000	160.6100	21.2000
4		2	Ø16	324	4	12.960000	61.4000	
5	2	3	Ø8	226544.3000	2	4530.886000	358.1000	
6		4	Ø12	56	18	10.080000	26.9000	

b）

图　3-3-3-7

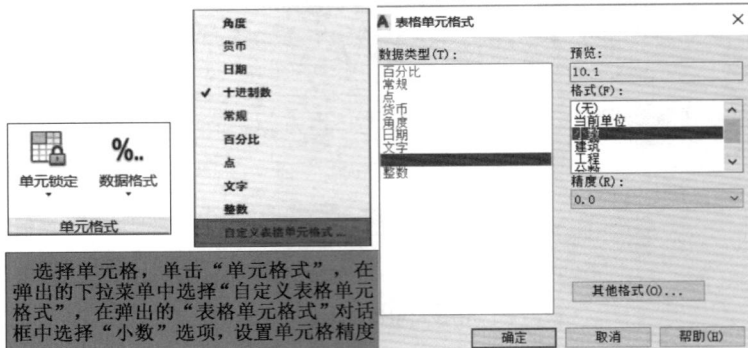

图 3-3-3-7　表格中数据统计计算

💡引导问题3　如何采用自数据链接插入表格?

【同步训练3-3-3-1】

完成涵台台帽工程数量表(表 3-3-3-2)。

涵台台帽工程数量表 表 3-3-3-2					
钢筋编号	直径(mm)	每根长度(cm)	根数	总质量(km)	C25 混凝土(m³)
1	8	2456	2×9	174.6	
2	6	129.8	2×88	111.12	14.08
3		154.6	2×88		

1. 创建表格

激活 Table 命令后,弹出"插入表格"对话框,如图 3-3-3-8 所示。

2. 采用自数据链接方式插入表格

操作步骤如下(图 3-3-3-9):

(1)在 Excel 中创建新的 Excel 数据链接。

(2)插入表格。单击"选择数据链接"对话框中"确定"选项,回到"插入表格"对话框,单击"确定"选项,鼠标在绘图窗口任意位置指定插入点,即可插入涵台台帽工程数量表格。也可进行有关的编辑,比如删除涵台台帽工程数量表格最后一行,操作如图 3-3-3-10 所示。

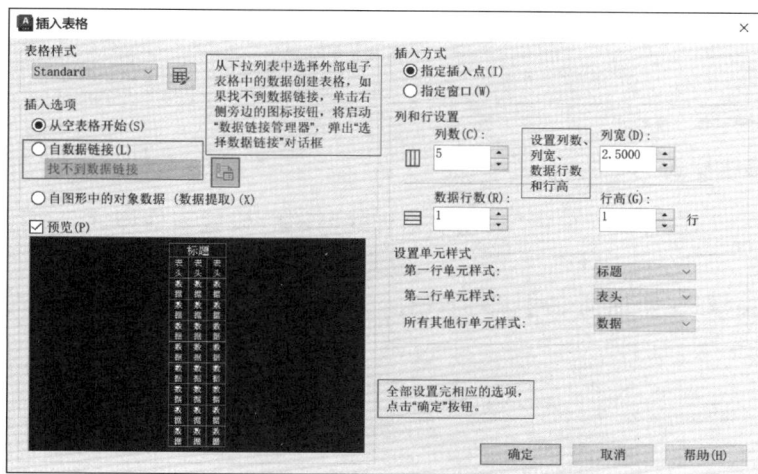

图 3-3-3-8 "插入表格"对话框

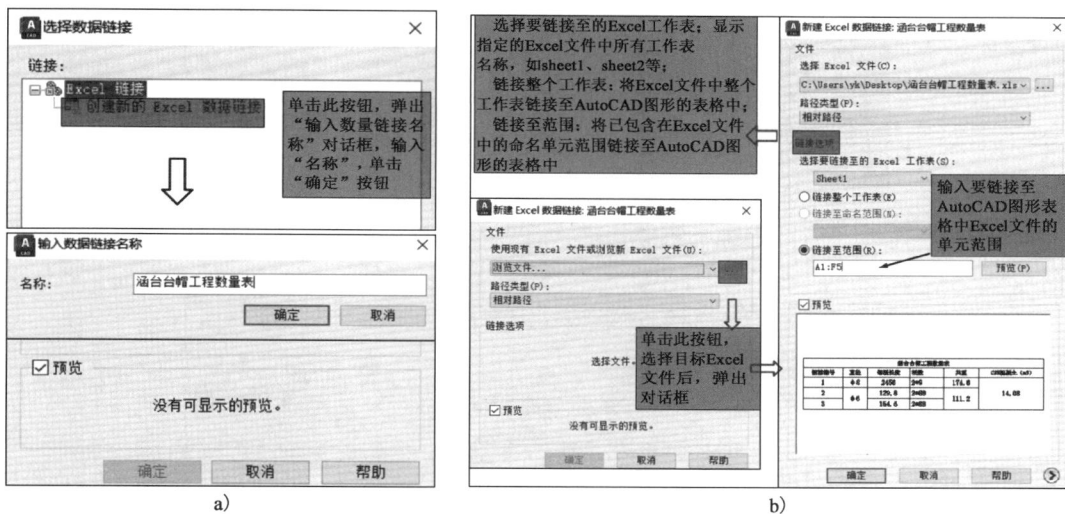

a)   b)

图 3-3-3-9 自数据链接方式插入表格操作步骤

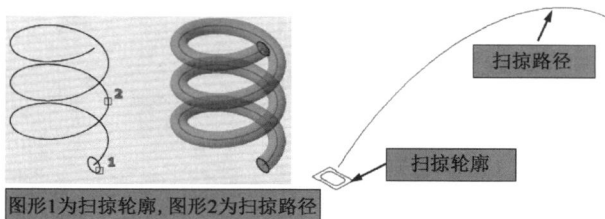

图形1为扫掠轮廓,图形2为扫掠路径

图 3-3-3-10 编辑表格操作提示

单击某一个项目格,弹出快捷菜单,选择数据链接选项,如"涵台台帽工程数量表"。

相关知识

知识点 设置表格样式

在 "插入表格"对话框中,单击"启动表格样式"按钮,设置表格样式。也可以直接进行设置新建表格样式。

在"新建表格样式"对话框中可以对表格的标题、表头和数据样式进行设置,选项说明如图 3-3-3-11 所示。

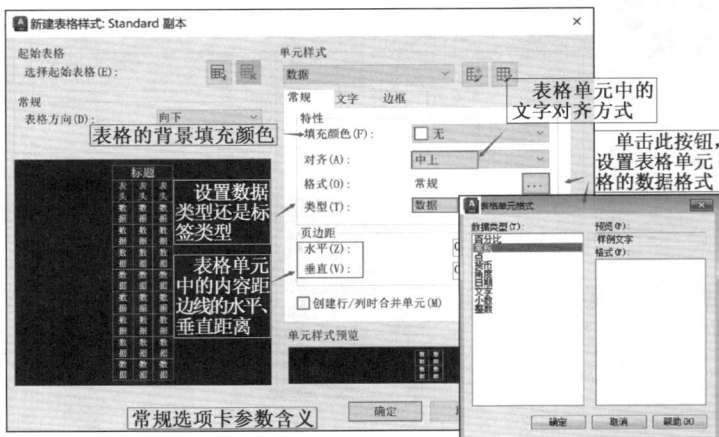

a)

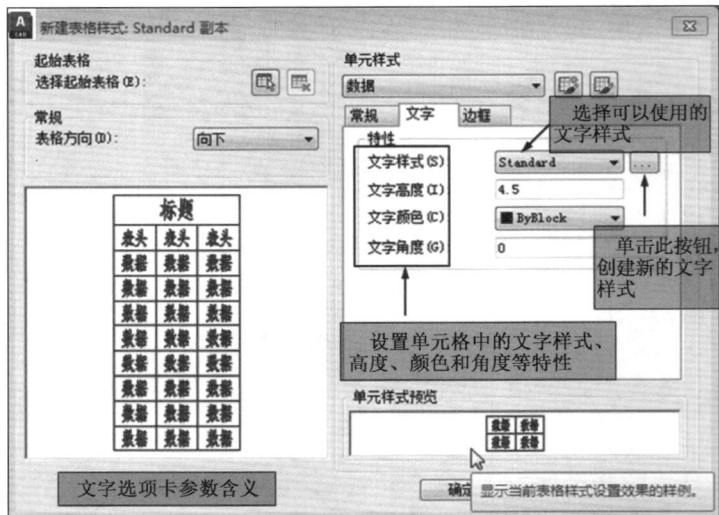

b)

图   3-3-3-11

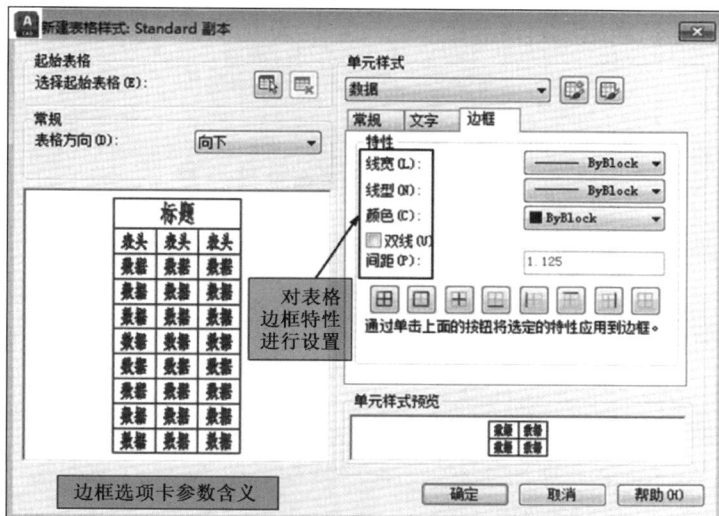

c)

图 3-3-3-11 "新建表格样式"对话框

创建表 3-3-3-3,熟悉创建与编辑表格的操作。

创 建 表 格

表 3-3-3-3

知 识 点	描　　述	命令调用方式
表格样式	创建表格样式,控制表格的外观,设置标准的字体、颜色、文本、高度和行距,通过管理表格样式,使表格样式更符合行业的要求	单击"注释/表格/表格"按钮,打开插入表格对话框,再单击"表格样式"按钮
创建与编辑表格	创建表格的行数和列数	执行"表格"命令后,在"插入表格"对话框设置行数和列数等
	对表格进行剪切、复制、删除、缩放或旋转等操作,也可以对表格内的文字进行编辑	编辑表格(剪切、复制、删除、缩放或旋转命令)以及编辑表格内容(双击表格单元格,编辑文本内容)
调用外部表格	也可以从 Microsoft Excel 中直接复制表格,并将其作为 AutoCAD 表格对象粘贴到图形中,也可以从外部直接导入表格对象	执行"表格"命令,在"插入表格"对话框中,单击"自数据链接"右侧按钮,在"选择数据链接"对话框中选择"创建新的 Excel 数据链接"选项

创建与编辑表格过程如图 3-3-3-12 所示。

单击此按钮，插入表格，
在"插入表格"对话框中设
置行数和列数

Standard 副本

表格

表格

	A	B	C
1			
2			
3			
4			
5			
6			

a)插入表格

单击单元格，输入文字

	A	B	C
1	创建表格		
2	知识点		
3			
4			
5			
6			

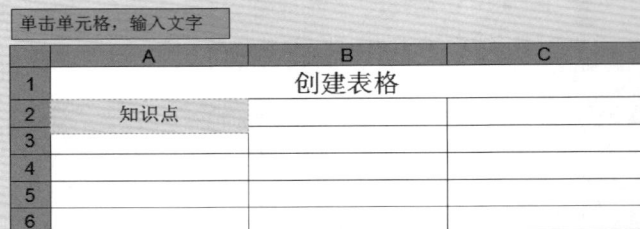

b)在单元格中输入文字

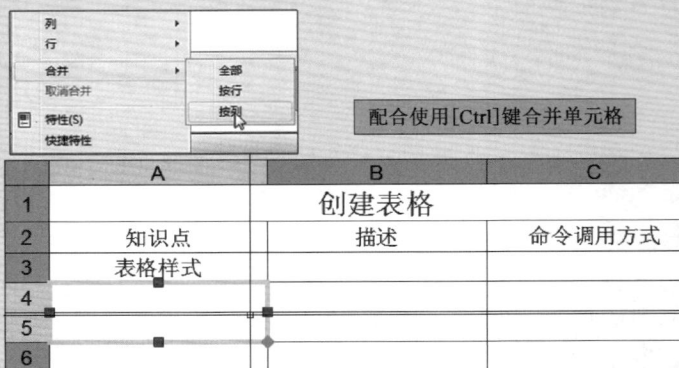

列 ▶
行 ▶
合并 ▶ 全部
取消合并 按行
特性(S) 按列
快捷特性

配合使用[Ctrl]键合并单元格

	A	B	C
1	创建表格		
2	知识点	描述	命令调用方式
3	表格样式		
4			
5			
6			

c)合并单元格

图 3-3-3-12

选中单元格，在"特性"面板中修改单元格的宽度和高度

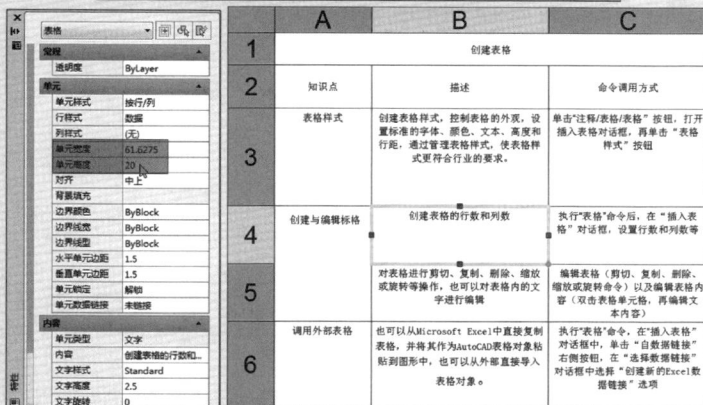

特性面板（表格）

透明度	ByLayer
单元	
单元样式	按行/列
行样式	数据
列样式	(无)
单元宽度	61.6275
单元高度	20
对齐	中上
背景填充	
边界颜色	ByBlock
边界线宽	ByBlock
边界线型	ByBlock
水平单元边距	1.5
垂直单元边距	1.5
单元锁定	解锁
单元数据链接	未链接
内容	
单元类型	文字
内容	创建表格的行数和...
文字样式	Standard
文字高度	2.5
文字旋转	0

	A	B	C
1	创建表格		
2	知识点	描述	命令调用方式
3	表格样式	创建表格样式，控制表格的外观，设置标准的字体、颜色、文本、高度和行距，通过管理表格样式，使表格样式更符合行业的要求。	单击"注释/表格/表格"按钮，打开插入表格对话框，再单击"表格样式"按钮
4	创建与编辑标格	创建表格的行数和列数	执行"表格"命令后，在"插入表格"对话框，设置行数和列数等
5		对表格进行剪切、复制、删除、缩放或旋转等操作，也可以对表格内的文字进行编辑	编辑表格（剪切、复制、删除、缩放或旋转命令）以及编辑表格内容（双击表格单元格，再编辑文本内容）
6	调用外部表格	也可以从Microsoft Excel中直接复制表格，并将其作为AutoCAD表格对象粘贴到图形中，也可以从外部直接导入表格对象。	执行"表格"命令，在"插入表格"对话框中，单击"自数据链接"右侧按钮，在"选择数据链接"对话框中选择"创建新的Excel数据链接"选项

d)修改单元格宽度与高度

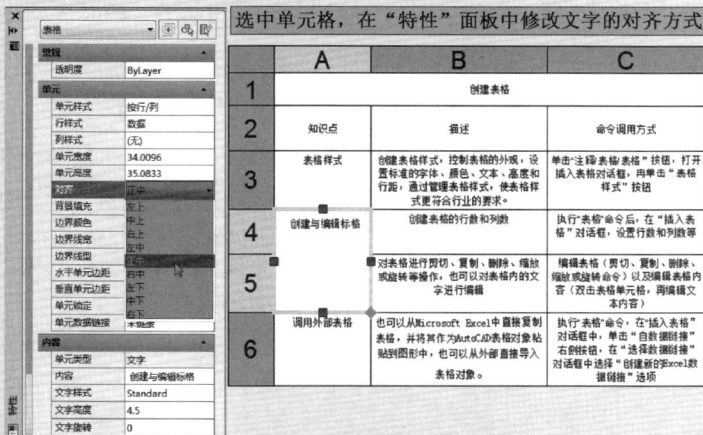

选中单元格，在"特性"面板中修改文字的对齐方式

特性面板（表格）

透明度	ByLayer
单元	
单元样式	按行/列
行样式	数据
列样式	(无)
单元宽度	34.0096
单元高度	35.0833
对齐	正中
背景填充	左上
边界颜色	中上
边界线宽	右上
边界线型	左中
水平单元边距	正中
垂直单元边距	右中
单元锁定	左下
单元数据链接	中下
内容	右下
单元类型	文字
内容	创建与编辑标格
文字样式	Standard
文字高度	4.5
文字旋转	0

	A	B	C
1	创建表格		
2	知识点	描述	命令调用方式
3	表格样式	创建表格样式，控制表格的外观，设置标准的字体、颜色、文本、高度和行距，通过管理表格样式，使表格样式更符合行业的要求。	单击"注释/表格/表格"按钮，打开插入表格对话框，再单击"表格样式"按钮
4	创建与编辑标格	创建表格的行数和列数	执行"表格"命令后，在"插入表格"对话框，设置行数和列数等
5		对表格进行剪切、复制、删除、缩放或旋转等操作，也可以对表格内的文字进行编辑	编辑表格（剪切、复制、删除、缩放或旋转命令）以及编辑表格内容（双击表格单元格，再编辑文本内容）
6	调用外部表格	也可以从Microsoft Excel中直接复制表格，并将其作为AutoCAD表格对象粘贴到图形中，也可以从外部直接导入表格对象。	执行"表格"命令，在"插入表格"对话框中，单击"自数据链接"右侧按钮，在"选择数据链接"对话框中选择"创建新的Excel数据链接"选项

e)修改文字对齐方式

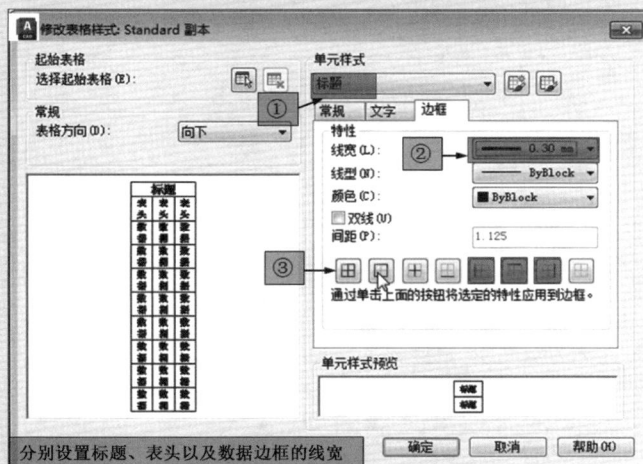

修改表格样式：Standard 副本

起始表格
选择起始表格(E)：

单元样式
标题 ①

常规
表格方向(D)： 向下

常规 | 文字 | 边框

特性
线宽(L)： ② 0.30 mm
线型(N)： ByBlock
颜色(C)： ByBlock
□ 双线(U)
间距(P)： 1.125

③ 通过单击上面的按钮将选定的特性应用到边框。

单元样式预览

分别设置标题、表头以及数据边框的线宽

[确定] [取消] [帮助(H)]

f)设置标题、表头以及数据边框的线宽

图 3-3-3-12 操作提示过程

夯基强技

"夯基强技"内容见超星学习通平台。

学习评价与分析

评价项目	评价标准	参考分值(分)	得分(分)
创建表格样式	准确性与熟练程度	20	
绘制钻孔桩的工程数量表	准确性与熟练程度	40	
绘制涵台台帽的工程数量表	准确性与熟练程度	40	
小组之间 互相评价(50%)	课前预习 课中学习 (60分)	1. 课前预习,找出难点:10分 2. 课中完成课堂任务(评价项目):40分 3. 学习态度、职业素质(严谨细致)考核:10分	
	课后作业 (20分)	1. 规定时间内完成该学习任务平台上夯基强技内容 2. 找出易错题、难题	
	小组代表展示 (20分)	1. 对出错多的题目或者难题进行讲解 2. 总结各个题目考查的知识点	
教师评价(50%)		1. 时间观念(考勤):10分 2. 学习态度(评价项目):80分 3. 表达能力:10分	
课后学习总结			
学习收获			
不足之处			

项目四

创建三维实体

学习任务一　熟悉三维建模基础知识

◎ 知识目标与能力目标

认识三维绘图工作界面,学习用户坐标系的建立方法、三维视图显示等三维造型基本知识。

通过学习,应该达到以下要求:

1. 熟悉 AutoCAD 三维工作界面并且能够完成工作界面的个性化设置。
2. 能够创建用户坐标系,运用用户坐标系快速绘制图形并标注三维图形尺寸。

☑ 学习任务描述与分析

在工程设计和绘图过程中,三维图形应用越来越广泛。 AutoCAD 具备最基本的三维建模能力。 与二维草图环境相比,三维建模空间可以看到坐标系的 Z 轴,另外,用户可以利用导航工具自由旋转三维模型。

本任务通过创建图 3-4-1-1 所示的三维模型,使学生熟悉 AutoCAD 三维绘图环境,学会创建用户坐标系,为掌握三维建模打下基础。

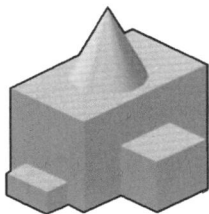

图 3-4-1-1　三维模型

明确任务：熟悉 AutoCAD 三维建模工作界面以及基本知识，为掌握 AutoCAD 三维建模打下基础。

引导问题1　如何使用用户坐标系创建三维模型?

（1）绘制长方体。

（2）创建用户坐标系,绘制圆锥体及其他长方体

①指定新原点及新的 XY 平面或新的 Z 坐标,在长方体上表面创建用户坐标系,在用户坐标系下绘制圆锥体。

命令调用方式:

◆命令行:UCS

◆菜单栏:单击【工具】—【新建 UCS】选项

◆功能区:单击【视图】选项卡—【坐标】面板—UCS 图标

操作提示	命令：ucs 当前 UCS 名称：＊世界＊ 指定 UCS 的原点或［面(F)/命名(NA)/对象(OB)/上一个(P)/视图(V)/世界(W)/X/Y/Z/Z 轴(ZA)］＜世界＞：200,200 指定 X 轴上的点或 ＜接受＞： 指定 XY 平面上的点或 ＜接受＞：

②分别在长方体前表面、左侧面创建用户坐标系绘制前方小长方体及左侧长方体,操作如图 3-4-1-2 所示。

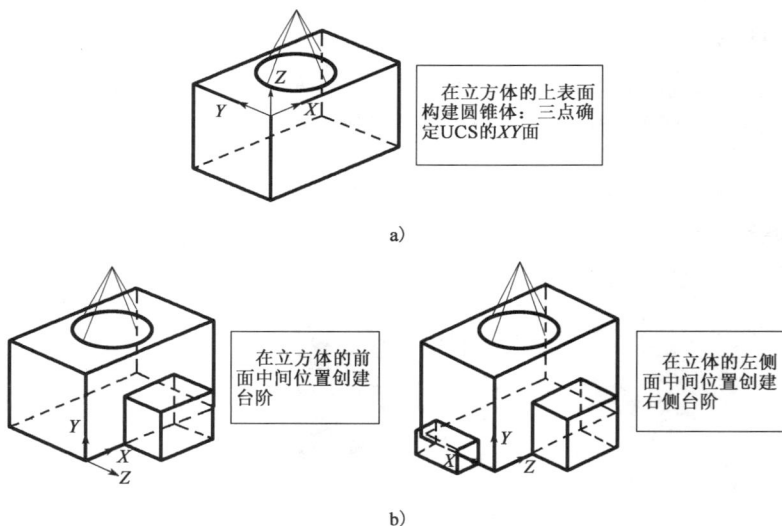

a)

b)

图 3-4-1-2　使用用户坐标系创建三维模型

在 AutoCAD 中,定义用户坐标系可以选择下列方法之一:

(1)指定新原点及新的 XY 平面或新的 Z 坐标。

(2)使新的 UCS 与现有某实体对齐。

(3)使新的 UCS 与当前视图方向对齐。

(4)围绕任一坐标轴旋转坐标系。

💡引导问题2　如何从空间不同位置观察三维模型(三维模型的显示观察)?

AutoCAD 的默认显示视图为俯视图,在进行三维建模时需要不断改变三维模型的显示方位和显示效果,这样才能从空间不同位置观察模型,方便用户设计或识读结构物。具体操作见平台资源。

相关知识

知识点　三维坐标系

AutoCAD 的三维坐标系由 3 个通过同一点(此点即为原点)且彼此垂直的坐标轴构成,这 3 个坐标轴分别称为 X 轴、Y 轴、Z 轴。系统默认状态下,从原点出发,沿坐标轴正方向上的点用正的坐标值度量,X 轴沿向右的方向值逐渐增大;Y 轴沿向上的方向值逐渐增大;Z 轴沿指向屏幕外的方向值逐渐增大。

1.右手法则

在三维坐标系中,3 个坐标轴的正方向可以根据右手法则来确定。当改变用户坐标系或旋转某个对象时,只要用右手法则就可以方便地确定 3 个坐标轴的正方向。

右手法则的使用方式是:

如图 3-4-1-3 所示,右手背对着屏幕放置,伸开右手的拇指、食指和中指,拇指指向 X 轴正方向,食指指向 Y 轴正方向,中指指向 Z 轴正方向。

三维建模一般都是先在二维空间绘图,再运用相关的建模命令生成三维形体,各视图情况如图 3-4-1-4 所示。

2.创建三维坐标系

在绘制三维模型之前,需要调整好当前的绘图坐标系。在 AutoCAD 中三维坐标系可分为两种:世界坐标系(WCS)和用户坐标系(UCS)。

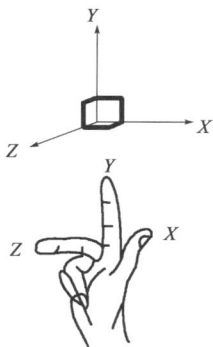

图 3-4-1-3　右手法则

(1)世界坐标系。

缺省状态时,AutoCAD 的坐标系是世界坐标系。世界坐标系是唯一、固定不变的,对于二维绘图,在大多数情况下,世界坐标系就能满足作图需要,但若是创建三维模型,就不太方便了,因为用户常常需要在不同平面或是沿某个方向绘制结构。如图 3-4-1-5 所示的三维对象,在世界坐标系下是不方便完成的。此时需要根据造型基准面设置 XY 坐标平面(此处指圆所在的面,有上顶面的圆和左表面的圆),创建新的坐标系,然后再调用三维造型命令构建三维模型。

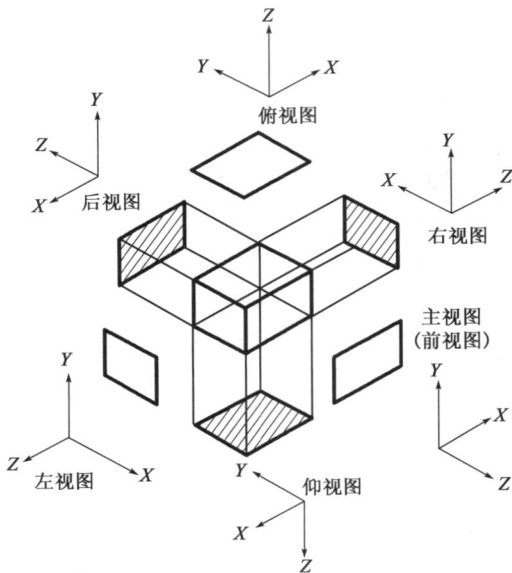

图 3-4-1-4　各视图的示意图

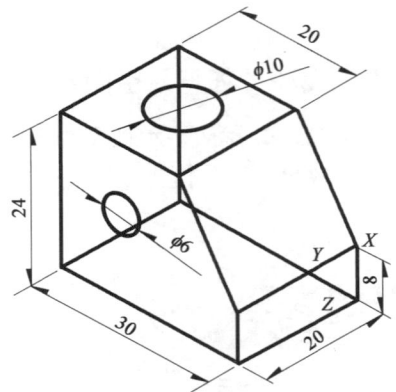

图 3-4-1-5　在用户坐标系下绘图

(2)用户坐标系。

在 AutoCAD 中,可以根据用户的需求来定制坐标系统,即用户坐标系(User Coordinate System,简称 UCS)。

用户坐标系允许修改坐标原点的位置及 X 轴、Y 轴、Z 轴的方向,这样可以减少构造三维对象时的计算量。UCS 命令用于定义新用户坐标系的坐标原点及 X 轴、Y 轴的正方向。绘制一个倾斜的结构物三维图时,如果使用世界坐标系,那么需要计算倾斜结构物上所有点的三个坐标值。但如果将用户坐标系的 XY 坐标面设置到倾斜的结构物表面上,这时再创建三维模型时就像在平面中绘图一样方便。

各选项的含义如下。

①指定 UCS 的原点:缺省选项,为新的 UCS 指定新的原点,但 X 轴、Y 轴、Z 轴的方向不变。可直接用鼠标在屏幕上选取一点作为新的原点(这就是使用一点定义新的 UCS);也可以使用两点或者三点定义一个新的 UCS,键入 X 轴、Y 轴、Z 轴坐标值作为新的原点,如果只键入 X 轴、Y 轴坐标值,则 Z 轴坐标值将保持不变,如图 3-4-1-6 所示。

②面(F):根据三维实体表面创建新的 UCS,用于将 UCS 与三维对象的选定面对齐,新原点为位于实体被选面内且离拾取点最近的一个角点,UCS 的 X 轴将与选定面上的最近边对齐。

通过选择面的方式定义新的 UCS,如图 3-4-1-7 所示。

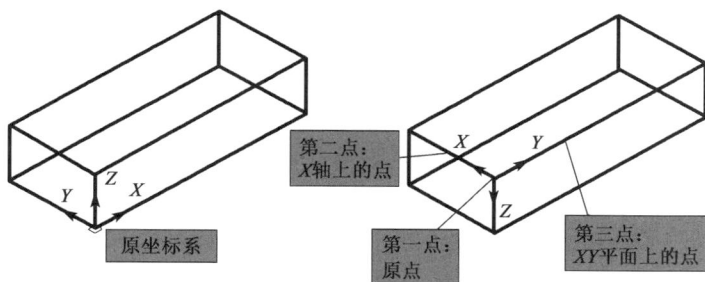

图 3-4-1-6　使用三点定义新的 UCS

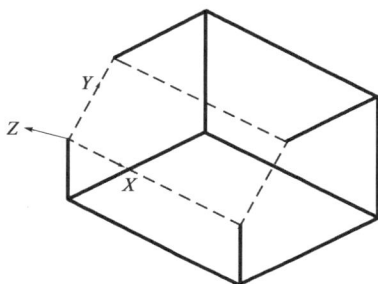

图 3-4-1-7　通过选择面的方式定义新的 UCS

操作提示

命令:_ucs

当前 UCS 名称:＊世界＊

指定 UCS 的原点或[面(F)/命名(NA)/对象(OB)/上一个(P)/视图(V)/世界(W)/X/Y/Z/Z 轴(ZA)] <世界> :f

选择实体对象的面:　　　　　　　　　　←选取三维实体的表面。

输入选项[下一个(N)/X 轴反向(X)/Y 轴反向(Y)] <接受>:

←接受:表示接受当前所创建的 UCS。

←X 轴反向:表示新的 UCS 绕 X 轴旋转180°。

←Y 轴反向:表示新的 UCS 绕 Y 轴旋转180°。

③命名(NA):按名称保存并恢复通常使用的 UCS。

④对象(OB):根据用户指定的对象来创建新的 UCS。

⑤上一个(P):将返回上一次的坐标系统,此命令最多可重复使用10 次。

⑥视图(V):将新 UCS 的 XY 平面设为与当前视图平行,即新 UCS 的 XY 平面平行于计算机屏幕,且 X 轴的正方向平行于当前视图的水平方向,原点保持不变。

⑦世界(W):将当前用户坐标系设置为世界坐标系。

⑧X/Y/Z:将原 UCS 绕 X/Y/Z 轴旋转指定的角度生成新的 UCS。

绕 *x* 轴旋转的操作命令如下。

操作提示

> 命令:_ucs
> 当前 UCS 名称:＊俯视＊
> 指定 UCS 的原点或[面(F)/命名(NA)/对象(OB)/上一个(P)/视图(V)/世界(W)/X/Y/Z/Z
> 轴(ZA)]
> ＜世界＞:x
> 指定绕 X 轴的旋转角度 ＜90＞:
>   ←输入旋转角度,正负值由右手法则确定(假想用右手握住 X 轴,拇指指向 X 轴正
>   方向,弯曲手指的方向是 X 轴正向旋转角度的方向)。

绕 *X* 轴、*Y* 轴、*Z* 轴旋转 90°后,得到不同的新的 UCS,如图 3-4-1-8 所示。

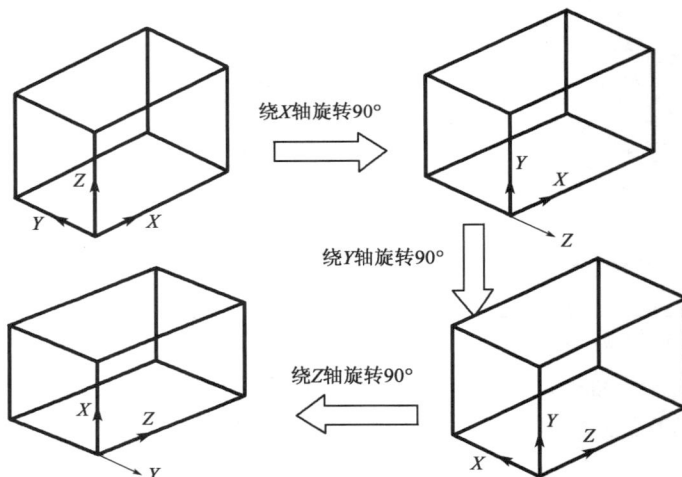

图 3-4-1-8　坐标系的转换

⑨Z 轴(ZA):确定新的原点和 *Z* 轴的正方向(*X* 轴和 *Y* 轴方向不变)来创建新的 UCS。

操作提示

> 命令:_ucs
> 当前 UCS 名称:＊没有名称＊
> 指定 UCS 的原点或[面(F)/命名(NA)/对象(OB)/上一个(P)/视图(V)/世界(W)/X/Y/Z/
> Z 轴(ZA)] ＜世界＞:za
>   ←确定新的原点和 Z 轴的正方向(X 轴和 Y 轴方向不变)来创建新的 UCS。
> 指定新原点或[对象(O)] ＜0,0,0＞:
> 在正 Z 轴范围上指定点 ＜963.4026,0.0000,1.0000＞:
>   ←输入或指定某一点,新原点和此点的连线方向为 Z 轴的正方向。直接按
>   回车键则新 UCS 的 Z 轴通过新原点且和原 UCS 的 Z 轴平行同向。

3. 坐标

在进行三维建模时,常常需要使用精确的坐标值确定三维点。在 AutoCAD 中可使用多种形式的三维坐标,包括直角坐标形式、柱坐标形式、球坐标形式以及对应坐标类型的相对形式。

直角坐标、柱坐标和球坐标都是对三维坐标系的一种描述,其区别是度量的形式不同。这三种坐标形式之间是相互等效的,也就是说 AutoCAD 三维空间中的任意一点,可以分别使用直角坐标、柱坐标和球坐标描述,其作用完全相同。

(1)直角坐标。

AutoCAD 三维空间中的任意一点,可以使用直角坐标表示,格式如下:

$$x, y, z$$

其中,x、y、z 分别表示三维坐标系中 x、y、z 轴上的坐标值。

如点 $A(4,3,2)$ 表示一个沿 X 轴正方向 4 个单位,沿 Y 轴正方向 3 个单位,沿 Z 轴正方向 2 个单位的点,该点在坐标系中的位置如图 3-4-1-9 所示。

(2)柱坐标。

AutoCAD 三维空间中的任意一点,可以使用柱坐标表示,格式如下:

$$L < a, z$$

其中,L 表示该点在 XY 平面上的投影到原点的距离,a 表示该点在 XY 平面上的投影和原点之间的连线与 X 轴之间的夹角,z 表示该点在 Z 轴上的坐标。如果 L 坐标值保持不变,而改变 a、z 坐标值,将形成一个以 z 轴为中心的圆柱面,L 为该圆柱的半径,这种坐标为柱坐标。如 $10 < 60, 20$ 表示在 XY 平面上的投影点到原点的距离为 10 个单位,该投影点和原点之间的连线与 X 轴之间的夹角为 $60°$,沿 Z 轴离原点 20 个单位的一个点,如图 3-4-1-10 所示。

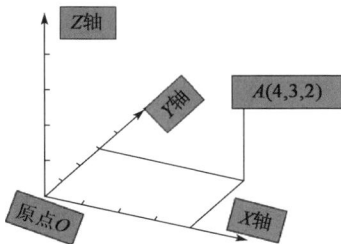

图 3-4-1-9　点的直角坐标　　　　　图 3-4-1-10　柱面坐标

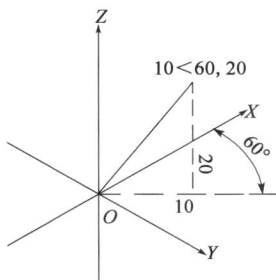

(3)球坐标。

AutoCAD 三维空间中的任意一点,可以使用球坐标表示,格式如下:

$$L < a < b$$

其中 L 表示该点到原点的距离,a 表示该点与原点的连线在 XY 平面上的投影与 X 轴之间的夹角,b 表示该点与原点的连线与 XY 平面的夹角。如果 L 坐标值保持不变,而改变 a、b 坐标值,将形成一个以原点为中心的圆球面,L 为该圆球的半径,这种坐标为球坐标。如 $10 < 60 <$

15 表示该点距离原点为 10 个单位,与原点连线的投影在 XY 平面内与 X 轴成 $60°$ 夹角,连线与 XY 平面成 $15°$ 夹角,如图 3-4-1-11 所示。

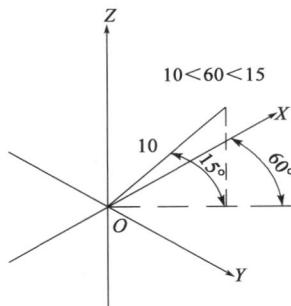

图 3-4-1-11　球面坐标

夯基强技

"夯基强技"内容见超星学习通平台。

学习评价与分析

评 价 项 目	评 价 标 准	参考分值(分)	得分(分)
认识 AutoCAD 三维绘图环境	熟练与准确性	30	
书写纵断面资料部分	熟练与准确性	50	
掌握 AutoCAD 三维坐标系统知识	熟练程度	20	
小组之间 互相评价(50%)	课前预习 课中学习 (60 分)	1. 课前预习,找出难点:10 分 2. 课中完成课堂任务(评价项目):40 分 3. 学习态度、职业素质(严谨细致)考核:10 分	
	课后作业 (20 分)	1. 规定时间内完成该学习任务平台上夯基强技内容 2. 找出易错题、难题	
	小组代表展示 (20 分)	1. 对出错多的题目或者难题进行讲解 2. 总结各个题目考查的知识点	
教师评价(50%)		1. 时间观念(考勤):10 分 2. 学习态度(评价项目):80 分 3. 表达能力:10 分	
课后学习总结			
学习收获			
不足之处			

学习任务二 ◣ 创建 U 形桥台的三维实体

◎ 知识目标与能力目标

学习 AutoCAD 三维建模拉伸、剖切、布尔运算命令。

通过学习,应该达到以下要求:

1. 掌握长方体的三维建模方法。

2. 能够使用拉伸命令创建三维模型。

3. 理论联系实际,正确创建重力式 U 形桥台模型。

☑ 学习任务描述与分析

在教师指导下, 由学生完成重力式 U 形桥台(图 3-4-2-1)、桥墩、T 梁等三维实体模型的创建,掌握各种三维建模的方式和技巧。

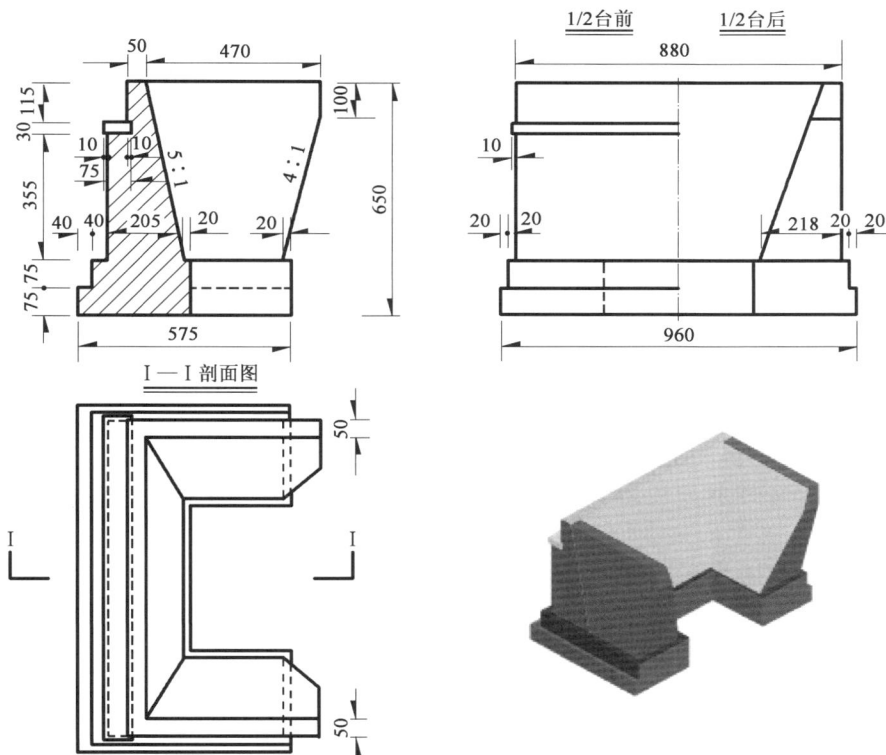

图 3-4-2-1 桥台的投影图

重力式 U 形桥台由四部分组成:基础、前墙、侧墙、台帽。下面首先分别构建基础、前墙、侧墙、台帽的三维模型,然后再合成一个整体桥台。

▊▊▊ **学习任务实施**

　　明确任务：根据重力式 U 形桥台的三面投影图，创建重力式 U 形桥台三维模型。

💡引导问题1　如何创建重力式 U 形桥台基础与前墙？

　　1. 创建基础

　　在"三维建模"工作界面下，切换至俯视图，即 H 面图中，用多段线命令绘制基础的平面图（基础的特征投影）。单击【常用】选项卡—【创建】面板—【拉伸】命令，将多段线拉伸成三维实体。操作如图 3-4-2-2 所示。

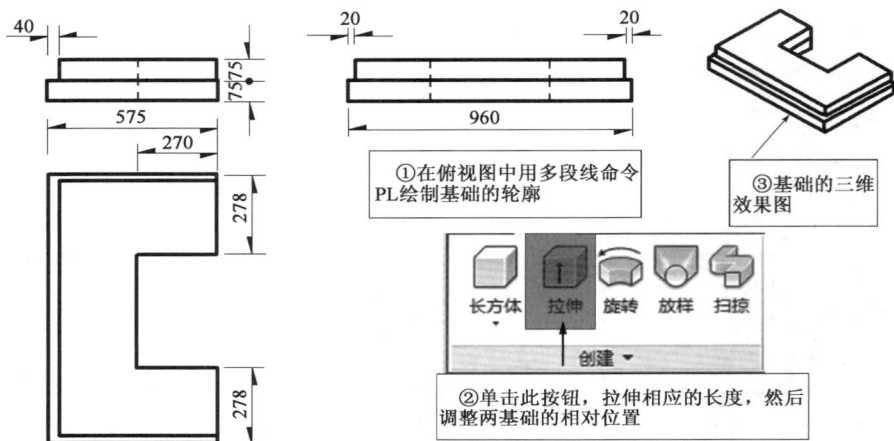

图 3-4-2-2　创建基础三维模型

操作提示	命令：_extrude 当前线框密度：ISOLINES = 4，闭合轮廓创建模式 = 实体 选择要拉伸的对象或[模式(MO)]：_MO 闭合轮廓创建模式[实体(SO)/曲面(SU)]　<实体>：_SO 选择要拉伸的对象或[模式(MO)]：找到 1 个 选择要拉伸的对象或[模式(MO)]： 指定拉伸的高度或[方向(D)/路径(P)/倾斜角(T)/表达式(E)]：75　←输入基础高度。

　　2. 创建前墙

　　切换到前视图，即立面图中，使用多线段命令绘制前墙的轮廓，拉伸高度为880，创建过程如图 3-4-2-3 所示。

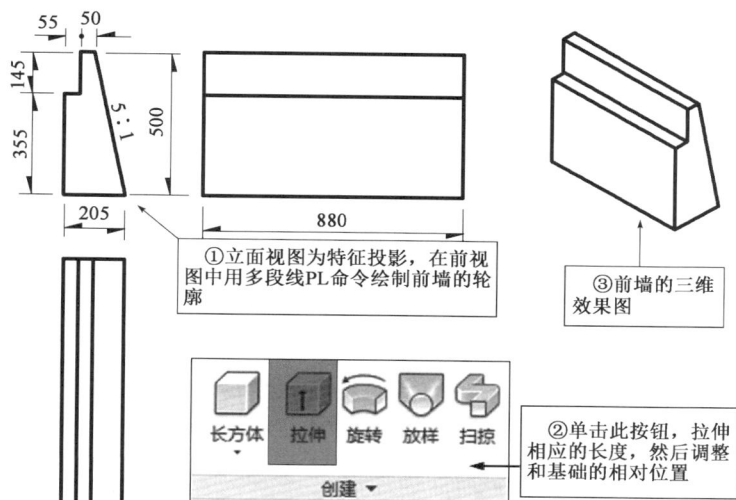

图 3-4-2-3 前墙的三维效果图

💡引导问题2 如何创建重力式U形桥台侧墙？

1. 生成侧墙方式一——差集

在右视图中绘制侧墙轮廓,拉伸形成四棱柱,拉伸高度为470。切换到前视图,绘制两个三角形轮廓,拉伸形成三棱柱,拉伸长度为218。调整三棱柱的位置,单击【常用】选项卡—【实体编辑】面板—【差集】命令,完成四棱柱与三棱柱的差集。绘制侧墙的操作如图 3-4-2-4 所示。

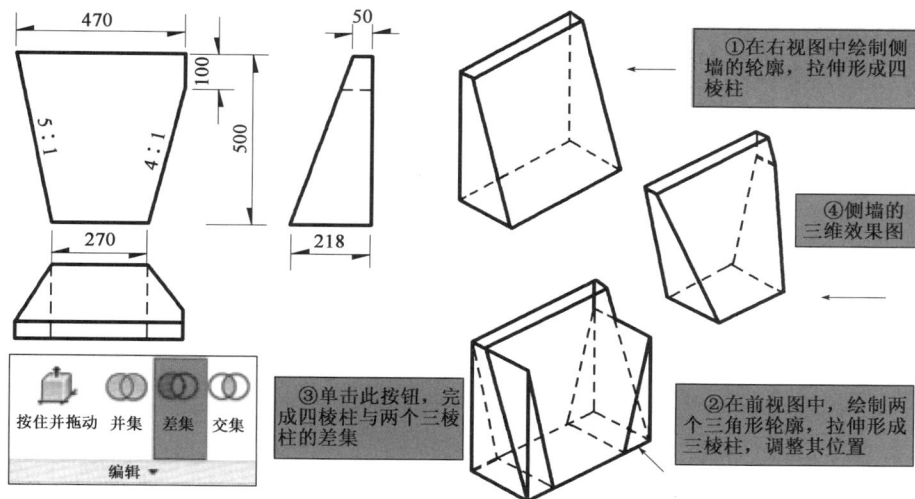

图 3-4-2-4 侧墙三维效果图

四棱柱与两个三棱柱进行差集的运算操作命令如下:

```
命令:_subtract
选择对象:找到 1 个              ←选择要从中减去的实体或面域…
选择对象:                      ←选择四棱柱实体。
选择要减去的实体或面域 …
选择对象:找到 1 个
选择对象:找到 1 个,总计 2 个
选择对象:                      ←选择两三棱柱实体。
```

2. 生成侧墙方式二——剖切

在右视图中绘制四棱柱的轮廓,拉伸对应的长度,然后在前视图中确定剖切面的位置,切换到西南等轴测视图,调用剖切命令,用三点剖切方式进行剖切,完成侧墙的绘制。操作如图 3-4-2-5所示。

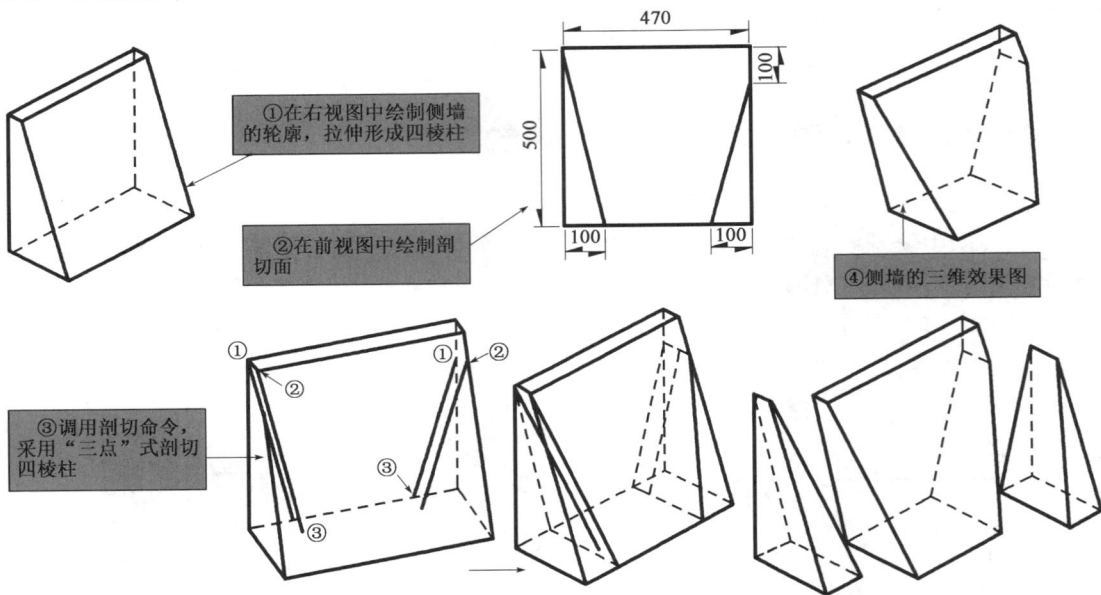

①在右视图中绘制侧墙的轮廓,拉伸形成四棱柱

②在前视图中绘制剖切面

④侧墙的三维效果图

③调用剖切命令,采用"三点"式剖切四棱柱

图 3-4-2-5　剖切操作

```
命令:_slice
选择要剖切的对象:找到 1 个
选择要剖切的对象:
指定切面的起点或[平面对象(O)/曲面(S)/Z 轴(Z)/视图(V)/XY(XY)/YZ(YZ)/ZX
(ZX)/三点(3)] <三点>:
指定平面上的第二个点:
                        ←选择前视图中剖切面的积聚投影作为剖切面。
在所需的侧面上指定点或[保留两个侧面(B)] <保留两个侧面>:
```

💡引导问题3　如何创建重力式 U 形桥台台帽以及合成桥台?

1.创建台帽

台帽即为一简单的长方体,切换到前视图,单击【常用】选项卡—【创建】面板—【长方体】命令,创建台帽的三维模型。

> **操作提示**
>
> 命令:_box
> 指定第一个角点或[中心(C)]:
> 指定其他角点或[立方体(C)/长度(L)]:@75,30
> 指定高度或[两点(2P)]＜120.0000＞:900

2.合成桥台

单击【常用】选项卡—【实体编辑】面板—【并集】命令,把桥台的各组成部分合并成一个整体,合并前需注意各基本体之间的相对位置,可用三维编辑命令调整相对位置。

> **操作提示**
>
> 命令:_union
> 选择对象:指定对角点:找到 5 个
> 选择对象:

💡引导问题4　如何进行剖切?

> **操作提示**
>
> 命令:_slice
> 选择要剖切的对象:找到 1 个
> 选择要剖切的对象:
> 指定切面的起点或[平面对象(O)/曲面(S)/Z 轴(Z)/视图(V)/XY(XY)/YZ(YZ)/ZX(ZX)/三点(3)]＜三点＞:yz
> 指定 YZ 平面上的点 ＜0,0,0＞:
> 在所需的侧面上指定点或[保留两个侧面(B)]＜保留两个侧面＞:b

U 形桥台的三维效果图以及剖切图如图 3-4-2-6 所示。

a)剖切前   b)剖切后

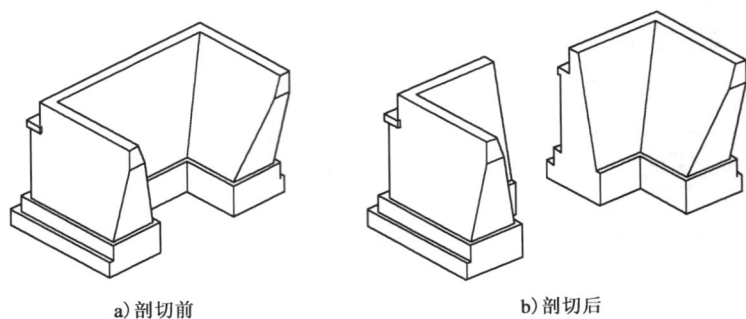

图 3-4-2-6   桥台剖切

相关知识

知识点 1   创建基本三维实体模型

1. 创建长方体(图 3-4-2-7)

默认状态下,长方体的底面总是与当前用户坐标系的 XY 平面平行。模型长方体可用以下两种方式创建:指定长方体的中心点或指定一个角点。

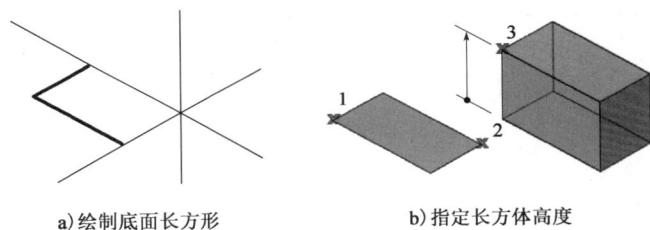

a)绘制底面长方形   b)指定长方体高度

图 3-4-2-7   创建长方体

命令调用方式:

◆命令行:输入 BOX

◆菜单栏:单击【绘图】菜单—【建模】—【长方体】命令

◆功能区:单击"三维基础"工作空间—【默认】选项卡—【创建】面板——【长方体】命令按钮 或者单击"三维建模"工作空间—【常用】选项卡—【建模】面板—【长方体】命令

操作提示	命令:_box	
	指定第一个角点或[中心(C)]:	←指定长方体底面角点。
	指定其他角点或[立方体(C)/长度(L)]:@340,125	←指定长方体底面另一对角点。
	指定高度或[两点(2P)] <0>:45	←指定长方体高度。

（1）角点方式:以角点方式确定长方体,输入的是正值,则沿当前 UCS 的 X 轴、Y 轴和 Z 轴的正向确定长度。如果输入的是负值,则沿当前 UCS 的 X 轴、Y 轴和 Z 轴的负向确定长度。

操作提示

```
命令:_box
指定第一个角点或[中心(C)]:                          ←指定长方体底面角点。
指定其他角点或[立方体(C)/长度(L)]:@340,125,45      ←指定长方体对角点。
```

（2）正方体方式:用于创建一个长、宽、高相等的正方体。

操作提示

```
命令:box
指定第一个角点或[中心(C)]:                ←输入或在屏幕上指定长方体的一个角点。
指定其他角点或[立方体(C)/长度(L)]:C       ←选择立方体选项。
指定长度:100                            ←输入或指定立方体的长度。
```

（3）长度方式:按要求输出长、宽、高值。

操作提示

```
命令:box
指定第一个角点或[中心(C)]:
指定其他角点或[立方体(C)/长度(L)]:L       ←指定长、宽、高的方式创建长方体。
指定长度 :100                           ←输入长方体长度。
指定宽度:80                             ←输入长方体宽度。
指定高度或[两点(2P)]:60                  ←输入长方体高度。
```

（4）中心点方式:利用中心点创建长方体。

操作提示

```
命令:_box
指定第一个角点或[中心(C)]:c              ←输入"中心点"选项。
指定中心:                               ←输入或在屏幕上指定长方体底面的中心点。
指定角点或[立方体(C)/长度(L)]:@75,50    ←输入或指定长方体底面的一个角点。
指定高度或[两点(2P)]:200                ←长为150,宽为100,高为200的长方体。
```

2. 创建楔体(图 3-4-2-8)

楔体的倾斜方向始终沿 UCS 的 X 轴正方向。

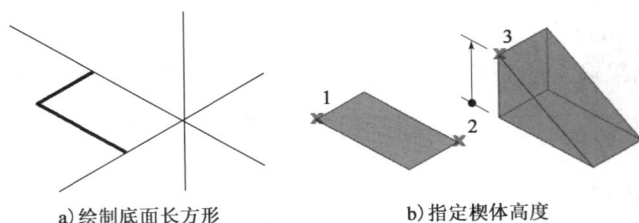

a)绘制底面长方形　　　　　b)指定楔体高度

图 3-4-2-8　创建楔体

◆命令行:输入 WEDGE(或 WE)

◆菜单栏:单击【绘图】菜单—【建模】—【楔体】命令

◆功能区:单击"三维基础"工作空间—【默认】选项卡—【创建】面板—【楔体】命令按钮 ■或者单击"三维建模"工作空间——【常用】选项卡——【建模】面板——【楔体】命令

操作提示	命令:_wedge 指定第一个角点或[中心(C)]: 指定其他角点或[立方体(C)/长度(L)]: 指定高度或[两点(2P)] <45.0000>:	←输入或在屏幕上指定底面方形的起点。 ←输入方形的长、宽值。 ←输入高度值。

3. 创建棱锥体(图 3-4-2-9)

AutoCAD 中的棱锥体是正棱锥体,可由 3 到 32 个侧面组成。默认情况下,使用底面的中心点、与底面多边形外切或内接圆的半径和棱锥体的高度即棱锥顶点来定义棱锥体。

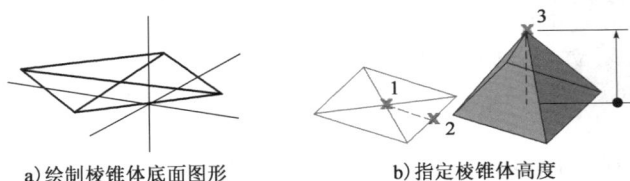

a)绘制棱锥体底面图形　　　　　b)指定棱锥体高度

图 3-4-2-9　创建棱锥体

◆命令行:输入 PYRAMID

◆菜单栏:选择【绘图】菜单—【建模】—【棱锥体】命令

◆功能区:单击"三维基础"工作空间—【默认】选项卡—【创建】面板—【棱锥体】命令按钮 ■或者单击"三维建模"工作空间—【常用】选项卡—【建模】面板—【棱锥体】命令

操作提示	命令:_pyramid 4 个侧面　外切 指定底面的中心点或[边(E)/侧面(S)]: 指定底面半径或[内接(I)] <141>:100 指定高度或[两点(2P)/轴端点(A)/顶面半径(T)] <100.>:120	←指定底面中心点。 ←输入底面半径值。 ←输入棱锥体高度值。

命令:_pyramid
4 个侧面　外切
指定底面的中心点或[边(E)/侧面(S)]:s　　　　　　　←输入棱锥侧面参数。
输入侧面数 <4>:6　　　　　　　　　　　　　　　　←指定棱锥侧面数。
指定底面的中心点或[边(E)/侧面(S)]:　　　　　　　←指定底面中心点。
指定底面半径或[内接(I)] <141>:100　　　　　　　←输入底面半径值。
指定高度或[两点(2P)/轴端点(A)/顶面半径(T)] <100.>:120　←输入棱锥体高度值。

4. 创建圆柱体(图 3-4-2-10)

用于创建底面是圆或椭圆的柱体。圆柱体也可通过拉伸圆或椭圆创建。

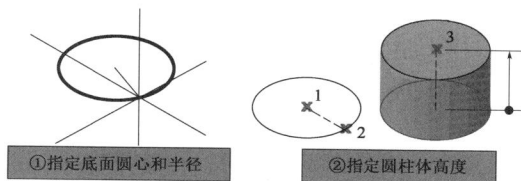

①指定底面圆心和半径　　②指定圆柱体高度

图 3-4-2-10　创建圆柱体

命令调用方式:
◆命令行:输入 CYLINDER(或 CYL)
◆菜单栏:选择【绘图】菜单—【建模】—【圆柱体】命令
◆功能区:单击"三维基础"工作空间—【默认】选项卡—【创建】面板—【圆柱体】命令按钮 按钮或者单击"三维建模"工作空间—【常用】选项卡—【建模】面板—【圆柱体】命令

中心点方式:此选项为系统默认的选项,先输入底面圆心的坐标,然后输入底面的半径或直径以及圆柱的高度。

命令:_cylinder
指定底面的中心点或[三点(3P)/两点(2P)/相切、相切、半径(T)/椭圆(E)]:
　　　　　　　　　　　　　　　　　←输入或在屏幕上指定圆柱体底面的中心点。
指定底面半径或[直径(D)] <10.0000>:　←输入或指定圆柱体底面的半径或直径。
指定高度或[两点(2P)/轴端点(A)] <40.0000>:←输入或指定圆柱体的高度。

也可以通过指定另一个端面的圆心来指定圆柱的高度,圆柱的中心线则为两端面圆心的连线。

命令:_cylinder
当前线框密度:　ISOLINES=4
指定圆柱体底面的中心点或[椭圆(E)] <0,0,0>:←输入或在屏幕上指定圆柱体底面的中心点。
指定圆柱体底面的半径或[直径(D)]:20　　←输入或指定圆柱体底面的半径或直径。
指定圆柱体高度或[另一个圆心(C)]:c　　←进入指定圆柱体另一端面中心点模式。
指定圆柱的另一个圆心:　　　　　　　←指定圆柱的另一个圆心。

5. 创建圆锥体

该命令用于创建圆锥体或椭圆锥体。默认状态下,圆锥体的底面平行于当前用户坐标系的 *XY* 平面。

命令调用方式:

◆命令行:输入 CONE

◆菜单栏:单击【绘图】菜单—【建模】—【圆锥体】命令

◆功能区:单击"三维基础"工作空间—【默认】选项卡—【创建】面板——【圆锥体】命令按钮△或者单击"三维建模"工作空间—【常用】选项卡—【建模】面板—【圆锥体】

操作提示

命令:_cone
指定底面的中心点或[三点(3P)/两点(2P)/切点、切点、半径(T)/椭圆(E)]:
　　　　　　　　　　　←输入或在屏幕上指定圆锥体底面的中心点。
指定底面半径或[直径(D)] <10.0000>:20　←输入或指定底面的半径或直径。
指定高度或[两点(2P)/轴端点(A)/顶面半径(T)] <90.0000>:40
　　　　　　　　　　　←输入或指定圆锥体的高度,生成圆锥体的中
　　　　　　　　　　　　心线与当前 UCS 的 *Z* 轴平行。

操作提示

命令:_cone
指定底面的中心点或[三点(3P)/两点(2P)/切点、切点、半径(T)/椭圆(E)]:
　　　　　　　　　　　←输入或在屏幕上指定圆锥体底面的中心点。
指定底面半径或[直径(D)] <10.0000>:20　←输入或指定底面的半径或直径。
指定高度或[两点(2P)/轴端点(A)/顶面半径(T)] <90.0000>:A
指定顶点:@150,0　　←输入或指定圆锥体的顶点。

默认状态提示输入圆锥底面的中心点,并假定底面是圆,然后输入圆的半径或直径 *D*,再输入圆锥的顶点或高度值。

圆锥的底面平行于当前 UCS 的 *XY* 面。"顶点"选项提示输入一个点,AutoCAD 由此得出圆锥的高度与方向。

"椭圆"选项用于创建底面为椭圆的椭圆锥体。创建这类圆锥体的某些提示与 AutoCAD 的 ELLIPSE 命令的提示一样。

6. 创建球体

用于创建一个三维实体,三维实体表面上的所有点到中心的距离都相等。创建球体只有一种方式,即中心轴与当前用户坐标系的 *Z* 轴方向一致。

命令调用方式:

◆命令行:输入 SPHERE

◆菜单栏:单击【绘图】菜单—【建模】—【球体】命令

◆功能区:单击"三维基础"工作空间—【默认】选项卡—【创建】面板—【球体】命令按钮

◎或者单击"三维建模"工作空间—【常用】选项卡—【建模】面板—【球体】命令

> **操作提示**
>
> 命令:_sphere
> 指定中心点或［三点(3P)/两点(2P)/相切、相切、半径(T)］:
> 指定半径或［直径(D)］ <10.0000>:

知识点 2 拉伸命令

可以通过拉伸二维图形来创建三维实体。首先绘制物体的平面图形,用面域命令 RE-GION 使各部分图形生成面域,再用 EXTRUDE 命令拉伸生成三维模型。拉伸命令还可以沿指定路径拉伸对象或按指定高度值和倾斜角度拉伸对象。

如果用直线或圆弧来创建轮廓,在使用 EXTRUDE 拉伸命令之前需用合并命令 PEDIT 把它们转换成单一的多段线或使它们成为一个面域。拉伸的对象为平面二维面、封闭多段线、多边形、圆、椭圆、封闭样条曲线、圆环和面域。不能拉伸相交的多段线。

因为多段线可以是任意形状,因此,使用 EXTRUDE 命令可创建不规则的三维模型。

命令调用方式:

◆命令行:输入 EXTRUDE

◆菜单栏:单击【绘图】菜单—【建模】—【拉伸】命令

◆功能区:单击"三维基础"工作空间—【默认】选项卡—【创建】面板—【拉伸】命令按钮

🔲或者单击"三维建模"工作空间—【常用】选项卡—【建模】面板—【拉伸】命令

> **操作提示**
>
> 命令:_extrude
> 当前线框密度: ISOLINES = 4,闭合轮廓创建模式 = 实体
> 选择要拉伸的对象或［模式(MO)］:_MO 闭合轮廓创建模式［实体(SO)/曲面(SU)］ <实体
> >:_SO
> 选择要拉伸的对象或［模式(MO)］:找到 1 个
> 选择要拉伸的对象或［模式(MO)］:   ←选择圆周。
> 指定拉伸的高度或［方向(D)/路径(P)/倾斜角(T)/表达式(E)］ <40.0000>:t
>   ←选择倾斜角模式。
> 指定拉伸的倾斜角度或［表达式(E)］ <30>:30   ←输入角度。
> 指定拉伸的高度或［方向(D)/路径(P)/倾斜角(T)/表达式(E)］ <40.0000>:
> 选择拉伸路径或［倾斜角(T)］:

"拉伸"命令各选项含义如图 3-4-2-11 所示。"倾斜角"选项示意图如图 3-4-2-12 所示。

命令: _extrude
当前线框密度: ISOLINES=4，闭合轮廓创建模式 = 实体
选择要拉伸的对象或 [模式(MO)]: _MO 闭合轮廓创建模式 [实体(SO)/曲面(SU)]
<实体>: _SO
选择要拉伸的对象或 [模式(MO)]: 找到 1 个
选择要拉伸的对象或 [模式(MO)]:
指定拉伸的高度或 [方向(D)/路径(P)/倾斜角(T)/表达式(E)] <0>: 470

方向：通过指定的两点指定拉伸的长度和方向

拉伸高度：指定拉伸的高度值，正值则沿当前用户坐标系的Z轴正向拉伸，负值则沿Z轴负向拉伸

路径：用来定义拉伸路径，所有指定对象的剖面都沿着选定的路径拉伸以创建实体

倾斜角：指定拉伸的倾斜角度，拉伸后实体截面沿拉伸方向按此角度变化，成为一个棱台或圆台体

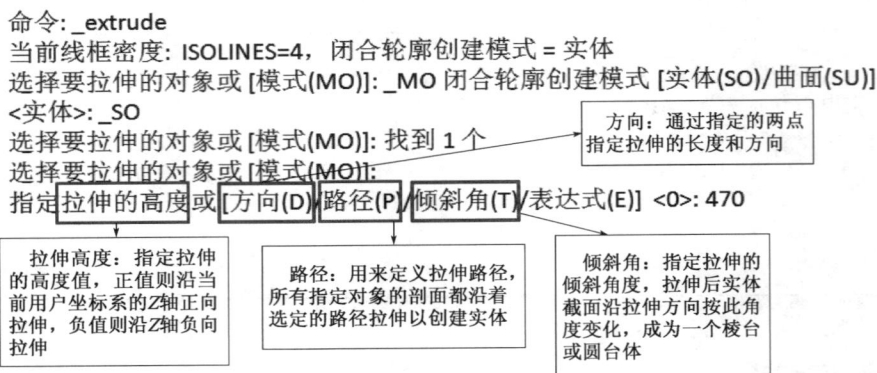

图 3-4-2-11　"拉伸"命令各选项含义

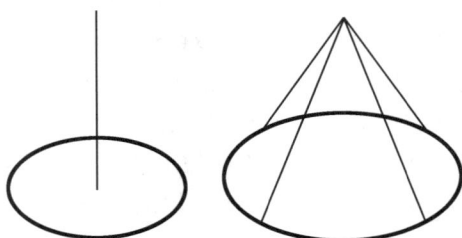

图 3-4-2-12　"倾斜角"选项示意图

知识点3　按住并拖动命令

　　"按住并拖动"命令是通过选中一个面域对象，对其进行拉伸操作，如图 3-4-2-13 所示。"按住并拖动"命令与"拉伸"命令操作相似，但是，"拉伸"命令只能在二维图形上操作，而"按住并拖动"命令对二维或是三维图形都可以进行拉伸。需要注意的是"按住并拖动"命令操作对象是一个封闭的面域。

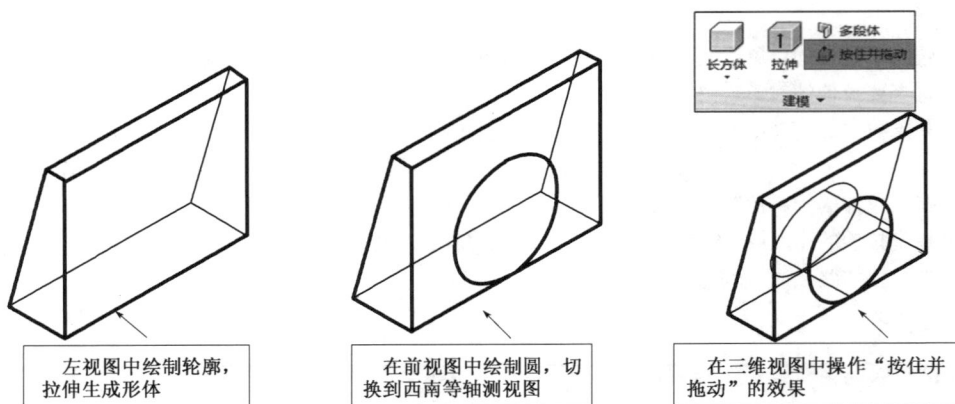

左视图中绘制轮廓，拉伸生成形体

在前视图中绘制圆，切换到西南等轴测视图

在三维视图中操作"按住并拖动"的效果

图 3-4-2-13　"按住并拖动"命令操作

命令调用方式：

◆命令行：输入 PRESSPULL

◆功能区：单击"三维基础"工作空间—【默认】选项卡—【编辑】面板—【按住并拖动】命令按钮■或者单击"三维建模"工作空间—【常用】选项卡—【建模】面板—【按住并拖动】命令

命令：_presspull

选择对象或边界区域：　　　　←选择需要拉伸的面域。

指定拉伸高度或［多个(M)］：　　←移动光标，指定拉伸方向，并输入拉伸距离。

已创建 1 个拉伸

知识点 4　剖切命令

使用剖切命令"SLICE"可以剖开实体并移去不要的部分，从而得到新的实体。可以保留剖切实体的一半或全部。剖切实体的默认方式是：先指定三点定义剖切平面，然后选择要保留的部分。也可以通过其他对象、当前视图、Z 轴或 XY、YZ 或 ZX 平面来定义剖切平面。

命令调用方式：

◆命令行：输入 SLICE(或 SL)

◆功能区：单击"三维基础"工作空间—【默认】选项卡—【编辑】面板—【剖切】命令按钮或者单击"三维建模"工作空间—【常用】选项卡—【实体编辑】面板—【剖切】命令

操作各选项含义如图 3-4-2-14 所示。

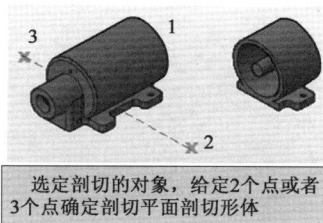

选定剖切的对象，给定2个点或者3个点确定剖切平面剖切形体

a)

命令：_slice
选择要剖切的对象：找到 1 个
选择要剖切的对象：
指定 切面 的起点或 [平面对象(O)/曲面(S)/Z 轴(Z)/视图(V)/XY(XY)/YZ(YZ)/ZX(ZX)/三点(3)] <三点>：yz
指定 YZ 平面上的点 <0,0,0>：
在所需的侧面上指定点或 [保留两个侧面(B)] <保留两个侧面>：

对象(O)：将所选对象所在平面作为剖切面

当前坐标系的YZ平面与剖切面对

Z轴(Z)：通过平面指定一点与在平面的Z轴(法线)上指定另一点来定义剖切平面

视图(V)：以平行于当前视图的平面作为剖面图

三点(3)：将空间内三点确定的平面作为剖切面

b)

图 3-4-2-14　"剖切"命令各选项含义

使用"三点"方式剖切如图 3-4-2-15 所示。

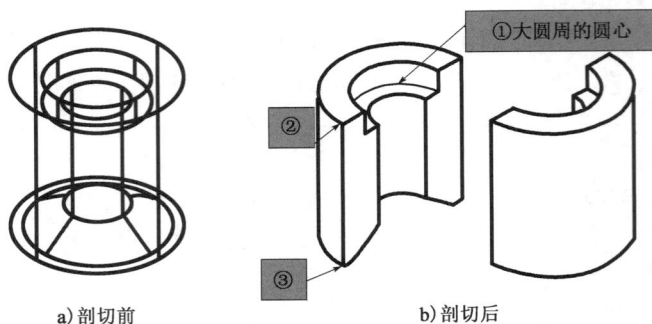

a)剖切前   b)剖切后

图 3-4-2-15　剖切三维实体

操作提示

命令:_slice
选择对象:　　　　　　　　　　　　　←指定要剖切的对象。
选择对象:　　　　　　　　　　　　　←单击 Enter 键结束选择。
指定切面上的第一个点,依照[对象(O)/Z 轴(Z)/视图(V)/XY 平面(XY)/YZ 平面(YZ)/
ZX 平面(ZX)/三点(3)]〈三点〉:　　←指定切面上的第一个点或选项确定剖切面。
指定平面上的第二个点:
指定平面上的第三个点:
在要保留的一侧指定点或[保留两侧(B)]:

夯基强技

"夯基强技"内容见超星学习通平台。

学习评价与分析

评价项目	评价标准	参考分值(分)	得分(分)
绘制基础	模型准确性与熟练程度	20	
绘制前墙	模型准确性与熟练程度	20	
绘制侧墙	模型准确性与熟练程度	40	
绘制台帽	模型准确性与熟练程度	10	
掌握并集与剖切知识	命令的熟练程度	10	
小组之间 互相评价(50%)	课前预习 课中学习 (60 分)	1.课前预习,找出难点:10 分 2.课中完成课堂任务(评价项目):40 分 3.学习态度、职业素质(严谨细致)考核:10 分	
	课后作业 (20 分)	1.规定时间内完成该学习任务平台上夯基强技内容 2.找出易错题、难题	

续上表

小组之间 互相评价(50%)	小组代表展示 （20分）	1.对出错多的题目或者难题进行讲解 2.总结各个题目考查的知识点
教师评价(50%)		1.时间观念(考勤):10分 2.学习态度(评价项目):80分 3.表达能力:10分
课后学习总结		
学习收获		
不足之处		

学习任务三　创建带托盘桥墩及八字翼墙的三维实体

◎ 知识目标与能力目标

学习 AutoCAD 三维建模旋转、倒角边、圆角边、放样、扫掠等命令。

通过学习,应该达到以下要求:

1.掌握 AutoCAD 三维建模中的旋转旋转、倒角边、圆角边、放样、扫掠等命令。

2.理论联系实际,能够正确创建带托盘桥墩及八字翼墙的三维模型。

✅ 学习任务描述与分析

完成图 3-4-3-1 所示带托盘桥墩、八字翼墙的三维模型的创建。

该桥墩由基础、墩身、墩帽、垫板四部分自下而上叠加构成。 桥墩前后、左右都对称。 基础由两个大小不同的长方体叠加而成。 墩身为组合体,由中间一个四棱柱和左右两端各一个半圆台组成。 墩帽由上面的顶帽和下面的托盘组成,托盘为倒置的长圆台,顶帽的下层为 500cm×230cm×40cm 的长方体,四周进行倒角,上层为左右、前后都对称的同坡排水顶。 垫板位于顶帽上方,两垫板之间的净距离为70cm,垫板的下部有两个斜面与同坡排水顶的斜面重合。

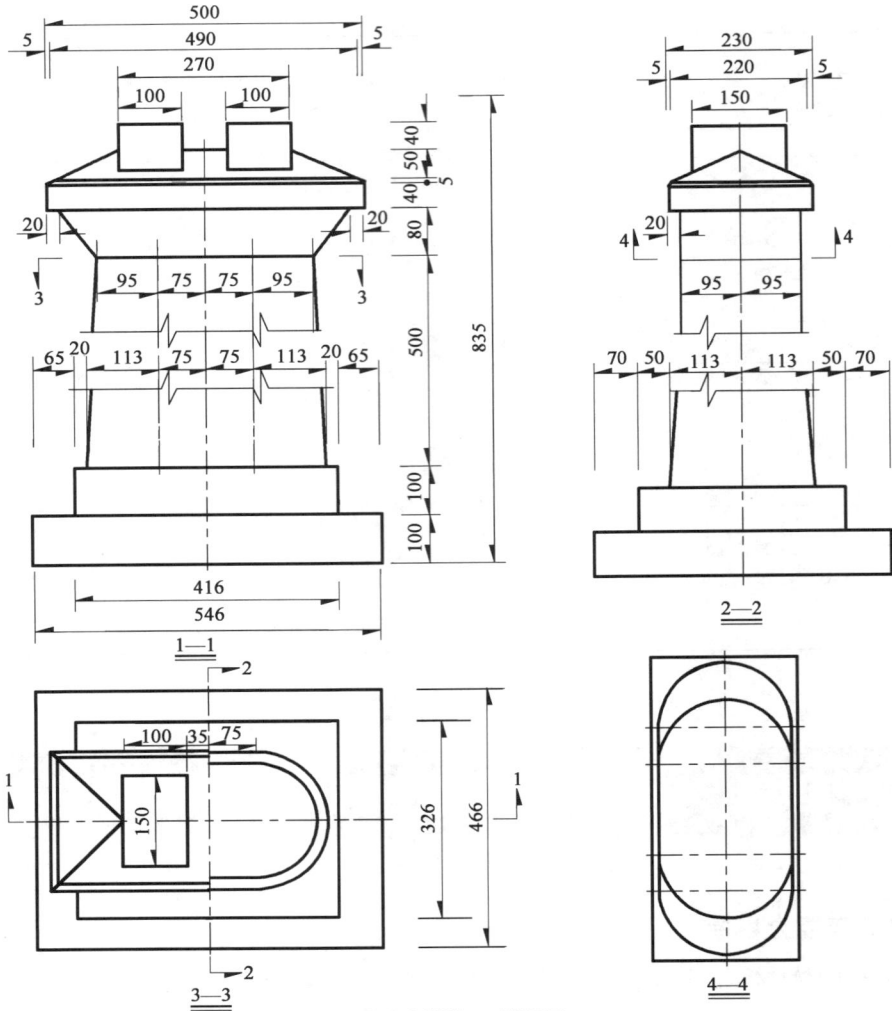

a) 带托盘桥墩三面投影图

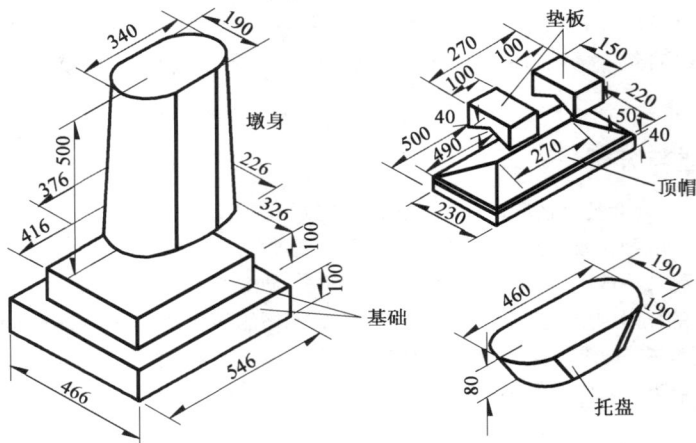

b) 带托盘桥墩立体图

图 3-4-3-1

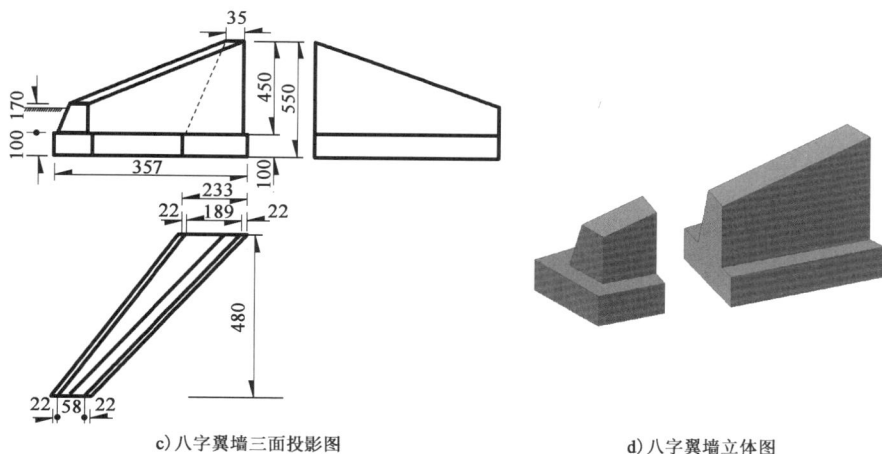

c)八字翼墙三面投影图   d)八字翼墙立体图

图 3-4-3-1 　带托盘桥墩和八字翼墙(尺寸单位:cm)

学习任务实施

明确任务:根据所给的带托盘桥墩、八字翼墙的三面投影图,完成其三维建模。熟悉三维建模面域、拉伸、旋转、剖切放样、倒角等命令。

引导问题 1 　如何创建带托盘桥墩的三维模型?

1.创建基础

基础为两个上下叠放的长方体,尺寸分别为 546cm × 466cm × 100cm、416cm × 326cm × 100cm。

2.创建墩身

方式一:分两部分创建墩身,中间部分采用拉伸命令拉伸 150cm,两端部分采用旋转命令生成,操作如图 3-4-3-2 所示。

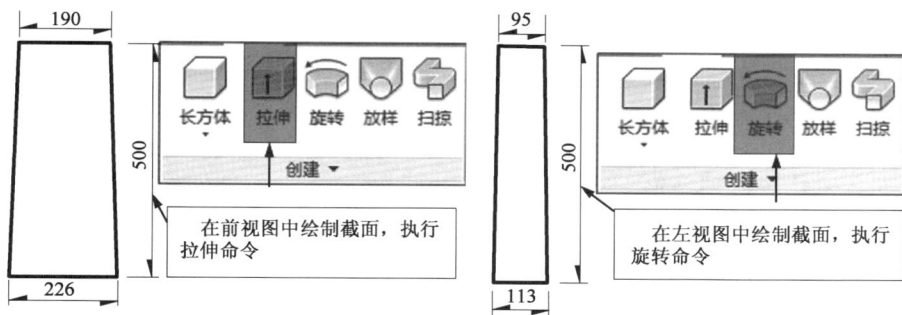

图 3-4-3-2 　墩身拉伸与旋转操作(尺寸单位:cm)

操作
提示

命令:_revolve

当前线框密度: ISOLINES=4,闭合轮廓创建模式=实体

选择要旋转的对象或[模式(MO)]:_MO 闭合轮廓创建模式[实体(SO)/曲面(SU)] <实体>:_SO

选择要旋转的对象或[模式(MO)]:找到 1 个

选择要旋转的对象或[模式(MO)]:   ←选择墩身梯形截面。

指定轴起点或根据以下选项之一定义轴[对象(O)/X/Y/Z] <对象>:

选择对象: ←选择旋转轴。

指定旋转角度或[起点角度(ST)/反转(R)/表达式(EX)] <360>:

方式二:作为一个整体,在俯视图中绘制墩身上、下两个截面,然后在前视图中调整位置,高度方向为500cm,再使用放样命令生成墩身,操作如图3-4-3-3所示。

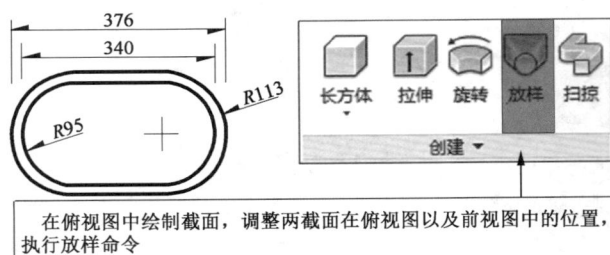

图3-4-3-3 墩身放样操作(尺寸单位:cm)

3.使用创建带托盘桥墩的托盘

方式一:分两部分来创建托盘,中间部分主要使用拉伸命令完成,拉伸长度为190cm。左右部分主要使用放样命令完成,在俯视图中用多段线命令绘制半圆,复制生成另一个半圆,调整两半圆在俯视图中以及前视图中的位置,再使用放样命令生成托盘,操作如图3-4-3-4所示。

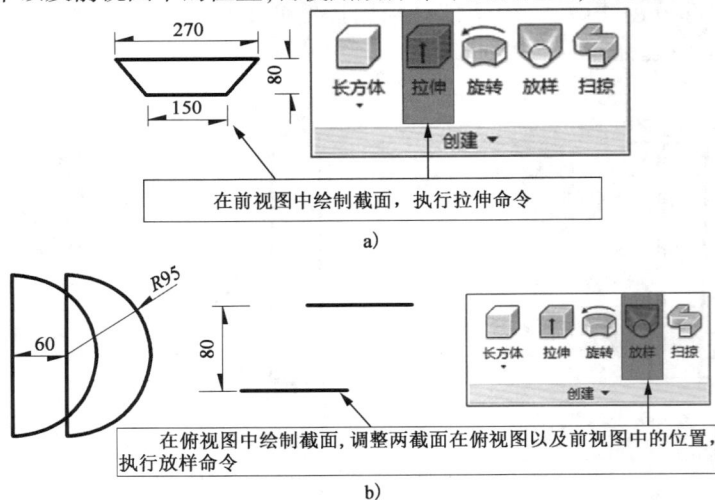

a)

b)

图3-4-3-4 托盘分开绘制操作(尺寸单位:cm)

方式二：上、下截面作为一个整体,然后放样生成托盘,操作如图 3-4-3-5 所示。

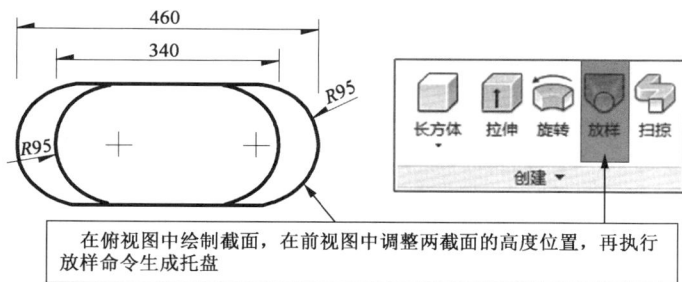

图 3-4-3-5 托盘整体绘制操作(尺寸单位:cm)

4. 使用倒角命令创建带托盘桥墩的墩帽

(1)绘制底部长方体(500cm×230cm×45cm)。

操作提示

命令:_box
指定第一个角点或[中心(C)]:
指定其他角点或[立方体(C)/长度(L)]:@500,230
指定高度或[两点(2P)]:45

(2)采用三维倒角命令来完成长方体上表面的倒角。切换到西南等轴测视图,单击倒角命令,设置距离 1、距离 2 都为 5cm,依次单击长方体的上表面的四条边,单击回车键接受倒角。

操作提示

命令:_chamferedge 距离 1 = 1.0000,距离 2 = 1.0000
选择一条边或[环(L)/距离(D)]:d   ←选择距离,设置倒角模式。
指定距离 1 或[表达式(E)] <1.0000>:5   ←指定距离 1。
指定距离 2 或[表达式(E)] <1.0000>:5   ←指定距离 2。
选择一条边或[环(L)/距离(D)]:
选择同一个面上的其他边或[环(L)/距离(D)]:   ←选择实体的一条边。
选择同一个面上的其他边或[环(L)/距离(D)]:   ←选择实体的另一条边。
按 Enter 键接受倒角或[距离(D)]:

(3)绘制顶部长方体(490cm×220cm×50cm)。

```
命令:_box
指定第一个角点或[中心(C)]:
指定其他角点或[立方体(C)/长度(L)]:@490,220
指定高度或[两点(2P)]:50
```

(4)采用三维倒角命令来完成顶部长方体倒角,切换到西南等轴测视图,单击倒角命令,设置距离1、距离2都为50cm,依次单击长方体的上表面的四条边,单击回车键接受倒角。

```
命令:_chamferedge 距离1 = 1.0000,距离2 = 1.0000
选择一条边或[环(L)/距离(D)]:d                    ←选择距离,设置倒角模式。
指定距离1或[表达式(E)] <1.0000>:110              ←指定距离1。
指定距离2或[表达式(E)] <1.0000>:50               ←指定距离2。
选择一条边或[环(L)/距离(D)]:
选择同一个面上的其他边或[环(L)/距离(D)]:          ←选择实体的一条边。
选择同一个面上的其他边或[环(L)/距离(D)]:          ←选择实体的另一条边。
选择同一个面上的其他边或[环(L)/距离(D)]:          ←选择实体的另一条边。
选择同一个面上的其他边或[环(L)/距离(D)]:          ←选择实体的另一条边。
单击 Enter 键接受倒角或[距离(D)]:
```

5. 创建垫板三维模型

在右视图中绘制垫板的轮廓,拉伸100cm,然后在前视图或者俯视图中调整位置,选择已创建完成的垫板,使用复制命令,在右侧距离170cm处生成垫板。

也可通过构造150cm×100cm×50cm的长方体绘制垫板,然后复制一个,再调整好垫板与同坡排水顶的位置,最后将两垫板与同坡排水顶并集即可完成。

💡引导问题2 如何创建八字翼墙三维模型?

1. 创建基础三维模型

在"三维建模"工作空间下,切换至俯视图,即在H面图中,用多段线命令绘制八字翼墙基础的轮廓,单击【默认】选项卡—【创建】面板—【拉伸】命令,拉伸生成实体。创建基础三维模型的操作如图3-4-3-6所示。

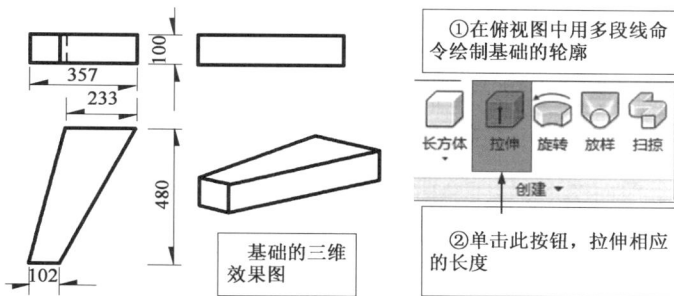

图 3-4-3-6　创建基础三维模型(尺寸单位:cm)

2. 创建八字翼墙(除基础外)三维模型

切换至前视图,即在立面图中,用多段线命令绘制八字翼墙(除基础外)前、后截面的轮廓,调整其相对位置,单击【常用】选项卡—【建模】面板—【放样】命令,放样生成八字翼墙(除基础外)实体。

创建八字翼墙(除基础外)三维模型的操作如图 3-4-3-7 所示。

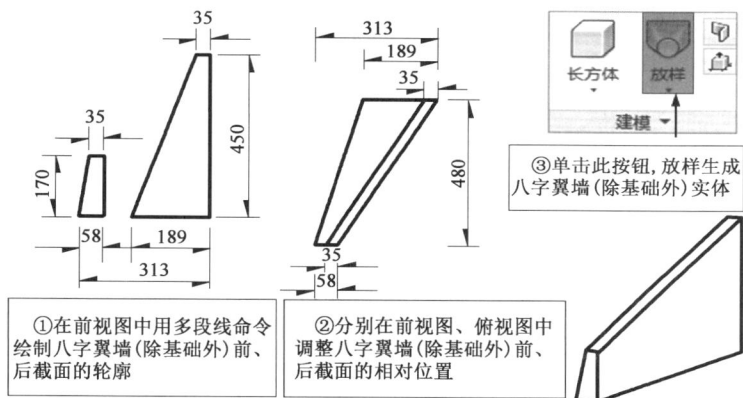

图 3-4-3-7　创建八字翼墙(除基础外)三维模型(尺寸单位:cm)

> **操作提示**
>
> 命令:_loft
>
> 当前线框密度: ISOLINES = 4,闭合轮廓创建模式 = 实体
>
> 按放样次序选择横截面或[点(PO)/合并多条边(J)/模式(MO)]:_MO 闭合轮廓创建模式
> [实体(SO)/曲面(SU)] <实体>:_SO
>
> 按放样次序选择横截面或[点(PO)/合并多条边(J)/模式(MO)]:找到 1 个
> 　　　　　　　　　　　　　　　　　　　　　　←八字翼墙(除基础外)前截面轮廓。
>
> 按放样次序选择横截面或[点(PO)/合并多条边(J)/模式(MO)]:找到 1 个,总计 2 个
>
> 按放样次序选择横截面或[点(PO)/合并多条边(J)/模式(MO)]:
>
> 选中了 2 个横截面　　　　　　　　　　　　　←八字翼墙(除基础外)前、后截面轮廓。
>
> 输入选项[导向(G)/路径(P)/仅横截面(C)/设置(S)] <仅横截面>:

相关知识

知识点1 旋转命令

该命令可使一个平面图形,如闭合的多段线、多边形、圆、椭圆、闭合的样条曲线、圆环和面域,围绕某个轴转过一定角度而形成三维模型。

命令调用方式:

◆命令行:输入 REVOLVE(或 REV)

◆菜单栏:单击【绘图】菜单—【建模】—【旋转】命令

◆功能区:单击"三维基础"工作空间—【默认】选项卡—【创建】面板—【旋转】按钮 ⬛ 或者单击"三维建模"工作空间—【常用】选项卡—【建模】面板—【旋转】命令

旋转命令部分选项含义如图3-4-3-8所示。

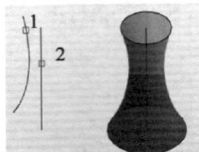

给定轴以及二维或三维曲线,
通过绕轴扫掠二维或三维曲线
来创建三维实体或曲面

a)

命令:_revolve
当前线框密度: ISOLINES=4,闭合轮廓创建模式 = 实体
选择要旋转的对象或 [模式(MO)]:_MO 闭合轮廓创建模式 [实体(SO)/曲面(SU)]
<实体>:_SO
选择要旋转的对象或 [模式(MO)]:找到 1 个
选择要旋转的对象或 [模式(MO)]:
指定轴起点或根据以下选项之一定义轴 对象(O)/X/Y/Z <对象>:
选择对象:
指定旋转角度或 [起点角度(ST)/反转(R)/表达式(EX)] <360>:

指定轴起点是指定两个点确定旋转轴,轴的正方向从第一点指向第二点,旋转的正方向由右手法则确定	对象(O):选择已有的直线或者多段线中的单条线段定义旋转轴,轴的正方向是从这条线段上的最近端点指向最远端点	X/Y/Z:以当前用户坐标系的X轴、Y轴、Z轴的正方向作为旋转轴

b)

图3-4-3-8 旋转命令部分选项含义

其他选项含义:

(1)旋转角度:指定绕轴旋转的角度,输入正值按逆时针方向旋转,输入负值按顺时针方向旋转。

(2)起点角度(ST):指定旋转的起始角度。

(3)反转(R):用于更改旋转方向。

命令:_revolve

当前线框密度:ISOLINES = 4,闭合轮廓创建模式 = 实体

选择要旋转的对象或[模式(MO)]:_MO 闭合轮廓创建模式[实体(SO)/曲面(SU)] <实体>:_SO

选择要旋转的对象或[模式(MO)]:找到 1 个　←选择需要旋转的对象。

选择要旋转的对象或[模式(MO)]:

指定轴起点或根据以下选项之一定义轴[对象(O)/X/Y/Z] <对象>:

　　　　　　　　　　　　←选择"对象"方式作为旋转轴的旋转方式。

选择对象:

指定旋转角度或[起点角度(ST)/反转(R)/表达式(EX)] <360>:

　　　　　　　　　　　　←输入旋转角度。

知识点 2　放样命令

　　放样命令的功能是通过指定一系列横截面(至少两个横截面)来创建新的实体或曲面。横截面用于定义实体或曲面的截面轮廓(形状),可以是开放的,也可以是闭合的。

　　命令调用方式:

　　◆命令行:输入 LOFT

　　◆菜单栏:单击【绘图】菜单—【建模】—【放样】命令

　　◆功能区:单击"三维基础"工作空间—【默认】选项卡—【创建】面板—【放样】按钮 或者单击"三维建模"工作空间—【常用】选项卡—【建模】面板—【放样】命令

知识点 3　三维倒角边与圆角边命令

　　1.倒角边

　　倒角边命令可为三维实体边和曲面边建立倒角。

　　命令调用方式:

　　◆命令行:输入 CHAMFEREDGE

　　◆菜单栏:单击【修改】菜单—【实体编辑】—【倒角边】命令

　　◆功能区:单击"三维基础"工作空间—【默认】选项卡—【编辑】面板—【倒角边】按钮或者单击"三维建模"工作空间—【实体】选项卡—【实体编辑】面板—【倒角边】按钮

　　2.圆角边

　　圆角边命令可为实体对象边建立圆角。

　　命令调用方式:

　　◆命令行:输入 FILLETEDGE

　　◆菜单栏:单击【修改】菜单—【实体编辑】—【圆角边】命令

　　◆功能区:单击"三维基础"工作空间—【默认】选项卡—【编辑】面板—【圆角边】按钮或者单击"三维建模"工作空间—【实体】选项卡—【实体编辑】面板—【圆角边】按钮

倒角边命令、圆角边命令操作如图 3-4-3-9 所示。

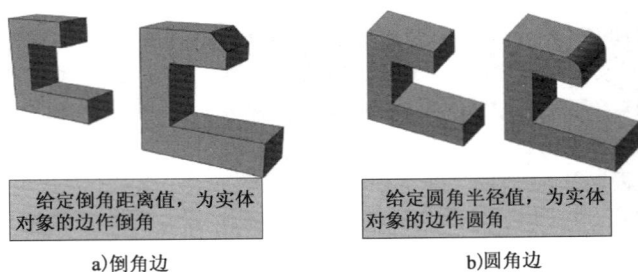

给定倒角距离值,为实体
对象的边作倒角

a)倒角边

给定圆角半径值,为实体
对象的边作圆角

b)圆角边

图 3-4-3-9　倒角边命令、圆角边命令操作

知识点 4　扫掠命令

扫掠命令可通过沿开放或闭合的二维或三维路径扫掠开放或者闭合的平面曲线来创建新的三维实体。

命令调用方式:

◆命令行:输入 SWEEP

◆菜单栏:单击【绘图】菜单—【建模】—【扫掠】命令

◆功能区:单击"三维基础"工作空间—【默认】选项卡—【创建】面板—【扫掠】按钮🔄或者单击"三维建模"工作空间—【常用】选项卡—【建模】面板—【扫掠】命令

操作提示

命令:_sweep
当前线框密度:ISOLINES = 4,闭合轮廓创建模式 = 实体
选择要扫掠的对象或[模式(MO)]:_MO 闭合轮廓创建模式[实体(SO)/曲面(SU)] <实体>:_SO
选择要扫掠的对象或[模式(MO)]:找到 1 个
选择要扫掠的对象或[模式(MO)]:找到 1 个,总计 2 个　　←选择需要扫掠的对象。
选择要扫掠的对象或[模式(MO)]:
选择扫掠路径或[对齐(A)/基点(B)/比例(S)/扭曲(T)]:　　←选择扫掠路径。

扫掠操作如图 3-4-3-10 所示。

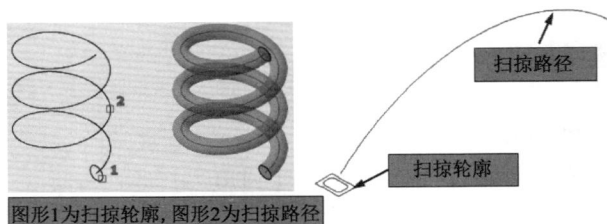

扫掠路径

扫掠轮廓

图形1为扫掠轮廓,图形2为扫掠路径

图 3-4-3-10　扫掠操作

扫掠命令可以扫掠多个对象,但是这些对象必须位于同一平面内,如果沿一条路径扫掠闭合的曲线,则生成实体。如果沿一条路径扫掠开放的曲线,则生成曲面。

如果拱桥主拱圈截面为等截面,则可以采用扫掠命令完成创建;如果拱桥主拱圈截面为变截面,则采用放样命令生成主拱圈。

知识点 5 三维模型的编辑命令

用户不仅可以编辑二维图形,也可以对三维曲面、实体进行编辑。对于二维图形的许多编辑命令同样适合于三维图形,如复制、移动等。下面主要介绍三维模型编辑命令,包括阵列和镜像。

1. 三维阵列命令(图 3-4-3-11)

三维阵列命令可以进行三维阵列复制,即复制出的多个实体在三维空间按照一定阵形排列,既可以复制二维图形,也可以复制三维模型。它不但可以在 X、Y 方向上实现阵列,而且在 Z 方向上也有相应的阵列数。

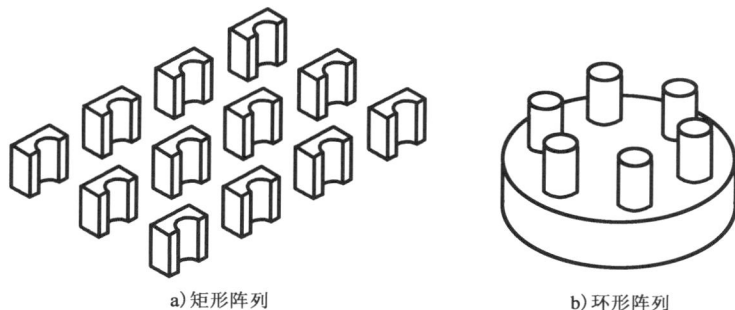

a)矩形阵列　　　　b)环形阵列

图 3-4-3-11　阵列操作

命令调用方式:

◆命令行:输入 3DARRAY

◆菜单栏:单击【修改】菜单—【三维操作】—【三维阵列】命令

◆功能区:单击"三维基础"工作空间—【默认】选项卡—【修改】面板—【三维阵列】命令 ⊞ 或者单击"三维建模"工作空间—【实体】选项卡—【实体编辑】面板—【三维阵列】命令

操作提示

命令:_3darray
选择对象:指定对角点:找到 1 个
选择对象:　　　　　　　←选择对象。

（1）矩形阵列

通过在三维空间指定行数、列数和层数以及行距、列距和层距来阵列复制对象。

操作提示

命令：_3darray

选择对象：指定对角点：找到 1 个

选择对象：

输入阵列类型［矩形（R）/环形（P）］＜矩形＞：

输入行数（－－－）＜1＞:3

输入列数（｜｜｜）＜1＞:4

输入层数（...）＜1＞:1

指定行间距（－－－）:100

指定列间距（｜｜｜）:100

指定层间距（...）:100

←矩形阵列中的行、列、层分别沿着当前 UCS 的 X、Y、Z 轴方向，当提示输入某方向的间距值时，正值是沿相应坐标轴的正方向阵列，负值则沿负方向阵列。

（2）环形阵列

环形阵列通过指定阵列数目、填充角度和旋转轴来阵列复制对象。

操作提示

命令：_3darray

选择对象：找到 1 个

选择对象：

输入阵列类型［矩形（R）/环形（P）］＜矩形＞:p　　←环形阵列。

输入阵列中的项目数目:6　　←输入要生成阵列的个数。

指定要填充的角度（＋＝逆时针，－＝顺时针）＜360＞：　　←确定要阵列的角度。

旋转阵列对象？［是（Y）/否（N）］＜是＞：　　←旋转阵列是否要旋转视图。

指定阵列的中心点：　　←确定阵列旋转轴的一个端点。

指定旋转轴上的第二点：　　←确定阵列旋转轴的另一个端点。

2.三维镜像命令

三维镜像命令是将三维对象沿指定的面进行镜像（图 3-4-3-12）。镜像平面可以是已创建的面，如实体的面或坐标轴上的面，也可以创建一个镜像平面。

◆命令行：输入 MIRROR3D

◆菜单栏：单击【修改】菜单—【三维操作】—【三维镜像】命令

◆功能区：单击"三维基础"工作空间—【默认】选项卡—【修改】面板—【三维镜像】命令按钮 ％

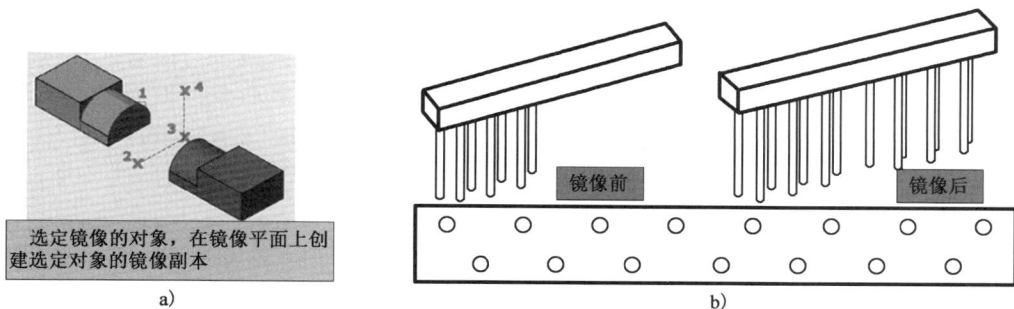

图 3-4-3-12　镜像三维实体

操作提示

命令:_mirror3d

选择对象:　　　　　　　　　　　　　　←选择要镜像的对象。

选择对象:　　　　　　　　　　　　　　←单击 Enter 键,结束选择。

指定镜像平面(三点)的第一个点或[对象(O)/最近的(L)/Z 轴(Z)/视图(V)/XY 平面
(XY)/YZ 平面(YZ)/ZX 平面(ZX)/三点(3)]〈三点〉:←指定镜像平面第 1 点。

在镜像平面上指定的第二个点:　　　　　←指定镜像平面第 2 点。

在镜像平面上指定的第三个点:　　　　　←指定镜像平面第 3 点。

是否删除源对象?[是(Y)/否(N)]〈否〉:　←确定是否保留镜像源对象。

知识点 6　面域

面域是由线段、多段线、圆、圆弧、样条曲线等对象围成的二维封闭区域,创建时应保证相邻对象间共享连接的端点,否则不能创建面域。可采用“并”“交”“差”等布尔运算来构造不同形状的图形。

命令调用方式:

◆命令行:输入 REGION(或 REG)

◆菜单栏:选择【绘图】菜单—【面域】命令

◆功能区:单击【默认】选项卡—【绘图】面板—【面域】命令 ▣

操作提示

命令:_region

选择对象:找到 1 个　　　　　　　　　←选择对象。

选择对象:

已提取 1 个环。

已创建 1 个面域。

知识点 7　布尔运算

在 AutoCAD 中有三种基本的布尔运算:“并”“交”和“差”。通过布尔运算可以将两个或两个以上的实体或面域组合成一个新的复合实体或面域。

UNION(并)、SUBTRACTION(差)和 INTERSECTION(交)三种命令允许在一个命令中同时选择多个实体和面域,但是,实体只和实体进行组合,面域只和面域进行组合。在进行面域之间的组合时,只能组合位于同一平面内的面域。即一个布尔运算命令可以创建一个复合实体,但可能会创建多个复合面域。

1. "并"运算

该运算用于根据一个或多个原始的实体生成一个新的复合实体。在进行"并"运算时,实体或面域并不进行复制,因此复合实体的体积只会等于或小于原对象的体积。

命令调用方式:

◆命令行:输入 UNION

◆功能区:单击"三维基础"工作空间—【默认】选项卡—【编辑】面板—【并集】按钮 或者单击"三维建模"工作空间—【实体】选项卡—【布尔值】面板—【并集】命令

> **操作提示**
>
> 命令:_union
> 选择对象:找到 1 个
> 选择对象:找到 1 个,总计 2 个
> 选择对象:

2. "差"运算

用于从选定的实体中删除与另一个实体重叠的公共部分。例如,可用差集命令 SUB-TRACT 在对象上减去一个圆柱,从而在机械零件上创建孔。如果选择的对象是实体,那么差集命令 SUBTRACT 将用一个选中的实体减去另一个选中的实体。如果第二个实体完全包含在第一个实体中,那么创建的组合体为第一个实体减去第二个实体;如果第二个实体的一部分包含在第一个实体中,那么只减去两个实体的重叠部分。同样,对于面域,也是从一组面域中删除与另一组面域重叠的公共部分。

命令调用方式:

◆命令行:输入 SUBTRACT

◆功能区:单击"三维基础"工作空间—【默认】选项卡—【编辑】面板—【差集】按钮 或者单击"三维建模"工作空间—【实体】选项卡—【布尔值】面板—【差集】命令

> **操作提示**
>
> 命令:_subtract 选择要从中减去的实体或面域…
> 选择对象:找到 1 个　　　　　　　　←选择要保留的对象。
> 选择对象:
> 选择要减去的实体或面域…
> 选择对象:找到 1 个　　　　　　　　←选择要减去的对象。
> 选择对象:

3. "交"运算

该运算用于将两个或多个对象的公共部分生成复合对象。如果选择的对象是实体,交集命令 INTERSECT 将计算两个或多个实体的公共部分的体积,并生成复合实体。如果选择的对象是面域,交集命令 INTERSECT 将计算两个或多个面域的重叠面积,并生成复合面域。

命令调用方式:

◆命令行:输入 INTERSECT

◆功能区:单击"三维基础"工作空间—【默认】选项卡—【编辑】面板—【交集】命令按钮⓪①或者单击"三维建模"工作空间—【实体】选项卡—【布尔值】面板—【交集】命令

> **操作提示**
> 命令:_intersect
> 选择对象:找到 1 个
> 选择对象:找到 1 个,总计 2 个
> 选择对象:

布尔运算结果对比如图 3-4-3-13 所示。

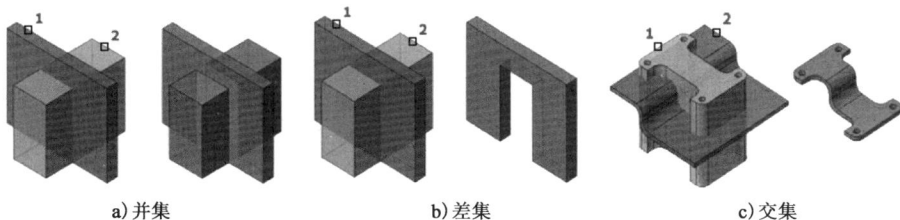

a)并集 　　 b)差集 　　 c)交集

图 3-4-3-13　布尔运算结果对比

拓展实训3-4-3-1　完成图 3-4-3-14 的面域绘制,掌握 AutoCAD 中面域的绘制方法,并理解"并""交""差"等布尔运算的含义。

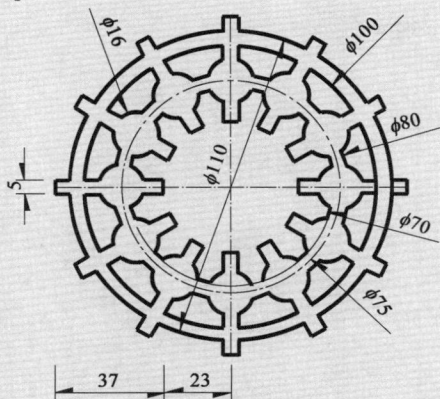

图 3-4-3-14(尺寸单位:mm)

（1）分别绘制同心圆（半径为55、50、40、37.5、35）、矩形（37×5）和小圆（半径为8）。

（2）创建面域，并对矩形（35×5）与小圆进行并集运算。

（3）矩形（35×5）与小圆并集后进行环形阵列。

（4）对同心圆55、50面域以及同心圆35、40面域进行差集运算。

面域与差集操作：

（1）单击【默认】选项卡——【绘图】面板——【面域】命令🔳执行面域命令，对同心圆、矩形以及小圆创建面域。

（2）单击【默认】选项卡——【编辑】面板——【并集】命令🔘执行并集命令，对矩形以及小圆进行并集操作。

操作过程见图3-4-3-15。

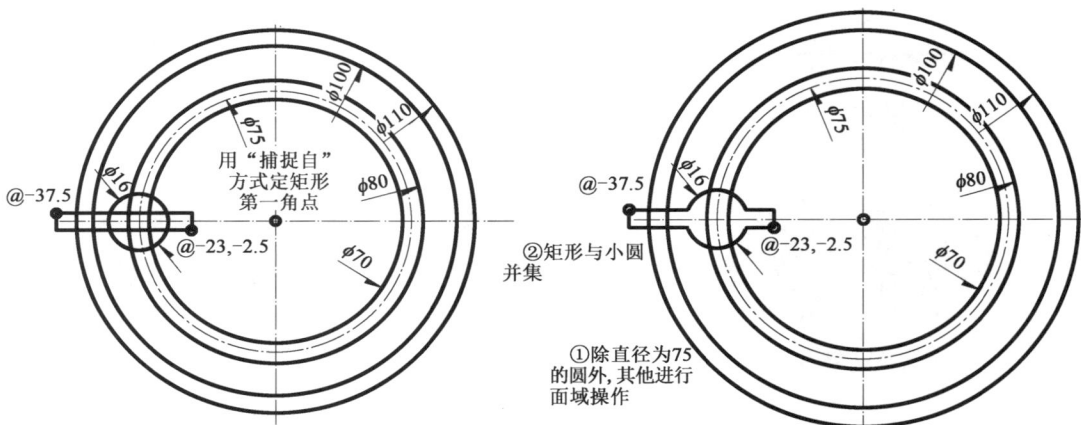

图3-4-3-15 面域以及并集命令操作过程(尺寸单位:mm)

构建图3-4-3-16所示烟灰缸的三维模型。

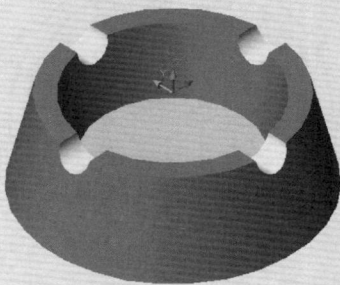

图3-4-3-16 烟灰缸

（1）绘制二维圆，拉伸得圆台。二维圆的半径为 80cm，拉伸高度为 50cm，拉伸倾斜角度为 15°。

命令：_extrude
当前线框密度： ISOLINES = 4
选择要拉伸的对象：找到 1 个
选择要拉伸的对象：
指定拉伸的高度或［方向（D）/路径（P）/倾斜角（T）］ ＜50.0000＞：t
指定拉伸的倾斜角度 ＜0＞：15
指定拉伸的高度或［方向（D）/路径（P）/倾斜角（T）］ ＜50.0000＞：50

（2）在圆台顶面再绘制一个二维圆拉伸得另一个圆台。二维圆的半径为 55cm，拉伸高度为 -35cm，拉伸倾斜角度为 15°。

（3）两圆台进行差集布尔运算。

（4）建立用户坐标系（以圆台上表面圆心为原点）。

命令：_ucs
当前 UCS 名称：＊主视＊
指定 UCS 的原点或［面（F）/命名（NA）/对象（OB）/上一个（P）/视图（V）/世界（W）/X/Y/Z/Z 轴（ZA）］ ＜世界＞：
指定 X 轴上的点或 ＜接受＞：
指定 XY 平面上的点或 ＜接受＞： ←建立以圆台上表面圆心为原点的新坐标系。

（5）旋转用户坐标系（图 3-4-3-17），在该用户坐标系中绘制圆柱（半径 10cm，高度 90cm，锥面角度为 0°）。

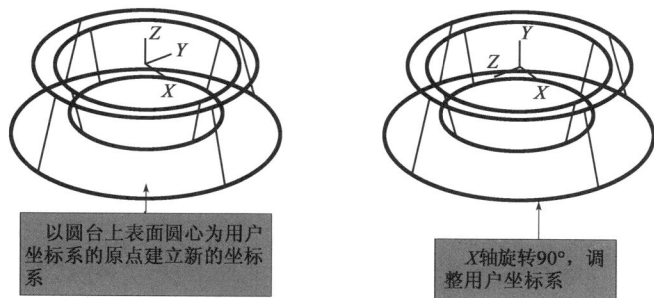

图 3-4-3-17 建立、调整用户坐标系

（6）阵列小圆柱，操作如图 3-4-3-18a）所示。

操作提示

命令:_arraypolar
选择对象:找到 1 个
选择对象:
类型 = 极轴　关联 = 否
指定阵列的中心点或[基点(B)/旋转轴(A)]:
选择夹点以编辑阵列或[关联(AS)/基点(B)/项目(I)/项目间角度(A)/填充角度(F)/行(ROW)/层(L)/旋转项目(ROT)/退出(X)] <退出>:i
输入阵列中的项目数或[表达式(E)] <6>:4
选择夹点以编辑阵列或[关联(AS)/基点(B)/项目(I)/项目间角度(A)/填充角度(F)/行(ROW)/层(L)/旋转项目(ROT)/退出(X)] <退出>:

(7)差集运算如图 3-4-3-18 所示。

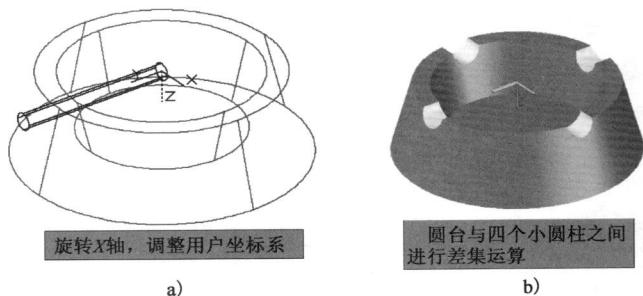

旋转X轴，调整用户坐标系
a)

圆台与四个小圆柱之间进行差集运算
b)

图 3-4-3-18　小圆柱阵列以及差集操作

夯基强技

"夯基强技"内容见超星学习通平台。

学习评价与分析

评 价 项 目	评 价 标 准	参考分值(分)	得分(分)
绘制基础	模型准确性与熟练程度	10	
绘制墩身	模型准确性与熟练程度	30	
绘制托盘	模型准确性与熟练程度	10	
绘制墩帽	模型准确性与熟练程度	20	
绘制垫块	模型准确性与熟练程度	10	
绘制八字翼墙模型	模型准确性与熟练程度	20	

续上表

小组之间 互相评价(50%)	课前预习 课中学习 (60分)	1. 课前预习,找出难点:10分 2. 课中完成课堂任务(评价项目):40分 3. 学习态度、职业素质(严谨细致)考核:10分
	课后作业 (20分)	1. 规定时间内完成该学习任务平台上夯基强技内容 2. 找出易错题、难题
	小组代表展示 (20分)	1. 对出错多的题目或者难题进行讲解 2. 总结各个题目考查的知识点
教师评价(50%)		1. 时间观念(考勤):10分 2. 学习态度(评价项目):80分 3. 表达能力:10分
课后学习总结		
学习收获		
不足之处		

项目五

图纸布局与出图

学习任务一　布局样板文件创建

◎ 知识目标与能力目标

学习图纸空间的环境设置、模型空间与图纸空间的相互切换、可打印区域的设置及样板文件的创建要领等。

通过学习,应该达到以下要求:

1. 熟悉模型空间和图纸空间的区别与联系。

2. 熟悉布局的创建与页面设置。

3. 能够在图纸空间中创建标准图框样板文件。

☑ 学习任务描述与分析

在绘制 AutoCAD 工程图时,一般先在模型空间中按 1:1 绘制图形,然后通过插入标准图框,将图框按出图比例进行缩放,通过合理布局,实现在模型空间中打印出图。 而对于复杂图形,当要求将多个视口的图形按不同比例组合在同一图纸输出时,则需要在图纸空间中通过视口缩放图形,添加标准图框,实现打印出图。

利用布局选项卡,在图纸空间中创建 A3 标准图框布局样板文件。

A3 标准图框尺寸为 420mm × 297mm,左侧装订边间距为 30mm,其余三边幅面线与图框边间距为 10mm,标题栏详见图 3-5-1-1,字体为仿宋体或单线仿宋体(HZTXT. SHX),标题栏小字高度为 5 号字,其他字高度为 7 号字,绘图比例为 1:1。

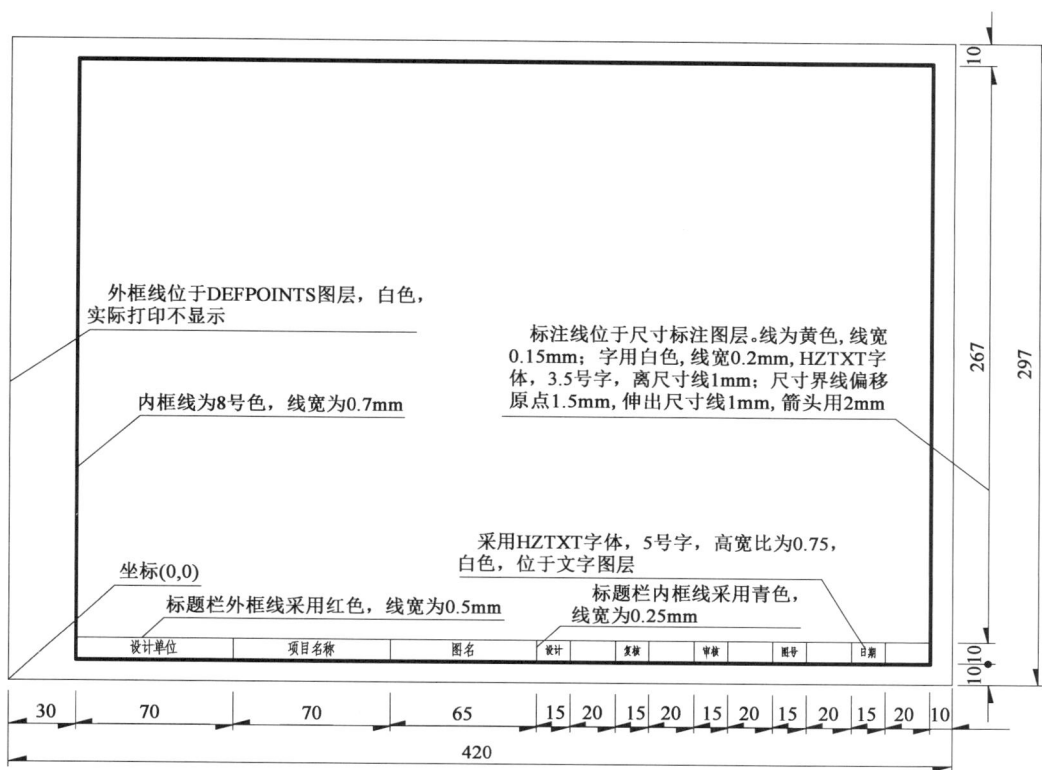

图 3-5-1-1 道路工程制图 A3 图框与标题栏(尺寸单位:mm)

学习任务实施

明确任务:熟悉模型空间和图纸空间的适用情况,绘制一个标准图框并创建布局样板文件。

✑引导问题 如何创建布局样板文件?

1.设置绘图单位与图形界限

绘图单位设置为 mm,图形界限设置为略大于 420mm×297mm。

2.设置图层

新建图层,一般包含"尺寸标注""粗实线""细实线""中心线""虚线""文字""DEF-POINTS"等。

3.设置文字和标注样式

文字样式采用仿宋体或 HZTXT.SHX 字体,标注样式按全局比例 1:1 设置。

4.图框绘制

按图 3-5-1-1 绘制 A3 图框,在模型空间中编辑成块后插入图纸空间,插入点一般选定为(0,0)。

5.设置可打印区域

点击布局1选项卡,进入图纸空间,应先通过页面设置选项来设定打印机特性,即设置标准图纸的可打印区域范围,将边距均设定为0,使可打印区域全部布满图纸,打印比例设置为1:1,点击"确定"。

6.将图块插入至图纸空间

插入图块,使标准图框与图纸空间的 A3 图纸正好重合,如图 3-5-1-2 所示。

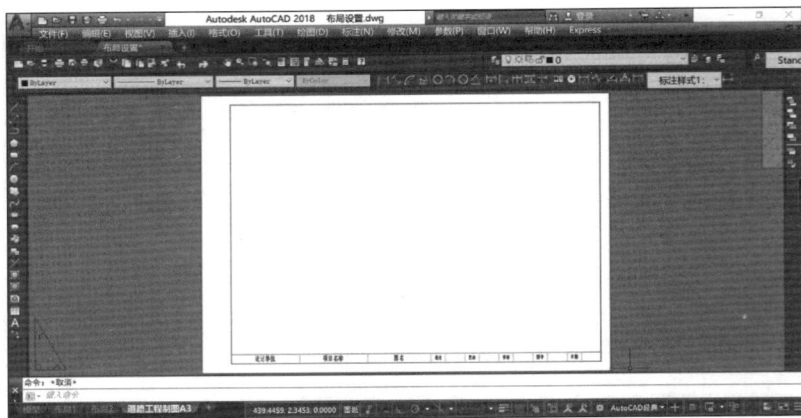

图 3-5-1-2　图纸空间中的标准图框

7.创建样板文件

完成上述设置后,可以将其保存为模板,方便今后调用,操作过程如下:

(1)单击"文件"下拉菜单中的"另存为"选项或在命令提示行中输入"SAVEAS"并按Enter键,弹出如图 3-5-1-3 所示的"图形另存为"对话框。

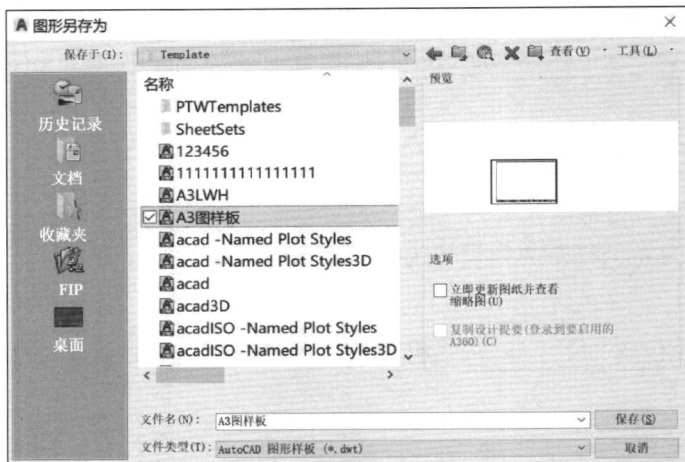

图 3-5-1-3　"图形另存为"对话框

(2)在"文件类型"下拉列表框中选择"AutoCAD 图形样板(*.dwt)"选项。

(3)在"文件名"下拉列表框输入图形模板名称,如"A3 图样板"。

（4）单击保存按钮，弹出"样板说明"对话框，可以加上必要的说明，以便以后查找与调用。

类似地，也可以创建其他常用的样板图形，如 A4、A2、A1、A0 等。在默认情况下，图形样板文件存储在易于访问的 template 文件夹中。

注意：调用布局样板文件后，标题栏内容常需要修改，可以将原来图框块分解后进行修改，也可以将标题栏定义成属性增强块或外部参照方式处理。

相关知识

知识点 1 认识模型空间与图纸空间

1. 模型空间

模型空间是用户进行绘图、设计和图形输出的工作空间，如图 3-5-1-4 所示。在模型空间中可以绘制平面图或立体图，完成各种图形的尺寸标注、文字注释。在模型空间中也可以创建多个视口，以展示用户模型的不同视图，在模型空间中通常按 1∶1 绘图。

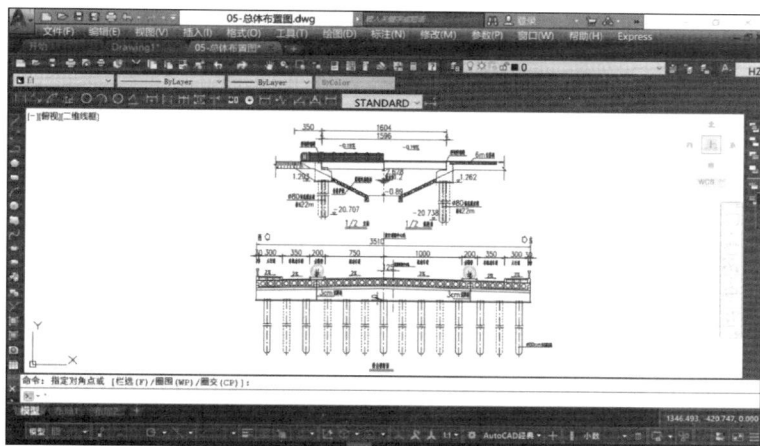

图 3-5-1-4 模型空间

2. 图纸空间

图纸空间是相对于模型空间而言的，是布局模型的多个"快照"。图纸空间可以被看作是一张虚拟的图纸，如图 3-5-1-5 所示，每个图纸空间对应着一个页面设置，通常可在图纸空间添加标准图框和文字注释，可以设置不同比例的多个视口来显示和打印图形。

3. 模型空间和图纸空间的切换

一般情况下，在模型空间中绘图，在图纸空间中进行打印输出。模型空间与图纸空间之间的切换方法通常有以下几种：

（1）单击选项卡控制栏上的标签。

在选项卡控制栏上有"模型"标签和"布局"标签。单击"模型"标签进入模型空间，单击"布局"标签则进入图纸空间，如图 3-5-1-6 所示。

图 3-5-1-5　图纸空间

图 3-5-1-6　模型空间和图纸空间切换标签

（2）利用系统变量 TILEMODE 命令

在命令提示行输入"TILEMODE"进行赋值,完成模型空间与图纸空间的切换。当赋值为1时,工作空间为模型空间;当赋值为0时,工作空间为图纸空间。

知识点 2　新建布局与创建布局

系统在默认情况下,一般有两个布局标签:"布局1"和"布局2"。首次选择布局标签时,将显示单一视口,带有虚线边界的图纸表明当前配置的打印机图纸尺寸和可打印区域范围。通过布局命令 LAYOUT,可以实现布局的复制、删除、新建、设置、重命名、样板文件的调用等功能。

1. 新建布局

命令调用方式:

◆命令行:输入 LAYOUT

◆菜单栏:单击【插入】菜单—【布局】—【新建布局】

◆功能区:单击【布局】选项卡—按钮

◆快捷菜单:在选项卡控制栏的标签上单击鼠标右键,打开快捷菜单——新建布局

命令行:_layout
输入布局选项[复制(C)/删除(D)/新建(N)/样板(T)/重命名(R)/另存为(SA)/设置(S)/?]

新建布局的名称为布局 3 或最大布局数顺延,其各项参数与缺省状态下的布局 1 或布局 2 是一致的,使用时需要进行布局页面设置。因此,在不需要太多布局的情况下,宜选用布局 1 或布局 2,只需设定好布局 1,其他可以通过复制方式来完成新建,也可以将常用的布局另存在样板文件中,便于调用。

2.创建布局

上述布局命令方式只是完成基于布局 1 系统默认基础上的"新建",但用户也可以根据实际需要,使用"创建布局向导"对图纸页面布局样式进行创建,下面介绍如何通过"创建布局向导"方式,完成新布局的创建。

命令调用方式:

◆命令行:输入 LAYOUTWIZARD

◆菜单栏:单击【插入】菜单—【布局】—【创建布局向导】命令或单击【工具】菜单—【向导】—【创建布局】命令

在命令提示行输入"LAYOUTWIZARD",打开如图 3-5-1-7 所示"创建布局"对话框,在此对话框中,根据系统提示逐步完成对新布局的设置。

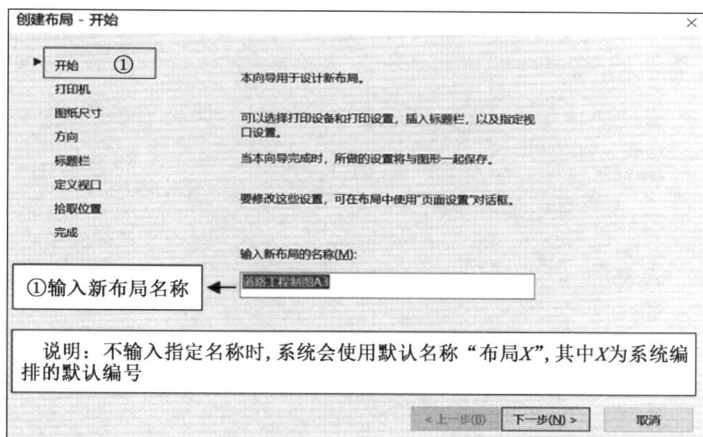

a)

图 3-5-1-7

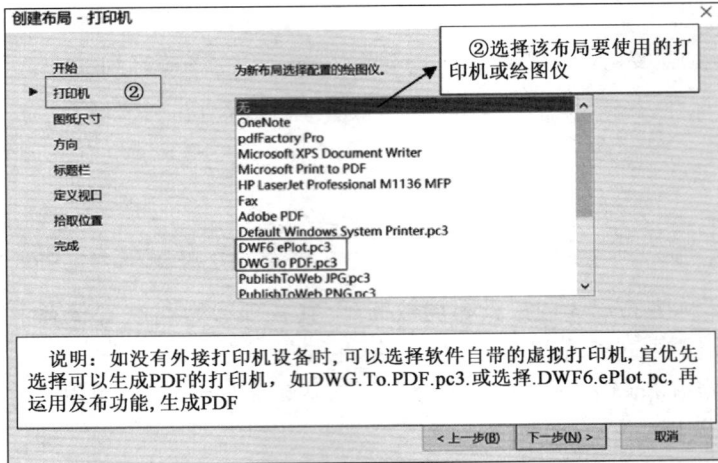

b)

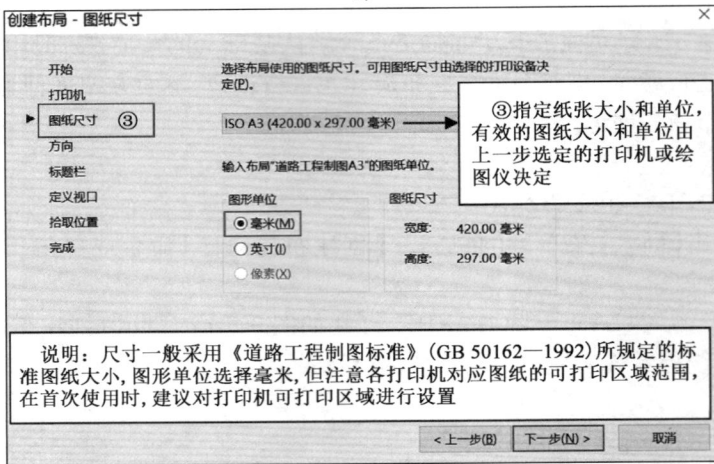

c)

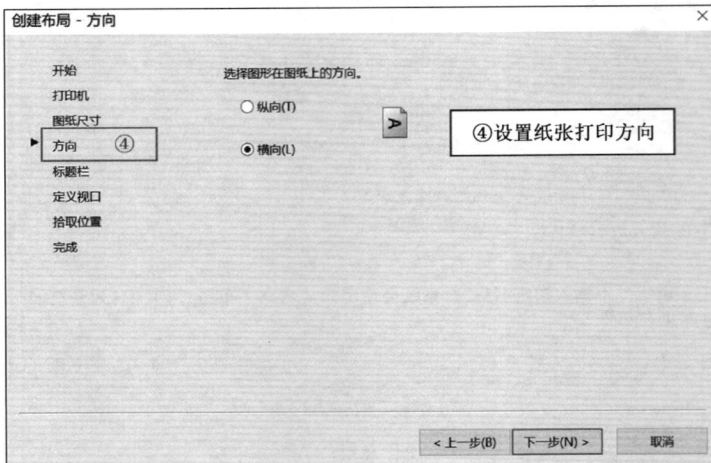

d)

图 3-5-1-7

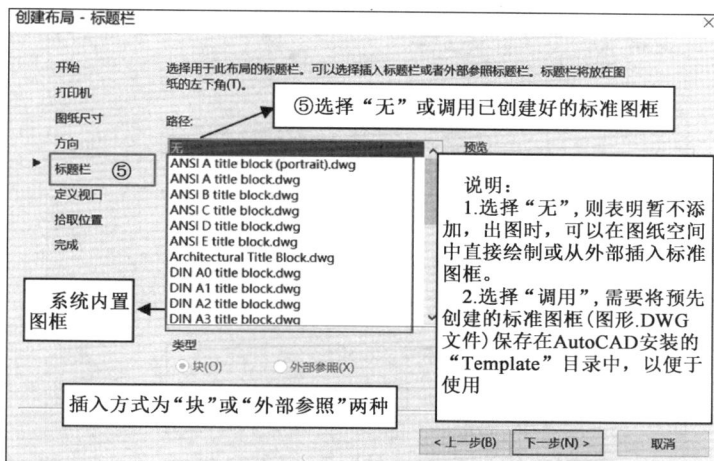

e)

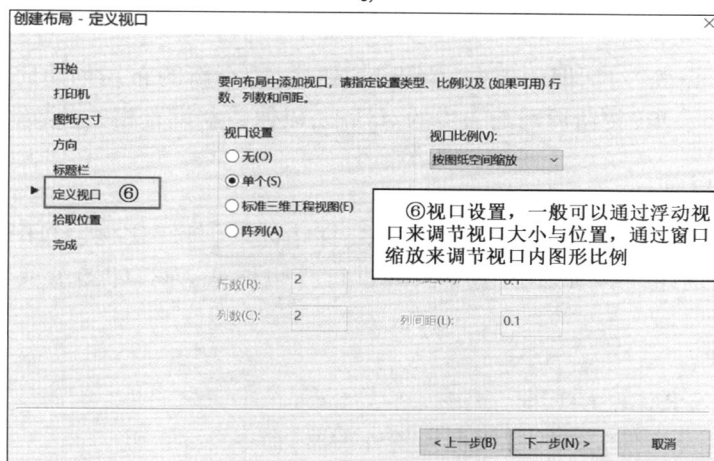

f)

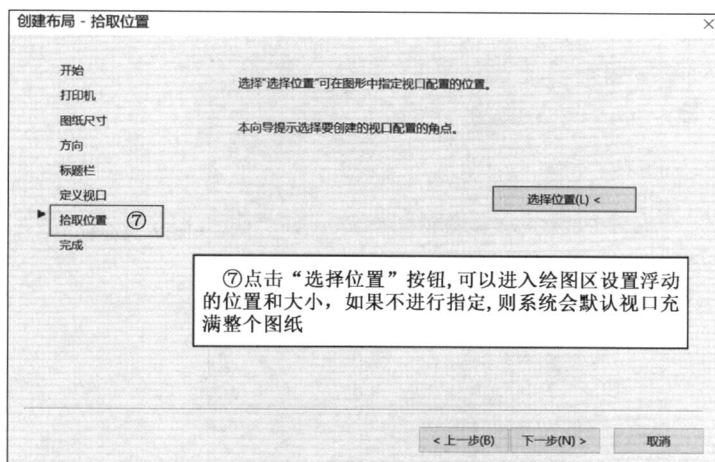

g)

图 3-5-1-7

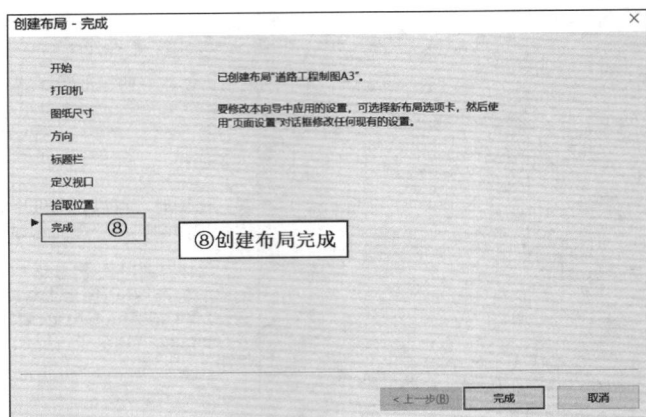

h)

图 3-5-1-7　"创建新的布局"对话框

在"创建布局-完成"对话框中单击"完成"按钮后,一个新的布局创建完成。在每个步骤中,都可以单击"上一步"按钮返回前一步的对话框,以便重新设置相关参数。

知识点 3　页面设置

页面设置的内容包括打印设备、图纸尺寸、打印区域、打印比例、打印样式。通过设置各项参数,可以创建详细的图纸输出页面,并进行打印预览,为打印图纸或输出电子文件做好准备。

命令调用方式:

◆命令行:输入 PAGESETUP

◆菜单栏:单击【文件】菜单—【页面设置管理器】命令

◆功能区:单击【输出】选项卡—按钮

在命令提示行输入命令并按回车键后,将打开如图 3-5-1-8 所示"页面设置管理器"对话框。

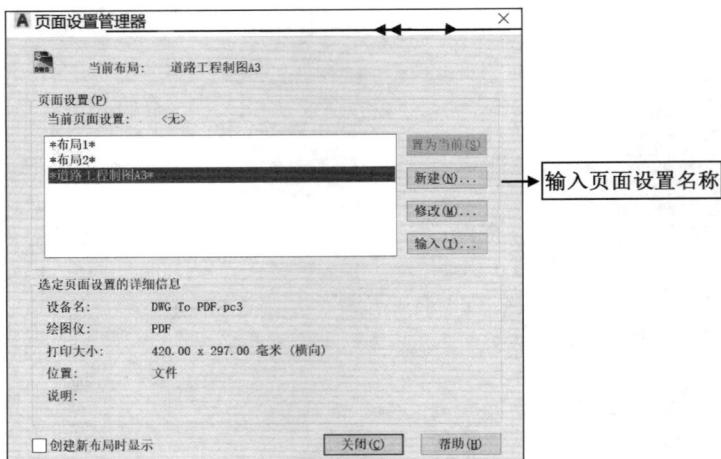

a)

图　3-5-1-8

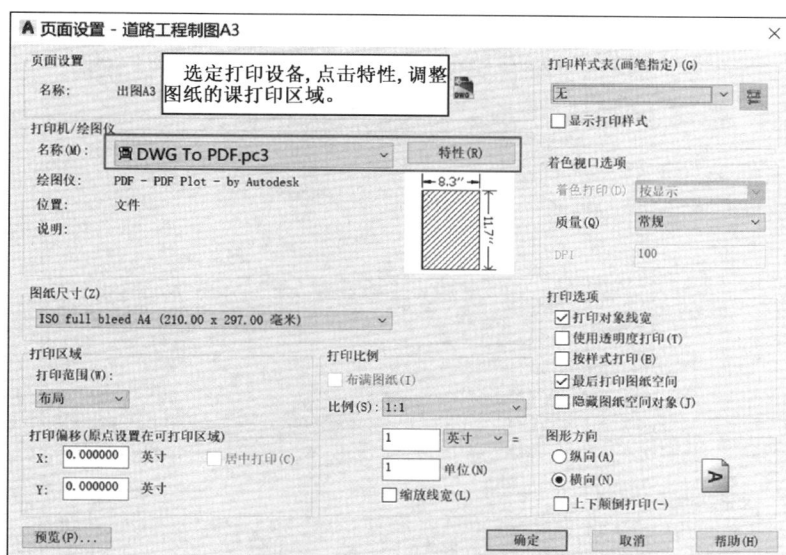

选定打印设备，点击特性，调整图纸的课打印区域。

b)

图 3-5-1-8　"页面设置管理器"对话框

点击"特性"来设置图纸大小及对应的可打印区域，具体如图 3-5-1-9 所示。"页面设置"对话框中各项参数的设置与"打印"对话框相同，将在"打印输出"部分具体介绍。

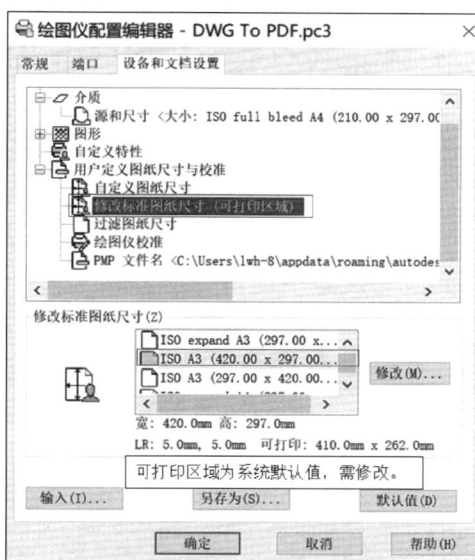

可打印区域为系统默认值，需修改。

a)

图　3-5-1-9

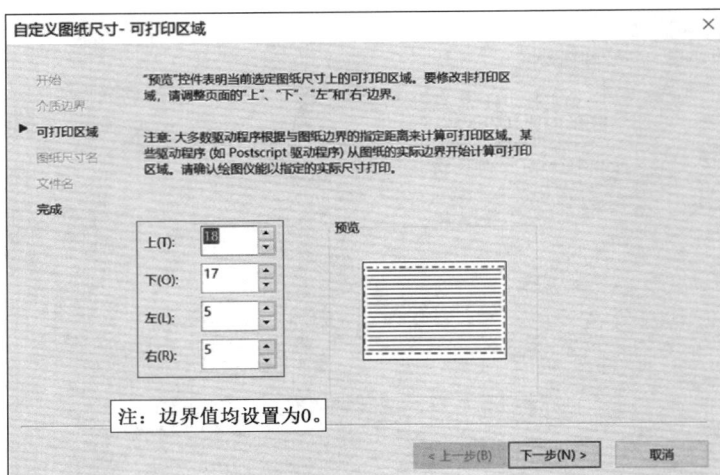
b)

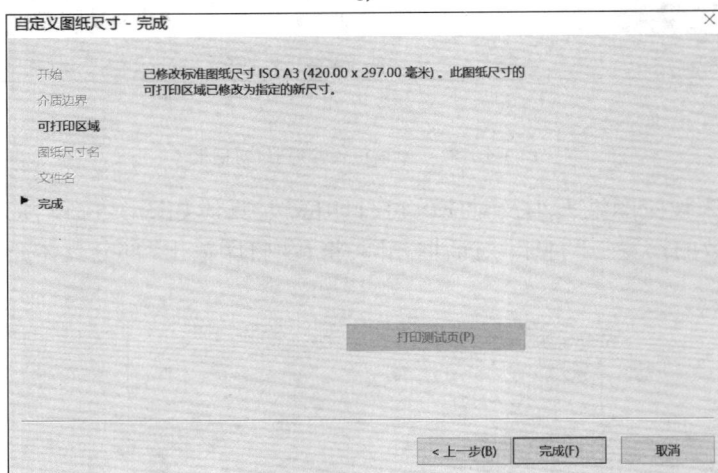
c)

图 3-5-1-9 "自定义图纸尺寸"对话框

夯基强技

"夯基强技"内容见超星学习通平台。

学习评价与分析

评 价 项 目	评 价 标 准	参考分值(分)	得分(分)
绘制模型空间内标准图框	设置的规范性	20	
掌握图纸空间切换与页面设置	完整、规范、准确	40	
创建样板文件	准确性与熟练程度	40	

续上表

小组之间 互相评价(50%)	课前预习 课中学习 (60分)	1.课前预习,找出难点:10分 2.课中完成课堂任务(评价项目):40分 3.学习态度、职业素质(严谨细致)考核:10分
	课后作业 (20分)	1.规定时间内完成该学习任务平台上夯基强技内容 2.找出易错题、难题
	小组代表展示 (20分)	1.对出错多的题目或者难题进行讲解 2.总结各个题目考查的知识点
教师评价(50%)		1.时间观念(考勤):10分 2.学习态度(评价项目):80分 3.表达能力:10分
课后学习总结		
学习收获		
不足之处		

学习任务二　图形文件的布局与输出

◎ 知识目标与能力目标

　　学习不同图形标注统一性设置,布局中视口的创建与编辑,视图比例、线型比例缩放的设置,打印设置,打印样式表参数的设置与调用及图形打印输出。

　　通过学习,应该达到以下要求:

　　1.掌握不同外拷入图形尺寸检验与标注统一性的设置方法。

　　2.掌握视口的合理缩放和旋转方法。

　　3.掌握线型出图的统一性设置方法。

　　4.掌握图形的打印参数、颜色控制线宽的打印样式表设置,图形打印输出方式。

☑ 学习任务描述与分析

　　利用浮动视口命令将多个图形布局在同一张 A3 图纸上。 图形 1 为某道路路面结构大样图,需自行绘制;图形 2 为桥梁空心板边板构造图,采用标准图;图形 3 为道路平面图,采用已有施工图,由外部插入或复制,具体如图 3-5-2-1 所示。

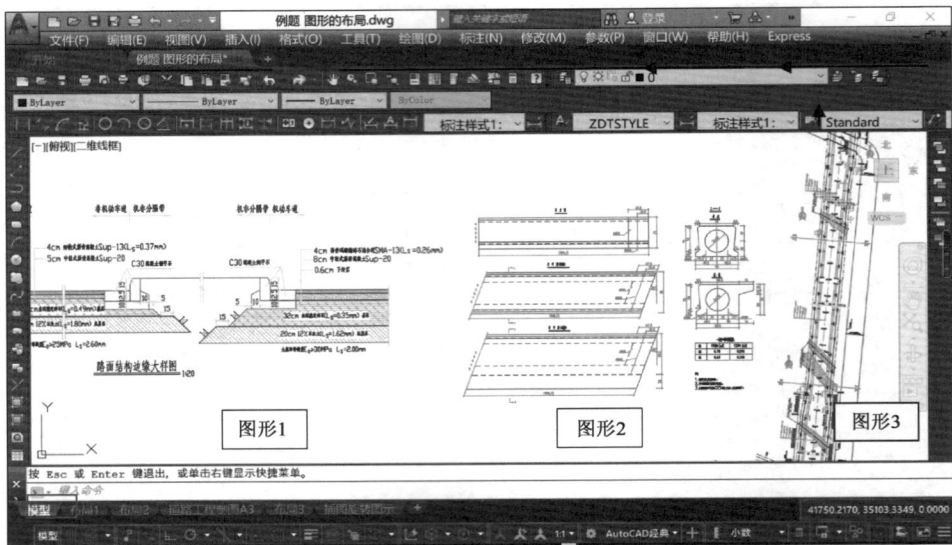

图 3-5-2-1　多个图形的模型空间绘制

　　打印输出是整个绘图工作的最后一步。一般情况下，在模型空间或图纸空间均可以输出图形。打印图形时需要指定图纸尺寸，即在"打印"对话框中选择要使用的图纸尺寸。AutoCAD 的"打印"命令除可以将已经设置好的页面直接打印输出外，还可以通过设置对话框打印事先未设置页面的图形对象。

　　对一个已布局好的图形(图 3-5-2-2)，可通过打印设置来创建并添加打印样式表，打印输出至 PDF。

学习任务实施

　　明确任务：运用绘制与外拷入方式，将不同的图形利用浮动视口命令布局在同一张 A3 图纸上，对已布局好的图形，运用颜色控制线宽的方式，设置合理的打印样式表，实现图形打印输出。

💡引导问题1　如何进行图形文件的布局？

　　1. 外图形的拷贝

　　调用已创建好的 A3 标准图框布局样板文件，切换至模型空间，如图 3-5-2-1 所示。其中图形 1 自行绘制；图形 2 采用复制或插入方式导入；图形 3 涉及道路桩号的坐标信息，故采用复制到原坐标方式导入。

　　2. 统一各类图形标注样式

　　使用样板文件中已创建的标准标注样式(全局比例因子为 1)，利用线性标注检查图形 2、图形 3 的实际尺寸与图示标注尺寸的对应关系，如不一致，采用 SCALE 命令缩放至原尺寸。

3.确定视图缩放比例

切换至图纸空间,利用视口命令,创建浮动视口放置在布局中,利用显示缩放命令 ZOOM,确定布局视口的视图比例,如图 3-5-2-2 所示。

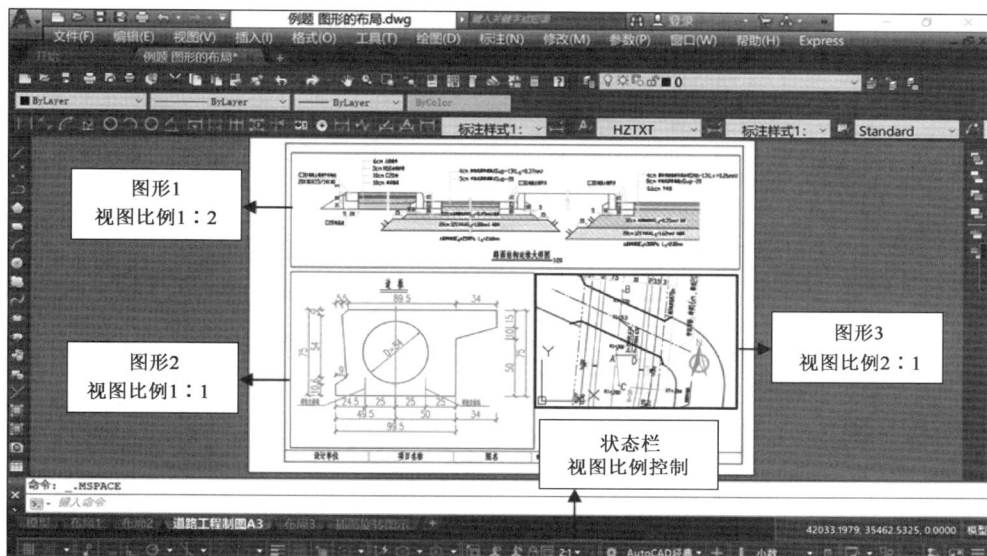

图 3-5-2-2　图形视口缩放

视图缩放比例是图纸空间单位与模型空间单位的比值,AutoCAD 本身是无单位的,在单位不统一的情况下,视图比例并不一定等于图中注释的打印比例。以图形 1 为例,图中尺寸以 cm 为单位,在布局的时候,视图比例为 1:2,而 A3 图纸以 mm 为单位,因此,将单位统一后,在图中注释时比例应为 1:20。

4.设置线型缩放比

切换至模型空间,依据视图比例,各图形的标注样式、全局比例及文字高度应根据视图比例进行反算。一般情况下,同一图纸,不同比例的图形出图,其线型、线宽、文字等样式应保持一致。

在绘图中存在各种不同的线型,如虚线、中心线等线型在图纸输出常常出现实线的问题。即当多个视图比例不同,但最终线型显示要一致时,宜采用以下两种方法处理:

(1)勾选图纸空间的线型缩放比例

打开"线型管理器"对话框,如图 3-5-2-3 所示,"全局比例因子"设定为 1,"当前对象比例"设定为 1,勾选"图纸空间的线型缩放比例",即可实现多个不同比例视图输出线型的统一。

(2)不勾选图纸空间的线型缩放比例

"全局比例因子"设定为 1,"当前对象比例"暂时设定为 1,具体线型比例通过选定单个对象,单击右键,属性修改方式,修改线型比例(其值即为缩放比例),如图形 3 中的道路中心线,通过属性修改,将线型比例设为 0.5(即在模型中先缩小 50%,在图纸空间中再放大2倍）。

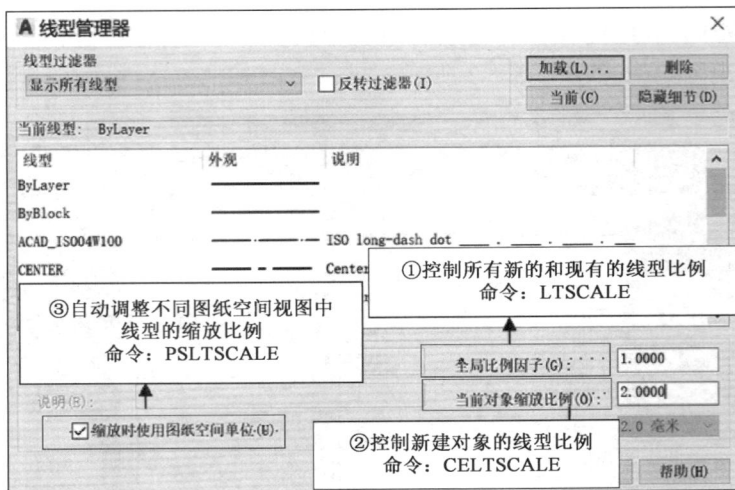

图 3-5-2-3 "线型管理器"对话框

5. 精确锁定各个视口

切换至图纸空间，对浮动视口进行精确缩放。调整、锁定、视口边界隐藏，如图 3-5-2-4 所示。

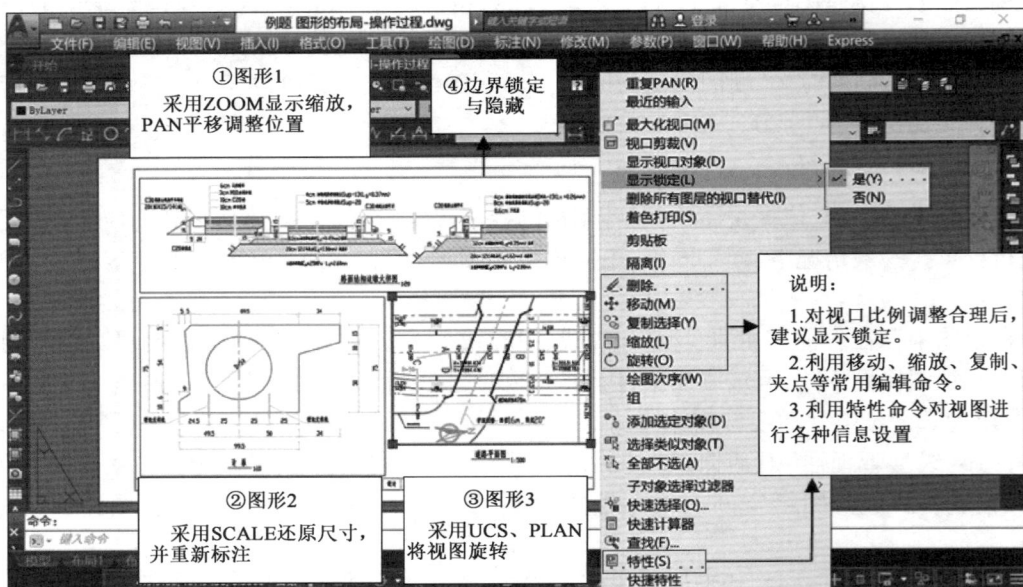

图 3-5-2-4 多个图形的图纸空间布局

💡引导问题2　如何进行图形打印输出?

图形打印步骤:

(1)打开已布局好的图形。

(2)设置有关打印参数。

命令调用方式:

◆命令行:输入 PLOT

◆菜单栏:单击【文件】菜单—【打印】命令

◆工具栏:单击【标准】工具栏—【打印】命令 🖨

◆功能区:单击【输出】选项卡—【打印】面板—【打印】按钮 🖨

在命令提示行输入"PLOT"后按回车键,将打开如图 3-5-2-5 所示的"打印"对话框,各选项含义标注于其中。

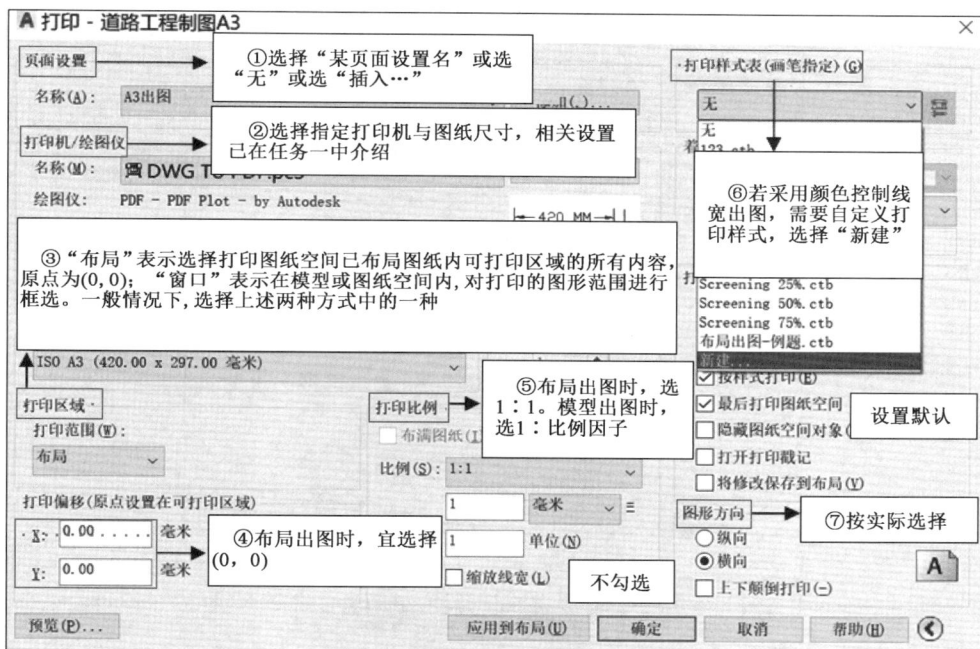

图 3-5-2-5　"打印"对话框

(3)设置与调用打印样式表。

与线型和颜色一样,打印样式也是对象的一个特性,打印样式通过确定打印特性(例如线宽、颜色和填充样式)来控制对象或布局的打印方式。通常有颜色相关打印样式表(CTB)和命名打印样式表(STB)两种类型。

颜色相关打印样式表(CTB)是使用对象的颜色来确定打印特征(例如线宽)。可以在颜色相关打印样式表中编辑打印颜色线宽。命名打印样式表(STB)是用户指定给对象的打印样式,具有相同颜色的对象可能会以不同方式打印,命名打印样式表的数量取决于用户的需求量。可以将命名打印样式向所有其他特性一样指定给对象或布局。用户可以使用打印样式管理器来添加、删除、重命名、复制和编辑打印样式表。默认情况下,颜色相关打印样式表和命名打印样式表都存储在"Plot Styles"文件夹中。

①颜色相关打印样式表的使用和编辑。

颜色相关打印样式表通过颜色来控制打印输出的颜色、线宽,操作相对比较简单。软件也自带一些常用的打印样式表,如有灰度(grayscale. ctb)、单色(monochrome. ctb),可以直接选用,也可以通过新建一个为布局图形指定的打印样式表,在打印时使用。

创建打印样式表的具体过程详见图 3-5-2-6。

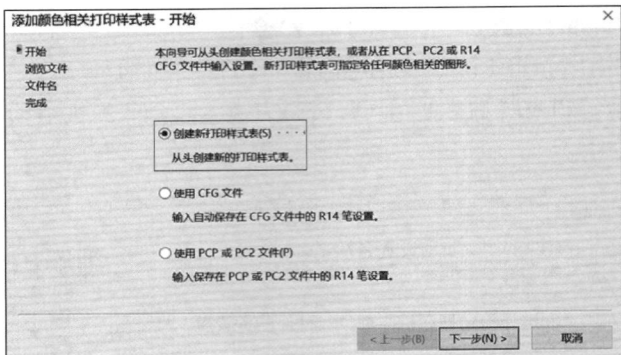

a)

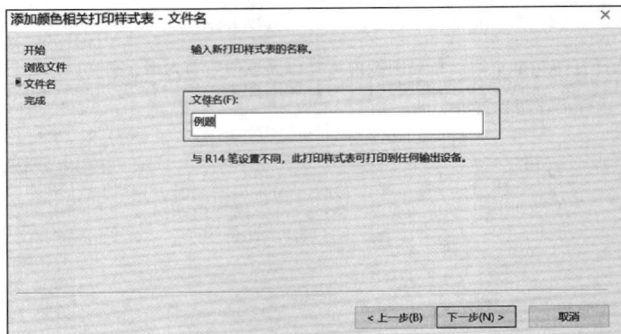

b)

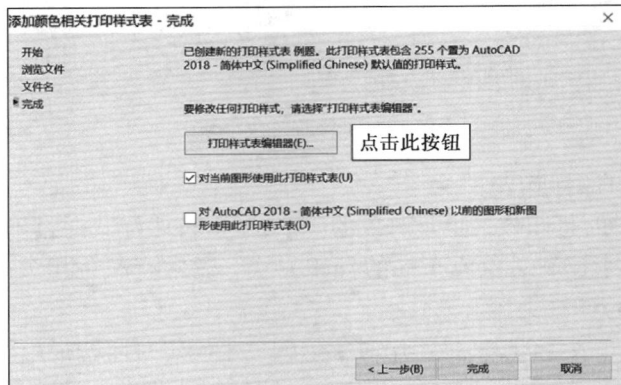

c)

图 3-5-2-6

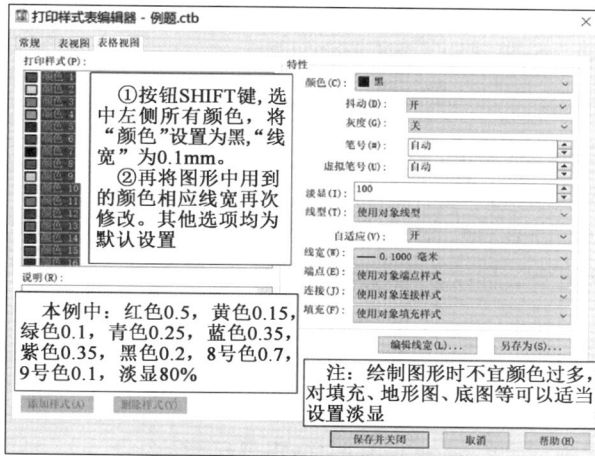

d)

图 3-5-2-6 打印样式表创建

颜色相关打印样式表中的颜色只包括 256 种索引色,所以要利用打印样式表,在设置颜色时只能选择这 256 种颜色中的一种,不能使用真彩色或配色系统,否则会原色输出,如果是黑白打印机则会打印为不同程度的灰色。

②命名相关打印样式表的使用和编辑。

命名相关打印样式表的设置选项与 CTB 相同,只是左侧对应的不是颜色,而是定义的样式名,默认的 STB 通常只有一个"普通"样式,其他样式是需要自己添加的,右侧输出特性设置与 CTB 文件相似,其设置不再进行详细介绍。

(4)打印预览与输出。

在打印设置选项中,选定已定义的打印样式表,点击"打印预览"或输入"PREVIEW",如图 3-5-2-7 所示,单击右键,选择"打印",即可完成 PDF 输出。

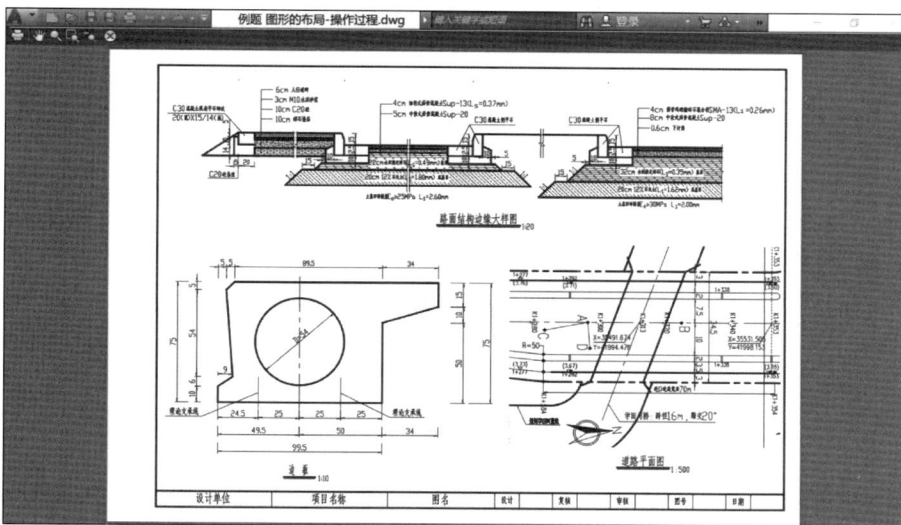

图 3-5-2-7 打印预览

知识点 1 管理浮动视口

模型空间的视口即我们常说的绘图窗口,可以创建多个视口(窗口),这些视口相互不能重叠,称为平铺视口。图纸空间要显示模型空间中的图形,必须先创建图纸空间的视口,由于这些视口可以缩放、移动、重叠,视口形状可以是任意的,甚至可以消隐。在激活浮动窗口后,用户也可以像在模型空间中一样绘制与编辑图形对象,编辑的图形可以在其他视口以及模型空间中体现出来。

1.命令调用方式

◆命令行:输入 VPORTS 或 MVIEW

◆菜单栏:单击【视图】菜单—【视口】—【新建视口】命令

◆功能区:单击【布局】选项卡—按钮

在命令提示行输入"VPORTS"并回车后,将打开如图 3-5-2-8 所示的"视口"对话框。

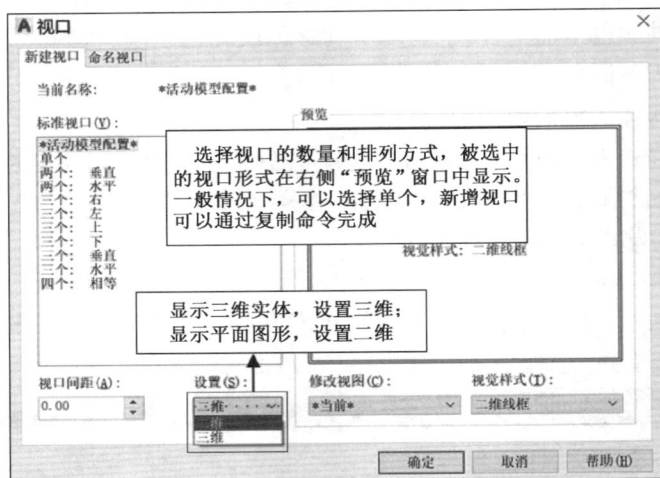

图 3-5-2-8 "视口"对话框

也可以在命令提示行输入"MVIEW"后按回车键。

命令行:_mview
指定视口的角点或[开(ON)/关(OFF)/布满(F)/着色打印(S)/锁定(L)/对象(O)/多边形(P)/恢复(R)/图层(LA)/2/3/4] <布满>:

VPORTS 命令可以在模型空间或图纸空间中创建多个视口,MVIEW 命令只适用于在图纸空间中创建并控制布局视口。

2. 删除、移动、复制视口

当创建的浮动视口不再被需要时,可以将其删除。删除浮动视口实际上只是删除浮动视口的边界线,并非删除视口中的图形。用户可单击视口边界线,然后按 Delete 键删除。

用户可以用 Move、Copy 等命令对视口进行移动、复制等操作,也可以用夹点技术对其进行编辑。浮动视口的这些特性与在模型空间中对图形实体进行编辑基本相似。

3. 创建任意形状视口

用"视口"对话框只能创建矩形或多边形视口,若需要创建一个不规则视口,以扇形视口为例,具体操作如下:

(1)在图纸空间使用绘图命令绘制一个扇形。

(2)运用"REGION"命令将其创建面域。

(3)单击【视图】—【视口】—【对象】菜单,选择扇形面域,操作完成后,就得到一个扇形视口。

4. 视口内旋转视图

图形布局时,为了满足打印出图的需要,在布局视口内旋转视图,一般不应采用 ROTATE 命令来旋转视图。例如:道路平面图出图时,需要将道路前进方向设为图纸的 X 方向,通常采用以下两种方式来实现。

方法一:使用 UCS 命令,可以以任意角度绕 Z 轴旋转 XY 平面。输入 PLAN 命令时,视图将旋转以匹配 XY 平面,如图 3-5-2-9 所示。

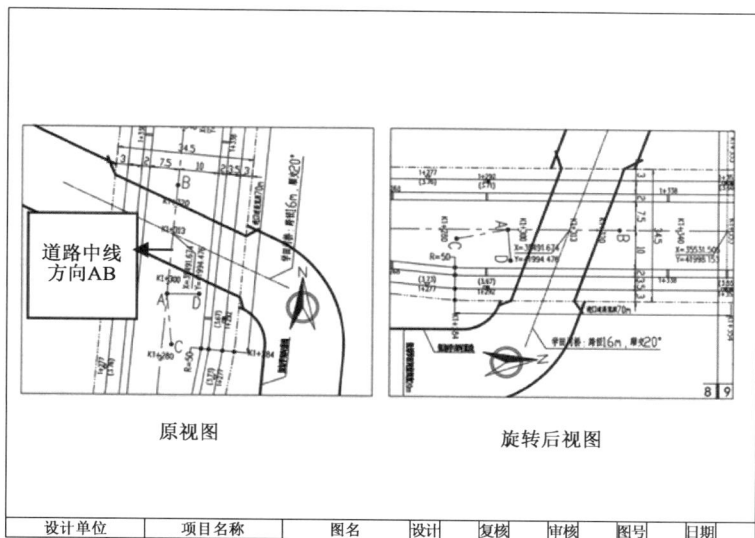

图 3-5-2-9 视口内旋转视图示意

操作提示

命令行:_ucs

当前 UCS 名称: ＊世界＊

指定 UCS 的原点或[面(F)/命名(NA)/对象(OB)/上一个(P)/视图(V)/世界(W)/X/Y/Z/Z 轴(ZA)] <世界>: ←此处可以输入3,回车,3 表示三点确定坐标,第一点为坐标原点,第二点 X 方向,第二点为 Y 方向。

指定新原点,将道路中线方向定为 X 方向,再逆时针旋转90°,将此方向定为 Y 方向。

操作提示

命令:_plan

输入选项[当前 UCS(C)/UCS(U)/世界(W)] <当前 UCS>:←输入 C,并按回车键,利用 PAN 和 ZOOM,调整好视图。

若在绘图中由于参考方向线捕捉错误,需要再次修改旋转,建议先将 UCS 转换至世界坐标系(W),再重复上述操作,请读者自行完成。

方法二:图纸空间选项上,选定视口,输入"MVSETUP",使用"对齐"选项,然后使用"旋转视图"选项。

操作提示

命令行:_mvsetup

输入选项[对齐(A)/创建(C)/缩放视口(S)/选项(O)/标题栏(T)/放弃(U)]:

←输入"A"。

输入选项[角度(A)/水平(H)/垂直对齐(V)/旋转视图(R)/放弃(U)]:

←输入"R"。

指定视口中要旋转视图的基点: ←第一点选择 A 点,然后按回车键。

指定相对基点的角度: ←第二点选择 C 点,然后按回车键,此处的旋转角度实际上是 AC 方向与水平方向的夹角,即将坐标与视图同时旋转角度,AC 方向为道路中线对 X 的镜像方向。

在布局中调用 MVSETUP 命令,实际上是将视图与坐标轴同时旋转,并对齐于某一指定方向。若要修改旋转角度,建议先将已旋转的视图还原,可以采用 PLAN 命令回到原始状态,再重复上述操作,请读者自行完成。

知识点 2 设置布局视口比例

布局工作中,为了精确显示每个视图,需要设置每个布局视口的比例,视口比例是对视图的显示缩放,并不改变原图形的尺寸大小。比例因子代表显示在视口中模型实际尺寸与布局

尺寸的比值,对视口比例进行设置,需选定视口后,再通过以下两种方式进行:

命令调用方式:

◆命令行:输入 ZOOM

◆状态栏:单击▣

> 命令行:_zoom
>
> 指定窗口的角点,输入比例因子(nX 或 nXP),或者
>
> [全部(A)/中心(C)/动态(D)/范围(E)/上一个(P)/比例(S)/窗口(W)/对象(O)] <实时>:

例如,视口比例为 1:2,则直接输入 0.5XP。若需要修改为 1:4,可以重复上述命令或选择要修改的布局视口,单击鼠标右键,然后选择"特性",在"自定义比例"字段中输入比例(修改为 0.25)。

知识点3 锁定视口与切换视口

当视口比例设置完成后,可以选择视口,单击鼠标右键,选择显示锁定,进行加锁操作,而不影响其他视口的操作。锁定后,布局视口的边界会自动调整以保持视图的剪裁边界,考虑到后期的打印出图,宜将剪裁边界设在系统自带的 DEFPOINTS 图层上(不可打印图层)或 255 号色(白色)。

在布局选项卡上绘图时,已创建的每个视口包含模型不同视图的窗口。一般情况下,通过 MSPACE 命令或选择状态栏上的"图纸",实现从图纸空间切换到模型空间视口,可以在当前布局视口中编辑模型和视图,也可以双击视口内部使其成为当前视口;通过 PSPACE 命令,可将模型空间视口切换到图纸空间,双击图纸空间布局的不在视口内的区域也可以切换到图纸空间。

夯基强技

"夯基强技"内容见超星学习通平台。

学习评价与分析

评 价 项 目	评 价 标 准	参考分值(分)	得分(分)
掌握图形外拷入方法	熟练与准确程度	10	
掌握视图的合理缩放与编辑	同上	20	
掌握各视口的精确锁定与合理布局的操作	布局合理性	20	

续上表

掌握设置与编辑图形的标注统一性	熟练与准确程度	20	
打印输出图形	同上	30	
小组之间 互相评价(50%)	课前预习 课中学习 (60分)	1.课前预习,找出难点:10分 2.课中完成课堂任务(评价项目):40分 3.学习态度、职业素质(严谨细致)考核:10分	
	课后作业 (20分)	1.规定时间内完成该学习任务平台上夯基强技内容 2.找出易错题、难题	
	小组代表展示 (20分)	1.对出错多的题目或者难题进行讲解 2.总结各个题目考查的知识点	
教师评价(50%)		1.时间观念(考勤):10分 2.学习态度(评价项目):80分 3.表达能力:10分	
课后学习总结			
学习收获			
不足之处			

模块四

实训操作

实训一

绘制道路路线纵断面图

在教师指导下,根据所给的纵坡、竖曲线表(表4-1-0-1),纵断面数据资料表(表4-1-0-2)合理选择图幅绘制纵断面图,完成道路纵断面图中设计线与地面线的绘制、沿线附属结构物的绘制,并完成资料部分中填、挖高度。

纵坡、竖曲线表　　　　　　　　　　　　　　　表4-1-0-1

×××专用公路

序号	桩号	高程（m）	竖 曲 线				纵坡（%）	
			凸曲线半径 R（m）	凹曲线半径 B（m）	切线长 T（m）	外距 E（m）	+	−
1	K0 + 140	34.200		1000	18.76	0.18		4.786
								1.043
2	K0 + 430	31.000		4000	46.11	0.266		

纵断面数据资料表　　　　　　　　　　　　　　表4-1-0-2

里程桩号	地面高程(m)	设计高程(m)	里程桩号	地面高程(m)	设计高程(m)
0	40.7	40.7	380	29.2	31.8
20	39.5	39.7	389.81	29.1	31.71
40	38.5	38.8	400	29.0	31.6
60	36.4	37.8	420	29.4	31.4
100	33.2	35.9	428.81	29.0	31.32
140	30.4	34.2	440	28.7	31.25
180	30.3	33.8	460	28.5	31.55
220	30.1	33.4	467.80	28.4	31.66
240	31.0	33.2	480	28.6	32.05
260	33.0	33.0	500	29.9	32.55
280	31.0	32.8	520	31.9	32.65
300	31.0	32.6	560	34.8	33.65
320	30.0	32.4	600	35.5	34.65
340	28.5	32.2	640	35.7	35.65
354.81	28.5	32.06	680	35.7	36.65
360	29.0	32.0			

1. 绘图一般要求

1)图线

(1)图标外框线线宽宜为0.7mm,图标内分格线线宽宜为0.25mm。

(2)线宽、线型的设置根据《道路工程制图标准》(GB 50162—1992)中的要求进行。

2)字体

(1)尺寸、符号等标注字体样式统一采用仿宋体,宽高比为0.7。

(2)其他文字采用 gbenor. shx 及大字体 gbcbig。

(3)文字高度根据《道路工程制图标准》(GB 50162—1992)视图纸大小自行确定字号,要求打印出来后的字体美观大方,清晰可见。

2. 专业纵断面要求

1)资料表部分

(1)资料表部分包括地质概况、设计高程、地面高程、填挖高度、里程桩号、坡度和坡长的相关数据内容,要求合理设置表格尺寸。

(2)资料表部分文字设置符合《道路工程制图标准》(GB 50162—1992)要求,字体大小设置合理。

2)图样部分

(1)注意区分竖直方向比例和水平方向比例。

(2)合理设置地面线、设计线线宽。

(3)在图上标示清楚竖曲线位置。

(4)在图上表达清楚工程构筑物的名称、规格和位置。

3. 思考

纵断面图绘制完成后请回答下列问题:

(1)纵断面图包含哪些内容?

(2)此条路线纵向起伏情况如何?

(3)纵断面图表达的是道路的什么情况? 纵断面图的横坐标和竖坐标的比例是否一样? 有什么要求?

(4)此图展示的路线细实线表示什么内容? 粗实线表示什么内容?

(5)已知坡度如何求设计高度? 地面高程又是如何得到的? 如何求填挖高度?

1)操作提示

(1)绘制地面线与设计线(参照项目二"3-2-15"中利用 EXCEL 表格转化坐标形式的方法)。

地面线与设计线按绝对坐标进行绘制,里程桩号作为 X 坐标,地面高程和设计高程分别作为 Y 坐标,按照 EXCEL 中的坐标公式"X&","&Y",对数据行进行坐标转换,同时对数据进行比例换算。选中 D2 栏,在上部公式栏中输入" = A2 * 1000/2000&","&B2 * 1000/200",按 Enter 键进行坐标转换,在 D2 栏中自动生成了绝对坐标。选中 D2 栏,将光标放置在 D2 栏右下角,光标变成黑色十字标记,按住鼠标左键并向下拖动十字标记,直到最后一组数据为止,在 D 列中将会自动生成地面线绘制坐标。

复制 D 列中生成的坐标值,回到 AutoCAD 中,建立地面线图层并将该图层作为当前层。

在命令行输入多段线命令“PL”,在指定起点的提示下,把光标移至该位置,点右键“粘贴”回车即可得到地面线。

在 EXCEL 表格中处理纵断面数据资料表的里程桩号与地面高程数据,绘制纵断面的地面线,以及处理起点、竖曲线转角点的设计高程资料、纵坡竖曲线表中各转角点的高程、切线长、外距等资料绘制设计线,如图 4-1-0-1 所示。

					设计线
起点	0	0	40.7	203.5	0, 203.5
转角点1	140	70	34.2	171	70, 171
转角点2	430	215	31	155	215, 155
终点	680	340	34.2	171	340, 171

a)

Microsoft Excel - 02纵断面资料考试资料.xls

E2 =B2&","&D2

	A	B	C	D	E
1	x(里程桩号)	x1(比例换算)	y1(地面高程)	y1(比例换算)	地面线
2	0	0	40.7	203.5	0,203.5
3	20	10	39.5	197.5	10,197.5
4	40	20	38.5	192.5	20,192.5
5	60	30	36.4	182	30,182
6	100	50	33.2	166	50,166
7	140	70	30.4	152	70,152
8	180	90	30.3	151.5	90,151.5
9	220	110	30.1	150.5	110,150.5
10	240	120	31	155	120,155
11	260	130	33	165	130,165
12	280	140	31	155	140,155
13	300	150	31	155	150,155
14	320	160	30	150	160,150
15	340	170	28.5	142.5	170,142.5
16	354.81	177.405	28.5	142.5	177.405,142.5
17	360	180	29	145	180,145
18	380	190	29.2	146	190,146
19	389.81	194.905	29.1	145.5	194.905,145.5
20	400	200	29	145	200,145
21	420	210	29.4	147	210,147
22	428.81	214.405	29	145	214.405,145
23	440	220	28.7	143.5	220,143.5
24	460	230	28.5	142.5	230,142.5
25	467.8	233.9	28.4	142	233.9,142
26	480	240	28.6	143	240,143
27	500	250	29.9	149.5	250,149.5
28	520	260	31.9	159.5	260,159.5
29	560	280	34.8	174	280,174
30	600	300	35.5	177.5	300,177.5
31	640	320	35.7	178.5	320,178.5

Sheet1 / Sheet2 / Sheet3

b)

图 4-1-0-1　地面线及设计线资料

注意:里程的比例换算关系为 $x_1 = x*/1000/2000$,2000 是纵断面图的横向比例;高程的比例换算关系为 $y_1 = y*1000/200$,200 是纵断面图的竖向比例。

(2)根据竖曲线要素表中的切线长以及外距绘制竖曲线。

在变坡点处绘制构造线并执行偏移命令。

操作提示

命令:_offset

当前设置:除源 = 否　图层 = 源　OFFSETGAPTYPE = 0

指定偏移距离或[通过(T)/删除(E)/图层(L)] <通过>:　9.38　←第一切线长的比例换算结果。

选择要偏移的对象,或[退出(E)/放弃(U)] <退出>:

指定要偏移的那一侧上的点,或[退出(E)/多个(M)/放弃(U)] <退出>:

执行圆弧命令绘制竖曲线。

> **操作提示**
>
> 命令:_arc
> 指定圆弧的起点或[圆心(C)]:
> 指定圆弧的第二个点或[圆心(C)/端点(E)]:0.9   ←从变坡点向上追踪0.9,0.9是外距的
>   比例换算。
> 指定圆弧的端点:

对原来的导线在竖曲线端点处执行打断命令,把变坡点与竖曲线端点处的直线变成细实线,加粗圆弧,即可得到设计线。

(3)书写资料部分。

①桩号、高程等的书写:绘制矩形框,并在矩形框中绘制书写单行文字的辅助对角线,调用单行文字书写命令,然后多重复制。

操作提示:

> **操作提示**
>
> 命令:_dtext
> 当前文字样式: 文字高度: 2.5000   注释性: 否
> 指定文字的起点或[对正(J)/样式(S)]:j
> 输入选项
> [对齐(A)/调整(F)/中心(C)/中间(M)/右(R)/左上(TL)/中上(TC)/右上(TR)/左中(ML)/正中(MC)/右中(MR)/左下(BL)/中下(BC)/右下(BR)]:ml
> 指定文字的中间点:
> 指定高度 <2.5000>:3.5
> 指定文字的旋转角度 <0>:90

②再用编辑文字命令编辑各文字。

③左侧单行文字的操作如下:

在给定的表格内书写一个地面高程,然后根据B项目格所示的位移进行多重复制,再执行文字编辑命令DDEDIT把每个文字书写正确。

> **操作提示**
>
> 命令:_copy
> 选择对象:找到1个
> 选择对象:
> 指定基点或[位移(D)] <位移>:   指定第二个点或 <使用第一个点作为位移>:
>   ←把正交打开,鼠标向右移动,在指定位移的第二点点击右键粘贴B项目格所有数据。
> 指定第二个点或[退出(E)/放弃(U)] <退出>:

(4)绘制标尺(注意标尺要与起点的高程相对应),并填写绘图比例。

命令:_rectang
指定第一个角点或[倒角(C)/标高(E)/圆角(F)/厚度(T)/宽度(W)]:
指定另一个角点或[面积(A)/尺寸(D)/旋转(R)]:@ -1,10

(5)标注水准点、桥涵等附属结构物。

(6)绘制标准的 A3 图幅,并插入路线纵断面图中。

2)绘制公路纵断面图的要点

(1)绘图时设计好比例尺(一般里程方向为1:2000,高程方向为1:200)。

(2)绘制纵断面图标题栏时,要注意各栏高度应以填写项的尺寸为准。

(3)逐项填写纵断面图标题栏的内容时,一般先填写一行内容,可采用阵列方法或平行复制方法复制该行到其他行,再采用 DDEDIT 命令逐个修改数值,这样不但文字格式统一,而且便于对齐控制。

(4)标尺采用多段线绘制(宽度为1个单位),先绘制两节,然后用阵列方法制作其他部分。

(5)采用多段线绘制纵断地面线时,要注意标尺的起始刻度和比例变换。

(6)纵断面设计线可以参照地面线的方法绘制,线宽采用0.5个单位。

(7)采用三点圆弧绘制竖曲线,三点依次是竖曲线起点、变坡点位置设计高程处、竖曲线终点。

(8)标注水准点、桥涵构造物时要注意其与桩号的对应,标注圆管涵、箱涵、盖板涵时,最好先绘制好标准符号并定义为图块,利用图块插入命令绘制,以提高绘制效率。

实训二

绘制道路路线横断面图

在教师指导下,根据所给标准横断面图由学生完成路线横断面的绘制。

1. 绘图要求

同实训一。

2. 专业横断面要求

(1)横断面图的地面线一律用细实线,设计线用粗实线,道路的超高、加宽也应在图中表示出。

(2)同一张图纸内绘制的横断面图,应按里程桩号顺序排列,从图纸的左下方开始,先由下而上,再自左向右排列。

(3)在每一张路基横断面图的 1 处应写明图纸序号及总张数,在最后一张图的右下角绘制图标。

(4)应在图纸中注释说明绘图比例。

3. 思考

先读懂下面某道路的标准横断面图(图 4-2-0-1)并回答问题:

(1)该标准横断面图展示了几种路堤形式?

(2)该道路路幅宽度为多少? 行车道、路肩宽度为多少?

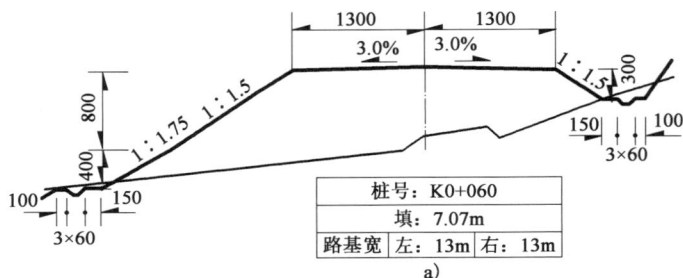

桩号:	K0+060	
填:	7.07m	
路基宽	左：13m	右：13m

a)

图 4-2-0-1

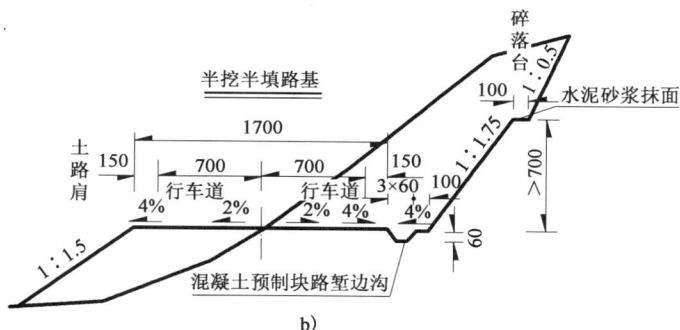

图 4-2-0-1　横断面示意图(尺寸单位:cm)

4.操作提示

(1)先确定道路中线位置。

(2)从道路中线向两边绘制道路宽度,包括路肩。

(3)从路肩向两边绘制路堤填方、挖方坡度。

(4)根据尺寸绘制边沟。

(5)标注尺寸以及相关的文字说明。

注意:在公路设计过程中经常会遇到一些有坡度的设计线,如图 4-2-0-2 中的表示道路横坡 2%坡度的线和表示路肩横坡 4%坡度的线。那么,如何在 AutoCAD 中画出这些坡度细小的线呢? 答案是可以根据坡度的定义施画,步骤如下:

(1)根据坡度 = 高差/水平距离,先作一段长度为 100 的水平线。

(2)然后再在上面直线的左端往下作一条长度为 2 的竖直线。

(3)最后把斜边连接起来就可以得到坡度为 2%的坡度线,然后延伸到对应的位置。

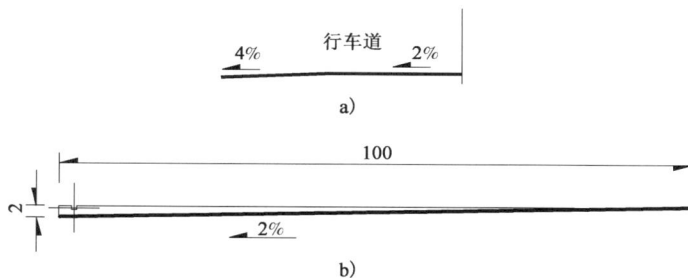

图 4-2-0-2　坡度线的绘制

实训三

绘制桥墩构造图

在教师指导下,识读图 4-3-0-1 给定的桥墩构造图,绘制所给图样。

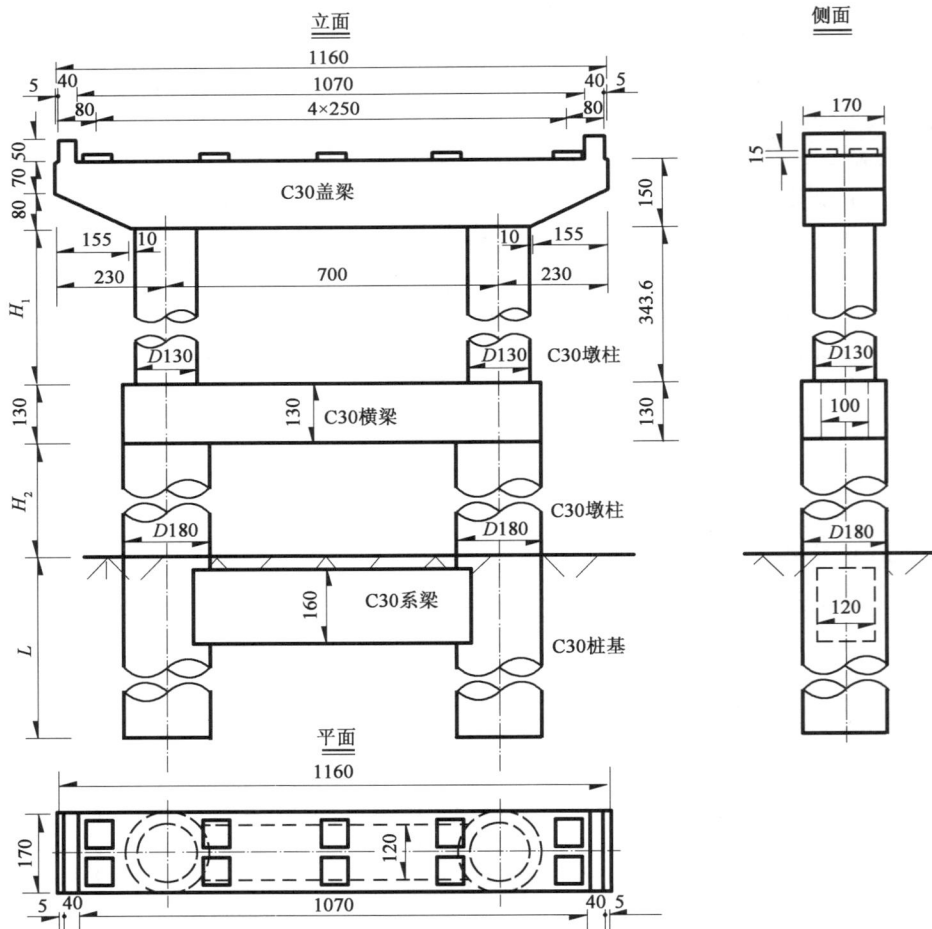

图 4-3-0-1 桥墩构造图

注:1. 本图尺寸除标明外,其余以 cm 计。

   2. 支座及垫石共高 25cm,垫石为边长 60cm 的正方形方块。

1. 一般绘图要求

同实训一。

2. 操作提示

（1）新建图层，可以根据物体的组成来建立图层。

（2）绘制桩基三面投影图（按 1∶1 绘制），如图 4-3-0-2 所示。用样条曲线命令完成折断线的绘制。

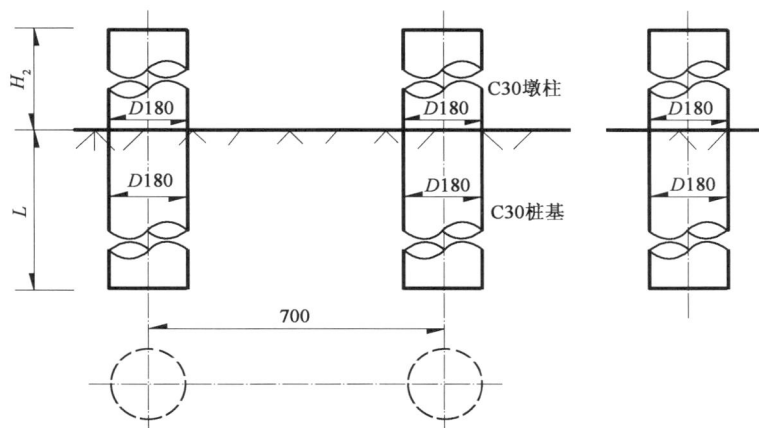

图 4-3-0-2　桩基三面投影图（尺寸单位：cm）

（3）绘制系梁三面投影图，如图 4-3-0-3 所示。

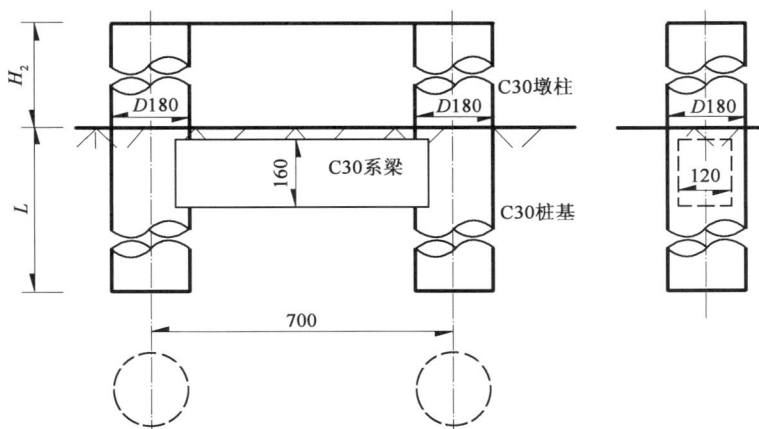

图 4-3-0-3　系梁三面投影图（尺寸单位：cm）

（4）绘制横梁、墩柱三面投影图，如图 4-3-0-4 所示。

（5）绘制盖梁三面投影图，如图 4-3-0-5 所示。

首先绘制盖梁的立面图，再根据投影的三等关系得到其他面投影。

绘制垫块：垫块大小为 60 cm × 60 cm × 15 cm。首先采用矩形命令绘制垫块的 V 面投影，然后阵列得到其他垫块，并根据投影的三等关系绘制垫块的其他面投影。

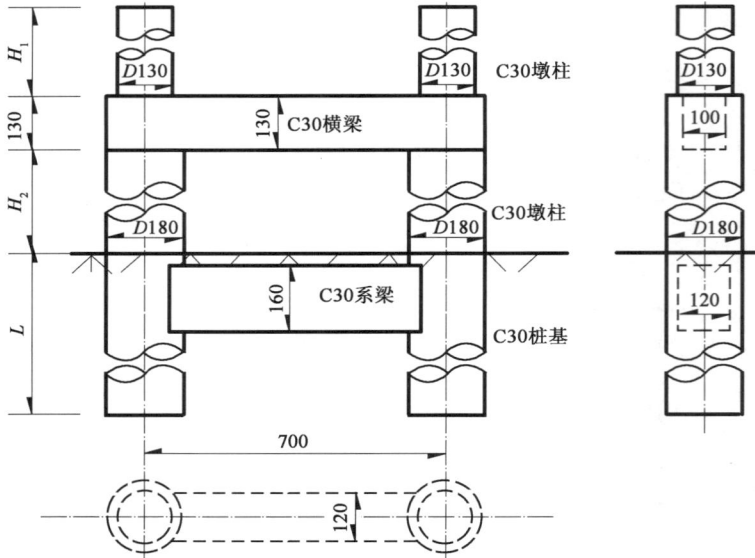

图 4-3-0-4　横梁、墩柱三面投影图(尺寸单位:cm)

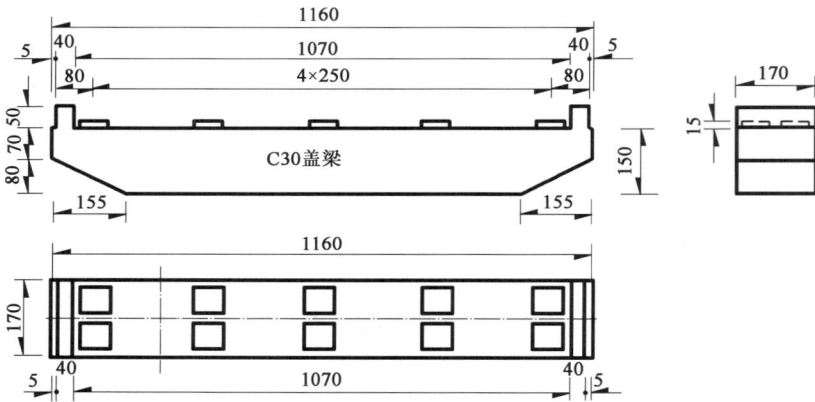

图 4-3-0-5　盖梁三面投影图(尺寸单位:cm)

(6)绘制完成后整体缩放 12.5% ,再插入标准的 A3 图幅中(也可采用另一种方式,把 A3 (420mm×297mm)放大 8 倍,插入画好的图中,再设置对应的标注样式,最后打印时再缩放成标准的 A3 图幅大小)。

(7)设置标准的文字样式与标注样式。需要强调的一点是在设置标注样式时需要将【主单位】选项中的【测量比例因子】设置成 8,其他文字大小还是标准的 2.5,可适当设置全局比例因子,使文字打印时大小适中。

参 考 文 献

[1] 刘松雪,姚青梅,道路工程制图[M].4 版.北京:人民交通出版社股份有限公司,2021.

[2] 曹雪梅,汪谷香.道路工程制图计算机绘图[M].北京:人民交通出版社,2013.

[3] 阮志刚.公路工程 AutoCAD 制图[M].2 版.北京:人民交通出版社股份有限公司,2020.

[4] 赵云华.道路工程制图[M].北京:机械工业出版社,2007.

[5] 郑益民.公路工程 CAD 基础教程[M].北京:人民交通出版社,2008.